U0948355

庹国柱农业保险文集

TUOGUOZHU NONGYE BAOXIAN WENJI

庹国柱　著

中国农业出版社

自序

我的农险情结和对农业保险研究的一些理解

1984年，供职于中国人保陕西分公司的好朋友焦玉杰处长和孙胜元先生，到我当时任职的西北农业大学农业经济系找我，说总公司要求发展农业保险，他们不太熟悉农业经济和农业保险，邀请我们一起参加对农业保险发展问题的研究。自此，他们把我这个当时对保险和农业保险一无所知的农业经济学教师，带进了保险和农业保险这个新领域，也使我从农经学科走进保险学科，开始了农业保险研究和教学之旅，也开始了我的保险研究和教学之旅。两年之后的1986年，我在第三届中国保险学会年会上，发表了涉足保险和农业保险以来关于农业保险的第一篇论文①。自此我就和保险研究特别是农业保险研究结下了不解之缘。特别是在1996年调入首都经济贸易大学保险系任教之后，在首都良好的学术氛围里，我的农业保险研究的条件有了一个很大的改善，视野大大拓宽。到2014年，我做农业保险的研究正好30年。这30年，是中国农业保险试验和发展最重要的时期，作为一位农业保险试验的亲历者和研究者，我见证了它的兴衰和起伏，看到了初露端倪的辉煌，回顾30年研究历程，还是颇有一番感慨的。

近年在繁忙之余，我将自己从1987年以来发表的大约200多篇长长短短的文字整理了一下，发现关于农业保险方面的东西有110多篇，浏览之后，选出其中在各个时期有代表性的作品61篇，结集出版，提供给农业保险业界和学界以及农经学界同仁们参考，也是对自己从事农业保险研究30年的一个交代。

一、研究成果不在于水平高低而在于执着和热爱

在这61篇文字中，有的是在学术期刊上发表的论文，也有的是在《中国保险报》《金融时报》等报纸上发表的调查或者述评。我把这些文字按照年

---

① 这是一篇讨论农业保险特点和农业保险费率厘定的文章，当时在北京举行的第三届保险学会的研讨会上做了发言，并收入会议论文集，遗憾的是，我没有找到这篇文字，所以该论文并未收入本书。

份序列编排，主要是考虑到这些文章都是根据农业保险的试验、针对发展过程中遇到的问题所做的研究，应当说有一定的针对性和时间性，对农业保险制度建设或业务实践可能有或者曾经有过那么一点正面意义或者些许政策价值。当然，时过境迁，中国今天的农业保险与30年前或者10年前，已不可同日而语，现在的农业保险，早已进入制度性发展阶段，无论是实践范围和规模，还是政策环境，都与那些时期有重大不同，前些年说的话和提出的意见和建议，或者被采纳，或者已经过时。但这些文字代表着那个时候的所想所言，代表着那个时期的研究水平。有的内容和观点或许还对目前的实践有一些参考价值，有的则只是一段历史了。

这里面，有一些文字是在学术期刊上发表的，但也有不少文字是在报纸上发表的。很多时候，我在《中国保险报》《金融时报》《上海证券报》或者其他报纸上发表的或长或短的文章或评论，刚见报就有读者打电话来和我讨论，有一次我正在国外考察，听见朋友在电话里评论我见报的文字，并给我提出一些进一步发挥的建议，其实当时我还没有见到报纸。这种时候我总是特别开心，这对我的鼓舞也很大，写文章就是要与人交流，为相关部门提供参考信息，有人关注就达到了目的。当然这类“小文章”，在学校的科研考核中其实都不算数，也不计分，更不奖励。我想，不管是写大文章还是小文章，是要看文章所讨论的是不是实践中需要解决的问题，是否有什么“感”需要“发”，需要大“发”还是小“发”。写大文章固然很好，但是小文章假如有针对性，言之有的，言之有物，言之有情，言之有理，都是有意义的。在实践中发现研究课题，寻找应该讨论的问题，撰写有必要书写的文章，利用各种媒体尽可能广泛地交流和传播自己的观点，这就是我的所想所言。我的感觉是，农业保险的实践太丰富了，课题太多了，所以在不间断的调研之后我总有想写的文章、想说的话。当然，这些絮絮叨叨不敢说都有多大意义。

现在，学校里比较重视在权威期刊核心期刊、国际期刊上发表的文章，特别是被CSSCI收录的论文，会让人感觉很体面，学校一般也都有奖励。这也没有什么不对，因为教育行政主管部门主要是以这方面的指标来评价学校的业绩和给学校定“级别”排“座次”的。学校里的竞争也主要是在这些方面。惭愧的是，按照这种标准和要求，我这本书里恐怕没有几篇够格的作品，给学校也帮不上忙。但我还是愿意不揣冒昧地将这些浅陋的东西拿出来，主要是觉得，这些文字记录着一个农业保险研究爱好者的心路历程，及其在这个领域的不懈追求和努力耕耘的脚印，不管水平如何，总能体现一份执着和对农业保险的一份热爱。

收入本书内的文字，不完全是我自己独自写作的东西，有一部分是我和我的同事或学生一同完成的。这些合作成果有些是我们共同撰写的，也有的虽然是我们共同讨论的主题和观点，但主要是他们执笔，由我修改、定稿的。这些文章我都在脚注中注明了合作者的名字，表示对他（她）们辛勤劳动的尊重。我深深感到，这些合作成果不仅体现了集体的智慧，而且说明了教学相长的良好效果。无论是我自己，还或是我的同事和学生，彼此都有所获。

二、农业保险制度的建立和发展需要一系列包括研究在内的解释变量

农业保险在我国的试验时间不算短，从 1935 年算起有将近 80 年了，比起农业保险发达国家美国、加拿大、日本等国的早期试验，也就差那么二三十年。但是放在今天的同一个时点上加以考察，我国与农业保险发达国家的差距就大了许多。其中，部分原因是我们的理论研究比较滞后，而研究滞后部分是我们国家经济发展水平和经济发展阶段使然，也与政府对保险和农业保险这种风险管理工具的认识水平和决策环境有关。

从现有的文献来看，农业保险最早只是商业性保险的一个组成部分，欧洲，特别是德国的农民，在 18 世纪末就组织起了雹灾保险合作社，以此来分散雹灾灾害带来的农业风险损失。这个时期的农业保险与政府没有什么关联。

而农业保险真正受到政府重视，并被作为重要的农业政策工具，是从美国罗斯福政府时期开始的。1938 年，该届政府颁布了《联邦农作物保险法》，开启了政策性农业保险制度的新时代。自那时起，先后有日本、加拿大等国，选择了这个工具和制度，经过几十年的试验和全面推行，不断完善和提高了这种政策性保险制度，成了不可替代的农业风险管理和经济发展政策工具。目前，在美国如此强调和推崇市场的国家，农业保险竟然成了农业支持政策的首选，在诸多农业支持政策项目中，农业保险的财政支持稳居预算之首。

但不是所有发达国家都喜欢和选择这种政策工具，德国和英国政府对农业保险就没有给予很多关注。根据我的有限的或许是片面的了解，其主要原因在于理论和自然环境。在德国，传统的农业经济学和社会保障学理论认为，小概率事件的冰雹灾害可以通过商业性冰雹保险来解决风险损失补偿问题，而旱涝病虫等具有系统性的风险及其损失，是政府应当承担的责任。英国一直不发展政府支持的农业保险，其发达的商业保险可以承保农业风险，但很少有农场主选择投保，其主要原因却是受地理位置和气候条件的影响，严重的农业灾害在英国并不常见。可见，自然环境条件和某些理论的路径，构成了那里农业政策体系的独有特点。

不少发展中国家愿意学习美国、加拿大和日本发展农业保险的经验，因为这些国家的农业发展对其国计民生极其重要，而他们的自然条件又没有德

国、英国那样优越。所以在20世纪60年代末联合国向发展中国家推广美国发展农业保险的经验后，一些亚洲、非洲和南美洲国家有所行动。但是直到进入21世纪之前，能坚持试验和推广的国家并不多，成功的案例则更少。除了认识和技术方面的原因，主要是政府没钱支持。而商业性农业保险无法解决这类保险的高价格与农民的低支付能力之间的矛盾，也就不可能形成广泛的农业保险市场，农业保险能起到的作用也就十分有限。近些年来，新兴国家农业保险之所以发展较快，在世界农业保险市场上引人注目，也与这些国家的经济高速发展、公共财政能够给农业保险提供较大的支持有重要关系。根据瑞士再保险提供的数据，2011年全球农业保险保费收入约为235亿美元。与2005年相比，保费几乎增长了3倍，年均增长率达到20%，几乎是同期全球农业总产值年均增长率（11%）的两倍。全球农业保险的快速发展，主要是受到新兴市场的推动。2005—2011年，新兴市场农险保费年均增速将近30%，2011年保费规模达到52亿美元。新兴市场农险保费占全球农险保费比重从2005年的13.4%增至2011年的22%。其中，中国和印度是两个最主要的增长引擎，2011年两国的农险保费占新兴市场农险保费收入的62%。①

这样说来，政策性农业保险（或者有政府支持的农业保险）的广泛发展，需要有两个重要的内生解释变量，一个是这些国家的农业在其国民经济中有重要性，而且其农业主要是“靠天吃饭”（或“雨养农业”）；另一个就是政府有一定财力给农业保险以强有力的支持。还有其他一些外生解释变量，例如农业保险经营技术和人才、精算数据的积累，以及有关农业保险的研究等。但主要是前面的内生解释变量。我这里只是根据各国农业保险发展现象，特别是中国的试验和推广实践，所做的观察和分析，没有做实证分析，如果同仁们有兴趣又能找到一些国家的数据资料，不妨将政策性农业保险发展指标（例如发展规模、参与率等）作为被解释变量，将农业灾害损失数据、政府财政支持能力、保险业发展水平等指标作为解释变量，看看模型的解释能力如何，这样可能比我的这些说法更有说服力。

在我国，农业的自然灾害既多又广，对于拥有13亿多人口的大国来说，农业本身在国民经济中始终起着极其重要的基础性作用，在经济持续快速发展、财力迅速增强的条件下，农业保险才可能被政府用来作为工业反哺农业、城市支援农村以及支持农业现代化的重要政策手段和工具，因此我国的农业保险不是在20世纪八九十年代，而是在进入21世纪之后才逐步被作为农业和农

① Amit Kalra，邢鹂，黄硕辉．2013. 全球农业保险发展近况及未来发展［M］//庹国柱．中国农业保险发展报告2013. 北京：中国农业出版社：307.

村发展政策的，这不是一种偶然，应该说这是符合上述分析和论断的。

作为一个研究者，我很看重在上述农业保险理论模型中，作为外生解释变量的“科学研究”。研究是促进一国农业保险特别是政策性农业保险制度建设和广泛发展的重要条件之一。商业性（包括合作制）农业保险制度是诱致性制度变迁的结果，而政策性农业保险应该是一种强制性制度变迁，没有理论的支撑，没有细致的论证，没有决策者的充分了解和认识，立法机构或者政府轻易不会做出农业保险的制度安排，这种变迁就不可能发生。而建立了农业保险制度之后，这种制度安排的完善和发展，更加需要有针对性的研究为其提供路径导引和操作方案。在过去的几十年中，包括我自己在内的一大批研究者，为了建立中国的政策性农业保险制度进行了广泛深入的研究，为其提供了充分的依据，今后我们需要更多的人来研究农业保险，这是我们理论工作者的光荣责任。

三、我国的农业保险研究任重道远

本书中60多篇文章，是伴随农业保险实践的脚步所做研究和思考，大体上能反映这期间农业保险试验和发展的主要阶段，以及在这些阶段农险业界和学界遇到和讨论的问题。从最初对加强农业保险研究的呼吁，到后来对国外农业保险发展经验的总结，对我国农业保险发展模式的概括和探讨，再到后来对中国农业保险制度架构和立法问题的思考，对农业保险试验中宏观管理和微观运行机制的研究，一路就这样走了下来。

概括来说，在2007年以前，特别是2013年以前，我国农业保险试验实践虽然有过几个高潮，但是始终得不到突破，而且日益萎缩，这个时期最需要解决的是，建立什么样的农业保险制度的问题，其理由是什么，理论依据是什么？但这以后随着农业保险基本制度的确立以及业务的迅速扩张，中观和微观问题突出起来，我在这里重点想说说这后一方面的问题。

我国农业保险制度刚刚建立不久，随着政府支持力度加大，业务推展逐步加快，标的范围日益拓宽，覆盖面逐步扩大，保险经营主体不断增多，农业保险制度建设和业务经营中遇到的问题越来越多，不仅有理论问题政策问题，还有大量的实际操作问题。其中有些问题是我国独有的，例如因为农场规模较小、农户经营分散，需要政府多方介入。这种情况在促进农业保险迅速推广方面起到某种决定性作用，是中国农业保险的市场规模在短短几年中有了30多倍增长的主要原因之一，这种依靠政府部门特别是基层政府“协同推进”所获得的发展速度，在全球都是独一无二的。但是，对于政府到底应该在哪些地方介入，如何介入，介入到什么程度，都还缺乏规范。政府介入太深、太广也会产生一些负面问题（所谓“双刃剑”），例如，近年出现的保险经营机构的寻租问题，官员及其亲属干预市场问题，基层干部贪腐农业保险资金现象等。虽然这是发生在个别地方少数人和少数机构的问题，但影响恶劣，监管和治理难度较大。同时，农业保险中的风险区划和费率精算问题，也在困扰着农业保险人，也可能影响到政府的某些相关决策，要说起来，其间的技术问题比较好解决，但涉及的认识问题和政策问题比较难办。此外，如何在农业保险领域让市场机制发挥决定性作用也是一个重要课题，众多保险公司为什么、要不要在这里竞争，竞争的目的是什么？如何在“广阔天地”开展竞争？通过是什么手段竞争？后果如何评估？如果不加强研究，政府部门容易决策吗？

跟市场竞争相联系的问题，就是关于农业保险经营要不要审批的问题，这个问题也困扰着不少人，特别是监管机关。在有 75 年政策性农业保险发展历程的美国，虽然经营农业保险也要经过农业部的批准，但其没有这种困扰，也没有对农业保险市场竞争的担忧。这和他们财产保险市场的发展状况和对农业保险政策科学设计有关。据了解，美国 2014 年农业保险市场上获得农业部批准的经营农作物保险的公司有 18 家，经营家畜保险的公司有 12 家。这在全国 1 000 多家财产保险公司中不过占 3%。我询问了一位曾在美国农业风险管理局供职多年的资深专家这样一个问题：有政府 60%的保费补贴和将近 20%的管理费补贴的优厚条件，为何美国的财产保险公司不争着做农业保险？他说，农业保险经营的风险比较大，并不好赚钱，大家并不愿意加入。2013 年去美国参加一个农业保险研讨会的朋友也告诉我，在美国做农业保险不比其他财产保险经营的利润率高。我看到他们带回来的资料，1989—2012 年的 24 年中，以全国计算，农业保险毛赔付率超过 100%的有 7 个年份，净赔付率（公司自留保费的赔付率）超过 100%的有 2 个年份。最惨的是 2012 年，毛赔付率超过 220%，净赔付率超过 120%。[①] 相比之下，中国在 2007 年以来的农业保险试验和经营就幸运多了。就全国而言，农业保险的赔付率尚未有超过 100%的年份，即使是 2013 年黑龙江等省遇到几十年不遇的洪涝灾害，赔付率比较高，但当年全国平均赔付率也就 70%左右，算上费用，综合成本率也还不到 90%[②]。这大概是不少财产保险公司争相进军农业保险市场

① 本数据来源于美国 Toa 再保险公司的内部报告文件。

② 我分析，这个结果可能有 4 个方面的原因，第一，这几年正好不是灾害损失严重的年份，第二，在目前的农业保险制度设计和经营方式之下，费用率比较低，一般是 15%左右，高的公司也就 20%，和车险 35%～40%的费用率相比，费用低了一半以上。假如单说净赔付率或者毛赔付率，农业保险比车险还高一点。但车险总是处于亏损的边缘。在公司层面，车险的亏损面不小。第三，现在农业保险精算尚处于经验阶段而非科学阶段，有的险种的费率多少有点高。所以，还是应该正确看待这几年农业保险的少量盈余，有道是天气无常。第四，不止一家保险公司理赔不规范。存在“协议赔付”“封顶赔付”问题。

的原因之一，也是财政部发布《农业保险大灾准备金管理办法》调节所谓"超额承保利润"的原因之一①。所以，要不要限制进入市场的经营主体的问题就提出来了，有人认为无须限制，有人认为必须严格审批。这个问题还是需要进一步做深入研究。即使在形式上取消审批，监管部门还会通过监管手段来加以调节。不然的话，农业保险市场的麻烦会多一些。

其实，包括经营主体审批问题在内的农业保险监管制度建设问题，已经被农业保险理论和实务界严肃地提了出来。由于特殊的国情，我国农业保险的监管体制才刚刚明确，虽然有了《农业保险条例》的初步规范，但农业保险监管的目标、内容、架构、体制、机制以及可能的变化，并没有完全明确和获得统一的认识，监管制度尚不完善，监管手段比较落后，监管力量也十分薄弱和分散。对这个课题的研究仅仅处于起始阶段。

所以，农业保险越是发展，新的课题就越多，当然，积累的经验和数据也会越多。上面仅仅是举了几个例子。只要有关部门重视组织研究并提供和披露更多的数据信息，研究成果就会源源不断地涌现出来。

这本农业保险研究文集，只是我个人和我们这个团队微不足道的若干农险研究的历史片段，反映了过去农业保险的实践和我们自己的一些观察和认识，表达了自己不成熟的、甚或很片面的观点，对于未来的农业保险，不一定适合和有用，因为未来的农险实践会更精彩，研究的新课题也会更多，观点和结论也会有很大变化。

细心的读者可能会发现，有些文章内容有些重复，但如果从时间序列上来看，这些重复多是发展中曾经或者依然存在的问题，今年讲了没有解决，明年还需要讲，有些重复对于解决问题来说是必要的。但是明年又会有新的问题，那就放在一起讨论。

四、需要感谢太多的人

这本涉时28年、近70万字的文集，其实包含着很多人的智慧、辛苦和贡献，所以我必须要提及并向他们表示衷心的感谢。

首先要感谢焦玉杰和孙胜元两位老朋友，若不是他们在32年前"拉我入伙"，把我带进农业保险这个广阔天地，也许至今我还不知道什么是农业保险，也不会钟情于这个令人魂牵梦绕的领域了。

也必须感谢中国人保农险部前副总经理李军。李总不仅是农业保险实践的领头人，还是一位理论水平很高且颇有见地的农业保险研究者，是一

① 不管保险公司从感情上高兴不高兴，财政部所做的这种调整是理性的、正确的，无论是对做农险的公司还是对农业保险的长远发展都是有重要意义的。

个平易近人的好朋友，我们合作过不少研究项目。他和农险部其他所有热情的朋友，给我和我的学生分享他们丰富的实践经验，并提供了不少农险调研的机会和条件。我和李军一起主编、由中国人民大学出版社出版的《农业保险》①，市场反响很不错，出版社加印了不止一次。而这本书主要是由他及其所在农业保险部的同事和朋友们写的，实际上是他们多年的经验积累。

我还要感谢在20世纪90年代，供职于中国人保各个省份的对农业保险有特殊感情和贡献的处长们，包括新疆的王延辉、湖南的程梓华、河南的杨同亮、江苏的王通等，如果说我的一些文章里面还有些实际内容的话，部分得益于他们的辛勤实践和慷慨帮助。现在他们有的依然在保险业界供职，有的早已退休，但他们对农业保险及研究的贡献应当被记起，我也必须要表示感谢。

编辑和出版这本农业保险研究文集，得到不少对农业保险领域有热情和建树的教授们的关心和支持，包括王国军、杨翠迎、丁少群、段家喜、朱俊生、李文中等。朱俊生教授和他的几位弟子，帮我在中国知网上检索和下载了所能查到的我曾发表的农业保险方面的所有文章，这为我选择和编辑本书提供了极大方便。有些下载的文章只有PDF版，供职于中国出口信用保险公司但一直热爱农业保险研究的王德宝博士又帮我扫描，将其转换成Word文件，便于我编辑。对他们付出的大量时间和辛勤劳动，我必须表示感谢。

在我的农业保险研究生涯中，还有一些重要的必须感谢的人。已故著名农业保险实践先驱和研究学者郭晓航教授，他在20世纪40年代就作为一家保险公司的经理在重庆进行过农业保险的试验，50年代以后就在北京财贸学院（今首都经贸大学）教授保险和农业保险，我1996年来到首都经贸大学后，能直接得到他的指点并从他那里学到许多不曾了解的农业保险的思想和知识，是非常荣幸的，我的一些思路得益于他的论著和观点。因为郭晓航教授的缘故，这个系的农业保险研究和教学在保险界有极其重要的地位，同在这个保险系共事的其他同仁，如张晓红副教授、张欲晓副教授等，都给了我许多研究农业保险的支持和帮助。

还必须感谢的是一大批农业保险研究的先行者，包括20世纪80年代就带领学生做农业保险研究的魏华林教授、郭颂平教授、孙蓉教授、刘冬姣教授、赵春梅教授等，我得到他（她）们的不少指导，并从与他（她）们的交流中获益良多。还有众多的后起之秀，包括黄延信博士、张峭博士、龙文军

① 本来我准备把《农业保险》中我撰写的有些内容编进本书，因为它反映和代表了当时对农业保险理论和国外农业保险发展状况及模式研究的认识水平。但因全书整体篇幅所限，便没有收编入内。

博士、张跃华博士、赵元凤博士、冯文丽博士、谢家智博士、张长利博士、邢鹂博士、王祺博士、冷慧卿博士、费友海博士、黄英君博士、张祖荣博士、霍荣博士、叶明华博士、王克博士等，他们是近10多年涌现出来的热心于农业保险研究的新生力量，具有深厚的理论基础和娴熟的数理分析方法，特别是具有可贵的敏锐和创新思维，在和他们多方位的合作或者交流中，我都得到不少启发和鼓舞。

学术研究总是要和实践结合，才有方向和目标，也才能“接地气”。所以我还必须感谢国元农业保险公司的张子良董事长和殷寅总裁、张福银副总裁、董鸿宾副总裁等公司领导，他们多次给我和我的学生提供调研的机会和方便，我的有一些文字是在国元农业保险公司的调研之后写成的。后来我还和公司的同仁们一道写作和出版了《在江淮的田野上》一书，总结和介绍了这家公司的发展足迹。他们一直很关心本书的出版并给我很多鼓励，还通过公司为本书提供了出版资助。其实，中国人保财险公司安信农业保险公司、安华农业保险公司、阳光农业相互保险公司、中航安盟保险公司、中国渔业互保协会等，也都为我和我的学生的研究提供过深入实际的条件和机会，都必须感谢。

最后，我也必须感谢40多年来相濡以沫的夫人张爱习副教授，这本书里的字里行间，都有她的心血和功劳，没有她多年的鼎力支持和自我牺牲，我的学术生涯肯定受挫，因为我很难“说走就走”到处去做调查，也很难踏踏实实坐下来写文章。本书的编辑和出版，她也帮了大忙，做了许多文字编辑工作。

其实，还有很多朋友极力支持出版这本书，特别是中国农业出版社的老朋友赵刚主任，一直支持我编辑出版这些文字，还有负责认真、热情洋溢的孙鸣凤责编，他（她）们都是我编辑出版的动力之一，也必须表达我的谢意。

庹国柱

2014年5月1日于北京

目 录

2014

2013

2012

2011

2010

2009

2008

2007

2006

2005

2004

2003

2001

2000

1997

1996

1994

1992

1987

完善我国农业保险制度需要解决的几个重要问题*

中央财政自2007年开始实施农业保险费补贴政策。此后，全国农业保险得到飞速发展，2007—2012年平均增长速度达到95%。我国农业保险保费规模从2008年起一直稳居全球第二。2007—2012年中央财政累计拨付农业保险保费补贴资金361亿元，全国农业保险累计保费收入近850亿元，为7.65亿户次农户提供风险保障2.68万亿元，有数千万户次的受灾农户获得农业保险的损失补偿。2013年的保险费收入达到306.6亿元，比2012年增长27.4%，承保的农作物面积也超过10亿亩①，约为播种面积的42%。向3 177万受灾农户支付赔款208.6亿元，同比增长41%。有的省，例如黑龙江，赔付率超过100%，支付赔款27亿元。索赔数额最多的农户获得赔款352万元。

尽管目前农业保险的损失补偿水平还不高，但农业保险的分散风险和补偿损失的功能得到充分发挥，成为财政通过金融保险市场机制支农的重要抓手，对稳定我国农业发展和安定农民生活所起到的积极作用是显著的。

从2013年3月起，《农业保险条例》开始实施，我国农业保险进入了规范发展的新阶段。实践证明，在我国现代农业加快发展的条件下，政策性农业保险制度是我国管理农业风险的有效手段。加快政策性农业保险制度建设，促进农业保险更加广泛的发展是众望所归。中共中央十八届三中全会的决定中，提出要“完善农业保险制度”。2014年中央1号文件再次对完善农业保险制度和加快农业保险发展提出了一系列的重要指导意见。

根据我们的调查，当前农业保险发展中还存在一些值得重视的问题，包括：有的人提出要重新进行农业保险制度的顶层设计；一些省的农业保险经营模式尚不完善；中央和省两级农业保险大灾风险分散制度缺位；农民渴望进一步加大财

---

* 本文与朱俊生合作，发表于《保险研究》，2014年第2期。

① 亩为非法定计量单位，1亩≈666.7米^2。下同。——编者注

政和税收政策对农业保险的支持力度；无论国家层面还是省一级还没有建立农业保险费率精算和调节机制；过多农业保险经营主体在一地竞争，正在影响农业保险的市场效率；保险机构微观经营在不少地方还不够规范，也使得农业保险的实际效果大打折扣；农业保险监管需要进一步加强等。这些问题的尽快解决，将有利于政策性农业保险制度的完善，促进农业保险的健康和可持续发展，使我国政策性农业保险发展跨上一个新台阶。

一、必须坚持已经确立的农业保险制度

2012 年颁布并于 2013 年 3 月正式实施的《农业保险条例》，为中国农业保险设计出“政府与市场合作”即 PPP（Public-Private Partnerships）制度模式。该条例的第 3 条规定，“国家支持发展多种形式的农业保险，健全政策性农业保险制度。”“农业保险实行政府引导、市场运作、自主自愿和协同推进的原则。”这个条款规定，中国发展的农业保险既包括商业性保险也包括政策性农业保险，而且这种保险是由政府政策支持的，并得到各有关部门的共同协助。后面的条款还规定，农业保险主要由保监会来监管。这从制度和体制上确立了我们的农业保险制度模式。

这种模式选择不仅是按照十六届三中全会以来的经济指导思想所做出的选择，也是一个历史的合乎中国实际的演变结果。

中国农业保险试验的历史很长，最近的一轮试验始于 1982 年，那就是由当时全国唯一的一家综合性国有保险公司中国人保所进行的大规模试验。这场试验持续了 22 年，其间也有中华联合在新疆生产建设兵团的试验（自 1986 年始）和黑龙江农垦在垦区（1993—2003 年）的局部试验。在试验高潮时，农业保险费总收入曾经达到将近 9 亿元。然而，这些试验由于是在商业保险框架下进行的，而且基本上没有财政的支持，所以历经制度创新的多种尝试都无济于事，2003 年，全国的农业保险总收入跌落到 4.46 亿元（只相当于 10 年后的 2013 年农业保险费收入的 1.45%）。2004 年，中国人保不得不在其上市前夕完全放弃农业保险业务。尽管如此，以人保为主的几十年农业保险试验，为我国农业保险积累了丰富的经验，也培养了大批专业人才。这是今天农业保险大发展的人才和技术基础。

在 21 世纪初，农业保险界探讨中国农业保险制度模式的时候，根据国外和国内的经验，曾经有 4 种设想：一种是学习美国最初选择的模式，即由政府建立官方的农业保险机构，组织农业保险经营，财政部在 1997 年曾经设想过这种方案，并初步起草了中国农村保险公司的章程草案；第二种是采用美国现行制度模式，实行政府支持，政策引导，具体业务交由商业性保险公司实施；第三种就是学习日本，全面选择合作保险模式，直接保险业务完全由农民自己建立的农业保

险合作社来经营；第四种就是维持当时的现状，继续由商业性保险公司经营。

后两种模式逐步被否定了。因为几十年的不成功试验实践表明，在中国的现实条件下，完全靠商业性保险公司的经营或者完全靠农业保险合作社唱主角来经营农业保险，都难以取得成功。商业性保险公司虽然有技术和人才，但农业保险离开政府支持肯定“玩不转”，而要选择合作制保险的困难在于，农民普遍缺乏保险专业和技术知识，要经营农业保险有实际困难，同时农民的自组织能力也有欠缺，在局部地区可能会发展一些合作制保险，若要作为中国农业保险的主导组织模式，并不现实。这大概是保险学界和业界不看好由合作制保险“坐庄”农业保险的重要理由。特别要指出的是，目前存在的“协会保险人”，既不是商业性保险机构，也不是相互或合作性保险组织，而是一种可以提供涉农保险服务的社团组织，它们可以发挥自己的某些特长，在农业保险（包括涉农保险）中起到拾遗补阙的作用，但是要担当全国农业保险的重担也不实际。

而在中央全力推进市场化改革的环境下，选择政府主导的国有保险公司对农业保险实行垄断性经营的道路，也难以为中央决策层和市场双方接受，因为这不符合国家经济改革的主流理论和意识。那么，在多方考察国外农业保险制度模式特别是美国现行制度模式之后，选择这种 PPP 模式也就顺理成章了。

可见，中国农业保险制度的顶层设计，选择了政府与市场合作的模式，不是随心所欲，或者临时动议，而是几十年实践和研究的自然演变结果。它既符合中国的实际，也符合市场化改革的潮流。

但是，近来有的人提出要推倒《农业保险条例》确立的农业保险制度，重新进行顶层设计。我们认为，刚刚建立的农业保险制度尽管还需要在实践中不断完善，但没有必要另行选择其他模式，更不能重新进行顶层设计，如果“推倒重来”则只能引起混乱，极大影响农业保险的健康发展进程。对于这个问题，可以进一步深入研究。

二、中央要指导各省制定或完善农业保险经营模式

根据《农业保险条例》的设计，我国农业保险制度实行的是分散决策的公私合作的制度安排，中央政府只提出统一的制度原则，统一的财政、税收、监管政策和多个相关部门共同配合的要求，各省（自治区、直辖市）的农业保险如何组织实施，成立何种管理和协调机构，采取什么市场安排，开办哪些保险种类和险种，如何组织本地风险区划、安排大灾风险分散制度，在中央的政策之外还出台本地的何种支持政策等，完全由各省（自治区、直辖市）政府自行决策。这就是《农业保险条例》第 3 条第 3 款规定的，“省、自治区、直辖市人民政府可以确定适合本地区实际的农业保险经营模式”。

从目前全国各地的情况看来，有的省（自治区、直辖市）精心选择和设计了

本地的农业保险的经营模式，省政府对农业保险比较重视，甚至作为本省（自治区、直辖市）的“民生工程”“折子工程”来抓，并进行考核，那里的农业保险业务推进比较顺畅，发展也比较快，得到农民的热烈响应。但也有的地方，或者是因为对中央农业保险的政策方针和《农业保险条例》缺乏学习和领会，不完全了解设计本地农业保险经营模式的重要意义，或者是因为对农业保险制度安排和经营模式选择的内容不大熟悉，至今还没有出台完整的本省（自治区、直辖市）发展农业保险制度的方案，或者设计的方案很不完善，各种关系暂时还没有理顺，致使保险机构不大敢于进入农业保险市场，进场的保险机构的经营也小心翼翼，基层政府和投保农户的积极性也不高，这些地方农业保险的发展受到很大的影响，农业保险发展业绩与本省农业经济的地位很不相称。相反，有的省份无论保险费收入还是农业生产总值排序并不靠前，其农业保险发展却比较领先（表 1）。当然，不同地方的其他市场环境也是造成这种差异的原因。

其中特别需要提及的是省级管理和协调机构的安排。目前各省大都设立了“农业保险领导小组”，尽管该组织还不是有实际管理职能的常设机构，还是有利于农业保险的规划和发展。但是，“农业保险领导小组”下设办事机构，有的设在农业厅（局）或农委，有的设在财政厅，还有的设在发展改革委。

表 1　2012 年各省（自治区、直辖市）农业保险发展情况比较

省份或地区	农业生产总值（亿元）	全国排序	保险费总收入（百万元）	全国排序	农业保险费收入（万元）	全国排序
北京	150.20	29	92 308.71	4	51 263.77	16
天津	171.60	28	23 815.72	25	9 349.78	28
河北	3 186.66	5	76 708.89	9	128 916.95	7
山西	698.32	25	38 464.94	16	39 067.65	19
内蒙古	1 448.58	17	24 774.37	22	192 061.96	4
辽宁	2 155.82	11	41 844.75	13	69 174.46	13
大连			16 061.99	28	5 136.92	32
吉林	1 412.11	18	23 254.06	26	88 336.16	10
黑龙江	2 113.66	12	34 414.81	18	221 590.01	2
上海	127.80	30	85 379.02	5	36 473.47	21
江苏	3 418.29	3	130 128.02	1	118 933.61	8
浙江	1 667.88	14	81 987.70	7	41 515.10	18
宁波			16 470.56	27	8 478.56	31
安徽	2 178.73	9	45 361.32	12	175 656.33	5
福建	1 776.71	13	38 477.88	15	30 600.73	23
厦门			9 291.77	32	164.73	35

（续）

省份或地区	农业生产总值（亿元）	全国排序	保险费总收入（百万元）	全国排序	农业保险费收入（万元）	全国排序
江西	1 520.23	16	27 171.89	20	62 277.22	15
山东	4 281.70	1	96 774.75	3	80 707.29	11
青岛			16 028.81	29	5 046.08	33
河南	3 769.54	2	84 113.18	6	117 870.12	9
湖北	2 848.77	7	53 331.05	10	64 700.86	14
湖南	3 004.21	6	46 511.39	11	159 317.02	6
广东	2 847.26	8	129 533.21	2	43 899.09	17
深圳			40 154.03	14	771.47	34
广西	2 172.37	10	23 826.39	24	12 961.99	27
海南	711.54	24	6 027.05	34	16 726.62	25
重庆	940.01	21	33 102.65	19	19 159.33	24
四川	3 297.21	4	81 952.41	8	226 650.48	1
贵州	891.91	22	15 022.51	31	6 875.66	31
云南	1 654.55	15	27 019.42	21	71 695.72	12
西藏	80.38	31	953.72	35	8 630.35	30
陕西	1 370.16	19	36 532.76	17	30 937.81	22
甘肃	780.50	23	15 876.75	30	37 836.20	20
青海	176.91	27	3 240.07	34	8 861.62	29
宁夏	199.40	26	6 268.82	33	15 454.12	26
新疆	1 320.57	20	23 556.03	23	192 331.75	3
全国	52 373.58		1 548 792.98		2 401 255.78	

资料来源：2013 年《中国保险年鉴》；保监会有关统计资料。

从目前我们调查了解的情况看，这个办事机构放在不同部门，各有利弊，其管理和操作效果也有一定差别。建议各省（自治区、直辖市）政府在总结经验的基础上，完善这种农业保险的管理组织机构，真正发挥这个管理和协调组织的功能和作用。虽然管理和协调机构放在哪里是各省自己的事，但是各地有必要了解和总结经验，以利于更好地发挥这个机构的作用。

我们在田野调查中发现，不同地区政策性农业保险的制度结构一定程度上体现了与地区环境的相容性，不同制度结构之间的差异也反映了地区环境之间的差异。新制度经济学的理论表明，制度的动态演进必须具有“适应性效率”的制度特征。具有适应性效率的制度结构要允许组织进行分散决策，允许试验，鼓励发展和利用特殊知识，积极探索解决经济问题的各种途径。因此，在政策性农业保险的制度创新中，首先要允许分散决策，允许各地多样化的制度选择。由于不同地区经济和社会发展水平存在差距，以及各地不同的发展战略，各地可以实行分散决策，根据当地的具体情况因地制宜地自行确定政策性和商业性农业保险项目的范围、种类和保障水平，自行决定对政策性农业保险的补贴原则和标准等。分散决策形成了多样化的制度结构，而不同的制度结构在相互学习、借鉴和竞争中“优胜劣汰”，这就是自由选择形成的多样化制度结构“收敛”的过程。从更为宏观的视角出发，各地制度结构相互竞争的“收敛”过程构成了政策性农业保险制度模式的自发演进。但显然，仅靠制度的自发演进难以满足政策性农业保险的发展对有效制度的需求，因此，制度的设计和变迁就十分必要。在我国政策性农业保险制度发展中，有必要参考制度“收敛”过程中呈现的一些共同制度属性，进行人为制度设计，确定全国大致统一的整体制度框架。政府主导下的“统一制度框架”的人为制度设计能够加快我国农业保险的制度演进过程，弥补仅靠制度演进难以满足社会对有效制度需求的不足，同时也有利于纠正农业保险制度自发演进中的路径依赖现象。因此，全国政策性农业保险政策设计必须坚持“统一制度框架与分散决策相结合”的原则，将制度的自然演进和人为设计有机地结合起来。

总之，有必要由中央政府（或保险监管部门）制定一个指导省一级农业保险制度设计的导引或要点，列明农业保险制度中必不可少的制度要素。例如，省一级要设立必要的管理和协调机构，确定本省范围内的市场主体及其结构，确定本地政策性农业保险财政支持政策和支持重点项目、险种，依据中央制定的原则，建立本地的大灾风险管理制度，进行本地农业风险区划和费率分区，逐步建立风险评估和费率厘定的科学机制和机构，对各有关政府部门如何“协同推进”农业保险制度建设做出安排，对基层（特别是县和县以下政府和涉农部门）协助和代理农业保险业务做具体规定等。对某些可以统一的制度要素给出建议，便于各省参考，不至于因为缺少某些重要的制度要素而使农业保险的运作出现较大偏差。特别是严重侵害投保农民利益的问题，或者农业保险经营在这里不可持续的问题。

三、加速建立中央和省两级农业保险大灾风险分散制度

政策性农业保险需要建立大灾风险管理制度，以便应对较广泛的农业巨灾风险损失发生以及对政策性农业保险制度稳定性的冲击，保证政策性农业保险制度的健康和可持续发展。这是学术研究和各国政策性农业保险实践提供的理论和宝贵经验。我国也有这类经验，2007 年政策性农业保险试验之始，有的省就发生过较大灾害损失，当时在这些省经营农业保险的保险公司，无力足额赔偿受灾农户的损失，又没有省一级和中央一级大灾风险分散制度安排，致使投保农民的利益受到不应有的损害。

中央非常重视政策性农业保险的大灾风险分散制度的建设，从 2007 年以来的中央 1 号文件中，已经多次讲到这个问题。在 2013 年开始实施的《农业保险条例》中，也明确规定“国家建立财政支持的农业保险大灾风险分散机制，具体办法由国务院财政部门会同国务院有关部门制定”。根据我国实际情况，农业保险的大灾风险分散制度至少应当分 3 个层面来设计，即保险机构层面、省级层面和中央一级。

目前，财政部发布了《农业保险大灾风险准备金管理办法》，该办法的指导思想和管理思路基本上是正确的。保险机构层面的制度规范好了，就会较好解决公司层面的大灾风险分散机制问题，同时在一定程度上较好解决财政补贴农业保险保费的科学性与合理性问题。

但是，保险机构和各省也希望早点解决国家层面和省一级的大灾风险分散制度的建设问题，希望对这两级大灾风险管理制度做出明确规定或者要求。例如，这个大灾风险分散制度如何建立、依据什么原则、两个层级的责任划分、筹资安排、如何管理和操作等。这个制度不落实，各省的相关制度建立和完善就会受到影响，在缺乏省一级和全国大灾风险分散制度的情况下，做农业保险的保险机构也是比较担心的。特别是在财政部门和保险监管部门明令禁止各公司对于保险合同中的风险责任封顶赔付之后，这个制度的建立和完善更显得重要。不然遇到大的灾害损失，不是保险公司破产就是投保农民利益受损。我们不希望看到这种极端的事情发生。

因此，建议财政部门会同其他有关部门在解决公司层面大灾风险准备金管理制度的同时，尽早制定出包括中央农业保险大灾风险分散制度的方案和省级大灾风险分散制度建设的指导性意见或是规范性文件，便于各地参照制定或者完善本地大灾风险分散制度，同时与中央一级大灾风险分散制度进行有机衔接。

四、继续加大财政政策的支持力度

财政和税收支持政策是政策性农业保险制度的主要要素，也是政策性农业保险制度的主要标志之一。没有这些政策，就没有政策性农业保险。在过去的 6 年中，财政和税收政策对农业保险的支持力度不断加大，保险费的财政补贴无论是覆盖省份还是受补贴种植业、林业、畜牧业险种都在迅速扩大。中央财政支持的种植业和林业保险标的已经由 2007 年的 5 种，增加到 2013 年的 13 种（小麦、水稻、玉米、棉花、大豆、花生、油菜、马铃薯、青稞、甘蔗、甜菜、橡胶树、森林），畜牧业保险由中央财政支持的保险标的也由 2007 年的 2 种增加到 2013 年 5 种（奶牛、能繁母猪、育肥猪、藏系羊、牦牛）。税收政策也对农业保险增加了一些优惠项目，提高了优惠幅度。特别是对保险经营机构的部分大灾风险准备金不征收所得税的政策，促进和推动了政策性农业保险制度的快速发展。

但是，从大多数投保农民的意愿来看，农民迫切期望进一步提高财政补贴力度、扩大补贴范围。

第一，农民希望提高保险保障的水平。以水稻保险为例，一亩田的水稻产量600～1 000千克，按一般收购价计算，产值在900～1 600元，但因为水稻保险只保物质成本，在高产地区，保险金额只有400多元，不到一亩水稻收益的三分之一。在粮仓吉林省，一亩玉米的保险金额才267元。农民说，这哪里够成本?其实保险机构也愿意适当提高保险金额，但限于财政补贴的额度，无法满足农民合理的诉求。这也影响到很大一部分农民的投保积极性。

第二，有必要扩大中央财政支持的保险标的的范围。中央财政制定的提供保费补贴的种植和养殖类保险标的目录，其所覆盖的保险标的种类很有限，对一些省份农户和农村经济有重要意义的水果、蔬菜、鸡、鸭、鱼、虾、蟹等种植和养殖保险标的的保险，都还得不到中央财政的保险费补贴。只靠地方政府的财政补贴，补贴比例较低，无法起到鼓励农户投保的目的。这类作物、畜禽、水产类保险承保覆盖面就很低，从事这类生产的农民也很有意见。这种政策设计虽然是想突出对国计民生有重要意义的粮棉油作物和奶牛生猪等牲畜类保险的支持，但对“粮食安全”的理解不够全面，也不能充分体现财政政策的公平性。2014年中央1号文件提出“鼓励保险机构开展特色优势农产品保险，有条件的地方提供保费补贴，中央财政通过以奖代补等方式予以支持。扩大畜产品及森林保险范围和覆盖区域”，将会在一定程度上解决扩大覆盖面和提高保障程度的问题。

第三，现行财政补贴农业保险的保险费，实行中央、省、地、县“配套联动”政策，存在较大弊病。中央虽然没有硬性要求地（市）、县一定要配套补贴，但不少省要求地（市）、县提供20%左右的配套补贴。对于一些财政不宽裕的地（市）、县（这些县大都是农产品生产大县、在农业市场上有重要意义），因为自己拿不出足够的补贴，也就不愿积极推动本地（市）县农业保险的发展。在这些地方，农业保险的参与率比较低。这种不恰当的配套要求，也是有的地方通过假投保假理赔套取中央和省级财政补贴的原因之一。2014年中央1号文件明确要“逐步减少或取消产粮大县县级保费补贴”，这是非常必要的，必将促进这些地方农业保险的发展。

总之，我国财政给予保险费补贴的农、林、牧、渔保险标的和险种范围还应该继续扩大，保险保障水平应该逐步提高，相应的中央财政的补贴也应增加和提高。2012年中央财政补贴只有90.97亿元，2013年也不过120.38亿元，2007—2012年补贴合计不过361亿元，总量并不多，扩大补贴力度和范围应该是可能的。如果按照美国农业保险的补贴占其农业GDP的比例3.4%计算，我国2012年农业保险补贴总额可达1 780亿元，相当于我国2007—2012年6年中央财政补贴累计总额（361亿元）的近5倍。

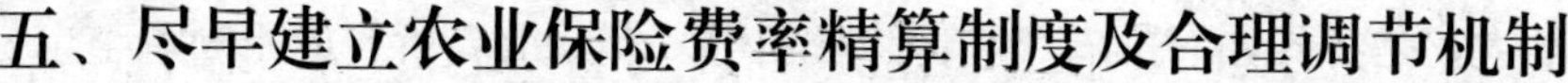

五、尽早建立农业保险费率精算制度及合理调节机制

农业保险价格（费率）科学合理精算，对农业保险的有效和可持续经营关系极大。政策性农业保险价格（费率）的合理与否，既关系到投保农民的利益，也关系到替农民支付了大部分保险费的政府的利益。

这里实际上是两个层次的问题：一个层面的问题是各地要做好风险区划和费率分区的问题，第二层面是建立具有公信力的费率精算制度的问题。

对于风险区划和费率分区问题，在经过几十年的呼吁之后，近几年已经得到从监管部门到一些公司的重视。因为保险要建立在科学合理和公平的基础上，而风险区划和费率分区是厘定科学合理和公平价格的基础。这也是其他国家农业保险发展的宝贵的成功经验。这件事越拖越难实施，对农业保险制度建设的危害越大。

对于由谁来主导政策性农业保险定价权，从而确立科学合理和公信力很强的政策性农业保费精算制度的问题，也应该提到议事日程上来。

目前我国农业保险的价格（费率）主要是由保险公司厘定，有的省是由保险公司和政府有关部门共同研究“商定”的，当然也有的地方实际上是由政府来“规定”的。事实上，政府还没有意识到，农业保险的费率制度要公平合理的话，应当由政府专门机构来制定或者由有权威的第三方来制定①。在过去的近 7 年农业保险试验中，除个别省份个别年份发生中等灾害损失造成保险公司的分支机构亏损，全国没有较大范围比较严重的灾害损失发生，所以，各经营主体每年的赔付率都不高，在 50%～70%，费用率因为展业、定损理赔主要是依靠基层政府或涉农机构费用率也不高，所以在这 7 年中，经营政策性农业保险的公司大部分年份账面上有不少盈余（例如，2013 年全国农业保险的承保利润是 8.34%②）。保险公司解释说这种财务状况，主要是这些年“天帮忙”的缘故，而且难以预料哪年发生一次大灾会把过去多年的盈余都赔进去。这话虽然不错，但是短时期内的这种财务效果，足以使不少财产保险公司看好这个“新兴”市场，纷纷申请进军农业保险领域，引起政府部门和农民对农业保险价格的密切关注和质疑。这大概也是财政和税收对扩大支持政策性农业保险力度持保留态度的重要原因。

在国外，政策性农业保险的价格（费率）体系主要是由代表公众（包括投保农民）利益的政府专门机构（在美国，是政府所有的农作物保险公司和农业部风

① 美国的政策性农业保险的费率最初在由 FCIC 垄断经营的时代是政府按照精算规则厘定的，后来实行市场化经营后，费率就交给“美国雹灾保险协会”来厘定。加拿大的费率一直是由政府专门机构厘定的。

② 孙祁祥，等 .2014. 中国保险业发展报告：2014 [M] . 北京：北京大学出版社 .

险管理局，近10多年，在市场化改革之后，政府委托美国雹灾保险协会厘定；在加拿大，是各省国有的农作物保险公司等）制定的，价格的不断调整也是由这类机构完成的。这种定价的原则包括风险与价格相匹配，农业保险经营与财产、人身保险的盈利水平相当等，因此，这种由政府在风险评估基础上厘定的价格被认为是科学合理的。参与经营农业保险的保险公司不含超额承保利润，但也不会吃“亏”，政府虽然拿出高额补贴也不会觉得不合理。

我国无论中央政府机构还是地方政府暂时还没有这个条件和能力来主导农业保险的定价和调整（或许是不愿意做这种考虑）。要在中央政府层面组建一个机构来研究农业风险和精算农业保险费率，至少目前可能性比较小。财政部和保监会最近发布了《农业保险大灾风险准备金管理办法》，有意通过该办法，在一定程度上解决因为价格的厘定和调节机制不健全带来的所谓“超额承保利润”的问题，但是这很难说是治本之举。所以我们认为，最好在中央一级建立一个风险研究和费率订定机构，这个机构可以由目前的农业研究机构（例如中国农业科学院、农业部农村经济研究中心或者国务院发展研究中心的相关机构）承担。如果不可行，就只好由各省逐步创造条件，在省一级建立农业保险费率精算制度和合理调节机制，积累本地农业保险精算数据资料，为其长远的科学的发展创造条件。这样考虑的依据就是《农业保险条例》。

《农业保险条例》第19条规定，“保险机构应当公平、合理地拟订农业保险条款和保险费率。属于财政给予保险费补贴的险种的保险条款和保险费率，保险机构应当在充分听取省、自治区、直辖市人民政府财政、农业、林业部门和农民代表意见的基础上拟订”。根据该条款的精神，省政府应当也可以建立费率评价制度，每年或每两年根据费率执行情况和结果，对费率进行评估和必要的调整，保证农业保险费率的公平性和合理性。

在条件成熟时，由省级政府或者其农业保险领导小组设立适当的中立研究机构（例如，省农业科学院的某个机构），专门研究农业风险和农业风险管理以及农业保险条款费率规章等。这是政策性农业保险长远的基础建设之一。这种设想不是没有可能的。

六、努力探索农业保险市场的竞争与合作机制

根据《农业保险条例》的规定，我国“农业保险实行政府引导、市场运作、自主自愿和协同推进的原则”。这里的“市场运作”和“自主自愿”表明政府不建立专门经营农业保险的公营机构，而是由目前市场上的商业性保险公司和其他合作互助保险机构来自愿参与经营。这种政策选择的主要考虑是因为利用市场上的商业性保险机构做农业保险，比起政府经营的效率高，同时我国几十年的农业保险试验一直是在商业性保险公司的框架下进行的，它们在几十年的试验中已经

积累了丰富的经验。后来也引进例如法国有几百年农业保险经营经验的安盟保险集团，也是着眼于市场化经营的经验。因此，由商业性保险机构和其他互助保险组织参与经营，是一个合理的符合国家完善市场经济制度的正确选择。这几年的实践表明，商业性保险机构的确在农业保险的快速发展中发挥了重要作用。

目前，市场上参与农业保险经营的保险公司已经有 27 家（获得经营资格的有 24 家）。财产保险公司参与农业保险经营的积极性持续高涨，各省也是一样，不止一个省在执着地申报成立新的农业保险公司。还有一些正在积极争取获得经营资质的专业性协会保险组织（例如渔业互保协会、农机安全协会、农业风险互助协会）。在有的省农业保险市场上有七八家商业性保险公司同台竞争，不少保险中介也加入进来，使得一些省份的农业保险市场上竞争非常激烈，这种竞争正在引起广泛的关注。

农业保险与一般商业保险的一个显著区别在于，农业保险活动不单纯是保险人和投保人双方的商业合同行为，而且有政府的多方参与。在中国，除了财政和税收政策，还有政府各相关部门的“协同推进”，包括协助保险机构宣传、组织、展业、签单、查勘、定损和理赔等保险环节的工作。特别是在县以下地区，农业保险业务离不开乡村涉农部门（例如农机、农技、农经机构）甚至行政部门的工作人员，为保险机构做代理。就是说，保险机构必须利用这个“协保渠道”来实现农业保险的服务，而不可能直接展业，也不可能完全依靠保险公司自己进行查勘和理赔。这是由我国农业经营规模太小和保险标的过于分散等原因决定的。这是现阶段中国农业保险的重要特点之一。

在这种与城市保险市场不同的条件和环境下，如果有多家农业保险经营机构在同一个县和县以下地区竞争，就会出现共同“争抢”同一个“协保渠道”的问题，除了不断推高代理手续费并助长“四风”，不会有任何提高经营效率和服务质量的意义。

在某种意义上，依靠行政力量强力推动的农业保险市场是一个“伪市场”。表面上，面对农户，也有多家保险公司提供农业保险产品，费率是由公司自己确定的，农户可以购买，也可以不买，这些都好像是市场化的。但实际上是行政权力在支配市场和市场的资源配置，这是导致行贿、受贿等违法犯罪活动屡禁不止的根本原因。由于让谁以及协助谁进场经营的关键资源牢牢掌控在行政权力部门，增加经营主体很大程度上演变为权力部门“租金”的飙升。这个问题的解决，根本上有赖于对权力的有效约束。在近期，需要探索农业保险市场的竞争与合作机制。在这个领域，不能提倡“充分竞争”，而要提倡“适度竞争”，或者只提倡服务“竞赛”。对政策性农业保险的保费和代理费有必要做统一规定，禁止竞争性降价和提高手续费，公司之间主要是在服务质量方面竞赛。否则，农业保险的利益必然因为无谓的竞争而流失，成本也只会不断推高。除此之外，不可能收获普通商品那种因为竞争所带来的效率提高、成本降低的效果。

同时，在一个省（自治区、直辖市）内，可以允许有多家符合条件的综合或者专业性保险机构做农业保险业务，可以在省级划分经营区域，而且有必要做出在一个县甚至一个市范围内，只选择一家保险公司做同类农业保险业务的规定，还要规定在一地经营要有持续性（例如至少 3 年），以防止在基层由争抢渠道引发的“寻租竞争”与“贿赂竞争”，导致农业保险经营混乱、经营效率下降和滋生腐败问题。同时严格实行违规退出机制，这方面需要监管机关和省级政府来明确做出具体规定。我们认为，鉴于目前的农业保险市场是一个“伪市场”，适当限制经营主体的数量，有助于缓解寻租，这与发挥市场在配置资源方面的决定性作用并不矛盾。

七、扎扎实实抓好经营主体依法合规经营

除了上述宏观和中观层面的突出问题，微观层面也有需要解决的重要问题，其中之一就是规范经营的问题。

如前所述，我国农业保险的政策性特质和中国的农业农村实际，给我国农业保险业务带来一些不同于其他国家农业保险经营，也不同于我国城市其他财产保险业务的特点，特别是要依靠县、乡、村的行政机构和涉农部门，在展业、防灾、定损、理赔等环节给予大力协助。同时在现在的实际条件下，大部分省（自治区、直辖市）都要求县一级政府也要给农户提供一定比例的保险费补贴。

在这种条件下，保险机构的业务经营成败在很大程度上取决于这些部门的支持与合作力度。甚至，保险微观经营能不能合法合规，也跟这些部门的行为联系在一起。在有的地方，政府要求保险公司造假套取财政补贴，基层政府截留保险公司给受灾被保险农户的赔款，授意甚至“硬性”让保险机构违规经营，也有地方政府亲自或者通过中介机构垄断和分配市场资源的问题等，这类问题已经不是什么秘密。这给各个农业保险经营主体提出一个严肃和重要的课题，那就是怎样把农业保险做得更加规范，特别是在展业、签单、收费、定损、理赔等环节严格依规操作和管理。只有这个问题解决得完满，我们政策性农业保险才能走得远。如果违法违规，任凭财政补贴资金漏失，任凭被保险农户的利益受损而不顾，农业保险的政策目标就会落空，农业保险特别是政策性农业保险前途就难言光明。

其实这个文章做得好不好，主要取决于保险经营机构的法律意识和长期可持续经营的意识，要守住“合规”这个底线。据说有一家保险公司为了抵制中介公司垄断农业保险市场资源的非法行为，宁愿丢掉了一个保费份额也绝不支付师出无名的所谓“佣金”。也有保险公司宁愿放弃一个县的能繁母猪保险业务，也不肯按照县上的意图，通过做假赔案填补农民不交保费的空缺。听到这些真实故事，的确令人感动。如果保险公司都有这种原则性和“底线”意识，牢固树立起守法合规观念，不仅洁身自好，而且敢于抵制来自任何方向的不法行为和无理要

求，农业保险的规范经营就完全能做到而且能做好。这样，中国的农业保险才有健康发展的希望。

为此，我们一方面要致力于提供维护基本正义的制度，即我们必须建立真正好的具有正向激励的制度，才能避免损人利己行为，使农业保险市场真正有合作精神，构造走出个人理性与集体理性矛盾的“囚徒困境”的协调机制和激励机制。显然，制度就是关于合作方式之框架，良性制度提高合作效率，降低合作成本。另一方面，农业保险市场不断涌现出制度企业家，他们通过不断创新，最终改变、创造出新的行为规范与价值观念，为人们所普遍接受与使用。这些制度企业家经过反思，确定并追求自己的“正确的利益”，这才是真正的理性，这样的人才是农业保险市场秩序最为恰当的主体。

八、必须全方位加强对农业保险的监管

加强对农业保险的监管已经不是口头上的“官话”了，在农业保险迅速推进的今天，首先要完善农业保险的法规体系，加快制定与《农业保险条例》配套的部门规章，同时加强对保险机构（包括保险中介机构）的监管，使它们无论是市场行为、偿付能力还是公司治理结构等方面都要中规中矩，合乎规范，不断提高微观经营和管理水平，至少不能使农业保险“变味”。

除了加强对保险机构的监管，还要加强对地方政府的监管。法治理论认为，权力的“知止”单靠权力者自律是做不到的，其权力边界应通过外在力量的约束来划定和实现。已经实行的《农业保险条例》存在一个重要的缺憾，即虽然规定了相关政府部门对农业保险的政策支持，但没有有效界定和约束政府在农业保险经营活动中的权力边界，政府与公司的行为边界并不清晰。特别的，已有的罚则几乎全部针对保险公司，而对于政府的可能违规行为没有任何相应的罚则。由于《农业保险条例》中没有专门规定对地方政府的监管，监管责任不明确，便产生了监管“漏洞”，出现了监管“真空”，才发生了有的地方出现贪污财政补贴农业保险的资金那样的严重问题。还有，保险不与农户见面，就是基层干部和保险公司“玩游戏”，把农业保险当成他们的“提款机”。因此，有必要进一步完善农业保险立法，必须基于法治思维，要通过限制政府的权力，保障个体权利与自由；要通过外部约束明晰政府在农业保险经营活动中的权力边界。这也足见对地方政府在农业保险中的行为加强监管的必要性。中央政府需要进一步明确对地方政府的监管，落实监管责任。

全方位加强对农业保险各方面的监管，要解决上面提到的两个层面的问题，当前最需要解决两个问题：第一，要对农业保险中的政府行为做出明确监管规定，同时明确负责监管的责任机关，不再留有监管“真空”。在目前农业保险的制度建构中，离不开公权力。但利用公权力发展农业保险的前提是要还原真实的

公权力，即公权力都是理性经济人，拥有最大化自身利益的原始动机，都部分地怀有为自身利益而滥用权力的动机。因此，要通过立法的外在约束限制政府在农业保险中的权力边界，同时以农户参与农业保险制度决策与管理权利去制约政府的权力，实现权力的制衡。第二，切实充实和加强监管力量。农业保险的大部分业务活动在县和县以下地区，监管机关却在省和省以上城市，这种监管机构设置难以适应对农业保险的监管需求。同时，监管力量也严重不足，进一步限制了监管活动的实施，一个省就一两个专职监管人员，保监会也仅为只有 3 个人的一个处，要胜任如此广大范围里的监管职责还是不容易的。

全方位监管落实了，才能保证农业保险有一个依法合规的公正的市场秩序，保障投保农户的权益，保障政府支持政策的效率，也让我国农业保险的微观经营水平上一个台阶，也才能打造出农业保险的 2.0 版甚至 3.0 版。

参 考 文 献

冯文丽．2014. 中国农业保险制度变迁研究［M］．北京：中国金融出版社．

科斯．1994. 财产权利与制度变迁：产权学派与新制度学派译文集［M］．上海：上海三联书店．

庹国柱，王克，张峭，张众．2013. 中国农业保险大灾风险分散制度及大灾风险基金规模研究［J］．保险研究（6）．

庹国柱．2012. 有效防范道德风险方能使政策性农业保险健康发展［N］．中国保险报，02-27；03-01.

庹国柱．2013. 要重视农业保险中的寻租现象［J］．保险经理人（7）．

项俊波．2014. 稳中求进　改革创新　不断开创保险监管工作新局面［N］．中国保险报，01-22.

Olivier Mahul，Charles J Stutley. 2010. Government Support to Agricultural Insurance：Challenges and Options for Developing Countries［M］. The World Bank.

在深化改革中稳步推进农业保险*

——学习2014年中央1号文件关于发展农业保险的指导意见

新年伊始，中共中央、国务院2014年1号文件的春风已经吹遍祖国大地。中国的农业保险正在春风中萌生新枝。

在过去的2013年，中国农业保险供给大幅攀升，已经有24家财产保险公司获得经营资格，新进场的公司已经开始部署开疆拓土。还有，中国渔业互保、农机互保等协会保险组织不断扩大展业，使农林牧渔业的保险空前繁荣。2013年全国农业保险费收入达到306.6亿元，以27.4%的环比增长速度，不仅在产险行业各险别的增长速度中夺冠，更在整个保险行业的发展中名列前茅。单以种植业而言，其覆盖面积已占播种面积的42%。笔者相信，无论是绝对数还是相对数，在所有新兴国家中也是遥遥领先的。毫无疑问，这种高速发展在很大意义上得益于各级政府的"协同推进"，特别是政府财政和税收政策的强力支持，仅中央财政的保费补贴就超过100亿元。

但是，我们农业保险的制度设计和经营实践并非完美无缺，制度需要完善，经营需要扩展，技术需要改进，经验也需要积累。中央1号文件根据农业保险制度建设和经营中间存在的问题和需要拓展的空间，在"加大农业保险支持力度"的标题下，有针对性地提出了对2014年农业保险发展的指导意见。

一、继续扩大保险覆盖范围和提高保险保障水平

我国自2007年以来，中央政府决定开始使用公共财政补贴农业保险费，揭

* 本文发表于《中国保险报》，2013年3月4日、11日。中共中央、国务院从2004年以来连续11年发布的1号文件，都有关于农业保险的指导意见，这些意见，实际上是中央根据中农办、保监会、财政部、农业部、国务院发展研究中心等政府部门和研究机构对农业农村和农民问题调查研究和判断之后制定的重要的政策。因为文件言简意赅，做一些解读是有助于大家的理解的，所以作者先后写过不止一篇或长或短的解读文字，谈自己的理解和体会，这些文字都已收入本文集。

开了中国发展政策性农业保险的崭新篇章。此后，中央和各级政府财政支持农业保险的范围不断拓展，到2013年纳入中央财政补贴的包括粮棉油糖和森林、生猪、奶牛在内的种植和养殖业保险标的有19种之多（表1），补贴的险种有数十种，使政策性农业保险有了长足发展，2007—2013年7年中，保险规模的增长速度达到67%，远远高于保险业在同期的发展速度。

表1　获中央财政保险费补贴的农业保险标的一览

保费补贴来源	保费补贴的标的
中央财政补贴保费的种植业保险种类	水稻、小麦、玉米、棉花、大豆、油菜、花生、土豆、橡胶树、甘蔗、甜菜、森林
地方财政补贴保费的种植业保险种类	大棚蔬菜及大棚、种植香蕉、种植苹果、种植梨、露地种植西瓜、种植葡萄、种植柑橘
中央财政补贴保费的养殖业保险种类	饲养能繁母猪、饲养奶牛、饲养育肥猪、饲养藏系羊（青海、四川、云南、甘肃、西藏）、饲养牦牛（青海、四川、云南、甘肃、西藏）
地方财政补贴保费的养殖业保险种类	养鸡、养鸭、养鹅、淡水养鱼、养虾、养蟹、海水（网箱）养鱼、养殖海参
地方财政补贴保费的涉农保险种类	农房、渔船、农业机械、渔民（人身意外伤害）、农机手（人身意外伤害）

资料来源：根据财政部和部分省有关文件整理（截至2013年年末）。

但是，还有许多种养殖业标的没有纳入政府补贴范围，特别是中央政府补贴的标的范围只有18种，而单由地方政府补贴这些险种囿于地方政府的财力，覆盖范围比较有限。更重要的是目前无论种植业保险还是养殖业保险，保障水平都很低，只保物质成本，保险金额一般只有其正常年景收入的30%左右。调查表明，投保农民有两个期盼：一是希望他们种植的大多数甚至全部作物和养殖的畜禽鱼虾的保险都能享受政府的保险费补贴；二是保险金额至少能覆盖种养业产值的70%～80%，这才有灾害补偿的意义，真正解决农业再生产的可持续问题。像现在这样只补偿30%的种植和养殖收入，“没意思”。这是不少农民不愿意参加农业保险的重要原因之一。

因此，2014年中央1号文件提出要“不断提高稻谷、小麦、玉米三大粮食品种保险的覆盖面和风险保障水平。鼓励保险机构开展特色优势农产品保险，有条件的地方提供保费补贴，中央财政通过以奖代补等方式予以支持。扩大畜产品及森林保险范围和覆盖区域。”中央考虑到政府财力的实际，以及稻谷、小麦、玉米三大粮食品种在国家粮食安全战略中的重要地位，首先要扩大这些作物的覆盖面、提高其保障水平。而对于其他的作物，特别是当地的特色农业产品，虽然暂时还不能纳入中央补贴的目录，但是在地方补贴的基础上，准备采取“以奖代补”的政策给予支持。同时，“扩大畜产品及森林保险范围、覆盖区域”。表明对于畜产品保险和森林保险，无论中央还是各省都要增加支持种类，加大支持力度。当然，扩大补贴范围、提高覆盖率和保险保障水平，只能根据财力同时根据实践发展情况，逐步推进，不可能一步到位，这是实事求是的。

二、着力调整政府财政支持的结构

政府公共财政支持农业保险不是一个简单的政策，除了上述支持广度和力度，还有一个支持结构问题。汲取其他财政支持经济项目的经验，为了保证财政支持项目获得较好的效果，一般中央财政支持的项目，都要求下级政府有配套资金投入。国外的无偿援助或者贷款项目也是采取这种模式。所以，中央财政给农业保险补贴保费，也要求省政府配套补贴一定的比例。目前的政策是，中央财政对种植业保险保费补贴35%（东部地区）和40%（中西部地区），相应省份配套补贴的比例是25%和20%。不过，不少省份也要求地、县政府的财政也要配套补贴，这就使部分地、县政府犯了难，特别是那些被称为农业大县和财政穷县的地方，它们如果不提供配套补贴，省级和中央的财政补贴就得不到。其结果，这些财政不宽裕的地、县，要么“有多少钱，办多少事”，那里农业保险的“渗透率”或者“覆盖率”必然很低；要么动歪脑子，跟保险公司一起欺骗上一级，或者“先出钱再抽回”，或者直接以“应收账款”（其实是“不收账款”）的方式处理。对于这种做法，保险公司当然是“不敢怒也不敢言”，在这里做农业保险实际上是降低了保险费，那么保险经营能否盈利只好听天由命了。

中央实际上已经充分了解到这种情况，在2013年中央1号文件中，就提出要“加大对中西部地区、生产大县农业保险保费补贴力度，适当提高部分险种的保费补贴比例”。2014年中央1号文件中再次提出要“提高中央、省级财政对主要粮食作物保险的保费补贴比例”，并明确提出要“逐步减少或取消产粮大县县级保费补贴”。虽然这里没有说马上就完全取消产粮大县县级保费补贴，但是准备逐步解决。应当说这是实事求是的，马上就完全取消可能增加中央和省级财政的压力，难以承受，特别是在财政收入增速减低的客观环境下。

三、鼓励农业保险业务和产品创新

农业保险的发展除了制度创新和组织创新，业务和产品创新也具有决定性的重要意义。各国农业保险业务和产品创新的力度都很大。印度的农业保险，在前20多年主要就是在传统的产量保险上做文章，但始终没有大的发展。但近些年来在世界银行提供的技术支持下，根据农村金融和大部分地区雨养农业的实际情况，2003年，通过保险公司和小额信贷机构部门合作，为农户提供指数保险和银保互动的小额信贷，使其农业保险得到突破性发展。特别是天气指数保险的覆盖率迅速提高，受到国际广泛关注。美国在经历了50多年传统多风险产量保险的事件之后，近10多年广泛开发、试验和推行农作物价格保险和收入保险、生猪收入保险等新产品。由于这类产品既解决了自然风险损失问题又解决了市场风险损失问题，大受农民欢迎。目前各类价格保险和收入保险的保费收入已经占其总保费的90％以上。这种创新对美国农业经济的稳定发展、保障农民收入的稳定意义是明显的，受到农民欢迎也是顺理成章的，农民的参与率近10年维持在85％左右，与20世纪80年代及以前的30％～40％形成鲜明反差。

我国现在大多数农业保险产品还是所谓“成本保险”，只保物化劳动成本的风险损失。不少公司根据各地的实际，已经开始开发产量保险产品、天气指数保险产品、价格保险产品等，也有公司正在设计收入保险产品。在安徽、陕西，也有信贷保证保险产品试验，取得了较好的社会反响。这对我国农业保险的长远发展有重要意义。

中央1号文件鼓励各地进行保险产品创新，特别提出“探索开办涉农金融领域的贷款保证保险和信用保险等业务”，还提出要“启动东北和内蒙古大豆、新疆棉花目标价格补贴试点，探索粮食、生猪等农产品目标价格保险试点”。中央1号文件在这里所提出的产品创新方向是与配合两个领域的深化改革有关，其一是农村金融领域的深化改革，其二是“农产品价格形成机制与政府补贴脱钩的改革”。

中央对包括保险在内的金融机构要“强化金融机构服务‘三农’职责”，对银行业提出了许多要求。例如，稳定大中型商业银行的县域网点，扩展乡镇服务网络。强化商业金融对“三农”和县域小微企业的服务能力，扩大县域分支机构业务授权，不断提高存贷比和涉农贷款比例等。而一些地方的试验实践（例如国元农业保险公司通过“农业保险＋信贷保证保险”的产品创新为农户解决了贷款难题）表明，信贷保证保险对提高农户信用地位有重要意义。面对日益扩大的农产品及其加工品的出口业务和农业部门在国外的投资增长，对出口信用保险和投资保险的需求日益升温，虽然这类保险不属于农业保险的范畴，但是与农业保险有重要联系。中央1号文件在这里强调发展信用保险业务也是适逢其时。

中央要完善粮食等重要农产品价格形成机制，探索推进农产品价格形成机制与政府补贴脱钩的改革，逐步建立农产品目标价格制度，在市场价格过高时补贴低收入消费者，在市场价格低于目标价格时按差价补贴生产者，切实保证农民收益。农业保险在这里就能派上用场了，特别是农作物和畜禽的收入保险。对于减少农民收入波动、保护农户利益有重要意义。美国和加拿大的农作物和生猪的价格保险和收入保险，这类创新的农业保险产品，比较好地解决了既不干扰市场价格信号，不影响市场价格形成机制，又能相对保护农户利益的问题。所以中央期待能通过粮食、生猪等农产品目标价格保险的产品创新，将农业保险作为重要农产品价格形成机制的管理工具，达成或者促进农产品价格保护政策的改革。

因此，农业保险产品创新的意义深远，空间巨大。当然，农业保险产品创新还需要相关政策配套，特别是如果没有财政支持政策的配套，新产品也不会有实践应用的可能。

四、加快大灾风险分散制度的建设

建立健全的大灾风险分散和管理制度，是农业保险可持续发展的必要保证。已经有不少文献讨论该制度建设的重要性、必要性和可行性。中央在 2007—2013 年的 1 号文件有 6 次强调这个问题，提出了一系列重要指导意见。在 2014 年中央 1 号文件中，再次提出：要“规范农业保险大灾风险准备金管理，加快建立财政支持的农业保险大灾风险分散机制”。

这里的两句话，前一句话针对的是刚刚由财政部颁布的《农业保险大灾风险准备金管理办法》，该办法对于公司级的大灾风险分散制度的建立，基金的提取、积累和使用，都做了详细的明确的规定，这对于完善公司级大灾风险管理制度有重要意义。接下去的问题就是如何落实和加以规范。

第二句话，是对于建立省一级和中央一级的大灾风险分散制度建立的指导意见。就某种意义上来说，农业保险的大灾风险管理制度体系中，省一级和中央一级的大灾风险管理制度对农业保险制度更加重要，真的需要加快，这是保险界到各级政府一直所期盼的。当然，省级和中央的大灾风险管理制度离不开财政支持，其他国家的经验表明，没有财政支持这个制度是玩不转的。所以中央 1 号文件在这里再次强调“建立财政支持的农业保险大灾风险分散机制”。

五、鼓励开展多种形式的互助合作保险

在我国，农业保险市场的组织制度，一直存在某些分歧意见。问题的要害是，谁可以和应当作为农业保险市场的主要供给主体，或者说中国农业保险市场上什么样的组织结构更合理。

在近 30 年的农业保险试验和推广过程中，商业性保险公司的试验在商业保险制度框架下，尽管是主力军但有不成功的历史。此间，人们对于日本那类农业保险合作社和法国那类农业保险相互公司不断有所了解，也有人提议和探索在中国的农业保险中发展这类合作制保险。自发的合作制农业保险试验 1993—2003 年发生在黑龙江农垦系统，它们后来成为中国第一家相互保险公司。尽管如此，合作制保险至少在 2004 年以前没有正式进入中国农业保险领域。不过，1993 年也诞生了一种类似合作组织的“协会保险人”，即中国渔业互保协会。1999 年之后先后又有几个省成立农机安全协会、农业风险互助协会等，协会保险人队伍里增加了新的成员，它们先后进入农业和涉农保险领域进行了开创性试验。

从农业保险市场发展的角度来考察，虽然目前这种由商业性保险公司为主要供应商经营农业保险的格局，似乎是顺理成章的事，但发展多元化的市场组织更符合深化市场化改革的大方向，也有利于全面发展和开拓农业保险的服务。从目前的实践来看，合作制保险人和协会保险人这类组织载体，虽然还不是农业保险市场的主角，但是其产生和发展的历史表明，它们是适应市场需求而发展起来的，它们所从事的农户需要的涉农保险业务，至少在当时是商业性保险公司不愿或者难以经营的，它们是在夹缝中诞生的，做的是拾遗补阙的业务。从这个意义上来说，合作制保险和协会保险在我国农业保险的市场发展中功不可没，它们在市场中的地位也就应当受到尊重。

我想，这大概就是中央 1 号文件一再提及鼓励和支持互助合作保险组织发展的背景和部分原因。在 2012 年中央 1 号文件中，就曾提出“扶持发展渔业互助保险”，2014 年中央 1 号文件进一步提出“鼓励开展多种形式的互助合作保险”。就我个人理解，这个指导意见的重要意义在于，我国农业保险市场的建设要实行组织多元化的战略，在主要依靠商业性保险公司的同时，要鼓励各类合作的、互助的保险组织（包括类似互助保险的协会保险人）的参与和发展，各类组织相互补充、相得益彰，更加广泛和全面地为农户提供农业保险服务。

对于主管部门、监管部门和其他市场主体来说，可能有一个正确认识和对待各类合作制保险组织（包括合作保险组织或者协会保险人）的问题，并积极制定必要的规则，努力规范这些农业保险市场上的“非正规军”，让它们无论在组织制度方面还是业务技术方面，都要符合农业保险规范，符合监管要求，使其业务能够健康和有序发展，这是对市场负责，对投保农户负责，也是对农业保险制度的长远建设负责。

农业保险产品创新和服务创新及其约束探论*

《农业保险条例》颁布和实施之后，我国农业保险基本制度已经确立，除了顶层设计还需要继续完善，最重要的就是微制度建设的加强和微观经营管理的强化和拓展，其中最重要的任务之一就是努力进行产品创新和服务创新，在农业保险的广度和深度两个维度上都向前推进。而在这些方面，地区之间、市场主体之间表现得很不平衡，其中，政府部门之间、政府和企业之间、政府和农户之间的想法还不尽一致。有必要在这些方面进行探讨。

一、我国农业保险产品开发的现状

（一）政府对政策性农业保险业务的发展导向

根据《农业保险条例》的界定，我国农业保险涵盖的门类主要是农、林、牧、渔业的保险。外延扩大到涉农保险，包括农房、渔船、农业机械设施和农渔民的短期意外伤害保险。

从目前的发展情况看，中央的政策导向很明确，政府支持的主要是关乎国计民生的有关粮食安全方面的保险标的，中央财政补贴保险费的保险标的主要是粮棉油作物和少量的畜牧业产品的生产。

根据最新目录，纳入中央财政补贴的种植、养殖业保险的主要标的有近20种；各省或部委支持的还有一些。

目前，全国农业保险95％的业务是政策性农业保险，只有少量的纯商业保险业务，农业保险产品创新主要是围绕政策性农业保险的各种保险标的进行的。

中国保监会非常支持农业保险的产品创新，无论是政策性还是商业性农业保险产品创新，都受到鼓励。在2013年6月发布的《通知》中指出“鼓励产品创新，满足不同层次的保险保障需求。鼓励各公司积极研究开发天气指数保险、价

---

* 本文发表于《中国保险》，2014年第2期。在收入本书时有修改，并增添部分内容。

格指数保险、产量保险、收入保险、农产品质量保险、农村小额信贷保证保险等新型产品，不断满足农民日益增长的风险保障需要。对新型产品，保监会将开辟绿色通道，优先接受报备。”

（二）目前我国市场上的农业保险产品及其创新

这里，简要介绍国内各保险公司种植、养殖保险广泛出售的产品和小范围试验的创新产品。

1. 生长期作物生产成本保险

目前，各省基本上都出售的是所谓“作物生产成本保险”。这类产品保障农作物的物质成产成本，其保险保障水平大概相当于作物收入的30%左右。保险金额一般为300～500元。有的省根据损失程度按照比例赔付，也有的地方只有发生完全损失（绝产，即损失70%以上）时，才按照保险金额赔偿。

2. 农作物产量保险

随着农业保险的广泛被接受，各地农户已经不满足保障水平很低的农作物成本保险，强烈要求提高保险保障水平。各家保险公司也在努力研究开发“农作物产量保险”产品。

2013年，中航安盟财产保险有限公司在陕西省杨凌高新技术开发区试点推行“玉米产量保险”。该产品是以当地前5年平均产量设定约定产量，当实际产量低于保障水平时，保险公司负责赔偿差额部分的产量损失。

玉米成本保险在当地的保险金额是每亩280元，产量保险的保险金额每亩840元，大大提高了农户保障水平，有效地调动了农户的承保积极性。

3. 农作物生产天气指数保险

2007年，安信农业保险公司在上海地区推出了全国首个“西瓜天气指数保险”产品，提供强降雨与连阴雨条件下的保险保障。

2009年安徽国元农业保险公司参与了一个由中国农业科学院环境与可持续发展研究所和联合国粮食计划署、国际农业发展基金联合研究项目，研究开发出“水稻种植天气指数保险”并投入试验经营。2年后它们在水稻天气指数产品研究的基础上，又自行开发了“小麦种植天气指数保险”。到2011年，有1 471户农民投保，承保面积达12 810亩，保险总金额211.2万元。2013年，它们又开发了“杂交制种水稻特定生长期的气温指数保险”产品，承保了5万亩。

实际上，天气指数保险产品在我国不少地方都有试验开发，例如2011年中国人保在江西抚州南丰县试验的“柑橘天气指数保险”，保险费收入有50万元。2013年，它们还在大连试验开办“海参风灾指数保险”。目前，中国人保又参与了海南省的世界银行支持进行的“橡胶树风灾指数保险”研究和试验项目，2013年研究和设计产品，2014年将在该省进行一定区域的试验。

4. 农作物“成本+信贷保证”保险

这也是安徽国元农险公司开发的一个支持当地草莓生产的新险种。它是一个组合保单，在草莓生产成本保险的基础上，又为草莓生产者提供小额信贷保证保险，为农户提供了方便。

5. 特定蔬菜价格指数保险

上海安信农业保险公司根据初春一些应时蔬菜生产会因为低温、雨涝等灾害，或者市场价格下跌给菜农造成损失，开发了受到政府保费补贴的价格指数保险，以便鼓励农户种植早春应时蔬菜。

6. 生猪价格指数保险（北京）

2013年，安华农业保险公司在北京推出“生猪价格指数保险”。该产品不是直接与市场的交易价格挂钩，而是通过量度“猪粮比”来确定生猪饲养的盈与亏，猪粮价格比低于某个水平，就意味着饲养亏损，便可以获得赔偿。该产品的保险责任是，“保险期间结束后，因本保险合同责任免除以外的任何原因，造成保单年度猪粮比平均值低于6∶1时，视为保险事故发生，保险人按本保险合同的约定负责赔偿。”具体计算公式是

保险金额＝（猪粮比6∶1）×约定玉米批发价格（元/千克）×承保单猪平均重量（千克/头）×承保头数

7. 育肥猪价格保险（四川）

2013年，中航安盟财产保险有限公司在四川省彭州市推出“育肥猪价格指数保险”。该产品根据年出栏量，一年按12个批次进行投保。同时按照合同约定，按每批次出栏日前4个月每期猪粮比平均值计算赔付，每月赔付一次，当猪价下跌时，可以保障养殖户及时得到补偿，恢复再生产，以帮助其维持养殖的连续性，也有利于育肥猪市场的稳定。每头育肥猪保额为1 400元，在玉米价格为2.5元/千克的水平下，当育肥猪市场价格低于14元/千克时，就达到赔付条件。

8. 南美白对虾养殖保险

上海市南美白对虾养殖面积比较大，安信农业保险公司试验南美白对虾养殖保险已经有多年，而且政府对此有比例不低的保险费补贴。近年，安信针对养殖保险中道德风险和逆选择比较严重的情况，与水产养殖合作社合作，进行制度创新，取得了该类保险方面的较快进展。

此外，上海的四大家鱼养殖保险也已开办多年，积累了一定经验。

9. 淡水鱼养殖保险

在四川成都，淡水养殖保险也在中航安盟的努力下有所突破。2010年，中航安盟财产保险有限公司在没有中央财政补贴的情况下，率先在四川省成都市推广了“水产养殖保险”，并续办至今，得到了地方政府、农户的一致认可，承保覆盖率在60%以上。目前，淡水鱼承保品种已达20种，保险责任已涵盖自然灾害、意外事故、水域污染、浮头、40多种重大疾病和其他暴发性流行性疾病等

综合责任。

除了市场上已经试验的上述新的产品，还有一些关于农业保险产品创新的研究。例如，北京市农委和北京市保监局 2010 年对“蜂业天气指数保险”做了研究，也做出了实施方案；对外经济贸易大学王国军教授带领学生在 2011 年和 2012 年研究了北京的蔬菜、水果天气指数保险产品开发的一些重要问题；中国农业科学院张峭教授带领学生研究了鸡蛋价格保险问题等。

虽然，市场上不乏创新产品和备用的研究成果，但是在实践中应用的，主要还是种植业生产成本保险，其他产品都不过是在很小范围内的试验。

二、国外农险产品创新的一些进展

国外的农业保险主要的也是种植业保险，大多数国家种植业保险在传统上也是做产量保险，但是，近几年来也发生了一些重要变化。变化比较大的是美国和印度。

（一）收入保险成为美国农作物保险的主导产品

美国根据 1938 年的立法，从 1939 年开始试验农作物产量保险，直到 1980 年在全国普遍展开。直到 20 世纪末，其产品创新都是在这类产品本身上做文章，例如在承保的种类扩展上、保障水平上、承保条件上、政府补贴方式和力度上、保险政策和其他灾害救助政策的协调上，等等。

但是到 20 世纪 90 年代后期以来，美国逐渐根据农民需要，也吸收其他国家经验，加大了产品创新力度。这种创新，突破了沿袭了 50 多年的产量保险的框框，主要在收入保险上做文章。其主要理由是，收入农业保障更符合农业保险的政策目标。

现在，美国的农业收入保险有多种多样，以下是其中的两种：

1. 农作物收入保险

从 1996 年开始，基于农作物收入的保险（即不仅保作物因灾减产的损失，而且保因市场价格降低造成的农作物收入损失），开始推行。

这类产品有几种不同产品，较为典型的是收入保护产品（Income Protection，IP）、作物收入保障产品（Crop Revenue Coverage，CRC）和收入保障产品（Revenue Assurance，RA）。收入保护产品的作物价格事先定好，后两者（CRC 和 RA）只定保底价格，但可以随市场走高不封顶。

这些保险产品的单产保障水平仍然以实际生产历史平均值为基准，农民可以选择 50%～75%（某些地区为 85%）的单产，按 RMA（美国农业部农业风险管理局）预测价格计算出保额（IP）。实际收入由实际农场单产与收获月份期货市场到期合同平均收盘价相乘得来。当实际收入低于保额时，对损失部分给予赔付。CRC 和 RA 类保险产品的保额，取 RMA 预测价格与期货市场收获月份平均收盘价二者中高的来计算，这样对农民有利，因为当市场价格走高时，保额也相应提高。

2. 全农场收入保险

1999 年出台的另一款产品直译叫“调整毛收入”，即 Adjusted Gross Revenue（AGR）。这个险种以农场历年向财政部申报的所得税为基础。这个毛收入包括农场全部农作物和畜禽一起的总收入，不分作物种类，一个农场只买一份保单，不同于前述那些一种作物一张保单的险种。农民还是可以选择几年历史平均所得收入的一个百分比（50%～75%）。但是它只适用畜禽收入少于全部收入35%的农场，并不针对主要养殖型农场。对这种保险，政府同样给予补贴。

据最新统计，美国现在的农业保险产品中，收入保险产品所收保险费占保险费的 90%以上。

（二）天气指数保险在美国也在不断试验

天气指数保险在美国出现比较早，美国还有一家最早的天气保险公司 Weather Bill（天气账单保险公司），客户登录这家公司网站，然后选择 Google 地图上某一地区，给出在某个特定时间段里不希望遇到的温度或雨量范围。Weather Bill 网站会在 100 秒里查询出客户指定地区的天气预报，以及美国国家气象局记载的该地区以往 30 年的天气数据。网站根据气象变化做出精细的调整后，会以承保人的身份给出保单的价格。就是说，任何人都可以利用这个网站，在特定地理区域内购买一份天气保险。

美国的农业保险也比较重视开发指数类产品，较早开发和应用的是“区域产量保险”，后来是天气指数保险。

“区域产量保险”产品，是以一定区域的平均产量的一定比例（例如该地区前几年小麦平均产量的 70%）作为保险保障水平的产品，低于该区域产量保障水平的区域内所有投保农户都将获得赔偿。它与普通产量保险的最大区别在于不是以农场产量的损失作为申请赔偿的基础。

（三）各国开展天气指数保险的概况

指数保险（Index-based Insurance）是区别于传统的基于损害赔付的保险（Indemnity-based Insurance）的一种创新型保险产品。其赔付触发的条件与具体赔付的额度均以保险合同中约定的指数为准，而不以具体保险标的所遭受的实际损失为准。天气指数保险最早出现在 20 世纪 90 年代后期，而且自 1998 年世界银行在尼加拉瓜、摩洛哥等国家开展天气指数农业保险产品研发及试点工作以来，已经陆续在乌克兰、印度、埃塞俄比亚、马拉维和秘鲁等发展中国家开展相应工作。表 1 详细列明了指数保险在世界范围内农业领域的应用情况。

表 1　截至 2010 年指数保险在世界范围内农业领域的应用情况

项目	国家	项目	国家
天气指数保险（为种子生产贷款提供保险保障）	阿根廷	雨量指数保险（为牛奶生产提供保险保障）	阿根廷
冰冻指数保险（苹果种植保险）	南非	季风指数保险（多种农产品生产的保险）	印度
天气指数保险（获再保险支持）	墨西哥	天气指数保险（饲草生产保险）	加拿大
旱灾指数保险（玉米生产保险）	加拿大	天气指数保险（冬小麦生产保险）	乌克兰
天气指数保险（花生种植保险）	马拉维	旱灾指数保险（世界粮食计划署支持的项目）	埃塞俄比亚
旱灾指数保险（小麦种植保险）	摩洛哥	旱灾指数保险（玉米种植保险）	赞比亚
天气指数保险（花生种植保险）	尼加拉瓜	天气指数保险（世界银行支持，作物旱涝灾害保险）	泰国
天气指数保险（水稻生产保险）	越南	天气指数保险（作物干旱灾害保险）	坦桑尼亚
天气指数保险（水稻种植保险）	孟加拉国	牲畜死亡率指数保险（保护牧民）	蒙古
农作物天气指数保险	哈萨克斯坦	厄尔尼诺指数保险（洪水保险）	秘鲁

资料来源：世界银行。

（四）印度的天气指数保险发展迅速

上述 18 个国家中，印度做得比较好，推广面积也很大，一直受到世界银行的推荐。这里主要介绍印度天气指数保险的发展情况。

印度有 1.2 亿个小农场，农业所占比重很大，耕地有 29.5 亿亩，比我国多一些。农户耕种规模比我国也要大一点，80%的农户至少拥有 30 亩地。印度大部分地区的主要农业灾害是干旱，2002 年的农业干旱，导致粮食减产 2 900 万吨，1.5 亿头牲畜受影响。

所以，印度从 20 世纪 70 年就开始试验农业保险，中间也有间断。

1999 年，印度开始实施国家农业保险计划（NAIS），开始主要是产量保险，粮、棉、油和园艺作物都在承保范围。保障水平是过去平均产量的 60%～90%，粮油作物保险的费率在 1.5%～3.5%。其他作物根据精算确定，政府履行全部赔偿责任，其他作物政府的补偿上限是 150%。

2003 年，印度通过公司部门合作、为农户提供指数保险和银保互动的小额信贷。在实际操作中，BASIX（小额信贷机构）与 ICICI Lombard（保险公司）合作，由世界银行提供技术支持，在安得拉邦的 Mahabubnagar 地区共同将气象指数保险付诸实施。BASIX 作为中间商，通过向自己的客户销售指数保险获得佣金，在分销渠道上实现银保合作。据悉，Mahabubnagar 地区的农民收益取决于降雨，其贷款拖欠率与干旱有着高度相关性。第一次试点包括花生和蓖麻，合同基于一个降水量的加权指数。2004 年雨季启动第二个试点项目 WBCIS

（Weather Based Crop Insurance Scheme，WBCIS），推广到位于安得拉邦地区的另外两个地区 Khammam 和 Anantapur。天气保险合同提供给 BASIX 的贷款人和非贷款人，覆盖更广，在 2009 年达到 160 万人。此项目能够发展如此好的原因之一是基于农作物的天气指数保险的保费得到了中央和地方政府的补贴，最大为 80%。此外，在坝曼地区还提供棉花保险产品，以及海狸香和花生收获期降雨过量产品，等等。

表 2　印度气象指数保险产品实施情况

天气风险	天气指数	目标客户	实施目的
干旱、洪涝、高温、与天气相关的作物疾病、雾、湿度	多种多样、主要是简单的天气变量	农民（小、中及大规模）	促使农民获得发展机会
干旱和洪涝	降水量	农民（小、中及大规模）	灾害救济
虫害灾害	温度和湿度促使农民获得发展机会	与百事公司签订合同的种植马铃薯的农民	促使农民获得发展机会

（五）加拿大、美国大家畜保险方面的产品创新

农作物和家畜家禽的价格指数保险是最近几年农业保险中的又一创新。在传统上，价格是不能承保的，因为价格风险是投机风险，而且常常表现为系统性，承保价格风险极易发生道德风险和逆选择。

后来，在理论研究方面有了新的进展，农民也的确有这种需求，加之，政策或者资本市场提供了一些可以规避价格风险的工具，如期货、期权、远期合约等金融产品，价格保险就成为可能。特别是如果通过“收入保险”来操作，实际上可以对冲一部分风险，因为在灾害损失较大、产量受影响较重的年份，农产品价格会上扬，反之亦然。当然理论界和实务界至今对此仍有争议。

这里主要介绍加拿大和美国设计和实施的两款生猪价格保险产品。

1. 加拿大阿尔伯特省的生猪价格保险

加拿大阿尔伯特生猪价格保险实际上是一种卖出期权，或者说是一种最低价格保障，在保险合同规定的时期之内，保障一个最低的卖出价格（卖出期权的触发价格），并允许生猪养殖者获得一个更高的价格。具体来讲，参加阿尔伯特生猪价格保险的养殖户，即投保人，可以根据自身实际情况选择特定的保单期限（Policy Length）与保险价格（Insured Price），同时要交纳相应的保费作为成本（不同的保单期限与保险价格对应不同的保险费率）。此时，投保人所购买的保险价格便成为未来时期的一个“保障价格”（Coverage Price）。在保险到期日，如果市场实际价格等于或者高于该保障价格，则养殖户仍可按照实际市场价格进行交易并获得收益，然而一旦市场价格低于保障价格，投保人便可从该项保险中获

得相应补偿（图 1）。

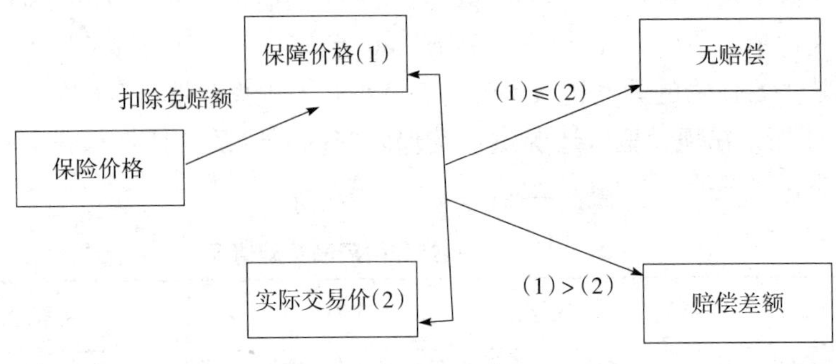

图 1　生猪价格指数保险示意

2. 美国的生猪收益保险

美国生猪收益保险的设计与运用和农产品期货市场的联系非常紧密，农产品期货市场的价格统计和计算为该保险产品的设计提供了最重要的数量依据。在实际设计与运用过程中，该收益保险利用期货市场的相关价格数据得到保险产品中的期望毛收益（Expected Gross Margin）与实际毛收益（Actual Gross Margin），在期望毛收益的基础上，购买该保险的养殖户根据自身实际情况选择一个免赔额（Deductible），期望毛收益扣除免赔额后即保险合同中的担保毛收益（Gross Margin Guarantee），在保单结束前，如果生猪实际毛收益低于担保毛收益，则保险公司将赔偿投保人两者差额的部分，原理和操作与上面阿尔伯特生猪价格保险基本一样。

三、我国农险产品创新的制约因素

产品创新是保险业发展的重要驱动力，农业保险应该也不例外。但是在商业保险领域，因为市场失灵的原因，农业保险市场本身就难以形成，因此其产品创新的意义有限。

在政策性农业保险领域，虽然各地各家公司都在努力创新产品，但是这种创新的意义受到几个方面的制约。

（一）政府支持方面的制约

现在全国的农作物保险大都是“成本保险”产品，因为保障水平是与保费的补贴水平联系在一起的，至少目前中央和地方政府出于财政的考虑，不希望在产品上“做文章”。比如，改“成本保险”为“产量保险”，同时扩展保险责任和提高保险保障水平。可以理解，任何保障水平的提高意味着保费的增加，也就意味着政府对农业保险的补贴额的上升。

安徽国元农业保险公司的小麦和水稻的天气指数保险，还面临着与当前正在推行的“成本保险”的矛盾，农民要是单买“天气指数保险”，政府的补贴还没完全到位，如果买了“成本保险”又买“天气指数保险”，还不能同时获得价格补贴。所以，国元农业保险公司至今还是由本公司给予投保农户保费补贴，试验面积也无法进一步扩大。

（二）技术和信息方面的制约

新产品开发需要研发，除了市场调研，就是产品的设计。目前，无论是技术方法方面还是数据的收集和积累方面，我们各家保险公司都比较缺乏技术和经验，显得力不从心。安徽当年设计天气指数保险产品，得益于国际农业发展基金会和联合国粮食计划署派来的专家，使用的是国外的模型，动用了省气象局差不多 50 多年的气象数据。因为数据的保密问题，还给国家气象局打报告审批。

（三）操作层面的制约

即使我们可以利用外脑来解决了技术问题，例如购买精算服务。现在，比如中国农业科学院、北京师范大学的灾害研究中心等都有一定的技术人才，在诸如天气指数保险方面有了初步的技术积累。但是我们还要面临操作方面的困难。例如，我国农户的农业收入的确认就是一个很难解决的问题。难以知道农户的确切收入，收入保险就没有一个赔付与否的判断标准。

另外，要举办价格保险、收入保险，如果没有价格对冲机制，保险公司敢于上场吗？而我们的期货市场现在的产品很少，根本无法满足保险公司管理价格风险的需要。有的同仁可能了解，现在我国期货市场只有小麦、玉米、大米、大豆、豆粕、红豆、棉花等期货品种，与我们的农业保险承保的主要农畜保险标的还难以完全衔接。如果没有这些手段，开办价格保险、收入保险就很困难。

当然，即使有这些期货和期权产品，我们的保险公司还要有相应的技术力量来操作和管理。前面介绍的加拿大和美国的生猪价格保险都是将价格与纽约期货市场的价格连接的。

所以，我国市场上出现价格保险后，有的同仁就认为这有些冒险。这种担心也不是没有道理的。

四、我国农业保险服务体制的特点

农业保险的服务就是向农业保险的消费者提供从产品设计、展业宣传、介绍产品开始，到风险防范、风险损失查勘、理赔兑现一整套服务的过程。所以，前面讲的产品创新实际上也是保险服务的内容。但我们有时候不把产品设计、产品创新作为保险服务的主要内容。下面就专门来讲讲农业保险产品出售和售后服务的问题。

我们国家的农业保险服务问题比其他国家，特别是比农业保险发达国家要特殊一点、复杂一点。我这里先把中国的农业保险服务问题和国外的农业保险服务问题比较一下。看看我们有些什么特别的地方。

（一）中国的农业保险制度没有标准化

其他国家的政策性农业保险制度比较统一，服务体系也比较统一。例如美国、加拿大、日本等国。

美国农业保险实行的是统一管理的公私合作制度模式，服务模式与城市的其他保险业务没有两样。

加拿大农业保险虽然实行的是分散决策下的公营制度模式，但各省的制度没有大的差别。虽然加拿大的法律说农业保险与商业保险没有关系，但保险服务也与商业保险没有区别，那就是直接展业服务和专业代理人展业服务。

日本是合作制制度模式，直接保险服务主要是由市、町、村的农业保险合作社操作。再保险业务由府、道、县保险联合社和中央政府提供。

我国的基本制度是分散决策下的公私合作模式。问题是我国各省的制度不统一，政策也不统一，经营模式差别很大。这为农业保险服务创新带来了一定难度。

试想，一家公司在不同省份的分支机构要采取多种服务方案，对于规范服务、提高服务水准都不是一件容易的事。需要“创新”的东西就太多了，创新的成本也必然要上升。

（二）中国的农业经营规模太小太分散

与欧美国家现代化大农场比较起来，中国的农户不仅分散，而且经营规模很小。每个农民平均只有2.7亩（0.18公顷），一户按照4口人计算，每户平均不到11亩（0.72公顷）。实际上南方省份一人只有不到一亩田。在这么小的经营规模条件下推销农业保险，交易成本很高，以至于靠保险公司直接展业不可能实现交易，灾害损失查勘和定损也无法完全由保险人自己或专业保险中介机构进行。

而美国的农场平均有1 200多亩，保险业务活动依靠保险人和中介机构基本上能完成。

所以，在我国，农业保险的展业、定损、理赔都不可能完全依靠保险公司自己完成，也无法依靠专业中介机构来实现，因为它们也不可能有如此庞大的人力资源，而只能依靠大量的兼业代理人和其他方面人员（政府官员、专家等）共同来完成。

这也就是为什么《农业保险条例》中说要“协同推进”，不靠“大家”“协同推进”就难以成功。

（三）农业保险消费者缺乏保险知识

保险服务的对象是农民，而我国农民的风险和保险意识非常淡薄，保险知识也很匮乏，对于农业保险服务的认知度和接受度都比较差。这就对我们保险服务创新提出了新的课题。

（四）基层政府部门可以提供代理服务

在我国做农业保险离不开政府部门的“帮忙”，说得直白一点，离了政府部门“帮忙”，农业保险就“玩不转”。其重要原因之一是农民对政府的信任度远比保险机构要强。另外，基层政府和涉农机构对农业保险标的和投保农户的信息了解比较充分，可以在很大意义上防止来自投保农户的道德风险和逆选择（当然，遇到不那么守法和廉洁的基层干部，也会产生其他的违法行为或者道德风险）。这就是为什么《农业保险条例》给政府规定了 7 件工作，包括在制定本省的经营模式、提供财政和税收政策支持外，还要进行组织宣传、协助定损、理赔等的原因。

在国外，农业保险虽然也离不开政府，但只限于顶层设计，主要是制度和政策供给，基层政府一般不会参与也不干预农业保险的任何微观经营活动。

五、因地制宜地创新中国的农业保险服务

农业保险的服务创新实际上有很大的空间。因为这个服务制度初建，远不能说已经成熟，大部分活动都是在探索和试验阶段。即使像中国人保有几十年的经验积累，在现在政策性农业保险的新制度下，实际上也是从头来。

那么，农业保险服务都需要在哪些方面创新呢？根据笔者自己的调研和观察，认为主要是下面一些方面：

（一）以兼业代理为主体的基层服务网络

基于上面分析的原因，我国农业保险经营目前还无法完全依靠自身的基层服务网络来从事宣传、展业、查勘、定损、理赔等服务。目前主要是招聘大量的乡镇、村“协保员”来从事包括宣传动员、办理投保登记、标的勘验核定、编制清册、收集保费（农户）、签订合同等工作，也在必要时再聘请一些农技专家和政府官员帮助定损和理赔。

《农业保险条例》第 10 条第 1 款规定：“农业保险可以由农民、农业生产经营组织自行投保，也可以由农业生产经营组织、村民委员会等单位组织农民投

保。”该条第 2 款规定：“由农业生产经营组织、村民委员会等单位组织投保的，保险机构应当在订立农业保险合同时，制定投保清单，详细列明被保险人的投保信息，并由被保险人签字确认。保险机构应当将承保情况予以公示。”就是对这种服务创新的概括。

（二）利用信息化技术管控承保风险

传统的承保管理是人工验标、手工制册，集体签单，由于工作量太大，漏洞很多。不少投保人的土地信息不实、虚假投保等问题时有发生。有的公司开发出信息系统，特别是利用GPS、GIS技术，给每一个投保农户建立电子档案。农户电子档案系统收录了全部投保农户的粮食补贴信息，利用该信息可以不通过实地验标，就能了解投保农户的耕地情况，为核实分户投保的种植面积提供了准确、有效的参考，方便了验标，也有效防止了道德风险的发生，使承保效率大大提高。有的保险公司正在设计和创建可视化的农业保险服务系统，将更加方便农民投保和保险公司的从承保到理赔的系统管理和服务。

（三）大灾风险损失条件下的“抽样定损”

农业保险的定损和理赔是比较复杂的环节，要做到定损到户并非易事，特别是遇到灾害范围较大的时候，保险机构更是力不从心。

有的保险机构就创造出“抽样定损”的方法，按照科学的抽样方法，选择样本村和样本户定损，其他受灾乡村，根据样本村户的损失水平来确定，保证了定损理赔的及时性。《农业保险条例》第 12 条第 2 款规定：“保险机构按照农业保险合同约定，可以采取抽样方式或者其他方式核定保险标的的损失程度。采用抽样方式核定损失程度的，应当符合有关部门规定的抽样技术规范”，肯定了这种服务的创新。

（四）规范理赔流程，确保理赔资金落实到位

在不少地方，最初几年理赔制度不够规范，农业保险的理赔管理问题较多。近几年，普遍加强了理赔流程管理，在展业初期就要求，纸质或者电子文件必须能反映灾情的情况、查勘定损的过程和分户理赔资金的来源。要求索赔通知书必须有详细的灾情表述，填写出险时间、出险原因，并由投保人提出申请。现场查勘报告必须有详细的查勘过程描述，确定初步的损失程度，并由查勘员、农业专家、农户签字确认。同时，为保证查勘的准确程度和真实性，理赔卷宗中必须有专家证明以及气象部门出具的气象报告。在最终损失认定方面，必须有联合查勘损失认定书，认定书中要有明确的损失金额、损失率、损失面积，以及受灾时间、地点，最终由村委会、乡镇政府、农户代表、农业专家、保险公司签字确认，保证定损结果的公正，最后编制理赔分户清单。

理赔资金支付方式也在改进，有的公司与财政部门密切合作，将保险赔款的支付与农户种粮补贴“一卡通”统一起来，将补偿款直接打入“一卡通”账户。一方面有效防止现金发放带来的金额不准、抵扣保费等问题的发生；另一方面，理赔资金需要经过保险公司和相关部门双重审核，保证了赔款到户，以及理赔资金的安全性、准确性。

还有一些创新，例如，灾害损失案件接报案的集中化，直接由总公司的接报中心受理。相比传统的层层上报，要更加及时和方便调度。

当然服务创新也不完全是保险企业自己的事，它也会有一些约束，除了技术方面和成本方面的约束，还会遇到政府部门特别是基层政府配合方面的约束。《农业保险条例》中之所以把“协同推进”作为农业保险的经营原则之一，也包含着这方面的考虑。服务最主要的是为投保农户提供服务，在中国现实条件下，政府如果不愿意很好配合，保险公司或其他保险经营组织任何好的服务机制、服务制度、服务硬件和技术软件都不可能发挥其设计的功能，也不会收到预想的效果。我们不乏这方面的正反案例。

服务创新是农业保险的发展驱动力之一。但服务创新都是要各公司在自己的实践中加以丰富和发展的。希望我们所有公司都能在农业保险服务中不断有新的建树。

附录　美国农作物收入保险（Crop Revenue Coverage）的操作举例

美国农作物收入保险，按照原文直译是“多风险农作物保险收入保障计划”（US MPCI Revenue Coverage），它是为农产品因为价格降低或产量损失（或两者都有）导致的收入减少提供保险保障（1号区域），以及为高价格、低产量导致潜在的收入损失提供保险保障（2号区域）。

（一）多风险农作物保险收入保障的基本设计

这种保险因为是用收获期的收入与保障收入相比，如果保障收入大于收获期收入，保险公司就赔付差额，差额为0或者为负就不赔。

这里的具体操作涉及几个计算使用的术语：

1. 预期收入

预期收入＝预期价格×实际历史平均产量×保障水平

其中，预期价格即2月份芝加哥商品交易所（CME）发布的每日收盘价平均值；实际历史平均产量是指过去10年投保农民农作物实际产量平均值；保障水平是指投保农民选定的占预期收入的比例（在50％～85％选择）。

2. 收获期价格

每年9月份或10月份（依作物而定）芝加哥商品交易所（CME）发布的每日收盘价平均值。

3. 保障收入（Finally Revenue）

保障收入＝预期价格和收获其价格二者中高者×实际历史平均产量×保障水平

4. 收获期收入

收获期收入＝收获期价格×当年作物实际产量

这种保险的操作程序如下：

（1）在每年2月份确定预期价格，作为当年农作物生长季节的依据。

（2）投保农民在保单出售最后期限之前做出购买保险单的决定（主要生长区域的结束日是3月15日）。

（3）投保农民种植投保农作物直至收获。

（4）在9月或10月份确定收获价格（时间以作物而定）。

（5）索赔和理赔。

（二）举例

为了更具体理解这种保险产品，我们以美国的例子来加以说明。

表1　价格信息

收入保障价格				
作物	商品交易所地点	合同月份	计算月份	
			计划期	收获期
玉米	芝加哥期货交易所（CBOT）	12月	2月	10月
大豆	芝加哥期货交易所（CBOT）	11月	2月	10月
冬小麦	堪萨斯商品交易所（KCBOT）	7月	8月下旬到9月中旬	6月
春小麦	明尼阿波利斯谷物交易所（MGE）	9月	8月	

表2　产量资料

作物：玉米

地区：伊利诺伊州 Mclean 股份有限公司

面积：100英亩①

保障水平：75%

历史产量（蒲式耳②）		
年份	总产量	平均产量
2002	14 800	148
2003	15 500	155
2004	15 300	153
2005	16 000	160

① 英亩为非法定计量单位，1英亩＝4 046.856米^2。下同。——编者注

② 蒲式耳为非法定计量单位，1蒲式耳＝35.239 02升。下同。——编者注

（续）

历史产量（蒲式耳）		
年份	总产量	平均产量
2006	16 100	161
2007	15 800	158
2008	16 500	165
2009	16 700	167
2010	16 600	166
2011	15 900	159
10 年平均	—	1 592

表 3　假定 1（实际产量达到平均产量水平，但玉米价格下跌）

实际每英亩产量（蒲式耳）	159
收获期价格（美元）	4.09（10 月份的期货每日收盘价平均数）
每英亩保险保障收入（美元）	678（预期价格和收获期价格高者×实际历史平均产量×保障水平）
收获期收入（美元）	650（实际产量×收获期价格）
每英亩赔款（美元）	28.19（保障收入－收获期收入）
总赔款（美元）	28 192（每英亩赔款×投保面积）

表 4　假定 2（实际产量因灾受损，但玉米价格上涨）

每英亩产量（蒲式耳）	50
收获期价格（美元）	7.75
每英亩保险保障收入（美元）	925
收获期收入（美元）	388
每英亩赔款（美元）	537.85
总赔款（美元）	53 785

表 5　假定 3（实际产量因灾受损，但玉米价格持平）

每英亩产量（蒲式耳）	50
收获期价格（美元）	5.65
每英亩保险保障收入（美元）	678
收获期收入（美元）	283
每英亩赔款（美元）	395.69
总赔款（美元）	39 569

表6 假定4（实际产量高于平均产量，但玉米价格下跌）

每英亩产量（蒲式耳）	170
收获期价格（美元）	3.98
每英亩保险保障收入（美元）	678.19
收获期收入（美元）	675.92
每英亩赔款（美元）	2.27
总赔款（美元）	227

表7 假定5（实际产量接近平均产量，但玉米价格上涨）

每英亩产量（蒲式耳）	118
收获期价格（美元）	7.75
每英亩保险保障收入（美元）	925
收获期收入（美元）	915
每英亩赔款（美元）	10.85
总赔款（美元）	1 085

既是大灾准备必需　又是利润调节机制*

——评《农业保险大灾风险准备金管理办法》的贡献

2007—2013 年，中共中央、国务院在 7 个 1 号文件中，有 6 个都提出建立和发展农业保险的大灾风险分散制度的指导意见。

最近，财政部在广泛征求意见之后，正式发布了《农业保险大灾风险准备金管理办法》(以下简称《办法》)，这是我国《农业保险条例》的最重要的配套文件之一，也是农业保险，特别是政策性农业保险必不可少的大灾风险分散制度的重要组成部分。这个《办法》独具匠心地设计出一套规则，既满足了公司层面应对农业大灾的需要，又能较好地对备受关注的农业保险经营机构获得的“超额承保利润”进行适当调节，较好解决了我国现行农业保险制度设计中的某些难题，对于落实中央 1 号文件，逐步建立和完善我国农业保险的大灾风险管理制度有重要意义。

一、大灾风险管理制度对政策性农业保险是必需的

农业保险特别是政策性农业保险需要大灾风险管理制度，这已经是农险界已经形成的共识。其理由不外乎 3 点：

其一，农业保险的经营在空间上面临较一般财产保险更多的巨灾风险。农业保险的这种特点源于大部分农业风险更多地表现为系统性，也就是不同区域、不同投保农户遭受的风险具有相关性或系统性。

因为农业保险的风险单位很大，而在一个风险单位内往往有千千万万个投保农户，投保农户的保险标的会同时受灾和遭受损失。在这种情况下，投保农民参与率越高，投保的面积越大、标的越多，保险机构的经营风险越集中而不是越分散。这样，除了少数单一风险灾害（例如雹灾）的保险，要在一县、一市甚至一省的范围内有效分散农业保险的风险，可能性很小。在 2007 年以前我国 20 多年的

* 本文发表于《中国保险报》，2014 年 1 月 7 日、8 日。

农业保险试验中，保险公司曾经不止一次因为这种大面积旱灾、洪水、病虫灾害同时发生而遭受了巨大亏损。这种情况使那些老“农业保险人”至今还记忆犹新。2007 年、2009 年和 2013 年，东北三省和内蒙古自治区也先后发生过较大范围的灾害损失，有的保险公司的赔付率超过 100%，甚至接近 200%，造成有的保险公司赔付困难。2013 年，美国和加拿大也因为大范围旱灾的发生，赔付率超过 100%的州、省很多，美国伊利诺伊州的赔付率超过 200%。实际上，1989—2012 年的 24 年里，美国农作物保险的赔付率超过 100%的年份有 10 年，其中有 3 年只是略微高于 100%（The Toa Reinsurance Company of America，2013）。

其二，在时间维度上，农业保险也面临着风险发生的频率较高、年际之间的风险损失波动很大（在统计学上表现为方差很大）、风险不易分散的难题。研究表明，经营农业保险所面临的系统性风险约为一般财产保险公司的 10 倍。这种风险损失在年际之间的巨大波动性，同样削弱了农业保险经营者在时间上分散风险的能力。对经营农业保险的保险机构来讲，要保持稳定和可持续经营，就有必要在一般责任准备金的基础上，另外建立应对大灾风险损失的机制或者制度，以便在大灾损失发生后能及时按照保险合同兑付赔款。

其三，普通农业保险经营风险较高，可持续性较差。商业性保险公司经营商业性保险业务，完全可以采取“有利就进，无利就撤”的经营策略。不赚钱或者亏损的业务，是不会持续经营的。但是，政策性农业保险是国家农业发展和粮食安全政策和战略的重要组成部分，这个政策目标要求这种保险保障制度必须是可持续的。大灾风险管理机制和制度就是政策性农业保险可持续经营的最重要的保障机制。

二、企业级大灾风险分散制度是基础性制度

农业保险的大灾风险分散制度是一整套制度安排，就笔者理解，至少有两个或者三个层级。最基础一级的制度安排就是企业级或者公司级大灾风险分散制度。这个层面可以通过再保险来分散经营风险，也可以再建立大灾风险准备金。此次财政部设计和打算管理的是企业级大灾风险准备金。

农业保险依靠保险经营机构，在我国主要是商业性保险公司和其他协会保险机构等。这个基本或者基础层次的大灾分散制度，是很重要的不可忽视的制度。因为作为农业保险的经营者，它们是农业保险补偿责任的直接承担者。它们在经营中，首先要识别、衡量和评估其经营风险，并按照保险经营的一般规则，对超过自身偿付水平的大灾风险，也就是对准备金无法满足损失赔付要求的风险责任做出妥善安排，运用再保险和建立企业级大灾风险准备金等手段来应对。外国从事农业保险经营的保险公司在这方面已经积累了丰富的经验，一般不需要政府专门为其制订规则。

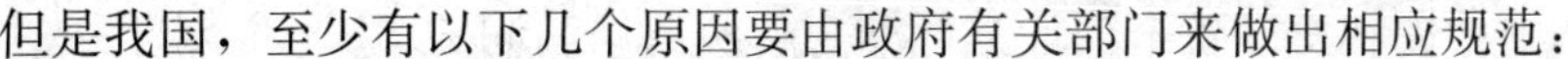

但是我国，至少有以下几个原因要由政府有关部门来做出相应规范：

第一，我国农业保险的试验和全面开展时间很短，不少保险公司农险经营的经验积累有限，对农业保险经营的规律性认知不足，对于分散大灾风险的重要性认识不到位，有的公司甚至连再保险都不大想买或者买的很少，也不了解如何建立公司级大灾风险准备金，甚至侥幸想从农业保险的短期经营盈余中捞上一把。这无疑增加了农业保险特别是政策性农业保险的经营不确定性。

第二，《农业保险条例》没有对包括企业建立大灾风险准备金在内的大灾风险管理制度明确做出具体要求，只是笼统提出“国家建立财政支持的农业保险大灾风险分散机制”和“国家鼓励地方人民政府建立地方财政支持的农业保险大灾风险分散机制”（《农业保险条例》第8条）。而中央政府和和地方政府如何建立这种制度，该制度对企业有什么要求和规范并不明确。

第三，我国现行农业保险制度设计还有缺陷。中央和省级政府没有科学合理有效的政策性农业保险管理机构和必要的政府定价机制和能力，无法遏制政策性农业保险中“超额承保利润”的产生和某些保险企业可能存在的短期行为，就需要通过像《办法》这样的规则来调节和约束，弥补制度缺陷。

三、创造性地解决我国农业保险制度中的一些难题

财政部这个5章27条的《办法》，重点对大灾准备金的建立、计提、使用、管理等方面进行了规范和完善，应该说是匠心独具。我觉得，短短的27条，却创造性地解决了我国农业保险制度设计缺陷带给我们的一些难题。

（一）明确了要建立企业级大灾风险准备金制度及其构架

保险经营机构经营农业保险可以建立大灾准备金，也可以不建立大灾准备金。企业分散其偿付风险，可以主要通过再保险的途径，也可以根据商业保险制度的规则，另外建立“一般风险准备”或“总准备金”来应对。但是，《办法》规定经营政策性农业保险的保险机构都要建立大灾风险准备金，而且具体规定该准备金由两部分组成，即从保险费中提取一定比例建立的大灾风险准备金（以下简称“保费准备金”）和由“超额承保利润”形成的大灾风险准备金（以下简称“利润准备金”）。这样，各地从事政策性农业保险的保险机构不管原来有没有或者想不想建立大灾风险准备金，按照该《办法》要求都必须建立这种由这两部分组成的企业级大灾准备金。

《办法》规定“保费准备金”是从保费中提取和积累，积累的上限是当年本公司保险费收入的100％。而这个部分在财务上属于“负债”性质。那就是说它可以享受税收优惠政策，这部分积累不用缴纳所得税。

“利润准备金”是“在依法提取法定公积金、一般（风险）准备金后，从年

度净利润中计提利润准备金，计提标准为超额承保利润的75%。”对于一般财产保险公司和专业性农业保险公司，其限定条件略有区别。前者的提取条件是“保险机构农业保险的整体承保利润率超过其自身财产险业务承保利润率，且农业保险综合赔付率低于70%”，后者的提取条件是“专业农业保险机构的整体承保利润率超过其自身与财产险行业承保利润率的均值，且其综合赔付率低于70%”。这个利润准备金在财务上属于“权益”，但不可分配或者转入资本。其上限没有规定，那就意味着如果有的话，可以无限积累。

也就是说，保险公司从政策性农业保险的经营中赚取“超额承保利润”，对这部分所得，可以有所有权，但除了用于农业保险的大灾条件下的赔偿，不可以作为红利分配给股东们，除非公司退出农业保险经营。

（二）对保险机构的产品定价是一种约束和调节

在其他农业保险发达国家，例如美国、加拿大、日本等，政策性农业保险主要是由政府（或委托行业协会）来定价，例如美国早先是由政府所属联邦农作物保险公司（FCIC）定价和调整，后来委托美国雹灾保险协会定价。加拿大是由各省政府所属农业保险公司定价和调整。这种定价机制是以其公立研究机构的研究为基础，它能较科学地体现出保险标的自身的风险损失概率水平，因此无论是做农业保险的商业性保险公司，还是政府公营农业保险公司，其价格的公正性和合理性毋庸置疑。

由于我国实行“分散决策下的政府市场合作的农业保险制度模式”，中央政府和省政府都没有专门的管理机构，也就不可能亲自来制订政策性农业保险的费率，这个工作基本上都是由保险机构来完成的。而我国政策性农业保险的保险费中有约80%是由各级政府补贴的，尽管这个补贴属于农民，并不是政府直接给保险机构的“红包”。但是，这个补贴毕竟是花的纳税人的钱，具有财政再分配性质，政府有权利和义务，评估其使用的合理性和有效性，并根据实际加以干预和调节。而目前我国政府还没有这种评估和干预机制，监管部门短期内实际上也没有这个力量。在《农业保险条例》第19条中，只是原则性地规定“保险机构应当公平、合理地拟订农业保险条款和保险费率。属于财政给予保险费补贴的险种的保险条款和保险费率，保险机构应当在充分听取省、自治区、直辖市人民政府财政、农业、林业部门和农民代表意见的基础上拟订”，但如何能保证这种费率的公平合理，存在操作上的困难。

从2007年以来的实践来看，除了个别省份和个别年份，政策性农业保险的经营的综合成本率都不高①，一般不超过90%，有的年份更低一些。这就意味着

① 其实，要与车险相比，农业保险的赔付率多数年份比车险高不少，之所以综合成本率不高，主要是费用率比车险低一些。

农业保险经营的“超额承保利润”超过5%（我认为超额承保利润应扣除5.5%的税收优惠，再减去行业平均利润率和以前年度未提足的大灾风险准备金），同期财产保险行业的承保利润率不过3%左右。尽管农业保险的经营者认为，农业保险的经营风险的时空分布很不均匀，这几年正好是“风调雨顺”时段，说不定哪一年发生大范围的重大灾害，就会将以前多年的积累都填进去，而且，目前的农业保险赔付率实际上比一般财产保险还要高一些，如果说有“超额承保利润”的话，也主要是现在的费用率大大低于财产保险费用率形成的，这实际上反映了某种事实。但人们还是质疑保险公司主导制订的保险费率偏高，而且也没有一个制度对其进行规范和“强制”调整。

财政部此次通过《办法》，独具匠心地设计出企业级大灾准备金制度，期望用该基金的建立、提取、积累、使用和管理的一系列规定，既使该基金名正言顺地建立①，较好解决保险公司应对大灾风险赔付的部分问题，又防止了保险机构一面拿政府的财政补贴，一面可能获取“超额承保利润”，而且，通过分红等方式将农业保险盈余补贴非农业保险领域的不正常情况，这种反向补贴显然违背了财政给予农业保险支持的政策初衷。因此，《办法》也就解决了政府因为无力掌控定价权而缺少合理调控农业保险市场的手段的问题，可谓一举多得。例如，规定保险机构连续3年获得“超额承保利润”就要调低保险费率。正如财政部解释的那样，这既符合《农业保险条例》的原则要求，也符合保险经营实行“无赔款优待”的一般规则。

（三）在一定程度上可能会抑制过高的农业保险供给热情

近年来，随着我国政策性农业保险的顺利发展，农业保险供给热情日益高涨，获准加入供给行列的财产保险公司由最初的4家专业性农业保险公司和中国人保、中华联合财产保险公司，迅速增加到目前的24家，另有4家也参与了农业保险共保业务。监管部门对于这种局面既高兴又担心。因为太多的公司加入农业保险市场的角逐到底是好事还是坏事，一下子还不好判断。对在农业保险市场上进行激烈竞争多数人不大看好，因为农业保险不同于一般财产保险业务，农业保险的标的高度分散在农村，农业保险的服务网络也主要在县以下地区，而按照目前的农业保险体制，县、乡、村协办人员多选择农经、农技甚至基层行政干部，如果多家保险公司在某个地区竞争，在某种意义上就是协办渠道争夺战，竞争会带来有序还是混乱局面实在不大好预料。实际上有的地方已经开始了以寻租为特点的角逐。这种竞争除了推高农业保险交易成本，恐怕难以有更多的效益收获。

---

① 在商业性保险公司的会计科目中，财产保险公司可以建立责任准备金、未决赔款准备金，但没有大灾风险准备金。所以，有的公司建立大灾风险准备金，曾经被税务部门认为是“偷逃所得税”。

农业保险之所以有今天的空前高涨的供给热情，与7年试验实践中较高的经营盈余，也就是《办法》中所说的“超额承保利润”有关系。资本是逐利的，这里有较高的“利润率”，财产保险资本向这里流动十分自然。可是正如上面分析的那样，作为政策性业务，激烈的竞争意味着什么实在难以预料。

现在好了，财政部有了此招，如果经营有“超额承保利润”就要作为大灾准备金，至少其中的75%不能用于分红或者转增资本。这就免得给市场提供错误信号，认为经营农业保险就一定能赚取较高的承保利润，也就是说只能获得财产保险的平均利润。这招可能会对那些已经获准进入该市场或者跃跃欲试准备进入该市场的保险人增加一些考量因素，更好权衡自己的资本资源的分派，免得盲目进入不一定获得预想的结果。

《办法》所提出来的办法，其实也有根据。据我们对美国的考察，美国财产保险公司超过千家，但经申请获准进入农业保险市场的公司只有15家，其他公司没有进场角逐的主要原因是，农业保险虽然有政府给的高达将近80%的保费及管理费补贴，但是在政府（现在是政府委托美国雹灾保险协会）定价条件下，做农业保险的公司也只能获得平均利润。那么，那些没有农业保险经营的信息系统，没有这方面的经验和技术力量的公司，贸然申请加入农业保险经营或许是得不偿失的。

（四）完善相应的农业保险税收政策有了依据

税收的优惠也是农业保险特别是政策性农业保险必不可少的政府的支持政策之一。目前我国的税收政策对政策性农业保险有一定的优惠，例如，免除农业保险的营业税，大灾准备金的积累可以在不超过当年保费收入的5%范围内税前列支等。此次《办法》的出台，把保费准备金的上限提高到当年保险费收入的100%，就意味着相应的税收政策也要调整，不用交纳所得税的大灾准备金，由当年保费收入的25%提高到100%。这对政策性农业保险无疑是一个较大的支持。当然，“利润准备金”不涉及减免所得税的问题，因为这是税后的“利润”形成的。

四、农业保险大灾风险分散制度有待继续完善

《办法》总的来说是成功的，这是对我国农业保险制度建设，特别是农业保险大灾风险管理制度建设的重要贡献。但是它也还需要进一步完善。

比如，它还不能和现行各省的农业保险制度完全配套衔接。

现在各省的农业保险经营模式不尽一致，保险公司在直保业务中承担的责任有很大差别，有的地方保险公司的直保业务只承担160%的责任（例如北京市），有的地方规定在保险公司承担200%的赔付责任之后，在200%～300%，

300％～500％赔付率的责任区段还要承担一定责任（例如浙江省），有的省保险公司不承担赔付责任（例如安徽省的种植业保险），也有的省保险公司要承担无限责任。这样，统一规定“保费准备金”可以积累到本公司当年保费收入的100％，同时还有无限积累的“利润准备金”，而这二者相加对有的公司应对大灾责任风险有多余，对有的公司就不足。不足的公司倒好说，有多余的公司实际上是一种资金浪费，除非允许它们不提取和积累那么多的大灾准备金。

另外，“利润准备金”没有封顶的限制还有其他弊端。

“利润准备金”不封顶，虽然它是“所有者权益”，但不能分红或转增资本，好处是适当限制公司经营农业保险的短期行为，但也有可能不利于调动保险公司的积极性。保险公司的农业保险经营会有差异，服务质量好并经营成本低的公司可能盈余积累较多，“利润准备金”积累也快一些。规定一个积累上限，超过上限的部分可以转增资本或者分红，也许对公司有一种正向激励作用。

有了企业级大灾准备金管理办法，这只是农业保险大灾分散机制的一个基础，各家保险机构和社会更关心省一级和中央一级的大灾风险分散制度的建设。这两层大灾风险分散的制度安排，关系到一家保险公司或者一个省的大灾风险能不能通过更高层次的风险分散机制，在更大的空间分散。因为除了中国人保财险公司和中华联合财险公司，其他参与经营政策性农业保险的保险机构的农业保险业务都限于一省或几个省，自身分散大灾风险的能力比较弱。没有更高层次的大灾风险分散机制，其经营稳定性是比较差的。即使是中国人保财险和中华联合财险，也会有农业巨灾风险带来的财务压力，特别是多省同时发生大灾的情况下，发生偿付能力危机也不是没有可能的。因此，在企业级大灾风险准备金的基础上，还必须有配套的上层大灾风险分散制度。我们期待上层制度的早日建成，构成完善的大灾风险管理制度体系。

参考文献

庹国柱．2013. 尽快建立农业保险的大灾风险管理制度［J］．中国保险（4）．

庹国柱，王克，张峭，张众．2013. 中国农业保险大灾风险分散制度及大灾风险基金规模研究［J］．保险研究（6）．

庹国柱，赵乐，朱俊生．2010. 政策性农业保险巨灾风险管理研究：以北京市为例［M］．北京：中国财政经济出版社．

论农业保险中的“协会保险人”及其监管*

在我国农业保险市场上，活跃着几支非正规“部队”——“协会保险人[①]”，例如久负盛名的中国渔业互保协会（其前身叫“渔船船东互保协会”）就是其代表[②]。它们在商业保险的夹缝中诞生、艰难发展和生存，在农业保险领域中起着拾遗补阙的作用。《农业保险条例》（以下简称《条例》）的起草和颁布实施，将它们推向前台，逐渐被保险界、农经界的同仁们关注和熟悉。

这些社团（协会）保险法人在现行政策性农业保险的制度框架内，至少在《条例》颁布前，还不是名正言顺的农业保险组织。它们一直不受保险监管部门的监管，却又切切实实在做保险业务（主要是涉农保险业务）。而《中华人民共和国保险法》和《交强险条例》《农业保险条例》等法律法规还对它们没有真正的约束力。对这支在民政部门注册的社团法人组织，以往学术界和业界（包括它们自己）一直误将其视为“互助合作”保险组织，甚至在立法时也这样认知。但是经过深入调查了解，笔者觉得，可能还不是这么简单的问题。它们还不是“互助合作”性质的保险组织。认真研究和准确界定这类在民政部门注册的协会保险组织，分析和了解其组织和业务特点，并根据这些特点制定相应监管规则，使其在规范环境中更好地发挥作用和功能，有重要意义。

一、“协会保险人”是保险需求催生出来的特殊保险组织

中国的“协会保险人”（或者叫“社团保险法人”），是在一种比较特殊的社会和经济环境下适应渔民、农机户和农民们风险保障需求而诞生的社团法人

* 本文发表于《中国保险》，2014 年第 1 期。

① 除了农业保险中有这些“协会保险人”，中国职工保险互助会也是这种在民政部门注册的“协会保险人”，其性质和遇到的监管问题也与本文讨论的问题一样。目前对这类组织没有一个统一的称谓，我这里权且把它叫作“协会保险人”或“社团保险法人”。

② 这类“协会保险人”还有浙江、江苏、福建、广东、海南等省的渔业互保协会，陕西、湖北、湖南的农机安全协会，中山市的农业风险互助协会等。

组织。

渔业生产，无论是养殖渔业还是捕捞渔业都面临着巨大的自然的、经济的风险，特别是捕捞渔业还面临着国际政治的风险。但是渔业生产的风险保障制度在1983年之前根本没有。始于1982年的农业保险试验虽然在养殖渔业保险方面做过一些商业化尝试，湖南、湖北、上海、广东等省都进行过一些养鱼保险和养虾保险险种的试验，但是极高的赔付率，导致保险公司连续亏损，迫使其不得不放弃这些试验，进入20世纪90年代之后，水产养殖保险试验就逐步中断了。

而对海洋捕捞渔业这一块，至少在1994年以前并没有进入农业保险的视线。因为当时大家把农业保险的视野局限在种植业和养殖业领域，在养殖业这一块，也主要考虑的是家畜家禽的养殖保险，对水产养殖涉及不多。而捕捞渔业的生产工具渔船和渔民渔工人身伤亡的风险保障，基本上没有被看成是农业和农业保险的范畴，自然被归属于普通商业保险的领域。这不仅仅是保险和农业保险分类方面的缺憾，也是对捕捞渔业保险认识上的缺位。

当时的中国人民保险公司作为国有专业性金融机构，曾经适应我国渔业大发展的需求经营过渔船保险。但到了20世纪90年代初，中国人民保险公司在由国有专业化金融机构转变为商业性保险机构的过程中，出于利润的考虑，在当时情况下，对农业保险和渔船保险都采取了“风险规避”态度。因为在商业性保险的框架下，农业保险也好，渔船保险也好，其经营难度很大，灾害重、风险大、赔付高，加之国家没有相应的财政和税收扶持政策，已经导致保险公司持续10多年亏损。因此，从1994年起，农业保险和渔船保险业务都逐渐萎缩。农业保险的试验规模大大缩小，渔船保险这一块，除了大型的远洋渔船，大量的小型渔船保险业务也都慢慢被保险公司放弃了。

一方面是保险公司商业化市场化“转制”，逐步放弃不好赚钱的渔船和船员人身伤害保险业务；另一方面是海洋捕捞渔业的迅猛发展和日益强烈的风险分散和损失补偿的需求。作为发展渔业特别是捕捞渔业的生产资料和生产工具，其寻求风险保障意义是重大的。当时，刚刚成为“老板”的广大渔民，资本并不雄厚，他们的船大多数是设备不那么精良、马力也不大的中小船，缺乏抗风险能力；而脱离“集体经济”制度的渔民户，成为独立面对市场的“企业”，不仅缺乏风险保障意识，也还没有自我保障能力；而从宏观上讲，政府还没有为渔民和渔工们编织好生产和生活安全网，已有的社会保障制度尚未覆盖到这部分渔民和渔工。在这种条件下，“船东互保协会”的诞生，就最及时地适应和满足了渔业特别是捕捞渔业的发展和渔船寻求风险保障的需要。

同样，由农机安全协会经营的农机保险，也是在农业机械化的迅速和长足发展与农机使用风险较大的矛盾的条件下，保险公司未能满足农机户日益增长的风险保障需求而产生的。在这些年里，保险公司更多关注的是城镇的保险业务，至少对这个业务领域有些忽略。通过农机安全协会来组织农机风险补偿也同样顺理成章。当然，这期间还有农机主管部门的支持和帮助，包括农机监理部门的改革需要。

二、"协会保险人"性质之考察

有的协会保险人组织比较强调其"互助合作"的性质，笔者也曾经将其作为"互助合作组织"来认识，但是细致分析起来此"互助"并非彼"互助"。就是说，现在这些叫作"互助保险"的协会保险人，使用"互助"二字，只是强调保险是一种社会互助活动，与"合作制保险"并不是一回事。

因为，这10多家"协会保险人"，都是在民政部门注册的"社会团体"。根据1998年10月25日颁布的《社会团体登记管理条例》第2条的规定，在该部门注册的社会团体，"是指中国公民自愿组成，为实现会员共同意愿，按照其章程开展活动的非营利性社会组织。"该条例还规定，成立社会团体必须经其业务主管单位审查同意，必须同时接受登记管理机关（民政）、业务主管单位的监督。

可见，包括渔业互保协会、农机安全协会、农业风险互助协会等在内的各种经营保险活动的协会，都是为其会员提供保险服务的"非营利性社会团体"，它们受民政部门和其主管部门（农业部门）的监督。从目前的实际来看，这些协会有的时间比较长，已经有一些经营结余，但是严格按照民政部门的监管规定，没有分配过利润，而是用这些结余建立了应对大灾的风险准备金，表明它们坚守了"非营利性"的底线，从而将自己与商业性保险机构相区别。

但是协会保险人不是"合作互助组织"，尽管它们的名称都有"互助"字样。

按照国际合作社联盟宣示的7项原则，合作者的主要特点是通过这7项原则体现的。这些原则包括：①自愿和开放的社员资格。合作社是自愿的组织，对所有能利用其服务和愿意承担社员义务的人开放。②社员的民主控制。合作社是由社员控制的民主的组织，合作社的方针和重大事项由社员积极参与决定，选举产生的代表，无论男女，都要对社员负责。在基层合作社，社员享有平等的投票权（一人一票），其他层次的合作社也要实行民主控制。③社员的经济参与。社员要公平地入股并民主控制合作社的资金。但是，入股只是作为社员身份的一个条件，若分红要受限制。④自治、自立。合作社是由社员控制的自治、自助组织。合作社与其他组织，包括与政府达成协议或从其他渠道筹集资金，必须以确保社员的民主控制和维护合作社自主权的方式进行。⑤教育、培训和信息。合作社要为社员、社员代表、经理和雇员提供教育和培训机会，以便他们更有效地为合作社的发展做出贡献。合作社还要向大众，特别是向青年和重要的传播媒介宣传合作的性质和优越性。⑥合作社之间的合作。合作社通过在地方的、全国的、区域的或世界的合作社间的合作，最有效地服务于社员和促进合作社发展。⑦关心社区。合作社在满足社员需求的同时，要推动所在社区的可持续发展（参见《国际合作社联盟章程》）。

这些原则实际上是全世界的各种各类合作社（无论是生产合作社、运销合作社、消费合作社，信用合作社、保险合作社等）都共同遵守的。这些原则中很重要的是：合作社是社员自愿加入，由社员控制的自治组织，公平入股，经济参与，实行民主管理等。当然，其成员的经济参与是可以获得分红的，也就是社员享有剩余索取权利。

而我国目前的这些"协会保险人"，并不是社员自己控制的自治组织，而是由行政组织指定的官员或入股"股东"来控制和管理的一种保险组织。在这些组织内，没有社员的民主控制和管理的权利，注册资本金由政府部门或其他企业、组织筹集，协会也没有社员的经济参与，社员不存在入股和分红问题。有的协会对没有获得赔偿或者赔偿不多的投保人，有所谓"积分"，并在次年可以充抵保费，但这只是一种保险操作的激励方式和风险管理方式，并不是真正的制度化的利润分享，任何一家商业性保险公司都可以采取这种风险管理措施。

另一方面，协会保险人所从事的保险活动，包括承保、核保、定损、理赔等，以及采取的保险合同方式和形式，都与一般商业保险没有区别。尽管有人宣传，协会保险是"合作制度"，具有合作保险的监督风险，防止道德风险和逆选择等优势，看起来不那么符合实际。在这里，购买保险的农民、渔民也没有对于协会经营盈余的分配权或索取权。"协会保险人"与商业性保险公司还有一个区别在于，"协会保险人"没有进场的资本要求①和经营资质的严格审查和认定，没有严格的市场规则限制，包括市场行为约束、偿付能力要求，不执行与保险业务有关的财政税收政策，例如，它们都不缴纳营业税、企业所得税等。虽然它们按照《社会团体登记管理条例》的规定，要接受民政部门和行政主管部门的监督，但是实际上就保险业务本身，这两个部门都难以行使监管职责，也没有具体操作依据。因为它们是游离于《中华人民共和国保险法》之外的保险组织，并没有谁要求它们执行《中华人民共和国保险法》。当然，根据《农业保险条例》的规定，从2013年3月份起，它们应当被纳入《农业保险条例》的法律调整范围之内。不过，需要制定出相应的既不同于商业性保险公司又不同于合作保险组织的监管规则。

由此可以认为，"协会保险人"就是一种提供保险服务活动的社会团体，这种"协会保险人"是一种特殊的既非商业性保险公司也非合作保险组织的非营利性社会团体（表1）。

---

① 其实按照《社会团体登记管理条例》的规定，也有一定的注册资金要求。因为目前不归保险监管部门监管，所以从保险角度还没有要求。

表1　协会保险人与合作制保险人的比较

	比较项目	协会保险人	保险合作社	相互保险社	相互保险公司
1	注册依据	《社会团体登记管理条例》	《合作社法》和《保险法》	《合作社法》[①]和《保险法》	《公司法》（或《相互保险公司法》）[②]和《保险法》
2	组织性质	社会团体	企业	企业	企业
3	经营目标	主要是给投保人和被保险人提供风险补偿	主要是给社员提供风险保障，利润在社员中分享	主要是给社员提供风险保障，盈余归社员	主要是给社员提供风险保障，盈余归社员
4	治理结构	行政主管部门任命或发起单位协商组成的理事会	社员民主选举的理事会	社员民主选举的管委会	“董事会＋经理层”的公司治理结构
5	资本金要求	需要有注册资金，但要求很低（全国性协会只要求10万元）	只规定“有符合章程规定的成员出资”，但无具体要求	目前尚没有规定（其他国家有规定）	目前尚没有规定（其他国家有规定）
6	股金	没有	有	没有	没有
7	所有制	“协会”或管理层所有	全体社员所有	投保社员所有	投保社员所有
8	社员（或投保人）的民主权利	投保人无选举权和被选举权	社员有选举权和被选举权	社员有选举权和被选举权	社员有选举权和被选举权
9	主要决策人和经理人的产生	任命	选举	选举	任命＋选举
10	盈利性质	非营利性，没有利润分配	不以盈利为目的但可以盈利	不以盈利为目的但可以盈利	不以盈利为目的但可以盈利
11	社员（或投保人）对利润或盈余的索取权	无	有	有	有
12	社员资格的取得	没有社员资格问题，只是投保人和保险人的合同关系	申请并交纳股金后取得社员资格，可以不购买保险	购买保险就自动取得社员资格	购买保险才能取得社员资格

注：①有的国家将相互社由《合作社法》规范，我国的《中华人民共和国农业专业合作社法》中没有相互社的内容和规定。

②有的国家将相互保险公司放在《公司法》里，有的将其放在《保险法》里。我国在《中华人民共和国公司法》和《中华人民共和国保险法》里都没有相关规定，相互保险公司在法律上处于真空地带。

③因为目前我国的“协会保险人”没有纳入保险监管范围，还没有能够享受中央财政和税收的优惠政策。

三、对"协会保险人"监管的范围和内容探讨

如果上述对协会保险人的性质分析是正确的，对这些协会组织就应该在原有民政和行政主管单位监督的同时，进行保险监管机关的监管。那么，对这些组织的保险监管，都应当有些什么要求呢？以笔者之见，至少下面9个方面是应该做出监管规范的。

第一，"三支柱"监管范围和内容，原则上适合这些组织。目前对商业性保险公司所适用的保险市场行为监管、偿付能力监管和公司治理结构监管的基本规则，对协会保险组织也是可以使用的。

第二，对协会保险人监管的主要目的，也应该是保护消费者权益，防范系统性风险和和维护保险市场的公平和健康发展。因为协会保险人既然向投保人和被保险人提供保险服务，而且在理论上应该提供比商业保险更廉价的保险产品、更优质的保险服务，自然要最大限度地保护消费者的权益。因为，在这个保险交易中，消费者依然是弱势一方，他们对保险风险和保险定价的认知与协会保险人是有较大差距的。同时协会保险人也要保证自身的经营安全，降低破产概率，这事实上也是消费者利益保障的前提条件之一。

第三，如何体现协会保险人的"非营利性"既是个理论问题又是个实践问题，但是有必要做出明确规定。首先，需要明确的是，协会保险人既然做的是保险业务，就应当遵守精算规则，定价不能是随意的，应当有科学依据。不然，"非营利性"无法做出科学判断。因此，从理论上说，协会保险人"非营利性"就是表明，在精算定价时不考虑利润因素。如果可以继续享受税收优惠的话，这部分精算成本也可以不考虑。

不过在实践中比较难以实施和把握，即使接受保监会的监管，保监会如何审查和监督它们的"非营利性"，还需要研究和探索。保监会现在对于商业性保险机构报送的成百上千的产品，即使是"报批"产品也审查不过来，对协会的产品能细致审查吗？如果不能，如何操作，或需要另辟蹊径。

第四，需要对其资本和偿付能力要求做出规定。做保险业务没有资本金肯定是不行的，不然在准备金不足赔偿时无法保证被保险人的索赔权益。如果是合作社或者相互社，或者相互保险公司，可以不做资本金的要求，合作社可以以其股金来做备用准备金，相互社或相互公司没有资本金，它们可以用纯保费建立的责任准备金为赔偿限额，应对损失赔偿。

但"协会保险人"不是合作保险组织，无法适用保险合作社（或者相互社、相互公司）的责任准备金管理办法，有必要做出资本和偿付能力的基本或者最低要求。但是最低要求多少资本金却是个需要研究的问题。现在，有的协会注册时仅5万元的资金，或许这对于注册一家协会来说就符合要求了，但对于保险经营

来说似乎也太少了。

除了资本金，还有偿付能力问题，偿付能力原则上也可以按照商业性保险公司的要求办理。

以笔者之见，协会保险人是否可以实行“封顶赔付”，倒是可以考虑。如果允许它们不必承担无限责任，而是实行“封顶赔付”（比如，以纯保险费收入的两倍封顶①），对这些协会保险人的资本和偿付能力要求就可以适当降低。当然，在这种条件下，保险保障水平不能太高，否则，它们也无法承受较大的风险赔偿责任。投保人需要更高保障水平的保单，可以向其他商业性保险公司购买。

第五，对协会保险人准入和退出要进行规范。“协会保险人”进场，应该有资质方面的基本要求，这是经营保险业务和保护消费者权益必需的。同时，也要建立退出机制，不合格的协会保险人也应当有退出通道。虽然我上面说，对协会保险人可以允许一定范围内的“封顶赔付”，但是也还会有破产风险问题。

第六，协会保险人的“治理结构”是否监管需要讨论。“协会保险人”虽然不是股份公司，协会关系并不复杂。目前的“协会保险人”，其主要负责人和经营团队一般是由主管部门任命（或提名）的，而不是在社会上招聘的职业经理人，也不是由“会员”选举产生。这种组织结构有它的特点，应该也有“治理结构”问题。当然它不同于股份制保险公司和合作社、相互社、相互公司那样，有不同的权力结构、股权治理结构等问题。要不要改革，如果要改革，应当尊重作为另一监管主体的“主管部门”的意见。

第七，“协会保险人”的资金运用也应当有监管规则。根据《社会团体登记管理条例》第4条第2款“社会团体不得从事营利性经营活动”的规定，“协会保险人”的资金目前不能投资运用。但是笔者认为，作为保险人，“协会保险人”的资金在一定条件下可以投资运用，但是保险资金运用应当依据《中华人民共和国保险法》的要求执行，并纳入保监会的监管之下。

因为有的“协会保险人”已经有一定经营积累（例如，中国渔业互保协会的准备金积累超过5亿元人民币），这部分积累是其可持续经营的保证之一。但是“协会保险人”一般没有充分将这笔资金运用起来，在某种意义上是一种资源浪费，纳入监管实际上会促进这部分资金的保值增值和有效利用。对“协会保险人”来说是好事，对被保险人来说也是好事。只是如何要求“协会保险人”，需要广泛听取各方意见，并在实践中探索。

---

① 保险公司对保户在合同范围内要承担无限责任，这是保险经营的基本要求。但是在政策性农业保险经营中，地方政府一般没有这样要求保险公司。有的省目前的制度设计中，只是要求保险公司在一定赔偿限额之内承担保险责任（例如北京市以赔付率160%为限），超过部分由大灾风险管理制度来解决，以保证这种保险的可持续性。

第八，"协会保险人"也应当纳入农业保险大灾风险管理制度之中。目前的"协会保险人"主要承保的是涉农保险业务，特别是其中的渔船保险业务，也有大灾风险问题，大灾风险分散机制对它们也都是必要的。虽然正在讨论中的保险公司《大灾风险基金管理办法》不涉及这些"协会保险人"，但是，其精神恐怕也适用于它们。将来要建立的其他层次的大灾风险分散制度，对它们更有意义。因为这不仅是关系到这些组织的可持续性经营的问题，更是关系到被保险农渔民的切身利益的问题。

第九，保险监管部门需要处理好与另外两家监管机关之间的关系。保险监管机关对协会保险人的监管，主要是按照保险服务活动的特殊要求进行业务监督和管理。但作为协会这类社团组织，民政部门和行政主管部门还要进行监督和管理。到底三者之间是什么关系，三者的职责如何分工，三者之间的监管如何协调，需要在充分沟通的基础上才能确定。在我国的实际情况下，协调不到位，将来的监管操作会遇到很多意想不到的问题。

四、在实践中不断完善对"协会保险人"的监管制度

"协会保险人"是一种特殊的保险组织，如何认识它们的组织性质和特点，如何对其进行监管是一个新课题。其间既有理论问题也有实践问题。对保险监管部门来说，监管这些不那么规范的组织，可能有些棘手。特别是鉴于这些组织有的缺乏必要的资金，有的缺乏保险经营的技术和人才，管理制度和条款费率制度也还不那么规范，要对这些组织实施监管，有人说存在"监管风险"，也不是没有道理。

但这些适应市场需求而诞生的特殊保险人组织，是市场经济中的新生事物，我们不能随意取消这些组织，也无法强迫它们按照股份公司制或者合作制来进行制度改造。只能从这个现实存在出发，爱护它们，支持它们，满腔热情地帮助它们，使其在实践中逐步规范和成熟，更好地服务农业保险。笔者也查阅了一些文献资料，国外这种保险组织形式及其监管规则可资参考和借鉴的也不多，在法国有农业相互保险社和相互保险公司，在日本有渔业保险合作组织，这些组织都是依据相互保险公司法规和合作社法规进行业务活动，保险监管部门监管它们也有相应的法律法规可参照。

对于我们保险监管部门来说，既然根据《农业保险条例》，要担起规制"协会保险人"及其业务活动的历史使命，就没有其他选择。笔者认为，尽快制定出一个初步的监管规则，然后在实践中逐步充实、改进和完善这些规则才是上策。长时间没有规则，不利于这些组织的发展，也不利于农业保险业务的拓展和规范。

参 考 文 献

农业保险条例．国务院中华人民共和国国务院令〔2012〕第629号．

社会团体登记管理条例．国务院令〔1998〕第250号．

庹国柱，朱俊生．2011．论中国渔业互保协会的运作模式及其完善［J］．保险研究（5）．

庹国柱．2012．论我国渔业互保制度及其完善和发展［J］．长沙保险职业学院学报（1）．

不再让中西部的市县补贴农业保险费*

最近再次听说，一些中西部地区的县政府，补贴农业保险费之后，通过假赔案的方式又把补贴款要了回去这样的新鲜事，更有甚者，从保险公司要回来的补贴款也没有进县财政。不知道那些规定地县也要给农业保险配套补贴的中西部省、自治区有什么感想。

从 2007 年开始，中央财政开始给农业保险补贴保险费之后，为了防止地方政府“钓鱼”，就仿效其他中央投资或补助项目的“既有经验”，要求省上给予配套补贴。大部分省级政府也“照葫芦画瓢”，要求地县也同样要配套补贴（各地要求的补贴比例各不相同）。中央和省两级补贴农业保险的保险费和管理费，在不少国家，例如美国和加拿大，都有先例和良好经验。中国农业保险费的补贴涉及 4 级政府，这是我们的特色。

多级补贴农业保险费，对农业保险的发展的确起到很好推动作用，特别是在如今保险保障水平普遍太低、农民缺乏投保积极性的情况下，较高补贴对农民参保是一个重要的促进力量。

对于发达地区来说，地县政府出点钱补贴农业保险费还无所谓，财政也不缺这点钱。但对于中西部省份，特别是那些中西部地区的农业大县，它们往往都是财政穷县，所谓“吃饭财政”，有时甚至还要向中央和省财政要钱（所谓转移支付），再要让它们拿钱补贴农业保险，就有些勉为其难。在这种情况下西部农业县只有两个选择：一是有多少钱办多少事，本县的农业保险就肯定做不起来；二是只能采取“虚假补贴”和“虚假理赔”的办法，县政府“先予后取”，将自己支付的农业保险补贴款从保险公司那里再通过“赔款”要回来。

在这后一种情况下，保险公司也只能被动接受如下事实：一是违法违规与县政府“合谋”，骗取上级财政资金后，退回县里的财政补贴；二是实际上少收10%甚至 20%保险费，使自身经营的风险增大，遇到大灾损失，公司承受更大支付危机。更坏的情况是“退款”中可能出现的贪污和腐败。《人民日报》2013

* 本文发表于《中国保险报》，2014 年 1 月 20 日。

年 11 月 3 日披露的吉林省的农业保险就有这种情况。

因此，我们再一次呼吁，不要让市县补贴农业保险的保险费，别让这种看似合理却并不合乎实际的政策，阻碍农业保险，毁坏农业保险，并为贪腐提供机会和土壤。

《农业保险条例》推动农险蓬勃发展*

——写在《农业保险条例》实施一周年之际

我国有史以来第一部《农业保险条例》从2013年3月1日正式实施，至今已经一年了。

《农业保险条例》的颁布和实施，在中国农业加速实现现代化和金融保险业深化改革的背景下，是一件受到广泛关注的大事。虽然在立法层次上这还仅仅是政府颁布的一个法规而不是一部法律，但这在中国近80年的农业保险试验和发展历史上，从无到有，已经是一个重大突破。按照中国的立法思维，这表明我们的农业保险实践，在若干重要方面已经有了一些值得肯定的经验和初步成熟而统一的认识。

一年来，对《农业保险条例》的重要意义、理论和法律贡献，不少学术界和实务界的学者专家从不同视角和层面进行了评价和论述。在这个条例颁布实施一周年之际，笔者不揣冒昧对其实践效果和影响做一些观察和评论，也对实践该条例过程中暴露出来的问题谈谈自己的看法。

一、《农业保险条例》开拓了农险新天地

《农业保险条例》的实施带来的正效应，是明显的、多层面的，下面是其中几个重要方面。

（一）农业保险已经突破了传统范围

在世界其他国家，农业保险特别是政府支持的政策性农业保险业务，主要承保的是种植业（或农作物）的生产风险，在部分发展中国家，有牲畜死亡保险业务。但是主要是种植业生产风险的保险。在我国，传统农业保险业务局限于种养

* 本文发表于《中国渔业互助保险》（内刊），2014年第2期。

两业保险，而且种养两业主要是农作物和家畜家禽的保险。2007 年中央财政开始以预算安排的方式补贴农业保险之后，在实践上政府不仅支持传统的种植和养殖业保险，而且支持林业、渔业保险，进而将对于渔船、农房和农机等农业财产的保险都纳入不同级政府的财政补贴范围。

《农业保险条例》根据我国城市化和农业现代化的进程，和已初步显示出重要意义的与农业财产有关的保险内容，便将农业保险，特别是政府支持的政策性农业保险的内涵扩大到“涉农保险”，使我国的商业性和政策性农业保险的范围，不仅包括了种植业保险、林业保险、畜牧业保险和渔业保险，还包括了其他农业财产的保险。这不仅仅是一个概念内涵的延伸，而且也对实际保险经营活动产生和将要产生重要影响。

从中央和地方财政支持政策来讲，这一突破，使其补贴涉农保险的保险费的预算有法律依据，而且可能常态化和逐步有所扩大。这使农业保险的经营机构，有了一个乐观的预期，并已经在业务布局方面有所动作。各省在近几年的森林保险方面扩张很快，保险公司也加入了这方面的业务策划和准备。2013 年和 2014 年各地林业保险招标竞争比较激烈，就是一个证明。另外，不少经营机构也开始了在水产养殖（海水养殖和淡水养殖）保险方面的筹划和布局。

对于其他的保险业务，特别是“涉农保险”，虽然中央财政还没有出台具体支持政策，但是传达给业界的信息表明，一旦监管关系理顺了，这可能就是水到渠成的事。

（二）农户投保热情空前高涨

根据保监会的统计，2013 年年末，全国农业保险的保费规模已经达到 306.6 亿元，比 2012 年增长 27.7%，农业保险的承保农作物达到了 11 亿亩，占全国播种面积的 45%，为将近 2 亿户次提供的风险保障是 1.4 万亿元，支付赔款是 209 亿元，受益农户达到 3 367 万户。这些数据传达出来的最大信号之一就是，在各级政府的支持和引导下，各地农户对于农业保险的了解和认识有了普遍提高，投保热情空前高涨。

我们都了解，农民对目前的保险品种和保障水平的意见还是比较多的。特别是很多地方的农业（支柱产业），例如某些地区的水果或者蔬菜等，没有纳入中央的财政补贴，而地方财政的补贴能力又相对有限，使这些农户投保积极性受挫。而受到中央财政支持的普遍的保险产品，是所谓“物质成本保险”，只保障保险标的物市场价值的三分之一甚至更低，农民感觉到参加这种保险“没意思”。即使如此，农民投保积极性有增无减，加之各地政府对农业保险的空前重视，将动员和组织农户投保作为当地的“民生工程”或“折子工程”，给农民更多了解农业保险的机会。特别是那些在土地流转中逐步成为种田大户的农民，对农业风险保障的意识和需求更是得到充分的开发。我遇到一个种植水稻的大户，早稻遭受洪水灾害损失，保险公司正在查勘灾情，他就急着要求投保晚稻。这些农民从农业保险的法律中得到的信息，足以使他们获得信心，那就是：政府支持的农业保险制度作为政府的强农惠农政策，已经通过法律法规肯定下来，那就会一直实行下去，农业保险也就不会像以前那样可能中断，农户的农业保险利益将会得到持续的越来越多的保障。

（三）经营机构的态度发生根本性变化

一位原某省保监局局长说，几年前他所供职的省只有一两家保险公司在经营农业保险，为扩大农业保险的覆盖面，满足当地的农业发展需求，他们动员几家公司来做农险，但谁都不愿意进场。2013 年保险公司却积极主动找保监局做工作，要求在该省经营农业保险业务。原因其实无非是两条：第一，2007 年以后，该省以至全国的农业保险经营的日子过得都还不错，似乎普遍比产险业务过的滋润一些；第二，如今有了立法，做农业保险至少在法律上有了保障。政府支持农业保险的政策以立法形式得到肯定。

的确，如果说在几年前或者说《农业保险条例》颁布之前，谁会是我国农业保险市场的供给主体还是一个变数的话，那么，条例颁布之后，明确了“政策引导，市场运作，自觉自愿，协同推进”的原则，并规定允许商业性保险公司与其他互助合作保险组织经营农业保险，不仅商业性保险公司，而且包括渔业互保协会、农机安全协会、农业风险互助协会在内的协会保险人，在农业保险市场上的地位都通过《农业保险条例》得到法律上的认可，加之农业保险的经营环境必然会得到不断改善，各类市场组织就可以放心大胆地做农业保险了。保险经营机构或组织没有理由不下决心尝试进入农业保险市场开辟新天地。这就是为什么有 20 多家财产保险公司申请进入农业保险经营，已经有 24 家获得批准的原因。这也是在最近全国人大会议召开的记者招待会上，有外国记者问保监会主席项俊波，外国保险公司可不可以进入中国农业保险市场的重要背景之一。

因为在过去的长期试验中，农业保险在没有政府支持，特别是缺乏财政支持保证的条件下，经营农业保险基本上是“累试累败”的，所以，那些保险公司在几年前甚至在 2013 年以前，不敢贸然进入农业保险市场也是情有可原的。

（四）政府的作用有了定位，行为有了准则

农业保险不同于其他财产保险的一个重要特点是，政府成为保险活动参与者之一，既是农业保险政策制定者、农业保险的领导者、组织者和监管者，又是农业保险的当事者，这种特殊身份决定了政府及其部门在农业保险中不仅仅是一个“裁判员”，也是“教练员”和“运动员”，说起来这有悖于市场经济的原理和原则。特别是在今天深化改革要发挥市场在配置资源的决定性作用的大环境下，似乎显得不那么“协调”或者“合拍”，但是这是必需的！

政府的多方参与是世界上大部分国家发展农业保险的成功经验之一。但是，政府参与到什么程度是要通过法律来做出严格规定的，不然就会出问题，甚至乱套。国外，特别是发达国家，在农业保险立法中都对政府在农业保险制度中的定位和行为边界做了严格界定。在我国，至少在《农业保险条例》颁布前，对于政府的角色定位和行为边界是不清楚的。而《农业保险条例》对政府的责任和行为做出了7个方面的规定，包括：①统一领导和组织本地农业保险工作（第5条）；②确定本地农业保险经营模式（第3条第3款）③组织引导农民和农业生产组织参加农业保险（第6条）；④制定支持农业保险的财政补贴和税收优惠政策；⑤建立财政支持的大灾风险分散制度（第8条）；⑥支持建立农业保险基层服务网络；⑦政府各部门建立农业保险相关信息的共享机制。

这虽然是粗线条的规定，但初步把政府的角色和活动做出了限定，使政府的作用有了定位，行为有了准则，避免了行政对农业保险活动的不适当干预，造成不必要的损失和后果。在这方面，我们一些地方是有深刻教训的，曾经造成政府和公司的被动，也损害了被保险农户的利益。

当然，有少数地方也有违反这些规定和其他有关规定的，监管部门和检察机关根据《农业保险条例》和其他相关法律做出了严肃处理，在保险界引起了较大震动。

（五）监管执法有了依据

《农业保险条例》颁布之前，因为参与农业保险试验的“正规军”都是商业性保险公司，保监会顺理成章地对农业保险活动行使了监管职责。但是，保监会从事监管的法律规范只能是《中华人民共和国保险法》，而《中华人民共和国保险法》在很多方面无法适用农业保险，这样一来保监会的监管依据就显得不十分充分，监管边界和内容也并不明确。对有些活动，保监会实际上监管不了、也监管不到。例如，保险机构要从事农业保险经营，要不要设置“门槛”，如果要，如何规定，这至少在《农业保险条例》颁布之前是不明确的；在有些地方因为地方政府做的规定，或者说话了，监管部门也就无法行使监管职责，因为不知道该不该归其监管。曾经在不止一次地发生过所谓“协议赔付”，该少赔，却多赔；该多赔，没有赔，这对“不知情”的投保农户造成不小的利益损失。在这种情况下，监管部门即使了解这些情况，也是监管无依据。还有，大部分做农业保险的地区，都依靠的是乡镇、村的被称为“协保员”的队伍，但是，公司支付这些并不符合《中华人民共和国保险法》规定的政府工作人员或涉农机构的事业人员佣金，在监管者那儿就遇到合理与非法的困惑。对于已经存在多年的“协会保险人”，它们虽然对农业保险的发展做出了贡献，但是在于法无据的情况下，保险监管部门无法承认其“合法性”，也不能对其涉农保险业务实施必要的监管，帮助这些组织提高业务水平。这些“非正规军”也就难以名正言顺地得到政府的财

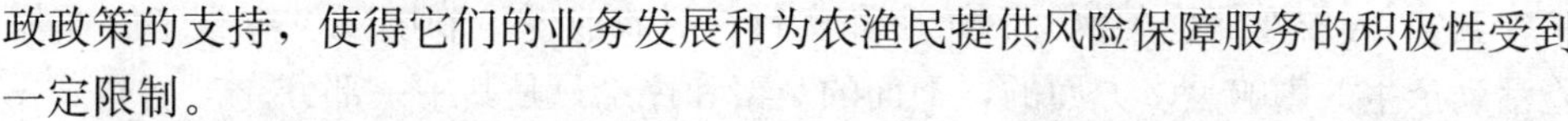

政政策的支持，使得它们的业务发展和为农渔民提供风险保障服务的积极性受到一定限制。

监管责任不明确，但是社会各界却对监管部门期望很高，农业保险中如果出什么问题，大家会毫无疑问会指责和批评保监会。这就是当时的“监管困惑”。

《农业保险条例》的颁布，使许多监管问题得到解决。首先，明确了“国务院保险监督管理机构对农业保险业务实施监督管理”（第4条），同时，赋予监管部门对无论商业性保险机构还是其他互助合作组织进行资格审批和业务审批的责任，以及其他保险合同业务的监管权利和责任，理顺了监管关系，对农业保险的规范和健康发展无疑是一大福音。在过去的一年里，保监部门依据《农业保险条例》对各地发生的违规违法行为进行了大刀阔斧的监督和查处，整顿了农业保险市场的秩序，促进了农险市场的蓬勃和规范发展。

（六）配套法规正在加紧完善

《农业保险条例》在很多问题上都还仅仅是原则性的，比较笼统，还需要一系列配套规章，才能使其更具有操作性。

2013年以来，作为主要监管机关的保监会和相关部委，在以往关于对农业保险承保理赔方面发布相关规定的基础上，发布了《中国保监会关于进一步贯彻落实〈农业保险条例〉做好农业保险工作的通知》，并依据《农业保险条例》，颁布了《中国保监会关于加强农业保险业务经营资格管理的通知》，对市场准入规定了10个条件；发布了《中国保监会关于加强农业保险条款和费率管理的通知》，对农业保险的条款费率规章制定做出了规范和要求；针对农险市场中反映出来的突出问题，及时发出了《中国保监会关于进一步加强农业保险业务监管规范农业保险市场秩序的紧急通知》，要求对农业保险违法违规问题加大查处力度，特别提出“严禁从享受中央财政保费补贴的农业保险保费中提取手续费或佣金”，这在业内引起很大震动。

与此同时，财政部根据《农业保险条例》的要求，会同保监会、农业部等部门积极制定了《农业保险大灾风险基金管理办法》，为完善我国农业保险大灾风险管理制度奠定了一个很好的基础。接下去要按照《农业保险条例》第8条和多个中央1号文件要求，尽快建立起大灾风险分散制度，为农业保险的更大发展创造安全保障条件。

保监会在规范农业保险市场方面任务繁重。据笔者了解，目前保监会正在抓紧制定农业保险配套规章，包括关于农业保险经营机构偿付能力监管规定，相互保险组织、协会保险人的管理办法，农业保险再保险的管理规定等，财政部会同其他部门制定的农业保险基层服务网络建设费用支付的有关规定也即将发布和执行。这些配套规章的完成，必将使农业保险监管工作更加到位、更加有效率，为农业保险的发展提供良好法律和政策环境。

其实，《农业保险条例》的颁布和实行，对农业保险制度建设本身和农业保险活动产生的影响是多方面的，上面的观察和评论只是其中一部分。

二、《农业保险条例》需要在实践中不断完善

一部《农业保险条例》可谓经历了千辛万苦，从提出来到完成并颁布实施，凝结着几代人的心血。虽然它已经获得了成功，产生了积极的影响，但是，因为我国农业保险的实践毕竟有限，涉及不同部门的不同认识和不同利益的冲突，在很多方面条例似乎留下各方妥协的痕迹。加之我们的立法经验不足，这就必然留下一些缺憾和待探讨的问题，需要在今后的实践中逐步完善和解决。

从目前来看，我个人认为，《农业保险条例》已经显示出来的不足，应该加以修正和完善的地方主要有：

（一）多部门“协同推进”过于原则和笼统

多部门“协同推进”农业保险，是农业保险经营的重要原则之一，这本来是件很好的事，也是符合中国农业经营规模较小、投保农户高度分散、展业和定损理赔成本太高、效率太差等实际情况的。但是，无论横向的还是纵向各个政府部门的工作和职责，都不那么具体，不那么明确，在很多方面也不好操作，导致有的政府部门“不作为”或者“乱作为”的问题时有发生。还有些工作，政府部门不知道如何作为。这在一定程度上和范围内对农业保险的健康发展是有不利影响的。例如，《农业保险条例》第4条说，“国务院财政、农业、林业、发展改革、税务、民政等有关部门按照各自的职责，负责农业保险推进、管理的相关工作”，这种模糊的规定实际上很难把握。所以，有的部门直接或通过中介人为地分配市场资源，这种不当作为或许是因为对这个条款的误读。还有的地方，根据《农业保险条例》第5条“县级以上地方人民政府统一领导、组织、协调本行政区域的农业保险工作，建立健全推进农业保险发展的工作机制。县级以上地方人民政府有关部门按照本级人民政府规定的职责，负责本行政区域农业保险推进、管理的相关工作。”便直接插手市场经营主体的招投标事宜，并从中做手脚，影响到招投标的公正性。

（二）中央不设立管理和协调机构是一大失策

设立农业保险统一管理和协调机构问题跟上面的问题有关联，农业保险差不多涉及中央政府10个部门，没有一个专门机构管理和协调，也不指定一个部门来牵头，导致各种政策问题协调成本很高、效率很低。

在最初该条例草稿中，曾有一条款“国务院成立农业保险工作领导小组，负责指导和协调农业保险工作。地方各级人民政府也应当成立相应的工作领导小

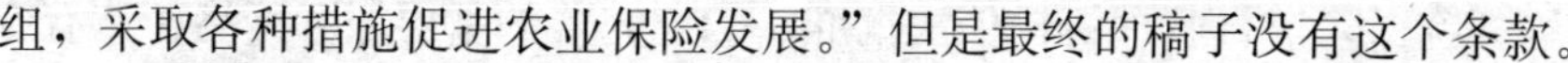

组，采取各种措施促进农业保险发展。”但是最终的稿子没有这个条款。

在中央政府没有这样一个农业保险的管理、指导和协调机构，至少很不方便。虽说在我国“精兵简政”的实际环境下，增设机构似乎不合“潮流”，但是，农业保险的特殊性真的很需要有这样一个统一的协调机构。在那些农业保险发达国家，都有一个统一的管理部门，来规划国家的农业保险发展，制定相关政策，协调各相关部门的工作。

（三）某些被删掉的内容被实践证明是正确的

在报送《农业保险条例》的草案中，有一条关于中介费用的禁止性规定：“保险公司不得向从事农业保险原保险业务的保险经纪人以任何形式支付或者变相支付佣金。”还有一条“禁止封顶赔付”的条款：“除相互制保险公司通过章程约定在会员之间实行风险共担、利益共享的赔付方式外，保险人不得在保险合同中，以任何形式约定在特定区域或范围内，对一个以上被保险人设定低于总保险金额的赔付限制。”

这些条款其实当时很有针对性，由于在草案讨论中存在不同意见，在最终上报的稿子中被删掉了。但是，这些问题是客观存在的，因为不能被坚决制止，而产生非常负面的影响和效果。好在监管部门及时采取措施，在其后又通过保险监管规章，重新加以规定，做出补救，可谓“亡羊补牢，未为晚也”。

这类问题还包括《农业保险条例》第7条第2款“国家鼓励地方人民政府采取由地方财政给予保险费补贴等措施，支持发展农业保险。”在起草时，有人就建议不要写这一条，要写就只写省级政府应当提供补贴。因为写上“鼓励”地方政府提供补贴，地、县政府就必须要出钱。实践中，问题就来了，那些产粮大县财政拮据，没有钱补贴，结果是这些最应该发展农业保险的地方，反而发展不起来，要么就采取“偷梁换柱”的办法，用“应收保费”来行骗，倒霉的是保险经营者（少收保费）和投保农民（想投保，因为没有“指标”只好作罢）。但是这一条在正式颁布时没有改动。2014年中央1号文件终于提出指导意见，让各地“逐步减少或取消产粮大县县级保费补贴”，算是对这一条的一个重要修正，虽然还有政策余地。

还有的农业保险合同法方面的内容，现在没有被强调，而实践证明还是有问题的。例如，关于“保险利益原则”的规定，草案曾经规定“农业保险合同的被保险人，应当对保险标的具有保险利益。”正式颁布时这个内容被拿掉了。但农业保险实践中，没有保险利益的人投保和领受赔款时有发生，特别是在正在加速进行土地流转的背景下，这显然是不合理的，违背了保险的这一基本原则，但是无法可依。当然这个问题还可以继续讨论。

（四）还有一些规定至今还存有争议

《农业保险条例》第17条称：保险机构经营农业保险业务，应当符合下列条件，并经国务院保险监督管理机构依法批准：①有完善的基层服务网络；②有专门的农业保险经营部门并配备相应的专业人员；③有完善的农业保险内控制度；④有稳健的农业再保险和大灾风险安排以及风险应对预案；⑤偿付能力符合国务院保险监督管理机构的规定；⑥国务院保险监督管理机构规定的其他条件。未经依法批准，任何单位和个人不得经营农业保险业务。

保监会根据这里的精神，及时制定和发布了《中国保监会关于加强农业保险业务经营资格管理的通知》，文件中进一步规定了商业性保险机构经营农业保险的条件，包括：①保监会核定的业务范围内含农业保险业务；②偿付能力充足，上一年度末及最近四个季度末偿付能力充足率均在150%以上；③总公司具有经股东会或董事会认可的农业保险发展规划；④有相对完善的基层农业保险服务网络，原则上在拟开办农业保险业务的县级区域应具备与业务规模相匹配的基层服务网络；⑤总公司及拟开办区域的分支机构有专门的农业保险经营部门并配备相应的专业人员；⑥有较完善的农业保险内控制度以及统计信息系统；⑦农业保险业务能够实现与其他保险业务分开管理，信息系统支持单独核算农业保险业务损益；⑧有较稳健的农业再保险和大灾风险安排以及风险应对预案；⑨已在部分省（自治区、直辖市）开办农业保险业务的公司，如拟在其他省（自治区、直辖市）开办农业保险业务，其系统内上一年度农业保险业务应未受过监管机关行政处罚；⑩保监会规定的其他条件。

笔者认为，这些规定和要求是合理的和必要的。但是，现在，有人认为这种行政审批是不必要的，将要取消。我觉得这是需要加以讨论的。也许异议者认为这样规定与当前中央政府提出的深化改革、发挥市场在资源配置中的决定性作用不那么合拍。但是我们不能从概念出发来指导各类经济和社会改革实践，农业保险市场并不是一个完全靠市场自身调节的市场，在这里，政府发挥着重要的干预作用，否则就会带来严重后果。因此，即使要取消这些条款，监管部门也必须通过适当规章来“补牢”，不然就会乱套。目前有一些地方多家机构在一地无序竞争，有的公司缺乏服务网络，但是可以通过向政府“公关”，把服务网络健全经营健康的公司挤出市场。对于这种情况的蔓延，而监管机关如果不采取强有力的措施，将会给农业保险市场带来灾难。

（五）对政府部门在农业保险活动中违法违规行为缺乏明确的处罚规定

如上所述，政府部门在农业保险中有多方面的较为深度的参与，政府部门或政府工作人员的违法违规行为，在《农业保险条例》中应当有处罚规定，不然会产生监管“真空”。实践表明，的确存在政府工作人员利用权力在农业保险活动中牟取私利的问题，而对农业保险活动的监管来说，没有明确规定应该由谁来监管和处理。而在没有延伸监管授权的情况下，某个政府部门监管基层政府，多有

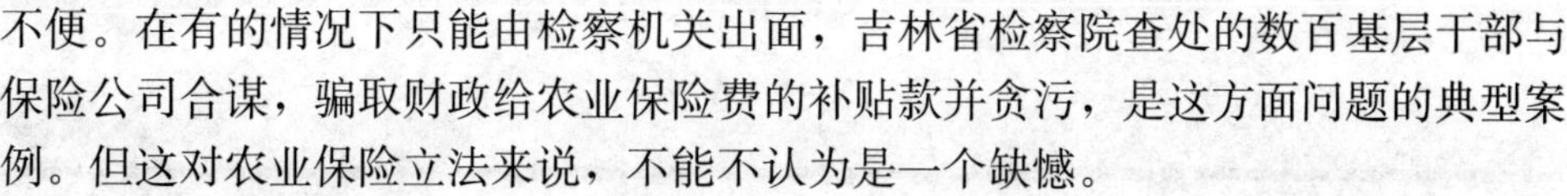

不便。在有的情况下只能由检察机关出面，吉林省检察院查处的数百基层干部与保险公司合谋，骗取财政给农业保险费的补贴款并贪污，是这方面问题的典型案例。但这对农业保险立法来说，不能不认为是一个缺憾。

愿《农业保险条例》不断丰富和完善，早日升格，成为农业保险法！

正确处理政府与市场的关系是农险发展的重要课题*

政府多方介入农业保险是我国农业保险制度设计的一大特色，也是建立“政府与市场合作”的农险制度（世界银行将其概括为 PPP 模式，即 Public Private Partnership）所需要的充分必要条件。虽然农业保险发达国家都有政府介入，但政府介入的深度都不如中国。这种情况有我们的特殊背景，但实践表明这也正在产生一系列弊病。我们必须正视并逐步寻求解决之道。

农业保险发达国家，例如美国、加拿大、日本，政府介入农业保险只限于法律层面和政策层面，包括提供财政补贴（保费和管理费、再保险等），建立大灾风险分散制度，做出监管安排等。但是在我国，由于小农场经营为主，又处于大规模的农村人口向城市人口流动和城市化过程之中，加之农村社会对行政部门的高度依赖，使得保险公司直接面对农户的展业和经营成本非常高，不得不依靠基层政府，包括县乡镇、村的“干部”或者基层半行政的事业干部、协助保险公司进行农业保险的宣传、组织和展业、理赔等活动，只有种田大户才能独立签单。这样操作农业保险的好处是，农险的展业签单直到查勘、定损和理赔难度大大降低，保险交易成本也降低到可以承受甚至较低的程度。毋庸置疑，自 2007 年以来中国农业保险的高歌猛进，有 27 倍的增长，除了各级财政补贴了近 80%的保险费，最重要的就是各级政府的有效协助，包括把推进农业保险列入政府部门的“民生工程”“折子工程”层层“督办”。所以，《农业保险条例》将各级政府和部门“协同推进”确定为全面推行农业保险的“规定动作”之一。

不过，政府深度介入农业保险也是一把“双刃剑”，在多家保险机构进入农业保险市场竞争的背景里，政府“依法”当然地参与农业保险活动，就在某种程度上具有市场“主导权”，在缺乏约束的条件下，可能给权力寻租创造了想象空间，而且已经在少数地方发现了这方面的严重问题。在有的地方市场竞争正在演

* 本文发表于《中国保险报》，2014 年 5 月 9 日。

变为“寻租竞争”、手续费竞争，谁能把当地政府的主要长官“搞定”，或者能将当地有广泛人脉的官员“挖”来，作为当地分支机构的领导人，就能完全占领或者分到这里的市场一定的份额。

最近，我们到江苏淮安调查，在那里苦心试验和经营农业保险 10 年的中华联合保险公司，就给我们“倾倒”了这方面的“苦水”，它们通过 10 年努力已经在各区县建立了比较健全的农业保险服务体系，投入了相当大的人力和资金，招聘了需要的人才和员工，但是曾经不愿进场或者经营之后放弃这个市场的同行公司，正在通过争取到的政府领导人的配偶，要中华联合公司让出“地盘”，要求“轮流坐庄”。我觉得，想要进入市场的愿望可以理解，但“轮流坐庄”恐怕难以成为服人的理由。这个问题很现实、也很严峻。

我国农险制度建设离不开政府的支持和参与，但要想让 PPP 模式达到最佳状态和有效率，就必须在两个方面做好文章：

一方面要规范市场竞争，要制定必要的更加具体的有效的市场规则，变“市场竞抢”为“竞争合作”。例如，监管部门有必要对农险经营机构做严格审批，要有必要的进场的条件限制，特别是对于经营机构和服务网络的要求，不能允许玩“空手道”，“挖一个人，搞定一方”（据调查，下辖 6 县的某市做农业保险的专业人员总共只有 8 人，我们可以想象这个地区农业保险业务是怎么做的）。为了防止寻租竞争，在一个地、市只能允许一家公司经营，如果经过考核评估，这家机构有重大违规，或者投保人和被保险人意见较多，不适宜继续经营，可以换其他经营机构接替。这样，既防止了垄断，又可能保证市场的效率和秩序，净化外部环境。

另一方面，对政府的权力要加以限制和约束，也就是按照习近平主席所说的，要将权力关进制度的“笼子”里。至少，在新建的农业保险市场上，需要通过公平招标来选择一家或多家保险经营机构，防止官员个人圈定经营机构（当然招标也要防止官员帮忙作弊）。在已经有经营基础的农业保险市场上，让原有公司继续经营或者由多家公司分地域或分业务共同经营，要有适当的公开评估机制和公平合理的协商机制。据我所知，有的地方已经尝试建立由基层政府人员和被保险农户参与的农业保险服务质量评价系统，建立相应的指标体系，这样，不论是对经营机构的农业保险服务进行质量评价，还是决定对经营机构的奖励或者惩罚都有了公共机制和手段。

总之，“政府市场合作”是我国农业保险发展模式的合理的正确的选择，但外国还没有适合我们的具体经验。在我们的国情下，只有在约束政府权力和规范竞争秩序两个方面做足文章做好文章，不断改进和完善这种制度模式，才能把农业保险做大、做好、做持久，让农业保险真正发挥减少农业收入波动和稳定农业生产的既定目标。

相互制保险监管的破冰之举*

最近，中国保监会就《相互保险组织管理暂行规定（征求意见稿）》（以下简称《规定》）在全国征求意见，我们非常高兴。虽然这只是一个立法层次不高的部门规章，但它却是中国保险历史上的首创之举，正式颁布之后将会产生重大影响。

一、规范发展　势在必行

相互保险组织是不同于股份制保险公司或自保组织的具有合作性质的一类保险机构，在一些保险业发达的国家，相互保险组织有久远的历史和广泛的发展。据了解，日本寿险业有60%的公司是相互保险公司，而相互保险社在欧洲一些国家也普遍存在，发挥着独特的作用。而这类组织在我国诞生的时间不长。

我国第一家相互保险公司——黑龙江阳光农业相互保险公司于2004年诞生，2011年，还诞生了浙江慈溪的农村保险互助社，除了这两家典型的相互保险组织，还有以中国渔业互保协会和中国职工保险互助会为代表的一批做保险业务的“协会”组织。这些组织是适应市场上不同层次保险消费需求，或者是经过“特批”建立的，或者在有关部门支持下自发诞生的，在特定历史条件下，它们都为社会的风险保障事业做出了一定的贡献。

但是，这些保险组织有的虽然纳入了保险监管，但是因为缺乏监管规则，很多组织的、业务的、财务的问题一再遇到麻烦。笔者6年前曾到阳光农业相互保险公司做过调查，先后写过5篇文章讨论它们遇到的问题，也向有关方面反映过，但是有些问题至今依然困扰着这家公司。而监管部门也不知道如何对这些组织进行监管。还有，那些以“协会”名义出现的保险组织，其实既不是相互保险组织也不是标准的“社会团体”，做了很多保险经营业务，甚至在某些领域产生

* 本文发表于《中国保险报》，2014年5月15日。

了很大影响，但是因为身份特殊归属不明，一直游离于保险监管之外，它们做的是“涉农保险”或“职工保险”，但因为是处于保险监管的“真空地带”，至今也难以得到政府政策的支持。因此，在保险组织多元化发展和规范化发展的背景下，为这些“监管体制内”或者“监管体制外”的各类相互保险和协会保险组织量身定做一套监管规则，对于深化我国保险行业的市场化改革，丰富保险组织制度，加速推进我国保险市场的建设，更好满足各个层次的消费者的保险需求，让保险惠及更多百姓等方面都有深远意义。

二、精心设计　繁简得体

从2013年年底就开始组织调研和起草的这个《办法》，经过多轮修订和征求意见，借鉴了国外的成熟的法律规范，也吸收了我们自己10年实践经验，设计合理，繁简得当，短短38条对于相互保险组织及其业务监管的主要问题和重大问题都做出了规范。

例如，该《办法》对相互保险组织给出了明确的界定，将其与一般股份制保险组织区别开来，同时对这类组织的设立条件做出了规定。其中，条件之一就是要有一定数量的“发起会员”和比较充足的“初始运营资金”。相互保险公司的设立的“初始运营资金”，是与股份制保险公司要求相同的2亿元，其他保险相互社也视其全国性还是地方性，分别要求5 000万元和1 000万元的“初始运营资金”。这些方面，过去没有规定，阳光农业相互保险公司当初设立时，筹集的“初始运营资金”只有7 000万元，而有的“协会保险组织”等在民政部门登记注册的资金只有5万元。当然我们从《办法》中也会看到，相互保险组织的这些“初始运营资金”只是为了营运需要的“借贷资金”，并不是像对股份制保险公司所要求的那种不可撤回的“资本金”。相互保险有了这些规定，那些拟申请设立这类保险组织的人就将有了标准，现有的相互保险组织规范经营将有章可循，监管部门行使监管职责也将更为方便。

相互制保险组织里的“成员”很特殊，他（她）们既是投保人和被保险人（消费者），又是该组织的主人（所有者），在该组织中的权利和义务也与在股份制保险公司购买保险单的消费者有本质区别，这在《办法》的条款中都有明确的规定。对于保护这类组织中的“成员”的合法权益来说非常重要。

还有，偿付能力是保险组织经营的核心，在这个问题上以前有不同的意见。一种意见认为，相互保险组织没有偿付能力问题，它们天然就满足偿付能力要求。但也有人认为，还是应该对这类组织的偿付能力做出切合实际的规定，有利于该类组织的长远发展。《办法》采纳了后者的意见，对偿付能力问题做出了具体要求，将来这些组织就会以这类规则要求自己，有章可循。

三、欲成精“器” 尚需“雕琢”

《办法》对于相互保险组织已经有了一个很好的规制基础，但是还有一些问题需要进一步推敲和讨论。其中，一个难题就是如何将现在这些以“协会”身份做保险业务的“保险人”和《办法》界定的“相互保险组织”统一起来，因为这些“协会保险人”在性质上不属于“相互保险组织”的范畴，《办法》中的一些规定还无法适用于它们。比如“协会保险人”的会员就不是协会的“所有者”，按道理讲也无权分享经营的“盈余”。其实“协会”是“非营利性社会团体”，也不应该有“经营利润”。相互保险组织虽然是合作性质，“不以盈利为目的”，但它们的确是商业性组织，也是可以盈利的，“会员”分享“利润”（如果有的话），也是正当的。所以，相应条款对前者如何适用还要斟酌。

还有，虽然《办法》对相互保险组织的偿付能力问题做出了规定，但是它们的偿付能力如何计算，需要进一步明确，不然这些组织执行规定还是有困难的。

最后，愿这个业界盼了多年，将填补保险业空白的重要保险规章早日问世，并能升级进入《中华人民共和国保险法》！

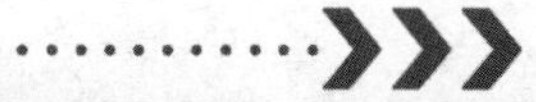

中国政策性农业保险的发展导向*

——学习中央1号文件关于农业保险的指导意见

2004—2013年长达10年的时间里，中共中央、国务院发布了10个关于指导中国农业和农村发展的1号文件①。这10个中央1号文件无一遗漏地对发展中国政策性农业保险问题提出了指导意见。这些意见虽然不是系统发布的中国农业保险发展政策，却是根据当时中国农业和农村发展环境和实践进程提出来的农业保险制度建设中最需要解决的问题，实时指出了中国农业保险的具体政策要点和发展方向，具有极强的针对性和导向性。

中国农业保险在这10年中，以保费收入计算，平均发展速度达到49%②，这在全世界绝无仅有。全国农业保险业务规模自2008年以来一直稳居亚洲第一，全球第二，仅次于美国③，成为全球最重要、最活跃的农业保险市场之一。联系中国农业保险的发展进程，学习中央1号文件中关于农业保险的指导意见，对于进一步领会中央农业和农村发展政策，提高执行中央农业保险政策的自觉性，把中国农业保险发展引向深入，为实现农业和农村可持续发展做出应有的贡献，具有重要意义。

---

* 本文发表于《中国农村经济》，2013年第7期。

① 这10个中央1号文件分别是：2004年《中共中央国务院关于促进农民增加收入若干政策的意见》，2005年《中共中央国务院关于进一步加强农村工作提高农业综合生产能力若干政策的意见》，2006年《中共中央国务院关于推进社会主义新农村建设的若干意见》，2007年《中共中央国务院关于积极发展现代农业扎实推进社会主义新农村建设的若干意见》，2008年《中共中央国务院关于切实加强农村基础建设进一步促进农业发展农民增收的若干意见》，2009年《中共中央国务院关于促进农业稳定发展农民持续增收的若干意见》，2010年《中共中央国务院关于加大统筹城乡发展力度进一步夯实农业农村发展基础的若干意见》，2011年《中共中央国务院关于加快水利改革发展的决定》，2012年《中共中央国务院关于加快推进农业科技创新持续增强农产品供给保障能力的若干意见》，2013年《中共中央国务院关于加快发展现代农业进一步增强农村发展活力的若干意见》。

② 罗中敏，王力.2013. 中国保险业竞争力报告：2012—2013［M］. 北京：社会科学文献出版社：411-412.

③ 瑞士再保险.2013. 携手应对新兴市场的粮食安全问题［R］. Sigma（1）：29.

一、建立服务于农业和农村发展的政策性农业保险制度

中国农业保险在商业性保险框架下的试验，从20世纪50年代就开始了。1980年恢复国内保险业务之后，1982年，中国人民保险公司开始了新一轮商业性农业保险经营试验。但是，长达20多年的试验几经起伏，在尝试过多种制度模式和经营方式创新之后，终因无法突破而不得不放弃商业性农业保险经营试验。而在此期间，中国保险学界和业界一直在分析和探究中国农业保险试验失败的原因，并从国际经验中寻求答案，针对中国农业现代化发展和农业风险管理的需要，逐步提出了发展政策性农业保险的理论和建立政策性农业保险制度的建议。政策性农业保险的概念和制度内涵最早被2002年修订的《中华人民共和国农业法》所采纳，该法第46条规定，“国家逐步建立和完善政策性农业保险制度。鼓励和扶持农民和农业生产经营组织建立为农业生产经营活动服务的互助合作保险组织，鼓励商业性保险公司开展农业保险业务”。

1995年制定的规范商业性保险的《中华人民共和国保险法》，曾充分考虑到农业保险特别是政策性农业保险的特殊性，为后来的政策性农业保险在法律法规上留出了接口。《中华人民共和国保险法》第158条规定，“国家支持发展为农业生产服务的保险事业。农业保险由法律、行政法规另行规定”。

所以，中央1号文件在2004年就提出了“加快建立政策性农业保险制度”的要求。这既是对《中华人民共和国保险法》和《中华人民共和国农业法》的一个呼应，更是针对当时持续下滑的商业性农业保险经营试验所做出的新的重要决策。这一年中央1号文件的主题是“促进农民增加收入”，中央希望政策性农业保险制度的建立能在促进农民增收方面发挥作用，因此，中央1号文件提出，“通过小额贷款、贴息补助、提供保险服务等形式，支持农民和企业购买优良畜禽、繁育良种，通过发展养殖业带动粮食增值”，并通过“加快建立政策性农业保险制度，选择部分产品和部分地区率先试点，有条件的地方可对参加种养业保险的农户给予一定的保费补贴”的途径，减轻农户收入波动，以使投保农户在遭受灾害的年份收入不减少。

从长远来看，政策性农业保险制度的建立，特别是政府从财政和税收方面对投保农户给予支持，也是在符合世界贸易组织规则条件下对农业生产的一种补贴或者转移支付，实际上这是增加农民收入的一种方式。从宏观意义上说，政策性农业保险制度的建立对于中国利用现代风险管理工具对农业风险进行有效管理，促进中国农业稳定和可持续发展，保障食物特别是粮食长远基本自给，同时保证农民农业收入稳定增长，都有重要意义。

二、从企业到政府的保费补贴思路

财政提供保费补贴是政策性农业保险的基本特征之一。各国政策性农业保险的实践表明，这种补贴主要是由政府支付的，一般是中央财政和省（州）财政两级补贴，例如美国、加拿大等国家的做法。为什么要由政府补贴保费呢？这既是个理论问题，也是个实践问题。

国内外的理论研究和大量实践一再证明，除了少数农业保险险种（例如雹灾保险），农业保险的商业性经营是不可能成功的。这就是大家熟知的"市场失灵"现象。也就是说，农业保险需要政府干预，特别是需要政府给予保费补贴、经营主体管理费补贴和再保险补贴。但是，限于国内对农业保险研究的局限，政府和保险实务部门在较长时间里对这个问题还了解不多，至少在2004年以前，对由谁来补贴、怎样补贴并不明确。从中央1号文件来看，虽然中央在2004年就明确提出了建立政策性农业保险制度的意见，但是，保费补贴政策的选择却是随着时间推移而逐步明确的。

2004年1号文件提出，对于试点地区"有条件的地方可对参加种养业保险的农户给予一定的保费补贴"；2006年中央1号文件提出，"通过龙头企业资助农户参加农业保险"。这表明，中央政府当时希望通过地方政府和龙头企业给农业保险补贴。至少在这个时候，中央政府还没有认识或者考虑由政府特别是中央政府作为补贴的主要承担者。这和当时的实践也是吻合的。

2004年，鉴于农业保险发展的颓势，中国保险监督管理委员会（以下简称"保监会"）为推进农业保险发展，批准成立了3家专业性农业保险公司，即上海的安信农业保险股份有限公司（以下简称"安信农险"）、吉林的安华农业保险股份有限公司（以下简称"安华农险"）和黑龙江的阳光农业相互保险公司（以下简称"阳光农业相互"）。这几家公司在开始经营农业保险时，都在寻求地方政府或与农业有关的龙头企业对农业保险的保费予以补贴。早在1992年安信农险以"上海农业保险促进委员会"的形式存在的时候，农业保险的保费就得到了上海市政府的财政补贴；2004年正式成立农业保险公司之后，上海市政府一如既往地给予保费补贴并逐渐加大了补贴力度。安华农险在开始经营农业保险时也争取到吉林省政府的财政支持，同时，它所经营的养鸡保险还得到了肉鸡加工企业的支持，后者给予1/3保费的补贴。阳光农业相互，因为其主要业务面向黑龙江农垦系统的农户，因而得到了黑龙江农垦局和中央财政的大力支持，农垦局对于最初进行试验的17个农场补贴农户20％的保费，又向中央财政申请约20％财政补贴，农民只交60％的保费。这个时期的实践表明，凡是得到政府和企业补贴的农业保险，都能蓬蓬勃勃发展起来；而没有得到政府和企业补贴的农业保险，依然步履维艰。有几十年经营农业保险经历的中国人保财产保险公司（以下简称

"人保财险"），因为农业保险业务亏损，不得不在2004年上市时忍痛砍掉了在大部分地区和大部分年份都亏损的农业保险业务，甚至撤掉了其内部的农业保险部门。类似的问题还发生在成都。2005年在成都设立的法国安盟农业保险分公司，也同样不那么幸运，其农业保险业务开展不起来，公司持续亏损，其重要原因之一是所开展的农业保险得不到地方政府和企业的补贴。

2007年中央1号文件明确提出，"各级财政对农户参加农业保险给予保费补贴"，而不再提"龙头企业"给农业保险提供补贴。就笔者理解，其原因在于，虽然有的保险公司在某些险种上一时可以获得企业的保费补贴，但是，这种补贴不具有制度性和可持续性。因此，作为政府的强农惠农政策，保费补贴只能由政府承担。正好当时，在政府实施取消农业税，给予农户种粮直接补贴、良种补贴、农资综合补贴等多种农业补贴政策之后，中央也希望出台其他有效的对农业和农村的补贴项目和手段。因此，也就在这一年，中央财政根据1号文件的精神，将农业保费补贴列为财政预算科目，并做出10亿元的预算安排，同时发布了《中央财政种植业保险保费补贴管理办法》和《中央财政养殖业保险保费补贴管理办法》两个文件，正式开启了中国政策性农业保险之旅，这也成为中国农业保险发展史上的新起点。

政府的保费补贴政策，从此以后逐步在实践中得到发展和完善。2012年11月颁布的《农业保险条例》，进一步从法规上规定中央财政对于规定险种给予保费补贴，同时，"鼓励地方人民政府采取由地方财政给予保险费补贴等措施，支持发展农业保险"。

三、在实践中调整财政补贴的结构

虽然财政补贴保费政策的确很重要，但是，合理的补贴结构更加重要。这种补贴结构包括补贴的保险险种结构、补贴的项目类别结构、补贴的地区结构等。补贴结构的变化反映出农业保险保费补贴的政策导向和当时政府财政的补贴能力。

据笔者考察，不同国家在不同时期对农业保险的财政补贴政策都是有区别的。就补贴的险种结构而言，美国在开展政策性农业保险之初（1939年）只补贴小麦保险，后来增加了对玉米保险和棉花保险的补贴。直到1980年第十二次修订的美国《联邦农作物保险法》，才将几乎所有的农作物保险险种（不包括雹灾保险）列入可获得政府财政补贴的目录之中。加拿大政府补贴农业保险保费的险种目录也是不断丰富的，目前对所有农作物的保险险种都提供保费补贴。日本对农业保险的财政补贴，最初只包括小麦、水稻、旱稻、大麦、生猪、牛、蚕等的保险险种，蔬菜、水果、花卉和其他畜禽的保险险种都不在补贴目录之中。但是，后来对各种农作物和主要养殖品种的保险险种，日本政府都提供保费补贴。

就补贴强度来说，有的国家也因农业保险的保障水平不同而有所区别。例如美国，最初所有受补贴的农作物保险保障水平的选择性较低，补贴强度也基本一致。但是后来，随着农作物保险保障水平的选择性扩大，农民可以在平均产量50%～90%的保障水平范围内选择，补贴政策也就随之调整。投保农民选择的保障水平越低，政府的保费补贴比例越高。例如，农作物保险的保障水平是50%时，政府的保费补贴比例为70%；但是，保障水平达到85%时，政府的保费补贴比例只有30%。其重要原因之一是防止投保农民的道德风险。

就补贴类别而言，美国、加拿大、日本等国家，都采取保费补贴、经营主体管理费补贴和再保险补贴的方式。美国的纯保费补贴比例平均约为60%左右，联邦农作物保险公司的管理费全部由政府补贴，直保公司的管理费补贴比例平均约为纯保费的20%，总的补贴比例约为毛保费的80%。再保险补贴不是直接补贴，而是通过政府提供价格较低的再保险进行的。但是，有的国家只补贴保费或将直接的保费补贴、管理费补贴和再保险补贴合三为一。

中国的农业保险补贴只有保费补贴，但是，补贴险种的范围和补贴强度是根据政策性农业保险的试验进程逐步扩大和加强的，并根据不同地区的财政能力进行适当的调整。

1. 中央财政的补贴力度逐步扩大

中央1号文件不仅明确提出了对农业保险保费的补贴原则，而且随着政策性农业保险试点和全面铺开的发展情势，在慎重确定保费补贴品种的同时，逐步加大了补贴力度。

根据农产品对国计民生的重要意义，中央财政保费补贴先从粮棉油作物保险开始。2007年，中央财政只补贴小麦、水稻、玉米、棉花和大豆5种作物的生产过程风险保险保费，在当年考虑到生猪生产的需要，增加了能繁母猪保险保费补贴。2008年1号文件再次提出，“高度重视发展粮食生产。支持发展主要粮食作物的政策性保险”，并从加强“菜篮子”生产的角度，提出扩大保险补贴的范围，要求“切实抓好‘菜篮子’产品生产。建立健全生猪、奶牛等政策性保险制度”。中央财政当年就将生猪和奶牛保险列入保费补贴的范围。2010年1号文件要求，“积极扩大农业保险保费补贴的品种和区域覆盖范围，……鼓励各地对特色农业、农房等保险进行保费补贴”。中央财政根据1号文件的意见，逐步将种植业保险保费补贴涉及的保险品种扩大到油料作物（油菜、花生）和糖料作物（甘蔗、甜菜），在甘肃省和海南省还分别增加了土豆保险保费补贴和橡胶树保险保费补贴。到2012年年末，得到保费补贴的粮棉油保险和养殖业保险所涉及的品种已经扩大到18类。

除了粮棉油作物保险，中央1号文件根据全面推进集体林权制度改革的需要，于2008年要求“积极推进林木采伐管理、公益林补偿、林权抵押、政策性森林保险等配套改革”。政策性森林保险自此被提上了农业保险的发展议程。

2009年1号文件再次提出，要“加大财政对集体林权制度改革的支持力度，开展政策性森林保险试点”。中央财政开始安排福建、江西和湖南3省进行政策性森林保险试点。2010年1号文件第三次提出，“积极推进林业改革。逐步扩大政策性森林保险试点范围”。2012年1号文件第四次提出，“扩大森林保险保费补贴试点范围”。2013年中央1号文件进一步提出，进行“重点国有林区森林保险保费补贴试点”，从而使森林保险补贴试点能够实现最广泛的覆盖。到2012年，中央财政补贴保费的政策性森林保险试点已经扩大到9个省份。

鉴于一些地区试点补贴本地特色农业和设施农业保险保费的良好效果，2010年1号文件提出“鼓励各地对特色农业、农房等保险进行保费补贴”的意见，不少省份根据自己的财力，对本地特色农产品生产的保险、农林牧渔生产设施的保险提供保费补贴，例如北京对苹果保险、梨保险、葡萄保险、西瓜保险、大棚及大棚蔬菜保险的保费补贴，上海对四大家鱼养殖保险和南美白对虾养殖保险的保费补贴，福建、浙江等省的农房保险保费补贴，浙江、江苏、广东、海南、山东、辽宁等省面向广大渔民的渔船保险保费补贴。

针对2011年1号文件提出“鼓励和支持发展洪水保险”的问题，水利部门已经连续几年着手进行关于洪水保险的系列研究。2012年1号文件针对农作物种业科技创新的需要，提出要“对符合条件的种子生产开展保险试点”。在保监会和农业部的共同努力下，种业保险及其财政补贴方案已经完成。毫无疑问，随着中国农业和农村发展越来越深入，以及开展政策性农业保险的经验积累得越来越多，财政对政策性农业保险的补贴力度会越来越大，补贴范围会越来越广，农业风险管理的效果也会越来越显著。

2. 中央财政补贴向西部地区和农业生产大县倾斜

通过解读中央1号文件可以看出，中央财政对农业保险保费补贴的区域结构的调整有一个逐步认识的过程。2007年和2008年实施补贴之初，在中央确定的政策性农业保险试点省份，中央财政对各种试点农作物保险所提供的保费补贴比例统一为25%，并要求省级财政配套的保费补贴比例不少于25%。在实践中考虑到全面开展政策性农业保险对地方财政特别是对那些中西部地区农业大省财政的压力，2010年中央1号文件提出，“加大中央财政对中西部地区保费补贴力度”。中央财政及时调整补贴，对于列入中央财政补贴保费目录的农业保险险种，给东部地区省份补贴保费的35%，而给中西部地区省份的补贴提高到保费的40%。即使如此，有些省份仍然有一定的困难，特别是那些中西部地区的农业大省，因为无力提供配套补贴，政策性农业保险的农户参与率和保险覆盖率还是比较低。于是，2013年中央1号文件再次提出，“完善农业保险保费补贴政策，加大对中西部地区、农业生产大县农业保险保费补贴力度，适当提高部分险种的保费补贴比例”，这个指导意见充分了解和考虑到了这些地区农业发展对国家粮食安全战略的重要意义，同时考虑到了这些地区特别是农业生产大县的经济发展和财政负担能力。毫无疑问，中央财政保费补贴进一步向这些地区倾斜，必定会促进和提高这些地区农业保险的农户参与率和保险覆盖率。

其实，在保费补贴比例问题上，除了中央财政和省级财政补贴比例，还有地（市）、县财政补贴比例问题。虽然中央没有要求地（市）、县提供配套补贴，但大部分省份还是要求地（市）、县提供配套补贴。例如，有的省规定，地（市）财政补贴保费的10%～20%，县级财政补贴的5%～10%，加上中央财政和省级财政补贴的60%，保费总的补贴比例达到80%～90%。实际上，无论是总的补贴比例还是不同层级财政的补贴比例，都需在“加大对中西部地区、农业生产大县农业保险保费补贴力度，适当提高部分险种的保费补贴比例”的原则性意见之下，做进一步研究，减少或者取消中西部地区、农业生产大县的县级财政配套补贴负担，从而更有效地解决这些地方由于县级财政不宽裕，无力或不愿意补贴农业保险保费，致使这些地方缺乏发展农业保险的积极性的问题，以使财政补贴政策更合理、更可行和更有效率。

四、政策性农业保险从试点到全国普遍推行

中国政策性农业保险试点的逐步开展，是谨慎的和合理的。与其他国家的思维方式不同，中国确立和推行任何一种政策或者制度都是采取先试点、后推广的操作方式，这是中国的特色和优点。

其他国家要实行像农业保险这样的新政策和新制度，也会进行“试点”，但其“试点”都是在认真调查研究的基础上先立法定规则，然后实施，很少在立法之前搞“试点”。美国1938年通过了《联邦农作物保险法》之后，“试点”经历了42年。日本在1947年颁布《农业灾害补偿法》、在全国范围内实行强制性农业保险之前，其实也经历了近20年的“试点”阶段①。

中国幅员广阔，各地人文、地理、经济和社会状况差异悬殊，先试点、后定规、再推广，是一种寻求新的政策或制度尽可能符合各地实际、较具可行性的良好方法，也是在半个多世纪里各行各业创造的经验。政策性农业保险也不例外。

政策性农业保险对中国来说是比较新的制度。尽管在2007年之前有几十年的试验实践，但是，中国现阶段是否需要政策性农业保险制度？如果需要，那么，要建立什么样的适合中国国情的政策性农业保险制度？这个制度需要一些什么制度要素以及采用什么经营机制？政府、保险企业、农户在该制度中都应当扮演什么角色？政府各有关部门如何协调、配合，协同推进该制度的建设和发展？

① 日本在1929年和1938年先后颁布了《牲畜保险法》和《农业保险法》，1947年将两法合并，颁布了《农业灾害补偿法》。现在一般只提《农业灾害补偿法》，因此，可以说日本农业保险“其实也经历了差不多20年的试点”。

对于诸如此类的问题，在过去的实践中却没有系统或正式涉及过。所以，在明确利用农业保险制度来管理中国农业风险的前提下，2004 年 1 号文件就提出“加快建立政策性农业保险制度，选择部分产品和部分地区率先试点”的意见。2005 年 1 号文件提出，“扩大农业政策性保险的试点范围”。2007 年，中央财政开始实行农业保险保费补贴后，选择了 5 种作物和 6 个省份进行试点。2008 年 1 号文件再次提出，“认真总结各地开展政策性农业保险试点的经验和做法，稳步扩大试点范围，科学确定补贴品种”。随后，中央财政补贴农业保险的试点范围进一步扩大到 16 个省份和新疆生产建设兵团；到 2011 年，进一步扩大到 25 个省份和新疆生产建设兵团。

在 2007—2012 年前后 6 年的政策性农业保险试验，为中国农业保险制度的建立提供了不同层面的丰富经验之后，2012 年 11 月才产生了中国第一部《农业保险条例》，为在全国建立和推行农业保险制度特别是政策性农业保险制度提供了初步的法律基础。至此，政策性农业保险在全国全面启动。

五、支持农业合作保险的发展

合作保险是保险的一种市场组织形式，在不少国家都有广泛的发展，特别是相互保险公司，在一些国家的保险经营组织中占相当大的比例。例如，日本 60％以上的寿险公司就是相互制公司。就农业保险来说，在法国和德国，农业保险合作社或者相互保险公司都很普遍。但是在中国，合作组织从事农业保险试验的历史并不长，范围也很小。

在《中华人民共和国农业法》施行之后，中央 1 号文件先后两次提出了支持合作保险发展的意见：2009 年 1 号文件提出，“加快发展政策性农业保险，扩大试点范围、增加险种，……鼓励在农村发展互助合作保险和商业保险业务”；2012 年 1 号文件还特别提出，“扶持发展渔业互助保险”。

就笔者理解，中央 1 号文件两次提到扶持合作互助保险的发展，都有其特定的背景和意义。

2009 年中央 1 号文件提出“鼓励在农村发展互助合作保险”，与农业保险试点初始阶段参与政策性农业保险经营的主体不多有关。当时，虽然有中国人保财险、中华联合财产保险公司两家综合性财产保险公司和安信农险、安华农险、阳光农业相互、法国安盟保险公司成都分公司、安徽国元农业保险公司 5 家专业性农业保险公司参与政策性农业保险的试验，但是，它们在试验范围、试验险种、保险责任选择等方面都非常谨慎，其他财产保险公司还在观望，不敢轻易申请进场；而与此同时，有的地区已经有一些合作组织，例如渔业互保协会、谷物协会、果树协会、西瓜协会等，开始尝试农业保险。为了加快政策性农业保险的发展步伐，中央提出了鼓励农村互助合作保险参与政策性农业保险的意见。2009

年中央1号文件发布之后，陕西和湖北先后诞生了“农机安全协会”，开展“农机风险互助”，并得到了很快的发展。鉴于中国渔业互保协会和5个省的渔业互保协会开展渔船保险和渔民人身意外伤害保险18年的成功实践逐渐被政府和业界了解和认可，而该类组织因为属于在民政部门注册的民间团体，不在保监会的监管之下，所开展的保险无法得到中央财政补贴，2011年中央1号文件提出了“扶持发展渔业互助保险”的指导意见。2012年，经过进一步的广泛调查和讨论，合作保险组织作为经营政策性农业保险的市场主体之一，得到了《农业保险条例》的确认。

实践证明，尊重本国的农业保险实践，借鉴外国的有益经验，支持合作保险组织发展政策性农业保险，对于完善中国农业保险市场机制具有重要意义。

六、让农业保险在多方面服务于农业发展

农业保险作为一种农业风险的现代管理手段，除了直接的风险分散和损失补偿功能，还有多方面的功能和作用，包括为农村信贷提供风险保障、提高农民的信贷地位以及支持和促进农产品出口贸易等。

一般情况下，中外农民的信贷地位都不是很高，特别是发展中国家的农民，由于农业生产风险很大，农业生产贷款往往因为没有抵押担保而遇到较大困难。农业保险的广泛推行和深入发展，使农民的生产风险得到了保险保障，从而在很大程度上提高了农民的信贷地位。与此同时，农业保险可以直接为农户贷款提供信用保证，还可以与出口信用保险部门密切配合，进一步支持农产品出口贸易发展，因而必定受到银行和其他农村信用部门欢迎。因此，2007年和2008年中央1号文件先后提出了“搞好对农产品出口的信贷和保险服务”和“支持发展农产品出口信贷和信用保险”的指导意见。接着，2009年和2010年中央1号文件进一步提出，“探索建立农村信贷与农业保险相结合的银保互动机制”，“推动农产品出口信贷创新，探索建立出口信用保险与农业保险相结合的风险防范机制”。2013年中央1号文件再次强调，“加强涉农信贷与保险协作配合，创新符合农村特点的抵（质）押担保方式和融资工具，建立多层次、多形式的农业信用担保体系”。这些都是对当时农业保险发展中一些地区（例如安徽、陕西等地）推出“信贷＋保险”的创新农业保险产品、提高农户小额贷款能力做法的肯定和提倡，以及对迅速发展的出口信用保险的肯定和更高要求。

其实，在农户信贷支持方面，农业保险还可以通过业务和产品创新为农业发展做出更直接和更有意义的贡献。经营农业保险的保险公司在为农户农业生产提供风险保障服务的同时，手里有大量需要投资运用的资金，只要监管部门允许，它们完全可以直接为农户提供小额贷款。这不仅能增加农村信贷供给，也能减少中间环节，方便农户并减轻农户的贷款成本，会是一石多鸟之举。

七、要建立农业保险的巨灾风险管理制度

巨灾风险管理制度是政策性农业保险制度最重要的组成部分之一，也是一个国家农业保险可持续发展的充分必要条件之一。研究表明，农业保险的经营风险是一般财产保险的近10倍①。在其他国家，因为经营农业保险遭受系统性风险损失而破产的保险公司并不是个案。

所以，中央1号文件在鼓励发展中国农业保险，提出建立和完善政策性农业保险制度的同时，高瞻远瞩，持续重视和强调建立农业保险的巨灾风险分散机制，在10个中央1号文件中先后6次对该问题提出指导意见。

2007年中央1号文件提出，“完善农业巨灾风险转移分摊机制，探索建立中央、地方财政支持的农业再保险体系”；2008年中央1号文件提出，“建立健全农业再保险体系，逐步形成农业巨灾风险转移分担机制”；2009年中央1号文件提出，“加快建立农业再保险体系和财政支持的巨灾风险分散机制”；2010年中央1号文件再次希望，“健全农业再保险体系，建立财政支持的巨灾风险分散机制”；2012年中央1号文件要求，“健全农业再保险体系，逐步建立中央财政支持下的农业大灾风险转移分散机制”；2013年中央1号文件进一步强调，“推进建立财政支持的农业保险大灾风险分散机制”。

一再提出建立、完善和推进农业保险的巨灾风险管理制度，既表明这个政策问题十分重要，也表明在全国建立该制度并不容易。从这6次的表述中可以看出，随着农业保险和地方农业保险大灾风险分散制度建设实践的发展，不同年份1号文件强调的重点是不同的。2007年中央1号文件发布时，中央财政支持农业保险的具体政策还没有出台，可以把这一年中央1号文件提出的巨灾风险转移分摊机制的意见理解为，它主要是针对各地的农业保险制度建设而提出的。这一年，北京、江苏、浙江等省（直辖市）根据各自的实际情况，已决定建立本地的巨灾风险准备基金。此前，已有实践的是上海市，该市实际上已经利用前15年的经营积累建立了巨灾风险准备基金。到2009年、2010年、2012年和2013年中央1号文件提出“建立财政支持的巨灾风险分散机制”时，已经把建立和完善巨灾风险管理制度的重点放在“财政支持”特别是“中央财政支持”上。这表明，在农业巨灾风险管理制度建设中，不仅要重视地方层次，更要重视中央层次，有了中央一级的巨灾风险管理制度，局部地区的农业保险经营风险就能在全国范围内分散，各地农业保险的经营水平和可持续性也将大大提高。而建立这种地方层级和中央层级的农业保险巨灾风险管理制度，从国外经验来看，中央财政

① Miranda和Glauber（1997）的研究表明，一般保险公司赔款的变异系数为8.6%，而农业保险公司赔款的变异系数是84%。也就是说，经营农业保险所面临的风险是一般财产保险的近10倍。

和省级财政应当做出较多贡献，除了制度供给（例如中央政府提供再保险、建立巨灾风险准备基金，或者允许各省或保险公司使用市场融资机制等），还要从资金上予以支持。这些要点不具备，农业保险巨灾风险管理制度的建立和完善就不可能落实。这就是6个中央1号文件层层递进强调该问题的缘由。

有理由相信，在中央1号文件的导引下，有财政支持，中国农业保险的巨灾风险管理制度将会在吸收国内外成功经验的基础上很快建立起来，各地和各家农业保险经营机构对农业保险经营风险的担忧也可以大大减小，政策性农业保险的健康和可持续发展将成为可能。

八、结　论

学习2004年以来中央1号文件中关于农业保险的一系列指导意见，可以得出几点简要的结论：

1. 运用政策性农业保险管理中国农业风险是重要和现实的选择之一

中共中央、国务院10年发布的10个中央1号文件，以不同主题、从不层面提出了中国“三农”发展政策，其中无一遗漏地都对政策性农业保险制度的建设提出了指导意见。这表明，中央选择将政策性农业保险这种农业风险的现代管理手段，作为管理中国农业风险的主要政策之一。

在全球农业现代化发展过程中，传统小农经济条件下的农业风险管理手段和制度，例如“混种”、休耕、分成租佃制度等，因无法适应日益规模化、区域化和应用技术现代化的农业生产的需求，逐渐退出了农业风险管理系统。而现代农业的发展和推进，需要强有力的风险保障制度作支撑。所以，从20世纪60年代末以来，联合国和世界银行就开始向第三世界国家推广农业保险。中国经过20世纪80年代到21世纪之初20多年的试验和研究，逐步从经验和教训中认识到农业保险对中国农业发展和粮食安全的意义，进一步在加入世界贸易组织之后的政策环境变化中，决定选择政策性农业保险制度管理农业风险。这实际上是一个重要的、长效的、有远见的农业政策决策。

2. 中国的农业保险制度要依据中国国情来探索和设计

农业保险有商业性和政策性两类。在2004年之前的20多年里，中国的农业保险实际上是在商业性保险的框架下进行试验的，但因为农业保险的高风险、高成本、高费率和投保农户的低支付能力等原因，农业保险商业化经营的试验陷入了持续的“市场失灵”困境，没能取得预期的成功。

2004年之后的中央1号文件一直试图在选择农业保险制度内核的同时，逐步寻求一种新的有效途径，或者创造一种新的农业保险制度模式。但是，中国到底要走出一条什么样的农业保险之路，一开始并不清楚。虽然美国、加拿大、日本、法国、西班牙等发达国家已经有了几十年甚至几个世纪发展农业保险的正反经验，但是，中国农业和农村的发展状况与发达国家相比有较大差距，而发展中国家所进行的农业保险试验，成功的经验并不多。如何根据中国农业、农村、农民的实际，建立中国自己的农业保险制度，10个中央1号文件进行了谨慎但有效的探索：逐步抛弃农业保险纯商业化经营的思路，让政府尝试参与农业保险试验，摸索政府参与的形式、内容、范围和程度，以及政策性农业保险所需要的最重要的制度要素和政策，通过政府与市场相结合的方式来构建政策性农业保险制度，并最终通过《农业保险条例》将该制度确定下来。这是10年倡导、10年试验产生的重要成果。

3. 坚持从实践中来、到实践中去的哲学思维，就能不断完善中国农业保险制度

10个中央1号文件对农业保险提出的指导意见，始终贯穿了一条从实践中来、到实践中去的哲学思维主线。这些指导意见不仅高瞻远瞩，对农业保险的试验和全面推行有先导性和统筹性，而且根据各地实践发展中出现的新情况、新问题，及时进行调整和完善，有效指导了中国农业保险制度的建设和发展。

中国的政策性农业保险制度刚刚建立起来，距离成熟、有效和可持续发展的要求和目标，还有很长的路要走，需要探讨的制度建设和实际操作问题还很多。10个中央1号文件对过去年份农业保险发展所提出的一系列指导意见，也为中国今后在实践中不断完善政策性农业保险制度，提供了清晰的可依赖的思想路径，中国农业保险一定会沿着科学发展的道路快速前进。

参考文献

罗中敏，王力. 2013. 中国保险业竞争力报告：2012—2013［M］. 北京：社会科学文献出版社.

M J Miranda，J W Glauber. 1997. Systemic Risk，Reinsurance and the Failure of Crop Insurance Markets［J］. American Journal of Agricultural Economics，79（2）：206-215.

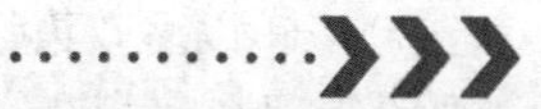

我国农业保险的发展成就、障碍与前景*

自2007年以来的5年多时间里，在中央政策的强力支持下，我国农业保险的试验获得重要突破和稳健发展。起初，财政部选择了吉林、内蒙古、四川、江苏、湖南、新疆6个省（自治区）和小麦、水稻、玉米、棉花和大豆5种作物保险的保费给予补贴。此后试验区域和险种逐年扩大和增多，2011年年末，全国农业保险保费收入达到创纪录的174亿元，5年的平均增长速度达到82.5%。到2012年春，全国任何一省如果要做农业保险，都可以向财政部申请，并获得中央财政提供的保险费补贴和税收优惠政策。中央财政补贴的保险品种已经扩大到包括粮、棉、油、橡胶、土豆、生猪、奶牛、藏系羊等16种。农业保险在商业财产保险公司中的业务比重已经上升为车险以外的第二位。

最近，国务院通过了对《农业保险条例》的审核，即将颁布实施。总结5年来农业保险发展的成就、经验和存在的问题，展望农业保险发展的前景，对于农业保险的健康快速推进有重要意义。

一、5年来我国农业保险发展的成就

（一）在我国现代农业风险管理体系建设中迈出重要一步

近20年来，我国传统农业加快了向现代农业转变的步伐，包括农业科学技术研究和应用、耕作制度、经营规模、机械化作业等方面，都在发生重要进步和变化，唯独农业风险管理手段比较落后，而传统的多种经营、间作、轮作、休耕以及集体经济等分散农业风险的耕作制度和经营制度、经济制度已经改变或者消失，这与我国现代农业体系的建设和发展的要求极不相称，也与我国整体经济和社会风险管理制度建设的步伐极不协调。商业性保险公司在这个过程中曾经努力把保险这种现代风险管理工具和手段引入我国迅速变革的农业经济制度，但是没

* 本文与赵乐合作，载于罗忠敏、王力主编《中国保险业竞争力报告（2012—2013）——转型的艰难起步》，社会科学文献出版社，2013年1月。

有取得预期的成功。

2007年以后政策性农业保险的迅猛发展，表明了各级政府和广大农民对农业风险管理制度建设认识的升华，更反映了农业生产和农业经济对使用保险这种现代风险管理工具的适应和渴求，为我国建立现代农业风险管理制度奠定了一个良好的基础。

（二）初步建立了以商业性保险公司为主的供给体制

在不同国家，农业保险有不同的供给体制，例如美国，20世纪90年代中期之前都是由政府公营的联邦农作物保险公司（FCIC）全方位提供农业保险服务，之后逐步把业务经营几乎全部交由商业性保险公司经营，FCIC只负责风险研究和产品开发，条款费率规章的制定，保险费和保险公司管理费的补贴预算和执行等。加拿大从一开始到现在都是国有公司供给体制。而日本则是以政府支持下的农村合作保险组织经营为主，没有商业性保险公司参与。

我国农业保险从一开始就是由商业性保险公司在试验，2004年为了增加对农业保险的供给，保监会先后批设了上海安信农业保险公司、吉林安华农业保险、黑龙江阳光农业相互保险公司3家农业专业保险公司，又引进了法国安盟保险集团在成都设立了专门经营农业和农村保险的分支机构，2007年批准在安徽设立国元农业保险公司。加上中国人保财产和中华联合财产两家综合财产保险公司，今年来，还有10多家财产保险公司正在和准备向农业保险业务进发，形成了所谓“5＋2”的商业保险主渠道供给结构。同时，作为辅助供给组织，也还有中国渔业互保协会和浙江、江苏、广东等省的渔业互保协会，陕西省和湖北省创立的农机风险互助协会等提供特殊农业保险业务（主要是涉农保险业务）的服务。这样，目前我国已经完成了农业保险供给体制的基本布局，这是我国农业保险实践发展的合乎中国国情的一个自然成果。

（三）保险的经济补偿作用得到有效发挥

保险的最直接的意义就是组织补偿基金并对灾害损失进行补偿。在这方面，我国政策性农业保险在这5年里初步发挥了它的经济补偿职能。据中国保监会的统计，2007—2011年，我国农业保险累计收取保险费收入超过600亿元，为农户提供风险保障6 523亿元。开办政策性农业保险的区域已经覆盖到全国31个省（自治区、直辖市）。承保的标的虽然还不够广泛，但是已经覆盖到农、林、牧、渔等领域。2011年，参保的农户有1.69亿户次，投保的作物播种面积达到7.87亿亩，占全国播种面积的33％左右。在内蒙古、新疆、江苏、吉林等粮食主产区，基本粮棉油作物承保覆盖率达到50％以上，黑龙江垦区、安徽省等地的覆盖率超过90％。承保林木9.2亿亩，牲畜7.3亿头（羽）。此外，渔船保险、农机保险、农房保险等险种也都在逐步扩大试验和推进，其中农房保险在近

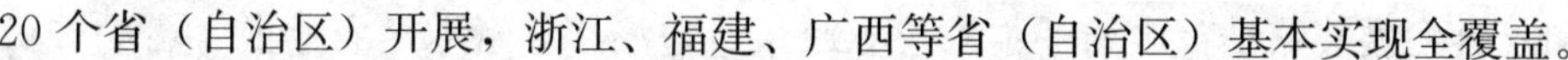

20个省（自治区）开展，浙江、福建、广西等省（自治区）基本实现全覆盖。

5年来，农业保险试验的迅速发展使投保农户尝到了该制度的甜头，据保监会统计，5年通过农业保险总共向7 000多万户农民支付保险赔款超过400亿元，户均赔款600元，约相当于农户人均纯收入的10%。实践表明，几年来，农业保险补偿已经成为投保农民在灾后恢复再生产和解决基本生活的最重要的资金来源之一，在那些农业保险覆盖率较高的地区，农业保险赔款实际上已经成为他们恢复农业再生产的最主要的资金来源。2009年东北三省发生较严重旱灾，受灾面积约1.5亿多亩，其中投保农业保险的有5 200万亩，约占受灾面积的三分之一，受损标的共约获得保险赔偿19.5亿元。2010年在全国多省发生的洪涝灾害中，受灾农田中有1 900万亩获得20.3亿元的保险赔款。2011年海南省橡胶保险的试验经批准获得中央财政的保费补贴，种植橡胶的农场和农户投保踊跃，就在投保之后的几个月后遭受纳沙强台风袭击，橡胶树受损严重，投保农户从保险公司获得9 600多万元赔款。这些保险赔款对灾区迅速恢复农业生产起到积极保障作用。

（四）充分体现了独特的保险再分配功能

保险区别于救济的一个重要方面就是它具有独特的保险再分配作用。政府对农业灾后的救济在很大程度上取决于政府财力，无论过去还是现在，这种救济不仅带有平均分配的意义，而且这种政府财政预算安排是无法和实际灾害损失相匹配的。灾害救济虽然对受灾农户有一定帮助，但无法较好解决农业再生产和农户特别是主要靠农业生产收入生活的农户的需要。广泛和普遍建立的政策性农业保险制度，在很大程度上借助保险的独特再分配功能，不仅放大了政府支持农业保险资金的补偿力度和效果，而且使受灾农户的再生产（虽然是简单再生产）得以及时恢复。这是我们在5年中一再看到的农业保险补偿的直接效果。就资金筹集意义上说，虽然在174亿元（2011年）的保险费中，中央政府拿出了66亿元，地方政府也配套补贴了60多亿元，但是也还从农民那里筹集了近40亿元的资金，这种独特的再分配功能使农业保险补偿基金得到放大。从风险保障总规模意义上说，中央财政所支出的这笔预算，最终获得了6 532亿元的风险保障，放大效应是100倍。从农民的角度，他们每支付一元钱的保险费可以得到150多元的风险保障，这是任何其他财政和金融手段不可能达到的。

更重要的是，就目前的保障水平设定农业保险的赔偿，对因灾受损的农户是根据保险合同约定的额度，也就是简单再生产的需要所进行的补偿。它所起到的生产和生活保障作用也比其他任何财政和金融手段都更加及时和有效，虽然现在的保障水平还不高，这种保险补偿还不是很充分。

（五）农业保险成为各级政府“三农”工作的重要“抓手”

从20世纪90年代，我国经济已经进入工业反哺农业的发展阶段，在整个经济和社会发展战略中，政府的强农惠农政策日益增多，继取消农业税、增加种粮补贴、农机补贴、柴油补贴等重要财政支持计划之后，推行和发展农业保险实际上已经成为新的农业和农村发展环境下十分重要的强农惠农政策之一，中央和大部分地方政府多将其作为本地保障和改善民生、加强社会保障制度建设的重要举措来实施，其中，不少省已经将农业保险的发展水平列入省、地、县政府的民生工程和折子工程，并作为政绩考核指标。

5 年多来，各地农业保险机构也根据政府在解决民生问题方面的需要，不断开发新的产品，上海安信农业保险公司针对市政府在解决蔬菜淡季“菜贱伤农，菜贵伤民”问题方面的需要，开发和推出由政府补贴的蔬菜价格保险，既在一定程度上平抑了菜价，又减低了菜农的收入波动，得到上海市民和市政府的高度认可。新疆在喀什疏附县，探索为农牧民提供农牧业生产、家庭财产、人身意外等综合性保险保障计划，更加全面地发挥了保障和服务农业生产和农民家庭生活的功能，对少数民族地区的农村发展和社会稳定发挥了积极作用。中国渔业互保协会及浙江、江苏等省渔业互保协会，针对中小型渔船和渔民人身风险，持续 19 年开办渔船保险和渔民人身意外伤害保险，以及南海等地渔船涉外责任保险，既有效解决了分散状态下的渔民的渔船财产和人身安全保障问题，更在维护祖国主权方面发挥了独特的重要作用。

（六）为深化农村金融体制改革做出贡献

金融抑制是大多数发展中国家的通病，我国也不例外，特别是我国农村。金融抑制造成农村和农业金融供给不足，制约了农村和农业经济的发展。其实，农村金融供给不足，也与农业风险较大、借贷风险较高、交易成本难以控制，而农户收入水平不高、财产拥有量有限，从而导致农民信贷地位低下有直接关系。

包括我国在内的各国农业保险发展的实践都表明，农业保险一方面使农户在投保农作物、家畜、家禽、渔船、农机等保险后的灾损得到及时的经济补偿，可以迅速恢复农牧渔民的生产和生活，增强了农林牧渔业的抗风险能力，有效提高了农户的偿债能力。

另一方面，农业保险与农村信贷的结合，改善了农村信用环境，进一步提高了农户的信贷地位，促进了农村信贷的发展，在一定程度上解决了农民的借款难问题。近 5 年来，在保监会、银监会的支持下，保险机构围绕建立银保互动机制进行了多方探索，取得了积极的成果。例如，人保财产保险山西分公司与陕西省政府联合开办的“银保富”保险产品、安徽国元农业保险公司创造的“草莓生产保险＋信贷保证保险”的产品，促进了农村金融的改革和发展。还有不少保险公司推出的小额信用贷款保证保险产品，由保险公司和财政或有关担保机构共担融资风险，初步开创了以保险产品为纽带，保险公司、政府和银行共同解决农户融资难题的新机制。

二、当前农业保险的发展障碍

（一）制度性缺陷逐步显露

2007 年，虽然以中央和地方对农业保险费的财政补贴为标志，开创了我国政策性农业保险的制度先河，也使农业保险业务从商业性制度的框架中走了出来。但是，农业保险试验的制度如何设计、政策性农业保险要遵循什么原则、如何经营和管理等问题，从中央到地方并不十分明确。按照中国的传统思维模式，农业保险也总是要先行试验，“摸着石头过河”。但这对于缺乏农业保险的理论和经营管理实践知识的各省（自治区、直辖市）主管部门来说，真的有些勉为其难。所以，大部分省份或者因为认识不到位，或者因为不了解相关知识，没有设计适合本地农业特点的农业保险制度。有的省（自治区、直辖市）虽然设计了自己的农业保险制度，有自己的一些特点，也不乏创造性，但还不完善，实践中的问题比较多。

例如，有的省对参与农业保险各方（政府、保险人和投保人）的责任和义务关系的规定不明确，使保险经营由于受到不恰当的干预而严重伤害了被保险人的利益；也有的省所设计的农业保险制度，对在发生大灾损失后准备金不足情况时的融资途径和方式，缺乏必要和合理的安排，以致在发生大灾时无力应对投保农户的赔款。再例如，公共财政对农业保险的补贴是农业保险制度的重要因素，但现行财政补贴制度在各地执行中还有不少值得关注的问题。有的地方要求地县都要给予配套补贴，这种规定给地县政府较大压力，那些财力不足的地区只好放弃或者在极其有限范围里种一点农业保险的“试验田”。同时，这种补贴制度无形中赋予了政府特别是基层政府在保险承保、定损和理赔中较大的权利，导致了多种弊端，在很多情况下影响了保险基本原则的贯彻，也正在损害这种保险的可持续性。好在《农业保险条例》已经颁布，期望通过贯彻条例并不断总结经验，完善条例，较好解决因为制度不完善所带来的问题。

（二）逆选择和道德风险备受关切

农业保险中的逆选择和道德风险问题一直备受国内外同行的关注，在目前我国政策性农业保险中，据笔者调查，在有些方面，逆选择和道德风险有愈来愈严重的趋势。

保险人设计产品回避农业生产中的主要和重要风险，对旱灾、病虫灾害等对农业产量保障有重要意义的风险不予承保。同时，除了浙江和内蒙古，各省在经营农业保险中普遍没有实行风险区划和费率分区，一个农作物险种实行一省（自治区、直辖市）一个费率，像能繁母猪保险，甚至全国一个费率，致使农户希望承保的风险没有被保险责任所覆盖，对于已经列为保险责任的风险，那些风险较高地区的农户投保热情显然很高，低风险地区的农户就缺乏投保积极性。在那些将农业保险参与率作为地方政府政绩工程的地方，名义上是自愿投保，实际上是通过行政方式强制投保，使得那些低风险地区的农民即使不自愿也没有选择，而据说在那些高风险地区的农户甚至出现排队购买农业保险的罕见场面，这种景象在其他保险领域只是在20世纪末特殊条件下见过，这就人为地强化了费率的不科学性、不公平性。在某地调查时，有一位基层保险机构的负责人告诉我，有位农民承包了数百亩低洼地种水稻，其午季稻遭涝灾受损尚在查勘理赔，就积极咨询和要求投保秋季稻。这位农民虽然不懂保险精算，但他对自己经营土地的风险非常清楚，保险公司当下“一视同仁”的费率对他这片涝灾风险较大的田地来说非常“划得来”。在前一种情况下，保险人选择风险虽然情有可原，但是与政策性农业保险的政策目标尚有差距。在后一种情况下，虽然农民投保积极性可嘉，但在这种情况普遍存在的条件下，保险经营和管理的科学性和有效性必然无从谈起。

农业保险中的道德风险也在不止一个地方产生重要影响，有的地方发生保险人假承保、降费承保的问题，而投保农户以各种方式骗赔的案件频发。同时，被称为“协议赔付”的不规范的理赔问题，在一些地方也很突出。本来，在一般财产保险中的道德风险问题主要存在于投保人一方，而农业保险由于存在特殊的三方主体（保险方、投保方和政府部门）关系，不仅投保农户中存在道德风险问题，保险方和参与农业保险宣传、组织和推动的基层政府部门工作人员也存在道德风险事故，这不仅使有些地方投保“业绩”存在虚假，更使理赔的准确性、真实性无法保证。据在一些地方的调查，有的保险公司的经办人员通过假承保骗取国家的财政补贴，受到保监部门的严厉处罚。但有些问题却是保险监管部门难以对付和解决的。有的基层政府出面要求保险公司“倒签单”，还要求豁免农民应缴保费，无灾或在免赔范围内也要赔付，甚至与投保农户联合起来“吃保险”，保险经营中腐败现象也时有所闻。在这种情况下，经营农业保险的赔付率、综合成本率必然居高不下，保险公司当然“招架”不住，只能对这些道德风险难以防控的险种放弃承保。这是近几年某些领域（例如能繁母猪保险）和地区发展不快的主要原因，也是这些领域保险业务萎缩或者发展缓慢的主要原因之一。

（三）保险微观经营的两难选择

中国的农业保险经营有其独特的地方，在很大意义上区别于美国、加拿大、法国等。美国、加拿大、法国的农业经营多是大农场经营，保险公司和农户直接做买卖，或者通过代理人，并在定损理赔时找些有经验的人（例如，退休农民）帮忙。在日本，农业保险是由农业保险合作社（也译“农业共济组合”）经营，合作社的经营人员都是本市、町、村的农民，其承保、定损、理赔时，对被保险人的保险标的和损失情况非常熟悉，操作方便且准确，所以他们能做到按地块投保。

但像我国这样的小规模农业家庭经营的情况，短时间里不可能产生和普遍发展日本那种由农民自己操作的合作制农业保险，只能主要依靠有一定专业人才和技术基础的众多的商业性保险公司作为农业保险的供给主体，而保险公司要直接与大量的高度分散的农户洽谈保险合同，其交易成本就会难以承受，而且保险合同的时效性也不能满足农业保险的需要，农业保险的微观经营会比较困难，这是当前和今后很长时间里，我国县、乡、村行政机构（县、乡、村政府部门）和涉农企事业机构（县乡农经、农技站）必然介入农业保险经营的主要原因之一，也是迄今各地农业保险成功经营的关键因素之一。

但是，因为法律法规对涉足农业保险的政府部门的行为内容和行为边界缺乏明确规定，在很多情况下，基层政府在一定程度上决定着保险公司农业保险的保费收入，甚至决定着保险公司的盈亏，也决定着农民可以获得的赔款额。面对引人注目的保险公司的经营场所，人们都说保险公司很气魄很强势，但是在农业保险这里，离不开基层政府的他们却弱势得多。因为，与市场上出售其他财产和人身保险产品时的相对比较平等的交易不同，在农业保险这个非标准市场上，经营农业保险的保险公司在某种意义上更像是在接受“施舍”。

（四）财政补贴政策尚待完善

2007—2009 年，中央财政支持农业保险的力度很大，预算年年迈大步。近年，中央财政预算似乎放慢了支持农业保险的步伐。尽管增加了试验经营农业保险省份和政策性农业保险的险种，但每年财政盘子增加不多。2011 年实际的财政补贴农业保险保费的预算执行结果还不到 100 亿元，所以 2012 年的农业保险保费补贴的财政预算只有 100 亿元多一点。关键是中央财政补贴预算连续几年都花不完，而同时，全国农业保险承保面并不尽如人意，一些省想增加的保险项目暂时还没有得到中央的财政支持，而光靠本省的财政支持又力不从心，只好不做。所以，2011 年年末种植业保险的覆盖面不到农作物播种面积的三分之一。

财政补贴农业保险是中国农业保险得以广泛试验和迅速扩展的最主要的政策和动力。在这 5 年多时间里，接受中央财政补贴的各省中，中央和地、市、县各级财政的保费补贴在农业保险保费全部收入中一直占 80%左右的份额。其他没有纳入中央补贴的省（自治区、直辖市）的农业保险，保费补贴的份额也在 60%～80%。作为一种激励机制，财政的保险费补贴起到了鼓励农户投保的目的。农业保险作为一种社会互助机制，即使农民缴纳的保险费只有 20%的份额，2011 年也从农民那里筹集了三十几亿元农业灾害损失的补偿资金，财政补贴的激励效应和社会效应是非常明显的。从财政和农民那里筹集的保费形成的保险基金，在补偿农民灾害损失方面，的确发挥了其他公共措施（例如救济）所起不到的作用。

但是，财政补贴也很困扰人，它也有负面作用。从我们了解的情况来看，第一，全国各省都希望得到中央的财政补贴，中央财力不可能平均分配财政资源。第二，按照现行财政补贴政策，接受中央财政补贴的省，省里要配套补贴，省里又要求地（市）县配套补贴，试验范围越大承保的保险种类越多，各省、地（市）县的财政负担越大，在这些省，农业保险的发展速度，实际上取决于省、地（市）县的财力和愿望。所以，今后如果依然执行这个保险补贴联动政策，即使中央财政增加补贴力度，各地的试验也不会再有前几年那种增长速度，有的地方甚至产生抵触。第三，如前所述，财政保费补贴也引发了特殊的道德风险。地方政府和保险机构有通过不当方式甚至违规违法手段套取中央财政补贴的一定动机和行为，造成财政补贴资金的漏损，从而削弱和减低了财政资金支持农业保险的力度和效果。第四，有的地方追求补贴力度，存在“补贴比例越高越好”的误区，在某些地区保费补贴已经达到90%，甚至更高。这实际上并不利于培养农户的风险和保险意识。当然这与相关研究滞后有一定关系，理论界还没有提供关于合理补贴界限的更有价值的实证研究结果。

（五）大灾风险分散机制尚待健全

不少国家的研究表明，由于水涝、干旱等巨灾风险事故的频率较高和风险单位较大，其经营农业保险的风险比一般财产保险的经营风险要大，很容易发生系统性风险。加拿大几个农业大省（例如，曼尼托巴省、萨斯喀彻温省和阿尔伯塔省）在1986年和1988年的较大旱灾发生后，因支付巨额农业保险赔款而借债务，拖延了近20年才还清。据笔者最近的了解，2012年由于较大面积的持续干旱，多数省份当年的责任准备基金肯定不足支付今年的赔款，需要动用过去年份积累的储备基金（大灾风险准备金）。因此，像加拿大、美国等发展农业保险比较早和比较成功的国家，都有比一般财产保险更加完善的大灾风险分散的制度安排。在公司层面除了一般的责任准备金和赔款准备金，还要建立诸如“大灾准备基金”这样的特殊责任准备金。在中央或者地方政府层面也还要建立相配套的准备制度。这些安排一般都通过法律制度来规定。例如美国的《联邦农作物保险法》规定在发生大的灾害，保险公司的准备金不足支付赔款时，可以通过发行债券融资。加拿大的《农业保险法》则规定，这种情况下农作物保险公司可以向省和联邦的财政部借款。

我国试验政策性农业保险5年多了，尽管还没有遇到很大的和范围较广的灾害，但是局部地区也发生过较大旱灾，从而导致保险公司赔付困难的情况。而无论是从公司层面还是政府层面，除了少数省份，大多还缺少完善的大灾风险分散的制度安排。所以，有的省或公司便不得不在减小保险经营风险责任方面找出路，出现了“封顶赔付”和“协议赔款”的值得注意的倾向。如果不能很好解决大灾风险分散机制问题，投保农民的利益将无法得到确实保证，农业保险的可持续经营将受到挑战。

三、我国农业保险发展的诱人前景

尽管刚刚颁布了《农业保险条例》，我国政策性农业保险试验有了粗线条的正式的“游戏规则”，也还存在一些需要解决的问题。但在从中央到地方各级政府重视和连续多年的力推之下，其发展是光明的和令人无限期盼的。

（一）农业保险参与率迅速提高

自 2007 年以来，随着各级政府对农业保险的重视程度升级，中央和地方财政给农业保险的补贴力度逐步加大，不少省份将农业保险作为本省的“民生工程”将农业保险的覆盖率或参与率列入各级政府的考核指标，并加以宣传和组织。农民对农业保险的了解逐步增多，对农业的风险管理意识有了进一步提高，参与农业保险的积极性普遍高涨。在安徽省，自 2009 年以来，连续 4 年水稻、油菜等作物的投保面积占播种面积的 9%以上。能繁母猪的承保率在开展试验的不少地区也很高。

随着中央和地方政府对农业保险支持力度的增大，政策性农业保险险种不断增加，同时，涉农保险项目农房保险、渔船保险、农机保险等险别险种也在不断扩展，农户参与率在迅速上升。有几个省甚至实行全省农房统保。在未来几年这种高参与率的势头还将继续保持。

（二）财政支持农业保险的力度会不断加大，结构将更加合理

财政支持是政策性农业保险的基本特征之一。近 5 年多，中央财政对农业保险的支持力度不断加大，补贴保险费的保险险种和标的范围不断扩大，从最初 2007 年补贴小麦、水稻、玉米、棉花、大豆 5 种作物和能繁母猪、奶牛 2 种家畜的保险，扩大到油菜、花生、某些地区的土豆、青稞、橡胶和香蕉、甜菜、牦牛、生猪等 15 种。有的省份的财政支持范围就更宽，例如，北京市政府补贴的农业保险险种包括当地主要粮食、水果、蔬菜和农业机械等 19 类之多。中央财政补贴的森林保险的规模也在不断扩大。

随着试验的推进、经验的积累，中央和地方财政支持力度必将不断加大，财政支持的农业保险类别增加到包括各地的农林牧渔主要产品，支持地域范围已经扩大到全国 31 个省（自治区、直辖市），保险标的范围必将不断增多，补贴总额也还会进一步增加。河北经贸大学冯文丽教授在其研究中发现，2009 年美国财政给予农业保险的补贴，约占其农业增加值的 3.5%，按照这个比例计算，如果播种面积的 80%都投保的话，我国同年的农业保险补贴可以达到 1 350 多亿元人民币，而现在的各级财政补贴的总额只不过 100 多亿元。

补贴总盘子固然重要，补贴结构的合理性也很重要。为了真正体现农业保险

对农业发展的支持目标，财政补贴会因地制宜，不仅考虑农产品总体必要性，也要考虑不同地区的农业主导产业的特点，不仅考虑公共财政的公平性，也要考虑不同地区发展水平的差异性和政策的目标性，不仅考虑其对地方政府的激励和约束，也要考虑这种约束的限度。所以，未来几年，政府的财政补贴政策可能做出适当的合理的调整，特别是补贴结构会更加合理和符合各地农业经济发展的实际需求和财政负担能力。

（三）农业保险产品将日益丰富

对农业保险产品发展趋势的判断可以从两个层面进行：一个层面是与种植业、林业、畜牧业、渔业和涉农保险标的相联系的险种的扩展。尽管中央财政补贴的农业保险险种目前不算多，但是为了满足不断增长的对农业风险管理的需求，中央和各级政府对农业保险的支持力度必然不断加强，农业保险险种的开发和推出必将不断增加。

另一个层面是承保方式和保障程度。目前，在售的绝大部分农业保险产品是只保部分物质成本的“成本保险”，个别地方正在试验承保一定比例作物产量的“产量保险”。还有的地方正在研究和试验易于控制道德风险和降低管理成本的“天气指数保险”和“区域产量保险”。还有的地方借鉴美国、加拿大的经验，研究和开发农产品价格保险和农业收入保险，这个趋势表明，农业保险需求和供给都在变化，在争取改善管理的同时，供给会力求适应多种需求。

（四）农业保险市场将形成适当的竞争

目前在我国农业保险市场上，供给主体主要是所谓“5＋2”，即7家商业性财产保险和专业性农业保险公司，它们承担了95％以上的农业保险试验业务。但也还有不可忽视的“非正规军”，例如中国渔业互保协会和浙江、江苏等省的渔业互保协会、陕西和湖北的农机互保协会，它们正在比较专业的领域试验渔船、农机、农机手、渔民人身意外伤害等保险。不过，根据《农业保险条例》，这些“非正规军”已经获得合法身份，将会按照条例规定，名正言顺地从事农业保险经营。就是说，尽管保监会会适当控制进入农业保险市场的经营主体，但未来的市场将不可能是“寡头垄断市场”。或者说，市场很可能是一个“垄断竞争市场”，一个适当的或者有限竞争的市场，也就是有多家和多种保险组织并存的适度竞争的市场。这种适度竞争不可避免，但可能对完善农业保险市场有重要意义。

（五）农业保险会向农业综合服务发展

农业生产是在广袤的土地上进行的，农业生产的产前、产中、产后需要一系列的服务，作为灾害损失补偿制度的农业保险虽然是其中一个环节，也很专业。

但据笔者调查和观察，农业保险服务有可能会从风险损失补偿的单一领域，向其他相关服务领域扩大。

近几年加拿大很多省（例如曼尼托巴省、阿尔伯塔省等）已经将昔日单纯的农作物保险公司发展成“农业服务公司”或“农业金融综合服务公司”，其业务也由单纯的农作物保险，扩展到家畜家禽保险，并提供农业信贷和农业技术服务。这是一个值得重视的发展趋势。其实我国陕西省和湖北省的农机风险互助保险组织，在提供农机意外事故损失和农机手人身伤害互助保险的同时，也提供事故救援、农机作业信息提供等服务，很受农民欢迎。看来这方面的创新（尽管是尝试）存在巨大空间。只要政策具有较大包容力，农业保险不断延伸发展成包括风险损失补偿在内的农业（或农村金融）综合服务是可能的，例如，不仅提供商业信贷的保险支持，而且直接向小额信贷业务和其他可行的农村投融资业务拓展。

（六）农业保险法律法规体系逐步形成

目前，全国与农业保险有关的政府部门、保险组织、农民都翘首期盼的《农业保险条例》已经颁布。在这个条例之下，与《农业保险条例》配套的一系列规章制度也会陆续产生。尽管建章立制对于农业保险来说尚需时日，但肯定会积极推进。因为政策性农业保险与商业性农业保险有重大区别，没有完备的“游戏规则”，要做好农业保险不大容易，目前财政部门不敢较多增加公共资金支持，不少省不敢或不愿扩大农业保险规模，在某种意义上说都跟缺乏科学合理的规则有关。

（七）农业保险教育和研究越来越受重视

5 年多来，政策性农业保险在我国的大规模试验以致全面推行过程中，提出了很多理论的、制度的、技术的问题，农业保险人才也倍感匮乏。不少地方教育和科研机构都大大提高了对农业保险科研和专业人才培养的关注度。

国家社会科学基金和自然科学基金、教育部人文社科基金等国际级科研基金每年都有几个关于农业保险的课题，这在前些年是没有的。中国保监会、财政部每年也都安排有关于农业保险的部级研究项目。不少省份也对农业保险研究增加了关注度，甚至申请了一些世界银行技援贷款项目研究农业保险课题。北京市政府从 2007 年以来，每年都要设立多个有关农业保险问题的委托研究项目，对农业保险做前瞻性和跟踪研究。中国人保财险公司和安华农业保险公司还专门成立了相关研究机构，根据农业保险发展实践的需要，拨巨资、充分利用社会科研资源做农业保险研究。同时，自吉林农业大学 2010 年设立了农业保险专业之后，其他不少高校也在积极申请设立农业保险专业。可以预见，农业保险的科学研究成果会越来越多，发展农业保险所需的专业人才也会不断充实到农业保险经营和管理机构之中。这将不断提升我国农业保险发展的质量和水平。

四、完善农业保险制度的政策建议

我国农业保险的健康和可持续发展，以及在实践中的不断完善，离不开一系列宏观政策的支撑。我们认为，当前比较重要的是：

（一）尽早建立完善的农业保险法律体系

作为一种政策性保险业务，仅有规范商业保险的《中华人民共和国保险法》是远远不够的。因为政策性保险和商业性保险有一系列的重要区别和操作特点。《中华人民共和国保险法》除了部分内容和条款，大部分内容无法用来规范政策性农业保险。所以，其他国家，例如美国、加拿大、日本、法国等，都从一开始就颁布了专门的《农作物保险法》（美国、加拿大）、《农业灾害保险法》（日本）等。从我国几十年的农业保险试验，特别是自 2007 年以来的试验情况来看，如上所述，由于没有法律规范，无论是各省（自治区、直辖市）的制度设计，各级政府的参与，还是各参与试验的保险公司和农、渔业合作保险组织，其农业保险的操作程序、方式、业务、统计和财务管理，以及农业保险的监管依据和内容，都因为缺乏"游戏规则"而出现了不少问题。以笔者来看，有些问题还是比较普遍甚至比较严重的，这已经在某些地方对农业保险的发展产生了负面的影响。这是众多方面长时间以来，极其关心、支持制定和颁布《农业保险条例》，踊跃为该条例献计献策的重要原因。我们翘首以盼的《农业保险条例》已经颁布，希望根据实践尽快出台相应的配套法规和管理规章。

（二）努力做好农业保险制度的顶层设计

我国已经确立了对于农业保险实行分散决策的思路，做不做政策性农业保险，怎样做农业保险都由各省（自治区、直辖市）自己决定。如果做，中央就给予相应的财政和税务政策支持。这种分散决策的思路，类似于加拿大的农业保险制度。加拿大 1959 年颁布了《联邦农作物保险法》，就是做出了这样的制度安排，哪个省愿意做由政府支持的农业保险，就可以与联邦政府签订协议，联邦政府就在省一级政府承担相应责任的同时，承诺为该省提供包括保险费和管理费方面的中央财政补贴、再保险、巨灾发生后准备金不足时的融资帮助等。各省还在这个基础上，通过各省《农作物保险法》做出细致的制度安排。

我国目前虽然 31 个省（自治区、直辖市）都开办了由政府给予财政补贴的政策性农业保险，但是，有的省的制度设计比较完善（例如北京市、上海市、浙江省、安徽省等），漏洞较少，有的省设计的制度就缺少重要的制度要素，或者尚没有一个总体的制度规范，其操作难度和执行效果就不一定太好，甚至做不起来。因此，在国务院《农业保险条例》出台之后，各省（自治区、直辖市）需要及时完善或者制定本地的农业保险制度方案设计。

各省的制度设计不可忽略的制度要素包括，能有效鼓励农户参加并适应本地政府能力的财政和税收支持；确定本地市场上的农业保险经营组织及其结构；明确农业保险制度中政府、经营机构和参保农户在制度中的定位，特别是中央、省、县、乡、村等各级政府及其相关部门在该制度中的准确角色定位；农业保险巨灾风险管理的制度安排（主要包括农业保险巨灾发生后准备金不足支付赔款时的融资安排，例如，再保险、大灾风险准备金或者发行债券、政府贷款等）；根据风险一致性原则，制定科学合理的风险区划和费率分区；制度化的农业保险制度效果评估；符合中央规定的农业保险监管制度，包括各方违规的处罚规定等。

（三）中央政府需要建立一个管理和研究机构

我国目前设计的农业保险制度，是在“政府支持，政策引导，市场运作，自愿参加、协同推进”原则下建立的政策性农业保险制度。政府在其间实际上起主导作用，特别是各级政府都要使用公共财政资源对各类保险产品进行价格补贴，而且补贴的力度较大。这中间涉及农业保险发展规划的制定，各级各部门之间关系的协调；各类农业保险标的风险的衡量、费率的制订、经营风险的管理；各地各种农业灾害风险区划的制定等，需要有一个统一的机构、有一套人马来管理和研究。这也是世界上农业保险比较发达的国家的一个共同经验。例如，美国农业保险实施70多年，其政策法律制度的制定和调整、作物风险的变化、保险产品的设计和开发、费率的厘定、制度执行效果的评估等，都是在联邦农作物保险公司（FCIC）和农业部的农业风险管理局（两个组织一块牌子）的主持下完成的。

我国现在也提出建立某种推行农业保险的多部门协调机制，如果没有这样一个可操作性强的有力的管理和研究机构作为“抓手”，要有效率地推进我国农业保险制度建设将是困难的。至于这个机构放在哪个地方并不重要，重要的是必须有。

参 考 文 献

庹国柱，王芳华. 2011. 2011年中国农业保险发展报告［M］. 北京：中国农业出版社.

庹国柱，王国军. 2002. 中国农业保险与农村社会保障制度研究［M］. 北京：首都经济贸易大学出版社.

尹成杰，黄延信．2011. 中国农业保险组织制度研究［M］．北京：中国农业出版社．
中国保险学会．1999. 中国保险史［M］．北京：中国金融出版社．
Olivier Mahul，Charles J Stutley. 2010. Government Support to Agricultural Insurance：Challenges and Options for Developing Countries［M］. The World Bank.

中国《农业保险条例》的法律特点探讨*

我国《农业保险条例》从2013年3月1日起开始正式实施，在全国全面推行农业保险已经成为现实。作为《中华人民共和国农业法》和《中华人民共和国保险法》的配套法规，《农业保险条例》（以下简称《条例》）阐述了农业保险的地位、作用，对政策性农业保险制度中的若干重要法律规范做出了明确的不同于《中华人民共和国保险法》的规定。这些规定不仅是吸收了国外的有关农业保险立法的有益经验，更是对我国几十年来农业保险特别是近几年政策性农业保险试验实践在法律上的概括。学习、研究和探讨《农业保险条例》不同于《中华人民共和国保险法》和其他国家的农业保险法律的特点，对于规范和发展我国农业保险制度有重要意义。

这部农业保险法规有些什么法律特点呢，或者说它的主要亮点有哪些呢？以笔者之见，主要有以下8个方面：

一、界定了农业保险概念的内涵和外延

一部法律法规第一件事就是界定主要概念。作为农业保险立法，必须首先将农业保险界定清楚。

我国对农业保险概念的界定，在传统上主要是种植业和养殖业保险的统称，也不区别其性质。事实上，即使种植业和养殖业保险，也有商业性和政策性农业保险之区别，其内涵和外延也同样有差别。2007年和2011年两次起草《条例》，在对农业保险概念的界定上也颇费周折，对农业保险的内涵和外延也有不同意见。最初界定的是“政策性农业保险”，后来改为“农业保险”。最初的概念表述中还把政府支持和保险经营者等内容也放了进去。

此次正式颁布的《条例》第2条说，“本条例所称农业保险，是指保险机构根据农业保险合同，对被保险人在种植业、林业、畜牧业和渔业生产中因保险标

---

* 本文发表于《中国保险》，2013年第5、6期。

的遭受约定的自然灾害、意外事故、疫病、疾病等保险事故所造成的财产损失，承担赔偿保险金责任的保险活动。”就是说，《条例》将农业保险的内涵限定在农、林、牧、渔业生产领域的风险保障范围内，而不向“产后”延伸。但是，《条例》将农业保险的外延根据我国目前的实践做了扩展，那就是扩展到“涉农保险”。《条例》第32条：“涉农保险是指农业保险以外、为农民在农业生产生活中提供保险保障的保险，包括农房、农机具、渔船等财产保险，涉及农民的生命和身体等方面的短期意外伤害保险。”并规定，对于有政策支持的涉农保险参照适用《条例》有关规定。就是说，《条例》将农业保险的外延扩展到所谓“涉农保险”。

“涉农保险”这个术语，是在2006年中国保监会制定《农业保险统计制度》时创造出来的分类名词术语。在分类中，是与种植业保险、养殖业保险并列的第三类农业保险。罗列的具体标的和险种也就是《条例》中提到的农房、农机、渔船等，但是没有提到“农民人身短期意外伤害保险”。而这个重要内容的扩展正是接受和吸收了中国渔业互保协会和其他保险机构的保险实践的合理成分。

《条例》目前界定的农业保险的内涵和外延，已经接近国外最广义的农业保险的概念，国外广义的农业保险是将农场上的所有财产、农民人身、有关责任全部都包括在内的所有财产和人身的保险。

《条例》做出这种概念界定，由于其表现出较大的包容力和前瞻性，对指导我国农业保险特别是政策性农业保险的未来发展有重要意义。

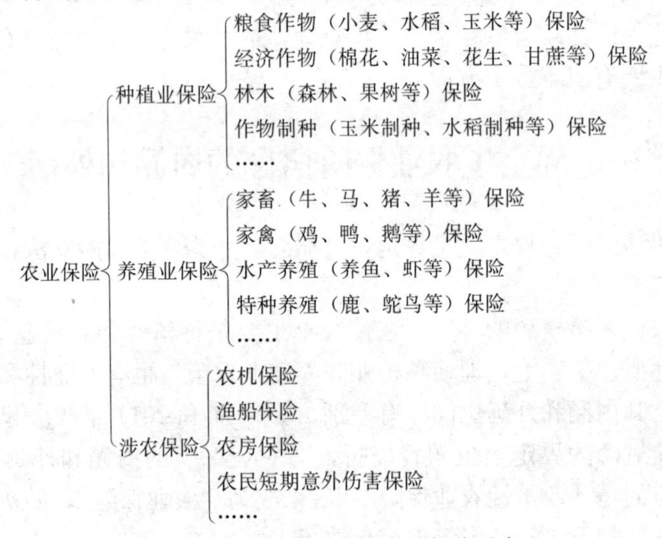

图1 《条例》界定的农业保险示意

二、将政策性农业保险与商业性农业保险相区别

确立我国政策性农业保险并将政策性农业保险与商业性农业保险相区别，是

《条例》在法律上的一大亮点。

关键点是要不要提“政策性农业保险”这个概念和术语。尽管对“政策性农业保险”的概念及其与商业性农业保险的区别的提出和论证，从20世纪80年代开始前后经过了20多年。在2000年之后，这个概念被法律和中央的政策文件接受和使用。最早是在2002年新修订的《中华人民共和国农业法》，后来是在2004年及以后大部分中央1号文件中。但在一段时间里有少数声音质疑和反对使用这个概念，认为它概念不明确、不科学，会给政府惹麻烦，外国也没有这个词。所以在起草这个《条例》时，对这个问题有较大分歧。但最终，还是正视和肯定了政策性农业保险这个事实，接受了这个科学概念。

《条例》第3条第1款说，“国家支持发展多种形式的农业保险，健全政策性农业保险制度”。根据我的理解，这“多种形式”的保险就包括政策性农业保险和商业性农业保险。这种对政策性农业保险制度的肯定非常重要，因为，如果没有政策性农业保险，其实就不需要制定《条例》，商业性农业保险已经在我国试验了几十年了，如果要继续在保险市场中自由竞争，有《中华人民共和国保险法》就够了。国外对政策性农业保险（即被称为政府支持的农业保险）专门立法之前，商业性农业保险已经存在几个世纪了。

而政策性农业保险涉及政府的介入，作为私法的《中华人民共和国保险法》就难以调解这种复杂的个人、企业与政府之间的保险经济关系，因而必要专门制定不同于《中华人民共和国保险法》的法律法规，即公法。这就是为什么《中华人民共和国保险法》一直坚持说“农业保险由法律和行政法规另行规定”的原因。

纵观包括33个条款的《条例》，虽然给出的农业保险概念是农业保险的一般性概念，上述条款也表明该《条例》是对商业性农业保险和政策性农业保险都进行规范的法规，但事实上大部分内容和规定只是针对政策性农业保险的。

当然，有的人对政策性农业保险的概念并不认同，对《条例》关于农业保险性质的立法意图有不同的解读。认为《条例》定义的农业保险是“政府支持下的商业保险”，其依据是《条例》中确定的“政府引导，市场运作，自主自愿，协同推进”的经营原则，其中“政府引导，协同推进”体现了农业保险的政策性的一面，“市场运作，自主自愿”体现了非政策性的一面，并根据这个原则所确立的我国农业保险的“政府扶持下的商业化模式”，进一步为其论断提供论据。这些观点虽然我不赞成，但也是一家之言，这种争论对今后我国农业保险的全面推行不会有什么影响。

三、在宏观层面选择了分散决策的公私合作经营模式

根据其他国家的实践，农业保险经营模式各不相同，从经营主体的性质来归

类，一般来说可以分为公营模式（政府设立专门的公司经营）、私营模式（由商业性保险公司或相互保险公司经营）、公私合作模式（政府提供财政和税收支持，具体业务由商业性保险公司经营）等几类。这几种模式又可以根据全国统一制度的模式和国内分散决策的模式相区别。例如，美国是全国统一的公私合作经营模式，加拿大是分散决策下的公营模式，日本是全国统一的互助合作经营模式等（表 1）。

表 1　世界上不同国家农业保险制度模式

模　式		特　征	例　子
公共部门经营模式		通常有唯一的或者垄断的保险人；政府是唯一或者主要的再保险人	加拿大、塞浦路斯、希腊、印度、伊朗、菲律宾
完全私营模式		商业或者相互制保险公司（非寿险公司或是专业农业保险公司）经营；积极参与市场竞争；从国际商业再保险市场上购买再保险	阿根廷、南非、澳大利亚、德国、匈牙利、荷兰、瑞典、新西兰
公私合作模式	垄断保险人经营的国家农业保险方案	国家补贴下的私营部门提供种植业和养殖业保险，通过单一的实体提供标准保单和统一的费率结构，该实体负责理赔。在该模式下，政府提供较高的保费补贴和再保险支持	私营联合共同保险，例如西班牙、土耳其；单一国家保险人，例如韩国
	较高管制水平下的商业竞争模式	商业性保险公司参与市场竞争，但政府严格控制保单的设计和费率的标准，并且保险人为了获得政府的保费补贴，要向所有类型和所有地区的农民提供农业保险	葡萄牙、美国
	较低管制水平下的商业竞争模式	私营的保险公司可以自己选择开展农业保险的地区以及承保风险，并自己确定保费水平。政府的主要角色是提供保费补贴	巴西、智利、法国、意大利、墨西哥、波兰、俄罗斯

资料来源：Olivier Mahul，Charles J Stutley. 2010. Government Support to Agricultural Insurance：Challenges and Options for Developing Countries［M］. The World Bank：65 - 66.

我国《条例》第 3 条第 2 款提出“农业保险实行政府引导、市场运作、自主自愿和协同推进的原则”，同时在该条第 3 款规定，“省、自治区、直辖市人民政府可以确定适合本地区实际的农业保险经营模式”。这样，我国的农业保险经营模式在总体上就被确定为“分散决策的公私合作经营模式”。也就是，具体怎么搞由各省自己决定，但是总的制度选择“政府支持，市场运作”，即政府在财政税收和其他方面提供支持，但不准备由政府建立农业保险公司来经营，而是由市场上的商业性保险公司、互助合作组织等市场组织来具体经营。这种模式与印度、意大利和葡萄牙等国类似。

当然，这种经营模式给各省出了一个题目，那就是要求各省自己来制定本省农业保险的制度方案。确定自己如何具体实行“公司合作经营”，包括组建本省的协调管理机构、选择本地的市场主体，制定本地的“政府支持、协同推进”的操作方案，确定保险保障的范围、标的种类和支持力度，设计本地的大灾风险管理制度，有计划地进行农业风险区划和农业保险费率分区等。

四、明确了我国农业保险的市场组织结构

经营组织及其结构也是政策性农业保险制度的重要组成部分，目前世界上大体上有 4 类农业保险的组织方式和结构：一种是像加拿大那样，只由省政府所属的农业保险公司独家经营政策性农业保险直保业务；第二类是美国那种由政府所属的政策性农业保险公司主办，直保业务主要由经过招标选择的商业性保险公司经办；第三类是日本那种由农业保险合作社经营政策性农业保险直保业务；第四种是像法国那样，商业性保险公司和合作保险组织都经营有政府补贴的农业保险直保业务。不同的市场组织形式和结构都有其产生和发展的历史轨迹，而且都是由其相关政策性农业保险法律法规规定的。

经过充分调查和反复论证，我国《条例》从本国实际出发，确定商业性保险公司和其他合作互助保险组织都有参与经营政策性农业保险直保业务的权利。《条例》第 2 条规定，经营农业保险的保险机构“是指保险公司以及依法设立的农业互助保险等保险组织”，从而正式确定了合作互助保险组织在农业保险经营中的合法地位。

在《条例》制定过程中，让合作保险组织名正言顺地成为政策性农业保险的经营主体，本来是个不用争论的问题。《中华人民共和国农业法》第 46 条第 2 款规定：“鼓励和扶持农民和农业生产经营组织建立为农业生产经营活动服务的互助合作保险组织”。在 2009 年中央 1 号文件中就说“鼓励在农村发展互助合作保险”，2012 年 1 号文件还提出要“扶持发展渔业互助保险”。这表明，无论是法律还是中央制定的政策，早已肯定了农业互助保险组织经营农险业务的地位。但是在《条例》起草过程中，还是有不同的意见，开始时不大想让互助合作保险组织参与农业保险的经营。主要的问题是担心这些不那么规范的合作保险组织参与进来后比较难以监督管理，有可能存在所谓“监管风险”。

实际上，互助合作保险（无论相互保险会社、相互保险公司还是保险合作社）都有其自身的许多优势，由于它们是自下而上自愿结合的合作组织，社员之间相互熟悉，在保险活动中能相互监督风险，这可以在一定程度上防止逆选择和道德风险的发生；同时，合作组织经营的成本也比较低。所以，在像法国、德国等合作制度发展较早的国家，农业保险合作组织很多、很普遍。同时，从我国实际出发，像中国渔业互保协会，已经成功经营了近 20 年，受到广大渔民欢迎和

各级政府的充分肯定。近几年发展起来的陕西和湖北的农机风险互助协会，其保险业务也发展很快，参加保险的农机户也越来越多，其他省也有意仿效，以适应农业机械化的迅猛发展之势。

鉴于这种情况，《条例》最终还是给了合作互助保险组织平等合法的参与经营农业保险的身份，自然也就给了合作互助保险组织发挥其特点和为农业保险制度建设做贡献的机会，也必然赋予保险监管部门更多更大的责任。

当然，尽管《条例》允许众多商业性保险公司和不同的合作保险组织作为供给主体参与农业保险，但各个省在确定自己的方案时，实际上还是可以在这个规定的范围内对于选择谁来做、选择多少机构来做有主动权。实际上，在目前不同省的政策性农业保险市场上，供给主体及其结构还是有区别的。保监会也会根据《条例》规定的条件并从市场实际出发，来调控市场供给主体，保证政策性农业保险的市场效率。

五、划定了政府在农业保险制度中的行为边界

“政府支持”是政策性农业保险的最重要条件和标志之一，也是其他农业保险发达国家的有益经验。这些国家一般都会通过法律将政府在农业保险制度中的作用和角色界定清楚。我国此次颁布的《条例》也对政府及其部门应当在农业保险特别是政策性农业保险制度中发挥的重要作用及其行为边界做出了明确界定，这些界定在某些方面与国外的规定有很大不同。

《条例》为什么要划定政府及其部门的行为边界呢？如前所述，农业保险之所以有政策性农业保险这种特别类型，就是因为商业性农业保险是市场失灵的，市场失灵就需要政府介入，但是政府介入必须有度，超过了一定界限，就会出问题。我们在这短短 6 年的试验中已经不止一次发生政府干预过度造成严重后果的情况。所以，通过法律法规规范政府的行为边界就显得非常重要和迫切。

那么，《条例》做出了哪些规定呢？或者说政府可以在农业保险制度中发挥哪些重要作用呢？根据笔者自己的理解和归纳，主要是 7 个方面：

1. 统一领导和组织本地农业保险工作

政府参与到农业保险中来的第一个责任和义务，就是领导和组织本地的政策性农业保险工作。《条例》第 5 条规定，“县级以上地方人民政府统一领导、组织、协调本行政区域的农业保险工作，建立健全推进农业保险发展的工作机制。县级以上地方人民政府有关部门按照本级人民政府规定的职责，负责本行政区域农业保险推进、管理的相关工作。”商业性保险业务都是企业自己的事，由自己独立地组织经营和管理工作。

2. 确定本地农业保险经营模式

正如上面说过的，省级政府可以制定本省的农业保险制度，选择适合自己的

经营模式。这是法律赋予省级政府的权利和责任。《条例》第3条第3款规定，“省、自治区、直辖市人民政府可以确定适合本地区实际的农业保险经营模式。”在2007年甚至更早以来的政策性农业保险试点过程中，各地政府从当地农业发展的实际需要出发，探索了多种农业保险运作模式，如多家保险公司联办共保模式（浙江），保险公司为政府代办的模式（苏州模式），多家保险经营机构进行有一定竞争性的经营（北京），只有一家保险公司独家经营（上海）等。到底愿意选择何种经营模式，由各省自己决定。

3. 组织引导农民和农业生产组织参加农业保险

各政府部门共同配合，宣传、引导农民参加政策性农业保险，也是政府在农业保险制度中可以发挥的重要作用。这一点挺独特，它是针对我国农业经营规模很小、农户又很分散，农民普遍缺乏风险和保险意识的实际所做的规定。如果把宣传和引导工作都让保险经营机构自己来做，不一定有政府参与引导和组织所产生的效果显著。所以，《条例》第6条规定，“国务院有关部门、机构和地方各级人民政府及其有关部门应当采取多种形式，加强对农业保险的宣传，提高农民和农业生产经营组织的保险意识，组织引导农民和农业生产经营组织积极参加农业保险。”

4. 对农业保险提供财政补贴和税收优惠

财政和税收政策是政策性农业保险存在和发展的首要条件，也是政策性农业保险制度的最重要的特征之一。所以，《条例》对此做了明确的规定。

（1）农业保险的财政补贴政策

政策性农业保险需要政府财政补贴，其理论根据在于政策保险的风险大、费用高、价格贵，而消费这类产品的农民又是收入只有城镇居民三分之一的农民，加之农业本身的预期收益不高，在自愿购买条件下，不会有多少有效需求。另一方面，保险人也没有多少经营兴趣，也就是所谓的“供求双冷”，即“市场失灵”。解决市场失灵的途径就是政府干预，财政补贴保险费、管理费和再保险费就是财政政策的主要内容。

实行财政补贴还有一个原因，在WTO的框架下，对农产品是不许进行价格补贴的，但是，可以对于农业保险的政府补贴“网开一面”，因为这是为了增强农业的抗风险能力。这就是所谓“绿箱”政策。

实行财政补贴的第三个原因是，当在一个国家经济发展到一定阶段时，就要实行“工业反哺农业”，“城市支援农村”。我国从20世纪90年代就进入了这个阶段。所以政府先后采取了一系列的强农、惠农政策。此前的政策手段包括免除农业税、种粮直接补贴、采用良种补贴、农机、渔船的柴油补贴等。

通过立法规定农业保险的财政补贴政策已成为世界各国通例。如：西班牙1978年《农业保险法》第11条规定，国家保费补贴不超过年度保费总额的50%，不低于20%；加拿大依据《联邦政府对省政府经营农作物保险负担法》

的规定，联邦政府提供36%的纯保费补贴和50%的管理费，省政府补贴纯保费的24%和另一半管理费；美国也通过《联邦农作物保险法》规定了这类政府补贴政策。

因此，我国《条例》第7条规定了财政部门对农业保险给予保费补贴的职责，并规定“国家鼓励地方人民政府采取由地方财政给予保险费补贴等措施，支持发展农业保险”。

我国中央财政自2007年开始对农业保险实行保费补贴支持政策，并根据农业保险的发展实际不断增加保费补贴的品种、扩大覆盖区域、提高补贴比例。

最初补贴的保险标的只有物种作物，到2012年保费补贴范围已包括水稻、玉米、小麦、棉花、大豆、花生、油菜、马铃薯、青稞、天然橡胶、森林、能繁母猪、奶牛、育肥猪、牦牛、藏系羊、甘蔗、甜菜18个险种。开始的补贴试点只有6个省（自治区），到2012年，财政部印发了《关于进一步加大支持力度做好农业保险保费补贴工作的通知》（财金〔2012〕2号），进一步加大了中央财政农业保险保费补贴支持力度。目前，中央财政农业保险补贴区域扩大至全国，并支持各地提高农业保险保障水平。

对各地的补贴政策也有区别，对东部地区的农民，中央政府补贴保险费的35%～40%，对中西部地区的保费补贴比例为40%～50%。

当然，目前的补贴标准比较低，补贴比例只限于农作物物质成本①的一定比例，保障水平也就是覆盖农业生产的直接物化成本，对于高于直接物化成本的保障部分，可由地方提供一定比例的保费补贴。

2007—2011年，中央财政累计给予农业保险费补贴264亿元，各级财政对主要农作物的保费补贴合计占农业保险保费收入的比例达80%左右。

（2）农业保险的税收优惠政策

针对农业保险给予相应的税收优惠政策亦是各国通例。美国《联邦农作物保险法》第511条规定，联邦农作物保险公司一切财产，免征一切现有和将来可能开征的税收；法国给予互助保险社税收优惠，对其收入和财产免征赋税。我国《条例》第9条第1款也规定：“保险机构经营农业保险业务依法享受税收优惠。”

目前我国对农业保险的税收优惠政策是：国家免征农险业务的营业税和印花税，所得税纳税基数按90%计算（此政策执行到2013年年底），种植业保险25%的巨灾风险准备金可税前列支（此政策执行到2015年年底）。随着我国农业保险的发展，税收政策应该有较大的优惠空间。

5. 建立财政支持的大灾风险分散制度

由于农业风险具有高度关联性和系统性，在时间和空间上不易分散，很容易形成农业巨灾损失。近年来伴随着农业保险事业的发展，农业再保险的地位得到

① 目前我国农保险主要保障农产品的物化成本，而不保障其经济收益。

较大提升。但是，由于商业再保险机构对农业保险的再保险问题极为谨慎，农险巨灾风险难以完全通过再保渠道转移，或者转移成本过高，因此需要政府给予一定支持。《条例》第 8 条对于农险大灾风险分散机制做了原则性规定："国家建立财政支持的农业保险大灾风险分散机制，具体办法由国务院财政部门会同国务院有关部门制定。国家鼓励地方人民政府建立地方财政支持的农业保险大灾风险分散机制。"其实，对这个问题，自 2007 年以来中央 1 号文件中 6 次提出来，并一步步更加明确，那就是"建立财政支持下的农业保险大灾风险分散机制"（2013 年中央 1 号文件）。

在 2007 年以来的试验中，一些地方政府也探索建立了多种模式的巨灾风险分散机制，如：北京市由地方政府出资，购买超过 160%简单赔付率的再保险，并进一步由财政出资建立大灾风险准备金，承担 300%以上的风险责任；江苏省建立了省、地、县三级大灾风险准备金；安徽省将每年种植业保险的赔付结余全部结存，建立了全省的大灾风险准备金，以应对超赔损失；浙江省也建立了保险公司和省政府共担巨灾风险的制度。目前，国家有关部门正在进行农业大灾风险分散机制的研究工作，准备建立由财政支持的国家层面的大灾风险分散转移制度。

6. 支持建立农业保险基层服务网络

农业保险的经营高度分散，仅仅靠保险经营机构进行宣传、组织、展业、承保、核保，发生灾害损失时进行查勘、定损和理赔有实际困难，所以要在基层政府帮助下建立起基层服务网络，才能向农民提供比较周到的保险服务。

目前，我国农业保险基层服务体系主要有两种模式：

一是完全靠保险公司自己延伸机构的经营模式，即保险公司通过在乡镇设立营销服务部的方式延伸服务网络。但这些机构的主要精力集中在一般性财产保险业务，在农业保险方面，仍需要乡镇政府和相关农业主管部门的支持，提供向下的延伸服务。这种模式运行成本高、自我生存能力差、不易扩大推广，仅限于在少数公司和地区运行。

二是依靠基层政府和涉农服务部门协办模式，即保险公司在农业、林业乡镇基层机构设立农业保险服务站，聘请农业保险专（兼）干和村级协保员，兼职协助保险公司的市县级分支机构开展承保、理赔服务。这种模式体现了成本优势，实现了涉农服务资源的有效整合。目前在一些农业保险业务开展较早、业务量较大的地区广泛应用。

实践表明，后一种模式更适合政策性农业保险的实际情况，所以《条例》第 9 条第 2 款规定"国家支持保险机构建立适应农业保险业务发展需要的基层服务体系"，肯定了政府在农险基层服务体系中的支持、协助作用。

7. 政府各部门建立农业保险相关信息的共享机制

在政策性农业保险制度中，很多政府部门都牵涉进来，所以有"协同推进"的原则。为了取得协同推进的较好效果，《条例》第 4 条第 2 款规定，"财政、保险监督管理、国土资源、农业、林业、气象等有关部门、机构应当建立农业保险相关信息的共享机制。”信息共享机制的建立，有助于农业保险发展规划、风险区划等工作顺利进行，也便于了解和综合评价农业保险的效果，及时解决农业保险发展中的各种问题。

六、确立了农业保险的监管机关和监管机制

农业保险与其他商业保险一样需要监管，以保证农业保险市场的公平交易、合法运行，保护消费者的合法权益，维护农业保险制度的健康和可持续发展。

由于政策性农业保险的特殊性，在其他国家一般是由主管农业保险的政府农业部门来监管，例如美国的监管由联邦农业部来行使，加拿大的农业保险监管由联邦农业部和各省农业厅监管，日本也是由农林水产省监管。

我国的情况比较特殊，因为几十年的农业保险和政策性农业保险都是在商业保险的体制下试验的，保险公司后来（1995 年之后）归保监会监管，因此农业保险归保监会监管也顺理成章。但是考虑到政策性农业保险涉及复杂的经济关系和行政关系，特别是需要财政和税收的巨大支持，也需要农业部门的帮助，在 2007 年起草《政策性农业保险条例》和 2010 年起草《农业保险条例》的最初几稿中，都是将财政部、保监会、农业部以及其他部门并列为监管部门，以平衡各行政部门之间的权力和利益。例如，2007 年《政策性农业保险条例》的草案中，就规定“保险监督管理机构、财政部门、农业行政主管部门和各级人民政府依照各自职责，负责有关政策性农业保险的监督管理工作”。在此次《农业保险条例》草案中，也是将保监会、财政部、农业部、民政部以及各级地方政府的“职责”并列。没有说到底谁是监管机关，似乎保监会、财政部、农业部、民政部等都是监管机关。

最后颁布实施的《条例》，没有再并列各个政府部门的监管或者管理职责，明确规定，主要由保监会行使监管工作责任。《条例》第 4 条规定“国务院保险监督管理机构对农业保险业务实施监督管理。国务院财政、农业、林业、发展改革、税务、民政等有关部门按照各自的职责，负责农业保险推进、管理的相关工作”。

这样就理顺了农业保险的监管机关和监管机制，保监会对农业保险实施监管，即对农业保险活动行使执法权。国务院财政、农业、林业、发展改革、税务、民政等有关部门不负责对保险业务进行执法监督，只是在“各自职责范围内”“协同推进”农业保险的实施和发展。这里的“管理”即是对涉及该部门的相关工作的行政管理①。

---

① 表面上是这样，实际上财政部门也还是监管机关（见《条例》第 30 条），而且还存在监管真空，例如，参与农业保险的政府部门，实际上也需要监管，而条例并没有涉及。这其实是中国的特色。

七、区分出不同于商业保险的合同特征

从法律（无论是农业保险业法还是农业保险合同法）性质来说，农业保险特别是政策性农业保险，属于公法调节的范围，而商业保险是私法调节的范围，所以农业保险合同法具有很多独特的地方。就是说农业保险特别是政策性农业保险具有不同于一般财产保险的特殊性，《中华人民共和国保险法》关于保险合同当事人的权利、义务以及投保、理赔等方面的规定，无法适应农业保险合同的实际情况，因此，《条例》对于农业保险合同做了大量不同于《中华人民共和国保险法》的特殊规定，主要包括以下 8 个方面的内容：

（一）投保主体的特殊性

在《中华人民共和国保险法》里，第 10 条规定“投保人是指与保险人订立保险合同，并按照合同约定负有支付保险费义务的人”。而投保人必须是法人和自然人。《农业保险条例》对于投保主体的规定就有点特殊，第 10 条第 1 款规定：“农业保险可以由农民、农业生产经营组织自行投保，也可以由农业生产经营组织、村民委员会等单位组织农民投保。”就是说，农业保险除了农民、农业生产经营组织自行投保，还包括农业生产经营组织、村民委员会组织农民投保，这样的立法规定在商业保险中是没有的。因为农业生产经营组织可能不是法人，村民委员会是行政组织。

（二）承保、理赔要公示

在商业保险里，投保、承保、理赔是保险合同双方当事人之间的事，不需要第三人参与和了解。保险合同当事人有权不予公开保险合同。

在农业保险试点过程中，鉴于中国农村的实际情况，为了规范农业保险的承保、理赔，防范在业务操作中可能发生的虚假承保、虚假理赔、截留挪用理赔款等风险，监管机关逐步推动建立了农业保险的公示制度。早在 2009 年，保监会《关于规范政策性农业保险业务管理的通知》（保监发〔2009〕56 号）就对加强投保提示、公开承保情况、理赔资金支付给农户、公开理赔程序等提出了明确要求；随后的《关于进一步做好农业保险发展工作的通知》（保监发〔2009〕93 号），进一步明确了“惠农政策公开、承保情况公开、理赔结果公开、服务标准公开、监管要求公开和承保到户、定损到户和理赔到户”的“五公开、三到户”的监管要求；2011 年《关于加强农业保险承保管理工作的通知》、2012 年《关于加强农业保险理赔管理工作的通知》，对承保、理赔环节如何公开、如何保证到户做了进一步的明确和规范。

农业保险公示制度也体现在《条例》第 10 条第 2 款、第 12 条、第 15 条

等。这些内容要求，凡是由农业生产经营组织、村民委员会等单位组织农民投保的，要将承保情况、查勘定损和理赔结果公示，以防止被保险人利益受到损害。

（三）保险合同不能随便解除

关于保险合同的解除权，一般财产保险或者人身保险对投保方的限定都是比较少的，例如，《中华人民共和国保险法》第15条就规定："除本法另有规定或者保险合同另有约定外，保险合同成立后，投保人可以解除合同，保险人不得解除合同。"担保法中也对某些特殊的保险合同有例外，《中华人民共和国保险法》第50条规定："货物运输保险合同和运输工具航程保险合同，保险责任开始后，合同当事人不得解除合同。"第50条的这个规定，是考虑到货物运输保险合同、运输工具航程保险合同，其风险在时间和空间上具有集中性。如果保险合同生效之后，允许投保人解除合同的话，容易引发道德风险。

与运输保险、运输工具航程保险类似，农业风险鲜明的季节性特点（农作物的生长周期具有季节性，灾害的发生也具有季节性、集中性）使得投保人、保险人可能利用合同解除权进行逆选择，诱发道德风险。为了避免此类逆选择和道德风险，《条例》第11条规定："在农业保险合同有效期内，合同当事人不得因保险标的的危险程度发生变化增加保险费或者解除农业保险合同。"

（四）可以采用特殊的定损方法

发生保险事故之后，普通财产保险要对受损标的逐一定损。而农业保险事故发生后，保险标的受损面常常非常广泛，逐一定损不仅成本太高，而且使及时赔付更加困难，因此不可能采取逐一定损的方式。根据这种情况，《条例》第12条规定："保险机构接到发生保险事故的通知后，应当及时进行现场查勘，会同被保险人核定保险标的的受损情况。"但是只要求"保险机构按照农业保险合同约定，可以采取抽样方式或者其他方式核定保险标的的损失程度。采用抽样方式核定损失程度的，应当符合有关部门规定的抽样技术规范。"

（五）受损保险标的特殊处理

农业风险尤其是动物植物疫病风险事故发生后，有关法律法规规定必须对发生疫病的动植物采取封锁、隔离、扑杀、销毁、无害化处理等措施，不得出售、转移、抛弃。因此，《条例》第13条规定："法律、行政法规对受损的农业保险标的的处理有规定的，理赔时应当取得受损保险标的已依法处理的证据或者证明材料。保险机构不得主张对受损的保险标的残余价值的权利，农业保险合同另有约定的除外。"虽然这里的规定，一方面考虑到保险公司不便处理，另一方面，如果是疫病可能政府还有补偿，死猪将作为证物。当然，这个规定可能还需要继

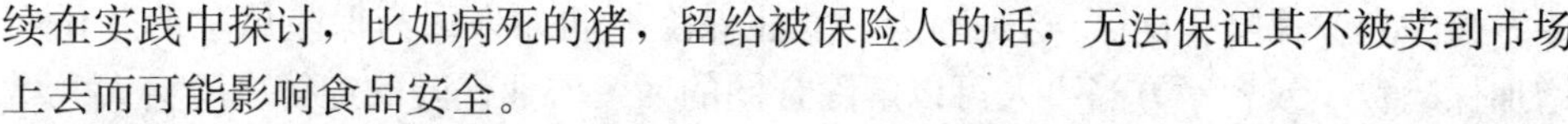

续在实践中探讨，比如病死的猪，留给被保险人的话，无法保证其不被卖到市场上去而可能影响食品安全。

（六）履行合同必须确定

几年的政策性农业保险试验中，不止一个地方为防止保险人的责任太大而在制度设计或者合同执行中，出现“封顶赔付”的问题，实际操作中也有搞所谓“协议赔付”的，发生“损失大赔得少，损失少赔得多”的现象，把政策性农业保险的损失赔付变成有伸缩性的“橡皮买卖”，可以在合同规定之外讨价还价，这是很不严肃的。实际上，即使是政策性农业保险，农业保险合同的履行也必须具有确定性，通常情况下，保险事故发生后，保险人应按照合同约定足额赔偿保险金，除非保险公司破产。针对这些实际问题，《条例》第 14 条规定，“保险机构应当在与被保险人达成赔偿协议后 10 日内，将应赔偿的保险金支付给被保险人。农业保险合同对赔偿保险金的期限有约定的，保险机构应当按照约定履行赔偿保险金义务。”《条例》第 15 条规定：“保险机构应当按照农业保险合同约定，根据核定的保险标的的损失程度足额支付应赔偿的保险金。任何单位和个人不得非法干预保险机构履行赔偿保险金的义务，不得限制被保险人取得保险金的权利。”这里强调了农业保险合同的确定性，较好解决了所谓“协议赔付”问题。但是《条例》删掉了最初草案中曾写进去的禁止“封顶赔付”的条款。实际上，“封顶赔付”在理论上是极其错误的，在实践上是非常有害的，它严重损害了被保险人的利益①。因此，保监会在下发的配套文件《关于加强农业保险条款和费率管理的通知》中，第 8 条第 1 款规定：“条款中不得有封顶赔付、平均赔付等损害农户合法权益的内容。相互制保险条款除外。”明确了赔偿金额不得封顶的原则。我认为，这是对《条例》非常重要的补充。

（七）合同生效后某些内容不能变更，合同也不能解除

农业保险合同还有一些不同于商业保险合同的情况，例如，《中华人民共和国保险法》第 52 条规定的保险标的危险程度显著增加时投保人的通知义务及保险人增加保费或解除合同的权利，以及第 57 条规定的被保险人减损、施救、维护保险标的的义务。对于农业保险合同也不实用，《条例》第 11 条说，“在农业保险合同有效期内，合同当事人不得因保险标的的危险程度发生变化增加保险费

---

① 封顶赔付的问题有的是制度设计时就存在，例如有的省规定按照全省计算，赔付率超过 500%，就不再赔，有的省甚至规定 3 倍就封顶，有的公司的保险合同中规定赔付 2 倍封顶等。封顶赔付在理论上站不住脚，是因为根据保险精算原理，当我们收取 5%的保险费的时候，就表明我们对被保险人最高可以支付 20 倍于保险费的赔款，如果我们最多只赔 5 倍，就意味着欺骗，完全违背保险合同的诚信原则。当然，合作互助组织因为可以以自己的准备金积累作为赔偿限额，所以，它们如果章程里这样规定是可以的。

或者解除农业保险合同。”这是因为，农业保险期间如果因为保险风险的变化而增加保险费，或者一方当事人可以解除合同的话，农业保险的道德风险会大大增加，而且面对高度分散的投保农户也根本无法操作。

(八) 没有特殊性的合同规则参照适用《中华人民共和国保险法》

农业保险也是保险，虽然在很多方面与商业保险合同有区别，尤其是政策性农业保险，其合同规则有自己的特殊性。但是作为保险，其大部分合同规则还是可以适用于规范商业保险的《中华人民共和国保险法》的。所以，《条例》第16条说，“本条例对农业保险合同未作规定的，参照适用《中华人民共和国保险法》中保险合同的有关规定。”这样做就不需要把农业保险合同其他的与《中华人民共和国保险法》相同的内容都写进去了。例如保险合同订立的原则、关于合同的订立、履行、投保人的告知义务、通知义务、索赔是提供证明资料等。当然，农业保险合同仅是参照适用《中华人民共和国保险法》，而非完全适用。

其实，有的农业保险合同甚至不完全符合保险的一般原理，例如：在不少国家开发和推广的农业天气指数保险，即把特定时期内某些灾害性气候因子对作物的损失程度编织成“天气指数”，根据指数的变动决定赔付及赔付数额。天气指数保险只针对一个地区全体投保人和被保险人，但是区域内的个别农户的风险并不一定符合平均风险水平或损失水平。那些风险损失小于平均水平的，有可能获得额外的赔款，而那些风险损失大于平均水平的农户获得的损失赔偿会少于其应得赔款。这就违背了“无损失无赔偿”的保险基本原则。当然，从整个区域的平均水平上来讲是基本符合损失补偿原则的。对这种情况，《条例》中没有规定，《中华人民共和国保险法》里也找不到相应规定。我想，经过一定实践，获得共识之后，也许会写进《条例》。

八、有别于一般商业保险的特殊经营规则

不仅农业保险合同法的内容与商业保险法有很多区别，农业保险业法的内容也有其特殊性。这在《条例》中主要反映在以下6个方面：

(一) 经营农业保险要特别审批

《条例》第17条第2款规定：“未经依法批准，任何单位和个人不得经营农业保险业务。”因此，经营农业保险必须取得保监会的审批。目前保监会对于农业保险经营的审批有两种：一是主体审批，一是业务审批。

1. 经营主体审批

《条例》第17条第1款规定了保监会对农险经营主体的审批条件，明确了对农险经营主体的审批职权由保监会行使，结束了过去不同形式的农险经营主体由

不同部门审批登记的局面。农业保险试点开办以来，几家专业农业保险和部分综合性财产保险公司组成的“4+3”① 格局一直是我国农业保险市场经营的主流。不过，越来越多的财产保险公司看好这个业务领域，正在逐步涉足农业保险。目前，我国有25家保险公司在经营农业保险业务，基本实现了粮食生产大省都有2家以上农业保险经营机构，初步满足农业保险发展的需要。

根据保监会最近下发的《关于农业保险业务经营资格管理有关问题的通知》第1条规定：“保险公司经营农业保险业务，应经保监会批准。未经批准，不得经营农业保险业务。”第2条规定，“申请农业保险业务经营资格，应由保险公司总公司向保监会提出申请。”“保险公司向保监会提交申请时，应列明拟开办的省（自治区、直辖市）。”而且对申请经营农业保险的保险公司规定了具体的比较严格的条件。

2. 经营业务审批

除了通过主体审批取得经营农业保险资格，对于不具有主体资质的保险公司或合作互助组织，须将拟开办的农业保险业务逐笔报经保监会批准后，方可经营。

但是，业务审批是《条例》出台前，在农业保险的主要监管机关尚不明确的情况下，保监会只能通过条款费率审批对农险经营资格进行监管的一种权宜之计。《条例》出台后，保监会将主要依据农业保险市场准入条件，以主体审批方式进行监管。

（二）农业保险要单独核算

由于目前经营的农业保险业务基本上都是政策性农业保险，因此《条例》第18条规定：“保险机构经营农业保险业务，应当与其他保险业务分开管理，单独核算损益。”我认为这种规定的主要原因，在于政策性农业保险得到政府的大量补贴，这种补贴的科学合理性以及效果，需要在不断积累的损失和赔付经验中不断加以检验、评估和改进。

（三）条款费率不能完全由保险机构制定

对于商业保险业务，保险公司设计条款和厘定费率不会有什么异议，但对于财政补贴的那些政策性农业保险业务，在条款和费率设计上，不能完全像商业保险一样由保险机构自行决定。在美国，虽然现在的农业保险直保业务都是商业性保险公司在做，但条款费率大部分都是由政府所属的联邦农作物保险公司（FCIC）制定，他们有庞大的研究队伍，对各类农业风险都进行了长期的研究，也积累了丰富的经验。这不仅是因为传统的从产品开发到直接保险和再保险都是

① 它们是指安信农业保险公司、安华农业保险公司、阳光农业相互保险公司、国元农业保险公司和中国人保财产保险公司、中华联合财产保险公司和中航安盟财产保险公司。

由 FCIC 在做，更重要的是，对于 80%的保费出自政府的政策性农业保险，主要由政府来研究和定价更有公信力。

对于我国的政策性农业保险来说，虽然暂时不可能完全由政府部门来定价，但是也不能把定价权完全交给保险经营机构，因为这里至少有一个公信力的问题。所以，《条例》第 19 条规定："保险机构应当公平、合理地拟订农业保险条款和保险费率。属于财政给予保险费补贴的险种的保险条款和保险费率，保险机构应当在充分听取省、自治区、直辖市人民政府财政、农业、林业部门和农民代表意见的基础上拟订。"这其实也是赋予省级政府一个研究风险和监督政策性农业保险价格的职责。

(四) 财务管理有特殊要求

商业性保险需要做准备金评估和编制偿付能力报告。农业保险也需要做准备金评估和编制偿付能力报告。不过考虑到农业保险的特殊性，《条例》第 20 条规定："保险机构经营农业保险业务的准备金评估和偿付能力报告的编制，应当符合国务院保险监督管理机构的规定。农业保险业务的财务管理和会计核算需要采取特殊原则和方法的，由国务院财政部门制定具体办法。"就是说，一方面，《条例》要求农业保险的准备金和偿付能力管理应符合保监会的有关监管规定，将会改变过去农业互助保险组织等经营主体在准备金和偿付能力管理上无法可依的状况；另一方面，有关法律法规、监管规定对农业保险的财务管理和会计核算有特殊规定的，要按照有关规定执行。

(五) 代理付费名正言顺了

从事政策性农业保险经营的保险公司大部分需要委托基层农业技术服务组织代为办理农业保险业务，但对支付代理费用的问题在政策规定上一直没有解决，叫做"名不正言不顺"。此次《条例》第 21 条对该问题做出了明确规定："保险机构可以委托基层农业技术推广等机构协助办理农业保险业务。保险机构应当与被委托协助办理农业保险业务的机构签订书面合同，明确双方权利义务，约定费用支付，并对协助办理农业保险业务的机构进行业务指导。"

这条规定是对于此前法律法规的重大突破：一方面突破了现行监管规定关于保险公司只能对有资质的中介机构支付佣金的规定。根据现行监管规定，保险公司只能与有资质的保险代理、经纪和公估机构签订委托协议和支付佣金，不得向无资质的机构支付中介费用。然而，由于农业保险标的具有分散性，保险公司的承保、理赔绝大多数都由农业基层技术服务组织代理完成，其在农险中的地位无可替代，因此《条例》从实际出发，肯定了这种代理的合法性。另一方面，基层农业技术推广等机构往往具有一定的行政职能，依照过去的规定，其不能办理商业代理业务，因此，《条例》也在某种程度上突破了行政部门不能办理商业代理业务和收取费用的规定，允许保险机构与基层农业技术服务组织签订协议、支付费用，避免了过去保险公司以违规方式套取费用支付基层农业技术服务组织的问题。

关于基层农业技术服务组织的收费凭证问题，《保监会、财政部、农业部、国家林业局关于加强农业保险基层服务体系管理的通知（征求意见稿）》第5条规定："协助办理业务的双方应当在合同中约定工作费用支付的方式方法。受托方应提供参与农业保险服务人员的详细清单，委托方据此制作工作费用支付明细表。工作费用的列支，原则上受托方应提供劳务费发票或行政事业性收费专用票据、非税收入通用票据等财政部门监制的票据。委托方支付的工作费用计入农业保险经营费用，不得将劳务费用分摊到理赔费用。"

（六）明确违规的法律责任

在政策性农业保险5年多的试验中，违法违规问题不时发生，成为其健康和可持续发展的桎梏。所以，《条例》在《经营规则》和《法律责任》两章中对各有关方面提出警示并做出具体而严厉的惩罚规定。

对于保险经营中的违法行为，大体上分为3类：

第一类是没有依法取得经营农业保险资格情况下的惩罚。《条例》第26条规定，"保险机构未经批准经营农业保险业务的，由保险监督管理机构责令改正，没收违法所得"，并处罚款；"逾期不改正或者造成严重后果的，责令停业整顿或者吊销经营保险业务许可证。""保险机构以外的其他组织或者个人非法经营农业保险业务的，由保险监督管理机构予以取缔，没收违法所得"，并处罚款。

第二类是对违反《条例》规定的经营规则、监管规则的处罚。《条例》第27条规定，对于"（一）编制或者提供虚假的报告、报表、文件、资料；（二）拒绝或者妨碍依法监督检查；（三）未按照规定使用经批准或者备案的农业保险条款、保险费率"的，要处以罚款，"情节严重的，可以限制其业务范围、责令停止接受新业务或者取消经营农业保险业务资格"。第28条规定，保险机构经营农业保险业务，"（一）未按照规定将农业保险业务与其他保险业务分开管理，单独核算损益；（二）利用开展农业保险业务为其他机构或者个人牟取不正当利益；（三）未按照规定申请批准农业保险条款、保险费率。保险机构经营农业保险业务，未按照规定报送农业保险条款、保险费率备案的，由保险监督管理机构责令限期改正"；逾期不改正的，处以罚款，"情节严重的，可以限制其业务范围、责令停止接受新业务或者取消经营农业保险业务资格"。

第三类是对骗取保险费补贴、挪用和截留保险金等违法行为的处罚。《条例》第30条规定，"违反本条例第23条规定，骗取保险费补贴的，由财政部门依照《财政违法行为处罚处分条例》的有关规定予以处理；构成犯罪的，依法追究刑事责任。违反本条例第24条规定，挪用、截留、侵占保险金的，由有关部门依法处理；构成犯罪的，依法追究刑事责任。”

根据我的理解，这第三类法律责任问题不只是针对保险人、被保险人，也针对与其有关的部门和单位。

《条例》对经营规则的规定也主要是讲的特殊性，与一般保险经营相同的经营规范也不必要在这里做详细规定。《条例》第 25 条规定：“本条例对农业保险经营规则未作规定的，适用《中华人民共和国保险法》中保险经营规则及监督管理的有关规定。”由此强调了农业保险经营应符合《中华人民共和国保险法》确立的保险经营和监管规定，有助于农业保险市场的进一步规范和发展。

最后，需要说明的是，我国的《农业保险条例》之所以在很多地方与《中华人民共和国保险法》挂钩，对于合同规则、经营规则方面可以参照《中华人民共和国保险法》。与我国对《农业保险条例》的立法性质以及现行监管体制有关，这也是中国农业保险立法的特色，笔者认为这样的法律安排有利于中国农业保险的发展，毕竟公众也好很多行政部门也好，对保险业务和整个保险行业还是不够熟悉，对农业保险就更陌生。

让我们深入学习和正确贯彻《农业保险条例》，加速推进中国的农业保险发展，加强我国农业风险管理制度建设，为我国农业和农村发展做出更大贡献。

参考文献

庹国柱，李军 . 2005. 农业保险［M］. 北京：中国人民大学出版社 .

庹国柱，王国军 . 2002. 中国农业保险与农村社会保障制度研究［M］. 北京：首都经济贸易大学出版社 .

庹国柱 . 2011. 政策性农业保险是一个科学的概念［N］. 中国保险报，11 - 17（4）.

庹国柱 . 2012. 我国农业保险发展的里程碑［N］. 中国保险报，12 - 13（4）.

杨华柏，张靖 . 2013. 谈我国《农业保险条例》的几个特征［N］. 中国保险报，02 -26.

Olivier Mahul，Charles J Stutley. 2010. Government Support to Agricultural Insurance：Challenges and Options for Developing Countries［M］. The World Bank：65 - 66.

农业保险需要建立大灾风险管理制度*

新近颁布的《农业保险条例》(以下简称《条例》),正式提出了建立大灾风险分散机制的重要问题。提出和关注这个问题尽管已经有好几年了,但是它的重要意义还是需要进一步讨论,具体操作层面的问题更需要研究,以便根据该《条例》的要求尽早在我国建立和完善这种农业保险的大灾分散机制和管理制度。

一、为什么农业保险需要建立专门的大灾风险管理制度?

农业保险有一个重要的和区别于一般财产保险的特点是,农业保险的经营面临较多的巨灾风险。这种特点源于大部分农业风险更多地表现为系统性,也就是不同区域、不同投保农户遭受的风险具有相关性或系统性。因为农业保险的风险单位很大,一个风险单位内往往有千千万万个投保单位,如果投保人和投保标的都在一个风险单位里,投保标的会同时受灾和遭受损失。那么投保农民参与率越高,投保的面积越大、标的越多,保险机构的经营风险越集中而不是越分散。这样,除了少数单一风险灾害(例如雹灾)的保险,要在一县、一市甚至一省的范围内有效分散农业保险的风险,可能性很小。在我国过去近30年的农业保险试验中,保险公司曾经不止一次因为这种大面积旱灾、洪水、病虫灾害同时发生而遭受了巨大亏损。1992年,有一个省发生大面积雨涝灾害,尽管当时每亩作物的保险金额只有70元,但保险公司仍然无力足额支付赔款。据说,后来每亩只赔了4元。好在那时候全国试验的范围不大,参与的农户也不多,当时也没有法律法规,所以没有发生什么严重后果。这种情况使那些老"农业保险人"至今还记忆犹新。

当然,农业风险和农业保险经营风险不仅可以在空间上分散,也还可以在时间上分散。而农业风险在时间上分散,也面临着风险发生的概率较高,年际之间的风险损失的波动很大(在统计学上表现为方差很大)的难题。美国的 M. Mi-

* 本文发表于《中国保险》,2013年第1期。

randa 和 J. W. Glauber（1997）所做实证研究表明，一般保险公司赔款的变异系数[①]为 8.6%，而农业保险公司的赔款的变异系数是 84%。就是说，经营农业保险所面临的系统性风险是一般财产保险公司的近 10 倍。显然，这种风险损失在年际之间的巨大波动性，同样削弱了农业保险经营在时间上分散风险的能力。对经营农业保险的保险机构来讲，要保持稳定和可持续经营，就有必要在一般责任准备金的基础上，另外建立应对大灾风险损失的机制或者制度，以便在大灾损失发生后能及时按照保险合同兑付赔款。

专门建立农业保险大灾风险管理制度还有第三个理由，那就是我国政府已经将农业保险制度作为农业风险管理的重要政策和主要工具，考虑到这种政策的目标函数是农业的稳定性和可持续性，保险机构不能对主要农业风险加以选择性承保，而且要求这种政策具有稳定性和可持续性，不能因为大灾风险事故的发生而使农业保险中断或者被放弃，因此没有必要的和完善的制度安排来解决大灾风险损失之后的补偿基金缺口，就不可能实现这些政策目标，不可能保证保险企业不会因大灾风险损失而整体退出市场。

这就是为什么《农业保险条例》规定要建立农业保险大灾风险分散机制，而在规范商业保险的《中华人民共和国保险法》里没有发现类似条款的理论和实践原因。

二、巨灾风险管理制度主要是一系列融资安排

农业保险的大灾风险分散机制，实际上主要是一种在发生大灾风险损失情况下，保险机构的常规风险责任准备基金不足以支付赔款时的一整套融资预案。在大灾和巨额赔付发生的情况下，如果缺乏制度性安排，保险公司的破产概率会大大上升，合作保险机构也会发生较大赔付困难，同时，投保农户应当获得的损失补偿也必然大打折扣。这就有违我们开展农业保险的目标。

在其他农业保险发达的国家，专门的农业保险法律法规都对这种条件下的融资安排有具体的规定。美国 1980 年的《联邦农作物保险法》曾经规定，在发生大的灾害、责任准备金不足支付赔款时可以发行债券，解决赔款资金问题。适应美国政策性农业保险制度的变化，2009 年最新修订的美国《联邦农作物保险法》规定，保险公司经营农业保险免征一切税负，包括资产税、营业税、所得税等，以利于保险公司积累必要的应对大灾的准备金。同时规定，在出现较大灾害损失，当年责任准备金不足支付赔款的情况时，经过农业部部长（联邦农作保险公

① 变异系数是度量统计变量稳定性（或变动性）的一个指标，它是用统计变量的标准差除以该统计变量均值得到的商。这个相对指标值越小，表明该统计变量在样本期间变动越小，也就是越稳定，反之，变动越大，稳定性越差。

司董事长）批准可以向政府所属的商品信贷公司（Commodity Credit Corporation）筹款解决。加拿大的农业保险法也同样对发生大灾损失时的融资做了安排，其联邦和省的《农作物保险法》（例如加拿大曼尼托巴省的农作物保险法）也规定，免征农业保险经营的一切税赋，灾害损失较小的年份可以将节余积累作为特别的准备金，在责任准备金和历年结余积累不足支付当年赔款时，农业保险公司可以向联邦财政部和省财政厅借款来履行合同赔款责任。就笔者了解，加拿大农业保险几十年的历史记录中，在1986年和1988年就发生过两次严重旱灾损失，保险公司所借债务后来多年才还清。2012年不止一个省发生的较严重旱灾，也动用了历年结余积累。

在我国几十年的农业保险试验过程中，曾经也发生过较大的灾害损失，因为没有这种大灾损失发生情况下的制度安排，不止一次发生过上面所说的那种不规范的“自动封顶赔付”“减额赔付”甚至赖账不赔的情况。这就把严肃的保险合同变成了一张废纸，严重侵害了投保农户的权益和保险机构的信用和声誉。

三、大灾风险分散制度可以有多种方式、多个层级

农业保险的大灾风险分散机制可以包括多种方式和多个层级。我们曾经在《政策性农业保险巨灾风险管理研究》（中国财政经济出版社，2010年版）中做了比较详细的研究和介绍。对于大灾风险管理制度，一般都是从两个维度来安排，一个是大灾风险分散手段或融资方式，另一个是风险分散或融资层级和规模。

从农业保险大灾风险分散的方式和手段上，可以通过购买再保险、建立巨灾风险准备金、发行专项债券、借款以及发行大灾风险证券化（负债证券化）等手段达成。表1是几个国家的农业保险大灾风险管理的制度安排。

表1　几个国家的农业保险大灾风险管理制度

农业保险的制度模式	代表性国家	巨灾风险分散制度
私营、部分补贴模式	美国	由联邦农作物保险公司以及私人再保险公司共同构成再保险体系；同时法律允许联邦农作物保险公司向商品信贷公司借款，也可以发行专项票据或债券融资，偿还因巨灾损失造成的赔款
	西班牙	由国有农业再保险公司为私营农业保险公司提供再保险支持
公共、部分补贴、自愿模式	加拿大	省政府与联邦政府都通过建立再保险基金的方式提供再保险支持，各省的农业保险公司可以选择分保； 再保险摊赔以及历年盈余积累仍不足以赔付时，省财政厅与联邦财政部都可以提供无息借款，保险公司在此后年份逐年偿还
公共、部分补贴、强制模式	日本	由两层次的再保险体系构成，其中第一层次再保险是由合作性质的府、道、县农业共济联合会提供，第二层次由中央政府提供

从农业保险的大灾风险分散的层级上，可以是单一或者多层级安排的制度。从表 1 中也可以看出，这些国家不仅有多种方式和途径来分散农业保险的巨灾风险，他们的制度还有不止一个层级。

在我国的农业保险近几年的试验中，各地主要兴趣在于建立巨灾风险准备金，有的省也已经初步建立了一级或两级大灾风险准备基金，例如北京市、上海市、浙江省、安徽省等；也有的省建立了省、地、县三级大灾风险准备基金，例如江苏省。表 2 是笔者根据各省资料整理的我国目前部分省市政策性农业保险的大灾风险分散制度的安排概况。

表 2　我国几个省政策性农业保险现阶段的大灾风险管理制度

省（自治区、直辖市）	大灾风险管理制度
北京市	政府建立了公司和市政府两级应对大灾损失的风险管理制度： ①单个保险机构承担赔付率 160%范围的责任，在该范围内，自行安排再保险和积累风险基金。 ②市政府一级承担赔付率 160%以上的赔付责任，为应对大灾损失风险，购买了 160%～300%的赔付率超赔再保险。 ③用每年农业增加值的 1‰建立“大灾风险准备金”，对于超过 300%的赔款责任，用该大灾风险准备金支付
江苏省	该省建立了省、市、县政府三级大灾风险基金。政府大灾风险基金的主要来源： ①本级政府预算安排。本级预算原则上按照本地当年保费实际发生额的 5%～10%的比例安排。 ②上级财政部门的大灾风险补助。 ③按农业保险专项账户当年结余的一定比例提取。 ④其他资金。 各市发生大灾超赔后，原则上各项资金偿付次序为：当年保费收入、农业保险专项账户历年积累、政府大灾风险基金和保险公司自筹。依然不足部分由各市自行弥补，省财政酌情给予调剂和适当补助
四川省	建立巨灾风险准备金制度，当年经营结余，全部作为巨灾风险准备金积累，统一管理，逐年滚存。发生大灾超赔后，原则上先用农业保险历年积累抵补，不足部分由各州市县自行弥补，省级财政给予调剂并适当补助
内蒙古自治区	保险公司要单独建账、单独核算、保费结转下年作为大灾准备金，不作为保险公司利润分配。自治区从各保险公司当年经营结余中提取 5%，建立大灾风险准备金。如出现大灾发生超赔问题，由自治区政府协调解决
辽宁省	经办保险公司按国家有关规定计提巨灾风险准备金，逐年滚存，逐步建立应对巨灾风险的长效机制。 全省遭遇巨大自然灾害后保险公司可以使用巨灾准备金赔付投保农户
安徽省	①保险经办机构应根据规定建立农业巨灾风险准备金。 ②种植业保险品种按当年保费收入 25%的比例计提，保费结余亦全额转入风险准备金；养殖业保费盈余，不作为利润进行分配，逐年滚存，以备大灾之年赔付

（续）

省（自治区、直辖市）	大灾风险管理制度
江西省	①承保公司应建立巨灾风险准备金制度。巨灾风险准备金遵循“以丰补歉”原则，每年按照政策性农业保险独立核算账户会计年度经营盈余的50%提取，并于次年一季度转入巨灾风险准备金账户，逐年滚存，定向使用。 ②当全省政策性农业保险年度综合赔付率达160%时，承保公司可申请动用巨灾风险准备金以支付赔款。巨灾风险准备金只用于支付赔付率为160%～250%的赔付，不足部分可申请省财政部分补贴。 ③超出250%部分，由承保公司利用再保险等市场机制，努力分散经营风险，保证农业保险业务稳健发展
陕西省	①试点阶段，核定赔付额在当年农业保险保费收入2倍以内时，由保险公司承担全部赔付责任。核定赔付额超过当年农业保险保费收入2倍时，报省政策性农业保险试点工作领导小组研究解决。 ②各直接保险公司承保政策性农业保险业务后，可根据自身偿付能力状况和赔付能力，将超自留部分向国内外再保险公司分保，充分利用国内和国际两个保险市场分散农业巨灾风险，保障有效赔付
浙江省	①全省农业保险赔款在当年农业保险保费2倍（含）以内的，由农业保险共保体承担全部赔付责任；赔款在当年农业保险保费2～3倍（含3倍）的部分，由共保体与政府按1∶1比例承担；赔款在当年农业保险保费3～5倍（含5倍）的部分，再由共保体与政府按1∶2比例承担。 ②政府承担的超赔责任由省与县（市、区）财政分担，分担比例按照财政保费补贴比例执行。各县（市、区）在年农业保险赔款总额超过当年农业保险保费5倍的情况下，实行先预摊、再年度结算，其中，政府承担的预摊超赔责任，由省与县（市、区）政府按“二八”比例执行。 ③在保险年度末统计全省全年总赔款后，再按全省范围内5倍封顶的要求，实行封顶系数［（全省农业总保费×5）/全省总赔款，下同］转换后统一结算

从表2可以看出，这些（自治区、直辖市）目前虽然初步建立了大灾风险管理制度，但是大灾风险分散手段普遍比较单一，主要是保险公司购买再保险和省内大灾风险准备金（北京市政府还为自己承诺承担的风险责任购买了再保险），还缺乏其他的大灾风险管理或者融资手段，层级也多限于保险公司自身和省一级（江苏有三级大灾风险准备金）。有的省政府承担部分农业保险大灾风险损失的超赔责任，有的省则不承担任何大灾风险的超赔责任。这里面既有认识不到位的问题，也有制度不健全的问题。

四、我国将如何设计自己的大灾风险管理制度

目前和今后一段时间，我国各省将根据《条例》的要求，制订或者完善本地的农业保险制度，特别是政策性农业保险制度，其中必然涉及建立其大灾风险分散机制的问题。《条例》第8条虽然说“国家建立财政支持的农业保险大灾风险

分散机制”，也“鼓励地方人民政府建立地方财政支持的农业保险大灾风险分散机制。”但是没有具体规定如何建立这种机制和选择什么方式和途径、建立几级风险分散机制，这种制度如何建立，以及建立后如何操作和运转等。财政部门和保险监管部门需要拟定实施办法。这种大灾风险管理制度应当如何设计呢？以笔者之陋见：

首先，根据《条例》的精神，省一级政府要担当本省大灾风险管理制度的组织责任，同时要适当承担省内政策性农业保险经营的大灾风险责任，这也是“建立地方财政支持的农业保险大灾风险分散机制”应有之义。对于政策性农业保险而言，国家不会为政策性农业保险的风险责任“兜底”，但也不会把大灾风险责任完全推给保险经营机构。因为任何保险机构都难以独自承担农业保险的大灾风险损失。

其次，省一级的农业保险大灾风险分散机制，也要从分散风险的手段和层级两个方面做出选择和安排，在省一级，这种制度不一定局限在大灾风险准备金上面，我个人甚至不主张省里建立大灾风险准备金。

就分散大灾风险的手段方面，在各保险机构购买再保险的基础上，省一级政府层面最好选择市场化融资手段，包括发行政府担保的农业保险特种债券，或者允许从政策性金融机构借贷的方式。所以，可以但不一定要建立大灾风险基金，也不必要在风险证券化方面动脑子。因为建立和管理大灾风险准备金不是一件容易的事，不仅会长期（可能）占用大量的资金，在我国资本市场不那么完善的现今，不仅基金规模难以预测，而且基金筹集多了浪费资源，基金筹集少了，遇到大灾还需要另外融资，而且储备的资金保值增值并不是一件容易的事。特别是建立起来的多层次大灾风险准备金的管理难度更大，在缺乏一整套监督机制的条件下，搞不好基金的安全都有问题。而到资本市场融资就显得方便多了，只要准备好“预案”，需要时可以及时融资，缺多少就发行多少债券或借多少款项，事后还债在某种程度上更能促进改善保险的管理。我想这大概是美国、加拿大等国在其大灾风险管理制度中喜欢临时融资而不建立大灾风险准备金的主要原因。这里提到我也不主张在大灾风险证券化方面动脑子，原因是风险证券化虽然是一种比较好的融资手段，但是即使在资本市场比较发达且规范的其他国家，也还没有多少成功经验。就我国而言，迄今尝试的“资产证券化”也还不能算是成功的，在“负债证券化”方面还是先做些研究，实施方面宜缓后再说。

最后，在财政支持下，中央一级可以设立大灾风险准备基金，并建立可以与大灾风险准备金一套人马的农业保险再保险机构，向各省（自治区、直辖市）以及各家经营政策性农业保险的保险机构提供大灾风险保障和一定份额的价格适当（不含利润因素）的再保险，降低保险机构的再保险成本。

建立该基金需要设立管理和运营机构。对于机构的考虑可以有两种思路：其一，可以委托某相关机构（例如中国再保险公司或保险保障基金公司），利用其现成的技术和人才代为管理和操作。第二种，也可以成立专门机构（像全国社保基金理事会、保险保障基金公司那样），来从事农业保险再保险和管理、运营国家支持和参与投资的大灾风险基金。因为论证中的我国巨灾风险保险制度也需要这样一个巨灾风险基金，可以考虑将来合并起来统一管理和运营。

农业保险的再保险公司因为是政策性的业务，可以完全由政府出资设立（财政部在几年前就有所考虑），也可以同时从各省寻求投资参股。大灾风险基金的筹集可以由中央财政一次性或者逐年出一部分，各参与政策性农业保险经营的保险机构按照资本金或者农业保险业务量的一定比例缴纳一部分，当然，保险机构缴纳数额可以有一定限额，逐步达到某个合理的基金规模。

中央建立的大灾风险基金的使用也要制定规则，以省为单位还是以公司为单位设定击发条件，起赔门槛多高，要不要设“天花板”，要设的话，“天花板”多高等，都有待研究和规定。

总之，我国农业保险特别是政策性农业保险需要有一个健全的大灾风险管理制度，而这个制度已经通过《农业保险条例》原则性地提出来了，期望尽快破题，并早点建立起来。只有不断健全和完善政策性保险制度，我国农业保险之路才能走得稳当、走得久远。

参考文献

庹国柱，赵乐，朱俊生 . 2010. 政策性农业保险巨灾风险管理研究［M］. 北京：中国财政经济出版社 .

M Miranda，J W Glauber. 1997. Systemic Risk，Reinsurance ，and the Failure of Crop Insurance Markets［J］. American Journal of Agricultural Economics，79（2）.

中国农业保险大灾风险分散制度及大灾风险基金规模研究*

农业保险经营中的大灾风险管理安排是农业保险制度中必不可少的制度要素或者重要组成部分，建立该制度对我国农业保险的健康和可持续发展有重要意义。2013 年 3 月 1 日正式实施的我国《农业保险条例》对建立大灾风险管理制度做出了原则性规定，但对于什么是大灾风险管理制度，这个制度如何设计和构建的重要问题在学术界和业界尚未深入讨论。本文给出了农业保险经营中的大灾和大灾风险的概念界定，在这个基础上，提出了我国农业保险大灾风险管理制度框架，并专门探讨了该制度中大灾风险准备金（或称大灾风险基金）及其规模问题，以期为有关部门进行制度设计提供参考。

一、农业保险大灾风险及大灾风险管理制度

（一）《条例》和政策文件对建立大灾风险分散制度的规定

中央一直很重视农业保险经营中的大灾风险分散问题，2007—2013 年中央发布的 7 个 1 号文件中，6 次提到建立大灾风险分散机制的问题。2007 年的 1 号文件说要“完善农业巨灾风险转移分摊机制，探索建立中央、地方财政支持的农业再保险体系”，这里第一次提出建立农业大灾风险分散机制，需要“中央和地方财政支持”；2008 年的 1 号文件中说，“完善政策性农业保险经营机制和发展模式 。建立健全农业再保险体系，逐步形成农业巨灾风险转移分担机制”；2009 年的 1 号文件要求，“加快建立农业再保险体系和财政支持的巨灾风险分散机制”；2010 年的 1 号文件再次强调“健全农业再保险体系，建立财政支持的巨灾风险分散机制”的问题；2012 年 1 号文件中的表述是“健全农业再保险体系，

* 本文与王克、张峭、张众合作，发表于《保险研究》，2013 年第 6 期。本文是国家社科基金项目《农业巨灾风险管理制度研究》（课题号 12BGL074）的阶段性成果。

逐步建立中央财政支持下的农业大灾风险转移分散机制"；2013 年 1 号文件的表述与前一年类似，即"推进建立财政支持的农业保险大灾风险分散机制"，同样提出农业保险大灾风险分散机制要在财政支持之下来安排和建设。所以，《农业保险条例》就以法规的形式做出了规定，《条例》第 8 条规定"国家建立财政支持的农业保险大灾风险分散机制 ，具体办法由国务院财政部门会同国务院有关部门制定"。

这表明在农业保险制度中，建立大灾风险分散制度是整个农业保险，特别是政策性农业保险制度的必不可少的组成部分（对建立该制度的必要性的讨论请参阅笔者的其他论文）。而且，中央 1 号文件也好，《条例》也好，都强调，这个大灾风险分散机制是国家建立的，并且有"中央和地方财政支持"。但是，这种机制是以什么形式或者这种"机制"包括哪些内容，则是需要研究的。

（二）农业保险大灾风险的概念界定

虽然大家都在讲农业保险大灾风险，但对农业保险大灾风险的概念界定是因研究目标的不同而有区别的，所以有必要先讨论一下。

1. 巨灾风险

对于大灾风险（或巨灾风险）① 和农业大灾风险，不同的国家、国际组织和研究者的界定有一些区别，一般而言，大灾风险和农业大灾风险，主要是根据风险损失等级或者按照灾种来划分的。

按照风险损失等级来讨论，也有不同的界定，2003 年，经济合作与发展组织（OECD）将巨灾风险（Catastrophe）定义为，灾害发生地已无力控制灾害所造成的破坏，必须借助外部力量才能进行处置的灾害风险。我国学者石兴博士，对巨灾风险做了广义和狭义的界定，广义巨灾风险是指"因自然灾害、外来原因和意外事故所导致的极其严重的，也可能出现受灾单位或地区自身无法解决、需要跨地区乃至国际援助的未来不利情景"；狭义的巨灾风险概念则限定在"因自然规律作用和变异引起的，造成大范围、大面积、大量风险单位，在同一时间或时段内重大经济损失或大量人员伤亡，受灾地区一般自身无法解决，需要跨地区乃至国际援助的未来不利情景"②。但美国保险服务局（ISO）则具体将损失超过 2 500 万美元，并影响到大范围保险人和被保险人的事件，界定为巨灾风险；另一类是从保险公司经营的角度来定义巨灾风险的，例如将超过一般偿付能力的风

① 大灾和巨灾在有的研究中是相区别的。中央的一些文件中提及农业保险问题，有时使用"巨灾"，有时使用"大灾"的术语，笔者理解没有区别。为了方便起见，在本文的讨论中大灾和巨灾是作为同义语来使用的。

② 石兴．2010．巨灾风险可保性与巨灾保险研究［M］．北京：中国金融出版社．

险定义为巨灾风险①。

按照灾种界定巨灾风险，一般将洪水、干旱、地震和暴风等有广泛系统性发生并导致严重损失的风险归为巨灾风险；其他灾害风险定义为一般灾害风险。这种界定在国内保险界基本上取得认同。2010 年保监会所做我国巨灾风险保险的研究，也是将洪水、台风和地震作为主要研究对象来研究的。

2. 农业大灾风险

国外一般是针对种植业的风险损失来界定农业保险巨灾风险的，因为种植业生产中往往由于极端气象事件（例如旱灾和洪涝灾害等低概率、大范围、严重的气象事件）导致农作物大面积严重减产或绝收等极端的结果。在我国，养殖业保险和涉农保险都包括在农业保险之中，就需要将这种只针对种植业的考察和界定延伸。

所以，我们可以将由于极端气象事件和疫病、虫害大范围流行，导致农林牧渔业生产巨大损失的风险定义为农业大灾风险。

对农业保险而言，仅有上述一般的对巨灾风险和农业巨灾风险的界定还是不够的。因为在农业保险中，讨论大灾风险或者巨灾风险，仅限于自然灾害损失大小本身，其制度意义还是有限的。因为对农业保险经营来说，还有自身偿付能力问题，在自己偿付能力限度内的保险风险损失，因为保险经营者可控，就不是大灾或巨灾，只有超出保险经营者偿付能力限度，可能会引起公司破产，才是大灾或巨灾风险。我国目前是以省为单位来推行农业保险的，每个省有多家保险公司或者互助合作保险组织经营农业保险和涉农保险。对于保险赔款的承受能力，除了保险经营机构的偿付能力，还有一省整体承受力的问题，因为实际上不少省在保险公司承担保险责任的基础上由政府承担部分或者无限保险责任。

因此，公司层面和省级层面对农业保险风险损失的承担能力就成为界定农业保险大灾风险和设计农业保险大灾风险分散制度（或风险管理制度）的主要依据。

基于这种分析，本文将我国农业保险大灾风险和大灾风险管理制度，从农业保险经营的视角界定如下：

发生超过农业保险经营机构和本地农业保险风险责任承担能力的风险损失的可能性，就是农业保险大灾风险，为农业保险经营机构和地方大灾风险所做的风险分散转移的一系列制度安排，就是农业保险大灾风险管理制度。

显然，本文作者这里界定的大灾风险（或巨灾风险）与上面根据一地自然灾害风险损失规模和强度定义的大灾风险是有联系的，但并非只有依据风险损失大小所界定的巨灾风险才能造成保险经营机构和本地区农业保险经营的大灾风险，

① 庹国柱，赵乐，朱俊生．2010．政策性农业保险巨灾风险管理研究：以北京市为例［M］．北京：中国财政经济出版社．

可能依据风险损失大小所界定的一般风险也可能造成这里界定的大灾风险事故的发生。

（三）农业保险大灾风险管理制度的基本框架设想

大灾风险分散制度应当包含些什么内容，由哪些必要的制度或者“部件”组成。首先需要对这些问题进行研究和讨论，以便确定这个制度的整体框架。

以笔者之见，整体的大灾风险管理制度可以有多种安排：第一种是由两层组成，第一层是由直保公司自己购买再保险，第二层是在上层基础上安排其他融资方式（例如向政府借债、向金融机构融资或者发行巨灾债券等）。美国大体上是这种两层式安排。

第二种是由再保险、大灾风险基金和其他融资手段 3 个层次组成，在直接保险的基础上，第一层大灾风险损失分散的安排是再保险，第二层安排是当地和（或）中央大灾风险准备金，第三层安排是其他风险融资计划。不过他们的大灾准备基金建立在公司，政府没有这种基金（图 1）。

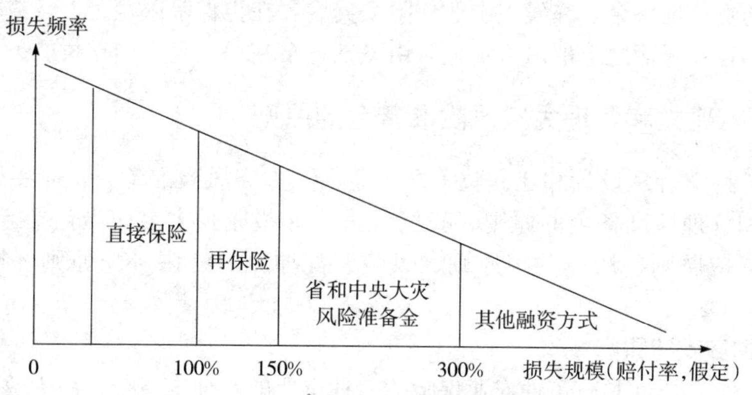

图 1　三层式大灾风险管理制度安排示意

从上面的论述可以看出，在农业保险大灾风险管理制度中，建立大灾风险准备金不是农业保险制度必需和唯一的制度安排，而只是一种选择。在笔者所了解的美国、加拿大等国，在法律上都有关于农业保险发生重大灾害损失，保险人的责任准备金不足支付赔款时的融资安排，例如美国的制度安排类似于上面说的两层安排，其现行法律规定，当准备基金不足支付赔款时可以向商品贷款公司借款。加拿大联邦各个省的农业保险法律，也规定在这种情况下可以向两办和省的财政部门借款。但是一般都没有建立范围较大的大灾风险准备金。加拿大各省的农业保险公司在正常情况下自己建立有类似于“大灾准备金”的基金，它是由正常年份的责任准备金结余形成的，这部分特殊的准备金不纳任何税，可以无限制累积。遇到大灾损失，当年准备金不足时可以动用这个基金，这个基金用完不够，才向财政部门借款支付赔款，这种安排类似于上面说的三层安排。

就是说，解决农业保险大灾风险问题需要的是一套制度安排，无论两层式还是三层式安排，用流行的话说，就是一套“应对预案”。但这个预案不一定是事先准备好的“真金白银”，也可以是多元化的融资授权。

自2007年以来，国内大部分关于解决农业保险大灾风险问题的建议都集中在大灾风险准备金问题上，前几年每年一度的人大会议都有多份建立大灾风险准备金的议案，而很少有人提及解决大灾损失发生时的其他融资安排，我理解可能是因为更多的人对建立大灾风险准备金来应对农业保险经营中的大灾风险比较容易接受。而且在我国设计巨灾风险保险制度时也有这个安排，因此，我们在下面主要来讨论，如果真要建立这个大灾风险基金，这个基金的建立和管理的原则、基金筹集规模和基金运作方式等问题。

二、建立和管理大灾风险准备金的原则和建构方式

所谓农业保险大灾风险准备金，就是在再保险之外，建立的一种应对大灾风险责任的责任准备金，在发生农业保险大灾后，在再保险限额之上，或者一省政府承担的责任限额之上的风险责任，由该准备金在一定范围内支付。

(一) 建立和管理大灾风险准备金的原则

为了科学合理设计和建立政策性农业保险大灾风险准备金，需要研究和确立建立和管理该准备金的原则。我们认为，这些原则主要应当包括5个方面，即财政支持原则、风险共担原则、风险匹配原则、有限补偿原则、持续经营原则。

1. 财政支持原则

该基金的属性是政策性农业保险的一种重要的责任准备金，因为政策性农业保险经营的高风险、高成本以及持续性等特点，仅靠各家经营农业保险的保险公司和各省独立筹资还是有困难的，中央政府财政和（或）各省财政作为这个基金的主要筹资人，就成为必要。

2. 风险共担原则

大灾风险准备金是要解决一省和（或）全国的农业保险大灾风险的超赔责任补偿问题，为了加强风险管理，增强各参与单位的风险和责任意识，有必要共同分担基金的成本损失。当然，这种分担还要体现下述风险匹配原则。

3. 风险匹配原则

所谓风险匹配原则是指各参与单位获得的超赔补偿的概率和额度要与其出资水平大体相称，也就是说，除了中央财政的筹资，大灾风险概率高而且损失补偿额大的参与单位，应当交纳的基金数额较多，也就是风险损失与风险成本原则上应当基本一致。

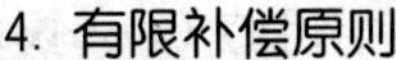

4. 有限补偿原则

该大灾风险责任准备金的规模是有限的，因此也只能补偿各参与单位一定的超赔损失额度，不可能承担超赔补偿的无限责任。超过基金补偿限额，要由参与单位另外寻求融资渠道。例如，可以另外发行巨灾风险债券，从财政或者金融机构贷款等。

5. 持续经营原则

政策性农业保险是有其政策目标的，那就是通过对农业生产风险损失的补偿来保障农业的可持续发展，保证国家的粮食安全。所以，这种保险必须具有可持续性，建立这个基金，就是为了政策性农业保险的可持续发展，所以也就要求这个基金具有可持续性。而商业性农业保险和大灾风险分散制度都可以在利润原则下自由进退，可以不考虑该类业务的可持续性。

（二）大灾风险准备金的建构方式

大灾风险准备金有多重构建方式，可以有多个层级。例如有的省就建立了省地县三级大灾风险准备金。这里涉及如下几个重要问题：

1. 基金管理主体——由谁来管理这个基金

专门机构还是代理机构都可以胜任这个管理职责。如果要设立专门管理机构，可以像全国社保基金、保险保障基金那样，专门设立“全国农业保险大灾风险基金”，“某某省农业保险大灾风险基金”，专司该基金的管理和运用。当然，不用专门设立机构，充分利用现成的国有“中国财产再保险公司”的技术和人力资源，代为管理和运用全国该基金也是可行的方案。各省的“农业保险大灾风险基金”也可以与拟议中的“社保基金”共用一个机构，分别管理和运用该基金。

2. 基金合理层级——设立几个层级的大灾风险基金比较合理

在目前我国分散决策选择农业保险经营模式的条件下，设立省一级和中央一级大灾风险准备金就可以了。设立省一级大灾风险准备金，主要解决本省范围内保险公司承担的赔偿责任范围之外一定额度的风险责任，例如，目前有的地方给保险公司设定的赔偿阈值是简单赔付率160%（北京）、200%（浙江）等，超过这个阈值，由政府承担部分或者全部。

我们认为，在保险公司承担风险责任的基础上，省级政府可以承担部分超赔责任，但一般不宜承担无限超赔责任。省级基金规定的限额是多少合理，也没有什么客观标准，例如保险公司承担150%赔付率以内的责任，超过150%以上的100%或150%的赔偿责任，由本省的大灾风险准备金赔偿，超过这个限额（250%～300%）的超赔责任，就可以申请由中央级大灾风险准备金赔偿。中央级大灾风险准备金承担的最大风险责任，可以定在赔付率500%（即300%以后的200%）。

其实，在省级基金承担超赔责任时，也可以采取像“共同再保险”的思路，由基金与保险公司共同承担风险责任。例如，对于省级基金承担的150%以后的150%的保险责任范围内的赔偿责任，由保险公司承担10%～20%，基金承担80%～90%。

设立基金的层级不宜过多，层级过多而基层基金的资金量不大，管理成本和监督成本很高，资金也不便管理和运用。

3. 基金筹集方式——基金由谁出资

对于中央一级的大灾风险准备金，由中央政府和地方政府作为主要筹资人。但是各自出资额度是一个需要研究的问题，可以考虑在确定基金规模的前提下，中央政府承担50%～60%，其余40%～50%由各省根据各自农业保险经营风险大小和财政能力按一定比例分担。

考虑到基金规模的大小，基金筹集不可能一次到位，则可以采取逐年注资，规模达到预定规模，如果没有发生赔付，就可以停止注资。如果发生赔付，可以根据基金缺口，逐年注资或一次性注资到位。

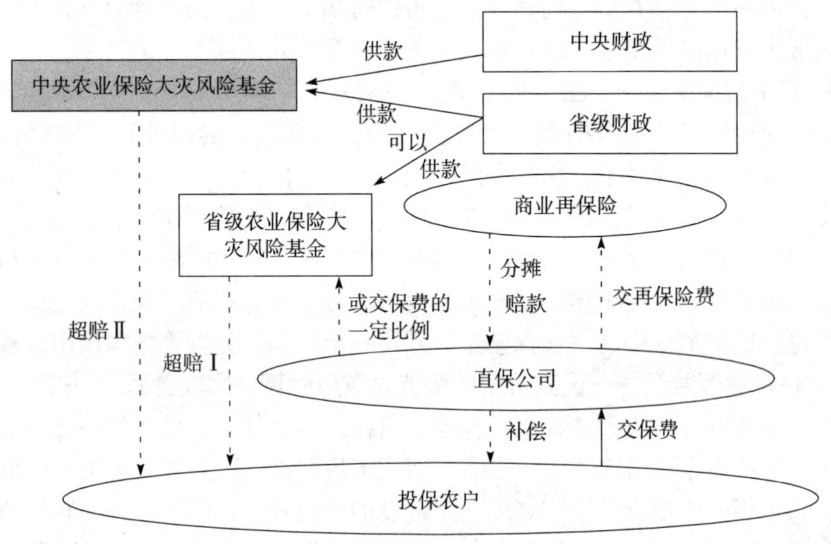

图2 大灾风险准备金组织结构示意

对于省级大灾风险准备基金，可以有3种思路：第一种是完全由政府筹集，像目前北京、上海那样的设计；第二种是政府和保险公司共同筹资，例如，政府每年拿出一定数额，各家保险公司再将每年赔付结余的一定比例贡献出来，共同形成这个基金，类似于内蒙古自治区正在设计的那样（各公司贡献每年结余的5%）；第三种思路是主要从保费中提取，具体比例由各省主管部门和保险公司协商确定（例如，提取保费的5%）。

有两个问题需要说明，第一个问题是在上述制度安排下，股份制保险公司层面购买再保险之后，就没有必要再建立本公司的大灾风险准备金了，综合性保险公司在各省的分公司纳入该省的大灾风险管理制度，至于总公司层面还要不要积累本公司的农业保险大灾风险准备金由各总公司自行决定。

第二个问题是合作与相互保险机构和协会保险人①要根据保监会的组织和业务规定，另行做出相应的大灾风险管理制度安排。因为在原则上，合作和相互保险组织以及协会保险人，一般是根据自己的准备金积累规模来承担相匹配的有限赔付责任，要提高赔付责任限额，也可以购买再保险。至于要不要与省级和中央级大灾风险准备金相衔接，如果要衔接如何衔接，也要根据保监会将来制定的合作保险组织的管理规定来决定。目前，在没有合作和相互保险公司管理规定的情况下，我国黑龙江阳光农业相互保险公司的章程曾经规定，对于“社员”的灾损赔付，完全按照保险合同赔付，在准备金不足支付赔款时，动用公司建立的“大灾风险准备金”支付，如果仍然不够，就通过借款解决②。当然，当全国和省级大灾风险分散制度建立之后，他们也可以对本公司先前的安排做出调整，将公司的制度纳入全国的制度体系。

三、大灾风险准备金规模测算及其资金筹集

如前所述，目前，我国学界、业界及政府部门对建立农业保险大灾风险准备金的重要性和迫切性已达成共识，普遍认为需要尽早建立大灾风险准备金为农业保险保驾护航，然而，自2007年中央1号文件中首次提及建立农业保险大灾风险分散制度以来，我国农业保险大灾风险准备金制度迟迟未能建立。我们认为，一个很重要的原因是：相关部门对农业保险大灾风险准备金需要多大的“盘子”、中央和省级政府的责、权、利如何划分“心里没底”，而相关研究没有及时跟上。基于此，本文对建立中央大灾风险准备金的规模及资金筹集进行测算，以期为政府有关部门进行政策设计提供一些定量和数据上的支撑。

（一）测算的具体目标和基本假设

本文对我国大灾风险准备金测算的具体目标是：

（1）在现行“保成本”的农业保险政策下，假定各省承担的赔付责任上限为农业保险③赔付率200％、300％和500％，则中央大灾风险准备金需要对各省摊赔的金额是多少？

（2）根据风险匹配原则，在承担赔付率不超过200％、300％和500％的风险

① 协会保险人是我国的特殊保险组织，他们不是合作制相互制保险企业，而是做保险业务的社团组织。目前还没有相应的监管规定。

② 现在该公司修改后的章程，采取“封顶赔付”的办法，不准备通过完全按照保险合同约定承担无限责任的办法处理大灾风险赔付问题。

③ 本文测算中仅考虑了种植业保险，因此，这里的农业保险等价于农作物保险，下同。

责任时，各省需要向中央大灾风险准备金缴纳多少“保费”？

（3）为防范20年或50年一遇的大灾，中央大灾风险准备金需要多大规模才能保证我国农业保险不会破产？

本文对中央大灾风险准备金的测算是建立在一定假设基础之上的。这些基本假设是：

（1）各省均采用现行“保成本”的农作物保险政策；

（2）各省农作物保险均“应保尽保”，即各省所有农作物都在保障范围之内；

（3）可以忽略不同农作物（小麦、玉米、水稻等）在保额和费率方面的差异，本文在大灾准备金规模测算中假定在省内不同类型农作物具有相同的保额和保费；

（4）各省农业保险赔付的免赔率和起赔点不尽相同，为简单起见，本文统一假定各省农作物保险实行绝对免赔，免赔率为20%。

（二）测算的思路和方法

由于农业保险实际理赔数据的缺失和不足①，因此本文利用农作物损失模拟数据对中央大灾准备金的规模进行测算。具体测算思路可分为如下几个步骤：

1. 利用历史数据估算各省农作物因灾损失序列

由于在一个大的空间尺度内，部分农户的高风险可能会被其他低风险农户抵消或平滑，所以，利用大空间尺度的作物单产数据评估农户生产风险时会产生“数据空间加总和风险低估问题”（张峭，2010）。而我国民政部门统计的农作物灾情数据既包含丰富的农作物生产风险信息，同时又能克服风险低估问题，因此基于灾情数据的评估方法成为评估作物因灾损失的另一种选择（王克，2013）。本文利用各省农作物灾情数据（成灾、受灾和绝收）来估算各省农作物因灾损失序列，具体估算方法可参见其他文献（张峭等，2011）。

2. 利用参数方法对各省农作物损失的概率密度分布（PDF）进行拟合

在运用参数方法拟合作物风险分布时选择合适的参数分布模型至关重要，本文利用AD检验、K-S检验和卡方检验进行选择，如三种检验结果一致，则以该结果为准；如三种检验结果不一致，但其中两种方法的检验结果相同，则以该多数结果为准；如果三种方法的检验结果都不相同，则以AD检验结果为准。这是因为AD检验是三种检验方法中最为稳健的一种方法。

3. 利用蒙特卡洛模拟对各省农作物因灾损失生成1 000个模拟损失值

利用蒙特卡洛模拟方法可以很好地弥补由于数据量小而产生的计算误差，因

① 由于我国政策性农业保险处于初期发展阶段，各项政策还不够完善，实际工作中许多省份农业保险都存在“协议赔付”和“赔付封顶”的现象，因此，保险公司的实际赔付率数据可能并不能反映真实风险大小。

此，本文在拟合出各省农作物因灾损失概率密度分布以后，利用蒙特卡洛模拟方法为各省生成了1 000个作物损失模拟值，并用该值作为后面农业保险赔付估算和中央大灾风险准备金测算的依据，以此来提高最终计算结果的精度。各省农作物种植面积在1 000次模拟中保持不变，为源数据最新一年的播种面积。

4. 根据农业保险条款对可能的保险赔付进行估算

我们首先收集整理了全国31个省（自治区、直辖区）种植业保险条款（保额、费率、免赔率），对于数据缺失的省份利用其相邻省份的保险条款进行代替，随后，根据农业保险条款，利用式1对各省可能的农业保险赔付比率（即单位保额的赔付）进行估算

$$\mathrm{Indm}_{pt}=\max(0,\mathrm{Loss}_{pt}-\mathrm{De}_{p})\tag{1}$$

其中，Indm_{pt}为p省在第t年的农业保险赔付比率；Loss_{pt}为p省在第t年的作物损失率；De_{p}为p省的农业保险免赔率。需要说明的是，虽然本文假定各省农业保险绝对免赔率为20%，但由于我国农业灾情统计本身就未将作物因灾减产10%的部分统计在内，相当于已经有了10%的免赔率，因此实际计算中De为10%。

5. 对中央大灾准备金可能的摊赔额度的测算

在估算出各省农业保险赔付序列以后，我们根据式2对中央在这3种情景下对各省的农业保险摊赔金额进行测算

$$\mathrm{Pay}_{pt}=\mathrm{IValue}_{p}\times\mathrm{IA}_{p}\times\max(0,\mathrm{Indm}_{pt}-\mathrm{trigger}_{p}\times\mathrm{PRatio}_{p})\tag{2}$$

其中，Pay_{pt}为中央大灾风险准备金对p省在第t年的摊赔；IValue_{p}为p省单位面积的保险金额；IA_{p}为p省的承保面积，本文假定在1 000次模拟数值中IA保持不变；Indm_{pt}为p省在第t年的农业保险赔付率；$\mathrm{trigger}_{p}$为p省承担的保险赔付责任上限，本文假定3种上限情景，分别为200%、300%和500%；PRatio_{p}为p省的农业保险费率。

6. 对各省需向中央大灾风险准备金缴纳的“保费”的测算

根据风险匹配原则，风险高的省份其需要中央对其进行摊赔的额度和频次都要高于风险低的省份，因此风险高的省份自然也需向中央大灾风险准备金缴纳较高的“保费”①。本文中，我们利用步骤5计算的摊赔序列Pay对各省需缴纳的“保费”（RP_{p}）进行了简单估计，估计方法为

$$\mathrm{RP}_{p}=\frac{\sum_{t=1}^{1\,000}\mathrm{Pay}_{pt}}{\mathrm{IValue}_{p}\times\mathrm{IA}_{p}}\tag{3}$$

7. 中央大灾风险准备金的规模测算

由于各省之间的灾害并不是同时发生的，同一年有些省份发生大灾而另一些

① 这个费用是完全由该省自己缴纳还是由中央财政部分或全部补贴，另行讨论。

省份没有，中央可利用各省大灾发生时间的不一致在时间上对风险进行分散，因此，在对中央大灾风险准备金规模进行测算时不能直接将各省某灾害水平的损失进行加总。本文利用了全国农作物灾情数据来模拟全国农作物损失的概率密度分布，然后利用风险值（VaR）的方法得出中央大灾风险准备金为应对某种程度灾害（20 年或 50 年一遇灾害）时所需的资金规模。

（三）数据来源和测算结果

1. 数据来源

本文中农业灾情数据来自于《中国统计年鉴》和《中国农村统计年鉴》，数据起止时限为 1978—2011 年；各省农业保险条款数据是作者根据中国保监会资料和网络公开资料进行整理而得。

表 1　2010 年全国 31 个省（自治区、直辖市）农作物保险条款

地区	保险金额（元/亩）	保费（%）	起赔线、免赔率
安徽	300	5	30%起赔
北京	500	7	
重庆	300	5	
福建	400	4	相对免赔 50%、绝对免赔 20%
甘肃	250	6	
广东	300	6	
广西	500	5	
贵州	300	6	
云南	300	6	
海南	300	5	
河北	300	6	30%（含）起赔
河南	300	6	20%（含）起赔
黑龙江	150	10	30%起赔、免赔率 30%
湖北	200	7	
湖南	300	6	30%起赔
吉林	200	8	30%起赔
江苏	500	5	旱灾、病虫免赔 50%
江西	200	6	30%（含）起赔
辽宁	400	6	30%起赔
内蒙古	350	8	冰冻和旱灾 40%起赔，其他 20%起赔，免赔率 10%
宁夏	300	6	
青海	300	8	30%（含）起赔、免赔率 10%

（续）

地区	保险金额（元/亩）	保费（%）	起赔线、免赔率
山东	500	2	旱灾40%起赔、其他10%起赔
山西	300	5	协商
陕西	300	6	
上海	600	6	
四川	300	5	30%（含）起赔、免赔率10%
天津	300	5	
西藏	300	5	5%
新疆	500	6	
浙江	400	5	30%起赔

2. 测算结果

表2　各省（自治区、直辖区）农作物因灾损失率的概率密度分布

地区	最优参数分布函数	相关参数
安徽	Gamma	α=1.741 7　β=0.050 9　γ=0.027 24
北京	Logistic	σ=0.025 83　μ=0.083 33
重庆	Loglogistic	α=2.916 7　β=0.097 06　γ=0.022 49
福建	Weibull	α=1.871　β=0.090 88　γ=0.011 09
甘肃	Weibull	α=2.179 3　β=0.152 52　γ=0.038 52
广东	Loglogistic	α=4.211 4　β=0.092 08　γ=−0.008 25
广西	Loglogistic	α=8.815 5　β=0.185 42　γ=−0.083
贵州	Weibull	α=1.652 9　β=0.084 28　γ=0.041 97
海南	Loglogistic	α=5.104 8　β=0.215 95　γ=−0.095 674
河北	BetaGeneral	α_1=1.347 6　α_2=1.419 8　a=0.045 98　b=0.207 95
黑龙江	Normal	σ=0.062 4　μ=0.146 56
河南	Weibull	α=1.840 5　β=0.094 3　γ=0.020 48
湖北	Normal	σ=0.055 26　μ=0.137 15
湖南	Loglogistic	α=7.882 5　β=0.197 2　γ=−0.070 52
江苏	Weibull	α=1.249 6　β=0.077 19　γ=0.025 41
江西	Loglogistic	α=4.487 8　β=0.104 9　γ=−0.009 28
吉林	Weibull	α=1.444 9　β=0.163 34　γ=0.034 35
辽宁	Lognormal	σ=0.368 91　μ=−1.452 5　γ=−0.072 06
内蒙古	BetaGeneral	α_1=1.385 5　α_2=2.048 8　a=0.076 16　b=0.438 03
宁夏	Normal	σ=0.074 01　μ=0.151 81

（续）

地区	最优参数分布函数	相关参数
青海	Loglogistic	α=2.157 7　β=0.081 21　γ=0.050 11
山东	BetaGeneral	α_1=3.058　α_2=3.316　a=−4.354 5E-4　b=0.247 31
上海	BetaGeneral	α_1=0.205　α_2=2.133　a=4.8622E-15　b=0.335 85
陕西	Weibull	α=2.301 9　β=0.137 57　γ=0.050 4
山西	Logistic	σ=0.044 41　μ=0.206 94
四川	BetaGeneral	α_1=1.936 5　α_2=2.703 9　a=0.026 01　b=0.183 71
天津	Weibull	α=2.041 6　β=0.146 64　γ=−0.009 67
新疆	Logistic	σ=0.023 51　μ=0.077 2
西藏	InvGauss	λ=0.353 64　μ=0.121 57　γ=−0.030 85
云南	Logistic	σ=0.023 58　μ=0.103 04
浙江	Weibull	α=1.645 5　β=0.084 18　γ=0.015 05
全国	Weibull	α=3.676 5　β=0.086 24　γ=0.047 64

表3　中央大灾准备金对各省（自治区、直辖市）农业保险的摊赔金额

单位：亿元

地区		按现行条款计算			按全国统一条款计算		
		>200%	>300%	>500%	>200%	>300%	>500%
安徽	平均摊赔	2.67	1.16	0.24	3.19	1.18	0.22
	最大摊赔	196.00	176.00	135.33	313.33	272.67	191.33
北京	平均摊赔	0.001	0	0	0	0	0
	最大摊赔	1.25	0	0	1.70	0.34	0
重庆	平均摊赔	2.20	1.38	0.65	3.01	1.79	0.79
	最大摊赔	142.67	135.33	120.00	232.67	217.33	186.67
福建	平均摊赔	0.15	0.03	0	0.04	0	0
	最大摊赔	17.39	11.91	0.93	14.88	4.60	0
甘肃	平均摊赔	1.61	0.35	0	3.22	0.70	0
	最大摊赔	28.99	19.78	1.35	57.99	39.56	2.71
广东	平均摊赔	0.30	0.14	0.03	0.51	0.23	0.05
	最大摊赔	60.59	48.24	23.55	100.67	80.67	39.26
广西	平均摊赔	0.36	0.09	0	0.20	0.03	0
	最大摊赔	57.16	34.68	0	48.17	21.19	0
贵州	平均摊赔	0.20	0.02	0	0.34	0.03	0
	最大摊赔	22.84	9.28	0	38.07	15.47	0

（续）

地区		按现行条款计算			按全国统一条款计算		
		>200%	>300%	>500%	>200%	>300%	>500%
海南	平均摊赔	0.51	0.29	0.11	0.67	0.35	0.12
	最大摊赔	36.61	34.72	30.95	59.75	55.98	48.43
河北	平均摊赔	0	0	0	0	0	0
	最大摊赔	0	0	0	0	0	0
黑龙江	平均摊赔	0.04	0	0	3.36	0.33	0
	最大摊赔	14.60	0	0	122.00	67.33	0
河南	平均摊赔	0.28	0.01	0	0.47	0.01	0
	最大摊赔	45.62	7.12	0	76.00	11.87	0
湖北	平均摊赔	0.16	0	0	0.98	0.05	0
	最大摊赔	21.15	4.33	0	64.90	28.86	0
湖南	平均摊赔	0.71	0.18	0.01	1.19	0.30	0.02
	最大摊赔	78.67	55.94	10.57	131.33	93.33	17.61
江苏	平均摊赔	1.73	0.60	0.07	1.14	0.31	0.02
	最大摊赔	139.33	110.00	52.80	127.33	93.33	24.06
江西	平均摊赔	0.31	0.14	0.03	0.78	0.34	0.08
	最大摊赔	52.29	42.42	22.66	130.67	106.00	56.66
吉林	平均摊赔	2.73	1.02	0.10	10.73	5.39	1.14
	最大摊赔	62.16	49.63	24.56	171.33	147.33	100.67
辽宁	平均摊赔	5.53	2.59	0.54	6.91	3.24	0.68
	最大摊赔	123.33	108.67	78.67	154.00	135.33	98.00
内蒙古	平均摊赔	7.57	1.30	0	19.44	7.64	0.11
	最大摊赔	63.28	33.42	0	112.00	80.00	15.75
宁夏	平均摊赔	0.41	0.07	0	0.68	0.12	0.01
	最大摊赔	13.63	10.22	3.42	22.71	17.04	5.70
青海	平均摊赔	0.55	0.38	0.23	1.14	0.83	0.52
	最大摊赔	84.00	82.00	78.67	142.00	139.33	134.67
山东	平均摊赔	8.07	3.78	0.34	0.04	0	0
	最大摊赔	79.33	63.33	30.74	14.44	0	0
上海	平均摊赔	0.01	0	0	0.01	0	0
	最大摊赔	2.33	0.17	0	1.94	0.14	0
陕西	平均摊赔	1.35	0.19	0	2.26	0.32	0
	最大摊赔	28.26	16.97	0	47.10	28.28	0

（续）

地区		按现行条款计算			按全国统一条款计算		
		>200%	>300%	>500%	>200%	>300%	>500%
山西	平均摊赔	5.77	2.43	0.31	6.95	2.25	0.18
	最大摊赔	61.89	53.34	36.26	97.33	80.67	46.19
四川	平均摊赔	0	0	0	0	0	0
	最大摊赔	0	0	0	0	0	0
天津	平均摊赔	0.11	0.03	0	0.11	0.02	0
	最大摊赔	4.60	3.55	1.44	6.96	4.86	0.65
新疆	平均摊赔	0.01	0	0	0.01	0	0
	最大摊赔	5.27	0	0	5.27	0	0
西藏	平均摊赔	0.06	0.03	0.01	0.07	0.03	0.01
	最大摊赔	4.05	3.51	2.43	6.39	5.31	3.15
云南	平均摊赔	0.01	0	0	0.02	0	0
	最大摊赔	7.63	0	0	12.71	0	0
浙江	平均摊赔	0.10	0.01	0	0.06	0	0
	最大摊赔	14.65	7.26	0	14.61	3.53	0
合计	平均摊赔	43.53	16.21	2.69	67.52	25.51	3.95
	最大摊赔	1 469.58	1 121.83	654.33	2 328.27	1 750.36	971.49

注：(1) 全国统一条款为假定的情景，主要是为便于各省（自治区、直辖市）比较的目标。全国统一条款的保额为500元，费率为6%。

(2) 表中200%、300%、500%分别代表大灾风险准备金起赔线，即当该省赔付率超过200%、300%或者500%的责任时，由中央大灾准备基金赔付，下同。

(3) 根据样本所做模拟，河北和四川两省没有出现超过200%赔付率的情况，所以没有摊回。

表4 各省（自治区、直辖市）需向中央缴纳的再保险费率

单位：‰

地区	按现行各省条款计算			按全国统一条款计算		
	>200%	>300%	>500%	>200%	>300%	>500%
安徽	6.578	4.716	2.861	1.743	0.592	0.328
北京	0.055	0.105	0	0.015	0	0
重庆	14.311	11.748	8.956	7.001	4.238	3.099
福建	1.063	0.209	0.209	0.027	0.007	0
甘肃	10.484	10.484	2.293	2.293	0.013	0.013
广东	1.478	1.478	0.661	0.661	0.153	0.153
广西	0.806	0.453	0.194	0.072	0	0
贵州	0.893	0.893	0.076	0.076	0	0

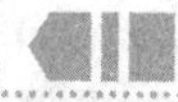

（续）

地 区	按现行各省条款计算			按全国统一条款计算		
	＞200％	＞300％	＞500％	＞200％	＞300％	＞500％
海南	13.581	10.669	7.582	5.529	2.902	1.974
河北	0	0	0	0	0	0
黑龙江	0.142	3.669	0	0.363	0	0
河南	0.443	0.443	0.012	0.012	0	0
湖北	0.681	1.627	0.018	0.091	0	0
湖南	1.886	1.886	0.481	0.481	0.028	0.028
江苏	3.008	1.979	1.04	0.544	0.114	0.042
江西	1.891	1.891	0.825	0.825	0.205	0.205
吉林	17.419	27.382	6.51	13.753	0.638	2.9
辽宁	22.228	22.228	10.42	10.42	2.179	2.179
内蒙古	20.291	36.463	3.477	14.319	0	0.202
宁夏	7.217	7.217	1.321	1.321	0.06	0.06
青海	22.2	27.765	15.542	20.108	9.399	12.555
山东	9.904	0.047	4.638	0	0.422	0
上海	0.19	0.19	0.005	0.005	0	0
陕西	7.196	7.196	1.029	1.029	0	0
山西	33.779	24.395	14.224	7.913	1.832	0.629
四川	0	0	0	0	0	0
天津	5.279	3.225	1.448	0.612	0.086	0.018
新疆	0.018	0.018	0	0	0	0
西藏	5.239	3.908	2.524	1.637	0.604	0.292
云南	0.049	0.049	0	0	0	0
浙江	0.706	0.329	0.085	0.019	0	0

注：（1）表中200％、300％、500％分别代表大灾风险准备金起赔点，即如果选择200％、300％或者500％作为起赔点时各省的“费率”，选择500％为起赔点时的费率远远小于选择200％为起赔点时的“费率”。

（2）因为河北和四川两省在根据样本所做1 000次模拟的计算中，没有发生超赔，所以从理论上说，他们没有超赔问题，也就不必像中央巨灾保险准备金缴纳“保险费”。

从表4可以看出，按各省（自治区、直辖市）现行条款和全国统一条款计算出的各省（自治区、直辖市）需缴纳的再保险费率差别很大，如按现行条款计算，山西省承担最高赔付率为200％的责任时，需向中央大灾风险准备金缴纳的再保险费率为3.377 9％，而在全国统一条款下山西省需缴纳的再保险费率水平下降为0.791 3％。其主要原因在于各省现行条款下直保费率及保额与全国统一条款下直保费率及保额有较大差别。

表 5 中央大灾风险准备金需要的资金规模

单位：亿元

大灾水平	无保险	承担 200%以上赔付责任时
20 年一遇	4 483	1 197
50 年一遇	4 727	1 440

注：表中数值是在农作物保险每亩保额 500 元、费率 6%的假设情景水平下的测算结果。

测算表明，如果建立中央大灾风险准备基金，在 20 年一遇的灾损水平下，承担各省当年 200%以上赔付率超赔责任，准备基金规模需要 1 197 亿元；在 50 年一遇的灾损水平下，承担 200%以上赔付率超赔责任，准备基金规模约需要 1 440亿元。当然，这个基金规模不可能一次到位，可以采取逐年拨付和提交的方式形成。具体操作方法将另外讨论。

参 考 文 献

石兴 . 2010. 巨灾风险可保性与巨灾保险研究［M］. 北京：中国金融出版社 .

庹国柱，赵乐，朱俊生 . 2010. 政策性农业保险巨灾风险管理研究：以北京市为例［M］. 北京：中国财政经济出版社 .

王克，张峭 . 2013. 农业生产风险评估方法的评述及展望［J］. 农业展望（2）：38－43.

张峭，王克，张希 . 2010. 农作物灾损风险的评估方法研究［J］. 上海农业学报（26）：22－26.

张峭，王克 . 2011. 我国农业自然灾害风险评估与区划［J］. 中国农业资源与区划，32（3）：32－36.

巨灾保险不妨从农业保险起步*

在2008年“5·12”汶川地震发生后，巨灾保险制度建设问题就引起国人的广泛关注，当时，人们以为像其他国家一样我们一两年内就会立法，至少有个法规或者方案指引实施。但是，直至2013年“4·20”雅安地震之后的今天，还没有听到建立我国巨灾保险制度的任何准确消息。包括地震保险在内的巨灾保险制度建设问题，再次引起人们的议论。

一、建立巨灾保险制度的整体可行性也许还要进一步论证

对于建立我国巨灾风险保障制度的必要性，也许没有多少异议。近半个多世纪以来，无论是在全球还是在我国，巨灾风险事故发生的频率和强度都有增高和加大的趋势，随着经济的迅猛发展和公私财富的加速积累，巨灾风险事故对经济、社会和家庭的影响也会越来越大，其后果会越来越严重。在今天，若发生与30年前同样强度的巨灾风险事故，其所引起的经济损失必定比30年前大得多。如果在今天，遭受重大灾害损失又不能获得损失补偿，对政府、企业和家庭意味着什么谁都明白。所以，无论从哪个意义上讲，少有人不赞成建立我国的巨灾保险制度的。

但是，在我国现行灾害救助和灾后补偿的“举国体制”难以改变的现实条件下，要建立充分利用市场机制的巨灾风险保障制度，也许有人担心会有不少实际问题需要进一步论证，例如，财政如果对于灾前的保险进行支持，又难以摆脱灾后的巨额救灾支付，这就需要估量和比较一下财政支持成本才能做决断。再例如，财政支持建立巨灾保险制度的盘子有多大，也还需要做进一步估算。这里面也有人担心，建立包括地震在内的巨灾保险制度，对于保障程度的确定上就有不少纠结：在城乡居民财产差异巨大的条件下，保障程度的合理确定，涉及财政补贴的力度和公平性考量。特别是也关系到人们投保的“兴趣”，保障程度太高，

---

* 本文发表于《中国保险报》，2013年5月31日。

不仅投保人的承受能力受到考验，政府提供的相应补贴数额也是一个挑战，而保障程度太低，政府财政压力会小一些，但投保人还有多大兴趣也是问题。日本地震保险立法已经40几年，但迄今购买财产保险附加地震保险的居民不到17%，其原因之一也是保障程度不高。

还有一些问题也有待进一步研究，例如，目前设计的巨灾保险制度，涵盖了地震、洪水、台风，也可能包括大范围干旱。但这些灾害具有明显的地域性特点，是分开操作还是捆在一起操作也是问题。假如分开操作，还涉及风险区域划分的问题。这个问题不解决，也难以启动充分利用市场机制的比较理想的巨灾保险制度。

二、巨灾保险可以从农业保险起步

如果我上面分析的这些原因，是迟迟不好决策巨灾保险制度的部分原因的话，为了加快推进这一制度的建设，我们是否可以选择另外一条路径，那就是对于巨灾保险制度的建立可否先从农业保险起步。我想这个思路至少有这样几条理由：

1. 农业保险蓬勃发展为农村巨灾保险制度的启动提供了一个很好的基础
自2007年中央财政开始补贴农业保险，正式开启政策性农业保险制度之后，6年时间里，我国农业保险发展非常快，尽管保障水平不高，保险费收入有限，但从2008年起，其发展规模已经跃居全球第二、亚洲第一。全国31个省（自治区、直辖市）都开始开办政策性农业保险，列入中央财政保费补贴目录的种植和养殖业保险标的已经有19种，各省自己单独提供保费补贴的标的还有十几种。2012年全国保费种植业面积的保险覆盖面接近60%，保险费收入240.6亿元人民币。这种发展态势，为建立和发展巨灾保险制度提供了一个良好的条件。因为农村居民的财产很大一部分就是农、林、牧、渔生产产品，来自农业生产的收入大约占其人均纯收入的60%。如果将地震、台风、洪水、干旱等灾害都纳入农业保险的保险责任，就目前的情况来看问题不大，因为实际上不少省（自治区、直辖市）已经部分或者全部纳入保险责任中来，可见扩展保险责任问题并不大。

2. 在农业保险的基础上逐步将家庭财产纳入巨灾保险制度相对容易

对于农村居民来将，包括农房、农业机械、渔船和其他家庭财产的保险保障，目前也已经启动。目前，国内已有超过20个省份开展了农房保险工作，2012年共承保6 700万间农房，保额6 382亿元。在试点最早的福建省，全省670万农村住户全部纳入保险对象。2013年年初，财政部和保监会联合发出《进一步探索推进农村住房保险工作的通知》。根据通知精神，农房保险的保险责任应主要包括洪涝、台风、风雹、雪、山体滑坡、泥石流等自然灾害以及火灾、爆炸等意外事故。保险公司可在条件允许和风险可控的基础上提供地震风险保障。这样，农村巨灾保险的基本承保条件已经具备。

在过去20年里，中国渔业互保协会和几个沿海省份的渔业互保协会为渔民的渔船提供了一定的保险保障，取得了初步成功，积累了丰富的经验。近几年，他们也在农业部和各省政府的财政支持下开始试验政策性保险。2012年11月颁布并于2013年3月正式实施的《农业保险条例》，根据我国几十年的实践，将传统的以种植业和养殖业保险为内涵的农业保险概念、外延扩大到包括农房、农业机械、渔船和短期农民人身意外伤害保险在内的“涉农保险”，进一步为建立农村巨灾保险制度提供了绝好的法律条件。2013年中央1号文件中还特别提出“开展农作物制种、渔业、农机、农房保险和重点国有林区森林保险保费补贴试点”，这样，建立农村巨灾保险制度的内外环境已经基本成熟。

3. 农村居民涉及巨灾事故的财产损失比城市居民较小，组织难度也不大

从政府的角度，巨灾保险的补偿水平和补偿额度关系到财政的承受能力，而由于农村居民及其财产相对分散，单位面积上或者以户平均的财富累积水平比城市地区要低得多。对于农村投保人群来说，保险金额不会很高，费率负担也相对较低，农民易于接受，政府的财政补贴的负担也小一些。以2012年为例，即使加上农村居民的农业生产以外的家庭财产的保险，在现有基础上翻番，保费总额增加到480亿元，政府补贴其中的80%保险费，各级政府总的财政补贴不过384亿元，如果整体承保水平再增加一倍，各级政府的补贴保费的财政负担总和不过768亿元，占2012年财政收入117 210亿元的0.065%。用如此少的财政补贴解决几亿人的巨灾风险保障，无论从哪个意义上来说也是很值当的。

从目前全国各地农业保险的实践来看，将外延扩展之后的农业保险的保险责任加以扩展，就可以成为实质上的农村巨灾保险保障。而目前的组织方式和体系，总的来说也是有效的和可行的。当然，保险标的的范围还是可以允许农村居民依据自己的实际进行选择的。对于保险供给来说，因为有即将完善的大灾风险管理制度，也应该是容易解决的。当前的实际是国内的财产保险公司做农业保险的积极性空前高涨，这就有了一个市场化运作的基础。

4. 开办农村巨灾保险的操作原则也可以从农业保险延伸和推广

《农业保险条例》规定了我国农业保险的基本原则，即“农业保险实行政府引导、市场运作、自觉自愿、协同推进的原则”。这些原则对于巨灾保险制度来说也是适用的。我很赞同王和博士在他的《巨灾保险刻不容缓》一文中所提出的建立“新举国体制”的巨灾保险制度构架，即在政府的主导、引导和推动下，逐步利用市场机制，进行适度和有效替换，最终实现一种全社会共同参与、共同管理、共同分散的巨灾风险管理新体制。我想，这也就是我国农业保险的基本原则。那么，将农业保险扩展为包含巨灾保险在内的新的农村巨灾风险管理制度体系，不需要另建一套操作原则和制度架构，因而是可行的，也是相对简单的。

解决了农村人口的巨灾风险保障问题之后，我们再来寻找城市居民巨灾风险保障的可行方式和路径，或许会使解决问题的难度降低。

渴望税收政策进一步优惠农业保险*

最近，笔者到某省做关于农业保险方面的调研，发现当地经营农业保险的保险公司正纠结于“大灾风险准备金”缴纳所得税的问题：它们几年积累的大灾风险准备金已经超过今年种植业保险费总收入的25%，多出来的部分按规定要缴纳“所得税”。不交吧，违反法律法规；就按照25%的规定提取大灾准备金吧，规模太小，不足以应对大灾风险，必定影响农业保险的可持续经营。在贯彻新近颁布的《农业保险条例》过程中，我觉得这是一个重要的农业保险发展政策问题，有必要加以讨论。

一、“大灾准备金”缴纳“所得税”之惑

在《农业保险条例》颁布前，该省已经初步建立大灾风险分散机制，作为经营农业保险的保险公司，设立了“大灾风险准备基金”（以下简称大灾准备金），这是该省大灾风险分散机制的重要组成部分。

而按照财政部和国家税务总局2012年23号文件规定，“保险公司经营财政给予保费补贴的种植业险种（以下简称补贴险种）的，按不超过补贴险种当年保费收入25%的比例计提的巨灾风险准备金，准予在企业所得税前据实扣除。”而该公司几年经营下来，由于还没有遭受需要动用大灾准备金的灾害损失，积累的大灾准备金已经超过今年保险费的25%，超过部分就要交25%的不是“所得”（利润）的所得税。这对它们积累应对超常风险损失的大灾风险准备金的积极性无疑是一个打击。这迫使它们考虑：反正“大灾风险准备金”也不是法定责任准备金，何不将大灾风险准备金积累超过当年保费25%的部分转入利润进行分配呢！实际上有的保险公司也正是按照保费收入25%为阈值来建立和调整大灾准备金的，也不准备扩大其规模。

其实，眼下保险公司积累的这点需要缴纳所得税的大灾准备金，真的距离它

* 本文发表于《中国保险报》，2013年1月14日。

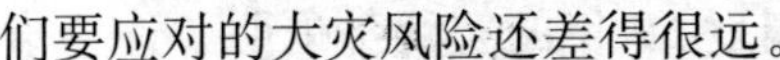

们要应对的大灾风险还差得很远。

该公司按照现行费率，和本省过去多年赔付数据运用有关模型所做模拟，小麦保险发生150%、190%赔付率的概率，是3.61%和2.01%（即约27.7年和49.8年可能发生一次），水稻保险发生150%和180%赔付率的概率，是8.83%和4.02%（即约11.3年和24.9年就可能发生一次），而玉米、大豆、棉花保险发生150%和190%赔付率的概率，是7.26%和3.87%（即约31.5年和25.8年可能发生一次）。这就是说，要长期经营农业保险，应对11～50年一遇的150%～190%的赔付责任，必须积累起相当于当年保费收入2倍以上的大灾风险准备金；要应对190%以上的大灾风险，需要积累的大灾准备金就更多。

我国税收部门在长时间里只给农业保险免缴营业税的优惠，只是近年才配合政策性农业保险的发展，制定出对大灾准备金减少征收所得税的政策。笔者不了解制定上述税收政策的充分科学依据，但个人认为，出台这个对农业保险大灾准备金减少征收所得税的政策，似乎还没有给农业保险解决多少实际问题。因为大灾准备金需要积累到当年保险费的数倍而不是25%，达到应对20年、30年、50年一遇的灾害损失规模，才有意义。如果只鼓励积累相当于当年保费的25%，其实没有多少意义，因为它起不到应对大灾风险的作用。

二、免税和保险费补贴的政策取向是相同的

最近颁布的《农业保险条例》第3条，提出要“健全政策性农业保险制度”。这里面包含着一系列相关政策的含义，其中包括财政给农业保险费的补贴和税收优惠。

对农业保险给予保险费补贴和税收优惠的理由，主要归结为农业保险的风险较大而且频繁，据美国学者M. Miranda和J. W. Glauber的研究，美国农业保险损失赔付的变异系数（也称离散系数）是86%，而其他财产（例如企业财产、家庭财产、运输工具等）保险损失赔付的变异系数是8.6%，就是说，经营农业保险的风险是经营一般财产保险风险的10倍①。其实从农业保险的费率（包括农业保险标的的纯损失率和经营费用率）也可以反映出来。在我国一般财产保险的费率是1‰，甚至更低，而国内外农业保险的保险费率在2%～15%，甚至更高。就是说，农业保险的费率是一般财产保险费率的20～150倍，而农业保险的投保人（被保险人）的收入只有城镇居民的1/3不到（2011年）。所以，对国家、对政府、也对全国老百姓都有非常重要意义的农业保险，如果只由农民出钱购买，就不可能有一个商业性经营的市场，农业保险这种现代农业风险管理的工

① M Miranda, J W Glauber. 1997. Systemic Risk, Reinsurance, and the Failure of Crop Insurance Markets [J]. American Journal of Agricultural Economics, 79 (2).

具就不可能应用。国外100多年来的经历和我国近30年的实践都证明了这个事实。这就是我们常说的“市场失灵”。市场失灵，就要政府干预，政府补贴保险费和税收优惠是重要的干预手段。在国外除了财政补贴，税收政策不是优惠而是免除。

财政补贴农业保险和对农业保险免税或者税收优惠，都是为了让农民“买得起”，也使保险公司可以按照精算费率在正常情况下“赔得起”。但因为如上所说，农业保险风险损失的变动性太大，发生巨灾风险的机会较多，为保证农业保险经营的稳定性，才特意允许经营农业保险的公司在一般责任准备金基础上，设立“巨灾准备金”（曾经有的地方税务部门，以为设立该巨灾准备金是为了逃避所得税）。这个准备金与责任准备金的性质是一样的，实际上是“第二责任准备金”。责任准备金是一种负债，不能也不可能等同于承保利润和投资收益，它也不能任意处置，更不能拿来当红利分配。

在我国，中央和地方的农业保险费补贴已经达到80%，试想，一面财政给农业保险补贴，另一面又通过对这种大灾准备金征收高比例的所谓“所得税”收回去，其中还包括20%农民交的钱。这似乎有些矛盾。我对税收理论和实际问题没有多少研究，但是我想，财政和税收的政策取向是一致的，二者应当是相互配合而不是相互抵触才对。

三、国外对政策性农业保险免税的实践和理由

据世界银行2010年的调查统计，目前世界上有100多个国家开办政策性农业保险。我不了解是否所有这些国家都对农业保险实行免税政策，但我了解一点比较典型的农业保险比较发达的国家的税收政策和法律，如美国、加拿大等国家，对政策性农业保险都是实行免税政策的。美国2009年新修订的《联邦农作物保险法》第511条规定，“无论是国家、领土、属地或者殖民地，还是各州、县、市、地方税务部门，现在和将来都不得对联邦农作物保险公司（包括其特许经销商）的资本、准备金，盈余、所得与财产，征收任何税赋。任何州、市或者地方税务部门也不得对公司的保险合同、再保险合同征收任何税赋。”① 这就是说，法律规定的农作物保险所有标的和险种什么税也不交。

这种法律规定绝不是因为美国很富，看不上农业保险税收这点小钱。而是将这种免税政策建立在对农业保险经营风险规律的认识，和农业保险是国家支持农

① 原文是“The Corporation, including its franchise, its capital, reserves, and surplus, and its income and property, shall be exempt from all taxation now or hereafter imposed by the United States or by any territory, dependency, or possession thereof, or by any State, county, municipality or local taxing authority. A contract of insurance of the Corporation, and a contract of insurance reinsured by the Corporation, shall be exempt from taxation imposed by any State, municipality, or local taxing authority.”

业稳定发展和保障农民收入稳定的政策目标上。不然的话，在美国 74 年政策性农业保险的历史中，不断有人对其财政和税收政策提出质疑、批评，要求政府削减补贴，但历届政府还是坚持了这项政策，而且为了鼓励更多农民参与，不仅免税政策从未改变，财政补贴比例也越来越高，由最初的 30%左右提高到目前的 60%以上，加上管理费补贴，总补贴率达到 80%左右。实施补贴的保险标的和险种已经覆盖了几乎所有农作物，并由最初的只保农作物扩大到饲养动物。加拿大农业保险发展也基本上是这种轨迹。在免税和高财政补贴政策的鼓励下，该国农民参与自愿投保的政策性农业保险的比例（以农户计）达到 85%～90%。其各省的农业保险公司虽然遭受不止一次大灾袭击，但还是逐渐积累起几倍于当年保险费的既不上缴财政也不征收任何赋税的“大灾准备金”（即加拿大的“经营结余积累”）。笔者今年 7 月访问加拿大安大略省农业保险公司时得知，该公司在这种免税政策的支持下，积累的该基金有 6 亿多加元，相当于 2012 年保险费收入的 2 倍，不过今年夏天的旱灾要花去这笔积累的很大一个份额。

四、能不能给政策性农业保险多一点优惠？

中国有中国的国情，不必照搬照抄外国的政策，《农业保险条例》中也说是对农业保险给予优惠政策，并没有说给农业保险免税待遇。但到底优惠到什么程度，征收什么税种，优惠或取消什么税种，如果应当征收，征收多少更加科学合理，恐怕需要进一步调查研究。以笔者之见：

（1）对农业保险经营免除营业税政策应当按照《农业保险条例》的精神，适用于农林牧渔业保险，覆盖种植业保险、林业保险、养殖业保险和涉农保险。

（2）对农业保险征收企业所得税要适当，对承担赔偿责任的大灾风险准备金不应征收所得税，因为这不是利润，而是一种责任准备金。其实，用免税政策鼓励保险公司多多积累大灾风险准备金，不仅对保险公司自己，对农民，也对政府有好处。试想，保险公司遇到大灾真的赔不出来，甚至破产的话，农民得不到足额补偿，政府也不能袖手旁观吧，特别是在强调“民生”和“农业保障”的今天。

（3）退一步说，即使一定要对这部分基金征收所得税，也应该大大提高纳税门槛，例如，大灾风险准备金累计超过本公司当年毛保险费收入的 160%、200%或者 300%以上部分，可以征收“所得税”。因为据笔者了解，有的保险公司只承担 160%、200%或 300%的赔付责任。并且可以规定不得随意将大灾准备金转移用途，或转入利润或资本公积等，对于转移用途的资金部分应当征收所得税。目的就是鼓励保险公司积极建立和积累大灾准备金，使其能够真正应对大灾风险损失的赔付责任，把政策性农业保险做得长久。

（4）对于进入保险公司利润的那部分资金，无论是利润还是资本收益，适当征收一点“所得税”是有道理和可以理解的。

“禁佣令”对农险中介市场的影响分析*

最近，保监会向各保监局及各财产保险公司发出了一份68号文件，即《中国保监会关于进一步加强农业保险业务监管　规范农业保险市场秩序的紧急通知》（业内简称“68号文”）。在该《通知》中，有一条是针对中介问题的“禁令”，该条说：“严禁从享受中央财政保费补贴的农业保险保费中提取手续费或佣金。”对于该“禁令”，业内和社会上产生不同的理解。有人将其解读为：这意味着保监会禁止在政策性农业保险活动中的一切保险中介服务活动。

一、“禁令”意义何在

对于保监会发布的该《通知》，特别是规定“严禁从享受中央财政保费补贴的农业保险保费中提取手续费或佣金”，有什么重要意义，如何正确理解，有必要加以讨论。

根据笔者的理解，这个“禁令”主要是针对个别地方农业保险市场上中介人的某些中介活动。这些活动超越了中介服务的规范，不适当地或者非法地向保险经营机构收取佣金。虽然这是近年来个别地方发生的问题，但是在农业保险界的影响不小，因此给农业保险带来一些负面效果甚至不可测风险。进一步规范政策性农业保险中的中介活动，加大对农业保险领域监管力度，纠正其间违法违规行为，维护农民的合法权益，也保证政府的财政资金用在“刀刃”上，不致“跑、冒、滴、漏”，才能保证政策性农业保险的健康和可持续发展。这应该是发布该《通知》，也就是发布此“禁令”的意义所在。

保险中介，包括保险经纪机构、保险代理机构和保险公估机构，都是可以在农业保险市场上发挥积极作用的，这些中介服务活动的范围，既包括中央财政和地方财政共同给予保费补贴的保险项目，也包括地方财政单独补贴的农业保险项目。

---

* 本文与朱俊生合作，发表于《中国保险报》，2013年11月19日，发表时有删节。

二、保险中介应回归自身的角色定位

根据保监会关于各类中介人的管理规定，保险经纪机构可以基于投保人的立场和利益，接受被保险人委托，帮助其选择保险人和保险产品，发生保险事故之后可以代被保险人索赔。经纪人还可以为客户提供风险管理和咨询服务等。而代理人则可以基于保险人的利益，接受保险人的委托，为保险人推销保单、收取保费，代理理赔等。而保险公估人也可以根据保险一方或者被保险人一方的需要和要求，提供损失查勘、定损、理算等中介服务活动。但是这些保险中介不能超越自己的角色定位和规范的中介服务范围。

三、为何在这里不能支付佣金

有的地方政府部门可能不完全了解保险中介的角色和服务定位，认为政策性农业保险市场上缺乏保险合同签约和履约的监督，作为合同弱势的一方的农户，其利益可能受到侵害，就想找一个保险中介人来充当农民的"代理人"，以便维护农民在保险活动中的权益。而这个保险中介可以向保险人请求"佣金"。其实这是对保险活动的监管规则缺乏了解，也是对保险中介职能和作用的错误理解。

第一，《农业保险条例》明确规定保险市场的监管就是保险监督管理部门，该《条例》第4条第1款说"国务院保险监督管理机构对农业保险业务实施监督管理。"涉及财政资金违规时，财政部门也可以根据有关规定进行查处。该条例第30条第1款讲，"违反本条例第23条规定，骗取保险费补贴的，由财政部门依照《财政违法行为处罚处分条例》的有关规定予以处理；构成犯罪的，依法追究刑事责任。"就是说除了保监会和财政部门，其他部门都没有对政策性农业保险活动进行监管的职责和执法权力，包括对农业保险合同的签订和履行进行监督。即使是由各级财政进行保费补贴的政策性农业保险活动也是如此。

第二，保险中介有其法律和业务的角色定位，如果是保险经纪人，如前所述，他们可以在受到投保人一方的委托时，作为投保人的代理人帮助其投保和索赔，但这是一种合同行为，保险经纪人自己不能"自告奋勇"作为农民群体的"代理人"或代言人，在保险市场中行使"监督管理"权。因为这并不是受投保农民的委托而产生的合同行为，即使某级政府部门授权其在政策性农业保险活动中担当投保方的代理角色，替投保人维护权益，也是不合法的和无效的。因为政府不能因为给农民提供了保费补贴就"摇身一变"成为投保人从而代替农民做出这样那样的选择。更何况无论哪家中介公司，也不可能有在一个县、一个市或者一个省范围内执行这个“监督职能”的能力。

上述问题的关键在于，政府与保险中介角色存在双错“错位”。中介自己“自告奋勇”地成为农民代言人或是政府代表农民请中介成为农民的代言人，如果上述逻辑链条成立，实际需要双重授权：农民授权政府代表自己，然后政府才能代表农民请中介；或是农民直接授权中介代表自己。但在实践中，这双重授权基本上都不存在，农民某种程度上是“被”政府和（或）是中介“代表”了。

也许政府与一些保险中介都是基于某种善意，试图通过自己的介入去解决目前保险市场存在的侵害消费者的行为。但这种善意必须获得农户的授权，而不能被“强制推行”。正如美国一位哲学家诺齐克说的那样，“你不可以决定给我一件东西（比方一本书），然后强夺我的钱来偿付书款——即使我没有更好的东西要买……不管一个人的目的是什么，他不能如此行动：先给人们利益，然后要求（或强取）偿付。任何一个群体也不能这么做。”因此，政府与中介是否能够作为农民的“代言人”，必须要有农民的意志表达，如认可、同意或者共识，其外部表现形式就是明确的授权。消费者保护也许确实是一种政府应该关心的公共利益，但这并不意味着农民对于提供公共利益的主体不能被自愿地主动接受或者拒绝，事实上，对农民来说，他们除了关心获得公共利益，还关心对提供公共利益的主体进行自由选择的可能性。因此，必须要有授权，而不是政府或是一些中介可以“钦定”作为农民的“代言人”。

第三，如果是投保人（特定农户、农业经济组织、合作组织、协会保险法人等）作为委托方，委托保险经纪人为自己提供保险签约和履约以及维权服务活动，保险经纪人的佣金应当由委托人支付，而不能由保险人一方支付。更不能要求保险人对佣金数额在招标中报价竞争。换句话说，如果佣金由保险人支付，那如何确保经纪人维护委托人的利益？就是说一方面保险公司应该通过自己的服务能力而不是通过给经纪人的佣金高低来获得市场份额，另一方面保险公司更不能为政府指定的中介人从事的上述活动付费。因为这不符合规矩。这大概就是“严禁从享受中央财政保费补贴的农业保险保费中提取手续费或佣金”的所指。

四、保险中介在合法合规范围内可以发挥独特作用

但我们想，这并不表示保险中介不能在政策性农业保险活动中从事合法合规的中介服务活动。就笔者了解，某些保险经纪公司接受保险人的委托为其提供咨询服务和其他中介服务活动获取手续费和佣金是不受此“禁令”的影响。例如，有的保险机构刚刚涉足农业保险，对农业保险制度、政策和业务不熟悉，保险经纪公司可以为其提供制度设计、保单设计，保险精算或其他有关政策性农业保险的咨询服务等，政府部门需要通过招标方式选择在本地政策性农业保险的经营机构，保险经纪人也可以居间提供招标服务并获取佣金。前者是从接受服务的保险

公司那里获取佣金，后者是从政府部门获得佣金。《农业保险条例》第21条还特别规定了，保险机构可以委托基层政府和相关涉农机构代理政策性农业保险业务，并依约支付费用。那就是说这些合乎中介规范的政策性农业保险服务活动，保险公司支付费用就合情合理，这些不会在“严禁”之列。

五、规范农险中介市场的根本在于规范政府行为以及保护消费者利益

如上所述，农业保险在理论上是非常需要中介服务的，但在现实中中介服务出现了不规范的问题。问题的成因之一在于，目前一些地方的农业保险对消费者权益保护不力，甚至出现了不少侵害消费者权益的行为，政府以此为理由，联合一些中介，参与农业保险市场，但却违背了中介的基本定位与规范。因此，要从根本上规范农业保险市场，既要规范政府行为，又要保护消费者利益，这样也才能为中介提供规范的服务、发挥其独特作用创造良好的外部环境。

目前，农业保险中消费者保护亟待加强。其根源在于农户缺乏参与农业保险制度决策与管理的机制。目前政策性农业保险制度中政府补贴的比例比较高，农户自己承担保费的比例较低，这在很大程度上使得保险公司的主要工作重心在各级政府部门，在基层也主要是通过乡镇政府与村委会与农民接触。这样，在事关农民切身利益的政策性农业保险制度中，农民作为重要的主体，却往往被排斥在制度的决策与管理之外，只是被动地接受，缺少参与权。比如，一些地方农业保险的承保条件苛刻，从这些年的经营实践看，保险公司承担的风险责任与保险费率不匹配。又比如，理赔服务标准不统一、理赔不规范、理赔时效差，赔付时间较长。发生保险事故后，有的承保公司不能及时支付赔款。因此，我们必须解决这样的问题：在政策性农业保险制度框架内，如何充分发挥农民这一制度主体的作用，而不是仅仅被动地接受保障？这种作用应该通过民主化的机制，反映到有关农业保险的决策中去。也就是在政策性农业保险的架构中，要重视权力的制衡。当一个社会中存在某种权力的时候，必须有另一种权力能够制约它，排除一权独大。农业保险目前围绕财政补贴资金分配的自上而下的制度安排，使得政府与公司成为主导（尤其是政府具有“一边倒”的发言权），农民参与程度很低，政府、公司、农民之间缺乏利益制衡与协调机制。显然，这种制度安排很难真正满足农民的需求，也很难对农民的合理诉求做出及时的反应。因此，必须将农民参与农业保险制度的决策和监督作为重要的发展方向，发挥农户这一重要主体的积极性，构建农民与政府以及公司之间的利益制衡与协调机制。这是保护消费者利益的根本出路，也是杜绝政府和中介不当介入的重要保证。一旦农业保险制度的3个主体——政府、公司、农民之间出现利益失衡，就会导致制度操作偏离预定的目标。长期偏离目标的操作就会颠覆制度本身。

同时，政府的不当行为需要有效约束。我国政策性农业保险目前已经初步确

立了分散决策的公私合作的制度模式。公私合作制既实现了政府责任的回归，又充分利用了保险公司现有的组织资源，这种制度上的优势使得政策性农业保险快速发展。但一些地方公私合作的边界不清，政府对公司行为渗透过度，行政推动已经带来诸多负面影响。我们注意到，一些中介之所有能够突出中介的经营范围和角色定位，某种程度上变相地将保险中介变成保险业务“总承包商”或者“一级批发商”，很大程度上与政府的不当介入与支持密切相关。这事实上源于政府权力的扩张及其对农业保险中保险公司经营行为的不当干预，既损害了保险人的合法利益，也损害了被保险人的利益，影响到农业保险制度的健康和可持续发展。权力的“知止”单靠自律是做不到的，其权力边界应通过外在力量的约束来划定和实现。目前的《农业保险条例》虽然规定了相关政府部门对农业保险的政策支持，也界定和约束政府在农业保险经营活动中的权力边界，但是各级基层政府还有一个学习和贯彻的过程。当然，对政府不当干预如何约束和制裁，法律规定方面还有缺陷。例如，已有的罚则几乎全部针对保险公司，而对于政府可能的违规行为却没有任何相应的罚则。因此，亟须通过外部约束明晰政府在农业保险经营活动中的权力边界。

综上所述，政府与中介在农业保险市场上出现不当定位的深层次根源在于，政府行为不规范以及一些地方消费者利益受到侵害的现象还比较普遍和严重。为此，监管部门击出“重拳”，“严禁从享受中央财政保费补贴的农业保险保费中提取手续费或佣金”，十分必要。但同时还是要推动制度和机制建设，规范政府行为以及保护消费者利益，从而也能使各种主体（包括保险中介）各归其位，发挥各自的作用，形成农业保险市场的合作秩序。

要重视农业保险中的寻租现象*

不过八九年时间，我国商业性农业保险基本完成了向政策性农业保险的转变，由于农业保险获得从中央到地方的巨大财政支持，加之老天帮忙，没有大范围的巨灾发生，保险公司的辛劳，便迎来了由持续亏损转而盈利的好日子。引来越来越多的财产保险公司加入农业保险的经营的行列，一些保险中介机构也积极从中寻找商机。这种热火朝天的场景和八九年前少有保险公司愿意涉足农业保险的局面，形成强烈反差。2004 年以前农业保险的颓势，也曾是保监会从这年起专门批设专业农业保险公司，希望推动农业保险发展的主要原因之一。

本来，如今有这么多保险公司和中介机构热心做农业保险，为“三农”做贡献，是令人高兴的事，但是通过最近的一些调查，笔者在高兴之余，也有一丝隐忧。我们发现，各类因农业保险而生的寻租活动在一些地方有蔓延之势，这些地方农业保险的费用率陡然大幅增长，农业保险在个别地方正在异化，农业保险可能变成“唐僧肉”。这就不能不引起我们警惕了。

一、这些农业保险的故事背后似乎还有故事

下面是笔者采集到的几则并非杜撰的小故事：

故事一：一个地方的农业保险公司分支机构，在某级官员授意下胆战心惊地以虚报承保作物面积的方式，做了一批假保单，骗取数额不小的中央和省级财政补贴，当地政府和保险公司瓜分了这些款项。当事的公司办事人员却提心吊胆，对朋友说，他不知道什么时候会“摊上事”。

故事二：某地政府准备拿出一笔财政预算作为保险费补贴，支持本地发展农房保险，市场主体采取招标方式选择。招标评标会的前一天，该地最高行政长官召见一家投标保险公司 A 的负责人，详细询问标底。次日，招标评标会上 B 保险公司中标，其报出的保险金额比 A 公司高出一倍。

---

* 本文发表于《保险经理人》，2013 年第 6 期。

故事三：一天，某地保险监管官员通知当地做农业保险的A公司领导："今年有B公司加入本地农业保险行列，你们把××业务让出来给他们做吧，以后这类业务你们就不要再做了"，A公司领导无语。自问，市场可以这样竞争吗?

故事四：某地要开展政策性农业保险，有四五家财产保险公司都想进入该地市场。在一家中介公司上下运作之后，政府部门委托该中介招标，并授权由该中介公司分配市场资源，每家想在本地经营农业保险的保险公司，要将每年保费收入的10%～15%作为佣金交给该中介，方可"批发"来该地一个区域或几个区域的农业保险业务经营权。可谓"兵马未动，粮草先行"。这家中介公司靠"批发"农业保险业务，不用走村串乡，也不管天旱雨涝，一年坐收佣金一亿多。

调查表明，这些故事后面似乎还有故事，人们说这里面有寻租空间，可能是这样的。我还不了解农业保险寻租的普遍程度，也估计不出它的严重程度，但愿这只是一种苗头和为数不多的个案。从我在各地了解的情况来看，在农业保险市场竞争出现并加剧的情况下，寻租现象确实存在。这是我国保险市场上的独特现象。

二、农业保险寻租现象缘由探究

做保险要寻租，在市场经济环境下本来是不容易发生的事，除非在不规范经营条件下展业，要通过行政手段垄断性地获得某个领域的保险资源（例如，一定区域的校园责任险、政府用车保险等），需要通过包括商业贿赂方式在内的歪招，搞定主管部门的官员。但这种情况只发生在个别地方和个别险种。

农业保险领域的寻租现象是在农业保险"华丽转身"之后才逐渐发生的。记得在20世纪八九十年代，中国人保是农业保险试验的主要承担者，他们做农业保险多数年份都是亏损，主要是尽社会责任。虽然也要政府帮忙，但在很多情况下是政府找他们，政府自己办农险请保险公司代理，或者与保险公司合伙办农险，为的是给当地提供农业风险保障制度。那个时候，没有哪家公司要寻租。倒是有的地方政府对当地保险公司不热心发展农业保险有意见。

（一）是市场竞争惹的祸吗?

如今，政策性农业保险市场成为一个极其特殊的市场，需求和供给都不完全取决于保险合同双方当事人，而在很大程度上取决于政府（甚至政府官员），保险价格中又有中央和地方政府的比例不小的补贴，做农险也不一定会像当年那样总是亏本。而且因为有地方政府"协同推进"，即使保险人的组织不健全甚至没有基层服务网络，也可以"玩转"农业保险，经营农业保险的业务成本比人们想象的要低多了。这使得曾经不愿或者不敢涉足农业保险的公司大喜过望。想进入农业保险市场淘金的保险人自然就多起来了，市场竞争逐渐就开始了。

农业保险的市场竞争本来是保险监管部门最不想看到的事情，也是审批进场“选手”时最为难的事。可是，不以人的意志为转移，既然《农业保险条例》上说，农业保险的经营原则是“市场运作、自觉自愿”，那就没有把愿意进场角逐的“选手”关在大门外的充足理由。所以，为了获得农业保险经营“入场券”，不少公司已经使出了浑身解数。

进了场，如何在农业保险市场上获得自己的地盘，获得自己的声誉，按理说要靠竞争，而竞争本来应该是依靠保险产品、专业人才和保险服务网络这些手段。《农业保险条例》就规定，农业保险的经营者要“有完善的基层服务网络”，“有专门的农业保险经营部门并配备相应的专业人员”（第 17 条）等，保监会还做了更加具体的 10 条规定。但是至少在目前情况下，一个地区，农业保险产品基本上是统一的，一般也不由保险人随便创新，网络、人才和服务在“政策支持、协同推进”的条件下实际上是有弹性的，甚至变得无关紧要了，即使条件不满足也可能不成为问题了。因为根据《农业保险条例》第 21 条规定，“保险机构可以委托基层农业技术推广等机构协助办理农业保险业务。”那么，市场竞争就自然转化为“寻租竞争”了，只要搞定地方政府，搞定保监部门，市场份额也就有了，保险业务就来了，剩下的问题似乎就是数钱了。

对于地方政府或者监管机关，在有些特殊的农业保险业务面前，特别是在制度不健全或者缺乏必要约束的条件下，也发现了自己手中权力的新用途：分派农业保险的市场资源，从而获得某些个人好处。

我没有想到，农业保险的市场资源可以由政府部门或者监管机关来不受约束地随意分派。也没有想到并不存在“发包业主”的农业保险市场上，有一天突然会冒出一个“总承包商”或“一级批发商”向保险公司“分包”或者“批发”农业直接保险业务，坐收高额佣金。虽然令人啼笑皆非，却是在“情理”之中。

（二）中介可以为农业保险服务吗？

对于农业保险中中介的地位和作用问题，一直是有争议的。起草《农业保险条例》时，曾经想规定“保险公司不得以任何形式向农业保险原保保险业务的保险经纪人支付或者变相支付佣金”。这个规定虽然有道理，但可能会产生歧义，会影响中介作用的发挥。似乎农业保险中的任何经纪服务和咨询服务都在被禁止之列。而农业保险不能一般性地反对中介（包括保险经纪人）介入，外国也都是允许保险中介在政策性农业保险中提供代理或者经纪服务的。在我国，实际上包括保险经纪人在内的中介可以和已经做了不少中介服务工作。例如，为地方政府选择农业保险服务机构提供招标服务，为那些缺乏技术和专业人才的合作组织提供制度设计、保险精算、保单设计等咨询服务等，都对农业保险的发展做出了一定贡献。正式颁布的《农业保险条例》中，没有再出现反对中介介入的条款，表明在法规上肯定了中介在农业保险中可以发挥积极作用。

但是，保险中介有中介的规范，代理人、经纪人各有行业定位和业务范围。如果利用政府部门不大清楚其市场角色定位的弱点，稀里糊涂把保险中介变成保险业务“总承包商”或者“一级批发商”，这就会违背中介的职业规范，也就会闹笑话。而这种违规（或者违法）很可能是寻租的结果，遭到谴责和抵制也是必然的。

三、必须要对农业保险中的寻租说不

农业保险的发展受到中央政府的空前重视，也深受广大农民投保人的欢迎。自 2004 年以来的 10 个中央 1 号文件，无一遗漏地对农业保险的试验和发展提出政策意见，指导农业保险特别是政策性农业保险一步步创造辉煌，也最终促成了《农业保险条例》的诞生。政策性农业保险中的寻租却是有违建立农业保险制度的初衷，它不仅会打乱市场规则，破坏市场秩序，使农业保险的政府补贴资金流失，农业保险效率下降，甚至会使农业保险走上歧途，最终葬送农业保险来之不易的繁荣局面，也败坏了社会空气，损害和毁掉一些干部。因此，必须对农业保险中的寻租说不，及时采取得力措施，完善制度，抵制歪风，堵塞漏洞，惩治邪气，防止寻租活动的蔓延。

（一）不断完善农业保险制度的规则体系

完善法制是医治寻租问题的根本措施。我们已经有了《农业保险条例》，但是该条例只是为农业保险特别是政策性农业保险制定了基本规则，这个规则比较笼统，需要财政部、保监会等部门制定一些细致的完善的配套规章。有一些省还没有明确的完整的本地制度方案，缺乏完善的市场组织和业务操作制度规范。这些都需要尽快加紧出台。例如，那些允许多家保险公司和组织在本地经营农业保险的省（自治区、直辖市），应该通过公开招标选择保险经营机构，并使农业保险组织管理规范化、透明化，即使准备采取划分区域和分险种经营的地方，也要有公开透明的操作规则，便于各经营机构和公众监督。一定要限制和禁止政府或保监部门随意分派市场资源。保监会也要严格规定和坚决执行农业保险准入条件，尽可能使那些规定减少弹性，使各地有明确具体而且刚性的规章可循。

（二）保险人和中介人都要守法经营

农业保险法制的完善市场的规范有一个过程，短时间内要做到各项规则都天衣无缝，有些勉为其难。但每一个为农业保险消费者提供服务的市场主体可以而且应该严格自律，恪守本分，依法经营，有序竞争，遵循“守信用，担风险，重服务，合规范”的行业核心价值理念，在依法合规经营中赚钱，所谓“君子爱财，取之有道”。寻租虽然可以获得一时之利，但依靠违法违纪活动不当得利终究不会长久。保险企业在自律的同时也要抵制和反对他人的寻租活动，这也是保卫自己的市场权利和企业利益。行业协会更应该在维护保险行业的秩序和利益方面发挥积极作用，旗帜鲜明地反对寻租现象，在错误行为面前保持沉默，任其损害行业的利益，就丧失了行业协会存在的价值。

（三）加强监管力量，严厉惩处寻租违法违纪活动

农业保险中的寻租涉及面比较广，问题也比较复杂，鉴于政府部门在农业保险中的参与度比较深，仅靠规则完善和市场主体的自律并不能完全解决问题。还需要财税部门、保监部门加大监管执法力度，严厉处罚违规违法行为，坚决打击寻租行为和商业贿赂。当然，这也是有难度的，除了事情和关系的复杂，目前的监管部门是“势单力薄”，财政部门也没有专管部门，不直接参与监管。这么大一个国家，在保监会就设立了一个处，总共就几个人做农业保险监管工作，农业保险寻租问题只是诸多农业保险监管问题中的一个，监管部门和官员对这方面的问题，恐怕是想得到、看得见，却够不着。因此，从整个农业保险的长远发展计，建议将保监会的“农业保险监管处”升格为“农业保险监管部”，各省监管局都专门设立“农业保险监管处”，从上到下充实农业保险监管力量，并保证监管执法的可操作性。听说有的地方坚持原则的监管人员受到不法分子的恐吓威胁，表明寻租者心虚，也足见反对、抵制和惩处寻租和商业贿赂的重要性和迫切性。剩下的问题就是财政部门和保监部门的认识和决心了。

农业保险市场刚刚开始发育，一个寻租现象不过是农业保险市场大潮中的小小插曲，遏制和根除寻租现象是可以的，农业保险的市场秩序的有效整治是可期待的，农业保险市场的发展前景也必定是光明的。

论政策性农业保险监管的特点和需求*

尽管农业保险已经试验了几十年，农业保险的监管也并不是一个新话题。但是在《农业保险条例》（以下简称《条例》）颁布和实施后，随着政策性农业保险制度的确立，农业保险监管的性质、主体、范围、内容和方式等都在发生重要变化，在很多方面与商业性保险的监管存在很大区别。明确认识监管的变化，研究这些区别和特点，适应这种新的监管环境，按照新的监管需求不断完善监管制度，加强对农业保险特别是政策性农业保险的监管，是保证农业保险健康、快速和可持续发展的重要条件。

一、农业保险监管的新课题

在商业性农业保险的界定下，农业保险是不同于一般财产保险的财产保险类别，这种区别主要在于其保险标的的生命性和经营风险巨大而且频繁。而政策性农业保险更与商业性农业保险具有重要的区别，一般认为，表现在制度目标、发展动力、参与主体、盈利能力、外部性等不同（庹国柱、朱俊生，2007）。特别是在政策性农业保险制度中有 3 个参与主体，而不是像一般性商业保险那样只有 2 个参与主体。就是说，在政策性农业保险的交易中，除了保险人和投保人双方当事人，还必须有政府参与，否则这个交易不能产生或者不可持续。

在我国的政策性农业保险中，政府虽然不是签约人，但在某种意义上却是“第一推动力”，或者说扮演“催化剂”的角色，既要给投保方提供价格补贴，并在灾害损失发生后协助进行损失查勘、定损和理赔工作，还要动员和组织农户投保，从而推动农业保险的需求和供给曲线相向运动并相交，达成农业保险交易。

而在任何国家的商业保险中，除了监管部门监管，完全不需要政府直接参与市场交易活动，除非在特殊条件下的破产保护和救援（例如 2008 年金融危机时

* 本文发表于《中国保险》，2013 年第 9 期。本文的写作得益于董波、王祺、杨斌、朱俊生等众多朋友和同仁们多方面的意见，特此致谢。

美国政府对 AIG 的救助)。

我国《条例》将农业保险的经营原则确定为“政府引导、市场运作、自主自愿、协同推进”,突出体现了在政策性农业保险制度中政府扮演的重要角色。“政府引导”主要体现在上面所说的政府给投保农户的价格补贴,政府用这种价格补贴增加农民收入并激励农户购买农业保险产品;“协同推进”表明需要由许多相关政府部门从多个层面协助,达成农业保险交易,促进农业保险特别是政策性农业保险的发展。

鉴于农业保险特别是政策性农业保险的上述特征,对农业保险的监管必须反映出这种特征。那就是监管工作的对象不仅包括保险人和投保人,而且也包括政府部门。针对保险人和投保人,仍然会涉及保险公司的市场行为、偿付能力和保险公司治理结构三方面的监管,这三方面并不是与商业保险完全相同,而是需要根据农业保险不同于商业保险的合同特点和经营特点,做出必要的调整。其中,对于政府部门在农业保险活动中的行为和活动的监管,将是陌生的和富有挑战的课题。

另外一个课题就是对农业保险中的做农业保险业务的非营利性“社团法人”① 和合作保险组织的监管。包括中国渔业互保协会在内的一批渔业互保组织,陕西、湖北、湖南出现的农机安全协会,中山市成立的农业风险互助协会等,都将成为合法的做农业保险业务的保险组织。保监会从 2004 年就批设了中国第一家位于黑龙江的农业相互保险公司,后来又批设了宁波慈溪一家保险相互社。《条例》正式实施后,它们都是合法从事农业保险业务,特别是政策性农业保险业务的保险组织。但是,对于做农业保险业务的这些社团法人和合作保险组织的监管规则制定工作一直进展缓慢,对其中一些组织的监管工作还没有提到议事日程,直接影响这些组织从事政策性农业保险的工作的拓展。

这些新的监管需求必然引起农业保险监管机制、监管范围、监管内容,以及监管方式的转变和重建,否则无法适应《条例》所开创的农业保险新局面和新要求。

二、谁是农业保险的监管者

在我国《条例》起草和制定过程中,对农业保险监管机关、监管范围和内容的问题,有一个反复讨论斟酌的过程。之所以如此纠结,最重要的原因是对于农

① 笔者以往一直将中国渔业互保协会,陕西、湖北、湖南的农机安全协会,中山市农业风险互助协会等组织,作为合作保险组织来考察,但是经过深入调查分析,发现它们并不具备合作保险组织的基本特征(既不是保险合作社,也不是保险相互社或相互保险公司),但也不同于商业性保险公司,它们以“协会”名义所做的农业保险业务,不以盈利为目的。据了解,在中国渔业互保协会近 20 年的经营历史上,从来没有分配过利润或红利,盈余都作为总准备金积累来处理。所以本文将这些组织定义为“非营利性社团法人”。具体理由将会在另一篇文章中专门讨论。

业保险到底应该由谁监管、监管谁、监管什么等问题，不好确定。在最初的草案里，曾将保监会、财政部、农业部、民政部等政府部门依法履行的职责并列，而这些职责中，有的是一般行政职责，有的则是监督管理责任。

（一）保监部门只是农业保险“业务”的监管者

最终颁布的《条例》没有分列各部门在农业保险推行中的“职责”，而是将各部门的职责包括监管，概括在第4条中，该条规定，“国务院保险监督管理机构对农业保险业务实施监督管理。国务院财政、农业、林业、发展改革、税务、民政等有关部门按照各自的职责，负责农业保险推进、管理的相关工作。”从字面上来看，包括商业性保险公司、合作保险组织和其他协会保险组织在内的保险机构所从事的“农业保险业务”都应该是由保监会监管的，而其他各有关部门只是“按照各自的职责，负责农业保险推进、管理的相关工作”。《条例》没有具体界定“农业保险业务”的确切涵盖内容，也没有明确界定“农业保险推进、管理的相关工作”都指哪些。从上下文来看，对“农业保险相关业务”的监管，主要是指保险人和投保人（被保险人）之间的保险合同业务的监管，而这“推进”和“管理”相关工作中，也实际上包含了一部分监管责任。之所以如此，是因为《条例》依据中国国情设计的政府介入农业保险的层面和方式非常独特。所以，谁来监管的问题还存在模糊之处。

在《条例》的最初草案中，曾经有设立国务院的农业保险管理和协调机构的意见，就是想解决农业保险中远比商业保险复杂的经济和法律关系，因为其中包括保监会在内的任何一个部门，可能都难以独自担当农业保险的监管重任。

因为农业保险特别是政策性农业保险的经济和法律关系，不仅包括保险合同双方当事人，即保险人和投保人（被保险人）之间的关系，也包括虽然不是合同当事人但与合同有密切联系的保险人和政府部门之间的关系，还涉及投保人（被保险人）与政府部门之间的关系等，所涉及的监管范围就远比商业保险监管范围要宽要广，如果在国务院层面没有这样一个专门的可以担当监督管理职责的机构，对于农业保险的很多活动，涉及财政、税务、农业、林业、渔业、民政、发展改革等部门参与的活动，保监会要全面履职实际上是有困难的。除非国务院另外给保监会“尚方宝剑”。

就笔者观察，例如下述活动，保监部门如果没有得到明确授权和规则，可能就不便行使监管职责：

各级政府所给的财政补贴是不是到位、使用中有没有违规、违法；政府与保险公司“合谋”，违法进行“协议赔付”；地方政府不适当干预保险公司正常的经营活动（例如，干预招投标、理赔、再保险等），造成不良甚至严重后果；地方政府违背精算规定所做强制性定价，有违市场的公平性；政府有关部门亲自或者委托第三方“批发”保险业务，非法收取佣金；地方政府与保险公司合谋以虚假承保和理赔套取财政的保险费补贴，或者地方政府截留保险赔款挪作他用或者私分；地方政府不作为，消极对待农业保险工作；政府有关部门拒绝提供保险精算、风险区划或者天气指数保险等方面的信息；等等。对类似的违法违规活动，涉及保险公司的，保监会可以对保险公司做出处理，如果是保险公司之外的政府部门的行为，归谁监管呢？

（二）《条例》已经明确赋予财政部门一定的监管责任

细读《条例》，就会发现，起草者已经对这些问题的一部分有所考虑，所以在授权保监部门监管农业保险“业务”的同时，《条例》授权财政部门一定的监管权利。例如《条例》第 30 条第 1 款规定，“违反本条例第 23 条[①]规定，骗取保险费补贴的，由财政部门依照《财政违法行为处罚处分条例》的有关规定予以处理；构成犯罪的，依法追究刑事责任。”第 2 款规定，“违反本条例第 24 条[②]规定，挪用、截留、侵占保险金的，由有关部门依法处理；构成犯罪的，依法追究刑事责任。”这表明有些政府部门在设计财政补贴资金方面的违规行为，授权财政部门依据有关财政违法行为的处罚处分条例来监管。至于财政部门如何进行监管，是在财政部门内部设立专门的“农业保险监管机构”进行监管，还是纳入目前财政部门的行政业务来处理，还没有见到明确规定。

（三）《条例》没有赋予省及省以下政府监管职责

《条例》界定了省、地、县级政府在农业保险中的行政责任，却没有授权各省及省以下各级政府农业保险的任何监管责任。在该条例中，对地方各级政府的职责和角色定位规定了 7 项，第一是确定本省农业保险经营模式（第 3 条），第二是统一领导和组织本地农业保险工作（第 5 条），第三是组织引导农民和农业生产组织参加农业保险（第 6 条），第四是鼓励地方人民政府采取由地方财政给予保险费补贴等措施，支持发展农业保险（第 7 条），第五是鼓励地方人民政府建立地方财政支持的农业保险大灾风险分散机制（第 8 条），第六是支持建立农业保险基层服务网络（第 9 条），第七是各有关政府部门“建立农业保险相关信息的共享机制”（第 4 条第 2 款）。

这些内容都只是“组织”和“协同推进”农业保险的行政职责，而不涉及监管责任和内容。

---

① 第 23 条规定，“保险费补贴的取得和使用，应当遵守依照本条例第 7 条制定的具体办法的规定。禁止以下列方式或者其他任何方式骗取农业保险的保险费补贴：

（一）虚构或者虚增保险标的或者以同一保险标的进行多次投保；

（二）以虚假理赔、虚列费用、虚假退保或者截留、挪用保险金、挪用经营费用等方式冲销投保人应缴的保险费或者财政给予的保险费补贴。”

② 第 24 条规定，“禁止任何单位和个人挪用、截留、侵占保险机构应当赔偿被保险人的保险金。”

三、农业保险应遵循什么监管原则

农业保险的监管到底应该依据什么原则，目前还没有见到正式说法，有必要进行探讨。以笔者之见，我国农业保险监管应该遵循以下原则：

（一）保障政策性农业保险可持续经营原则

政策性农业保险作为一种现代农业风险管理的工具，既是国家金融政策的组成部分，更是国家农业政策的组成部分，其宏观目标就是要保障我国农业的可持续发展从而保障国家的粮食安全。它也是增加农民收入、稳定农业收入，建成农村小康社会的重要政策工具。因此，政策性农业保险不是可有可无、可多可少、可经营可不经营的普通的商业保险业务，作为政策性农业保险的监管来说，就是要着眼国家金融和农业发展大局，保证和促进这类业务的可持续和稳定发展，不能因为监管不力而使政策性农业保险的经营中断或者萎缩。

（二）维护市场公平交易原则

政策性农业保险虽然有别于商业性保险，但在这个市场上也必须通过有效监管，创造良好的交易环境，保证市场交易双方自愿和平等，维护市场的公平性。对投保人、保险人和政府三方都要公平，也就是不仅要尊重投保人的选择，不侵害投保人的合法权益，保证经营者的正当经营权益，还要使政府的财政补贴资金不被侵蚀，使用正当和公开透明。因此，监管部门要监管市场各有关方，特别是保证依法严格执行科学合理的定价原则、行之有效的承保及理赔规则。

（三）保护投保农民利益的原则

政策性农业保险给农民提供了稳定生产和生活的风险管理工具，农民是政策性农业保险的最直接的受益者。但是在农业保险的交易中，作为投保人和被保险人的农民，由于相对分散又缺乏保险和农业保险方面的专业知识，在农业保险的交易中处于弱势地位，他们在保险交易中的利益很容易被侵害。例如，目前在一些地方发生的“协议赔付”“封顶赔付”无理拒赔、欺骗投保人和被保险人等问题，严重侵害了被保险人的利益，而投保农民却浑然不知，即使觉得有问题，也不知道找谁评理和讨回公道。事实上在监管不到位的情况下，投保农民特别无助。这就需要保监部门在农业保险活动中，在保险人、投保人（被保险人）和政府三方参与者中，当好裁判员，主持这个公道，特别保护好投保农户的正当利益不受侵害。

（四）保证财政资金科学合理使用的原则

政策性农业保险不同于商业性保险的最大特点之一就是有财政资金给予农业保险价格补贴。由于这笔财政资金的无偿性使用，加上我国特殊的农业保险运作体制，用来进行价格补贴的这些财政资金就容易产生“跑冒滴漏”问题，在各个环节受到侵蚀，从而降低财政资金的使用效率。监管部门有责任和义务，加强这方面的监管制度建设，并有足够监管力量和操作性强的监管方式，对价格补贴资金进行监管，充分保障财政资金不被滥用和流失，使其最大限度地发挥在政策性农业保险中的激励、引导和促进发展的作用。

四、农业保险监管的范围和内容方面的特殊问题

对商业保险监管的主要内容，即市场行为监管、偿付能力监管和公司治理结构监管所谓“三支柱”，我认为也适用于对农业保险的监管。但这“三支柱”主要是针对商业保险人和投保人（被保险人）的，一般不涉及保险合同之外的第三方。而如前所述，农业保险的经济关系中还有政府这个重要关系方，所以政府行为也需要监管。即使是对农业保险中的保险人一方，因为有商业性保险公司之外的保险供给主体，也面临一些特殊的监管问题。

（一）合作保险组织的偿付能力问题要专门规制

在商业保险监管中，主要是针对保险公司（包括中介机构）的，确切地说主要是针对股份有限责任公司的。对于存在于农业保险领域中的互助合作制保险机构来说，至少在偿付能力监管和公司治理结构监管两个方面，现有的规则是无法适用或者无法完全适用的，必须制定新的规则。例如互助合作保险机构，不管是相互制保险公司还是相互会社等，对它们的偿付能力要不要规范、如何规范就是一个问题。例如，现有的计算股份制保险公司的偿付能力充足率的公式就不能用来计算这些合作保险组织的偿付能力充足率。这是因为：第一，合作互助保险组织在理论上就不存在偿付能力问题，它们完全可以仅以保单项下的责任准备金积累作为赔付的限额，而不用承担保单项下的无限责任。就是说，至少在理论上这些机构的偿付能力是能满足赔付责任需要的。第二，现行计算股份制保险公司偿付能力充足率的公式不能用于相互制保险公司和其他合作保险组织。例如，相互制保险公司没有资本，也就没有“最低资本”一说，计算偿付能力充足率的公式的分母就是 0，这个公式也就没有任何意义。有的合作组织如果是股份合作制，就会有一点“股本”，但作为一种合作保险组织，除非合作组织自己愿意承担保单项下的无限责任，否则，股本对偿付能力可以不产生实际意义和影响，也就没有偿付能力不足之虞。第三，如果它们之中有不准备采取封顶赔付而采取保单项

下的足额赔付责任的，监管规则就有必要做出偿付能力充足率方面的适当规定。

总之，监管部门必须对合作组织的有关偿付能力问题做出有别于股份制保险公司偿付能力监管的专门规定，至少做出原则性的规定。例如，对责任准备金的提取管理和使用，对费率精算和条款制定方面，做出规范和要求。对那些不准备实行赔付封顶规定的合作组织做出偿付能力充足率方面的要求等，使这些组织在这方面遵守农业保险的基本操作规范，使被保险农、渔民的利益得到保护。

（二）合作保险组织的治理结构要不要监管

合作组织与公司不同，公司是实行委托—代理制[①]，委托方和代理方虽然有利益一致的地方，也有利益不一致的地方，所以需要一系列激励约束机制和制度。监管部门监管保险公司的公司治理结构，也是考虑到如果公司治理结构发生问题，不仅会影响保险公司内部委托代理双方利益，也必然会影响到投保人和被保险人的利益。但是在合作组织（相互保险公司除外）里，在理论上不存在委托代理关系，合作社或相互社的经理人员主要是社内产生的，社员和经理层的利益是一致的，合作社治理结构相对简单。其治理结构的监管问题并不像公司那样突出[②]，但是，其合作性和民主性有待提高，也在某些方面存在社员合法权益的保护问题。例如，社员参与民主管理和经营盈余的分配问题，费率精算问题，也是需要进行规范的。据了解，某些合作保险组织在准备给社员分配经营盈余时，就遇到过财政方面的质疑，因为保险费中包含政府的价格补贴。

（三）对做农业保险业务的社团保险法人[③]如何监管

我国渔业互保协会、农机安全协会、农业风险互助协会等，是一类比较特殊的不同于合作保险组织的社团（协会）保险法人组织，它们有的是自上而下由政府部门支持成立的做涉农保险的非营利性社团保险法人机构，有的是完全由成员单位组织和经营的非营利性法人组织。目前是根据《社会团体登记管理条例》在民政部门注册的“社团”。但是它们经营的又是保险业务，根据《农业保险条例》规定，它们又属于“依法设立的农业互助保险等保险组织”。如何恰当认识它们的组织性质，如何规范它们的保险经营活动，是否要根据“三支柱”监管的监管

---

① 股东大会对董事会是委托代理关系，董事会对总经理是授权经营关系，监事会代表股东大会对财产的受托人即董事会、总经理实行监督。

② 在合作组织的起步阶段是如此，但发展起来，可能也有完善合作组织的法人治理结构的问题，即要明确划分社员代表大会、理事会、理事长、监事会各自的权力、责任和利益，形成其间互相制衡的关系，保证合作组织制度的有效运行。特别是建立起合作组织的民主决策和民主管理制度，充分发挥社员代表大会和监事会的作用，防止其成为某个人、某个家庭或某个部门的组织。

③ 我在有的文章中也将其称为“协会保险人”，因为它们在性质上属于社团法人，所以这里称为“社团保险法人”。因为目前还没有相应法律法规，没有统一的称谓。

框架来要求它们；如果也实行“三支柱”监管，对它们有些什么监管要求，是否监管要求和监管方式与商业性保险公司相区别，都必须加以研究并做出明确的规定，以便使其有规可循，更加有效地发挥它们的积极作用。

（四）农业保险中的政府行为需要受到监管

对于农业保险经济关系中政府行为的监管是一个新的领域和挑战。由于目前由谁实施对政府部门及其行为的监管尚不完全明确和基本上缺乏具体的监管规则，这方面的监管就显得更加复杂和困难。

根据笔者的考察和分析，对农业保险中政府行为的监管是中国农业保险环境下的特殊问题。在美国、加拿大、日本等发达国家，尽管政府也参与到自愿或者强制农业保险的经济关系之中，但是这种经济关系相对简单，在农业保险的直接交易层面是没有政府参与的①。在美国、加拿大，财政的保险费补贴和管理费补贴也是直接由财政部以预算形式拨付给农作物保险公司。在微观经营层面，没有也不需要政府部门“协同推进”，而是纯粹的市场交易行为。

但是在我国，由于农户规模太小，全部由保险人和投保农户（种田大户除外）直接交易而没有基层政府部门帮忙，农业保险交易几乎是不可能完成的；否则交易成本会很高。在这种条件下，不仅会产生保险机构和中介机构寻租问题，也会发生政府直接干预农业保险经营活动的问题，政府部门或者政府官员甚至会从中寻求非法利益。

农业保险中的政府行为有哪些需要监管呢？我觉得主要是 3 个方面：一是，政府或政府部门直接插手农业保险市场活动，妨碍经营企业直接保险和再保险决策，造成严重后果的；二是，干预保险承保和理赔活动，损害被保险人和保险人的利益，情节和后果严重的；三是，以各种手段套取财政补贴资金，包括本级政府补贴的资金的。第三种情况可以依据《农业保险条例》第 30 条由财政部门问责。但是前两种情况目前存在监管真空。如同前面提到的，有的地方政府部门指定中介机构分配市场资源，允许其坐收佣金；也有政府部门和保险监管机关利用权力分配市场资源的情况；在有的地方也发生过政府强迫农户投保，政府阻止保险公司购买再保险，造成严重后果；还发生过在较大灾害发生后，地方政府随意豁免保险赔款责任的情况。这些问题如果没人监管，市场就会发生扭曲，保险公司和农户的合法利益就难以得到保障。这些情况要是蔓延，农业保险也就真的不是保险了。据笔者了解；在有的发展中国家，例如孟加拉国，由于政府不适当的干预甚至严重腐败等原因，导致政策性农业保险被迫停止。我们要引以为鉴。

因此，对于基层政府在农业保险中的行为，应该制定行为规范，也应该有专

---

① 当然，除此之外，还在于这些国家政府的权力受到较为有效的约束。

门部门来监管。这也是目前《农业保险条例》实施过程中存在的缺憾。有没有必要采取什么补救措施呢？我觉得是有必要的。

参考文献

庹国柱，朱俊生 . 2007. 关于农业保险立法几个重要问题的探讨［J］. 中国农村经济（2）.

王朝华，孙颖士 . 2010. 探索的足迹：中国渔业互助保险十五年理论与实践［M］. 北京：中国农业出版社 .

农业保险“封顶赔付”应该被禁止*

最近，中国保监会配合《农业保险条例》的实施，及时发布了《关于加强农业保险条款和费率管理的通知》（以下简称《通知》），对农业保险条款、费率的设计和制定原则、要求、注意事项以及报备等方面做出了具体规定。其中，第7条第1款关于禁止封顶赔付的规定，对当前部分地区部分公司不规范的行为进行了彻底纠正。该款说“条款中不得有封顶赔付、平均赔付等损害农户合法权益的内容。相互制保险条款除外。”尽管对该条款有不同的理解，也有一些方面的争议。但我认为，保监会的这个规定是非常正确的，它是对《农业保险条例》第15条关于“任何单位和个人不得非法干预保险机构履行赔偿保险金的义务，不得限制被保险人取得保险金的权利”规定的深化，在严格合同意义上保护了投保农户的合情合理合法的保险利益。

禁止“平均赔付”比较好理解，也不难执行。不同投保农户受灾严重程度不一样，损失有差别，赔偿就应当有区别，这才公平合理。但是，禁止“封顶赔付”在有些人看来，就可能加大保险公司或某一级政府的赔付责任，给保险公司甚至某一级政府可能带来较大赔付压力。对这种担忧，我只能说“可以理解”，但没有道理。有必要说说我个人的一些看法。

一、“封顶赔付”在理论上和实践上都是错误的

“封顶赔付”之所以必须被禁止，原因是在于“封顶赔付”无论在理论上还是实践上都是错误的。

第一，封顶赔付违背了保险精算和经营理论。大家都了解，保险的定价是根据风险损失概率制订的，损失概率大，保费就高，平均损失加上一定的赔偿标准差就构成了纯费率。加上一定比例的附加费率就构成了毛费率。毛费率是用保费占保额的比例表示的。5%的费率意味着投保人发生灾损后，按保险金额的约定，

* 本文发表于《中国保险报》，2013年4月26日。

保险人最高可以赔付保险费的 20 倍，1‰的费率就表示保险人最高可以赔保险费的 1 000 倍。如果合同上载明 5%或者 1‰的费率，赔付时又以保险人保费收入的一定倍数（一倍、两倍，或者一个地区保险费总收入的一定倍数）作为限额，这与保险精算原理相违背，与保险经营的本意也是矛盾的。

第二，封顶赔付在实践上是有害的。我们想想，保险公司收了农民 5%的保险费，就是承诺被保险人的保险损失达到和超过所交保险费的 20 倍时（例如一亩小麦费率 5%，保险金额 350 元，保险费要交 17.5 元），我们定的保险金额是 350 元，就是承诺在被保险标的遭受全损时，最多要赔 17.5 元的 20 倍的保险金，即 350 元，但是如果政府或者保险公司规定说，以公司或者某地区保险费收入的 1 倍或者 3 倍封顶赔付，当该公司或省（区）的赔付率超过 100%或 300%，投保农户哪怕绝产，也就只能得到一部分赔款（例如 150 元或者 200 元），或者更多一点。这不是自食其言嘛！毫无疑问，这就违反了保险合同的诚信和公平原则，也是对投保人的一种欺骗。所以这是错误的。而根据保险法律法规，只有在保险公司破产时，才能根据破产清算的规则，不完全按照保险合同的赔付规定来足额赔偿被保险人，而是根据清算资产的数额，按一定比例赔付被保险人的保险损失。即使如此，监管部门还可以依法动用“保险保障基金”来弥补被保险人因保险人破产给其造成的全部（或者部分）损失差额。

第三，资本金就是用来补漏的。保险法对于股份制保险公司和有限责任公司在资本金方面有较高要求，开个普通商店注册资本金几万元就可以了，可是想开保险公司，至少要两亿元的资本金，而且在偿付能力方面也要受到严格监管。这是为什么？就是因为保险公司收取的保险费很少，但承担的保险保障责任很大，可能是保险费收入的几十倍、几百倍、几千倍。保险公司也常常以此自豪。不过，一旦某年发生多起重大保险事故，或者赔案量大大超过正常年份，公司提取的责任准备金和积累的任意准备金不足以支付当年赔款，就必须要用资本金来填补。资本金和公积金不够填补，又无法通过其他办法融到足够的钱支付赔款，就要被迫进入资产重组甚至破产程序。如果股份制或有限责任公司可以按保费收入的一倍、两倍、三倍赔付封顶，那还要那么多资本金干什么，还要严格评估和监管公司的偿付能力干什么，更不需要建立什么大灾风险分散转移机制。

二、控制经营风险要在其他方面动脑筋

保险公司要控制经营风险是没有错的，只有有效控制自身风险，才能使农业保险健康地可持续地经营下去，才能更好地为投保农民提供保险保障服务。监管部门和农民也不希望保险公司因为经营失败而退出市场。但是，控制经营风险要在依法合规上做文章，也要在提高经营管理水平方面做文章，特别是采集尽可能多的风险损失数据，科学合理地厘定费率，加强防灾防损，也要防止投保方的逆

选择和道德风险等。其实，保监会的《通知》中也给出了一些控制风险的途径，例如《通知》第6条第3款说"保险金额应充分考虑参保农户的风险保障需求，并与公司风险承担能力相匹配"，第5款"起赔点、免赔额（率）等条款要素的设定应科学合理，避免产生经营风险和道德风险。"

不少地方都希望提高保险金额，投保农户也有这种愿望，有的公司也在尝试开发产量保险，甚至规划在适当的时候开发作物收入保险产品，这种积极性是很好的。但是，监管部门提醒保险公司，要积极但也要谨慎一些，提高保险金额固然可以增加保费收入，但是也相应增加了保险公司的保险责任。另外，合理设定作为风险控制手段的起赔点和免赔额，也有助于防范投保方的道德风险。在这些方面动脑筋是正确的。而单方面利用投保人对保险原理不大了解的情况，通过"封顶赔付"的规定，靠损害被保险人利益的方式，来控制自己的经营风险，动这种歪脑筋是不可取的。

三、相互与合作制保险可以"封顶赔付"

《通知》在禁止股份制保险公司"封顶赔付"的同时，对相互制保险公司却是网开一面。有人可能不大了解其中原委。其实，这是完全符合合作制保险机构的特点的。

相互保险会社、相互保险公司、保险合作社都是合作制保险组织。相互会社、相互公司都没有资本金，它们的责任准备金就是由纯保费形成的赔偿基金。在赔偿基金不足以支付保险损失的时候，因为没有资本金来填补，只能选择其他途径。一般有3种解决办法供选择：其一，根据基金与损失额的比例，减额赔付；其二，追加当年保费，弥补赔偿基金缺口；其三，基金不足赔付的部分由贷款补齐，以后年份拿保险费逐年还债。而这种选择是要写在相互会社或相互公司的章程中的。如果它们的章程选择了第一种途径，也就是选择了"封顶赔付"，只要社员举手通过了章程中的这种规定，就是合理合法的。

保险合作社其实也可以采取类似于相互制保险公司的方式来解决准备金不足支付赔款时的问题。保险合作社一般都有"股金"，有点像股份制保险公司的股本，但是因为范围小，股本也好，保险费形成的责任准备金也好，都很有限。全部拿出来不足支付当年损失赔付的可能性也是存在的，所以，保险合作社也可以通过章程，立下"封顶赔付"的规矩。这就是说，相互制或者合作制保险机构，在本社经营范围内，可以对赔付方式和限额做出"封顶"或不"封顶"的选择。

而股份制保险公司在合同范围内，必须承担无限责任，没有选择赔付"封顶"的权利。其实在我国，很多省、自治区、直辖市的政府为了减小保险公司的赔付责任，都把保险公司的赔偿责任限定在较小范围内了，保险公司应该知足了，再规定更小的赔偿责任真有点说不过去。

四、保险有自己的基本规则

各省、直辖市、自治区在设计本地农业保险方案时，也要依法行事，同样不可以规定“赔付封顶”。不然，这就不是保险了。因为保险是严肃的合同行为，投保人按照合同约定的费率缴纳了保险费，保险人必须按照保险合同中的保险金额在约定事故发生并受到损失时，足额支付赔款，除非保险公司破产。

如果要坚持规定赔付封顶，最好不要叫保险，改名叫“农业灾害补偿基金”。叫“农业灾害补偿基金”就可以根据基金积累数额来限额赔偿受损农户的损失，以收定支，基金积累数额多了可以多赔，基金数额少了就可以少赔，完全可以封顶。叫“基金”也就不必顾虑“封顶赔付”的规定是否符合保险的原理。就是说，采取保险方式和采用基金方式来运作，各有不同的游戏规则。笔者这个改名的主意可不是随手拈来，也不是信口开河，而是有依据的。加拿大在1939年就根据《草原地域农作物援助法（PFAA）》建立过一种农业灾害补偿制度，农民缴纳其出售谷物收入的1%，用以建立灾害补偿基金，如果农户遭灾受损，用这个基金适当补偿其损失。这种补偿自然是封顶的，不会超过积累的基金数额。但是，因为这种基金固有的不能足额补偿农民的灾害损失，而且这种补偿在地区间也不公平，所以加拿大在20年之后的1959年，废除了基金制，而正式立法建立了政策性农作物保险制度，54年来运作得不错，很受农民欢迎。加拿大也遭受过几次把几十年积累都填进去也不够支付当年赔款的“灾难”，但没有一家公司搞什么“封顶赔付”，都在健全的大灾风险管理制度的帮助下艰难但是顺利过关。其实，在那里哪家公司真要搞“封顶赔付”的话，就会“摊上事”，被保险人一准把这家保险公司告上法庭。保险是契约行为呀！

我国《农业保险条例》已经开始实施，我希望保险机构依据法规尽快建立和完善操作规则，特别是在理赔上把规矩立好，千万不能在这里打折扣，只有这样，我们才能一步一个脚印地把农业保险这件好事办好。

让科学研究更好地服务于农业保险制度建设*

——中国农业保险32年研究历程简述

1980年中国恢复国内保险业务，1982年当时全国唯一一家保险公司——中国人民保险公司（以下简称中国人保）通过其全国各省（自治区、直辖市）的分支机构，逐步在全国开始了新一轮农业保险的试验。

农业保险研究就一直伴随着农业保险实践一步一步展开。梳理和了解农业保险的研究历程，对于我们认识我国农业保险的发展历程和发展规律有重要意义，也对我们进一步从实际出发做好研究，促进农业保险的持续健康发展有重要意义。

一、20世纪80年代农业保险试验起步时期的研究重点

20世纪80年代是中国在恢复国内保险业务之后，重新开始农业保险试验的热情年代。

中国人保在20世纪80年代开始，通过其遍布全国的分支机构，大规模进行了农业保险试验，在这个试验的初期，农业保险研究就开始了。当时，因为中国人保是全国唯一的保险公司，财产保险效益很好，但是，尽管费率很低，承保风险也很少，但其赔付率一直居高不下（表1），他们的结论是“大办大赔，小办小赔，不办不赔”。因此，这个时期研究工作主要探索的是，农业保险不同于其他财产保险的特点、农业保险的需求以及农业保险试验中出现的问题，例如，展业难问题、高赔付率问题、试验规模问题、保障水平问题、投保方式问题（提高投保率）、费率厘定方法和设定问题，同时也开始意识到和初步对在商业保险体制下进行农业保险试验需要的条件提出质疑。

* 本文发表于《保险研究》，2013年第9期。

表 1　1982—1992 年中国人民保险公司农业保险业务统计

年份	保费收入（万元）	同比增长（%）	赔款支出（万元）	当年简单赔付率（%）
1982	23		22	95.7
1983	173	652.17	233	134.7
1984	1 007	482.08	725	72.0
1985	4 332	330.19	5 266	121.6
1986	7 803	80.12	10 637	136.3
1987	10 028	28.51	12 604	125.7
1988	11 534	15.02	9 546	82.8
1989	12 931	12.11	10 721	82.9
1990	19 248	48.85	16 723	86.9
1991	45 504	136.41	54 194	119.1
1992	81 690	79.52	81 462	99.7

注：表中的赔款不包含经营管理费用分摊，如果费用为保费收入的 20%的话，这 11 年的简单赔付率就分别是 115.6%、154.7%、92.0%、141.6%、156.3%、145.7%、102.8%、102.9%、106.9%、139.1%、119.7%。

数据来源：《中国保险史》编审委员会编《中国保险史》；《中国人民保险公司保险业务统计资料汇编》。

1986 年，在北京举行的第三届中国保险学会年会上，首都经济贸易大学（当时叫北京财贸学院）教授郭晓航提交了《论政策性农业保险》，并在大会上发表了演讲，初步论证了农业保险的商业性经营不能成功，而必须依靠适当的政策支持和政府部门多方面协助。该论文拉开了对中国农业保险性质讨论的序幕。

同一年，在财政部支持下，新疆生产建设兵团成立了农牧业保险公司，并在兵团范围内进行农牧业保险试验。但因为披露出来的信息不多，学界对其关注度不高。

1988—1989 年，中国人保保险研究所所长李嘉华主持的一项国家哲学、社会科学“七五”重点研究项目“中国保险业发展研究”，其研究报告《中国保险业的发展》由中国金融出版社于 1990 年正式出版。报告在农业保险专章中，对于在我国发展农业保险的经济可行性、组织可行性、技术可行性和社会可行性进行了论证，提出了“以合作保险为主体，以中国人民保险公司为支持，以国家政府为后盾，以互助合作为宗旨，提供基本保障为目标，以商业保险技术为基础的农业保险”的发展道路。中国人保陕西分公司在其完成的该项目一个子课题研究报告中，概括出其他国家农业保险的 4 种制度模式，即前苏联垄断经营模式，美国、加拿大公私合作模式，日本合作保险模式和西欧商业保险模式（庹国柱、焦玉杰、孙胜元，1991）。

这期间有一本翻译著作比较受关注，那就是由时任中国人保职教部总经理王友先生翻译的英国 P. K. Ray《农业保险——适用于发展中国家的理论、实际和应用》（中国金融出版社，1989 年版）一书。这是改革开放以来最早介绍到我国农业保险的外国重要著作，据笔者了解，该书是为数不多的在国际上有广泛影响和传播的农业保险方面的专著，它使中国农业保险业界和学界能有机会更多了解外国农业保险的理论和发展情况。

二、20 世纪 90 年代农业保险创新时期的实践与研究

20 世纪 90 年代是中国农业保险在商业保险框架下，为了寻求出路而探索和创新的艰难年代。

（一）商业保险体制下的农险制度创新试验及其理论探索

从 20 世纪 80 年代末开始，中国人保各地的农业保险试验，虽然也有 1986—1989 年的高潮，但多数地区的经营并不成功。单靠保险公司的热情，无法支撑农业保险的正常经营并扭转农业保险持续亏损的局面。而成立于 1986 年的新疆生产建设兵团农牧业保险公司的试验刚刚开始，范围不出兵团，其影响有限，相应的研究成果见到的也不多。而中国人保农业保险试验的困境，引起了大规模的制度创新探索，他们希望通过各种制度的创新寻求突破。理论研究主要围绕着这个主线展开。

当时中国人保在其农险部总经理刘恩正的倡导下所进行的农业保险制度创新，主要包括：民办公助模式，即中国人保经营，县级政府给予适当保费补贴以及展业和理赔的人力和技术支持；政企联合共保模式，即县级政府和人保县级支公司联合共保；政府代办模式，即县级政府经营，人保县级支公司为政府代办；商业性保险公司内部切块经营模式，人保内部将这部分业务从财务上分出来，单独核算，结余滚存。人保还在全国举行了大规模的“保险先进县”的活动。当时，中国人保内试验有声有色的省（自治区）有河南、新疆、湖南、江苏、陕西、云南等。其中最典型和动作最大的当属河南省人保分公司进行的“农业互助统筹保险”的试验。1992 年，该省分公司农险处处长杨同亮在公司支持下设计出的这种合作制农业保险模式，主要特点包括：以县为单位成立农业互助统筹保险委员会，一般由县里的领导担任委员会的主任，该组织负责组织和收取保险费，建立基金。河南的人保分公司还为这种合作制农业保险争取到免税的优惠政策。考虑到这种合作组织在业务和技术方面的困难，公司为其代理农业保险的业务经办，收取 15%的手续费，并提供 30%的成数分保。这是农业保险制度创新的新步骤，该省的这种“农业互助统筹保险”一度发展到七十几个县。配合试验实践，努力寻找农业保险的出路，就是这个阶段理论研究者的任务。这个阶段介绍和概括外国农业保险制度模式的研究多起来，同时探讨中国农业保险的发展模

式成为热门话题。

河南省进行大规模“互助统筹保险”试验时，笔者曾带领研究生去做过调查，总结它们的经验。我们当时很兴奋，以为中国的农业保险可以从合作保险找到突破口。遗憾的是，不过五六年，该制度就销声匿迹了，留下许多值得总结的经验、教训和理论探讨的空间。

(二) 对农业风险区划和费率分区的最初探讨

在这 10 年中，学界和业界在不成功的农业保险试验和创新实践中，不断反思，同时加强了对国外农业保险经验的研究和考察，希望能从国外的经验中获得有益借鉴。这期间，农业保险的风险区划和费率分区问题也被提了出来，借鉴国外的经验，丁少群等人（1994）在深入实际调研基础上，写作和发表了 3 篇关于农业风险区划和费率分区的论文；当时任中国人保湖南分公司农险处处长的程梓华（1995）也根据湖南的实际，发表了关于水稻风险区划的论文。但是这些研究在当时和此后近 20 年时间里还没有引起更多实践单位的关注。

(三) 较早的农业保险研究方面的国际交流

1991 年，带着中国国内农业保险发展中的问题，笔者专门赴加拿大进行关于农业保险的合作研究和交流，比较系统地了解了加拿大农业保险的经历和制度变迁的历史。1993 年，从加拿大回到当时供职的西北农业大学，次年与加拿大曼尼托巴大学合作申请了一个加拿大政府国际开发署（CIDA）的合作项目，在位于陕西杨凌的西北农业大学举办了农业保险国际研讨会，会后编辑出版了会议论文集《农业保险：理论、经验和问题》（中国农业出版社，1994 年版），接着翻译、撰写和编辑出版了《国外农业保险：实践、研究和法规》（陕西人民出版社，1997 年版），向我国业界和学界介绍了一批关于国外农业保险制度、法律等重要的研究成果。其间，研究者们在广泛吸收国际经验的基础上，进一步开展了对中国农业保险发展模式的研究。

(四) 关于农业保险属性的研究逐步深入

20 世纪 90 年代后期，鉴于农业保险的商业经营走不出困境而日益萎缩，全国的农业保险保费总收入震荡下降，1995 年还有 5.61 亿元，到 2004 年只有 3.77 亿元。农业保险业界和学界都在努力寻求答案，几个大的主题成为研究焦点，即农业保险的市场失灵、农业保险是准公共品的问题，从而有更多的人来论证农业保险的政策性质。政策性农业保险的概念逐步被学界和业界接受。在此期间，比较有代表性的著作是魏华林、郭颂平发表的《论中国农业灾害补偿方式的选择——“三维保险机制”理论的产生及其应用》（《中国保险管理干部学院学报》1994 年第 3 期），提出了政府要适当补贴农业保险的观点；时任中国人保农业保险部副总经理的李军发表的《农业保险的性质、立法原则及发展思路》(《中国农村经济杂志》1996 年第 1 期),提出和论证了后来被保险界广泛认同的“农业保险是准公共产品”的重要观点;刘京生博士的《中国农村保险制度论纲》(中国金融出版社,2000 年版),论证了农业保险具有商业性和非商业性“二重性”特点,这与李军所提出的“准公共品”有异曲同工之妙,刘京生在这本书中,特别推崇相互制保险公司,认为农业保险最适宜采用相互保险公司形式,为后来我国第一家农业相互保险公司的诞生奠定了理论基础。

1997 年,中央希望解决农业保险的制度问题,曾责成财政部和中国人民银行分别拿出方案,两部门也都在调研基础上拿出了方案,但因为对建立一个什么样的农业保险制度的分歧太大,两个方案均被搁置。

1992—2003 年期间,黑龙江农垦在自己系统内进行自行设计的合作制农业保险试验,取得了比较好的效果(张广勤,2005)。但是,黑龙江农垦 11 年的试验,直到申请设立农业保险公司之前,都很少有人知道,学界也没有研究跟进。这是很遗憾的。

三、21 世纪初农业保险发展新阶段的实践与研究

21 世纪初是农业保险试验空前繁荣的年代,也是农业保险学术研究极大丰收的时期。

(一)对于农业保险制度和发展模式的探讨

从 20 世纪最后几年到 21 世纪初的这段时间,农业保险学界比较集中地讨论了农业保险的政策性质以及农业保险的制度模式问题问题。庹国柱和王国军在其《中国农业保险与农村社会保障制度研究》(首都经济贸易大学出版社,2002 年版)一书中,吸收国外的研究成果,系统考察了我国农业保险的试验历史和国外农业保险的发展模式,对农业保险的商业性和政策性进一步做了经济学考察,并将国际上的农业保险发展模式概括为 5 类,在 1989 年概括的 4 种模式的基础上,增添了“发展中国家选择性支持”的模式。该书对发展我国政策性农业保险制度的模式进行了论证和探讨。此后,李军和段志煌(美国)主编的《农业风险管理和政府的作用——中美农业保险交流与考察》(中国金融出版社,2003 年版)一书,多层面介绍了美国的农业保险历史、经历和现行制度的特点,也介绍了中国的农业保险试验实践。

2002 年,政策性农业保险的概念被新修订的《中华人民共和国农业法》吸收和确认,该法第 46 条规定“国家建立和完善农业保险制度”“国家逐步建立和完善政策性农业保险制度。鼓励和扶持农民和农业生产经营组织建立为农业生产经营活动服务的互助合作保险组织,鼓励商业性保险公司开展农业保险业务。”

在这种法律和政策环境下，业界和学界都期待早日建立中国的农业保险制度，庹国柱和李军发表了《我国农业保险试验的成就、矛盾和出路》的论文，简述了21年农业保险艰难试验的历程，概括了试验取得的四大成就和遇到的六大矛盾，提出了建立政策性农业保险制度可供选择的两种制度模式。

法律对政策性农业保险的概念和制度的吸纳，也表明中共中央和国务院对这个概念及其所代表的制度内涵的肯定。因此，从2004年起，在长达10年时间里，中共中央、国务院10个1号文件都做出了关于农业保险发展的指导意见，其中9个1号文件中提到政策性农业保险，并从不同层面一再强调建立和健全政策性农业保险制度。

其间，针对政策性农业保险逐步被立法部门和政府接受的实际，朱俊生等（2005）又将政策性农业保险和商业性农业保险相区别，澄清“农业保险＝政策性农业保险”的不全面认识，并研究和论证了政策性农业保险制度多层面制度特征、制度的内容或者制度要素。

（二）21世纪初的代表性重要研究成果

21世纪，关于农业保险的论著多起来了，有影响的作品包括：龙文军的《谁来拯救农业保险——农业保险行为主体互动研究》（中国农业出版社，2004年版），对农业保险中农户、保险公司和政府三方博弈和行为特征进行了理论分析。冯文丽的《中国农业保险制度变迁研究》（中国金融出版社，2004年版），应用新制度经济学理论，对我国几十年农业保险制度变迁的原因和路径给出了理论的解释。孙颖士和关锐捷的《中国渔业保险制度论纲》（中国农业出版社，2004年版）则别开生面。此前，多数研究农业保险的学者主要关注包括种植和养殖业的农业保险，很少注意到水产养殖和渔船、渔民的保险问题，而实际上成立于1993年的中国渔船船东互保协会（2007年改名为中国渔业互保协会），一直致力于渔船保险和渔民人身伤害保险等领域的研究。孙颖士是该协会的副理事长和秘书长，他们的这部著作将水产养殖保险，特别是渔船保险和渔民的人身意外伤害保险问题的重要性和必要性，强烈地传递给农业保险界和农经界。2006年，孙颖士又从1994—2005年全国发表的关于农业保险问题的439篇论文中选择50篇，出版了《中国农业政策性农业保险论文选》（中国农业出版社，2006年版），展示了农业保险的研究成果，促进了农业保险研究的更加广泛的开展。还有浙江大学的张跃华发表的一系列关于农业保险的经济学理论分析和实证研究的论文和著作。他的代表作《需求、福利与制度选择：中国农业保险的理论与实证研究》（中国农业出版社，2007年版），不仅系统梳理了1935年以来中国农业保险制度方面的研究成果，而且在农业保险理论分析方面有了不少独到的见解。

（三）新时期的新试验和政策性农业保险制度初创

在此期间，农业保险试验出现重要变化，2004年年初，中国人保在其上市前夕，据说在股东的强烈要求下，完全退出农业保险的试验经营，包括退出与上海市农委合作12年并得到政府大力支持的经营成绩良好的农业保险试验。也就在这一年，为了让保险行业大力支持“三农”发展，中国保监会高瞻远瞩，极具战略眼光地批准建立4家农业保险专业公司（或分公司），即位于上海的安信农业保险公司、位于长春的安华农业保险公司、位于黑龙江的阳光农业相互保险公司和位于成都的法国安盟保险集团四川分公司，开始了新的农业保险试验和探索。几家新成立的公司在当地寻求政府和企业的支持和保费补贴，应该说它们的努力是有效果的，1993年全国农业保险费收入只有3.77亿元，到2006年上升到8.46亿元。其间，作为全国第一家相互保险公司的阳光农业相互保险公司，其理论和实践受到学术界的关注和研究跟进，南开大学江生忠和首都经济贸易大学朱俊生教授发表了一系列研究成果，探讨了其原理、制度和经营实践（江生中，2008；朱俊生，2007）。

2006年之后，农业保险立法问题提到议事日程，2006年保监会主持调研农业保险之后，根据国务院指示，与财政部、农业部一起开始起草《政策性农业保险条例》，2007年年末，经18次修改稿的《政策性农业保险条例》（草案）被提交到国务院法制办之后，由于某些意见分歧而被搁置了。这期间，配合《政策性农业保险条例》的起草，农业保险界对农业保险立法的必要性、立法原则、立法内容等问题进行了广泛研究和探讨（庹国柱、朱俊生，2007）。中央民族大学的张长利（2009）研究了多个国家的农业保险法律及其特点，借鉴国外经验讨论了中国农业保险立法的一些主要问题。

2007年，中央财政将农业保险保费补贴列入财政预算科目，选择6个省和5种粮棉油作物，进行中央财政和地方财政联动的保险费补贴试点，中央财政有10亿元的财政预算列支，这成为中国农业保险的有划时代意义的新起点。学界的研究也逐渐集中在政策性保险制度的建立和完善、财政税收政策的完善上面。但是政府的补贴引起了“用补贴资金撬动商业保险市场”与“财政补贴启动了政策性农业保险”的激烈争论，到底什么是政策性农业保险的问题再次被提出来。理论讨论伴随着农业保险中央政府补贴目录的增加和各地覆盖范围的扩大更加热烈。在这种政策环境下，中国人保在退出农业保险时隔三年后，决定重建农业保险系统，重建机构，充实专业力量，很快进入“前沿阵地”，毕竟它们的技术力量和完善的服务网络是其他新成立的小公司无法相比和取代的。同时，开始在新疆布点的中华联合财产保险公司也尝试在新疆以外省份参与农业保险试验。2008年安徽的国元农业保险公司成立，从此，试验经营农业保险的主体，形成了所谓“4＋2”或“4＋3”的格局（4家农业保险专业公司加2家（或3家）财产保险公司）。

2007年之后，新政策下的农业保险试验在不少省（自治区、直辖市）轰轰烈烈展开，逐步产生了各有千秋的制度模式，例如，上海模式、北京模式、浙江模式、江苏模式、安徽模式、黑龙江农垦模式、内蒙古模式等，对这些制度模式的概括和比较成为一段时间的研究热点。朱俊生发表的《中国农业保险制度模式运行评价》（《中国农村经济》2009年第3期）比较有代表性。同时，政府每年为农业保险支付了大量的财政补贴，对于补贴的性质、补贴的原则、补贴的力度、补贴的方式方法以及补贴的效果评估等问题，都是亟待解决的问题，也是政府和其他各方关注的问题。学术界先后发表论文，探讨了这些问题（庹国柱、朱俊生，2008；庹国柱、朱俊生，2009）。

从2011年开始，财政部选择一些省份连续进行财政补贴效果评价方面的研究。笔者见到的比较好的研究成果，来自内蒙古自治区。内蒙古农牧大学的赵元凤教授带领团队于2010年和2013年先后完成两个年份评估项目研究，出版了两本专著，这些成果无论在评估理论和方法的选择上，还是在评价指标的设计、评价效果的层次性上，都有鲜明的创新，为其他地区提供了良好的范例（赵元凤，2010；赵元凤，2013）。

（四）农业保险的教材建设

21世纪初，保险教育发展很快。为了适应人才培养的需要，在中国人保内部培训教材（李军主编）的基础上，庹国柱和李军主编了自1987年以来的第4本《农业保险》本科教材，2005年由中国人民大学出版社出版。此前3本较有影响的教材分别是首都经济贸易大学郭晓航和姜云亭主编的全国统编教材《农业保险》（中国金融出版社，1987年版），西南财经大学孙蓉和杨立旺主编的《农业保险新论》（西南财经大学出版社，1994年版），保险干部管理学院黄元亮主编的《实用农业保险》（广西师范大学出版社，1991年版）。这些教材都吸收了当时农业保险的实践和理论研究的新成果。

四、21世纪初的研究热点和当前需要研究的重要问题

21世纪初是中国政策性农业保险制度初建及学术研究逐渐走向成熟的时期。

（一）围绕农业保险立法问题的大讨论

进入21世纪，农业保险的研究进一步深化了。2011年，以全国人大常委、农业与农村委员会副主任委员、中国农业经济学会会长尹成杰和农业部政策法规司副司长主持的课题组，启动了“中国农业保险组织制度研究”的课题，其研究成果汇集在《中国农业保险组织制度研究论文集》里，在对中国几十年农业保险

试验实践进行调查分析的基础上，黄延信对发展中国农业保险提出了 10 条政策建议。该书中，不少学者专家从农林牧渔的各个角度发表了真知灼见，特别是国务院农村综合改革办公室主任丁国光在其《农业保险是金融问题还是农业问题?》一文中，所作关于“农业保险既是金融问题，也是农业问题，但本质上是农业问题，是国家以保险作为工具实施的一项支农政策”的论断，对农业保险性质和政策做出了一个准确定位，对后来的立法产生了积极的影响。

鉴于法律滞后对农业保险发展的不利影响，《政策性农业保险条例》（草案）搁浅 3 年之后，2011 年 10 月，保监会向国务院申请重新起草农业保险条例获准，重启后改名《农业保险条例》。2012 年 8 月，定稿之后的条例草案被迅速提交国务院法制办，9 月份法制办通过互联网，在全国范围内征求意见。11 月正式颁布。征求意见期间，由于起草者说《条例（草案）》所规范的农业保险是“有国家补贴的商业性保险”，引发关于农业保险的政策性和商业性问题又一次广泛的争论。另外，还有关于农业保险概念的内涵和外延，合作互助保险组织能不能名正言顺地成为市场主体，中介在农业保险制度中的作用，以及农业保险的合同与特殊经营规则等问题，都是当时讨论的热点。

在讨论《农业保险条例（草案）》期间，两类经营农业保险的组织引起关注，一个是中国渔业互保协会（和几个省的渔业互保协会），一个是陕西和湖北的农机安全协会。如前所述，前者有近 20 年的经营历史，而后者是 2009 年才开始创建的新组织。实际上 2008 年以来，协会自己也加强了研究，就在纪念渔业互保协会成立 18 周年时，协会理事长王朝华和副会长兼秘书长孙颖士共同编辑出版了论文专集（王朝华、孙颖士，2009）。学术界对这两类保险组织的研究，在这段时间也比较活跃（朱俊生，2011；庹国柱，2012）。农业部政策法规司的黄延信博士带队做了大量调查研究，发表了有说服力的调研成果。江泰保险经纪公司的总裁助理郭永利，一面进行农机保险方面的实践探索，一面总结其间经验并多方呼吁（黄延信，2012；黄延信，2013；郭永利，2011；郭永利，2012）。他们的调查研究，增进了各方面对这些协会的了解，产生了重要影响，为《农业保险条例》对这方面的关注和规范提供了理论和实践依据。

（二）中观和微观问题的研究逐渐增多

在中国农业保险研究的几十年历史中，前 20 多年主要探讨和解决的是制度和立法问题。随着制度和法律问题的初步解决，政策性农业保险有了空前规模的扩展，其中观和微观经营和管理问题逐渐突出起来。近几年来，农险市场建设问题、农险保险合同规范问题、经营规则完善问题（包括展业、定损和理赔的科学性与合理性问题、代理制度等）和费率厘定科学性问题、大灾风险分散制度建设问题、产品创新问题等都突出反映出来。学术界也在努力适应这些实践的需要。

有不少研究成果对农业保险中的道德风险和逆选择问题做了规范的和实证的

研究。特别需要提及的是，对于与逆选择和道德风险有关系的农业风险评估和风险区划方面的研究。在2007年，北京市进行政策性农业保险试验之初，市农险办就委托中国农业科学院农村经济研究所，专门对北京市的农业风险进行区划研究，其成果《北京市农业生产风险和农业保险区划研究》于次年出版（邢鹂、赵乐、吕开宇，中国农业出版社2008年版），为北京市的农作物保险费率科学厘定和合理调整提供了理论依据。在这方面，北京师范大学史培军教授的团队和中国农业科学院张峭研究员的团队，在理论、技术和方法以及应用软件开发方面都做出了重要贡献，他（她）们把多年停滞的农业风险评估和风险区划的研究大大推进了一步，为下一步各地的风险区划和费率分区提供了理论、方法论依据和应用工具（张峭，2011；张峭，2013）。中国人保的冷慧卿博士在森林火灾风险区划和森林火灾保险的费率分区领域，也进行了有深度的理论和方法论方面的研究，对正在不断扩大范围的各省森林保险的费率制度科学化建设有重要贡献（冷慧卿，2011）。学术界还对农业保险大灾风险管理制度国际经验做了多方考察，并对在中国如何构建该制度相继做了一些探索，希望能促进这个重要制度早日问世（庹国柱、赵乐、朱俊生，2010；庹国柱、王克、张峭、张众，2013）。

农业保险产品创新近几年发展迅速，相关研究工作也在各地展开。国元农业保险公司和安信农业保险公司率先在水稻和小麦天气指数保险和蔬菜价格指数保险方面进行了理论和实践的探索，安徽和陕西也创新推出了“保险＋信贷”类新的农业保险产品，这些方面都已经取得了初步的实践和研究成果（朱俊生，2012）。北京市政府十分重视农业保险的创新，委托高校对于在北京开发区域产量保险、价格保险方面进行了先期探索，提出了一些有决策参考价值的方案（王国军，2012；朱俊生，2012）。此后，中国人保和安华农业保险公司先后推出了包括柑橘天气指数保险、生猪价格指数保险等保险产品。海南省就橡胶树风灾指数保险，申请了世界银行的财政贷款研究项目，委托北京师范大学和北京大学的专业团队进行研究。

（三）农业保险研究中的新问题和新挑战

2013年3月1日《农业保险条例》正式实施，全国政策性农业保险的普遍推行，带来了农业保险进一步快速增长。2013年上半年，农业保险保费收入达到193.55亿元，与2012年同期相比，增长34.99％。但是，在各地实践中，无论是市场建设方面，还是制度建设方面，政策需求方面，遇到的问题都不少，迫切需要研究工作为这些问题的解决提供理论依据和解决之道。例如，2007年前后，除了几家新批的专业农业保险公司和两家综合性财产保险公司，其他保险公司都不敢轻易试水农业保险。经过几年的观察之后，到2012年，包括4家专业农业保险公司在内，已经有25家保险公司做农业保险。各省市场上农业保险主体的增多，有的地方竞争就激烈起来，怎么看待和评价这种现象就是一个问题。

再例如，有的省还没有明确的制度设计，或者制度设计有较多缺陷，特别是中央和省级大灾风险分散制度的缺失或者不健全，时刻考验着制度的可持续性；有的省出现中介组织垄断农业保险市场，各经营农业保险的公司要从这个垄断“大哥”手里“购买”经营权的典型问题（这类问题外国也没有见过），有必要探讨原因和治理的路径；还有的地方因为政府在农业保险中有较大发言权，就以为可以掌管分配市场资源的权力，可以对农业保险微观经营做主；企业经营层面，保单设计违规（例如私设封顶赔付线）、承保不规范和理赔不规范问题在不少地方发生，出现之后不认真查勘定损，理赔带有很大随意性，实行所谓“协议赔付”、任意减低赔付等；更有甚者，基层政府与保险公司或者中介机构，以各种方式采取非法途径套取上级财政补贴，这些违背市场经济和农业保险经营规则的现象都成为农业保险市场发展的阻碍。要不断推进农业保险的健康发展，就需要调查和研究这些问题，解决这些问题。

因此，笔者认为，当前和今后一段时间，根据农业保险实践中反映出来的问题，学术界不仅需要继续研究法律制度和宏观制度建设问题，更需要重视研究实际操作层面急需解决的各种中观和微观问题。例如：①财政补贴政策完善问题及其效果评价问题；②政策性农业保险的税收制度调整问题；③合作保险和协会组织的发展、健全和监管问题；④农业保险进一步发挥作用的问题；⑤ 如何建设大灾风险分散制度的问题；⑥农业保险制度、组织和产品如何创新的问题等；⑦政策性农业保险的市场运作和竞争问题；⑧政策性农业保险中的违法违规、道德风险和逆选择的防范问题；⑨农业保险法律制度完善问题；⑩农业保险微观管理问题；⑪农业保险教育发展问题等。

现在，农业保险的规范性研究和实证性研究成果很多。除了通过各类媒体的交流，会议交流也日益密切和频繁。已经有了几个会议交流平台：北京大学和清华大学每年一度的保险研讨会，都有专门的农业保险分会场；安华农业保险公司每 5 年举办一次农业保险专题研讨会；中航安盟每年举办的研讨会；中国农业大学举办的农业保险研讨会；中央财经大学和加拿大滑铁卢大学、曼尼托巴大学合作举办的国际研讨会等，都对农业风险管理和农业保险研究的推进有重要意义。

五、简短的结语

对于中国农业保险的研究，从 1935 年算起有 78 年了，但是近 30 年是空前繁荣的时期。大批研究者在各个领域和层面都发表了不少重要的可圈可点的研究成果①，指导和推动着中国农业保险实践的探索和发展，为中国农业保险制度特

① 限于作者的文献搜索能力和认识水平，可能有不少重要的关于农业保险的研究成果没有概括进来，愿有机会弥补。

别是政策性农业保险制度的建立和法律法规的制定提供了理论依据。中国农业保险制度需要发展和完善，实践会不断提出新的课题，进一步推动理论研究的发展；理论研究也必然会促进实践沿着科学和健康可持续的道路前进。就像中国经济在世界经济中的表现一样，中国农业保险将不仅在保险费数额上，更会在制度建设和实际操作上创造出更多的值得其他国家借鉴的经验和范例。

参考文献

"保险业发展研究"课题组.1998.中国保险业的发展［M］.北京：中国金融出版社.

程梓华.1995.湖南省农业保险风险评价［M］//庹国柱，C F 弗瑞明翰.农业保险：理论、经验与问题.北京：中国农业出版社.

丁国光.2011.农业保险是金融问题还是农业问题?［M］//尹成杰，黄延信.中国农业保险组织制度研究论文集.北京：中国农业出版社 2011.

丁少群.1994.论农作物保险区划及其理论依据：农作物保险区划研究之一［J］.当代经济科学（3）.

丁少群.1994.农作物保险的危险单位区划研究：农作物保险区划研究之二［J］.中国保险管理干部学院学报（6）.

冯文丽.2004.中国农业保险制度变迁研究［M］.北京：中国金融出版社.

郭晓航，姜云亭.1987.农业保险［M］.北京：中国金融出版社.

郭永利.2011.互助不再让农机裸奔［J］.中国保险.

黄延信.2011.促进农业保险发展的十条政策建议［M］//尹成杰，黄延信.中国农业保险组织制度研究论文集.北京：中国农业出版社.

黄延信.2013.互助合作保险：农业机械化发展的有力保障：陕西、湖北两省发展农机互助保险情况调查［J］.中国保险（7）.

黄元亮.1991.实用农业保险［M］.桂林：广西师范大学出版社.

江生中.2008.保险企业组织形式研究［M］.北京：中国财政经济出版社.

冷慧卿，王珺.2011.我国森林保险的区域差异化：省级层面的森林火灾的实证研究［J］.管理世界（12）.

李军，段志煌.2003.农业风险管理和政府的作用：中美农业保险交流与考察［M］.北京：中国金融出版社.

李军.1996.农业保险的性质、立法原则及发展思路［J］.中国农村经济（1）.

刘京生.2000.中国农村保险制度论纲［M］.北京：中国金融出版社.

刘义胜，赵元凤.2011.内蒙古自治区 2009 年农业保险保费补贴绩效评价［M］.南京：南京大学出版社.

龙文军.2004.谁来拯救农业保险：农业保险行为主体互动研究［M］.北京：中国农业出版社.

帕克雷.1989.农业保险：适用于发展中国家的理论、实际和应用［M］.王友，译.北京：中国金融出版社.

孙蓉，杨立旺．1994. 农业保险新论［M］．成都：西南财经大学出版社．

孙颖士，关锐捷．2004. 中国渔业保险制度论纲［M］．北京：中国农业出版社．

孙颖士．2006. 中国农业政策性农业保险论文选［M］．北京：中国农业出版社．

庹国柱，C F 弗瑞明翰．1994. 农业保险：理论、经验和问题［M］．北京：中国农业出版社．

庹国柱，焦玉杰，孙胜元．1992. 发展陕西省农业保险的途径［M］//中国保险学会．1991 年全国保险优秀论文选．乌鲁木齐：新疆科技卫生出版社．

庹国柱，李军．1997. 国外农业保险：实践、研究和法规［M］．西安：陕西人民出版社．

庹国柱，李军．2003. 我国农业保险试验的成就、矛盾和出路［J］．金融研究（9）．

庹国柱，李军．2005. 农业保险［M］．北京：中国人民大学出版社．

庹国柱，王国军．2002. 中国农业保险与农村社会保障制度研究［M］．北京：首都经济贸易大学出版社．

庹国柱，王克，张峭，张众．2013. 我国农业保险大灾风险分散制度及大灾风险基金规模研究［J］．保险研究（6）．

庹国柱，赵乐，朱俊生．2011. 农业保险大灾风险管理制度研究：以北京市为例［M］．北京：中国财政经济出版社．

庹国柱，朱俊生．2007. 关于农业保险立法几个重要问题的探讨［J］．中国农村经济（2）．

庹国柱，朱俊生．2008. 对相互保险公司的制度分析：基于对阳光农业相互保险公司的调研［J］．经济与管理研究（5）．

庹国柱，朱俊生．2010. 农业保险巨灾风险分散制度的比较与选择［J］．保险研究（9）．

庹国柱．2012. 论我国渔业互保制度及其完善和发展［J］．长沙保险职业学院学报（1）．

王国军，李销．2012. 农产品价格保险的探索与前景［M］//庹国柱．2012 年中国农业保险发展报告．北京：中国农业出版社．

魏华林，郭颂平．1994. 论中国农业灾害补偿方式的选择：“三维保险机制”理论的产生及其应用［J］．中国保险管理干部学院学报（3）．

邢郦，赵乐，吕开宇．2008. 北京市农业生产风险和农业保险区划研究［M］．北京：中国农业出版社．

张长利．2009. 政策性农业保险法律问题研究［M］．北京：中国政法大学出版社．

张广勤．2005. 黑龙江垦区农业保险研究与实践［M］//庹国柱，李军．农业保险．北京：中国人民大学出版社．

张峭，等．2013. 中国农业生产风险评估及区划：理论与实践［M］．北京：中国农业科学技术出版社．

张峭，王克．2011. 我国农业自然灾害风险评估与区划［J］．中国农业资源与区划，32（3）．

张跃华．2007. 需求、福利与制度选择：中国农业保险的理论与实证研究［M］．北京：中国农业出版社．

赵元凤，冯平．2012. 内蒙古自治区 2012 年农业保险保费补贴绩效评价［M］．北京：中国农业科学技术出版社．

朱俊生，庹国柱．2007. 我国发达地区政策性农业保险试验的比较制度分析［J］．保险研究（7）．

朱俊生，庹国柱 . 2011. 论中国渔业互保协会的运作模式及其完善［J］. 保险研究（5）.

朱俊生，赵乐，初萌 . 2012. 北京市区域产量保险的实用性分析［M］//庹国柱 . 2012 年中国农业保险发展报告 . 北京：中国农业出版社 .

朱俊生 . 2009. 中国农业保险制度模式运行评价［J］. 中国农村经济（3）.

朱俊生 . 2011. 中国天气指数保险试点的运行及其评估：以安徽省水稻干旱和高温热害指数保险为例［J］. 保险研究（3）.

谁持彩练当空舞*

——2011年政策性农业保险市场巡礼

在2011年3月举行的第十一届全国人大四次会议上，温家宝总理在其《政府工作报告》中曾经部署，在2011年要“加大政策性金融对‘三农’的支持力度。健全政策性农业保险制度，建立农业再保险和巨灾风险分散机制。”

在2011年岁末，我们高兴地看到，总理的这个部署，在政策性农业保险领域中得到扎扎实实的贯彻落实，我国政策性农业保险正在迈上一个新台阶。从年初开始，许多地方政府对政策性农业保险做出专门安排，安徽省已经连续第3年将其作为全省的“民生工程”，纳入各级政府的政绩考核。不少省将政策性农业保险纳入了当地的“十二五”规划。北京市专门制订了《“十二五”时期政策性农业保险发展规划》，对未来5年政策性农业保险在北京市的发展政策、发展目标、发展途径做出了积极可行、科学合理的规划。

在这令人难忘的2011年，由于中央和各级政府持续给力，广大农林牧渔民踊跃参与，中国政策性农业保险继续保持强劲发展势头。据11月末统计，今年全国政策性农业保险的保费收入已经达到创纪录的162亿元，比2010年全年135亿元的保费还多20%。其中种植业增长较多，养殖业大约与2010年持平。在这些数字的背后是一幅波澜壮阔的生动图景，下面记述的就是其中几朵色彩斑斓的浪花。

* 本文发表于《中国保险报》，2012年1月19日。这篇述评是为《中国保险报》撰写的年终专稿，发表时因篇幅原因删掉了最后两节，这里汇集时我仍保留了这两节文字。本文写作得到重庆保监局、人保财险公司农险部、国元农业保险公司、安华农业保险公司、黑龙江阳光农业相互保险公司、中国渔业互保协会等单位的热情支持和协助，特此致谢。

一、政策性农险范围稳步扩展，品种不断增加

2011 年政策性农业保险在稳步扩展，获得中央财政支持的种植和养殖业保险的标的和种类得到进一步增加。这是加强农业保险对“三农”支持的一个重要方面。

2007 年在中央财政支持的目录中，种植业最初只支持小麦、水稻、玉米、大豆和棉花 5 种作物的保险，次年增加了花生和油菜。去年又根据云南、甘肃、海南等省的请求，补贴这些省份举办的青稞、土豆、橡胶等具有地方特色的重要险种。2011 年，广西、云南、陕西等地进一步发展具有本地特色的香蕉保险、烟叶保险、甘蔗保险、芒果保险、苹果保险、设施蔬菜保险、核桃保险等。广西优势特色农业产业甘蔗的承保面积今年已达 190 万亩，占全自治区甘蔗种植总面积的 11.8%，热带水果香蕉和芒果种植保险取得突破，能繁母猪保险实现应保尽保。今年海南省农业保险试点险种除上年已开展的 11 个农险险种，新增具有地方特色的南繁制种水稻保险、罗非鱼养殖保险、深水网箱养殖保险 3 个险种。除香蕉风灾保险、罗非鱼养殖保险、深水网箱养殖保险 3 个险种的试验范围有限，其余 11 个险种均对全省农户、渔民全面放开。

政策性森林保险也是近年农业保险的一个亮点，从 2009 年开始，中央财政森林保险保费补贴试点在福建、江西和湖南 3 省开始，2010 年扩大到 6 省，2011 年进一步扩大到江西、湖南、福建、浙江、辽宁、云南、广东、四川和广西 9 个省（自治区），我们从 2001 年 12 月初召开的集体林权制度改革专家座谈会上了解到，截至 9 月末，我国森林保险投保面积已达 3.85 亿亩，保险金额 1 601.77亿元，保费收入 4.27 亿元。到年末估计承保森林面积会超过 5 000 万亩，保险费收入会超过 5 亿元。

除传统的种养业成本保险，天气指数保险和价格保险也在不断取得试验成果。安徽国元农业保险公司从 2009 年起在联合国计划开发署和中国农业科学院以及省气象部门的协助下，设计出水稻天气指数保险产品，并选择本省长丰县连续 3 年进行试验。2011 年 5 月，因为长丰县水家湖农场低温冻害达到赔付的触发条件，第一次支付该区域全体投保农户赔款。上海的蔬菜价格指数保险在今年通货膨胀水平较高的环境下格外惹人注目。北京市、湖南省等也已开始研究农产品价格保险问题。

其实，不仅保险险种在增多，不少省的农业保险保障水平也在逐步提高。安徽国元保险公司适应农资价格上涨和近年农产品价格上涨趋势，根据农户的意愿，将玉米、大豆、小麦、油菜每亩保险金额在原基础上各提高 10 元，每亩水稻、棉花的保险金额分别提高 30 元和 40 元。这实际上是个趋势。保障水平太低，农民投保兴趣降低，不利于农业保险的进一步发展。因此，其他省也在根据本地实际，逐步提高保险金额。

二、传统种养两业保险向“涉农保险”延伸

在我国，农业保险有其传统内涵，那就是只涵盖种植业和养殖业保险。始于2007年的政策性农业保险试验由中央政府支持的险种也只是粮棉油作物保险和能繁母猪保险与奶牛保险。之后各地根据本地农村经济的发展需求，在种养两业不断增加新险种之外，还因地制宜地将农房保险、农机保险、捕捞渔业的渔民和渔船保险逐步纳入政策性农业保险的范围，这些种养两业保险之外的政策性农业保险统称“涉农保险”。这就使传统意义上的政策性农业保险的外延扩大了许多。

2011年以来，“涉农保险”呈现加速发展的势头。继福建省和浙江省之后，已有包括广西等4省（自治区）试验开办政策性农房保险，广西壮族自治区政府把全自治区农村住房政策性保险工作列为2011年自治区政府为民办实事工程之一，政府出资1亿多元，为全自治区1 051万户农民提供保险额度超过1 000亿元的农村住房保险的政策保障，实现农房保险全覆盖。保费由自治区和市、县（市）财政按照8∶2的比例分担，每户保费10元，当农房遭受自然灾害损坏或倒塌时，将获得最高1万元的保险赔偿，这一政策使广西全自治区4 000多万农民获益。5月份以来已有数十户投保农民因受暴雨袭击房屋受损而获得保险公司赔偿。

农机保险也在多省被纳入政策性保险范围。北京市今年将农机保险纳入政策性农业保险的目录之中，受到农机户的欢迎。江苏省继续坚持给农业机械投保补贴的政策，今年又对本省经济欠发达地区增加保险费补贴，促进政策性农机保险的发展。陕西、湖北等地的农机合作保险试验也是方兴未艾。

渔船保险和渔民人身意外伤害保险是比较特殊的险种。中国渔业互保协会和近几年建立的广东、福建、浙江、山东等省的渔业互保协会，将渔船保险和渔民人身意外伤害保险纳入政策性保险已有3年，农业部和各省市政府给予这些险种一定保费补贴。2011年这些险种都有了新的发展。

三、养殖业保险经营水平有了一定改善

健全政策性农业保险制度，包括不断改善农业保险的经营管理，使政策性农业保险健康可持续。

养殖业保险在2009年（－35％）和2010年（－22％）连续两年环比负增长之后，2011年有了重要变化，承保奶牛头数显著增多，保费规模降幅收窄。这一可喜变化不仅得益于中央和地方政府对养殖业，特别是能繁母猪和奶牛保险的支持力度加大，还因为保险公司对其保险经营中的风险管控水平也有了较大

提高。

今年7月，国务院发文进一步加大对生猪生产的支持力度，增加了对能繁母猪饲养的补贴，并强调加强政策性能繁母猪保险；与此同时，保险经营机构在保险监管部门的支持和指导下，采取一系列包括坚持打耳号、加强防疫、加强与地方政府和基层农业技术部门的合作等得力措施，降低能繁母猪和奶牛的死亡率，有效防范道德风险，遏制了不合理的过高赔付率，改变了保险机构对做养殖业保险的畏惧心理，增强了做好养殖业保险的信心。下半年占养殖业保险较大比重的能繁母猪保险下降趋势有了减缓。

整体说来，各地养殖业保险的种类日益增多，养鸡保险、养鸭保险、养猪保险、淡水养鱼、养虾保险、海水养殖保险等都被列入各地政策性农业保险的名单，承保规模也日益扩大。今年农业保险发展，养殖业保险也做出了一定贡献。

对于养殖业保险来说，值得注意的是，业务拓展难度还是很大的，除了技术方面的障碍，特别是来自投保农户甚至是地方政府的道德风险的防范和治理，都是需要从法律上、机制上和技术上攻克的课题。若这个问题得不到很好的解决，养殖业的较快发展还是纸上谈兵，尽管不少地方的养殖户投保的呼声很高。

四、借助农业保险发展契机开拓其他“三农”保险

实际上，各家从事农业保险经营的保险公司在稳步推进农业保险的同时，已经利用做政策性农业保险的契机和建立的农业保险业务渠道，进一步将与农民、农村有关的人身保险广泛推展到农村地区，许多省（自治区、直辖市）不仅农业保险而且农村人身保险都出现井喷式发展，为农业、农村和农民提供的保险服务更加广泛和深入。

2011年上半年，重庆全市农业保险发展就呈现出可喜局面，农业保险保费收入9 010万元，同比增长283%，参保农户达到43万户/次，同比增长近14倍。同时政策性林业保险也开始扩大到14区县120万亩（第三季度末）。在农业保险的带动下，该市农村小额人身保险已覆盖35个区县，为30万人次提供55亿元的风险保障；农村外出务工人员意外伤害保险累计为9.2万农民工提供约31亿元的保险保障。同时该市保险机构开发的借款人意外伤害保险、城乡孕产妇新生儿保险、农村小额意外伤害保险、农村承运人责任保险、外出务工人员意外伤害险、农村医疗责任保险等产品，也大受农村居民欢迎。

山西省的保险公司以政策性农险业务为切入点，积极推广适销对路的农村家财险、意外健康险等涉农险种，进一步拓展小额人身意外险、统保农房保险、农机具保险，大大提高了涉农保险产品渗透力，实现业务广覆盖。

五、保险制度的完善要靠政策法规的不断规范

政策性农业保险制度的完善离不开政策法规，目前中央政府正在委托保监会重新启动农业保险条例的调研和起草工作，尽管该条例的颁布还有待时日，但农业保险监管部门和各省级政府，在力所能及的范围内，积极调研并加快制定一系列部门规章，努力规范政策性农业保险的市场秩序，提高经营管理水平，有力推动了政策性农业保险的健康发展。

2011 年 4 月，保监会在多方调研和总结多年经验的基础上，制定和适时发布了《关于加强农业保险承保管理工作的通知》，该通知对于开办农业保险的条件和规划、条款费率的规范和报备、投保人的保险利益、对投保标的的识别等方面做出了具体明确规定，对于做好农业保险承保管理，加强农业保险经营规范性，保护投保农户的利益，切实防范虚假承保行为的发生，有效控制道德风险等，具有重要意义。

同时，各地根据本地政策性农业保险试验中出现的问题，也积极主动做出政策性规定，便于保险经营机构和各级政府有章可循。新疆保监局于 4 月制定印发了《新疆农业保险承保服务标准指引（试行）》和《新疆农业保险理赔服务标准指引（试行）》，对经办机构承保理赔经营行为提出全面监管要求。宁夏财政厅、宁夏保监局、宁夏牧业厅等单位就协同推进农业保险工作费用管理的有关事项，联合下发通知，对农业保险工作费用的界定、农业保险工作费用的提取、农业保险费用的支付管理、农业保险工作费用的使用管理等做了明确规定，便于保险经营机构操作和行政部门配合，也便于监管部门监管。这些规范性文件对政策性农业保险的规范运作和健康、可持续发展起到重要作用。内蒙古自治区政府也印发了《2011 年农业保险保费补贴实施方案》，要求进一步扩大农业保险保费补贴的品种和区域范围，鼓励所辖各地对当地特色农业保险进行保费补贴，改变补贴资金划拨方式，同时对规范代办管理和理赔服务等做出具体规定。该自治区还根据试验地区出现的突出问题，在巴彦淖尔市开展种植业保险费率区划试点。根据农业生产风险与保险费率相匹配的原则，将旗县划分为Ⅰ类和Ⅱ类地区，种植业自然灾害风险相对较低的杭锦后旗、乌拉特后旗、临河区、磴口县、五原县、巴彦淖尔农垦为Ⅰ类地区，各险种费率在 2010 年的基础上下调 0.5 个百分点，即玉米为 8.5%，小麦为 6.5%，大豆、油料作物为 7%，马铃薯为 5.5%。Ⅱ类地区的乌拉特中旗、乌拉特前旗费率执行 2010 年基准费率。开展保险风险和费率区划试点，有效遏制了投保农户的逆选择，调动了那些低风险地区农户参加保险的积极性。

各地农险经营机构还将规范与创新结合起来，安徽国元农业保险公司根据保监会的要求，不仅在承保方面努力做到规范，同时特别重视完善理赔流程，根据

保监会“查勘到村，定损到户，理赔到户”的要求，在实践中，该公司摸索出了分级培训、现场抽查、复勘验收、共同定损、结果公示等工作流程，尽可能合理地确定损失，受到政府和农户的欢迎。

六、创新农业保险基层服务——常德模式的示范意义

完善政策性农业保险制度需要从基层做起。在中国做农业保险与在那些发达国家做农业保险最大的不同点之一，是我们投保农户的经营规模太小，承保、查勘、定损、理赔非常艰难，成本很高，这些环节处理不好，道德风险就会难以防范，投保农户的利益就可能受到损害。5 年来，参与农业保险试验的各家保险公司，都在努力破解这个难题，做了多方面尝试。其中，中国人保财险为行业创造了一个典型，那就是业内广泛传播的湖南省的常德模式。

人保财险常德市分公司在农业保险试验中感到，在以往的农村保险服务网络建设过程中，由于网点不能有效融入到基层政府与农户群体当中，无法给农户提供“面对面”的保险服务，使基层政府及农户对于保险公司存在“空间距离”，即便已经建立了乡镇营销网点的地方，由于网点人员身份与农民存在“社会距离”，对于农民的需求特点了解不多，都使得农村保险网点建设既难以得到政府的积极协助，更难获得农户的信任，从而导致农村保险网点效能发挥欠佳，农业保险承保、理赔难以真正落实到户。

为从根本上解决农业保险“钱从哪里来，到哪里去”的问题，人保财险常德市分公司克服了农业保险工作点多、面广、量大，而以公司现有人力与网络资源无法完全满足需求的实际困难，结合实际，大胆创新，在推行农业保险承保与理赔方式的转变上进行了有益探索，逐步构建了以市、县、乡、村四级服务网络为支撑，以乡镇农业保险办公室为平台，以乡镇农业保险专（兼）干和村级协保员队伍为依托的农村保险基层服务体系，以此完善规范农业保险承保收费、赔款支付等流程，确保承保、理赔“两到户”，促进农业保险依法合规经营，全面提高农业保险服务水平。

今年以来，人保财险下大力气，总结和推广了常德模式。常德也在实践中不断完善其模式。截至 2011 年 8 月 31 日，常德全市人保财险系统共建立乡镇农业保险办公室 148 个，聘请乡镇专（兼）干 169 名，村级协保员 1 812 名，实现了有种植业保险业务的乡村 100%覆盖。通过搭建农村保险基层服务体系的平台，切实将公司服务触角延伸至涉农一线，有效地解决了农业保险承保理赔信息不对称、农户收费难、理赔到户难等问题，确保将党和政府的强农惠农政策落实到位。

常德模式已经显现出良好的效果，它不仅细化全流程管理，确保承保、理赔“两到户”，更重要的是加强了农村业务的基础建设，使其农险服务能力不断提

高。就公司内部来说，根据这种制度运营特点，重新设计了科学考核制度，激发了职工的积极性，使运营效能得到有效提升。这种制度创新也深化了公司与政府的合作，使该市农业保险放大效应日趋显现，农业保险带动了农房保险、农村“五小”车辆保险、农村信用社及中国农业发展银行涉农常规保险业务的增长。

七、农业合作互助保险进入人们的视线

5年前，保监会曾经提出了在农业保险市场上发展包括商业性保险公司、合作保险、相互保险、外国有经验的农业保险公司5种组织经营形式。在商业保险、相互保险、外国保险公司轰轰烈烈做农业保险的时候，合作保险组织“似乎”一直没有多少声息。

2011年9月在湖北洪湖市举办了第二届农机互助保险研讨会，11月在浙江杭州举行了政策性渔业互助保险座谈会。这两个规模较大的有众多中央部委、省政府领导和专家学者以及实际工作者共同深入交流的研讨会，将农业互助保险现象和互助保险组织，引入了全国农业保险界的视线，激起一点小小涟漪。农业保险组织形式进一步丰富了。

始于2007年的政策性农业保险，主要由正规的商业性保险公司（包括外资公司）在试验经营。但实际上还有这些合作互助保险组织活跃在田间地头和海边。尽管诞生于2004年的黑龙江阳光农业相互保险公司实际上也是合作互助保险组织，但是合作制保险，特别是保险监管视线之外的那些被称为“非正规军”的农业互助保险组织在中国的发展，却没有引起人们多少关注，甚至不被认可。

其实，中国渔业互保协会（前身叫“渔船船东互保协会”）已经为沿海和内陆22个省的渔民的风险保障服务了18个年头了，在前17年中，累计承保渔民的渔船36万艘次，渔民人身578万人次，提供风险保障3 850亿元，累计为7 000多名死亡（和失踪）渔民，44 000多名伤残渔民以及1 743艘全损渔船和42 702艘部分损失渔船支付补偿金12亿元，并有了一定的风险准备金积累。特别是其为南海捕鱼渔民开办的涉外责任保险，为维护祖国的神圣主权做出了独特的贡献。截至2011年11月末，渔业互保全行业共承保渔民76.5万人，承保渔船6.5万艘，保费收入8.8亿元，提供风险保障近1 000亿元。

农机互助保险组织也是近几年发展起来的，如今已经在陕西省和湖北省呈现出规模化和快速发展的势头。陕西省在2009年成立了农机风险互助协会，从2009年至2011年6月底，全省已累计发展农机互助会员2.7万户，筹集互助保险会费768万元，为全省农机户提供风险保障7亿多元，救援处理427起农机事故，补偿259起，为农机手提供补偿94.48万元。湖北省在2011年上半年，就发展农机安全互助会员24 000多名，筹集安全互助保险会费480多万元，互助保险金额近5亿元。该省农机风险互助协会共接到农机安全互助事故救援报案

112起，已补偿50多万元。尽管两省农业机械参加互助保险的比例还不高（湖北不过3%），但是他们适当的保费和保额水平、方便的投保和理赔服务、有效的道德风险防范机制等特点，吸引了比较分散的十分需要风险保障制度的广大农机户，逐步显现出较强的生命力。

由于法律、法规滞后，渔业互助保险组织和农机互助保险组织目前还没有“名分”。对于政策性农业保险而言，它们还不是被财政部门和保监部门认可的“正规军”，实际上处于监管“真空”地带或者“边缘”地带，中央财政的“阳光”暂时还难以照到这些地方。但它们确确实实为健全农民、渔民的风险保障制度，已经和正在做出独特的贡献。农民、渔民需要它们，政策性农业保险制度中也应当有它们的地位。这些问题的研究和解决，将对政策性农业保险制度的完善和健全有重要意义。

八、农业相互保险制度花蕾初绽

位于黑龙江省的农业相互保险公司（以下简称阳光相互），是中国大地上特许开办的有史以来第一家相互保险公司，在7年的时间里，该公司在两条战线上同时进行试验，即相互保险的试验和政策性农业保险的试验。

在2011年，阳光相互按照内控和业务流程组织开展农险业务，通过召开规范业务现场会、标准化操作培训等形式规范了农业保险经营行为，防范化解了农业保险经营风险。针对农业保险做实难、做精难、做好风险管控难、做到农户满意更难的特点，在承保、定损、理赔等环节上下功夫，公司建立了村级组织、保险社、中心支公司、总公司“四级”核灾定损制度。全程聘请农民监督员参与核灾定损，保证了定损理赔的真实性和准确性。在赔款发放之后，公司还组织专门人员进行三级回访和两级抽查核实，确保赔款真实到户。同时，进一步强化制度建设，控制业务质量风险，特别是强化执行、加大检查、严肃处罚，保证业务质量。通过加强内控制度建设，保证了业务的规范和质量。2010年年初以来，公司领导及13个职能部门组成30个内控制度建设项目组，对公司的规章制度和业务流程进行精简整合，印制了《公司内控制度汇编》，囊括了公司259个制度及流程，总计160万字。通过现场检查和逐级电话回访以及事后审计，既杜绝虚保、替保现象，也对不合规业务坚决剔除，今年共对不合规业务退保、退费达到200多万亩。两年共辞退、处罚严重违规人员30多人。

除了加强业务管理，公司更注意自身的组织建设，在广泛征求意见的基础上，重新修订了公司的《相互制运营试行办法》，在加强公司治理结构建设中，注重实现作为公司主人的广大投保农户的选举权和被选举权、参与经营权、知情权等，真正体现相互制的特点和优势。

7年时间中，阳光农业相互保险公司克服了众多的困难，取得了不凡的成就，2011 年公司保费收入预计达到 16.7 亿元。目前，该公司承办的农业保险业务，占黑龙江全省农险承保总面积的 92%，占全国农险保费规模的 10%。按省统计的农业保险保费收入，黑龙江省仍然会蝉联全国第一。

但阳光相互也还面临不少需要进一步解决的问题，特别是一些一直困扰而依靠公司自身难以解决的问题。例如，相互保险公司“资本金”科目如何认识和处理的问题；相互保险公司的偿付能力如何计算的问题；相互保险公司的责任准备金结余和大灾准备金要不要缴纳所得税的问题，依据什么规则监管这类特殊保险公司的问题；等等。不仅阳光相互保险公司而且整个保险界也都关注着这些重大问题的解决。没准还有愿意做第二个吃“螃蟹”的“人”。

九、农业保险的巨灾风险分散机制正在逐步建立

温家宝总理在《政府工作报告》中，要求政策性农业保险建立巨灾风险分散机制，这是非常英明的。巨灾风险分散制度和机制实际上是政策性农业保险持续和健康发展的前提之一。农业保险不同于财产保险，风险损失的概率分布虽然可以测定，但是大多数风险损失在年际之间的方差很大，这就意味着经营者的经营稳定性很差，必须要有完善的巨灾风险分散机制，包括再保险、建立必要的大灾准备金、向政府借款、必要时发行巨灾债券等。这也是美国、加拿大、日本等国成功经营农业保险的秘诀之一。

近几年，我国从事农业保险经营的各家保险公司，每年都对农业保险业务安排再保险，上海的安信农业保险公司、黑龙江的阳光相互农业保险公司、安徽国元农业保险公司等，前几年都曾因较大灾害损失而获得多家国际国内再保险公司的分摊赔款。今年，全国农业总的来说是风调雨顺，但也有省份某些作物的保险有超赔责任，获得再保险接受人的摊赔。

2011 年各公司也毫无例外地根据自己的实际购买了再保险。北京市政府根据本市农业保险制度的特点，还在保险公司自己购买再保险的基础上，就政府承担的保险公司赔付率 160% 以上的赔偿责任，国内首家连续第 3 年购买了 160%～300%的赔付率超赔再保险。

除了再保险，江苏、上海、北京、浙江、安徽等省（直辖市）还建立了比较完善的一级或多级农业保险巨灾风险准备金。不少省也正在考虑建立本省的巨灾风险分散机制，为政策性农业保险的可持续发展编织多层次安全网。

十、农业保险研究工作空前活跃

保险研究从来都是保险事业发展的理论和实践基础，建立和健全我国农业保险制度，离不开众多研究成果所提供的支持。近 10 年来特别是近 5 年来，不仅

保险界，而且农经界，中央和地方的政研部门，对农业保险的研究热情都是空前高涨的。如今，不少高等院校和保险机构都专门建立了农业保险研究中心或者研究院所。继 2010 年 11 月中国人保财险公司设立灾害研究中心之后，2011 年夏天，安华农业保险公司也专门设立了自己的保险研究院。它们根据行业和本公司的需要，向社会公开招标，利用社会上的研究资源做研究，全方位助推公司的建设和发展。这些都是极具战略眼光的举措。

2011 年伴随着农业保险制度的建设向纵深推进，农业保险制度建设和经营管理提出来的理论和实际问题更多，得到众多的研究机构和研究者们的较多关注。5 年前，国家级两个最重要的科学研究基金——国家社会科学基金和国家自然科学基金申报目录中，连保险业的课题都罕见，更难寻农业保险项目的踪迹。但是近几年每年都有一项到几项，2011 年也不例外；而申请者也是空前踊跃。作为一个基金评审人员，今年，在我参与初评的 21 份保险类研究计划中，就有 5 份是农业保险方面的申请书。

各级各类研究项目产生的农业保险研究成果，也是丰富多彩、琳琅满目的。我们通过中国知网检索，在“农业保险”这个主题词之下，2011 年有博士论文 7 篇，硕士论文 61 篇，期刊文章 525 篇，报纸文章 811 篇，会议论文 14 篇。其实，由于登录的滞后，2011 年的农业保险研究成果远不止这些。但这已经非常能说明其繁荣景象了，因为在 2001 年，相应的数字分别是：博士论文 0 篇，硕士论文不过 3 篇，期刊文章 66 篇，报纸文章只有 13 篇，会议论文 2 篇。10 年前后的对比，差异是再明显不过了。

随着试验实践的发展，健全政策性农业保险制度，需要研究的课题还很多，我们盼望着研究者们创造出更多的优秀研究成果，推动农业保险制度建设更上一层楼。

我国农业保险发展的里程碑*

——论《农业保险条例》的特点与贡献

盼望已久的《农业保险条例》经国务院总理温家宝签署，终于正式颁布了，并将于 2013 年 3 月 1 日起施行。作为中央政府颁布的我国第一部关于农业保险的法规，虽然只有短短 33 条，它却是数十年农业保险实践和研究的一个小结，也是有关各部门合作与协调的重要成果。如果说，2007 年中央财政将农业保险费补贴作为财政预算科目列入预算，是我国政策性农业保险试验的正式起点的话，《农业保险条例》（以下简称《条例》）的颁布，便成为我国农业保险特别是政策性农业保险发展历史上的里程碑。

一、农业保险需要单独立法

农业保险尽管是财产保险中的一类，但其很大一部分业务，特别是多风险农作物保险、森林保险、水产养殖保险及收入保险等，市场化经营是注定难以成功的。这是被各国的实践反复证明了的事实，也是我国多年实践的经验教训所在。这表明，农业保险难以存在一个自由竞争的市场，这在理论上是经济学所揭示的市场失灵的典型案例之一。而偏偏各国政府发现农业保险又是一个很好的农业政策工具，有必要加以充分利用。市场失灵，就需要政府干预，如何干预，这种干预要达到什么政府和市场目标，干预到什么程度比较合理，就需要有制度来规范和约束。

所以，很多国家都是对农业保险，特别是政策性农业保险，从一开始就制定了专门的《农作物保险法》《农业保险法》或《农业灾害补偿法》等，还对某些涉农保险，例如中小渔船的合作制保险，也制定专门的法律，由政府给予特别支持。我国正是充分考虑到这一点，在 1995 年颁布的《中华人民共和国保险法》

---

* 本文发表于《中国保险报》，2012 年 12 月 13 日。

中，对农业保险的立法留出了接口，该法第158条特别指出“国家支持为农业服务的农业保险，农业保险由法律和行政法规另行规定”。对这个论断，在2002年和2009年两次修订保险法时，都没有做任何修正。

当然，对该条一直有两种理解，一种理解是农业保险需要完全不同于商业保险法的专门法来规范，就像美国、加拿大、日本的农业保险立法一样。有的国家的农业保险法甚至，其农业保险法所涉及的内容与商业保险法没有关系①。另一种理解是，农业保险，包括商业性农业保险和政策性农业保险，都需要另订规则。

不管是哪种理解，对于农业保险这种特殊的财产保险来说，必须要有适应其产品和经营特点的游戏规则。没有这些规则，农业保险经营就会陷入混乱，或者缺乏效率。这是我们历时近6年，两次启动制定《农业保险条例》的主要原因。

二、跨越两类农业保险的法律架构

该《条例》不拘泥于其他国家关于农业保险法律法规的指导思想和规范范围，创造性地设计了一个将商业性农业保险和政策性农业保险放在一起规范的一般性农业保险法律架构。

所以，《条例》整体上是规范农业保险的，而政策性农业保险只是其中的部分内容。《条例》第1条给出了农业保险的一般性定义，“本条例所称农业保险，是指保险机构根据农业保险合同，对被保险人在种植业、林业、畜牧业和渔业生产中因保险标的遭受约定的自然灾害、意外事故、疫病、疾病等保险事故所造成的财产损失，承担赔偿保险金责任的保险活动。”该定义的内涵基本上是沿袭了我国传统的对农业保险的实践和概念界定，即“农、林、牧、渔业生产风险的保险”。同时《条例》第3条说，“国家支持发展多种形式的农业保险，健全政策性农业保险制度”，进一步表明第1条定义的农业保险包括“多种形式的农业保险”，笔者理解主要是商业性农业保险和政策性农业保险，但特别强调要“健全政策性农业保险制度”，简单的几个字与2004年以来大部分中央1号文件和中央其他政策文件精神完全吻合和衔接。

另外，《条例》对农业保险的概念外延做了扩展，那就是“包括农房、农机具、渔船等财产保险，涉及农民的生命和身体等方面的短期意外伤害保险”，这些内容被定义为“涉农保险”（《条例》第33条第2款）。这种外延的扩展完全区

① 参见加拿大曼尼托巴省《农作物保险法》（1987年最新修订）第9条：“The contracts made with insured persons are not contracts of insurance within the meaning of the Insurance Act; and that Act does not apply to the administration of this Act.”意思是“被保险人签订的农作物保险合同并非根据《保险法》签订的保险合同。《保险法》不能适用于《农作物保险法》”。

别于其他国家对于农业保险的界定，但充分尊重了目前我国的丰富实践。这样，《条例》就是一个以一般性农业保险的定义作为基础，将商业性农业保险和政策性农业保险，农业保险和涉农保险共同来规范的法律文件。

就笔者看到的美国、加拿大、日本、菲律宾等国的农业保险法律，都是只规范政策性农业保险（或称有政府补贴的农业保险），不涉及由商业保险法规范的商业性农业保险。我国的《条例》充分吸收了保险学界、保险业界和农经学界半个多世纪的研究成果，这就是，无论是商业性农业保险还是政策性农业保险都有一些不同于一般性商业性财产保险的共同特征，也就产生了一些特殊的业务规则。将各类农业保险共同的和有区别的特点放在一个法规中来规范，有利于我国农业保险更加广泛地开展。

同时，这种架构安排也和上位法《中华人民共和国保险法》和《中华人民共和国农业法》顺畅地衔接。如前所述，《中华人民共和国保险法》提出对农业保险另行规范，并没有区分商业性农业保险和政策性农业保险，而《中华人民共和国农业法》就明确区分了商业性农业保险和政策性农业保险。2002 年修订的《中华人民共和国农业法》第 46 条第 1 款规定，“国家建立和完善农业保险制度”，第 2 款则说“国家逐步建立和完善政策性农业保险制度”。就笔者理解，该条明确认为“政策性农业保险制度”是作为“农业保险制度”的一部分。

三、明确阐述政策性农业保险制度的主要要素

如前所述，农业保险制度（主要是政策性农业保险制度）是一种特殊的财产保险制度，从世界其他国家建立政策性农业保险制度的经验和我国几十年试验实践来看，这种政策性农业保险制度的设计和建立离不开若干重要的制度要素，这些要素是顶层设计的重要组成部分。《条例》吸收国内外经验，肯定和提出了以下一些重要因素：

（一）选择和确立符合本地实际的经营模式和操作

国家层面的大政方针和宏观政策有了，在我国对政策性农业保险制度采取分散决策的条件下，省（自治区、直辖市）一级通过一定程序建立一个合理和完备的制度架构，选择自己的经营模式是必要的和重要的。此前，有不少省（自治区、直辖市）设计制定了本地政策性农业保险制度和操作方案，并在实际过程中根据积累的经验和教训不断进行修订和完善，对这些省政策性农业保险的持续和健康发展起到重要作用。但也有些省并没有意识到做政策性农业保险还需要自己制定一套规则，需要选择适当的经营模式，以为有财政的补贴就可以了；其实不然，有没有符合本地实际的农业保险规划和政策性农业保险的制度方案，对本地政策性农业保险的近期和长期发展的影响是大不一样的。当然，不做方案也是一

种方案，所谓“无为而治”，但是，已有的实践证明，有方案和无方案，其实效果是不一样的。所以，《条例》第2条原则上提出了这个重要的要素。

（二）有一定力度的政府财政和税收支持

公共财政给予农业保险补贴是政策性农业保险制度成立的最主要的特征之一，也是这种制度最重要的要素之一。如果说从2007年开始的政府财政对农业保险费补贴的政策和文件，还只是部门规章的话，《条例》则以法规的方式肯定了这些政策，并明确规定了中央财政和地方财政支持政策性农业保险的责任和权利。

《条例》对中央和地方支持政策性农业保险的责任和权利是不同的，《条例》第5条第1款规定，由财政部会同国务院农业、林业主管部门和保险监督管理机构制定政策性农业保险的补贴范围和补贴办法。在该条第2款，只是“鼓励地方人民政府采取由地方财政给予保险费补贴等措施，支持发展农业保险”，并不要求地方政府必须给予政策性农业保险补贴。

对于税收优惠，《条例》没有直接规定，而是在第9条第1款从保险经营的角度做出了规定，该款说“保险机构经营农业保险业务依法享受税收优惠”。这里明确表达了税收政策应当对政策性农业保险的倾斜。

其实，政府财政和税收对政策性农业保险的必不可少的支持，是成功开展政策性农业保险的国家一直坚持的政策。美国从1939年立法建立政策性农业保险制度以来，政府财政进行了大量补贴，根据最新的数据，2001—2011年，政府财政给政策性农业保险的补贴一直维持在76%～80%［其中纯保险费补贴率平均约为60%，管理费补贴约为总保险费收入（包括管理费）的15%～20%］。加拿大从1959年正式立法建立政策性农业保险制度43年以来，其业务一直由联邦政府和省政府支付全部管理费，直接保险费补贴近20年也都维持在60%左右。推行政策性农业保险30多年的菲律宾，政府给农业保险的费率补贴也不低，在平均8%的保险费率之中，政府补贴其中的6%，约占保费额的75%。农业之所以持续保持较高的财政补贴率，与政府想要达到的引导尽可能多的农民参与的目标有关，因为美国、加拿大、日本、菲律宾农民的参与率与财政补贴率是高度相关的，其他国家也不例外。

（三）市场上的保险经营组织及其结构

经营组织及其结构也是政策性农业保险制度的重要组成部分。目前世界上大体上有4类农业保险的组织方式和结构：一种是像加拿大那样，只有省政府所属的农业保险公司独家经营政策性农业保险直保业务；第二类是美国那种由政府所属的政策性农业保险公司主办，直保业务主要由经过选择的商业性保险公司经办；第三类是日本那种由农业保险合作社经营直保业务；第四种是像法国那样，商业性保险公司和合作保险组织都经营有政府补贴的农业保险直保业务。不同的市场组织形式和结构都有其产生和发展的历史轨迹，而且都是由其相关政策性农业保险法律法规规定的。

我国《条例》在充分调查和反复论证的基础上，从本国实际出发，确定商业性保险公司和其他合作互助保险组织都有参与经营政策性农业保险直保业务的权利（《条例》第1条第1款和第2款）。在《条例》制定过程中，对于要不要让合作保险组织名正言顺地成为政策性农业保险的经营主体，一直有不同的意见，主要的问题是担心在这些不那么规范的合作组织参与进来后比较难以监督管理，可能存在所谓“监管风险”。《条例》最终还是给了合作互助保险组织平等合法的身份，自然也就给了合作互助保险组织发挥其特点和为农业保险制度建设做贡献的机会，也必然赋予保险监管部门更多、更大的责任。

尽管允许众多商业性保险公司和不同的合作保险组织作为供给主体，但各个省在确定自己的方案时，实际上还是可以在这个规定的范围内做出选择。实际上，目前在不同省的政策性农业保险市场上，供给主体及其结构还是有区别的。保监会也会根据《条例》规定的条件并从市场实际出发，来调控市场供给主体，保证政策性农业保险的市场效率。

（四）各级政府部门的准确角色定位

对于政策性农业保险的经济关系来说，实际上有三方当事人，即保险人、投保农户和政府。而政府这一方又涉及中央政府、省级政府和地、县级政府不同层级，甚至乡村一级。政府在这个经济关系中扮演着非常特殊的和复杂的角色，既要为投保农民分担大部分保险费，同时还要宣传、组织和引导农民参与，并且协助保险人做定损、理赔等工作，推动政策性农业保险业务的拓展和顺畅运行。除此之外，政府也必须要当好裁判员，负责规范这个特殊的市场。而一般商业性保险除了接受政府监管，不会有政府参与保险合同的订立和执行的任何活动。在政策性农业保险这种特殊情况下，需要对政府及其部门的权利和责任边界做出明确界定，否则政策性农业保险很难顺畅运作。因此，《条例》对政府部门的角色做出了准确定位。

对于中央政府各部门的角色，《条例》主要是这样界定的：

财政和税收部门制定相关保险费补贴和税收优惠政策，并加以实施和管理；保监会负责保险业务的监督管理；财政、税务和农业、林业等其他有关部门负责宣传、组织、推进和管理以及共同建立信息共享机制。《条例》第4条规定“国务院保险监督管理机构对农业保险业务实施监督管理。国务院财政、农业、林业、发展改革、税务、民政等有关部门按照各自的职责，负责农业保险推进、管理的相关工作”，“财政、保险监督管理、国土资源、农业、林业、气象等有关部门、机构应当建立农业保险相关信息的共享机制。”《条例》第6条还规定各部门要“采取多种形式，加强对农业保险的宣传，提高农民和农业生产经营组织的保险意识，组织引导农民和农业生产经营组织积极参加农业保险”。对中央各部门的具体职责，在《征求意见稿》中规定得比较具体，但在《条例》中没有一一罗列。《条例》第 8 条第 1 款对政府的责任还有一个重要规定，即“国家建立财政支持的农业保险大灾风险分散机制，具体办法由国务院财政部门会同国务院有关部门制定”。

对于地方政府的角色，《条例》是这样定位的：

省级政府选择本省的农业保险经营模式；省、地、县政府负责引导、宣传和组织。《条例》第 3 条第 3 款：“省、自治区、直辖市人民政府可以确定适合本地区实际的农业保险经营模式”。第 5 条说，“县级以上地方人民政府统一领导、组织、协调本行政区域的农业保险工作，建立健全推进农业保险发展的工作机制。县级以上地方人民政府有关部门按照本级人民政府规定的职责，负责本行政区域农业保险推进、管理的相关工作。”第 6 条中所规定的宣传和组织工作除中央政府部门，也包括“地方各级人民政府及其有关部门”。地方政府还有一个职责，那就是对于政策性农业保险的费率厘定发表意见，《条例》第 19 条规定，“属于财政给予保险费补贴的险种的保险条款和保险费率，保险机构应当在充分听取省、自治区、直辖市人民政府财政、农业、林业部门和农民代表意见的基础上拟订”。对于农业保险的大灾风险，《条例》也“鼓励地方人民政府建立地方财政支持的农业保险大灾风险分散机制”。

从上述定位的规定可以看出，中央政府部门也好，地方政府部门也好，在《条例》规定的责任和权利之外，不可以干预农业保险的直接和再保险业务经营。否则，政策性农业保险市场就会发生扭曲，甚至导致严重后果，这种教训在我国已经不止一次发生过。在我们几年的试验中，有的地方政府要求保险公司支付超过保险损失的赔款，也有在发生较大灾害损失时允许保险公司不按照保险合同足额赔付被保险农户的损失，还有的地方政府阻止保险公司购买再保险，这些缺乏规范和约束的政府行为，给政策性农业保险甚至更多方面造成不小的负面影响。

（五）巨灾风险管理的制度安排

专门建立巨灾风险管理制度是政策性农业保险的另外一个特点，也是建立政策性农业制度不可缺少的要素。商业保险经营虽然也有巨灾风险，但是相对概率较小，所以《中华人民共和国保险法》没有专门规定要专门对大灾风险进行管理，也没有特别提出建立大灾风险分散机制的问题。保险公司在微观管理中，是通过建立任意准备金或总准备金来应对可能发生的大灾风险。

在我们试验政策性农业保险的过程中，有的专业农业保险公司建立了“大灾准备基金”，却不被税务部门认可，被认为“逃避所得税”，因为《中华人民共和国保险法》中只有责任准备金等规定，而没有什么“大灾准备金”。有的省在设计本省的政策性农业保险制度时，没有考虑大灾风险分散制度的问题，这表明，从法律法规方面来确定这个制度是十分必要的。

对于政策性农业保险的经营，其他国家的农业保险法律法规，对发生大灾损失后责任准备金不足支付赔款的情况，都有具体的筹资安排。例如，美国《联邦农作物保险法》就规定在发生这种情况时，可以由农作物保险公司发行债券；加拿大的《农作物保险法》则规定，在这种情况下可以向省政府和联邦政府借款来支付投保农户的赔款。所以，我国《条例》第8条专门对建立大灾风险分散机制做出了原则性的规定。当然，在发生大灾保险基金不足支付赔款的情况下，到底由谁具体设计和建立风险分散制度，这种制度要选择何种融资机制，通过何种途径融资，融资规模如何等，都有待“有关部门”制定具体的方案。

（六）健全的法律法规

健全的法律法规毫无疑问是政策性农业保险制度的重要因素，《条例》本身就是这种制度的法律依据。《条例》实际上包括了农业保险业法和农业保险合同法需要规范的主要的和特殊的内容。同时，《条例》也为各有关方面留出了制定相关部门规章的接口，比如，财政补贴范围、强度、补贴结构和补贴实施方式方面，需要财政部门依据《条例》在现有规章基础上加以完善，税务部门也需要根据《条例》和实践的发展完善对政策性农业保险的优惠政策①，保险监管部门也需要制定包括互助合作保险组织的管理规定以及其他农业保险服务体系建设和经营制度建设所需要的规章等，《条例》和相应配套规章制度，将共同构成完整的符合政策性农业保险推行和持续发展所需要的法律法规体系。只有到那时，政策性农业保险制度才是比较完善的。

四、充分尊重和肯定农业保险业务的特点

农业保险有一些特殊的经营规则，这是农业保险实践提出来的，也是农业保险健康发展的依据。《条例》根据国内外实践的经验和教训，将比较成熟的和广泛达成一致意见的，在《农业保险合同》和《保险经营》两个章节中，用16个条款（占整个《条例》条款数的一半）做出规定，充分尊重和肯定了农业保险业务的特点。

在《农业保险合同》一章中，针对农村土地广袤、农户高度分散和农村人口大量流动的特点，允许“由农业生产经营组织、村民委员会等单位组织农民投

① 我国税务部门对农业保险的支持力度显得非常谨慎，目前，除了免除营业税和对于总额在当年保险费收入的25%范围内的“大灾风险准备金”免除所得税，其他的税费都照样征收。而其他国家（如美国），则对政策性农业保险免除一切资产税、营业税和所得税。

保”。当然，也为了避免一些弊病，同时规定投保和理赔的结果都要公示，而且“理赔清单应当由被保险人签字确认”。考虑到农村的上诉特点，也从农业保险的保险期限较短的实际出发，为了保持农业保险合同的稳定性，同时维护投保人的利益，《条例》特别规定“在农业保险合同有效期内，合同当事人不得因保险标的的危险程度发生变化增加保险费或者解除农业保险合同”。对于一般财产保险来说，当保险人赔偿了保险标的的损失之后，受损标的的残值一般归保险人所有，而考虑到我国农业保险中，出于对保费缴纳水平和道德风险的控制，一般都是不足额投保，而且大部分产品采用的是所谓“物质成本保险”，保险金额只有保险价值的 30％～40％。因此，《条例》规定“保险机构不得主张对受损的保险标的残余价值的权利，农业保险合同另有约定的除外”。

在《保险经营》一章中，首先设立了农业保险经营机构的“门槛”，并强调“未经依法批准，任何单位和个人不得经营农业保险业务”。为了防止保险经营机构错误地理解农业保险特别是政策性农业保险，《条例》提示：“保险机构经营农业保险业务，实行自主经营、自负盈亏。”就是说，在各省选择指定的农业保险或者政策性农业保险方案规定的范围内，政府只承担其承诺的责任，而不会为保险经营机构自己的超赔损失买单。保险经营机构万一失去偿付能力，那就只能按照《中华人民共和国公司法》或者其他相关法律，走破产程序。对于农业保险经营特别是政策性农业保险经营，考虑到政府公共资源的投入及其合理性、效果性评价，以及科学合理的费率厘定经验数据积累的需要，规定“保险机构经营农业保险业务，应当与其他保险业务分开管理，单独核算损益”。同时还规定，“保险机构应当公平、合理地拟订农业保险条款和保险费率。属于财政给予保险费补贴的险种的保险条款和保险费率，保险机构应当在充分听取省、自治区、直辖市人民政府财政、农业、林业部门和农民代表意见的基础上拟订。”这一条与《征求意见稿》的规定差异较大，在《征求意见稿》里，曾规定“任何单位和个人不得非法干预农业保险条款和保险费率的制定”。但是，经过反复讨论和斟酌，政府有关部门对于政策性农业保险的费率规定有了一定的发言权。

五、严厉惩处农业保险中的违法违规行为

政策性农业保险的保险费补贴的取得和使用，是一个非常严肃的问题，根据试验中出现的问题，《条例》对此做出了严格规定，并严厉禁止任何单位和个人以“任何方式骗取农业保险的保险费补贴”。

在政策性农业保险 5 年多的试验中，违法违规问题不时发生，成为其健康和可持续发展的桎梏。所以，《条例》在《法律责任》一章对各有关方面提出警示并做出具体惩罚规定。

对于保险经营机构的违法行为，大体上分为 3 类：第一类是在没有依法取得

经营农业保险资格情况下的惩罚。第二类是对违反《条例》规定的经营规则、监管规则的处罚，例如，“编制或者提供虚假的报告、报表、文件、资料；拒绝或者妨碍依法监督检查；未按照规定使用经批准或者备案的农业保险条款、保险费率。”“未按照规定将农业保险业务与其他保险业务分开管理，单独核算损益；利用开展农业保险业务为其他机构或者个人牟取不正当利益；未按照规定申请批准农业保险条款、保险费率。”第三类是对骗取保险费补贴、挪用和截留保险金等违法行为的处罚。以我的理解，这第三类问题不只是针对保险人、被保险人，也针对与其有关的部门和单位。

六、《条例》需要在实践中逐步完善

总的来说，《条例》的制定是成功的，它的颁布就是对中国农业保险发展的巨大贡献，也是对中国农业和农村发展政策的极大丰富。但是由于我们农业保险特别是政策性农业保险实践时间还比较短，有些问题还需要在实践基础上逐步完善，就目前来看，有些问题还不大明确，也还遗留了一些需要研究讨论的问题。

（一）有些方面的法律界限可能发生混淆

把“多种形式的农业保险”放在一个法规里规范，虽然是一种创新，也的确有利于我国农业保险的发展。但是，《条例》中的大部分内容主要是针对政策性农业保险做出的规范，对商业性农业保险是没有多少意义或者约束的。例如，关于各省选择自己的经营模式、关于政府财政补贴、政府各有关部门协同“推进”和“管理”，“建立大灾风险分散机制”，“与其他保险业务分开管理，单独核算损益”，还有相关的法律责任问题等。因为这些问题与商业性农业保险关系不大。可是《条例》没有明确和区分不同形式农业保险之间的政策和法律适用，就可能给保险机构和政府部门，特别是监管部门带来认识上的混淆和操作上的困惑。

（二）应该有关于保险利益方面的规定

在起草该《条例》时，有关于投保人和被保险人对于保险标的必须具有保险利益的条款，在正式颁布的《条例》中没有见到。实际上，在实践中已经存在这个问题了。我国农村和农业正值大变动时期，由于城市化加速、人口大量流动和土地流转，很多地方土地经营权人（土地承包人）往往并没有经营和耕种其土地，实际耕种者（承租人或无偿耕种人）才是保险标的风险损失的直接承担者，在这种情况下，谁有保险利益和获得保险赔偿的享有权，值得研究和规范，如果经营权人投保，并在标的因灾受损后由其获得补偿，就会有违“保险利益原则”和“损失补偿原则”，也是很不公平的。所以，保险利益问题应该在《条例》中有至少是原则性规定。

（三）没有完全解决"封顶赔付"和"协议赔付"问题

在政策性农业保险试验中，有的地方出现了"封顶赔付"和"协议赔付"问题。我曾经对一些地方存在的这类问题表达过意见，我认为"封顶赔付"是有的地区害怕保险公司和地方政府承担较大赔付责任而设立的关于损失赔偿的限制性规定。有的地区没有这种"规定"，但在实际操作中，当发生较大灾害时，赔付就"自动封顶"。"协议赔付"是指这样一种现象：有的地方政府手握政府补贴，以其强势地位在灾损发生后的赔付问题上与保险公司讨价还价，灾损小时政府要求多赔，灾损大的年份，政府也不得不同意保险公司少赔。

这两种规定和做法都是违反了保险基本原理和公平交易的原理，会严重侵害被保险农户的根本利益。其实保险机构都明白，当保险人收取1‰保险费的时候，就表明保险人承诺在发生灾损时，最高可能赔给被保险人保险费的1 000倍，同样，收投保人5%的保险费，就是答应最高会赔给被保险人相当于保险费20倍的保险金，写在保险合同上的保险金额也与保险费率存在这种对应关系。但如果保险人一面收5%的保险费，另一面又将赔付额限定在300%或者500%的赔付率的水平上而不是2 000%，这是自相矛盾的，极其不公平，也是开保险的玩笑。"协议赔付"就更加搞笑了，哪有签订保险合同之后，在执行合同时又讨价还价的道理。

如果在保险行业范围内考察的话，除了合作制、相互制保险可以自定章程，以准备金数额作为赔偿限额，准备金不足赔付时可以实行减额赔付，不可以允许保险公司"封顶赔付"，如果因为履行合同，保险公司面临破产，这是正常的，此时可以启动"保险保障基金"来填补赔付差额。此时的"协议赔付"是在按照《中华人民共和国破产法》《保险保障基金管理办法》的规范下合法合理进行的。

笔者注意到，《条例》的第15条第1款，从保险合同执行的角度，对这些问题提出了解决方案，该款规定，"保险机构应当按照农业保险合同约定，根据核定的保险标的的损失程度足额支付应赔偿的保险金。"这个规定可以防止再搞什么"协议赔付"。但"封顶赔付"问题并没有得到解决，非互助合作性质的保险机构还是有可能"封顶赔付"，特别是有的省里制定政策性农业保险方案时，就规定"赔付封顶"的情况。那么，"封顶赔付"有可能写进合同里去，而投保农民很难发现该合同存在这种欺骗，只有其利益受损时才可能知道。但找谁并依据什么法律法规讲理、维权呢？

（四）不该忽略对科学合理进行风险区划和费率分区的要求

科学合理进行风险区划和费率分区也是政策性农业保险制度不可或缺的制度要素，是成功推行政策性农业保险的必要条件之一。

与一般财产保险相比，农业保险在地域上和时间上的风险损失概率分布的差异非常大，不要说一省一县之间的差异，就是一个村的村前村后的土地，受地理、气候、气象、经济技术等条件的影响，风险损失概率都会有明显不同。所以，农业保险发达国家都有比较科学和完备的风险区划和比较细致的费率分区，以体现保险价格的相对公平并有效防止逆选择。实践表明，在举办政策性农业保险之初，缺少这个重要条件，导致的严重后果有两个，一个是不少地方逆选择问题比较突出，另一个就是，再要按照科学风险分区制定差别费率的实施阻力很大，甚至会迫使保险人放弃这种努力，因为这等于是重新调整被保险人和政府的利益。为解决这个重要问题，不少人曾经建议在《条例》中应要求保险人在政府部门的协助下制定本地的农业保险风险区划和费率分区。但遗憾的是，对这个重要的政策性农业保险制度要素没有提及。当然，在《条例》的第 19 条第 1 款中，也有“保险机构应当公平、合理地拟订农业保险条款和保险费率”的规定，也许起草者认为，这一款可以含有解决风险区划和费率分区的问题的意思，但实际上，由于各地缺乏对农业保险中风险区划和费率分区的了解，按照做一般财产保险的思维，很可能不去做这方面的事情，这会使农业保险的科学性以及效果和效率大打折扣。

（五）需要进一步探讨农业保险中介的合理性与合法性问题

如何认识和对待农业保险中的中介和中介活动，一直有不同的意见，《条例》删去了最初的稿子中对中介介入农业保险的禁止性规定，笔者认为这是比较慎重的。中介介入农业保险，在实践中已经存在。虽然有些方面颇有微词，但一概否定、一棍子打死也不合适，特别是在各地缺乏农业保险技术人才的条件下，有中介机构为那些需要帮助的地方提供技术服务，对政策性农业保险的健康发展有其积极意义。但对经营成本的影响现在还缺乏评估，不好做出否定性断言。当然也有的地方保险公司限于自己的技术和人力，试图作为农业保险的“承包商”，然后“分包”给不一定具备经营农业保险能力的中介机构，这种情况就得否定。如何规范农业保险中的中介和中介活动，需要在实践中进一步探讨，以便今后修订《条例》时能准确规范。

参 考 文 献

庹国柱．2012．农业保险本质上是农业问题，是国家以保险为工具实施的一项支农政策［J］．中国保险（6）．

孙群，夏益国．2012．完善的美国政策性农业保险产品体系［J］．中国保险（8）．

有效防范道德风险方能使政策性农业保险健康发展*

我国政策性农业保险在刚刚过去的2011年里有约26%的增长，保险费总收入达到创纪录的170亿元人民币。但其中养殖业保险业务在5年中波动很大，使整个农业保险的增长速度放慢。我粗略算了一下，2007年中央财政开始补贴种植业和养殖业保险之后，最初两年，养殖业保险发展迅猛，能繁母猪的承保量和保险费收入都创造了辉煌业绩。但是从2009年起养殖业保险大幅萎缩，保险费收入减少30%以上，2010年进一步负增长约22%。养殖业保险中的主要险种能繁母猪保险和奶牛保险的签单量和保费收入额都大幅度减少。直到2011年12月才扭转下降的颓势，到年末出现一定增长。这与整个保险业的发展和农业保险的持续增长都显现出强烈的反差。

调查表明，造成农业保险在一段时间里增速减慢，特别是养殖业保险萎缩的原因固然很多，但是某些地区和领域严重的道德风险①，是导致农业保险赔付率居高不下、经营养殖业亏损严重的主要原因之一。重视研究政策性农业保险中的道德风险，不仅是各家保险公司的重要课题，也是各级政府应当关注的重要课题。这个问题的较好解决是我国政策性农业保险制度健康和可持续发展的关键之一。

一、政策性农业保险中的道德风险

通俗地讲，道德风险是保险合同中一方和合同有关方因为不诚实守信、违反

* 本文发表于《中国保险报》，2012年2月27日、3月1日。

① 本文讨论的“道德风险”可能与道德风险的理论定义（例如合同签订后的信息藏匿）不完全吻合，因为有些现象是合同签订前的信息藏匿，这是逆选择问题。本文只是想讨论这类问题，姑且这样表述。欢迎读者讨论和批评。

法律法规或者违背正常的经营规则，导致保险合同中的他方遭受风险损失的可能性。很多研究成果都表明，投保方的道德风险造成的冤枉赔款要占保险赔款的20%甚至更高。而当前政策性农业保险特别是养殖业保险中的道德风险似乎更严重，已经成为农业保险持续发展的“拦路虎”。

在财产保险和人身保险中，保险双方都可能发生道德风险事故，但一般人特别是保险经营者都很重视投保人的道德风险。很少有人研究和注意保险人自身存在的道德风险问题。

在政策性农业保险中，道德风险事故同样可以发生在投保人和被保险人一方，也可以发生在保险人一方，特殊的是，还可能发生在协助保险机构经营和管理农业保险业务的政府部门一方。三方的道德风险对政策性农业保险的经营都在产生非常严重的负面影响。当然，投保方的道德风险事故相对比较多，从表面上来看也严重一些。这三方面的道德风险可以列举出很多种实例。

（一）投保方的道德风险

投保一方（投保人和被保险人）利用投保农户和保险标的比较分散的特点，以及保险人在保险标的风险精确识别和管理困难或风险管理中存在的漏洞，在种植业中，不按正常耕作制度或田间经营管理规范管理作物（例如，使用不适当的甚至假种、苗，该浇水不浇水、该排水不及时排水、该杀虫不杀虫、该防灾不防灾、该救灾不救灾等），导致或者扩大灾害损失等，或者偷梁换柱，有意混淆或更换保险标的，只投保部分地块，非投保地块遭受灾损后以已投保地块名义索赔，或夸大灾情和灾损；在养殖业中，将不同畜龄和健康状况的畜群做选择性投保，病畜带病投保，养殖鱼虾发生疫情之后才投保，甚至以无中生有制造畜禽死亡的假赔案的方式骗保，在保险监管部门所进行的能繁母猪保险专项检查中，还发现“少保多赔，多保假赔，一猪多赔”等问题。这类道德风险案件已经屡见不鲜，这些情况也是典型的道德风险事故。

（二）保险人的道德风险

农业保险的保险人一方实际上也存在道德风险。由于农业保险的保险费接受各级政府财政补贴，有的保险业务人员便采取虚假承保或出具假保单的方式，不仅套取财政保费补贴款，而且使投保农户在发生风险损失时得不到保险补偿。保险定损理赔人员在理赔中压低灾损，少赔或不赔的问题也时有发生。

在保险产品定价过程中，也存在道德风险的问题。因为缺乏历史数据和理赔经验，加之主管政策性农业保险的政府部门没有参与，或者即使参与也因不大了解其中的技术和专业问题，没有多少发言权，更重要的是，迄今的政策性农业保险没有完善的法律制度，监管部门事实上并不严格审查条款和费率，致使有的地方由商业性保险公司完全主导厘定的政策性农业保险费率不尽合理，有的地区对有的险种定价过高，也是保险人道德风险的一种表现。

（三）地方政府的道德风险

目前，我国政府中央、省（自治区、直辖市）、市、县四级财政对农业保险的保险费进行补贴，这种补贴一般占到保费的80%，有的地区甚至达到90%。这个事实，加上我国农户分散、农业经营规模小、单位作物或饲养动物的保险金额不大，农户风险与保险观念淡薄，保险知识缺乏等原因，开展农业保险需要地方政府机构（主要是县、乡、村行政机构）在展业宣传和组织、灾后查勘定损和理赔等工作中予以协助。

在这种特殊情况下，基层政府部门可能在保险业务活动中，会有不适当的干预。有的地方政府曾经干涉保险机构的业务活动，要求保险机构签订不合规范的保单，否则别做；有的地方出现克扣、截留保险费的财政补贴款情况；有的甚至与保险公司合谋，搞“统保统赔”，农民不交保险费，有基层政府或者个人代垫代交投保农民应缴的保费，在年末通过假赔案或虚增赔款等方式，将基层政府或个人代交保费和政府财政补贴保费款套取回来；也有的地方政府部门存在不规范地索取手续费、佣金问题；还有的地方政府，以补贴资金拨付为“武器”，迫使保险公司“无灾也赔”“小灾多赔”；有的地方甚至出现地方政府和投保农户“联合起来吃保险”现象，没有参保也要求赔付；也有地方政府在缺乏经验依据的条件下，过分压低保险费率，致使保险经营困难，迫使保险经营机构收缩业务。这类道德风险事故，表面上是保险人的道德风险，事实上源于地方政府的不适当干预。

上述种种，源于地方政府的道德风险事故，造成保险经营机构正当保险费收入的减少和赔付率人为的提高，从而扩大了保险损失成本，不能给遭受灾损的投保农户足额赔付等，不仅损害了保险人的合法利益，更损害了被保险人的利益，也必然影响政策性农业保险制度的健康和可持续发展。

在这种保险环境下，在那些不能按合同得到足额赔偿的地方，农户投保积极性在一定程度上受到影响；在一些保险经营成本很高的地方，保险人也只得收缩“战线”，减少承保；财政部门在没有找到有效纠正财政补贴“漏损”和不到位问题的措施的情况下，对于扩大补贴规模、增加保险标的种类、较快扩大农业保险的覆盖面，必然更加谨慎小心，这也是顺理成章的。

二、政策性农业保险中产生道德风险的主要原因

（一）投保方的信息隐匿和灾后不作为是其产生道德风险的重要条件

道德风险在理论上是因为保险经营活动中的信息不对称。

农业保险的投保人和保险标的本来就高度分散，保险过程中的任何一个环节

都难以受到保险人的控制和监督，而且投保人（和被保险人）一方拥有对保险标的及其风险环境状况较多的信息，例如保险标的的自然、地理、经济环境和条件，当地的耕作制度、畜禽安全生产条件、饲养管理的规范程度、疫病发生状况等，如果投保农户没有按照保险的最大诚信原则，在签订保险合同时如实告知，并在整个农作物和饲养动物生产过程中保证按照正常经营管理规范进行照料和管理，保险人就会在缺乏对保险标的风险状况了解的情况下，厘定费率和制定承保条件，就必然会因此遭受不合理的损失。

而且，由于农业保险的标的，无论是农作物还是饲养动物，都是活的生物，其组织、器官和整个机体在发生损害后，一般都具有自我恢复的能力。其灾害事故与其损失后果并不一定具有必然联系。在发生保险合同约定的灾害事故后，被保险人是否进行合理的、及时的施救和加强田间管理（畜禽、水产的饲养管理），与农作物和家畜家禽、水产品风险损失的有无和大小关系极大。如果在灾后不作为，不该发生的损失也会发生，可能的较小损失也会成为巨额损失。这也是农业保险与其他财产保险的重大区别之一。

（二）保险人的道德风险源于较大的且缺少监督的定价权

对于保险人一方来说，其拥有制定格式保险合同的专业和技术的优势，合同条款中某些内容及其确切或者真实含意，并不是投保农户能够完全了解的。在现有条件下，保险人也因为拥有较大的甚至完全的定价权，可能不适当加大费率的安全系数，增加安全边际，使投保人支付的保费（包括财政支付的保费补贴）与其风险保障不一致。保险营销人员也会因为监管漏洞，通过非法手段与投保人密谋，签订假保单，骗取财政补贴或者多收保费，甚至将保费攫为己有，从而既损害投保农户的利益也损害国家的利益。

（三）地方政府的道德风险与其对农业保险认识不到位关系较大

地方政府的道德风险问题，源于政府的财政补贴和基层政府对保险经营微观活动的深度参与。当然，财政补贴和对微观活动的参与本身并不必然与道德风险相联系。问题是由于法律法规缺失，而政府在农业保险中又处于一种特殊地位，使得政府主要是地方政府，不大了解自己在农业保险制度和农业保险经济关系中的准确定位和权利边界，从而可能“越权”处理农业保险的微观业务问题，包括少数政府工作人员没有正确理解“财政补贴”的真正含义，以为自己可以对财政补贴有较大的“自由裁量权”，并理所当然地可以从中“分享”某些好处。当然，也不排除个别官员钻法律法规不健全的空子，借机谋取私人利益。

（四）监管不到位是农业保险道德风险问题的重要原因之一

监管不到位也是频频发生上述多方道德风险问题的重要原因之一。与其他农业保险发达国家不同的是，我国政策性农业保险目前的制度，是由保监会、财政部、农业部等政府部门共同监管。财政部负责财政资金的补贴种类和范围的确定、补贴资金预算、补贴资金拨付、补贴资金的使用效果评价等规则制定和实施；保监会对由保监会审批的保险经营机构的经营活动、公司的偿付能力、公司的治理结构等进行监管；农业部门负责帮助保险经营机构进行展业宣传并对灾损发生后的查勘、定损、理赔工作提供行政和技术支持等。如果制度严密，多头监管也会产生较好的监管效果，但目前的多头监管，却是各自制定监管规则。因为没有统一的规则，各个部门就可能“各自为政”，又因为缺少监管部门之间制度化沟通、协调的顺畅渠道，就难免会出现监管真空和监管漏洞。特别是地方政府，虽然参与农业保险的许多微观经营环节，却没有“人”监管它们，甚至在起草相关法规时，起草者也不知道要不要有相关监管规定，也不知道谁可以担当此类监管重任。

三、多方位防范政策性农业保险中的道德风险

有效遏制农业保险中的道德风险，要从多方面入手：

（一）加快农业保险立法的步伐，使农业保险活动有法可依

鉴于政策性农业保险的特殊性，农业保险需要专门立法，建立相应的“游戏规则”，以便确立其有关各方的行为规范。有了“游戏规则”，投保人（被保险人）、保险人、各级政府在农业保险经济关系中的权利义务和行为规范有了依据，才能依法防范道德风险事故的发生，严厉惩治损害保险关系中他方利益的违法行为。例如，虚假承保问题、假赔案问题、选择性投保问题、灾后不作为问题等，都有赖于对这些问题的明确规范，包括对违规行为的惩罚规定。再如，不止一地出现的令保险公司头疼的“协议赔付”① 问题，基层政府克扣、截留保险费补贴等问题，都是农业保险损失补偿过程中发生损害被保险农户利益的原因之一，不从立法层面规范各级政府在农业保险活动中的权利和义务边界，合理调整保险政策，这类道德风险问题就难以解决。

继2011年春，中国保监会发布了《关于加强农业保险承保管理工作的通知》，对于开办农业保险的条件和规划、条款费率的规范和报备、投保人的保险利益、对投保标的的识别等方面做出了具体明确规定。2012年伊始，保监会又

---

① 这里所说的“协议赔付”是这样一种不合法、非正规的保险赔付的协商活动：有的地方农业保险在发生保险灾害损失后，不是依据保险合同约定进行合理和足额赔付，而是由保险公司与地方政府“讨价还价”。假如灾损不大，地方政府因为觉得“吃亏”，要求保险公司多赔，假如灾损太大，保险公司也会要求减少赔付。最后由地方政府和保险公司双方确定赔多少和如何赔。

发布了《关于加强农业保险理赔管理工作的通知》，进一步要求各经营农业保险的公司要按照“主动、迅速、科学、合理”的原则，切实加强农业保险理赔管理工作，做到“定损到户”“理赔到户”和“理赔结果公开”，确保赔案处理规范，赔款及时、足额支付给被保险人。这些规则尽管立法层次较低，但在一定程度上有助于对道德风险的防范和治理。

（二）加强对财政补贴效果的评价

公共财政支持农业保险在我国还是一种新的尝试，由于没有现成的经验可借鉴，资金的预算、拨付程序和监督以及使用效果，都需要进行评估和比较。评估也是一种检查和监督的过程，可以从中总结经验和教训，及时发现管理制度之中的漏洞和不完善之处。这对防范和制止各方道德风险有重要意义。值得高兴的是，财政部 2012 年已经安排在四川、内蒙古、安徽、江苏 4 省（自治区）进行农业保险保费财政补贴的效果评估工作。这必定有益于提高财政补贴农业保险保费的资金使用效果，也可以探讨防范其中道德风险事故的有效途径。

（三）实行统一和全面的保险监管

保险监管是农业保险业务健康运行的保证，因此，近几年保监会和财政部发布了一系列文件规范保险公司在农业保险经营中的行为和财政补贴资金拨付程序和规则，保证了政策性农业保险的顺利开展。但如上所述，由于是多家监管，难免有不衔接的地方，也还存在一些监管盲区，地方政府的一些行为实际上并不受保监部门和财政部门的监管。另外，有一些经营农业保险的机构（例如，中国渔业互保协会、陕西和湖北的农机安全互助协会，有些地区的谷物协会、果树协会、奶牛协会等），目前也还不受这些监管部门的监管。如果出现一些道德风险问题就无法很好解决。因此，必须在统一的规则下，实行对农业保险的全方位监管，以防范某些方面因为监管疏漏产生的道德风险事故。

（四）完善保险经营的微观制度

对于很大一部分道德风险，要靠保险经营机构完善保险经营管理制度来防范和杜绝，特别是要完善保险条款的设计，以及承保、核保、查勘、定损、理赔环节的管理。如果保险经营管理制度不健全、工作不细致规范，很容易为道德风险事故发生留下可乘之机。

另外，保险经营机构的经营管理制度建设，只有在地方政府的协助和支持下才能更加有效。乡村行政组织最了解本地农户从事农林牧渔业经营的规模和范围、生产经营和管理的规范程度，充分依靠基层行政组织，就可能较多掌握农户和保险标的的信息，容易识别和发现投保农户的道德风险，并加强对道德风险的管理。日本的农业保险，敢于按照农户的地块产量来承保，并实行区别于以家庭所有土地面积平均产量保险的费率，而不怕道德风险发生，除了农户普遍重视和讲求诚信，村一级组织对所有农户的土地和经营了如指掌是重要原因之一。

在有条件的地方发展相互与合作农业保险制度，也是减少道德风险事故发生的组织措施之一。国内外的经验表明，相互制或者合作制保险组织形式，因为参保农户之间利益的直接联系，有相互监督的条件和动机，道德风险就容易防范一些。在我国有条件的地方发展相互农业保险公司或农业保险合作社，至少在道德风险防范方面可以发挥机制方面的优势。上面所举日本的例子也可以说明这里的问题。当然从国外的经验来看，这种相互或者合作保险组织，如果规模过大、管理链条太长，“保东”或社员相互监督的作用也会相对减弱。

参 考 文 献

庹国柱．2011．道德风险．农业保险持续发展的“拦路虎”［N］．金融时报，01－19（10）．

江文胜，李冠佑，石有龙，龙文军．2011．发展畜牧业保险调研报告［M］//尹成杰，黄延信．中国农业保险组织制度研究论文集．北京：中国农业出版社：169.

农业保险可以在这些领域创新吗？*

保险创新是保险业发展的驱动力，保险监管部门一直鼓励保险机构创新，而且保险业在这30年特别是近十几年的发展中，也都是不断通过创新获得发展突破的。向俊波主席在不久前保险监管工作会议上用很多篇幅论述保险创新，认为“国内保险行业创新的主要矛盾集中于创新不足，而不是创新过度；或者说以前有过创新，但现在面对新形势、新局面，创新的思路不宽、动力不足”。他特别强调“应当旗帜鲜明地支持和鼓励保险创新。要适当提高监管的宽容度，允许市场主体在创新方面大胆试错，只要是有利于满足人民群众的多层次保险需求、符合金融保险发展的一般规律、风险可控的创新，我们就要支持。”陈文辉副主席在最近一次讲话中也专门论述了创新对保险业健康和可持续发展的意义。学习这些论述，使人颇受启发。

我这里，希望就农业保险中的一些创新思路做一些粗浅分析。

农业保险特别是政策性农业保险，是近几年产险中发展最快的部门，但是政策性农业保险有其不同于商业保险的一系列重要特点。包括农业保险经营风险较大，被保险农户高度分散，农业保险有其特殊的技术特点，而农业经营的资金需求量相对较小、小额贷款较多等。结合国内外的有益探索和实践，我觉得，适应这些特点，农业保险可以在下述几个方面寻求创新：

1. 农业保险经营机构可以直接向投保农户提供小额贷款，既减少农户贷款成本，又不增加贷款风险

现在，囿于保险和银行业的隔离，农户小额贷款是向银行或小额贷款公司寻求贷款，为信贷资金安全考虑，保险公司对通过向借款农户提供具有担保性质的保证保险，而贷款风险一般由保险公司和信贷机构共同承担。安徽、陕西等地就有这类保险产品。但是，这样操作虽然符合银保各自监管对顶，但给农户带来麻烦，成本也相应提高。据笔者调查，有的地方贷款利率和保险费负担加在一起有9%之高。而如果接受农户投保农业保险的保险公司，为什么不可以直接向农户

* 本文发表于《中国保险报》，2012年9月25日。

提供小额信贷呢？农户不需要跑两家金融机构，作为保险人，投保农户的借款资金风险有保单作为质押，信用风险同样可以得到一定控制，借款的农户既省了事也可以适当减少借款成本负担，这么具体有效地支持“三农”，我们何乐而不为呢？

从资金供应角度而言，保险公司也有一定能力，而且保险公司向保户提供保单贷款在国外也是正常的资金运用渠道。在农业保险机构试试水，也似乎不应该有多大障碍。

2. 与种养大户合资创建“农业保险试验和培训公司”，既为农险公司培训员工提供基地，也为农业保险新产品设计提供试验基地

农业保险需要特殊的技术，而如今由于农业保险公司的业务和机构拓展太快，保险公司的专业和技术人才严重不足，而现有的高等院校农业保险专业全国也就一两家，其师资和办学条件有限，无法满足农业保险发展的要求，进入农业保险公司或者综合财产保险公司农业保险部门的员工，90%以上都缺乏农业生产和技术知识，即使是从保险专业毕业的学生，因为专业学习中基本不开设《农业保险》课程，也大多不知农时，不懂农事，更不谙农业保险技术。不少员工连各种作物在不同地区的播种和收获时间，奶牛的分群、产奶规律和利用年限都不大清楚。虽进公司的员工一般都经过短期培训才上岗，但专业技术水平难以适应业务需要，这对农业保险的深入开展相当不利。

我与有的农业保险公司的同仁一起探讨过，可否根据公司和当地条件，因地制宜地找种植养殖大户，合作创建“农业保险试验和培训公司”，将其作为农业保险险种的试验基地，同时利用种植养殖农户的生产实践条件和环境及其生产经营的经验，进行农业生产知识和农业保险专业技术的培训，这比起在保险公司大楼里做空对空的相关知识学习的效果要好得多。保险公司的同仁认为，这是有益的、也是可行的。这与20世纪90年代，不少保险公司在大学投资建立保险学院，加强保险人才培养所发挥的作用是相同的。

也还可以与当地保险院、系合作，三方共同创建这样的试验和培训基地，把理论教学和实习实验结合起来，其试验和培训效果可能会更好。

农业保险试验基地建设也是必要的，种植业和养殖业有其符合当地条件的种植和养殖技术规范，包括田间管理和饲养管理。说实在的，目前，我们设计产品、厘定费率大多数情况下缺乏必要的数据积累，对作物和饲养动物的正常损失率、死亡率不一定很清楚，道德风险和逆选择也难以评估。如果能建立这样的试验基地，至少有了一定范围的参照系，这将使我们的农业保险业务的科学性、公平性和准确性大大提高。最近，吉林发生病虫灾害的问题引起了保险界和舆论界的广泛关注。我想，保险公司其实在设计农作保险产品时也可以将病害、虫害、草害、鼠害都列进保险责任，不少农业保险发达国家也都是将其纳入保险责任的。但我们的公司之所以将其作为除外责任，主要是考虑到将这些灾害包揽进来，被保险人的道德风险是很难控制的。毫无疑问，发生了病害虫害时，农户积极防治和消极对待，其对产量的影响是大不一样的。如今吉林发生的病虫害，保险公司很难判断和评估：其损失有没有因为投保农户不作为或者不积极作为产生的损失，如果有，有多大比例？如果有了试验基地，有了参照系，道德风险辨识和评估就比较容易，保险公司把诸如病害、虫害纳入保险责任至少心里有底。

保险公司拿出一点钱与种植养殖大户合作建立这样的公司，何乐而不为不为呢？

3. 直接或间接投资成立“农业生产资料和服务公司”，或者再大胆一点，像加拿大那样，把农业保险公司改造成“农业金融综合服务公司”

特殊的农村和农业生产环境，使农户在进行农业生产时，在购买化肥、农药、良种等方面，处于非常不利的市场地位，假化肥、假农药、假种子等在不少地方困扰着经营规模普遍较小的农民。作为为农户提供生产风险保障的保险公司，可否发挥其独特的作用，在出售保险的同时，承担为农民提供包括农业生产资料和农村金融服务的重任。一个显然的事实是，如果保险公司利用其市场地位从种子、化肥、农药供应商那里争取到价格合理、质量保证的农用生产资料，再送到农户的田头，农户能不高兴吗。避免了农资的质量和价格问题，也在一定程度和方面减少了农作物的损失概率，保险公司这不是为自己做事吗？农业生产资料和服务公司还可以扩大到为养殖业服务，同样会提高饲养场的生产效率、减少饲养动物的死亡率。

加拿大的有些省农作物保险公司（例如曼尼托巴省的农作物保险公司）过去一直只是提供农业保险产品和风险保障服务，但后来适应农户需要，利用其特殊的市场地位，不仅为农户提供传统的农作物保险，也提供包括小额信贷和生产服务的农业金融综合服务，公司的名称也改为“农村金融综合服务公司”。

我曾经调查过台湾地区的农会，尽管台湾地区没有政府给予保费补贴的农业保险政策和制度，但台湾地区的农会是可以为农民提供信用贷款、生产资料供应、各类人身和财产保险服务（包括商业性农业保险）的，其实台湾地区的农会就是一个包括保险服务的“农业综合服务公司”。农业保险公司如果能为农民提供包括保险保障服务在内的综合性服务，必定有利于扩大农业保险服务范围，减少逆选择和道德风险，改进农业保险服务水平，也提高农业保险质量。

农业保险的试验虽然已有5年多时间，业务扩展很快，就保险费收入而言，平均每年增长82%。但这对我们大多数做农业保险的保险公司来说，在业务和技术的专业化、科学化方面还是一个巨大的挑战，要把农业保险做精做细，有很多工作要做，包括在制度上、管理上、产品上和服务上进行大胆创新。我这里说了几条，只是瞎想，算是抛砖引玉。

我们需要设立自己的农业保险公司吗？*

最近，听说不少省、直辖市，特别是农业大省，准备申请设立本地的农业保险公司，并有报道称某直辖市的申请暂时受挫。那么，这些地方为何要设立农业保险公司，各方如何认识目前的农业保险市场，是否每个省（自治区、直辖市）都需要设立自己的农险公司，如果真要申请设立，需要考虑些什么问题，都是很多人所关心的问题。

一、争相设立农险公司的纠结

自 2007 年中央财政开始支持政策性农业保险试验以来，我国农业保险插上了飞翔的翅膀，2006 年全国农业保险费总共只有 8.5 亿元，2011 年年末达到 170 亿元，5 年增长 20 倍，使我国农业保险费收入居亚洲第一，全球第二。

政策性农业保险的开办和发展，为各地建设现代农业体系，实现国家粮食和食物安全战略，提供了有力的风险保障。这种风险保障在进一步实现国家和各省“十二五”农业发展规划中也是至关重要的。也许正是从这个角度考虑，那些农业大省才更有积极性设立自己的农业保险公司。

从最近 5 年政策性农业保险的试验实践来看，由于大部分地区没有大灾损失，除了少数地区，各地各公司经营在 5 年中没有出现总体性亏损。加之，按照目前的政策，绝大部分农业保险项目和险种都受到中央和（或）地方政府的财政补贴，以 2010 年为例，在总共 135 亿保险费中，中央和地方各级财政的补贴超过 100 亿，接近 80%。农民支付的保险费大约 20%多一点。不少省、直辖市欲申请设立本地的农业保险公司，在一定程度上是冲着庞大的财政补贴和经营的“安全性”和“营利性”。另外一个被注意的事实是，目前的政策性农业保险因为是试验，覆盖率还不高。据冯文丽教授研究，2010 年全国种植业保险的覆盖率不过 27%左右，养殖业保险由中央财政支持的险种主要是能繁母猪和奶牛。就

* 本文发表于《中国保险》，2012 年第 2 期。

是说在农业保险全面推行之后，其业务的发展潜力还很大。即使不增加保险标的的种类，现有保费规模也会增加3～4倍，超过500亿元。而实际上，目前列入中央和地方政策性农业保险的农林牧渔的保险种类还只是很少一部分，还有巨大的扩展空间。

而与想设立本地农业保险公司的地方政府和投资人思考角度不同的是，监管部门对于要不要设立那么多的农业保险公司有其整体市场的考虑。目前我国试验政策性农业保险，主要依靠的是综合和专业财产保险公司，中国人保财险公司、中华联合、太平洋、华农等财产保险公司和安信、安华、国元专业性农业保险公司、阳光农业相互保险公司等。其中以保费计算市场份额最大的是中国人保财险，约占全国的50%～55%，其网点遍及全国几乎所有县。安信、安华、国元等几家已经有5～7年经营经验的专业农业保险公司，正在扩展地盘，在一至数省设立了分公司，其他公司也正计划到外省（自治区、直辖市）开设分公司。这个事实的含义是，为了满足保险的大数法则，现有的做农业保险的保险公司有必要把规模做大，最好是能使风险在更大的范围［不仅一省而且多个省（自治区、直辖市）］分散，同时适当控制市场主体的数目，这样也许可以减少“过度竞争”。因为竞争过度，谁都难以达到一个比较理想的规模，不利于降低农业保险经营风险和增加经营的稳定性。这种考虑虽然也有一定道理，但很难抑制那些渴望有自己的农险公司的省、说服其放弃这种愿望。

二、真的有必要每个省都建立自己的农险公司吗？

站在客观的立场上，要不要在每个省都建立“自己的”农业保险公司，真的需要仔细考察一番。我国保险市场上现在有40多家财产保险公司，它们都可以做农业保险，但是只有为数很少的公司参与农业保险经营，其原因除了公司的市场定位的考虑，那就是农业保险经营巨大的风险。

我们目前提供的农业风险保障主要是农业生产领域的风险保障（也有个别直辖市试验市场风险的风险保险，例如蔬菜价格指数保险），而农业生产的自然风险要比普通财产保险（例如家庭财产或企业财产保险）的风险要大得多，这就是为什么农业保险的保险费率比家财、企财的风险高几十、上百倍的主要原因，也是农业保险“市场失灵”需要政府给予财政补贴和多方支持的重要原因。农业保险经营失败的案例并不罕见，包括我国有限实践中的案例，切不可以为有了政府的保费补贴就一定能稳赚。

其次，保险监管部门在市场规模方面的考虑也不是没有道理，农业保险公司太多，不仅市场上现有做农业保险的公司的规模扩展受到限制，新建立的农业保险公司也难以把市场做大，这不仅对保险公司，而且对全社会都会是一种资源配置的无效率，也对农业保险人为地增加了经营风险，因为对一家公司而言，要遵循大数法则的要求，在空间上分散风险变得更困难了。当然，假如要把农业保险公司当作公益性事业或非营利性企业（例如像美国和加拿大政府办的农作物保险公司或农业金融服务公司那样）来做，政府也愿意进行支持，却可以另当别论。

第三，必须认真考虑当地的专业人才条件。我国保险业发展很快，保险方面的专业人才不足，农业保险方面的人才更缺，而农业保险专业人才是农业保险成功经营的先决条件或基本条件。据我了解，不少省因为缺乏这方面人才，其农业保险制度设计很不完善，导致这些省的农业保险试验做不起来，或者虽然勉强做起来了，但是潜藏着很大风险。农业保险经营从某种意义上说，在技术上、专业上和组织上比一般财产保险要复杂，其经营和管理也要困难很多，发挥现有有经验的综合财产保险公司和专业性保险公司的专业优势，也许比自己在缺乏技术人才条件下开办农业保险公司更容易一些，路更好走一些。

所以，欢迎和支持现有财产保险公司和专业性农业保险公司来到本地做农业保险业务和自己设立本省农业保险公司参与农业保险的市场竞争，在理论和法律层面来讲，都是可以做出的选择，但在做这种决策时，一定需要通盘考虑，相权利弊，慎重从事。

三、设立农险公司有特殊条件和要求吗？

有朋友问我，假如我们省准备设立一家农业保险公司需要什么条件？其实，设立专业性股份制农业保险公司，法定的条件都写在《中华人民共和国保险法》和《保险公司管理规定》里面，例如、资本、股东、高管资格、章程、营业场所等方面的要求。但是做农业保险，特别是做政策性农业保险，还需要合理设计本地的制度模式，以及与该制度模式相匹配的制度要素。这种制度模式的设计和实现并不完全取决于公司自身，而是取决于本省政府。如果没有与当地政府共同设计出适合本地省情的经营模式，即使设立了农险公司，其经营也可能遇到麻烦。这里所说的制度要素主要包括：政府农业保险管理机构：政府和公司保险责任的分担结构、各级政府的角色定位和支持方式、巨灾风险分散的制度安排、风险区划和费率分区等。

假如，在一个省，如果政府除了给公司保险费补贴（这个补贴哪怕有80%），再无其他支持，也就是说，没有本省合理和完备的经营模式的设计，制度要素不全，这个省的政策性农业保险也很难做下去，即其可持续性会大打折扣。因为，政策性农业保险不仅仅是一个财务问题，在我国它还是一个组织和经营问题，经营层面离不开政府的多方参与和支持，包括政策的和技术的支持，否则其经营失败的概率会大大增加。这和普通开一家财产或人寿保险公司不一样。一般财产和人身保险公司，得到经营许可，只要遵守监管法律法规就可以了。市场运作除了中介（如果觉得需要的话），主要靠自己，市场交易直接由保险人和投保人签约即可。在农业保险经营中，农户高度分散，每户的投保标的规模很小又高度分散，靠保险人直接与投保农户签约承保，发生灾害特别是较大范围的灾害损失时候进行查看、定损、理赔也都靠保险公司自己，几乎是不可能的，必须依靠基层政府部门和相关部门的协助。特别是遇到巨大灾害损失，保险公司自己是无法承担巨灾损失赔偿责任的，如果没有政府的支持和合理的大灾风险转移制度安排，公司的破产概率会远远高于一般财产保险公司。

目前我国不少地方创造出有特色的政策性农业保险经营模式，例如北京市的“政府主导＋市场运作”模式，上海的“政府支持＋单一专业公司经营”模式、浙江的“政府支持＋多家商业性保险公司联合共保”模式，安徽的“政府主导＋政府与专业农业保险公司联办”模式，黑龙江的“政府支持＋相互保险公司经营”模式等，它们都结合本地实际创造了各自的经验，都有值得参考和借鉴的地方。在这些比较典型的省（直辖市），除了黑龙江阳光农业相互保险公司，做农业保险的保险人都是商业性保险公司。另外，在一些省份，还有合作互助性质的保险组织在经营农业保险或涉农保险，例如，中国渔业互保协会和浙江、江苏、福建、广东等省的渔业互保协会，陕西和湖北的农机风险互助协会等。想开设农业保险公司的地方，可以根据自己的实际情况，研究和借鉴它们的模式和经验。当然，不同的模式和组织形式有其优势和适应性，同时也还有其一定的局限性和缺陷，必须加以考察研究和分析，正确借鉴，同时在实践中不断改进和完善。

总之，要不要设立本省的农业保险公司，和怎样设立农业保险公司，需要仔细考虑和论证，它绝不是只要有良好愿望和充足的货币资本就能玩转的游戏。

研究农业保险补贴问题的重要成果*

——简评冯文丽教授新著《农业保险补贴制度供给研究》

2007 年以来，财政部根据中共中央、国务院有关精神，按照“政府引导、市场运作、自主自愿、协同推进”的原则，实施了中央财政农业保险保费补贴政策，与各级财政共同支持农业保险取得了快速发展。2007—2011 年我国农业保险保费收入分别是 51.84 亿元、110.7 亿元、133.9 亿元、135.7 亿元和 173.28 亿元，分别是没有实施保费补贴政策的 2006 年的 6.13 倍、13.09 倍、15.83 倍、16.04 倍和 20.48 倍。据瑞士再保险公司统计，2008 年年底我国农业保险保费收入 16 亿美元，约占全球农险保费收入的 10%，保费规模已上升至仅次于美国的全球第二位。政府保费补贴，使得我国农业保险这个一度濒临停办的险种跃为财险业第三大险种。毫无疑问，政府的财政补贴是我国农业保险发展的重要助推器。

5 年来，政府对农业保险补贴问题一直给予高度重视。2012 年中央 1 号文件在“科技兴农”的主题之中，进一步提出要扩大农业保险险种和覆盖面，鼓励地方开展优势农产品生产保险。财政部也及时发出通知，决定 2012 年将进一步加大中央财政对农业保险的支持力度，决定增加保费补贴品种、扩大保费补贴区域、支持提高保障水平的新举措，对于开办农业保险的省（自治区、直辖市）不再设限，只要按要求申请就给予财政支持等。这意味着政策性农业保险的试点时期结束了。

但目前，我国关于农业保险补贴问题的理论研究，特别是比较深入系统的研究成果还比较少，在农业保险保费补贴实践中也还存在立法不完善、补贴方式单一、补贴范围狭窄、补贴规模不足和补贴效率较低等问题。冯文丽教授等新近出版的这本《农业保险补贴制度供给研究》，对这些问题做出了有深度的广角度的系统的分析，对于我国农业保险补贴理论研究和实践探索做出了有益的贡献。

* 本文发表于《金融时报》，2012 年 4 月 11 日。收入本书时，文章有改动。

该著作首先研究了“政府为什么补贴农业保险”。作者从福利经济学、市场失灵理论、博弈论、农业保护理论和风险可保性理论等角度对此进行了分析，得出了殊途同归的结论：农业保险是政策性险种，纯商业化经营难以为继，政府应该对农业保险进行补贴。在此基础上，概述分析了“农业保险补贴能发挥什么作用”。作者认为农业保险补贴可以刺激农业保险需求、激励农业保险供给、强化农民保险意识、促进社会福利及实现农业保护等功效。

在已经实施财政补贴 5 年后的今天，该书联系国内外实际，探讨了“政府如何补贴农业保险”。该书认为农业保险补贴应以完善的立法为前提和基础，建立补贴的长效机制，防止补贴的不确定性和随意性；系统分析了资本金支持、保费补贴、经营管理费用补贴、再保险补贴、税收优惠和农业巨灾风险准备基金 6 种农业保险补贴方式，并提出我国目前应首先应采用的补贴方式。

该著作还回答了“农业保险补贴补什么”的问题。作者认为，与美国 150 多个农作物补贴品种相比，我国中央财政的补贴目录中仅有 15 个补贴品种，范围比较狭窄，建议应该适当扩大财政补贴农业保险的品种范围。

“农业保险补贴补多少”也是政府部门非常关心的问题。该书对我国农业保险补贴规模做出了测算，特别是根据美国经验数据，按照美国的补贴标准，测算出我国 2010 年农业保险补贴额应为 1 376.90 亿元，而我们实际补贴额度只有 103.2 亿元，这表明我国农业保险的发展空间以及政府支持力度还有巨大的空间。该书还进一步对比了中美“农业保险补贴的效率”。他们的研究表明，我国农业保险补贴效率不高，具体表现为农业保险的覆盖率较低，投保人、保险公司和基层政府各种道德风险行为开始显现，导致政府财政资金存在耗费现象，需要引起各方重视。

作者在其系统研究的基础上，最后就“农业保险补贴怎样补得更好”的问题，提出了一些具体的有重要参考价值的政策建议。

当然，对于农业保险的补贴问题，还有许多问题需要进一步做深入研究，例如，财政补贴方式问题、合理的补贴结构问题，补贴效果评价问题，有效防止和避免补贴的副作用问题等，都还需要农业保险研究工作者们做更多的研究，为我国农业保险财政补贴的科学化、合理化和可持续提供政策依据，促进农业保险制度的完善和健康发展。

农业保险：期盼在规范中完善和发展*

我国政策性农业保险从2007年起步，三年迈出三大步，保险费由2006年的8.7亿元猛增到2009年的134亿元，增长近15倍。在刚刚过去的2010年，从保险费的角度来看，总额比前一年略有增加，种植业保险前11个月的保费收入108.62亿元，比2009年全年的保费收入多出8%左右。但是，养殖业保险的保费有较大比例减少，前11个月，只有21.06亿元，约比前一年减少30%左右。

这个结构性变化并不妨碍我们正面评价我国政策性农业保险在2010年的发展成就：接受中央财政支持的省份由2007年的6个增加到2010年的18个（包括新疆生产建设兵团和黑龙江农垦），这些省（自治区）试验的种植业保险保险标的由最初的6种扩大到14种，始于福建、浙江的农房保险，已经扩大到14个省；由中国渔业互保协会经营的渔船保险、渔民人身保险和正在试验的海水养殖保险得到稳步发展；广大农牧渔民的投保积极性空前高涨，在不少省（自治区）投保的农作物面积稳步扩大，保险费收入不断增加。内蒙古、新疆、安徽、黑龙江四个省（自治区）的保险费总收入都超过10亿元，承保农作物的面积超过本省（自治区）播种面积的70%甚至更高；赔付率虽然有上升，但总体上还是略有盈余。更重要的是，各地都积累了重要的制度建设和经营管理的宝贵经验。

一、农险实践正在提出严肃的课题

保费增减的结构性变化是政策性农业保险发展必然要提出的问题，数字虽然是表面的，但它包含着许多实质性的问题。以笔者之陋见，农业保险实践提出来的问题主要是：

1. 政策性农业保险制度性缺陷逐步显露

2007年以前，我国农业保险一直是在商业性保险的框架下在试验，2007年中央财政将农业保险保费补贴列为预算科目，并选定6个省5种作物进行有财政

* 本文发表于《中国保险报》，2011年1月13日。

补贴的农业保险试验，开创了我国政策性农业保险（尽管“政策性”的提法还有争议）的制度先河，也使农业保险的性质发生了质的变化。但是，农业保险试验做不做、怎么做的问题并不明确，各试验省（自治区）和其他没有得到中央补贴但也想开办这种由政府补贴的农业保险的省（自治区、直辖市），在没有统一制度安排的情况下，只好各自设计自己的“游戏规则”。

从笔者所了解的情况，各地试验农业保险的制度差异很大，产生了“政府主导＋市场经营”的北京模式，“政府支持＋专业保险公司经营”的上海、吉林模式，“政府支持＋多家保险公司联合共保”的浙江模式，“政府与保险公司共同经营”的安徽模式，“政府与保险公司联合共保”模式、“财政支持＋相互制保险经营”的黑龙江模式，还有“政府支持＋渔业互保协会经营”的社团经营模式等。这些丰富多彩的制度设计，虽然有自己的特点，也不乏创造性。但是，都有一些不完善的地方，例如，有的省的制度，对政府、保险经营者和投保农户三方各自的责任和义务，以及三方关系处理方面的规定不明确，使保险关系的存在处于扭曲状态；也有的省的制度对在准备金不足支付赔款时的赔款责任承担方面，缺乏必要和合理的安排，以致在发生大灾时“不得不”损害投保农户的利益；政策性农业保险制度所必需的财政补贴，但现行三级补贴联动的补贴规定，一直受到广泛的质疑，这种规定赋予了政府特别是基层政府在保险承保、定损和理赔中较大的权利，导致了多种弊端，在很多情况下影响了保险基本原则的贯彻，也正在损害这种保险的可持续性。

2. 道德风险和逆选择防不胜防

本来道德风险和逆选择在保险经营中一直都是备受重视的问题，但在目前的政策性农业保险中大有愈来愈严重的趋势，搞不好这会断送农业保险的前途，但愿这不是耸人听闻。假承保、降费承保、骗赔案件频发，不规范理赔，“协议赔付”，在一些地方很有“市场”。道德风险问题在一般财产保险中主要存在于投保人之中，而农业保险由于存在特殊的三方主体关系，所以道德风险不仅在投保农户中存在，在保险经营人员中存在，也在基层政府参与农业保险组织和协助工作的人员中存在，这不仅使投保的“业绩”存在虚假，更使理赔的准确性、真实性无法保证。有的保险经办人员通过假承保骗取国家的财政补贴受到保监部门的严厉处罚。但有些问题却是保险监管部门鞭长莫及的。有的基层政府要求保险公司“倒签单”，要求豁免农民应缴保费，无灾或在免赔范围内也要赔付，甚至与投保农户“联合”起来“吃保险”，保险经营中腐败现象也时有所闻。在这种情况下，保险赔付率、综合成本率必然居高不下，保险公司哪里“招架”得住，只能打出“免战牌”。这是近两年养殖业保险持续萎缩的主要原因之一。

不仅是道德风险严重，逆选择也有蔓延之势。由于目前在浙江之外，普遍不进行风险区划和费率分区，一个险种实行一省（自治区、直辖市）一个费率，那些高风险地区的农户投保很积极，低风险地区的农户就很不情愿参保，这些地方的承保面积相当少。在那些将农业保险参与率作为地方政府政绩工程的地方，实际上是通过行政方式强制投保，使得那些低风险地区的农民“哑巴吃黄连，有苦说不出”，当然也有向我们这些“第三者”叫屈的；而那些高风险地区的农户甚至出现排队买保险的“壮观”。在基层调查时，有一位基层保险经办人员告诉我，有位承包了上千亩低洼地种水稻的农民，夏季稻受涝灾正在查勘理赔，就积极要求投保秋季稻。这位农民虽然不懂保险精算，但他却知道保险公司的报价对他这片田地的涝灾风险来说非常“合算”。在这种情况普遍存在的条件下，保险经营和管理的科学性和有效性必然无从谈起。

3. 农业保险基层经营的两难选择

中国的农业保险不同于美国、加拿大，在那里是大农场经营，保险公司和农户直接做买卖，不需要第三人协助，最多在定损理赔时找些退休农民帮忙；在日本，农业保险是特殊的合作体制，农业保险合作社的经营人员都是本乡本土的，承保、定损、理赔，高度熟悉和透明，农业保险也不需要第三人协助；但在像中国这样的小规模农业经营的国家，没有那么广泛的有效率的农业合作组织，只能依靠有较多网点和保险经营技术的商业性保险公司。但是保险公司直接与大量的如此分散的农户洽谈保险合同买卖，其交易成本就会难以承受。这是当下我国县、乡、村行政机构必然介入农业保险经营的主要原因之一。但是，因为没有法律法规确定政府的行为内容和行为边界，在很多情况下，基层政府在决定着保险公司的保费收入，决定着保险公司的盈亏，也决定着农民可以获得的赔款多少。基层政府可以给保险公司保费补贴，也可以少给或不给这种保费补贴，甚至将中央和省的补贴也压在手里，作为某种“筹码”。面对华丽的保险公司大楼和保险公司的资产，人们常常说保险公司很强势，但是在农业保险的盘子里，面对离不开的基层政府，他们弱势得多，从头到尾都是“小媳妇”。因为，与市场上出售其他保险产品时的平等交易不同，在农业保险这个“市场”上，保险公司更像是在接受“施舍”。

4. 财政补贴进退维谷

2007—2009 年，中央财政支持农业保险的力度很大，三年迈出了三大步。2010 年，中央财政似乎放慢了支持农业保险的步伐。尽管同意增加了几个省（自治区）政策性农业保险试验经营的标的，但财政盘子没有增加多少。

财政补贴农业保险是中国农业保险得以广泛试验和迅速发展的最主要的政策和动力。在这 4 年中，接受中央财政补贴的各省（自治区、直辖市）中，中央和地、市、县各级财政的保费补贴在农业保险保费全部收入中一直占 80%左右的份额。其他没有纳入中央补贴的省（自治区、直辖市）的农业保险，保费补贴的份额也在 60%～80%。作为一种激励机制，财政的保险费补贴起到了鼓励农户投保的目的。农业保险作为一种社会互助机制，即使农民缴纳的保险费只有 20%的份额，也筹集了十几亿元补偿资金，财政补贴的激励效应和社会效应是非常明显的。从财政和农民那里筹集的保费形成的保险基金，在补偿农民灾害损失方面，的确发挥了其他公共措施（例如救济）所起不到的作用。

但是，财政补贴也很困扰人，它也有负面作用。从我们了解的情况来看，第一，全国各省（自治区、直辖市）都希望得到中央的财政补贴，中央财力不可能给所有省（自治区、直辖市）补贴，而且也不可能平均给各省（自治区、直辖市）补贴。第二，按照现行财政补贴政策，接受中央财政补贴的省（自治区、直辖市），省地（市）县要配套补贴，试验范围越大承保的保险种类越多，各省地（市）县的财政负担越大，在这些省（自治区、直辖市）农业保险的发展速度，就实际上取决于省地（市）县的财力和愿望。所以，今后如果依然执行这个“保险补贴联动”政策，即使中央财政增加补贴力度，各地的试验不会再有前几年那种增长速度。第三，补贴也引发了特殊的“道德风险”，地方政府和保险机构有通过不当方式甚至违规违法手段套取中央财政补贴的一定动机和行动，造成财政资金的“漏损”，从而削弱和减低了财政资金支持农业保险的力度和效果。第四，有的地方追求补贴力度，存在“补贴比例越高越好”的误区，在某些地区保费补贴已经达到90%，甚至更高。这实际上并不利于培养农户的风险和保险意识。当然这与相关研究滞后有一定关系，理论界还没有提供关于合理补贴界限的更有价值的实证研究结果。

二、农业保险在2011年的期盼

政策性农业保险提出来的问题远远不止这些。面对这么多课题，面对2011年，我们需要什么，期盼什么呢？

1. 早日出台农业保险法律法规，确立农业保险制度架构

农业保险目前是依靠财政部和保险监管部的部门规章维持运行，这些规章基本上是平行运行、各管各的，出现的监管真空和漏洞不少。前述制度整体性问题没有规范。三年前，保监会牵头，由财政部和农业部参加，启动了有史以来的第一轮《政策性农业保险条例》的起草工作，但因种种原因遗憾地中止了。虽然，没有法律法规，只靠一些零碎的部门规章也能“摸着石头过河”，但部门之间缺乏有效协调实际上大大降低了的执行效率，很多问题只能任其自便。最终受影响的是农业保险制度的科学发展，受损害的是投保农户。

农业保险期望能重新启动《政策性农业保险条例》的再次起航，利用这个条例起草的机会，认真总结我国农业保险发展的经验和教训，尽可能地整合各种行政资源，共同确立我国农业保险的统一制度架构，明确责任主体及其责任边界，确认各类组织载体的合法地位，使政府财政补贴更加制度化、规范化，各方配合更加协调和顺畅，共同把农业保险推向一个新阶段，适应国家“十二五”发展的要求。

2. 增加农业保险供给，拓宽风险保障范围，提高风险保障水平

虽然，鉴于各方面的博弈，2010 年农业保险发展速度可能没有前几年那么快，农业保险的供给结构改善也有限。但在 2011 年里，随着中央和地方财政状况的较大改善，和“十二五”规划的实施，作为农业经济和保险业的一个组成部分，农业保险的供给会有高于 2010 年的增长，有中央财政支持的省份可能还会增加，中央财政支持的力度也会适当提高。

前几年中央财政确定支持的农业保险标的，主要是从全国的粮棉油生产安全考量，但几年实践表明，各地还有自己的特色农业项目，比如山东、河北等省的蔬菜生产，陕西、山东等省的苹果生产，西藏、新疆、内蒙古饲养的牛、羊，沿海省区的捕捞渔业，森林覆盖面积较大的林木生产等，这些地方特色农业项目已经成为这些地区的农业支柱产业，当地农民有强烈的投保愿望。因此，中央会更加注意和尊重地方特色的农业经济发展，会逐步扩大中央支持的农业保险标的的目录，进一步支持地方发展本地农业支柱产业的保险。

在保险标的增加的同时，相应的政策性农业保险的险种也必然会根据政府财政预算的增长而不断增加，保障水平也会逐步提高。目前各地农业保险经营普遍保障水平较低，2010 年实际上有的地区根据投保农户的建议，保障水平已经有所提高，但是基本上还是维持在较低水平，有的地方已经考虑在 2011 年适当调整保额，使被保险作物或畜禽的补偿水平能进一步提高。

3. 为准备金不足支付赔款的情况做好制度安排

由于农业灾害的发生频率比较高，而且发生超过正常保险准备基金规模的赔款的机会也比一般财产保险要大，举办农业保险的省（自治区、直辖市）和保险经营机构必须要有特殊的应对大灾风险的风险管理制度。

在我国目前的农业保险格局下，这种风险管理制度分为 2 个（省、保险机构）甚至 3 个层级（中央、省和保险机构），不同层面需要不同的风险管理制度和手段。目前，两级或三级大灾风险管理体系还没有建立健全起来，还很难应对随时发生的大灾风险损失索赔。我们已经不止一次发生“赔不起拉倒”的问题了，大家都不希望再次发生损害弱势的农民群体的保险利益的事情，也不希望看到有保险机构因为大灾发生而退出市场。所以，无论中央还是地方，或者农业保险经营机构，一定会在 2011 年重视大灾风险管理制度的建设，针对不同层面的实际，建立和完善一整套而不仅仅是大灾准备金的风险管理规则，选择合适的管理手段。

中央一级的大灾风险管理制度有望在 2011 年通过巨灾保险制度的建立而产生，地方政府和保险经营机构的相应制度也会得到重视和及时安排。

4. 重视和加强农业保险人才的培养

连续 4 年农业保险的快速发展，农业保险的技术和管理队伍得以迅速扩张，人才瓶颈已经显现出来。无论第一线展业的营销人员还是精算、核保核赔、财务

统计等岗位的技术和管理人员，其数量和质量都不能满足农业保险发展的需要。新的一年里，各家保险经营机构将会大大加强农险人才队伍的建设，增加人员并加强业务培训，提高农业保险的经营和管理的水平。对于担负人才培养的大专院校来说，将会以吉林农业大学 2011 年农业保险专业开始招生为契机，申请和开办更多的农业保险专业，为农业保险的快速发展提供高级技术和管理人才，改善目前农业保险经营机构专业人才不足对业务发展速度和质量的掣肘。

5. 农业保险机构的微观管理将上一个新台阶

农业保险微观管理中需要解决的问题很多，最重要的应该是开拓创新保险经营计划，完善保险核保核赔制度与着手农业风险区划和费率分区的制度建设。

传统的农业保险是以农户为单位，以农户或地块的产量或成本损失为依据的保险计划。最近几年，国际上开始研究推行以地区范围的天气指数或地区平均产量为依据的指数化保险，这是一种有效防止投保方道德风险、降低保险经营成本的新计划。我国天气指数保险 2009 年在安徽开始试验，已经取得一些经验。2011 年天气指数保险的研究和试验将会在更多地方展开。

保险承保理赔一直是农业保险的难题，特别是在定损理赔方面，每年的纠纷也比较多。这方面的完善将是 2011 年不懈的课题。最近，占据农业保险市场半壁江山的农业保险大鳄中国人保，最近与中国科学院有关部门共同成立了灾害研究中心，并购置了遥控遥感航测飞机，这将会开创包括农业保险在内的灾害损失评估的新天地，必将在 2011 年农业保险的定损理赔中发挥重要作用，使我们农业保险定损理赔更加科学化、公平化，把农险管理水平提高一个档次。

防止和减少道德风险和逆选择是当前经营中需要特别重视解决的问题，要坚决放弃和纠正全省（自治区、直辖市）实行统一费率的不科学的制度。应该向其他农业保险发达国家那样，对农业保险实行风险区划和费率分区，真正体现风险与费率的一致性原则。风险区划和费率分区在一些地区已经做了大量的前期研究，2011 年我们会期望更多的省（自治区、直辖市）因地制宜地开展本地区的风险区划和费率分区，并逐渐将其应用在农业保险实务中，使我们农业保险的经营和管理水平更上一层楼。

6. 整合保险监管资源，进一步加强保险监管

农业保险的复杂性和特殊性要求保险监管部门进一步加强监管。特别是在当前法律法规缺位的条件下，一些保险经营机构缺乏相应的制度约束。不加强监管，既会影响农户的投保积极性，又会害了一些保险经营机构，最终断送一个蓬蓬勃勃发展的农业保险“市场”。当然这也许是一个悖论：保险监管得有法律法规为依据；没有完整和配套的法律法规，监管也会无所适从或者产生某些随意性。

好在我们在几年的实践中“摸着石头过河”，已经取得了一些正反两方面的经验和教训，据说保监会也准备在启动新一轮《农业保险条例》起草工作的同时，制定农业保险的监管法规。这对 2011 年的农业保险的发展绝对是一个福音。

“政策性农业保险”是一个科学的概念*

我国政策性农业保险在近 4 年里得到举世瞩目的蓬勃发展，其保费收入连续 3 年在全世界位列第二，仅次于美国。但从去年以来（实际上更早），有人质疑政策性农业保险的定语“政策性”，引起学术界的一些困惑。按说在学术界对某个概念的争论十分正常，一个学术概念的提出和论证，或者一个普通形容词在学术概念里的使用没有必要太在意，但是从这几年农业保险的理论研究和实践发展的情况来看，缺少了这个形容词，至少是不方便的，甚至在学术上是缺乏严密性的，在实践上也会引起混乱，如果引来某些政治帽子就更不好了。这就需要我们适当讨论讨论，有道是“真理愈辩愈明”。

一、政策性农业保险概念的来历

（一）政策性保险是保险中的一个类别

政策性农业保险或农业政策性保险的概念，实际上历史比较久远。这要从对保险的分类学说起。从性质上，保险分为商业性保险和政策性保险两大类①：一类是商业性保险。如，各商业性保险公司经营的人寿保险、健康保险和财产保险、责任保险和信用保险等，这类保险由商业性保险公司经营。商业性保险产品在经济学上属于“私人物品”，商业保险关系一般由保险法（有的国家分成保险合同法与保险业法）来调整。

另一类是政策性保险。政策性保险包括社会政策保险和经济政策保险两类。在经济学上，这类政策性保险属于“公共物品”或“准公共物品”。社会政策保险，如社会养老保险、社会健康保险、工伤保险、失业保险等。经济政策保险，如出口信用保险和农业保险等（其实，出口信用保险和农业保险两大类保险不全

* 本文发表于《中国保险报》，2011 年 10 月 17 日。

① 袁宗蔚 . 1999. 保险学［M］. 34 版 . 北京：首都经济贸易大学出版社 .

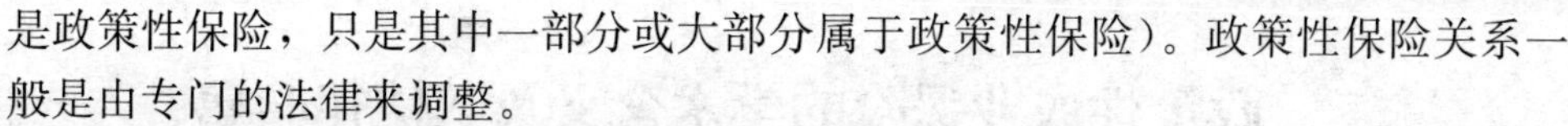

是政策性保险，只是其中一部分或大部分属于政策性保险）。政策性保险关系一般是由专门的法律来调整。

（二）我国政策性农业保险的研究经历

虽然上述分类写进保险学的教科书里已经有几十年了，但对于政策性农业保险的概念和内涵的探讨、直到被广泛认同和采用，在我国大陆经历了25年。

我国学术界是从1986年开始论证农业保险的性质的。此前，农业保险作为财产保险的一个分支或部门，由商业性保险公司来经营似乎是天经地义的。当时的中国人民保险公司也就是秉承这种理念，从1982年开始，陆续在全国试办农业保险。作为一位在20世纪40年代就亲自试办过农业保险的先行者，时任首都经济贸易大学（当是叫北京财贸学院）的郭晓航教授，在1986年的保险学会第三届全国学术研讨会上，发表了《论农业政策性保险》的论文。他的观点和论述，引起了学界和业界的重视。随着中国人保农业保险试验的深入和困难的加剧，大家逐步从反面认识了农业保险不同于一般商业性保险的性质。后来，研究者们从国外农业保险的发展历程中，逐步发现，无论是最早发展农业保险的德国、英国，还是在发展农业保险的道路上闯出新路的美国和日本等后起之秀，都经历过纯商业性经营失败的教训，就是所谓的“市场失灵”。成功者都是在政府深度介入之后，包括大规模的保险费补贴、管理费补贴和提供再保险和其他财政、金融支持甚至立法强制参加。

结合国际经验，国内学者们与备受持续经营亏损煎熬的中国人保和成立于1986年的新疆兵团农牧业保险公司（后来改名为中华联合股份有限公司，以下简称中华联合）勇敢的实践者们一道，思考、总结和探讨农业保险的性质，10多年之后，农业保险学界和业界终于认识到：大部分农业保险产品都无法以“私人物品”的身份在市场上进行竞争性经营，因为它们具有某些“公共物品”的性质，也就是一类“准公共物品”。就是说，除了雹灾、火灾等单项灾害的农作物保险，其他多灾害风险或“一切险”农业保险险种的经营，要想获得成功，必须得到政府的多方位支持，除了财政税收政策，还要有多政府部门的配合、支持与协助。“政策性”的要义就是从这些实践和理论探讨中概括出来的。这个概念到进入21世纪之初已经在学术界和实务界基本达成共识。因此，到2002年修订的《中华人民共和国农业法》首次在法律中得到确认。之后，中共中央、国务院从2004年到2009年连续6年的1号文件，都使用“政策性农业保险”的概念和提法。2011年3月，温家宝总理在第十一届全国人民代表大会第四次会议上所作《政府工作报告》中，还强调“健全政策性农业保险制度，建立农业再保险和巨灾风险分散机制”。

二、政策性农业保险的学术含义及其法律归属

质疑政策性农业保险概念的人说，政策性农业保险的概念不清楚，其实，尽管各位学者的具体表述可能不完全相同，但基本含义是一致的。我和朱俊生教授曾在《关于农业保险立法几个重要问题的探讨》（2007 年）一文中，试图界定政策性农业保险，并将其与商业性农业保险做了一些比较，这里不妨将其再引述如下：

我们将“政策性农业保险做如下界定：保险标的对国计民生具有重要战略意义，对农林牧渔民的生产和生活保障具有重要影响，保险风险广泛或巨大，而按照商业经营规则无法由市场提供的农林牧渔产品生产的保险、渔船保险和渔民人身伤害保险，是政策性农业保险。符合这些条件的农业保险项目或产品主要包括：多风险农作物保险、主要家畜家禽死亡保险以及渔船保险和渔民人身伤害保险等。而不符合上述特征和条件的保险项目和产品主要包括：首先，某些单风险农作物保险。其次，范围较小、价值较高的设施农业、精细农业的单风险保险或某些综合风险保险。（当然，对于上述两类保险项目，从我国的实践和国外的经验来看，在某些地区也可根据政策导向，可以有选择有条件地纳入政策性保险，当然补贴幅度要小一些。）第三，一些特殊饲养动物的疾病和死亡保险（特种养殖保险）。”

“从一般意义上而言，政策性保险是指当保险公司独立经营时，其收益会远小于成本，具有相当明显的正的外部性，其社会总收益大于社会总成本，为获得该险种带来的社会福利，政府必须以补贴或税收优惠等政策措施推动保险公司经营或由政府直接经营的农业保险。……政策性农业保险和商业性农业保险的区别至少体现在以下 5 个方面：

第一，经营目标不同。政策性农业保险制度是依据政策目标（或服从特定的政策规划）建立的；而商业性农业保险制度是根据市场（或商业）目标建立的。政策性农业保险的经营不能盈利；而商业性农业保险的经营则可以盈利。

第二，发展动力不同。政策性农业保险一般是由政府直接组织经营，或由政府成立的专门机构经营，或在政府财政政策支持下，由其他保险供给主体（股份公司、相互公司、合作社等）经营的；而商业性农业保险只由商业性保险机构经营。政策性农业保险产品要部分由政府买单；而商业性农业保险产品则完全由投保人自己买单。政策性农业保险通常包含着只有通过政府行为才能协调开展的工作，如政策性农业保险与农户信贷资金发放、农产品出口价格补贴、农业救灾、农业生产调整等农业保护措施紧紧地联系在一起；而商业性农业保险通常通过市场机

制就能较好地运作。

第三，盈利能力不同。政策性农业保险经营的项目或出售的保险产品一般说来，其保险责任较广泛且保险标的的损失概率较大，从而赔付率较高；而商业性农业保险经营的项目或出售的保险产品其保险责任较窄，保险标的的损失概率较小，赔付率较低。

第四，外部性不同。政策性农业保险具有明显的正的外部性，可以增进社会福利；商业性农业保险外部性不明显。

第五，强制程度不同。政策性农业保险通常需要事实上的强制性。无论是发达国家还是发展中国家，在开展农业保险时为了解决自愿投保条件下的参与率不高的问题，往往通过有关法律法规，将参与农业保险与其他农业优惠政策相联系，如果符合投保条件的农户不按规定投保，就不能得到信贷资金或其他惠农政策支持，出灾后不能享受政府救济，不享受政府价格补贴，不能从政府的生产结构调整中得到优惠等。诸如此类的规定为农民的广泛参与提供了利益诱导机制，从而使政策性农业保险制度具有了某种强制性。而商业性农业保险一般是自愿投保，不具有任何强制性。"

可见，笼统地称政策性农业保险为农业保险不能反映这类保险的本质。当然，政策性农业保险的外延也会随着实践的发展而适当扩展。比如，近年来，出于对民生方面政策的强化，不少省将政府财政补贴农业保险的范围扩大到农房、农机等领域，将农房、农机等农业财产也纳入政策性农业保险的范围。这比美国、加拿大，甚至在某些方面比日本政策性农业保险的范围都要宽。其实，日本政策性农业保险涉及的范围也是在《农业灾害保险法》颁布实施后这 64 年里，逐步扩大的。

上面提到，政策性保险各国都有专门的法律法规来规范，一般并不受规范商业保险的《保险法》《海上保险法》等法律约束。这是因为，从法律上来说，由于政策性保险在政府的多方位参与下，它既涉及私权利（保险人和被保险人）之间的关系，还涉及公权力和私权利之间（政府和保险人、政府和被保险人）的关系，不再是简单的私权利之间的关系，因而其性质变了，所以才产生了专门的法律法规。而《保险法》《海上保险法》等法律属于私法的范畴，《农作物保险法》（美国、加拿大）、《农业灾害补偿法》（日本）、《贸易和投资保险法》（日本）、《出口保险法》（韩国）、《出口和投资担保法》（英国）等，实际上都属于公法的范畴。就是说，政策性农业保险涉及公权力的介入，私法就不便于调节其间的复杂关系。

三、与政策性农业保险概念的质疑者商榷

质疑政策性农业保险或农业政策性保险中"政策性"的人，有如下几个说

辞：其一，政策性农业保险的概念不准确，就连学者们也没有个统一的表述；其二是使用“政策性”容易将政府陷进大灾损失赔付的“无底洞”；其三是我国政策性银行在实践中已经问题多多，迄今的改革还是不大成功，现在不要再来一个政策性保险添乱；其四，外国没有政策性农业保险的叫法，我们何必要别出心裁，搞一个新名词出来。

对于这其一，我在上面说过了，它的概念内涵是清楚的，不管哪位学者的表述与我们的表述有多么大的不同，但要点是相同的，那就是这类保险是为国家战略目标（粮食和食物安全）及其相匹配的经济政策服务的，同时它有政府的多方位的支持或干预，特别是价格补贴，离开这个支持和干预，就不会有这类保险的市场，这就会出现市场失灵，也就不会形成自由竞争条件下的市场。从其他国家的经历和经验来看，任何国家的政策性保险，其政策目标都是非常明确的。例如，出口信用保险就是政府“出手”为国家的国际经济和贸易战略保驾护航的[①]，而政府之所以“出手”，是因为商业性保险公司因其风险太大不愿意经营。同样，开办农业保险是国家的粮食安全战略和农业和农村发展政策、社会保障政策的有机组成部分，而同样因为“市场失灵”无法构建这个市场。

有人说，政府也干预石油，中石油、中石化也是政府参与，是不是也叫“政策性石油啊”？但这要具体分析，石油市场没有政府参与或干预也会存在，从这个意义上说石油作为私人物品，没有市场失灵的问题。所以它是商业性石油。但具体到一个国家，为了社会经济的稳定的大局，在一定条件下或一定时期内，政府也可能给予消费者或者石油企业一定价格补贴，这一块石油实际上也可以叫做“政策性石油”。但商业性石油是主导的。所以不必再来区分商业性和政策性。

对于第二个说法，虽然忧虑可以理解，但却没有这个问题，特别在我国目前的体制下，不存在农业保险的赔款把政府“陷”进去的问题。在国外，例如美国73年农作物保险的历史上，曾经发生过农业保险赔款超过准备金积累而发行债券筹资的问题，也有政府拥有的这家联邦农作物保险公司（FCIC）保费补贴超预算的问题，但没有听说把政府“陷”进去的问题。加拿大也是由政府办的农作物保险公司在经营政策性农业保险，在其52年经营历史上，也有过巨额赔付（例如1986年和1988年），同样因为有完善的巨灾风险管理机制，公司举债支付了赔款，这些债务是由公司在其后年份逐步归还的，都没有政府什么事。即使有也是在制度安排之内，不存在“陷”进去的问题。

我们国家前几年农业保险试验中，个别省因为省政府没经验，在没有法律法规的约束条件下，做出了不适当承诺，在较大灾害发生时发生过赔付支出困难的问题。但这是一个法律和制度设计不完善的问题，地方政府不完全了解政策性农

---

① 有意思的是，没有人质疑出口信用保险的政策性，出口信用保险公司还是财政出资设立的。也许是没有冠以“政策性”3个字，没有引起人们注意的缘故。

业保险制度中政府的权利和义务边界，与叫不叫"政策性"没有关系。何况我国各省（自治区、直辖市）各地的农业保险制度设计，目前基本上都是采取"政府引导，政策支持、市场运作、自愿参加（或广泛参与）"的原则和政策。农业保险都是商业性和合作性保险经营机构在经营，即使发生大灾，政府除非承诺要承担无限赔偿责任，否则是不可能让政府承担最终责任的。

对于上面第三个说法，政策性银行实践效果不好，还存在很多需要解决的问题。但是政策性银行改革成功不成功，与"政策性农业保险"的名称和制度建设，恐怕是风马牛不相及，或者八竿子打不着。因为政策性银行这些机构和工作没搞好，需要进一步改革，就推论政策性农业保险也搞不好，因为都是"政策性"，因此就反对把受到政府支持和财政补贴的农业保险冠以"政策性"。这种推论不那么符合逻辑。政策性农业保险能不能搞好，会不会产生目前政策性银行和业务经营的这些问题，至少我们目前无法预言①。我所了解的是，政策性银行和政策性农业保险在美国、加拿大这些国家都有，但没有听说多么糟糕。我们如果不能办好，不是因为名字没起好吧，或者不是名字里面加没加"政策性"这个形容词的缘故吧。

至于说到农业保险的名字要不要与国际接轨的问题，就更有意思了。我认为，外国有没有政策性农业保险这个学术术语或叫法，并不改变政府从价格上支持农业保险的性质，中国人自己创造一个外国没有的或者跟外国叫法不同的学术术语来反映这种特定的保险经济关系，无论如何也是应该允许的。

其实，有的人可能不大了解，国外的确是将这两种性质不同的农业保险严格区别的，被我们称为政策性农业保险的业务，他们叫"政府支持的农业保险（Government Support to Agricultural Insurance）"，商业性农业保险的业务他们叫"私营保险（Private Insurance）"②，例如，"私营雹灾保险（Private Hail Insurance）"即商业性雹灾保险。对于"政府支持的农业保险"不管由谁经营，如前所述，其游戏规则都不是《保险法》，而是专门的农业保险法律法规。在美国、加拿大，作为典型的商业性农业保险的雹灾保险，商业性保险公司有售，政府的农作物保险公司也有售，但是，雹灾保险不接受政府的价格补贴和经营管理费补贴。加拿大曼尼托巴省的《农作物保险法实施细则》还专门规定，分别"建立农作物保险基金和雹灾保险基金，……这两个基金都由农作物保险公司代表省政府

① 其实这里还有一个问题，就是把政策性金融机构和政策性农业保险加以比较是没有意义的。要比较应该是同类事物，比如政策性金融机构和政策性农业保险机构的比较。但我们目前只有政策性出口信用保险机构，而没有建立政策性农业保险机构，若以政策性金融机构的成败来论农业保险的性质，似乎不大合适。要比较也应当比较政策性金融业务和政策性保险业务。而政策性金融业务并没有说要被消灭，或者禁止使用这个概念。

② Oliver Mahul，Charles J Stutley. 2010. Government Supported to Agricultural Insurance，Challenges and Options for Developing Countries ［M］. The World Bank.

监管和控制。但两个基金分开管理，不能混淆”。

总之，政策性农业保险的概念无论从分类学上还是从其学术内涵上都是清晰的、明确的和简洁的，它与农业保险的制度设计和经营活动的实际操作成败没有必然联系，与其他被叫做“政策性”的金融活动也没有关系，更不会引发政府的额外责任和其他问题，因此它是个科学的学术概念。

参 考 文 献

庹国柱，李军．1999. 国外农业保险：实践、研究和法规［M］．西安：陕西人民出版社．

庹国柱，朱俊生．2004. 建立我国政策性农业保险制度问题探究［J］．首都经济贸易大学学报（3）．

庹国柱，朱俊生．2007. 关于农业保险立法几个重要问题的探讨［J］．中国农村经济（2）．

袁宗蔚．1999. 保险学［M］．34 版．北京：首都经济贸易大学出版社．

Olive Mahul，Charles J Stutley. 2010. Government Supported to Agricultural Insurance，Challenges and Options for Developing Countries［M］. The World Bank.

略论农业保险的财政补贴*

近几年来，我国农业保险在公共财政的支持下得到前所未有的蓬勃发展。政府的财政补贴已经成为我国农业保险市场建立的不可或缺的要素，也成为农业保险发展的最重要的推手。有不少论文讨论农业保险的财政补贴“补给谁”“补多少”和“怎样补”等问题，但是对于“财政补贴”是什么，如何对待这个补贴等问题，讨论得还不够。在农业保险实践中，不同部门从不同角度对财政补贴的实质和意义有着不同的理解和诠释，在执行中衍生出许多问题，也产生许多副作用，甚至诱发道德风险，使得我国政策性农业保险试验之路走得有点累。长此以往，将会影响农业保险的健康发展。

一、公共财政补贴农业保险的实质

据世界银行新近出版的《政府支持的农业保险——对发展中国家的挑战和选择》一书（Oliver Mahul，Charles J Stutley，2010）显示的数据，2008 年全球有约 104 个国家（包括中国）和地区在开办农业保险，其中有 18 个国家是在小范围试验。这些开办农业保险的国家中，大部分通过公共财政补贴农业保险，补贴的主要是保费，美国、加拿大、日本、韩国、印度等少数国家还补贴保险公司管理费和再保险费。

农业保险获得公共财政补贴的原因并不难理解，农业保险的保险产品比较特殊。由于农业灾害频繁，特别是有系统性风险存在，农业，特别是农作物的风险损失率较高，同时农业保险标的的单位价值较低又面积广袤，投保农户相当分散，保险管理费用率相当高。损失率和费用率是厘定保险费率即保险价格的主要依据，这必然造成农业保险价格昂贵（2%～15%），它是一般家庭财产和企业财产价格（0.4‰～1‰）的 50～150 倍甚至更高（庹国柱、王国军，2002）。而农业保险的买方又是支付能力有限的农民，他们的纯收入还不及城镇居民可支配收

* 本文发表于《经济与管理研究》，2011 年第 5 期。

入的 1/3。毫无疑问，按照保险公司不亏本的价格出售的农业保险产品，对农民消费者来说就是奢侈品，就如同向尚未完全解决温饱问题的农民推销兰蔻、香奈尔护肤品。这是美国加拿大保险商在 100 年前退出农业保险的商业化经营的重要原因之一，也是我国农业保险试验在 2004 年以前的 20 多年逐步萎缩的症结所在。还有，在我国迅速城市化的背景下，小规模经营农业在农户收入中的地位已经大大降低，农业保险所提供的低保障对农户更加没有吸引力（庹国柱、李军，2005）。就是说，如果政府不出手，特别是不使用公共财政手段支持农业保险，就不可能调动保险公司参与供给，也不可能帮助农民提高有效需求，就不可能有全面的有战略意义的农业保险市场。

因此，依笔者之见，财政补贴农业保险的实质至少可以有 4 点：

1. 政府的农业保险补贴是农业保险市场形成的重要因素

有一位政府官员说得很精辟，“政府就是用财政资金补贴撬动农业保险市场”，这是一个理论性结论。本来，在保险产品市场均衡的平面图上，供给曲线高高在上，需求曲线低低在下，不可能成交。有了补贴，保险公司可以将临界价格降低，供给曲线可以向下移动，同时，农户的实际支付能力提高了，需求曲线可以向上移动，供给曲线和需求曲线就可能相交。

在这个市场上，财政补贴就成为重要的市场因素，没有补贴就不可能有市场。即使一开始有一点交易量，也不足以支持这个市场的可持续发展。因为在没有补贴的情况下，保险公司必定亏损，所以必须放弃这个市场，没有这个市场也一样发展。从农民一方来说，没有政府补贴，农民手里并不宽裕的钱的购买选择顺序，农业保险排在第 4 位、第 5 位，甚至排不上位，他们也不是一定需要这个市场，对多数农民来说，几千年种庄稼、养畜禽不就是靠天吃饭吗？这是我们多次调查得到的结论。

2. 财政补贴是农业保险价格的组成部分

从上面的讨论我们知道，无论财政是只补贴保险费，还是既补贴保险费，又补贴保险公司管理费和再保险保费，这种补贴都只能是保险价格的组成部分。补贴保险费实际上是承担了部分应当由消费者承担的均衡保险费（或者不含利润的纯保险费）。补贴管理费是为了降低经营管理费用或交易成本，或者是为了不致因费用太高而导致保险经营亏损。补贴再保险费同样是因为再保险的价格相对较高，而再保险费就是原保险费的一部分，补贴再保险费也实际上是保费补贴的一部分。那么，无论从哪个角度来看，财政补贴都是保险价格的组成部分。因此，财政补贴无论以保费补贴形式、保险公司管理费补贴的形式，还是以再保险费补贴的形式，都是属于投保农户的资金。所以，有的国家将这 3 种补贴形式的补贴资金集中起来，都作为保险费的一部分补贴给投保农户。

3. 政府用农业保险补贴启动农业保险市场是国家宏观战略的组成部分

对于政府来说，财政补贴不是目的，而通过财政补贴，调动农户参加农业保险的积极性，促使农户用现代风险管理方法管理农业，充分保障国家粮食安全才是目的。国家粮食安全是国家宏观战略的基础之一，但就农户来讲，有足够的理由和动机听天由命和靠天吃饭，即使贫困地区的农户，如果仅仅解决农户自己的粮食自给也没有多大问题。在富裕的东部地区，有太多赚钱途径的农户，很多已经将种田看成是一种负担，甚至可以将承包的田地以极低的租金出租给来自贫困地区的农民耕种。在我们调查时，有的农民说得很到位："田都不愿意种，还买什么农业保险"。农户可以选择自给性生产，也可选择打工赚钱买粮食，但是，国内市场需要粮食和农产品，13 亿人口都要吃饭。而国际农产品市场的供给有限，而且粮食贸易常常成为国际间的政治砝码，这迫使我国政府要立足国内解决基本的农产品供给。解决粮食和食物安全，提高农业生产率，需要有多种举措，例如增加科技投入，给农户种粮补贴、农机补贴等，但通过政府补贴建立和发展我国的农业保险制度，帮助农户积极进行防灾防损，并在遭灾受损时及时予以补偿，使农业再生产不至于因为灾害而中断或者在缩小的规模上进行，这样农业保险制度就为农业生产编织了一张安全保障网。政府绝对需要这张被很多国家证明有效的安全网。

4. 财政补贴农业保险是反哺农业的一个重要途径和手段

经济学家们早就论证了，我国已经到了工业反哺农业、城市反哺农村的历史阶段。反哺农业和农村的途径很多，为建立农业保险保障和农村社会保障制度，承担部分成本无疑是反哺途径之一。

总之，公共财政补贴的农业保险费是农业保险市场不可缺少的要素，从宏观上说是政府维持国家稳定与和谐发展的重要政策工具，如同公共财政支付的种粮直接补贴一样，是农户的实际收入。从保险合同角度来说，它是投保农户所付农业保险费的一部分。

二、对公共财政补贴的多种误读

对农业保险的财政补贴常常被误读，这种误读使农业保险在有些人眼里产生扭曲。

1. 误读之一：补贴保费是让保险公司"捡了便宜"

在我国各地，农业保险的财政补贴在实践操作上一般都是在承保后以致理赔之后，由某级财政部门按照当地补贴比例的规定，根据各家保险公司承保量，直接划到保险公司账上，尽管是一般划拨得比较晚（通常是年末和次年），使保险公司账务上出现不小的"应收账款"，而且因此备受监管部门批评。但在有的人看来，保险公司是捡了"便宜"，收到这笔补贴就像是"无功受禄"。特别是当年保险赔付率不高的时候，就更觉得是给保险公司发了个大"红包"。有一家外国公司起始年份虽然也做农业保险，当地政府无论如何不肯给这家公司所做业务补贴，尽管这家公司在无政府补贴条件下经营农业保险持续亏损。当地政府总觉得给中资公司发这个“红包”也就罢了，怎能给外国公司“输送利益”呢？对于应该收缴的保费补贴，保险公司自己似乎也觉得是受到政府“恩惠”，需要感恩戴德。这就既理解错了也把问题搞混乱了。

更有趣的是，这笔补贴虽然是农民应交保费的一部分，可农民一般是并不了解政府给自家投保的农业保险项目补贴了多少保险费，甚至有不少人还不知道有补贴保费这回事。国外对此补贴就处理得很妥当。记得我在加拿大调查时，农民拿出的保单上，醒目的黑体字写着：本保险单由政府替你交纳了多少比例的保险费。他（她）从政府那里得到多少补贴明明白白，这是他（她）应缴保费的一部分。当然这里只是解决使投保农户明白政府给其补贴。

2. 误读之二：财政补贴是可以随意伸缩的“弹簧”

农业保险费补贴各省（自治区、直辖市）的政策不大一样，中央给不同省份承担补贴比例有点差别，低的补贴 25%，高的补贴 35%。总的补贴一般都可以达到 60%～80%。调查表明，中央下拨的补贴一般都会如数下拨到省厅的账上。补贴比例的科学性与合理性虽然尚待深入研究，但是单就本地的补贴规定执行来说却变数很多，随意性较大。如同“弹簧”或者“橡皮筋”，可长可短。是长是短全看主管部门的“心情”。“心情”好了，虽然拖欠一阵还可以如数拨付，“心情”不好，保险公司就难以拿到应当补贴的数额，这让保险公司的经理们头疼不已。更有甚者，腐败就可能产生。在有的人看来，保费补贴是财政的钱，多给了你我手里就不宽裕，反正你是“白拿”，给多给少只能我说了算。保险公司有点像威严公婆面前的“小媳妇”。

3. 误读之三：政府补贴，各级财政“层层有份”

财政补贴到底应当由谁出，出多少，如何保证及时和足额到位，并没有一定的规矩。在我国现行财政体制下，一般来说，省和自治区的农业保险计划，列入财政部试验名单的，补贴由中央财政和省级财政支付，但大多是由中央、省、地（市）、县四级支付，而且实行“补贴联动”①。在实行中央、省、地（市）、县或省、地、县多层补贴的地方，大部分地、县要负担 15%～20%的保险费补贴，这对那些财政资源丰富的地方没有什么问题，但对那些缺乏财力的地（市）、县来说，保险覆盖面越大，本级财政的保费补贴负担越沉重，以至于不愿意扩大农业保险的试验。有的地方还会找出很多理由拖欠或者克扣保险费补贴。这实际上对农业保险的持续和健康发展并不利。

2010 年全国农业保险出现停滞的迹象，在一定程度上与这种不适当的补贴“层层有份”的规定有关，考虑到开办农业保险的规模和本地财政补贴的正相关

① 所谓“补贴联动”是指下一级财政补贴到位上一级财政才拨付规定份额的补贴。这样规定的初衷是为了调动地方财政的积极性，尽可能多地为农业保险的发展筹资。

关系，省、地（市）、县各级政府（特别是县一级政府），特别是那些财政拮据的地方，都会考虑要不要继续扩大承保规模。据笔者了解，国外的农业保险补贴层级虽然不一样，像美国和日本，只有中央出钱补贴农业保险，美国的州、县，日本的府、道、县都不出钱。加拿大的农业保险是各省独立开办，他们都是由中央和省两级财政进行补贴。还没有听说超过两级补贴的国家。当然，各国国情不同、财政体制也不同，他们的做法也只能供我们参考。

4. 误读之四：财政补贴越多越好

政府补贴"层层有份"与有些地方政府对补贴政策含义的延伸也有关，补贴农业保险既然是强农惠农政策，又被列入本地的"民生工程"，那就多多益善。有的地方财政补贴比例高达保险费的 90%，甚至有少数地方乡、镇和村一级，考虑到一家一户宣传农业保险，收取为数不多的保险费太麻烦，干脆替农户缴纳应该由农户该缴的那 10%～20%的保费。这虽然省了事，也充分反映了基层政府贯彻中央强农惠农政策的积极性、主动性。

但投保农户不出保险费甚至不知道自己是被保险人，也不一定是好事。在这种情况下，可能还会给灾损发生后的理赔埋下隐患，实践中出现的某些道德风险就与此有关（庹国柱，2011），在这种情况下被保险农户的利益有可能得不到真正保障。据我们了解，国外对农业保险的财政补贴也就是 30%～60%，据世界银行在 65 个国家的调查，保险费补贴平均是 44%，加上管理费补贴和再保险补贴，平均是 68%（Oliver Mahul，Charles J Stutley，2008）。相比之下，中国对农业保险的补贴是最高的。这些发达或欠发达国家之所以都要求农民承担一定比例的保险费，并不完全是因为政府的财力所限，关键是要培养农民的风险和保险意识，同时也充分考虑和研究评估了财政补贴资金的效率和效果。

还有一些误读，例如认为如果财政给予农业保险保费补贴之外的其他形式的补贴，就是骑"多头马"等，这里不一一讨论了。

三、加强研究是医治误读的良方

对农业保险费财政补贴的多种误读，其实也很正常。农业保险本身在我国农业经济制度中就是新事物，政府明文给予农业保险财政补贴仅仅只有 4 年时间，我们无论从理论上还是从实践上对农业保险及财政补贴农业保险的认识还很肤浅，迄今也还没有哪怕是"条例"这样低层次规范农业保险制度的规则。各省（自治区、直辖市）各自制定的农业保险计划，其规范和完善程度存在很大差异，已有的关于财政补贴的规定对很多问题并没有说清楚或者没有涉及，大家只好按照自己的存量知识来解读农业保险的公共财政补贴也就不足为奇了。因此，我们需要：

1. 正确理解农业保险财政补贴的实质和目标，便于消除误读

如前所述，我们需要进一步研究和阐释农业保险为什么需要政府提供财政补

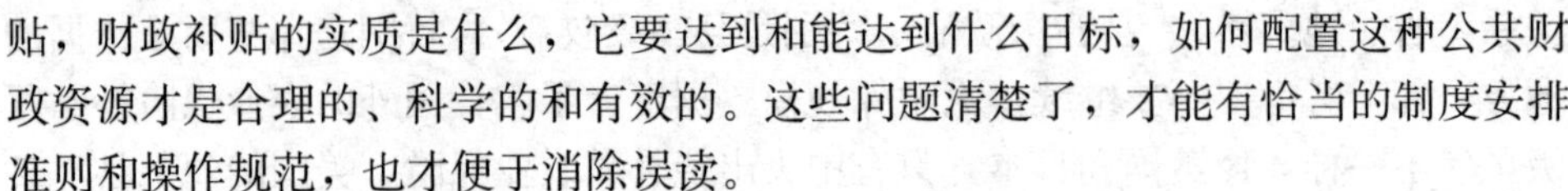

贴，财政补贴的实质是什么，它要达到和能达到什么目标，如何配置这种公共财政资源才是合理的、科学的和有效的。这些问题清楚了，才能有恰当的制度安排准则和操作规范，也才便于消除误读。

2. 加强对农业保险规律性的认识，有助于全面解读

人们将财政补贴看作“红包”或者“利益输送”，在很大程度上是不大了解农业保险的经营规律，也不了解其定价机制。从世界上政策性农业保险（或政府支持的农业保险）产生62年的历史来看，即使利用迄今最科学的费率厘定方法精算的价格，经营农业保险的公司（无论政府经营的公司还是私人保险公司）也没有常胜将军。美国政府经营的农业保险，其精算技术可以称得上一流，但在其62年历史中，有几十年的亏损纪录，因此多次受到国会的质疑，以致因此遭到国会否决而一度停办。笔者曾在加拿大专门研究过由政府经营的算是很成功的农业保险计划，其开办农业保险最早的省份是曼尼托巴（Manitoba），1959—1985年27年间，该省的经营都略有结余，积累了一定的准备金，但1986年和1988年的大旱灾，用光了积累的准备金远远不够，还背负了巨额债务，此后多年才偿清（庹国柱，1997）。与该省相邻的萨斯喀彻温省（Saskatchewan），因同样年份的灾害所举债务，偿还了近20年。我们的有关部门往往对每年农业保险经营的赔付率和结余极其关注，这本无可厚非，但是见到没有赔出90%、100%，就觉得保险公司占了“便宜”，至少显现出对农业保险规律认识上的局限。

当然，在目前农业保险定价方法不够科学，定价机制不完善，其价格不完全受政府监控的条件下，政府部门可以质疑该价格体系的科学性和合理性。但解决问题最根本的办法是改革农业保险的定价机制，政府亲自或委托第三方专业机构进行风险研究和费率厘定，再结合保险公司的经验，就会有公道和放心的费率体系产生。有了放心的价格就不需要再去关注保险公司的盈和亏。当然，即使在政府主导定价条件下，也还有必要在赔付率连续较低或较高的情况下，实时调整费率。这实际上也是其他农业保险成功国家的惯常做法。

3. 积累和提供充分的实践信息，才能深入解读

补贴多少适当，是不是补贴越多越好？是不是需要“层层补贴”？各级财政有多大补贴能力？这些问题因国情而异，需要做进一步的实证分析。就补贴的适度性而言，各个国家都在自己实践数据基础上做了很多研究，墨西哥的学者们曾经通过实证研究，认为75%的财政补贴对该国农户参保才有足够的吸引力（Peter Hazel，Carlos Pomareda，Alberto Valdés，1986）。加拿大农业保险保费的财政补贴比例比较高，有50%～60%，但近年来实证分析表明，农民投保积极性持续高涨，现在，加拿大调整了政策，将政府保费补贴降低了一半以上。我国的农业保险费补贴率多少适度，已经有不少学者在研究，就笔者所见，西南财经大学孙蓉教授、湖南商学院的王韧副教授都带领她们的学生，通过问卷调查对财政补贴适度性做了一些实证分析，得出一些有意义的结论。但是由于我们农业保

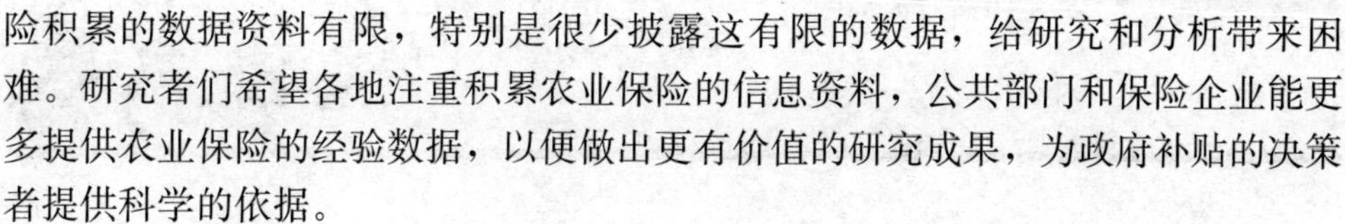
险积累的数据资料有限，特别是很少披露这有限的数据，给研究和分析带来困难。研究者们希望各地注重积累农业保险的信息资料，公共部门和保险企业能更多提供农业保险的经验数据，以便做出更有价值的研究成果，为政府补贴的决策者提供科学的依据。

参 考 文 献

庹国柱，李军 . 1997. 国外农业保险：理论政策与法规［M］. 西安：陕西人民出版社 .

庹国柱，李军 . 2005. 农业保险［M］. 北京：中国人民大学出版社 .

庹国柱，王国军 . 2002. 中国农业保险与农村社会保障制度研究［M］. 北京：首都经济贸易大学出版社 .

庹国柱，朱俊生 . 2007. 试论政策性农业保险的财政税收政策［J］. 经济与管理研究（5）.

庹国柱 . 2011. 道德风险是发展农业保险的“拦路虎”［N］. 金融时报，01 - 19.

庹国柱 . 2011. 农业保险：期盼在规范中完善和发展［M］. 中国保险报，01 - 13.

Oliver Mahul，Charles J Stutley. 2010. Government Support to Agricultural Insurance，Challenges and Options for Developing Countries［M］. The World Bank.

Peter Hazell，Carlos Pomareda，Alberto Valdés，1986. Crop Insurance for Agricultural Development，Issues and Experience［M］. The Johns Hopkins University Press.

从加拿大、美国的农业保险立法中能借鉴什么？*

美国的政策性农业保险的历史已经有73年，加拿大也有52年。这两个国家的农业保险是严格按照在保险法之外专门制定的农业保险法律来试验、全面开办和不断完善的。而且随着实践的发展和政策的调整，他们的法律法规也在不断修改。他们的法律法规及其依法实施的农业保险实践，有许多问题值得我们思考，包括为什么农业保险要在保险法之外单独立法，它有哪些特殊性（或者特殊元素）需要我们在制定本国农业保险法律法规中加以考量等。这里，笔者结合我国目前农业保险的试验及其存在的一些问题来加以探讨。

一、农业保险为什么需要专门立法

为什么政策性农业保险（或叫政府支持的农业保险）要专门立法？在美国、加拿大，人们认为这是自然而然的事，没有人问这样的"公理"性问题。政府涉足农业保险，涉及公权力与私权利之间的关系，必须通过相应法律来调整。就是说，《保险法》是私法范畴，《农业保险法》却是公法范畴。广义的公法是指调配公权力之间，以及调节公权力与私权利之间关系的法律规范。相对于公法，私法一般而言是指的是规范私权关系的法律。

根据我国实际来做一些分析，也容易理解上述观点。

---

* 本文发表于《中国保险报》，2011年7月25日、8月1日、8月8日。这篇文章是针对当时对我国农业保险立法的讨论，我将美国和加拿大的农业保险立法在2011年7月11日和7月18日的《中国保险报》上做了详细的介绍，这里是根据两国的农业保险法律和我国实际所做的讨论。其实关于两国农业保险立法，我在2001年发表的一篇较长的文章中就做过介绍。

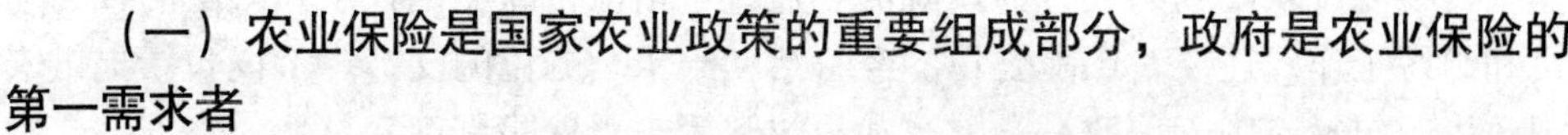

（一）农业保险是国家农业政策的重要组成部分，政府是农业保险的第一需求者

当一国经济发展到一定程度，就会进入“工业补贴（或反哺）农业，城市支持农村”的阶段，这是世界上大多数国家经济发展的规律之一。我国理论界已经证明，我国现在已经进入了“工业补贴（反哺）农业”的阶段。而通过政府补贴农业保险价格的方式启动和建立农业保险市场，运用现代风险管理的工具管理我国农业，加强对农业产业的保护，是加强农业这个国民经济基础、强农惠农必不可少的政策。

实际上，在世界贸易组织的框架下，通过政府支持的农业保险来抵御农业风险，补偿农业风险损失，保障本国农民的收入稳定和农业的持续发展，提高农业的产业化水平，这是所谓“绿箱”政策的目的所在。因为农业的稳定发展，不仅关系一国经济、社会秩序的稳定，也关系到世界经济、社会秩序的稳定。

对我国这样一个有超过 13 亿人口的大国来说，粮食安全，食物安全，关系更加重大。在我国农业发展的现阶段，传统农业风险管理手段已经无法适应的条件下，用农业保险这种现代风险管理方法和技术来管理农业，是其政策的正确选择，也就是说，农业保险应该而且已经成为我国整个农业政策的重要组成部分。

对处于加速城市化进程中的中青年农民来说，农业已经不是其职业和产业的主要选择。我们的调查表明，在发达地区，农户尽管有支付能力，在自愿投保和无政府价格补贴的条件下，他们大多数不愿意购买昂贵的农业保险。而在一些欠发达地区，农民支付能力有限，也不会购买价格不菲的农业保险产品。作为理性人的选择，农民对农产品的生产有趋于自给性的势头，这与我国加强农业基础、确保粮食安全的政策愿望是相悖的。政府需要农业保险，并将其作为整个农业产业政策的重要组成部分，并通过给农业保险补贴和其他各种财政和非财政手段支持，以激励农民投保和保证这种农业保险制度的稳定性和有效性，就成为政府的一种被动的和必需的选择。把这种重要政策上升到立法层次，是合乎逻辑的正确决策。

（二）在商业性竞争经营的条件下，农业保险不会有市场，要建立这个特殊市场，必须要有政府参与，这种参与应当有法律依据

如前所述，农业保险由于风险频率高、强度大，风险损失高，同时面对高度分散的投保农户和巨大的风险单位、广阔的标的，其经营成本比一般财产保险高得多。这导致了很高的保险费率，而投保农民来自农业经营的人均纯收入都相当低，相比其从农作物和畜禽饲养所获较低的预期收入，除少数（例如，种植养殖业的雹灾保险、火灾保险），在无政府较高价格补贴的条件下，他们不会自愿购买大多数农业保险产品，一个竞争性的商业市场就不会出现。政府对农业保险的需求，要变成农民的购买行为，既需要通过包括保费高比例补贴和广泛的宣传动员和组织工作，还要对保险公司的经营活动给予全方位的支持。不仅包括提供宏观政策，包括宏观管理政策、财政和税收政策、再保险制度安排、大灾准备金制度和其他分散巨灾风险机制在内的制度安排，还包括多政府部门配合协助保险经营机构做好风险区划、费率分区，以及展业、查勘、定损、理赔等微观经营工作，以保证农业保险经营的顺畅和有效率。

政府不仅介入保险制度的建设工作，还需要介入保险企业的微观经营活动，无论从角色定位和行为边界的界定，以及具体参与农业保险活动的费用、报酬的支出，必须有法律依据。否则，将会违反现行有关法律法规，甚至与现行其他法律相冲突。

（三）农业保险涉及政府公共资源的分配和利用，因此需要通过立法规范、监督使用和评估效益

政策性农业保险产品不是完全意义上的私人物品，由于有公共财政的价格补贴，它就具有了部分公共物品的性质，即准公共物品。对什么产品进行价格补贴，补贴范围有多大，以什么形式进行补贴，需要多大补贴预算，补贴效率如何评价，这些资金的使用由谁监管、如何监管等问题，都需要通过立法进行规范和恰当的监管。否则，政府预算就缺乏依据，公共资源就可能无法保证得到合理和有效率的运用。

当然，在这些层面加拿大和美国当时对农业保险立法，都有类似的论证，这里就不一一陈述。

二、立法目标决定了保险保障的范围

不同国家开办其政策性农业保险都要确立其立法目标，美国的《联邦农作物保险法》的立法目标是“通过健全的农作物保险体系，增强农业的经济稳定性，并为设计和建立农作物保险体系提供有益的研究试验手段，以提高国民福利水平”。这里强调的是两个方面：一是稳定农业经济，二是提高农民的福利水平。加拿大的农作物保险也体现了类似的目标。毫无疑问，对于传统的农产品出口大国加拿大和美国来说，农产品只是一般的贸易商品，农产品生产只是农民取得收入的手段，如果有什么战略意义的话，那也只是外贸和外援的层面，而不在农产品本身。因此加、美两国农作物保险的目标就是稳定农业经济，减少农民的收入波动。

为了这个目标，加拿大和美国的农作物保险着眼于普惠，努力做到不仅家家都可以投保，而且无论种什么作物的都可以有保可投，均等地享受政府的补贴和服务。他们承保的作物涵盖了他们国家的绝大部分作物，加拿大有 30 种作物，

美国也有30多种作物，而且还逐步把一些种植范围很小、面积很有限的“小宗”作物也纳入进来。他们在法律中列明的承保风险责任也很广泛，在这里介绍的法律中，美国的承保风险包括了干旱、洪水、冰雹、大风、霜灾、冻害、雷电、火灾、雨涝、雪灾、野生动物侵害、飓风、龙卷风、虫害、病害等15类，加拿大也有干旱、过湿、降水过多、洪水灾害、霜冻、冰雹、过热、风灾（包括龙卷风）、病虫害、水禽、野生动物侵害等10多类。所以他们把农作物保险叫“多风险保险”或“一切险保险”。这里实际上还只是承保了自然风险，后来他们先后又都将农产品市场风险也纳入农作物保险，进一步开办农户收入保险、作物收入保险等，真正实现了稳定收入、增进福利的作用。

我们国家还没有任何农业保险的立法，如果立法，首先也要考虑确立什么目标。几年前在讨论制定《政策性农业保险条例》时，曾提出立法目标是“为了规范和发展政策性农业保险，提高农业抗风险能力，完善农业支持保护体系，推进社会主义新农村建设”，这个目标既站得太低也太模糊，没有体现出农业和农业保险对于我国的战略意义。几年前我说过，我国的农业有粮食和食物安全的战略意义，同时由于农民社会保障制度不完善和农产品一定程度的自给性，农业生产对农民还有社会保障意义。因此，我国农业保险立法目标设定既要体现农业稳定发展，保障粮食和食物安全的目标，也要体现对农民的部分社会保障的意义。

我国就农业保险对象来说，比加拿大、美国要宽泛，不仅承保农作物，还有家畜家禽，甚至延伸到渔船、农业机械设施、农房等“涉农”保险领域。但就每一类，目前保险标的种类非常有限，受到中央财政支持的保险作物和畜禽种类更少，而且，受益面还比较局限，有些地区有的非补贴目录的种养殖业生产户，还无法参保，保险风险责任也非常窄，大部分地区和公司，甚至连旱灾还没有纳入保险责任。当然，我们的政策性农业保险的试验刚刚开始，政府也好，公司也好，持谨慎态度也无大错。目前就我的观察，纳入补贴的作物范围和地区范围受限，对中央来说恐怕不是钱的问题，而是中央有关部门还没有认真考虑和研究这个问题。但对地方，特别是地、县级政府还真存在财力问题。我觉得，立法的时候要有前瞻的观点，也要充分考虑各地的实际，但更重要的是应当体现普惠的精神。

三、农业保险立法一定要体现公平公正

农业保险立法体现公平公正是起码的要求。加拿大的农业保险界的朋友在向我们介绍加拿大农业保险法律和制度时说，其农作物保险体现5个原则，即普遍参加（Universality），公正平等（Fair and Equitable），农户买得起（Cost Affordability），财务的自我平衡（Self-Sustainability），与其他农业收入保障政策间的互补性。这5条中，前3条都是讲的公平公正。公平公正，除了向前面所

说，让所有农民和无论生产什么农产品的农民都能有机会参加，就是所有投保农民的利益能够在合同约定条件下得到充分保障。在他们的农作保险计划中，广泛的全方位的财政补贴（既包括保险费的补贴，也包括管理费和再保险的提供或再保险费补贴），体现的就是公平公正的精神。

此外，合同执行的严肃性也是公平公正的应有之义。他们的法律中并没有专门的条款。而这些问题在我们这里就是一个值得关注的问题。在有的地方，发生再保险公司准备金不够了，政府也拿不出钱了就不赔了。有的地方在存在小灾大赔、无灾也赔的同时，也出现大灾小赔的问题，这种被概括为“协议赔款”的现象，实际上是对投保农民利益的侵犯。还有一些地方规定“三倍赔付封顶”“五倍赔付封顶”等，实际上也是损害被保险人利益的不合理规定。更有甚者，保险赔款可能被“截留”，不能到达受灾投保农户手里。这些显然有违公平公正的法律原则。试想，农民投保就是希望在遭受灾害损失时得到合同约定的赔偿，做不到这一点就无所谓保险了，说严重点就成为诈骗了。所以，我们的立法恐怕需要强调这个本来不必要明文的原则。

四、农业保险需要用法律确立制度模式

加拿大和美国的农业保险立法中，都清晰规定了他们的农业保险制度模式，那就是由政府建立保险公司，来经营政府支持的农业保险。对整个制度构架，包括组织管理机构、经营主体确认、相关保险机构准入规定、政府的财政税收支持与各政府部门配合、承保范围、保险风险和保障水平、经营风险的控制和巨灾风险管理制度安排等，都做出了规定。这些就是农业保险制度不可缺少的要素。其中很多方面是与商业保险不一样的。所以，加拿大曼尼托巴省的《农作物保险法》，用法条明确指出“《曼尼托巴省保险法》不适用农作物保险合同”，就是说，适用于商业保险的保险法不能用来作为约束和监管农作物保险的法律依据。其主要理由就是我在前面说的，二者一个是私法调解的范围，一个是公法调节的范围。

这样，我们就容易理解我国《中华人民共和国保险法》，无论 1995 年版、2002 年版，还是 2009 年版，一直坚持说“农业保险由法律、行政法规另行规定”的道理了。

尽管，加拿大和美国农作物保险的组织制度是以政府成立的农作物保险公司经营为主，与我们目前确定的“政府引导、政策支持、市场运作”和地方政府分散决策的组织制度不一样。但这无关紧要，对我们来说，像他们那样，通过法律法规明确我们的制度框架却很重要。现在，虽然我们全国 31 个省（自治区、直辖市）都建立了自己的农业保险制度，但这些制度差异很大，有些省份的制度设计不错，但也有不少省份的制度很不完善，缺乏基本要素，例如有的地方除了给

农业保险保费补贴，政府就不考虑或很少考虑提供其他方面的支持，也许他们不知道需要提供哪些制度，也许不准备提供这些制度。这样，谁敢在这里做农业保险？有同仁开玩笑说："在这里做农业保险，不是找死吗?"虽然有点夸大其辞，但无论怎样，通过法律法规确定制度框架，规定出那些最重要的规则是完全必要的。基本制度确定了，其他的问题就可以放开，例如选择多少和如何选择供给主体，如何选择和设计巨灾风险管理制度，风险区划通过何种途径和由谁来实施，各级政府部门如何与保险机构协作等，就可以由各省自己确定。

五、对财政税收支持做出具体和明确规定

财政税收支持是政策性农业保险制度中最重要的因素和条件，离开这些条件就不成其为政策性农业保险（或政府支持的农业保险）。所以加拿大、美国的农作物保险法里，对财政和税收政策规定得很仔细，不仅规定了要由政府公共财政提供保险费补贴，而且补贴经营和管理的全部费用，还由省政府和联邦政府两级提供再保险支持。美国的《联邦农作物保险法》规定："联邦农作物保险公司有权获得政府财政拨款，以便支付公司的经营管理费用，包括保险代理人和经纪人的佣金，财政票据的利息和其他债务，为投保农户支付部分保险费、损失理算师进行损失查勘和理算的直接费用。"加拿大的农作物保险保费由联邦和省两级补贴，经营管理费用也完全由联邦和省政府分担。

对于税收方面对农业保险的支持，加拿大和美国的法律是无条件的，美国的法律明确规定，"联邦农作物保险公司的资本金、准备金、盈余、收入和财产免除所有国家、地方、属地或领地，或州、县、市政府或当地税务部门课征的税负。"其实，道理很简单，政府拿出财政资金从保险费、管理费和再保险等环节，全面补贴农业保险，还要为农险业务的超赔全部或部分"买单"，再去对农业保险征税，除了增加政府成本，无论从哪方面讲都是毫无意义的。

在这一点上，我们的税务部门就很缺乏对农业保险足够的了解，多年来坚持只免农业保险的营业税，近年才略微对于年度"盈余"的所得税征收有所松动。看来，这里面很需要利用农业保险立法的机会，帮助税政部门多了解一些政策性农业保险的意义及特点，争取在法律上做出全面免税的规定。

六、农业保险的巨灾风险管理制度不可忽视

巨灾风险管理制度是农业保险制度设计不可或缺的分支制度之一。农业风险比起其他财产保险有许多特点，特别是系统性风险（也就是风险单位很大，投保单位之间或投保区域之间有高度的相关性）比较大而且频率比较高，所以发生巨灾损失的概率比较大。这就要求农业保险制度设计必须考虑到这一点，并通过立

法做出具体的明确的安排。

对于巨灾风险分散制度的安排，加拿大和美国两个国家的制度类似，加拿大的省政府和联邦政府都提供再保险，美国是联邦政府提供再保险，除此之外，还有两个安排值得注意：一个是美国规定，当遭遇较大灾害损失，公司的准备金不足支付赔款时，可申请农业部动用专门的基金来支付赔款，还不够的话，经过财政部部长的批准，公司可以发行专门形式和一定面额的定期财政票据或其他财政票据，这些定期票据或其他财政票据的本息将用公司的保险费或资本股份中可利用资金归还。财政部将购买一部分财政票据以提高其公信力。就是说，对于农业保险巨灾风险，他们的法律安排了 3 道“堤坝”。类似，加拿大除了有省政府和联邦政府的再保险，也规定将每年保险基金支付赔款之后的盈余用来建立另一个“准备金”，这其实是一个巨灾准备金。除此之外，他们法律规定，在发生巨灾时，“如果再保险账户不足以承担摊赔责任，经副总督批准，财政厅可以从‘合并基金’的收入类科目中预付款项给农作物保险公司以弥补差额。公司必须根据再保险合同归还以上预付款项，但不负担利息。”这表明，加拿大防巨灾风险的“堤坝”也有 3 道。

加拿大和美国比较完善的巨灾风险分散的制度安排，对于我国立法是一个很好的借鉴。如果与商业保险法比较一下，我们就会发现，除了再保险，其他风险的管控，政府不需要做过多规定，因为这是企业自己的事。我们有的省和直辖市在设计本地农业保险制度时充分考虑到了，并且做出了安排，比如北京市除了建立巨灾风险基金，又把风险分成 3 段，第一段是公司级赔付率，160％之内由保险公司自己安排再保险，公司的赔付率在 160％～300％的部分，由政府购买再保险，超过 300％的赔付由政府兜底。江苏省却是建立了省、地（市）和县三级巨灾风险基金。这些设计都值得肯定。但关键是立法时要明确提出来，免得各省设计自己的制度时有所忽略。短短 4 年中，我们已经不止一次吃了没有巨灾风险分散机制的亏了，发生大灾无力赔付，只好赖账。虽然保护了保险经营机构，但如上所说，这很不公平，也有违开办农业保险的宗旨。

七、要重视农业保险的风险区划

本来，风险区划是经营农业保险的保险公司的事，但是加拿大的农作物保险法的实施细则中，专门对这项工作做出了具体规定：省农作物保险公司要在省内建立不同风险区或保险区，并随时对这些区域的边界进行调整；确定一个风险区或保险区的土壤生产力等级；风险区、保险区和土壤生产力等级都标明在地图上，可以在省农作物保险公司的档案中查找。

加拿大农险界的朋友跟我们说，制定风险区划是农业保险的基础性工作，要是没有风险区域的划定，我们做农业保险的科学性就要大打折扣，也必然给合理厘定保险费率带来困难，不仅农民觉得不公平，而且逆选择和道德风险也难以防范。据我在加拿大所做的了解，他们各省都有自己的风险分区图，曼尼托巴省就划分了 14 个风险区，同一种作物在 14 个区的费率区间都不相同。具体承保时，对在该风险区的不同农场，其费率还会在该风险区费率区间做适当调整。这就是科学！

在这方面，我们要走的路很长，要让保险公司理解划分风险区的意义，用了差不多 20 年，现在保险公司明白了，政府部门和有的农户又有抵触情绪。所以在我们立法时，应当把它写进去。让大家“理解的要执行，不理解的也要执行”，在执行中逐渐加深理解。这只会对农业保险的健康和可持续发展有利。

八、把政策性保险与商业性保险分开经营

2002 年新修订的《中华人民共和国农业法》中，第一次提到“政策性农业保险”，有的人认为所有的农业保险项目都是政策性农业保险。所以，我和朱俊生教授 2004 年写过一篇文章，将政策性农业保险和商业性农业保险区别开来。这种区分不是没有意义的。政策性农业保险适用于农业保险专门立法，而商业性农业保险适用《中华人民共和国保险法》。换句话说，商业性农业保险可以由商业性保险公司在竞争的保险市场上交易；而政策性农业保险在市场上是失灵的，离了政府的支持不会有市场。

美国和加拿大都曾有过商业性保险公司经营多风险农作物保险大败而归和破产的历史，所以美国才有 1938 年的《联邦农作物保险法》，加拿大才有 1959 年的《联邦农作物保险法》，政府亲自做起了保险“买卖”，我们才把这种“买卖”定义为政策性农业保险。但是，农作物火灾和雹灾保险似乎从来都没有被他们纳入“政策性农业保险”的范围，究其原因，主要是雹灾、火灾发生概率比较低，也很少有大范围发生的案例。这类小概率事件，商业保险是可以驾驭的。

在加拿大和美国，商业性保险公司除了给政府代理（美国），自己不经营多风险农作物保险，但是却经营没有政府补贴的雹灾保险。政府拥有的农作物保险公司也经营雹灾保险，但是由另一本账来核算的。这一点，加拿大还在法律的实施细则中做出了必要规定，要求“建立农作物保险基金和雹灾保险基金，……这两个基金都由农作物保险公司代表省政府监管和控制。但两个基金分开管理，不能混淆”。

这个法律规定对我们的意义在于，认识农业保险险别险种可以有不同的性质区分，这种区分也不是没有价值的。并非一说农业保险都是政策性的，都需要政府的补贴。当然，我们立法时要不要把这么细的东西放进去，则另说。

九、条款费率应该由谁来制定

加拿大、美国农作物保险的费率条款、合同文本都是由政府所拥有的保险公司制定的，这是法律赋予他们的权利。在美国，20 世纪 90 年代以后，由于改由经批准的商业保险大力经营农作物保险业务，在维持联邦农作物保险公司作为险种设计主渠道的同时，也鼓励做农业保险的商业性保险公司开发新的险种。费率条款制定和险种开发由政府拥有的公司为主来做，是顺理成章的，其道理除了政府作为公营保险人具有优越的信息数据条件和强大的专业技术力量，而且他们在没有私利条件下所定的价格显然也具有较高的公信力。

问题是，在我们国家农业保险目前的制度中，保险供给主体不是政府而是商业性保险公司，这些商业公司就技术和人才条件来说，对于开发产品，制定费率条款都是没有问题的。但是定价权是否非归保险公司莫属，却是需要研究的问题。因为保险费的大部分是政府用公共财政资源所做补贴，其产品定价就涉及是否实行“不赔不赚”原则的问题。定价权交给保险公司需要不需要审查和监督也是一个问题。所以立法要明确这个问题，无非是两个解决方案：一是商业性保险公司定价，政府设立专门机构审核，或由保险监管机构代为审核；二是政府的农业保险管理机构设立风险管理机构单独或与保险公司共同负责精算定价和开发农业保险产品。这两个方案都可以使农业保险价格比较公正和透明。现在，为保险供款的财政部门每每盯着“赔付率”，赔付率高了则罢了，赔付率低了，他们就觉得保险公司定价太高，赚了财政的钱。财政部门这样做也无可非议，他们应当为公共财政资源使用的合理性和效率性负责，如果不关心反而是不正常的了。但这种关心往往反映出对保险公司定价的怀疑态度，也使保险公司多少有些不快。与其如此，不如在立法时，选择本文上面提出的两种方案的一种加以明文，就可以较好解决农业保险定价公信力的问题。实际上，目前有的省市就是采用的政府管理部门与保险公司共同定价的制度，效果还比较好。

十、农业保险制度需要在实践中不断改进和调整

在美国和加拿大农业保险立法这么长的历史时期中，他们的实践在不断丰富，法律也在不断修改和调整。这些修订和调整使其农业保险做得越来越符合经济和社会需要，越来越规范，制度的稳定性也越好。

特别值得一提的是，1980 年美国依照第 12 次修订的《联邦农作物保险法》，农作物保险在全国普遍推行之后的这 20 多年里，他们法律有许多重大变化。我印象最深的有以下几个方面：其一是逐步将政府经营变为政府主办，商业性保险公司代理经营，充分利用市场主体，大大提高了运营效率；其二是在几十年“各

别农场保险”（Individual Farm Crop Insurance）的基础上，试验既节省成本又减少逆选择的“区域产量保险（GPR）”；其三是试验开办多种作物的“作物收入保险”，提供自然风险和经济风险全面保障的新计划；其四是开发和推行保障水平只有50%的平均产量，但价格低廉的“农作物巨灾风险保险”，并将相关的“特别灾害救济计划”取消，减少灾后获得救济的渠道，“迫使”农民购买农业保险，旨在提高农作物保险的参与率和经营效率。这些通过农作物保险法的修订和改革所做出的调整，不断丰富和完善着他们的农业保险实践。

在我们国家，哪怕是“农业保险条例”一直也都很难产生，总是说条件不成熟。其实，条件什么时间成熟很难定论，而成熟都是相对的。美国、加拿大立法的时候也只有商业保险的失败实践，他们在进行了深入的调查研究之后就制定了农作物保险法律。他们跟我们的思路完全不一样，做一个计划（Program），首先通过立法定出规则，按照这些规则去做，在做的过程中根据实践中出现的问题再改进和调整法律，完善规则。这也何尝不是《实践论》所指出的道路！我们总是说要先试验，等积累了经验再立法，似乎也很有道理。实际上这样做麻烦比较多，因为没有规则，向哪个方向试验不知道，千奇百怪的问题就出来了，有时真让人哭笑不得。有道是“无规矩不成方圆”，所以，我们太渴望农业保险的法律了！

论我国渔业互保制度及其完善和发展*

17 年前，渔业互保在我国的诞生不是个人的突发奇想，而是我国商业保险市场化发展的一个必然结果，也是我国包括渔业在内的农业保险发展的一个必然结果。

在我国政策性农业保险蓬勃发展的今天，渔业保险理所当然地成为政策性农业保险的重要组成部分，渔业互保协会以其特殊的业务和组织形式，已经成为渔业保险的主力军，进入我国越来越多的人的视线，渔业互保成功的发展经验受到多方重视，其独特的发展模式也受到广泛关注。研究渔业互保现象，探讨其间的道理，寻求其进一步改革和完善的道路，不仅对于发展渔业保险，而且对于建立和完善整个政策性农业保险制度，都有重要的意义。

一、“渔业互保”诞生的历史必然

我国渔业在近 30 多年中发展极其迅速，2010 年水产品产量达到 5 366 万吨，比 2009 年增长 4.9%。其中，养殖水产品产量 3 850 万吨，比 2009 年增长 6.3%，稳居世界第一。捕捞水产品产量 1 516 万吨，增长 1.4%。水产品总产量是 1978 年的 11.5 倍。水产品产值到 2007 年已经达到 4 457.5 亿元，在整个农业中的比重从 1978 年的 1.58%提高到 2007 年的 9.1%，此前几个年份，占比超过 10%。

(一) 捕捞渔业不曾纳入农业保险的范围

渔业生产，无论是养殖渔业还是捕捞渔业都面临着巨大的自然的、经济的风险，特别是捕捞渔业还面临着国际政治的风险。但是渔业生产的风险保障制度在 1983 年之前根本没有。始于 1982 年的农业保险试验虽然在养殖渔业保险方面做

---

* 本文发表于《中国保险职业学院学报》，2011 年第 10 期。本文受到北京市教委科研水平提高经费的资助。

过一些尝试，湖南、湖北、上海、广东等省（直辖市）进行过一些养鱼保险和养虾保险险种的试验，但是极高的赔付率导致保险公司连续亏损，迫使其不得不放弃这些试验，进入20世纪90年代之后，水产养殖保险试验逐步中断了。

而对海洋捕捞渔业这一块，至少在1994年以前并没有进入农业保险的视线。因为当时大家把农业保险的视野局限在种植和养殖领域，在养殖业这一块，也主要考虑的是家畜家禽的养殖保险，水产养殖涉及不多。而捕捞渔业的生产工具渔船和渔民渔工人身伤亡的风险保障，基本上没有被看成是农业和农业保险的范畴，自然被归属于普通商业保险的领域。这不仅仅是保险和农业保险分类方面的缺憾，也是对捕捞渔业保险认识上的缺位。

（二）国有保险公司“转制”导致渔船保险逐步被放弃

当中国人民保险公司作为国有非商业性金融机构，即专业性金融机构时，曾经适应我国渔业大发展的需求经营过渔船保险①。

改革开放之后，我国渔业的强劲发展势头和渔船的增长速度都是空前的。1978年全国水产品产量为465.35万吨，2007达到4747.5万吨，② 增长了10倍，其中养殖产量更是增长了近30倍。全国渔用机动船的拥有量也不断增加，数量从1978年的47 176艘提高到2007年的524 848艘，动力从213.6万千瓦提高到1 605.3万千瓦。

这种情况下，捕捞渔业所涉及的最重要的渔船损失和船员人身伤亡问题日益突出。可能很多研究财产风险和保险的同仁都不大清楚，捕捞渔业面临的风险远远比陆地上财产损失风险严重得多。渔船的损失率很高，渔民的伤亡率也相当高。据联合国国际劳工组织职业安全与健康分部估算，每年全世界渔船船员平均死亡率大约为0.8‰，每年大约有24 000名渔船船员死亡，2 400万渔船船员遭受非致命性伤害（Report for Discussion at the Tripartite Meeting on Safety and Health in the Fishing Industry，1999）。渔船船员伤亡率是各种职业中最高的，许多国家的渔船船员死亡率都高于世界渔船船员平均死亡率。据孙颖士等人的研究③，渔船船员死亡率高达1.4‰，比世界平均水平高出75%，比煤矿工人的死亡率高出24%，是建筑行业死亡率的35倍，因此，渔船船员是我国最危险的

① 1987年3月，由交通部、农牧渔业部、国家经委、国家工商局、公安部、中国人民保险公司、财政部、国家旅游局联合印发了《关于加强乡镇船舶安全监督管理的通知》，要求这些船舶办理船舶保险（包括船舶碰撞责任险）。1991年7月，农业部和中国人民保险公司印发了《关于进一步开展渔船保险工作的通知》，重申“中国人民保险公司将渔船保险工作委托给各级渔港监督机构代理”，强调“继续坚持渔业船舶登记时应该参加保险的原则”。据统计，1989年是我国海洋机动渔船参加保险最多的一年，参保渔船达2.6万艘，占当时海洋机动渔船总数23.9万艘的10.9%。

② 农业部渔业局．2008．中国渔业年鉴：2008［M］．北京：中国农业出版社．

③ 孙颖士．2006．论渔船船员风险和渔业保险［J］．中国渔业经济（2）．

职业。

中国渔业互保协会的经营实践也证明了上述论断。据该协会1999—2008年的经营统计，10年间共承保渔船187 853艘次，承保渔船共出险32 969艘次，总出险率为17.55%。其中渔船全损1 245艘次，全损率为0.66%；渔船部分损失31 483艘次，部分损失率为16.76%。渔船全损与部分损失的比例基本上是1∶25。相比之下，渔船的保险损失率比普通财产的损失率高6～10倍。同一时期，该协会共承保渔船船员2 920 149人，承保的渔船船员发生死亡、伤残、受伤（“受伤”是指渔船船员出险时身体受到伤害，但并未致残或致死）事故者的总数为39 807人，总出险率为13.6‰；其中渔船船员死亡4 726人，死亡率为1.62‰；渔船船员伤残14 819人，伤残率为5.07‰；渔船船员受伤20 262人，受伤率为6.94‰。渔船船员事故中每死亡100人，有314人伤残、430人受伤。①

20世纪90年代初，中国人民保险公司开始了其发展历史上有重要意义的“转制”历程，由国有专业化金融机构转变为商业性保险机构。商业性保险公司出于利润的考虑，在当时情况下，对农业保险和渔船保险都采取了“风险规避”态度。因为在商业性保险的框架下，农业保险也好，渔船保险也好，其经营难度很大，灾害重、风险大、赔付高，加之国家没有相应的财政和税收扶持政策，已经导致保险公司持续10多年亏损。因此，从1994年起，农业保险和渔船保险业务都逐渐萎缩。农业保险的试验规模大大缩小，渔船保险这一块，除了大型的远洋渔船，大量的小型渔船保险业务也都慢慢成为保险公司的“弃儿”。

（三）“船东互保协会”应捕捞渔业市场化之运而生

一面是保险公司商业化、市场化“转制”，逐步放弃不好赚钱的渔船和船员人身伤害保险业务，另一面是海洋捕捞渔业的迅猛发展和日益强烈的风险分散和损失补偿的需求。作为发展渔业特别是捕捞渔业的生产资料和生产工具，其寻求风险保障意义是重大的。

第一，刚刚成为“老板”的广大渔民，资本并不雄厚，他们的船大多数是设备不那么精良、马力也不大的中小船，缺乏抗风险能力；

第二，刚刚脱离“集体经济”制度的渔民，成为独立面对市场的“企业”，不仅缺乏风险保障意识，也还没有自我保障能力；

第三，从宏观上讲，政府还没有为渔民和渔工们编织好生产和生活安全网，已有的社会保障制度尚未覆盖到这部分渔民和渔工。

在这种条件下，“船东互保协会”的诞生，就最及时地适应和满足了渔业特别是捕捞渔业的发展和渔船寻求风险保障的需要。

---

① 中国渔业互保协会．2011．2011中国农业保险发展报告［M］．北京：中国农业出版社：102-103.

二、渔业互保是农业保险的一种制度创新

渔业互保制度从一开始是以一种政府支持下非营利性的渔民互助组织的方式出现的。在20世纪90年代初，这种组织形式显然是一种组织创新。它是一种初级的合作互助形式，同时又是在政府部门的支持之下运作的。这种组织创新又为政府落实支农强农惠农政策提供了一个有效的"抓手"，也在社会保障制度尚不完善的农业和渔业地区提供了一种特殊的社会保障。

（一）渔业互助保险组织在理论上具有明显的制度优势

渔业保险合作是由处于同一区域、面临同样风险、具有相同保险需求的从事渔业生产经营活动的渔业生产者，按照合作制原则自愿组成，不以盈利为目的的风险互助保障组织。从理论上说，在渔业保险领域发展保险合作社具有明显的制度优势。①

第一，合作制保险在产权制度的表现形式上属于合作性质，与保险的本质非常契合。保险事业本质上即含有合作、互助、共济之意。不论社会成员是否有意追求这种互助共济关系，只要其参加保险，与保险人建立保险关系，也就自然成为这种互助共济关系的一部分。

第二，合作制保险具有应对道德风险和逆选择的有效内在机制。渔业互助合作保险组织是社员所有的保险业组织形式。其社员既是投保人又是保险人，以社员之间的风险互助为目的，存在共同的利益关系，具有进行相互监督的积极性。这使得保险人利用信息优势损害投保人利益及投保人在投保后出现道德风险的可能性大大降低。保险合作社的成员一般为在一定区域内的渔业生产者，相互之间比较熟悉和了解，容易产生共同的利益趋向，成员具有利益的一致性，相互损害的几率也将会大大降低，道德风险非常有限。渔业生产自然风险的特点要求渔业保险合同关系具有长期性、稳定性和连续性。同时，由于成员在同一区域从事渔业生产，其对于保险标的的状况都很了解，对渔业生产过程以及所面临的风险因素、风险差别和风险变化都比较清楚，对风险状况有着较清楚的认识，这有利于渔业互助合作保险组织开展保险业务，从而可以避免逆选择。

第三，合作保险有助于促进防灾减损工作。在这里，投保人和保险组织的利益是一致的。如果其成员不能有效地进行防灾减损，最终会影响到其自身的利益，故其成员能够主动采取必要的风险防范措施，减少风险事故的发生。保险组

---

① 朱俊生．2011．论中国渔业互保协会的运作模式及其完善［M］//中国渔业互保协会．2011 中国农业保险发展报告．北京：中国农业出版社．

织可以对成员的防灾减损工作进行指导，抑制和减少灾害发生。

第四，合作保险经营管理成本低、保费低，符合收入水平低而又需要渔业保险的渔业生产者的需求。合作保险不需要设立庞大的营业机构，具体工作可以委托社员代表进行。渔业生产者对渔业生产的情况和灾害损失发生的情况都比较熟悉，可以大大减少组织成本和经营管理费用。合作保险不以盈利为目的，减少了渔业保险经营难度，进一步促使保险费降低。

第五，合作保险组织的成员都是同一地区的渔业生产者，因此易于为渔民接受。保险组织由渔民自己经营管理，以渔民利益为前提，可以取得渔民的信任，降低不安全感，减少交易成本，增加其参加保险的积极性，提高参与率，有助于渔业保险业务的顺利开展，且手续简单，易于提高工作效率。

鉴于渔业合作保险所具有的上述优势，开办渔业互助合作保险比较适宜，也比较合理。

（二）渔业互助保险在现阶段离不开政府的参与和协助

渔业互助合作保险虽然有其诸多优势，但是在现阶段的我国，比较分散和作业独立的渔民，特别是捕捞渔业的渔民，刚刚脱离了几十年“大锅饭”式的集体经济，对合作有某种恐惧和抵触；特别是他们对保险这种风险分散和损失补偿活动基本上没有多少知识和技术基础。要想让广大渔民自己相互联合组成合作互助保险组织，所需要支付的自组织成本非常高，远远超过了他们的承受能力。这里所说的自组织成本包括自组织过程中的信息成本、契约成本等。

在这种情况下，政府农业部门出面，组织自上而下的船东互保协会（现今的渔业互保协会），代替渔民自己自下而上地组织渔业互保组织，使渔业互保在现实条件下成为一种可能。按照新制度经济学的理论，这是一种强制性的制度变迁。假如要让农民自下而上地逐步实行诱致性制度变迁，恐怕不是一天两天能完成的。

为农林牧渔民提供社会化的服务，需要组织载体。在一些西方国家，这种组织载体大多是各种合作社。西方社会有长期的合作传统，所以合作制很发达，农业合作、渔业合作、奶业合作、林业合作、农业信用合作、农业保险合作等，这些专业合作社的社会基础是几百年的市场经济氛围、文化教育水平和自组织能力。这些条件在我国现阶段都还比较欠缺。政府“帮忙”则容易克服这些方面的“短板”，特别是专业、技术方面和信誉方面的欠缺。

（三）渔业互保为政府支农政策创造了一个“抓手”

在较长的时期内，我国处于一个工业“反哺”农业、城市补贴农村的历史阶段。这种“反哺”和补贴主要是通过政府的一系列支持“三农”的政策实现的。要将这些政策落到实处，需要通过各种具体合理和可行的途径，也就是我们所说

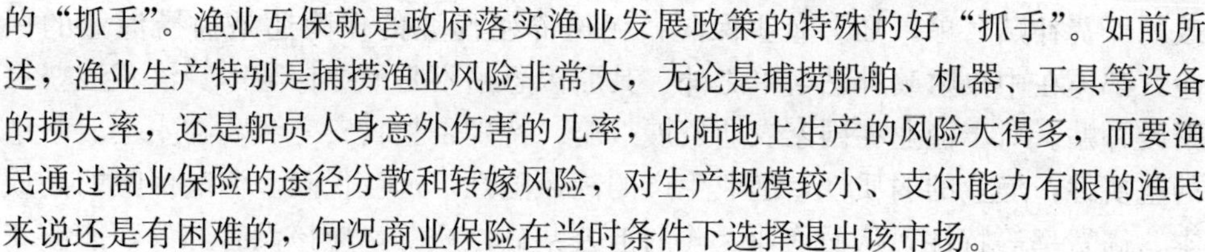

的“抓手”。渔业互保就是政府落实渔业发展政策的特殊的好“抓手”。如前所述，渔业生产特别是捕捞渔业风险非常大，无论是捕捞船舶、机器、工具等设备的损失率，还是船员人身意外伤害的几率，比陆地上生产的风险大得多，而要渔民通过商业保险的途径分散和转嫁风险，对生产规模较小、支付能力有限的渔民来说还是有困难的，何况商业保险在当时条件下选择退出该市场。

渔业互保可以通过合作体制为渔民提供保障水平适当的渔业风险分散和风险损失补偿机制。政府的支农强农惠农政策通过这个组织及其机制来落实，既解决了渔民的风险保障的问题，又使政策落到实处。在诸多补贴农业的手段中，风险损失补偿方面的政府补贴是世界贸易组织制定的“绿箱”政策所允许的，其他诸如价格补贴等手段都是被禁止的。利用渔业互保组织制度，并在渔业保险中进行补贴，就成为政府补贴渔业的“抓手”。

（四）渔业互保是现阶段农村社会保障制度的一个组成部分

渔业互保协会为渔民提供风险保障，虽然是普通的保险保障，但它是渔民社会保障制度的有机组成部分。

在当时条件下，渔民在缺乏社会保障条件下，其养老、医疗、工伤等安全保障都要依靠他们的渔船和其他渔业生产工具，一旦渔船遇险、人员伤亡，渔民自己和他们的家庭就会陷入困境。参加渔业互保获得了渔船和船员的风险保障，就保证了渔民及其家庭的生产和生活安全。

即使在目前已经建立起农民社会养老保险制度（新农保）、社会医疗保险制度（新农合）的今天，因为整个农村社会保障的保障水平较低，也还不足以完全解决其养老、医疗、工伤等安全保障问题，渔业互保在社会保障制度中的地位并没有丧失。

三、中央财政应当支持渔业互保

渔业互保协会需要发展，进一步发挥其支持“三农”、服务“三农”风险保障事业的功能和作用。但其健康和可持续发展的重要条件之一就是获得中央和地方财政的适当补贴。

目前，中央财政还没有将渔业互保纳入财政支持的范围，使得渔业互保事业还只能在低水平和有限范围内缓慢前行。

（一）渔业保险和渔业互保获得政府补贴不是一个问题

事实上，在大农业范围内，农、林、牧业都纳入了中央财政的支持范围，水稻、小麦、玉米、大豆、棉花、油菜、花生、橡胶、香蕉、马铃薯等作物生产的保险，以及森林保险、奶牛、能繁母猪、牦牛保险等，都陆续进入中央财政的保费补贴名单。唯有渔业保险，无论养殖渔业的保险还是捕捞渔业的保险，都还在中央财政补贴名单之外。其原因恐怕不是渔业保险本身该不该获得财政补贴。对于渔业在国家农业发展战略，特别是粮食安全和食物安全战略中的重要性，渔业的弱质性，渔业生产的高风险性，渔业保险、渔船保险的高成本、高费率等特性，从而渔业保险的准公共品性质等，应该没有异议，能够获得不仅学术界而且政府的广泛认同。渔业保险获得财政补贴的理由应该是充分的。

（二）渔业互保协会及其业务是政策性农业保险制度的组成部分

渔业保险特别是渔船保险不能获得中央财政补贴的主要原因，可能在于对于渔业互助保险及其互保组织身份的认同问题。渔业互保组织目前不是保险“正规军”，作为协会，不在保险监管部门的业务监管范围之内，而作为主管部门的民政部门，除了市场准入和其他一般性审查，不可能监督和管理其保险业务，包括其保险经营机构的偿付能力、保险活动的市场行为规范、协会的治理结构等。而财政部门也因为其专业性较强、保险业务比较分散而难以进行直接的多方位的保险业务监管。

根据我们的调查和了解，就渔业互保组织而言，他们用 17 年的时间进行了艰苦的探索和试验，已经白手起家，建立起比较系统的组织网络和完善的组织和业务管理制度，并陆续试验和开发了一系列渔船船损和第三者责任保险、淡水和海水养殖保险、渔民和船员人身意外伤害保险、南沙渔业生产涉外责任保险等渔业生产领域非常需要的保险险种，不仅给投保渔民和船员提供了财产和人身的保险保障，而且对维护和行使我国对南沙的主权发挥了重要的作用。1994 年至 2010 年年底，渔业互保协会累计承保渔民 557 万人次，承保渔船 35 万艘次；共为 7 046 名死亡（失踪）渔民、44 711 名受伤渔民、1 743 艘全损（沉没）渔船、42 702 艘次部分受损渔船支付经济补偿金 11.46 亿元，协会积累准备金 2.58 亿元（不含地方协会积累），对保障渔区社会稳定、提高渔业防灾抗灾能力、帮助渔民群众灾后及时恢复生产发挥了不可替代的重要作用。

正如上文所述，渔业互保协会虽然是非营利组织，但还不是完全意义上的农民自发组织的合作保险组织或民间社团，而是带有一定的行政色彩的互助保险组织，该组织所从事的保险业务不仅经受了 17 年时间的检验，也一直得到农业部门的行政和技术支持与监督管理。例如，占其业务量比重最大的渔船保险，其承保和理赔一直都得到港监和船检部门的协助和支持。（其实，协助做好渔船的保险，又有力地促进了港监和船检工作，提高了港监和船检的工作质量和渔船安全水平。）所以，渔业互保协会所做业务的规范性和科学性基本上得到了保证，其良好的社会反响就是对上述论述的最好注释。

总之，渔业互保组织及其开展的各种渔业互保业务，目前虽然还不是尽善尽

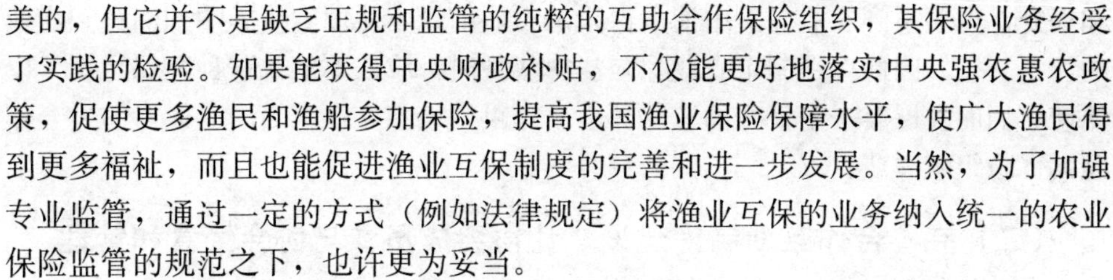

美的，但它并不是缺乏正规和监管的纯粹的互助合作保险组织，其保险业务经受了实践的检验。如果能获得中央财政补贴，不仅能更好地落实中央强农惠农政策，促使更多渔民和渔船参加保险，提高我国渔业保险保障水平，使广大渔民得到更多福祉，而且也能促进渔业互保制度的完善和进一步发展。当然，为了加强专业监管，通过一定的方式（例如法律规定）将渔业互保的业务纳入统一的农业保险监管的规范之下，也许更为妥当。

四、完善中国渔业互保制度的一些建议

渔业互保既是一个现象，又是一个事实。它能在长达 17 年的时间里诞生、成长和壮大，其业务已经遍及 22 个省，其中包括 6 个省成立的省一级渔业互保协会，说明不仅渔民而且政府都对渔业保险具有巨大的需求，也说明渔业互保制度适应了这种寻求渔业生产安全保障的需求。我们对这种创新，不能采取视而不见的态度，无视这种组织及其从事的有意义的保险业务，或者任其自在发展、自生自灭，更不能采取压制或者消灭的策略。而应当满腔热忱地支持和帮助他们，促进渔业互保沿着更加规范、更加健康的道路可持续发展。因此，我个人建议：

（一）在法律上认可渔业互保的合法地位

从法律上认可渔业互保一类合作保险组织，给它们一个合法的身份，并通过法律来规范其组织和业务发展，对渔业互保组织及其互保业务，既有合理性也有必要性。因为，渔业互保协会虽然是在民政部门注册的“协会”，但是它从事的是比较特殊的直接保险和再保险业务，也是保险组织。这种双重身份需要双重的监管。但是，目前没有任何法律法规来确认它们的这种双重身份。做的虽然是保险业务，但因为不是保险机构审批的保险机构，不受保监会的监管，因此，无人来确认其偿付能力、治理结构和市场行为规范。作为社团法人，要按照《社会团体登记管理条例》来管理，但社团组织一般偏重于学术和同业服务，经营性活动没有针对性的规范，例如要设立分支机构就受到严格限制，基层机构的业务合法性、银行账号的开设、政府补贴政策的享受等都受到制约。这非常不利于其健康和规范发展。

如果说 17 年前，渔业互保协会诞生之时，对于这个新生事物还不好判定其性质和方向的话，在渔业互保有了 17 年发展经验和规模后的今天，特别是在我国政策性农业保险已经被政府认可，并作为强农惠农的重要政策工具受到广泛重视，其试验已经遍及全国 31 个省（自治区、直辖市）的今天，农业保险的深入和广泛发展也需要各种保险组织参与，对于专门从事渔业保险的这种特殊的合作组织来说，至关重要。这不仅关系到这种组织的合法性和规范性，以及制度完善

和提升，也关系到农业保险中渔业保险的发展前景，从而直接影响到渔民和渔业的切身利益。因此，在制定农业保险法律法规时，应该不忽视这种互保组织，以便使它们的发展有一个良好的法律环境。还可以设想，在适当的时候专门为合作互助保险组织立法。

（二）完善合作互助制度建设，让协会成员参与协会经营和管理

目前的渔业互保协会，无论是中国渔业互保协会还是各省渔业互保协会，都按照国务院《社会团体登记管理条例》规定，成立的一个具有合作互助特点的非营利性社团法人组织。但是作为一家保险组织，它与一般专业和行业协会应该是有明显区别的。一般协会从事的活动只是强调给自愿加入的会员提供专业服务，这种服务一般不具有个别合同性质，而渔业保险协会所具有的合作互助特点，更多地具有合作企业法人性质，主要是要按照个别合同提供保险服务，其保险合作社或保险相互会社的特点比较明显。而因为其政府背景，又不同于完全自治的合作社或相互会社。

我个人认为，将现在的渔业互保协会转换成渔业保险合作社或相互保险公司，完全脱离现在的运行轨道，可能不切实际。但是，参照合作社的原则，增加合作互助的成分，让参加保险的渔民参与协会的民主管理，同时增加成员的经济参与（即资产所有权和分配权）①，还是必要的和可行的。这对于改善经营管理，增强参保渔民的主人公意识和归属感，从而提高参加保险的积极性和主动性，加强互保成员的民主监督，巩固和发展互保业务，非常重要。

（三）完善再保险机制，防止巨灾发生时的支付危机

合作或相互制保险的最大弱点就是分散风险的范围比较小，相对风险比较集中。渔业互保协会必须认识自身的特点和弱点，要按照保险的规律办事。那就是一定要重视保险业务的风险管理，特别是巨灾风险管理。当然，从合作制或相互制保险的特点来讲，可以采取以赔款准备金积累为赔付限额的办法（比如减额赔付、补交保费或者举债赔款）来应对巨灾事故发生后的支付危机。但这些方式无论对保险经营者还是被保险人来讲，都不是最好的选择。

比较好的办法是通过再保险机制来转移直接保险业务中的巨灾风险。现在的协会之间的再保险安排非常必要，这也是其他国家保险合作社、相互会社或者互保协会通行的有效的做法。当然现在的比例分保只是初步的和初级的，根据实践经验的积累，还可以进一步探讨其他再保险方式，包括非比例再保险、财务再保险等方式。

---

① 1995年，国际合作社联盟成立100周年大会，将合作社原则重新修订为7项原则，即自愿开放、民主管理、社员经济参与（即资产所有权和分配权）、自主自立、教育培训、合作社间的合作、关心社区。

2011

（四）进一步改善内部管理，降低保险经营成本

渔业保险和其他保险一样，保险费也是由纯费率和附加费率构成的。纯费率的主要依据是保险财产（渔船、水产养殖产品等）的损失率。这部分成本在承保数量比较多的条件下，应该是比较稳定的。而附加费率是由互保机构的物质消耗、管理费用和税金、利润等组成。对于合作互助保险而言，因为不用缴税（少数地方也有缴纳营业税的），也没有利润。所以如果要降低成本，只能在附加费率方面多做文章。从理论上讲，合作互助保险具有经营成本优势，反映在保险费率方面也主要是附加费率的降低，我认为在这方面应该是有潜力可挖的。当然，这要看不同级的互保组织之间、互保组织与协助展业、查勘、定损、理赔的政府部门之间的衔接、配合顺畅程度。在这些方面，渔业互保协会应该有不少的改进空间，使交易成本不断降低。

只有我们降低交易成本，从而降低附加费率，才能真正显示互助合作的优越性，既增加投保渔民的实惠，为他们创造更大价值，又使渔业互保的产品有竞争力。因为现在我国商业保险发展很快，17 年前全国除了中国人保，只有 2 家区域性产险公司。但现在已经有近 50 家产险公司，不少公司也有进入渔业保险特别是渔船保险市场的愿望，竞争是避免不了的了。特别是政策性农业保险将来如果涵盖渔业保险（包括渔船保险），都能获得中央政府的保费补贴，更难以阻挡商业性保险公司的进入。渔业互保协会应该有这种紧迫感和危机感。

参 考 文 献

孙颖士，关锐捷 . 2004. 中国渔业保险制度论纲［M］. 北京：中国农业出版社 .

孙颖士 . 2008. 渔业保险和渔船安全论文集［M］. 北京：中国农业出版社 .

庹国柱，李军 . 2005. 农业保险［M］. 北京：中国人民大学出版社 .

庹国柱，朱俊生 . 2010. 农业保险巨灾风险分散制度的比较与借鉴［J］. 保险研究（9）.

庹国柱 . 2010. 当前农业保险急需解决的几个问题［J］. 经济与管理研究（6）.

王朝华 . 2007. 对渔业互助保险有关问题的思考（内部稿）［Z］.

中国渔船船东互保协会 . 2004. 关于政策性渔业保险制度的研究报告［R］.

朱俊生 . 2011. 论中国渔业互保协会的运作模式及其完善［M］//中国渔业互保协会 . 2011 中国农业保险发展报告 . 北京：中国农业出版社 .

我国农业巨灾风险损失补偿机制研究*

特殊的地理位置、地形及地貌，加之全球气候变暖等因素的影响，使得我国面临日益严峻的农业巨灾风险损失，成为世界上因灾害造成经济损失最严重的国家之一。然而由于缺乏有效的农业自然灾害风险管理体系和巨灾损失补偿机制，灾后恢复重建基本上依靠国家财政救济和社会捐助承担，对农业巨灾损失的补偿只能是低层次、小范围的。近年来，一次又一次惨重的农业巨灾损失在给我们留下沉痛回忆的同时，也对加强农业巨灾风险管理和巨灾损失补偿机制建设提出了新的要求。如何通过有效的制度安排和策略选择来应对农业巨灾风险损失，成为当前我国迫切需要解决的重要课题之一。

一、我国农业巨灾风险损失概况

我国是世界上农业巨灾频繁而又严重的国家之一，洪涝、台风、干旱、地震、雪灾等重大自然灾害屡有发生，给人民生命财产带来了极大威胁和严重损失。据我国减灾规划的统计数据显示，近几年来我国每年约有4.5亿亩农作物受灾，占全国农作物播种面积的1/4，每年因自然灾害导致的农业损失约为850亿元，占国内生产总值的3%～6%，占世界平均每年农业灾害损失（3 500亿元左右）的1/4，成为继日本和美国之后的第三大农业自然灾害损失严重的国家。近年来，我国农业巨灾风险损失更是呈现不断上升的态势，2008年我国南方发生罕见的冰冻雨雪灾害，农作物受灾面积达2.17亿亩，绝收3 076万亩，造成直接经济损失1 516.5亿元；根据联合国粮农组织的报告，四川汶川特大地震导致灾区农村受灾人口达3 000多万，数千公顷农田遭到不同程度的破坏，数百万只牲畜在震后死亡，致使当地农业蒙受总值高达60亿美元的直接经济损失；2009

* 本文与王德宝合作，发表于《农村金融研究》，2010年第1期。这篇文章讨论的“农业巨灾风险”与后面有几篇文章讨论的“农业保险巨灾风险”不是一回事，农业巨灾风险比起农业保险巨灾风险要更加宽泛一些，而且它们涉及的风险主体也是不一样的。

年入冬以来，我国西南地区遭遇历史罕见的特大干旱灾害，截至2010年4月中旬，广西、重庆、四川、云南、贵州等西南5省（直辖市）共6 130.6多万人受灾，农作物受灾面积9 068万亩，绝收面积1 672.5万亩，造成农业直接经济损失达360.6亿元①。据不完全统计，2007—2009年3年间，我国受农业巨灾影响的人口约4亿人，农作物受灾面积6.75亿多亩，绝收面积7 350万亩，造成农业直接经济损失5 500多亿元。

农业巨灾风险损失的发生严重破坏了农业生产的基础，并通过农业的基础地位乘数性地放大这种影响，进而对我国国民经济发展和社会和谐稳定产生极大的冲击。然而与日益加剧的重大自然灾害相比，我国目前尚未建立起有效的农业自然灾害风险管理体系和巨灾损失补偿机制，农业巨灾风险管理和损失补偿还处于十分原始和落后的状态（孙祁祥，2007；谢家智，2008；等等）。

二、我国现行农业巨灾风险损失补偿体系及其现实考察

（一）农业巨灾风险损失的属性界定

巨灾损失风险属性的科学界定是确立和构建损失补偿机制的基本理论前提和基础。广义风险可以划分为两大类，即私人风险和公共风险。私人风险是一种相对独立的事件，一般而言不会产生社会性影响，因此通常可以借助市场机制将风险责任的成本分配到各项产品和服务之中，从而使风险得以化解和分散。公共风险则是指产生社会性影响的风险，一般具有3个基本特征：一是内在关联性，公共风险在发生过程中，对家庭和企业甚至整个社会来说是相互关联、相互影响的；二是不可分割性，如同无法排斥社会中某一社会成员享受公共物品一样，每一个家庭或企业也无法游离于公共风险之外，尽管公共风险是否发生、发生的时间和方式以及影响程度都是不确定的，但社会成员遭受损害的可能性却是同等的，谁也无法逃避；三是潜伏性，公共风险很难正面识别，通常在积累到即将爆发时才被发现，由此引致一系列措施出台。当风险不能借助市场机制有效地分摊给有责任或有能力承担的机构来承担的时候，风险就会转化为公共风险。

尽管随着人类对农业自然灾害风险认知的积累和增加，个人会采取风险规避或防范措施来避免可能发生的损失，但巨灾损失往往并非个人所能独立承担。那么，究竟农业巨灾风险损失应视为公共风险还是私人风险？从福利经济学的角度来看，笔者认为就效率层面而言，无论视为公共风险还是私人风险，只要符合社会福利极大化原则，即如果社会认同政府在灾后救助灾民，承担灾民的部分损失，政府救助并无不可。

---

① 任福民.2010.九问西南大旱［N］.新民晚报，04-28.

农业巨灾私人损失风险若完全由私人承担（视为私人风险），则可能会出现私人无法独立承担巨额损失的问题；若完全由社会承担（视为公共风险），可能会发生社会承担自愿承担风险者及高所得者（无需救助者）的风险，造成社会资源配置的效率低下。因此，既不能将农业巨灾损失风险完全视为私人风险，也不能将其完全视为公共风险。比较恰当的处置方式是，政府应鼓励私人购买保险或提供充分信息，激励人们采取风险规避措施和损失成本分摊措施；对无能力负担灾害损失成本者，政府予以救助，也就是政府可以承担无能力者或非自愿承担者的风险和损失。由此，笔者认为，农业巨灾风险损失可以界定为一种处于私人风险和公共风险之间的“准公共风险”。

（二）我国现行农业巨灾风险损失补偿体系及其现实考察

面对日益严重的农业巨灾风险损失，我国现行的损失补偿方式主要包括财政救济、保险赔偿、社会捐助和国际支援等几个途径。其中，社会捐助和国际支援完全出于援助方的自愿，且受其经济实力、觉悟或道德修养以及与受援助方的关系等因素的影响和制约，难以控制，于是财政救济和保险赔偿两种方式构成我国农业巨灾风险损失补偿体系的主体。

1. 以政府财政救济为主体的农业巨灾风险损失补偿机制

农业巨灾风险损失补偿的政府财政救济机制是指以政府为主体，以财政资金和必要的行政手段为主要的工具，对农业巨灾风险损失进行有效分摊和补偿的风险损失补偿机制。政府财政救济补偿机制具有自身的优势：政府对救灾资源调动较为迅速和集中；能够较好地满足灾害补偿的公平目标，从而有利于优先扶持和保护社会的弱势群体。此外，由于政府在社会中处于“超然”的地位，特殊时期还可以动用系列非经济手段，如物品管制与配给等手段，集中全社会资源来度过困难时期，维持社会的稳定。但是，政府财政救济补偿机制也存在诸多的不足和缺陷：首先，作为一种非契约性的补偿方式，政府对农业巨灾的财政救济往往因为过分强调系统整体的公平性而忽视了个体的自主选择，个体难以通过自我选择来调动参与农业巨灾风险管理的积极性，同时，政府财政救济机制强调的是社会公平，难以实现较高的补偿效率；其次，难以有效控制管理费用和交易成本的上升，甚至还会出现管理部门寻租、腐败，恶意挤占和挪用防灾救灾物资和款项，大大降低了社会资源配置的效率；再次，受制于国家财力资源的约束。

目前，我国农业巨灾损失补偿和灾后恢复重建主要采用的是一种以中央政府为主导、地方政府配合，以国家财政救济和财政拨款为主的补偿模式。财政救济的基金主要来源于政府的财政收入，然而我国作为一个经济还不发达的发展中国家，政府的财政收入总量还不够充裕，而且这些有限的财政收入大部分还要用于维持国家庞大的行政支出、国家基本建设支出、国家重点企业的扩大再生产支出等，由财政预算安排的灾害救济支出只占财政支出计划中的很小一部分。于是，在发生农业巨灾时，国家财政预算安排的救灾资金相对于农业灾害所造成的经济损失只是杯水车薪。同时，在实践中政府财政的救济支出可能超出该项目的预算安排，但由于财政其他支出项目具有较强的刚性，财政赤字在数量上又要受到经济稳定目标的制约，由此财政实际用于农业巨灾损失的支出占巨灾损失的比重依然是相当低的，难以有效弥补农业巨灾所造成的巨额经济损失。从近 10 年来政府财政救济支出情况（表 1）来看，政府财政救济的金额一般占巨灾经济损失的 2%左右，2008 年和 2009 年这一比例有所提升，但也仅占到 5%左右。可见，这种依赖财政救济的事后补偿方式不仅导致财政负担加重、救济资金使用效率较低，对财政支出需求的波动性较大，而且对于受灾地区和受灾居民的救助难以做到及时到位，补偿程度较低。

表 1　近 10 年来我国巨灾损失和国家财政救济支出情况

单位：亿元，%

年份	直接经济损失	政府财政救济支出	比重
2001	1 942.2	35.17	1.8
2002	1 637.2	32.93	2.0
2003	1 884.2	55.71	3.0
2004	1 602.3	48.99	3.1
2005	2 042.1	52.90	2.6
2006	2 528.1	51.68	2.0
2007	2363.0	50.40	2.1
2008	11 752.4	603.31	5.1
2009	2 523.7	140.40	5.6
2010 年西南干旱	360.6	9.55	2.7

资料来源：根据《中国统计年鉴》《中国民政统计年鉴》等资料整理。

2. 以市场保险赔偿为主体的农业巨灾风险损失补偿机制

农业巨灾风险损失补偿的市场保险赔偿机制是指以私人为主体，以市场为依托，以风险利益为纽带，以保险作为主要手段建立风险损失基金，所形成的农业巨灾风险损失补偿机制。风险单位作为投保人事先以少量的、可以确定的风险费用的支付，来换取对未来不确定的、巨大经济损失赔偿的承诺。保险与其他政策性工具相比具有一个明显的优点，即它鼓励个人在灾前采取防灾减灾措施，并给予费率优惠，在灾后给这部分受灾的人损失补偿，因此能较好地实现灾害风险管理的激励目标和效率目标。世界各国保险业在自然灾害风险管理和灾害损失补偿体系中占有极为重要的位置，其作用不仅限于灾害损失的事后补偿，而是贯穿于事前的防范、事中的监督管理全过程。保险手段可以把市场化的风险管理、风险分散和损失补偿手段引入到灾害管理体系中，形成有效的灾害补偿机制和体制。但这种机制成功运作的前提条件是必须具有强大的保险基础设施和保险资源，而且是建立在完善的保险市场假设的基础之上。与此同时，虽然理想的市场赔偿机制的最大优点在于能够促进效率的提高，但是如果初期财富分配是不公平或不合理的，则有效率的政策只会加剧这种不公平，即灾害损失的市场分散机制难以处理和实现公平目标。因为穷人最容易受到重大自然灾害的影响，同时也最无能力投保以获得灾害损失补偿。

政策性农业保险作为我国应对农业巨灾损失的主要巨灾险种，近年来虽然取得了较为迅速的发展，但在保险赔付率、承保品种和巨灾保障等方面与发达国家相比仍存在着较大的差距，我国利用保险机制进行农业巨灾损失补偿的机制还比较滞后。2008 年年初造成直接经济损失 1 516.5 亿元的南方冰冻雨雪灾害，仅获得保险业赔付 42.9 亿元，占比 2.8%，其中农业保险赔付 6 629.6 万元，占比农业损失不足 4%；直接经济损失超过 8 451 亿元的四川汶川大地震，由于震区保险覆盖率较低，仅获得来自保险业赔付的 18.06 亿元人民币，占比 0.2%，其中农业保险赔付 2.02 亿元，占比农业损失不足 0.5%①；截至 4 月中旬已造成农业直接经济损失超过 360 亿元的西南大旱，由于旱灾并未被绝大多数保险公司列入农业险的责任范围，所以受灾农户从所投保的农业险中获得的赔付可能有限。与此相对应，从国际上保险赔付的情况来看，2005 年美国卡特里娜飓风保险赔付达到了其直接经济损失的 50%；2008 年全球因巨灾造成的经济损失约为 706 亿美元，保险业赔付了 276 亿美元，占比 39%；2009 年全球因巨灾造成的经济损失为 620 亿美元，保险业赔付占 42%。这些数据表明，在应对农业巨灾风险损失面前，我国保险市场补偿机制严重缺位。

政府财政救济机制和市场保险赔偿机制各有优缺点，实践中需要将两种机制进行有效的整合，形成政府和市场相结合的混合机制，以充分发挥两种机制的优势，弥补和克服各自的不足，形成一种应对农业巨灾损失的合力。同时，随着经济的发展和人口与社会财富的不断集中，农业巨灾损失呈现日益严重性和扩大化的现实，决定了任何单一的灾害补偿形式都不可能真正解决灾害损失的补偿问题，而是客观上需要一种混合型的灾害损失补偿机制。此外，发达国家的成功经验和市场经济体制的客观要求，均表明大力发展保险并将其作为农业巨灾风险损失补偿机制中的主体成为必要，而政府则宜充当最后救助者的角色，即只有当农业巨灾损失大到保险市场无法承担时，才由国家财政进行补偿。

① 数据来源：中国保险监督管理委员会。

三、我国整体性农业巨灾风险损失补偿机制的构建与完善

农业巨灾风险损失补偿机制的构建与完善是一项复杂的系统工程，涉及社会、政治、经济等各个方面，需要从管理机制、运行机制、法律法规、技术支撑和能力建设等多方面进行整合，形成一体化的整体性框架体系。整体性的巨灾补偿机制可以通过整合系统各部分之间的有机联系，发挥各子系统的作用，在全社会通过整体性的巨灾损失补偿机制作用的发挥，实现农业巨灾损失补偿的公平与效率。

（一）构建与完善我国整体性农业巨灾损失补偿机制的总体思路

运用系统论的思想指导农业巨灾风险管理体系和巨灾损失补偿机制的构建与完善，将政府财政救济机制与市场保险补偿机制有效结合起来，发挥政府与市场在巨灾风险管理及巨灾损失补偿中的作用，建立多层次、多主体、多元化的整体性巨灾损失补偿机制，是应对我国农业巨灾风险损失的最优路径与策略。

在整体性巨灾损失补偿机制中，应充分发挥各种补偿主体的作用，对巨灾造成的损失进行补偿，厘清财政救济机制与保险补偿机制之间错综复杂的关系，有效地整合政府与市场机制，形成互动促进的共同作用关系，避免因系统中不同主体之间的摩擦与内耗影响系统整体功能的发挥。农业巨灾损失的整体性补偿机制可用图1加以解释说明：

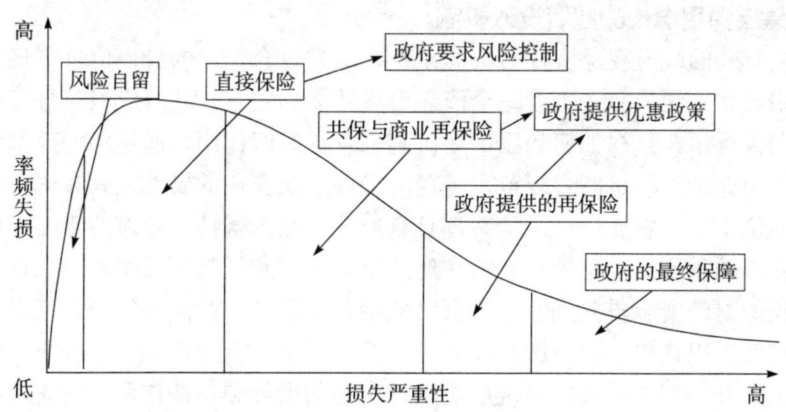

图1　我国农业巨灾风险损失的整体性补偿机制架构

资料来源：姚庆海，等．2007．巨灾损失补偿机制研究：兼论政府和市场在巨灾风险管理中的作用［M］．北京：中国财政经济出版社．

（1）基础层由被保险人及未投保的个体所组成，他们承担了一定的农业巨灾损失。被保险人以免赔额或自留额的方式加以承担，而未投保的个体则需要承担全部的巨灾损失；

（2）通过建立市场化的保险赔偿机制，农业巨灾损失在不同的被保险人之间分摊，同时直接保险人以再保险的方式将巨灾损失分摊到国内外再保险市场，进一步扩大巨灾损失的承载面和承担主体；

（3）国家、政府作为最终的保险人（再保险人）承担的是较高层次的农业巨灾损失。

随着农业巨灾分担层次的增多、参与承担巨灾损失主体的增多，整体性巨灾损失补偿机制有效地将巨灾损失分摊到不同主体和个人，从而达到充分整合系统中各种有效资源、调动所有参与者的积极性共同应对巨灾的目的，使社会中应对巨灾的各种主体以巨灾补偿机制和体制的方式联结起来，形成应对农业巨灾损失的系统整体力量，最终实现最大限度的损失补偿，减少巨灾所带来的社会连锁性冲击。

（二）构建与完善我国整体性农业巨灾损失补偿机制的路径选择

2006年6月，国务院发布《国务院关于保险业改革发展的若干意见》，明确指出要建立起市场化的灾害、事故补偿机制，建立国家财政支持的巨灾风险保险体系，改变过去单一的、事后财政救济的农业灾害救助模式，逐步建立政策性农业保险与财政补助相结合的农业风险救助与补偿机制，完善多层次的农业巨灾风险损失分担机制。鉴于此，笔者在充分吸收和借鉴国外农业巨灾风险管理和巨灾损失补偿机制建设的成功做法和经验的基础上，就构建与完善适合我国国情的、发挥政府和市场双重作用同时兼顾效率与公平的农业巨灾损失补偿机制提出相应的路径安排：

1. 建立稳定增长的政府投入机制

一个有效的政府在经济社会中的角色，应是以合作者的身份促进市场发育并发挥作用，在不能依靠或不能完全依靠市场功能的领域，政府应当充分发挥其对宏观的调控作用，重视如何利用市场机制来发挥政府作用，通过各种政策工具的合理运用，完善市场机制、规范市场经济发展。从农业的属性及其在国民经济中的特殊地位来看，农业巨灾风险管理具有准公共品的属性。政府的必要财政投入是灾害管理的重要物质基础，政府在经济发展规划和财政预算中，应预留和拨付稳定增长的财政资金投入到农业灾害管理中去。借鉴发达国家经验，笔者认为我国政府应改变以往单一财政救济的救助方式，积极转变角色，在以保险市场为农业巨灾损失补偿重要手段的微观层面发挥应有的引导和支持作用：首先，提供制度政策支持。政府可以为巨灾保险体系的运行提供可行的制度、监管和框架设计，同时建立农业巨灾基金的优惠税收政策、建立巨灾保险制度、强制保险立法等，以发挥灾害管理制度检查、激励的作用。其次，提供财政资金支持。政府可以为农民特别是弱势群体提供财政补贴，以保证他们能够参与到农业巨灾保险项目中来，同时在灾后提供恢复重建的资金或紧急贷款给受灾的企业和个人。再次，提供财政超赔保障。当发生严重农业巨灾损失时，政府可以充当最终再保险

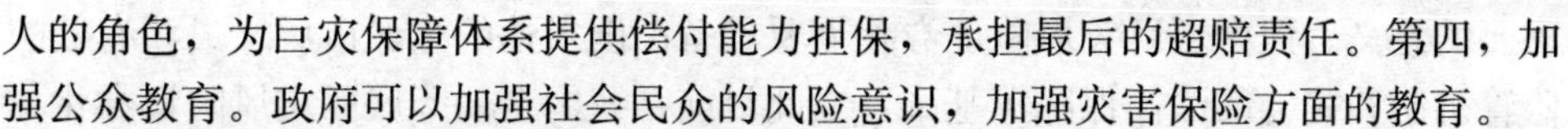

人的角色，为巨灾保障体系提供偿付能力担保，承担最后的超赔责任。第四，加强公众教育。政府可以加强社会民众的风险意识，加强灾害保险方面的教育。

2. 构建多层次的农业巨灾保障体系

积极构建农业巨灾保障体系，增强巨灾损失的市场分摊能力，是我国农业巨灾风险管理和巨灾损失补偿机制建设的方向和重点。

第一，建立和完善农业再保险体系。农业再保险是保险实务中农业巨灾风险的传统应对方案，目前，国际上绝大多数开展农业保险的国家和地区通行的做法是通过农业保险立法的形式对农业保险再保险业务进行政策性补贴，同时成立专门农业再保险公司负责具体实施运作。近年来严重的农业自然灾害和巨额赔付的频繁出现，加之我国缺少对建立农业再保险体系的相关法律法规，使得再保险公司承保农业保险的业务量大大减少，目前国内只有中国再保险（集团）公司一家再保险公司，并且其经营农业保险的业务非常小，远远不能满足农业再保险的需要，为此我国应该积极培育国内市场主体，将农业巨灾风险纳入法定再保险，并为农业再保险业务提供财政补贴和资金支持，同时积极拓展国际再保险市场，通过与国际再保险公司合作寻求更大范围内的风险分散和损失补偿。此外，我国应尽快进行农业保险立法，建立并不断完善中央、地方财政支持的农业再保险体系。

第二，设立农业巨灾风险基金。美国保险服务部的相关报告指出，即使考虑再保险因素，一次农业巨灾仍能使三分之一的保险人丧失偿付能力，并因此给保险基金、未破产的保险公司和保单签发人造成约500亿美元的应付赔款。传统的巨灾保险是通过再保险的形式将一部分风险分保出去，以降低个体风险的暴露程度。实际上，农业巨灾损失的补偿，是无法单纯地通过再保险机制加以解决的。发达国家的巨灾风险大都采用设立巨灾风险基金的办法，一旦出现大的灾害损失，由国家巨灾风险基金赔付，不足部分由国家财政兜底。因此，建立以政府为主体的农业巨灾损失基金，对遭遇巨灾损失的个体提供一定程度的补偿，将是维系农业巨灾保险体系可持续发展的重要制度保障。农业巨灾风险基金的筹集可以考虑国家财政补贴、税收优惠、农业保险公司保费提取、市场筹集等多种渠道，对农业巨灾风险业务要从政策上予以支持，以有效分担农业保险公司的巨灾风险损失。

第三，发行农业巨灾风险债券。面对日益严重的农业巨灾损失，传统的保险和再保险手段对巨灾损失的补偿能力是有限的，再保险的风险管理缺口越来越大。在此背景下，从20世纪90年代开始，国际保险市场上创新性地发展出非传统的选择性风险转移方式（简称ART方式），其中最具有代表性的便是巨灾风险证券。巨灾风险证券是指保险人将其承保的农业巨灾风险与资本市场结合起来，通过资本市场上保险风险与证券的联结，从而产生了一种新的金融衍生品——保险联结证券，并通过在资本市场买卖保险证券产品的方式筹集资金来分散和化解农业的巨灾损失。与农业巨灾损失相比，资本市场资金规模庞大，如果能将资本市场资金引入到农业巨灾保险，无疑对推动农业巨灾保险发展具有十分重要的意义。但由于巨灾风险证券化需要具备高度发达的金融市场、灵活有效的监管机制和完善的法律保障等基础，因此目前在我国全面开展巨灾风险证券化不现实。但本文认为，由于发展巨灾风险债券只需要一定发展水平的资本市场、较好的监管体系和一定数量的机构投资者以及有关的服务机构等，而这些条件在短期内可以实现，因此发展农业巨灾风险债券可以作为我国农业巨灾风险损失补偿机制建设的一条新路径。

3. 加快农业巨灾风险管理工具的创新

现代农业风险监测技术的创新、灾害管理信息化网络的建设以及资本市场的蓬勃发展，为农业巨灾风险管理工具创新提供了可能。近年来，国际社会出现了两种创新性的风险管理工具：指数保险和巨灾风险证券化，这两种新型的管理工具在有效消除和规避逆选择和道德风险问题的同时，在降低交易成本等方面表现出传统农业风险管理工具不具备的优势，大大完善和补充了农业巨灾风险管理工具体系。考虑到我国农业生产经营分散、生产规模狭小、组织化程度较低等基本国情，笔者认为这两种新型风险管理工具，尤其是指数保险更适于我国农业巨灾风险的管理。当然，我国地域广阔，各地差异很大，农业巨灾风险管理工具也不应该采用一种模式，各地区应从实际出发，考虑本地区实际情况，为本地区制定合理的农业巨灾风险管理组合策略。

参 考 文 献

庹国柱，王国军 . 2002. 中国农业保险与农村社会保障制度研究［M］. 北京：首都经济贸易大学出版社 .

王国敏，周庆元 . 2008. 农业自然灾害风险分散机制研究［J］. 求索（1）.

谢家智 . 2008. 我国农业巨灾保障体系构建的思考［J］. 中国农村信用合作（12）.

姚庆海，等 . 2007. 巨灾损失补偿机制研究：兼论政府和市场在巨灾风险管理中的作用［M］. 北京：中国财政经济出版社 .

农业保险再保险的费率测算*

——以北京市为例

2010

一、政策性农业保险的再保险安排方法的选择

农业风险的高度相关性使得农业保险的经营始终面临巨灾风险，这是世界农业保险发展中的一个普遍规律。农业风险可能在一个较广泛的区域内都是系统性的，这被称为相关性风险（Correlated Risk），这就使得同一个地区的农户可能同时遭受不利的天气条件带来的损失（Bardsley，1984；Miranda，Glauber，1997；Duncan，Myers，2000）。这种系统性风险的相关性削弱了保险公司在农户之间、作物之间、地区之间分散风险的能力。农业风险相关性的特点使得农业保险经营面临巨灾风险的困扰，因此，农业保险在发展中必须建立巨灾风险分散机制与制度。我国的政策性农业保险目前还没有统一的制度框架，中央政府和地方政府在政策性农业保险中的地位和责任尚不明确（朱俊生、庹国柱，2009）。但从目前的实践来看，开办该农业保险的省市大多要承担部分或无限的超赔责任。例如，上海和北京市政府都同意承担超过一定数额赔付责任之后的无限责任，而浙江只承担赔付率在200%～500%责任的一部分。但更多的试点省（自治区、直辖市）政府没有明确是否承担超赔责任和责任限额。

北京市政府要承担160%以上的无限超赔责任，从再保险市场的习惯和一般选择来看，只能选择赔付率超赔再保险①的分保安排。这种安排也比较符合北京

---

* 本文与王德宝合作，载于庹国柱、赵乐、朱俊生等《政策性农业保险巨灾风险管理研究——以北京市为例》，中国财政经济出版社，2010年3月。

① 赔付率超赔再保险是根据一定期间（例如一年）的该类原保险业务的赔付率确定分保双方赔款责任的一种再保险方法。例如，再保险人接受100%～160%的责任。如果保险期间的原保险赔付率是150%，那么，100%以内的赔款由原保险人（分出人）承担，100%～150%的赔款责任由再保险接受人承担。

市政府承担责任的方式。但是北京市政府选择赔付率超赔分保也还有两种选择：一种选择是将160%赔付率以上的全部赔款责任分保出去，另一种选择则是只分保出去160%赔付率以上一定份额的赔付责任，例如，160%～300%的赔付责任。

如果选择前者，即将160%以上的无限责任全部分出，作为商业性经营机构的再保险公司考虑其较大风险恐不易接受，即使接受，分保价格会要得很高，政府也得考虑其机会成本和可行性。所以，较好的选择是部分责任的分保。但部分责任分出，要确定分出多少比较合理和经济，我们需要在测算分保费率的基础上进行分析。下面就根据北京市的农业生产风险情况和赔付率做数理分析，并测定在一定条件下的赔付率及相应的再保险费率。

二、赔付率超赔分保的费率测算

（一）方法和假设

第一步，对赔款进行统计分析，即对赔付率规模及等级、赔付发生年数和年平均赔付率和赔付额进行全面统计。

第二步，赔付率超赔的比率分析，主要计算赔付率在100%以上的各层损失总额赔款的比例，和各级起点赔付率以上的超额赔款及其占总赔款的百分比。

第三步，根据上述计算确定在不同层次接受分保的分保费率。由于没有各年赔付率的实际资料，我们这里假定：

（1）全市农户有80%投保，投保农户是均匀分布的。

（2）以每年的成灾面积（根据统计部门的界定，损失大于30%的作物面积为成灾面积）作为保险索赔面积。由于成灾面积中的不同作物、不同地区和不同地块的实际损失程度不同，我们假定各种作物和地区的损失是同比例的，并分别假定平均损失程度为65%、70%、75%、80%几种情况来分析。即受灾程度在30%～100%的作物可获得保险赔付，取这些数值中的30%～50%（中位数偏下，考虑到实际受灾害程度）作为保险赔付标准水平，故上述保障水平对应的保险赔付水平分别为30%、35%、40%、45%、50%。

（3）保险保障水平按照70%的产量计，产品价格按照2009年市场价格计算。

（二）资料来源及统计口径说明

（1）计算选取北京市1978—2006年13个区县14种农作物的生产和气象数据；

（2）计算中所选取的14种农作物为北京市所有农作物中有代表性、占北京市所有农作物耕种面积绝对比重的作物（包含目前北京市政策性农业保险所覆盖

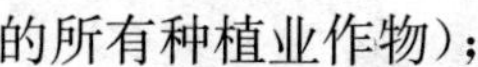

的所有种植业作物）；

（3）各种农作物的受灾面积、成灾面积中的灾害指各种自然灾害，包括水灾、旱灾、雪灾、雹灾、台风等；

（4）计算所选取的蔬菜作物的数据年份为2000—2006年，故本计算中所涉及的蔬菜作物的数据以上述年份为准；

（5）受灾面积、成灾面积的数据来源于1983—2007年《中国统计年鉴》《中国农业年鉴》，经作者整理而得；

（6）各种农作物的受灾面积、成灾面积的计算以各作物播种面积占当年所选取的14种作物的总播种面积的比例为权重，乘以当年北京市作物受灾面积、成灾面积而得。

（三）计算过程中所用到的公式说明

（1）各种农作物播种面积总和＝$\sum$各种农作物播种面积

（2）各种作物播种面积占当年各作物播种总面积的比重＝各种农作物播种面积/各种农作物播种面积总和

（3）各种农作物保费收入＝各种农作物播种面积×80％×保险金额×保险费率

（4）各种作物保费收入总和＝$\sum$各种农作物保费收入

（5）各农作物成灾面积＝各种作物播种面积占当年各作物播种总面积的比重×北京市各种农作物成灾面积

（6）各种农作物赔付额＝各农作物成灾面积×30％（以保险保障水平70％、损失率为60％为例）

（7）各种农作物赔付额总和＝$\sum$各种农作物赔付额

（8）各种农作物赔付率＝各种农作物赔付额总和/各种作物保费收入总和

（四）计算结果分析

（1）在农业保险70％的保障水平下，保险作物损失率为60％时，计算结果见表1。

表1　当损失率为30％时的赔付率层次

简单赔付率	一定赔付率区间的年数在总年份中的比重		总赔款占保费总收入的比重	
	年数（年）	占比*（％）	保费收入（元）	占比**（％）
100％以下	22	92	6 445 915 209.0	92.43
100％～160％	2	8	527 973 581.4	7.57

（续）

简单赔付率	一定赔付率区间的年数在总年份中的比重		总赔款占保费总收入的比重	
	年数（年）	占比*（%）	保费收入（元）	占比**（%）
160%～200%	0	0	0	0
200%以上	0	0	0	0
总计	24	100	6 973 888 790.4	100

注：*这里的占比是简单赔付率在100%以下、100%～160%和160%～200%的年份在总年份（24年）中所占比例。

**这里的占比是年赔款额在24年总赔付额中所占比例分别为100%以下、100%～160%和160%～200%所占比例。

（2）在农业保险70%的保障水平下，保险作物损失率为65%时，整理的计算结果见表2。

表2　当损失率为35%时的赔付率层次

简单赔付率	一定赔付率区间的年数在总年份中的比重		总赔款占保费总收入的比重	
	年数（年）	占比（%）	保费收入（元）	占比（%）
100%以下	20	83.33	5 804 422 587.5	83.23
100%～160%	4	16.67	1 169 466 202.9	16.77
160%～200%	0	0	0	0
200%以上	0	0	0	0
总计	24	100	6 973 888 790.4	100

（3）在农业保险70%的保障水平下，保险作物损失率为70%时，整理的计算结果见表3。

表3　当损失率为40%时的赔付率层次

简单赔付率	一定赔付率区间的年数在总年份中的比重		总赔款占保费总收入的比重	
	年数（年）	占比（%）	保费收入（元）	占比（%）
100%以下	20	83.33	5 804 422 587.5	83.23
100%～160%	3	12.50	876 536 846.3	12.57
160%～200%	1	4.17	292 929 356.6	4.20
200%以上	0	0	0	0
总计	24	100	6 973 888 790.4	100

（4）在农业保险70%的保障水平下，保险作物损失率为75%时，整理的计算结果见表4。

表 4　当损失率 45%时的赔付率层次

简单赔付率	一定赔付率区间的年数在总年份中的比重		总赔款占保费总收入的比重	
	年数（年）	占比（%）	保费收入（元）	占比（%）
100%以下	19	79.17	5 501 257 172.3	78.88
100%～160%	4	16.67	1 179 702 261.5	16.92
160%～200%	1	4.16	292 929 356.6	4.20
200%以上	0	0	0	0
总计	24	100	6 973 888 790.4	100

（5）在农业保险 70%的保障水平下，保险作物损失率为 80%时，整理的计算结果见表 5。

表 5　当损失率为 50%时的赔付率层次

简单赔付率	一定赔付率区间的年数在总年份中的比重		总赔款占保费总收入的比重	
	年数（年）	占比（%）	保费收入（元）	占比（%）
100%以下	19	79.17	5 501 257 172.3	78.88
100%～160%	3	12.50	944 658 036.7	13.55
160%～200%	1	4.17	235 044 224.8	3.37
200%以上	1	4.17	292 929 356.6	4.20
总计	24	100	6 973 888 790.4	100

三、分析和初步结论

我们目前只能获得 1983—2007 年北京市每年的成灾面积数据，成灾面积代表损失在 30%～100%的面积。但由于无法知道确切的损失程度，只好假定全部成灾面积平均损失为 30%、35%、40%、45%和 55%等条件，对应的收成就是 40%、35%、30%、25%和 20%。

上面 5 个表给出的结果表明：

（1）当平均损失为 30%时，简单赔付率在 100%以下的年份总赔付额在总赔付额中的比重为 92.43%，只有 7.57%的赔款是在赔付率 100%以上、160%以下。就是说，在这种条件下保险公司分保 100%～160%的赔款责任，需要支付再保险纯费率 7.57%。因为没有一年的赔付率超过 160%，政府不必要为赔付率 160%以上的责任分保。

（2）当平均损失为 35%时，简单赔付率在 100%以下的年份总赔付额在总赔付额中的比重为 83.23%的，只有 16.77%的赔款是在赔付率 100%～160%。就是说，在这种条件下保险公司分保 100%～160%的赔款责任，需要支付再保险纯费率 16.77%。因为没有一年的赔付率超过 160%，政府不必要为赔付率 160%以上的责任分保。

(3) 当平均损失为 40%时，简单赔付率在 100%以下的年份总赔付额在总赔付额中的比重为 83.23%，赔付率在 100%～160%的年份的赔款总额在 24 年总赔款中的比重是 12.57%，赔付率在 160%～200%的赔款占总赔款的 4.20%。就是说，在这种条件下，保险公司分保 100%～160%的赔款责任，需要支付再保险纯费率 12.57%。政府要将 160%～200%的赔款责任分出，需要支付再保险纯费率是 4.20%。因为没有一年的赔付率超过 200%，政府不必要为赔付率 200%以上的责任分保。

(4) 当平均损失为 45%时，简单赔付率在 100%以下的年份总赔付额在总赔付额中的比重为 78.88%，赔付率在 100%～160%的年份的赔款总额在 24 年总赔款中的比重是 16.92%，赔付率在 160%～200%的赔款占总赔款的 4.20%。就是说，在这种条件下，保险公司分保 100%～160%的赔款责任，需要支付再保险纯费率 16.92%。政府要将 160%～200%的赔款责任分出，需要支付再保险费的纯费率是 4.20%。因为没有一年的赔付率超过 200%，政府不必要为赔付率 200%以上的责任分保。

(5) 当平均损失为 50%时，简单赔付率在 100%以下的年份总赔付额在总赔付额中的比重为 78.88%，赔付率在 100%～160%年份的赔款总额在 24 年总赔款中的比重是 13.55%，赔付率在 160%～200%的赔款占总赔款的 3.37%。赔付率在 200%以上的年份总赔款在 24 年总赔款中比例是 4.20%。就是说，在这种条件下，保险公司分保 100%～160%的赔款责任，需要支付再保险费 13.55%。政府要将 160%～200%的赔款责任分出，需要支付再保险费的纯费率是 3.37%，要将 200%以上的赔款责任分出，需要支付再保险费的纯费率是 4.20%。

这就是说，在保险平均损失率 50%（或实际平均损失 80%）的条件下（例如，遭受类似 1983—2006 年最严重的灾害的年份的损失，灾害损失平均达到 80%），假定直接保险保费收入是 3.5 亿元，政府将 160%～250%的保险责任分保出去，再保险纯费率 8.34%，即纯保险费 2 900 万元左右（不包括佣金和管理费）是合理的。

但是如果考虑到在 30%～100%的损失率中，选取中位数，即 75%的平均损失率，那么分出赔付率在 160%～300%的赔款责任，只需要按照纯费率 4.17%的支付保费，即 1 450 万元（不包括佣金和管理费）。

值得注意的是，因为我们只有北京市 25 年的农业损失统计资料，在这个经验范围内得到上述结果。超出这个时间序列的年份实际上还有更严重的灾害损失。例如，1960 年、1961 年、1965 年、1976 年、1980 年，这些年份的灾害都

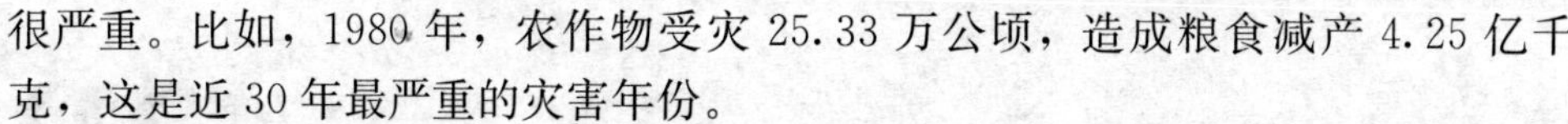

很严重。比如，1980年，农作物受灾25.33万公顷，造成粮食减产4.25亿千克，这是近30年最严重的灾害年份。

参 考 文 献

庹国柱，王国军．2002. 中国农业保险与农村社会保障制度研究［M］．北京：首都经济贸易大学出版社．

庹国柱，赵乐，朱俊生，等．2010. 政策性农业保险巨灾风险管理研究［M］．北京：中国财政经济出版社．

朱俊生，庹国柱．2009. 中国农业保险制度模式运行评价［J］．中国农村经济（3）．

J Duncan，R J Myers. 2000. Crop Insurance under Catastrophic Risk［J］. American Journal of Agricultural Economics（82）：842 - 855.

M Miranda，J W Glauber. 1997. Systemic Risk，Reinsurance，and the Failure of Crop Insurance Markets［J］. American Journal of Agricultural Economics，79（2）.

P Bardsley，A Abey，S Davenport. 1984. The Economics of Insuring Crops Against Drought［J］. Australian Journal of Agricultural Economics（28）：1 - 14.

农业保险试验需要不断丰富和发展*

——学习中央1号文件关于推进农业保险意见的体会

从2007年中央财政提供保费补贴以来，我国农业保险有了长足发展，2009年的农业保险保险费收入达到134亿元，比2009年的110亿元增长了21.8%，是2006年的14.9倍。可见有了中央和地方的财政支持，农业保险发展势头空前迅猛，但是依然需要不断丰富发展和加快试验。

一、增加政策性农业保险险种是广大农民的迫切需求

但是，由中央财政补贴的农业保险的标的和险种还比较少，种植业保险只限于水稻、小麦、玉米、棉花、大豆、花生、油菜7种作物，养殖业保险主要包括能繁母猪和奶牛。这种规定虽然是从国家战略层面考虑到了粮食安全和最主要的农畜产品的生产风险，但是，无论就全国还是从不同地区来看，农林牧渔需要保险保障的产品还有很多。特别是各地农业都有自己的支柱产业和特色农业，例如，沿海各省的渔业（包括渔船、渔民人身），海南的橡胶、香蕉，广东、福建的甘蔗、热带水果，湖南、湖北、江西、四川的柑橘，山东、河北的蔬菜，陕西、山东等省的苹果，以及各地的梨、桃、葡萄、大枣、瓜果等众多的特产，农牧渔民都有强烈的投保意愿，因为商品率比较高的各种农牧渔产品往往对农民收入增长的影响更大。北京市已经开办的政策性农业保险已经涉及包括小麦、玉米、豆类、西瓜、苹果、桃、梨、葡萄、柿子、蔬菜、猪、牛、鸡、鸭等16个险种，农民还要求增加其他品种。2 000多万渔民也迫切期望他们的渔船保险和人身保险保障能纳入政策扶持轨道，而目前只有部分省有一些保费补贴。因此，无论从整体农业发展的视角还是从农民收入稳定和保障的视角，增加农业保险的险种和扩大中央财政补贴的险种面，都是很必要的，这对农业增产和农民增收有

* 本文发表于《中国保险报》，2010年2月11日。

重要意义。

农业保险产品少，主要瓶颈是政府补贴的总量限制和试验地区的经验和技术力量不足。中央财政这3年对农业保险险保费补贴预算增长速度是可观的，2007年20.5亿元，2008年就增加到60亿元，2009年进一步增加到79.5亿元，据说今年会增加到90亿元。因为各省财政是按照25%或20%的保费比例进行配套补贴，保险品种增加就需相应增加补贴，中央财政的补贴数额增加，地方也需相应增加。特别是对那些财力不宽裕的中西部省份，压力是比较大的。所以，他们希望，中央财政对他们的补贴比例更高一些，他们自己承担的补贴份额更小一些，保险品种增加对地方财政的压力就会相应减小。当然农业保险大规模试验，各地的经验和技术力量都显得难以应对，有的省份三年中有两年都是严重亏损的。我觉得，农业保险品种随着财政支持力度的加大和业务经验的积累，会不断增加，但要完全满足农户需求需要有一个过程。

二、扩大政策性农业保险覆盖面势在必行

各地的情况表明，政策性农业保险试验，不仅需要增加险种，还需要不断扩大试验区域，增加试验的覆盖面。

目前，尽管31个省（自治区、直辖市）都在试验政策性农业保险，但得到中央财政支持进行试验的省份只有17个，还有14个省（自治区、直辖市）没有纳入中央政策补贴的范围。即使中央财政对北京、上海等发达省份可以不予或少量补贴，但还有不少中西部省份没有进入中央财政支持的试点行列，实际上这些省份财力有限，很希望纳入中央财政补贴范围，以便快速推进和扩大本省的政策性农业保险计划的发展。即使已经纳入中央财政补贴试点行列的省份，也还面临扩大本省试验地区的问题。囿于中央和本地财政补贴资金有限，各地政策性农业保险试验一般只选择了本省的部分地区和部分重要作物、牲畜，需要扩大的作物和种植养殖类保险标的很多，没有纳入试验的地区的农户也很多，试验地区之外的那些农户就觉得不公平，因此不断扩大政策性农业保险的覆盖面势在必行。

按照目前农业保险的发展趋势和各地的积极性，中央会加快部署，将逐步增加财政支持力度，除了一部分发达省份，其他省（自治区、直辖市）也会得到中央财政的支持，各省的试验区域的扩大也是必然的。总之，对于农业保险来说，扩大覆盖面的速度主要不取决于农民，而取决于政府。

三、发展农业保险要发挥中央和地方两个积极性

限于中央财力和明确的政策目标，中央对政策性农业保险的保费补贴，只能选择那些对国计民生具有重要战略意义的品种加以支持，不可能覆盖范围太广，

所以在 1 号文件中特别提出，在中央财政支持的险种之外，鼓励各地根据本地实际情况，“对特色农业、农房等保险进行保费补贴”。就是说，希望对于政策性农业保险计划的推展，能发挥中央和地方两个积极性，而不是中央一个积极性。

实际上，农房保险的保险费，在福建、浙江等省已经得到省政府的财政补贴。有一些地方，如上面提到的北京市县（区）政府，已经给多种特色农业产品的保险进行保费补贴。有的省份也在谋划增加本地农业保险的险种。这对于北京、上海、广东、浙江、福建等发达省份来讲其实问题不大，他们目前也是这样做的，当然其他省份有条件的，其实也可以适当安排“地方特色农业保险产品”，我想这是中央 1 号文件所希望的。

四、农业保险可持续离不开巨灾风险管理机制

政策性农业保险的健康发展，离不开对巨灾风险的管理，因为农业保险巨灾损失的发生，很可能会使经营农业保险的机构甚至政府陷入财政困境，或者损害投保农户的利益，挫伤他们的参保积极性。加拿大自 1959 年开始推行政府经营的农业保险，1959—1985 年的 16 年里经营一直很顺利，但 1986 年和 1988 年的大旱，使好几个省的农作物保险公司发生巨亏，其债务在后来 10 多年里才还清。如果是商业性经营，那就只有破产了。我国有的省份农业保险试验不几年，已经不止一次遇到了这种大大超出准备金积累的巨额赔款。

实践表明，农业保险巨灾损失情况发生的几率比一般财产保险要高很多。所以，为了农业保险的健康和持续发展，有必要专门建立巨灾准备金，或者设计其他包括再保险在内的巨灾损失发生之后的融资机制或者分散风险的方式，例如，发行政府担保的债券或巨灾债券、巨灾彩票等。中央 1 号文件高瞻远瞩，特地提出了“健全农业再保险体系，建立财政支持的巨灾风险分散机制”。为完善农业保险制度，保证政策性农业保险健康和可持续发展提出了解决方案。

五、对农业保险必须加强统一的监管

大量财政资金特别是中央财政资金的支持极大地激励了农民投保积极性，也给了保险机构参与保险经营的积极性。由于农业保险的范围广，投保农户高度分散，不仅展业不易，发生灾害后的查勘定损和理赔成本也非常高，特别是因为有大量财政资金的补贴，这种补贴可能成为“唐僧肉”，各地情况表明，套取财政资金的情况时有发生，其他形形色色的道德风险也非常突出，道德风险不仅农户有、保险经营机构有，基层政府也有，这在其他商业保险领域是不多见的。有的地方发生的灾情不大，但保险赔付率却达到 2 000%，有的经营机构违规操作甚至做虚假投保骗取财政资金，还有的地方村委会报假案或夸大灾损蓄意骗赔，而

因为农业保险涉及财政、农业、保险监管等多家部门监管，在没有法律法规规范的情况下，监管难以统一实施，各自为政的监管难以有效协调，难免存在监管真空，监管实施难度就比较大，监管效力必然受到限制。例如，保险监管部门目前只能监督和管理商业性保险公司的偿付能力、市场行为和公司治理结构，但是对商业性保险公司以外的从事农业保险的机构、组织，对参与农业保险活动的有关政府部门的行为显然就无能为力了。

监管问题如果解决不好，不仅公共资源得不到合理利用，投保农户的利益也难以得到真正保护，农业保险制度就有夭折的危险。所以，中央1号文件所说“加强和改进农村金融监管”，我认为也应包括加强对农业保险的监管，这种监管应该是统一的、有效的。

当前农业保险发展急需解决的几个问题*

近几年，从中央到地方对建立政策性农业保险制度和进行农业保险试验都倾注了极大热情，也寄予极大的期望。政策性农业保险试验在各地蓬蓬勃勃展开。在中央和地方财政的支持下，全国 31 个省（自治区、直辖市）都开始试验农业保险，其中有中央财政支持的省份有 17 个，另外还有新疆生产建设兵团和黑龙江农垦也是受到中央财政的支持。去年全国的农业保险保费收入已经超过 133 亿元，但在 2004 年，这个数字只是 3.7 亿元。参保农户和投保农作物面积、投保猪、牛的头数，都是几倍甚至几十倍的增加。许许多多农户从农业保险补偿中获益良多。

从去年到今年，东北松辽平原干旱，西南地区几省大面积干旱，农作物绝产、减产，农业损失惨重，特别是这些地区的农民感到农业保险还是“不解渴”，步子太小，覆盖面太窄，保障水平太低。的确，农业保险需要进一步加快发展，但是要加快步伐，还需要解决一些重要问题，例如法律法规建设问题、巨灾风险分散机制建设问题、组织模式问题、加强监管问题等，这些问题解决得好，才能扫除农业保险的健康和可持续发展的障碍。

1. 政策性农业保险需要完整的法律法规，否则难以建立科学合理的制度规范

农业保险与普通商业保险不同，由于风险大、成本高、价格高和农民相对收入低等特点，在没有政府较大幅度补贴的条件下，靠市场是做不起来的，也就是说不存在一个商业性农业保险市场（庹国柱、王国军，2002）。有了政府的足够补贴，农民才买得起农业保险，也才有保险人愿意提供农业保险产品，这个市场才能启动。在这种情况下，就有一连串的问题产生：

例如，政府补贴问题，到底是应该由中央补贴还是地方补贴，补贴多少，补贴哪些作物和畜禽，怎样补贴，补贴的效果谁来评估，谁来监督，都需要有规定和依据，否则，这些公共资源有可能被浪费掉或者利用效率不高。

---

* 本文发表于《经济与管理研究》，2010 年第 6 期。

另外，既然农业保险有政府参与进来了，它就要在这个制度中扮演角色（鲍金红，2006），但是政府应当扮演什么角色，政府在其中的权利和义务边界在哪里，没有规范就很难办，也会出问题。因为没有法律规范，现在各省的制度都是自己制定的，有的省政府在农业保险制度中是扮演“保险人的角色”，亲自开办农业保险，让保险公司替他们代办；有的省政府除了补贴保险费，一概不参与；也有的省政府虽然不直接主办，但也不当旁观者，而是参与农业保险的经营决策和微观管理，不一而足。这就会出问题，假如政府直接开办保险或参与经营决策和微观管理，有了大灾损失，准备金积累不足支付受灾农户的赔款，怎么办？有的地方在这种情况下由政府兜底，但兜不了底怎么办？有的地方就出了这样的问题，农民就得不到足额赔付。签订了保险合同的农民就吃亏了，这就很不公平。如果要讲理，有什么根据？

还有，农业保险的经营离不开政府的配合与支持，除了上面讲的保险费补贴，还必须在宣传、展业、核保、灾害查勘、定损、理赔等环节方面帮助保险公司，离开了这种帮助，保险公司寸步难行。但是政府帮保险公司做农业保险业务，于法无据。再者，县、乡、村帮保险机构做农业保险业务，要不要支付费用？按现行法律给政府工作人员支付费用就违法，但不支付费用，有人帮你干吗？这些看似不是问题的问题，没有法律法规来规范，如何实施？

还有一些宏观方面的问题，没有法律法规也很难办。例如，由于农业灾害的区域性很强，不同地区的风险种类和风险大小不一样，农作物保险的价格是与风险频率和强度相一致的，为了科学合理地厘定费率，就需要进行风险区划和费率分区，但这件事不是保险公司能单独完成的，需要政府统一组织和多部门协调，共同完成，这就需要有一个统一的管理机构。在美国，调查风险、厘定费率是隶属于农业部的联邦农作物保险公司来做的，政府来做这件基础性工作，实际上就是提供公共品，在这个平台上才能厘定科学公平的费率（价格）。有了科学公平的价格，政府补贴也才会放心，农户的逆选择和道德风险才能够有效防止，农业保险才可能成功。我们现在没有这样一个统一的管理机构，没有这个平台，农业保险的风险评估、费率厘定、合理的财政预算和管理、农业保险巨灾风险的转移安排等，都没法落实。开办农业保险的效率就不可能提高。

2. 建立农业保险巨灾风险分散机制，是农业保险可持续发展的必要前提之一

无论我国的实践还是国际实践经验都表明，农业保险经营风险很大，经常会遇到巨灾损失，在这种情况下，如果事先没有一整套风险转移机制，例如，安排足够的再保险，或者建立巨灾风险基金，或者是有其他诸如发债、发行巨灾债券等融资手段，保险经营机构就不敢也不愿意承保旱灾、台风等发生范围很广泛的灾害（P. Bardsley，A. Abey，S. Davenport，1984）。不然遇上像今年滇、黔、川、桂等省这样大范围的干旱，保险公司要么破产，要么赖账，政府也不可能

“兜底”，没有别的出路。现在那些将干旱、洪水、台风纳入保险责任的农业保险经营机构和地方政府，都有些提心吊胆，生怕遇上这类巨灾损失，所以，他们对于快速扩大农业保险试验，让更多农民都能参加到农业保险中来，还是有后顾之忧的。谁敢加快发展？滇、黔、川、桂4省截至3月23日，旱灾造成的农业损失已达到300多亿元，而2009年全年的农业保险总保费收入不过133亿元。试想，在没有健全的巨灾风险转移机制的条件下，这几省农户假如都投保，全国的人寿险、财产险保费即使都调来，也不够支付这几个省赔款的一半。这个“窟窿”谁来填，谁又能填？

大家都很希望建立比较完备的巨灾风险转移机制或者巨灾风险管理制度，(J. Duncan，R. J. Myers，2000)，只有这样才能加快农业保险试验的步伐，使农业保险持续健康发展。当然，建立巨灾风险转移机制也需要法律规范。因为仅仅靠保险公司或地方政府是不可能办到的，必须首先在国家层面来筹划和安排，使巨灾损失可以在较大空间进行分散。好在中央政府正在调研建立全国巨灾保险制度的问题，如果将农业保险巨灾风险纳入进去，对农业保险会有实质性促进（庹国柱、赵乐、朱俊生等，2010）。有半个多世纪开办农业保险历史的美国、加拿大、日本等国家，都是通过相关法律来规范的，例如美国的《农作物保险法》，不仅规定了联邦农作物保险公司和其他经批准的私营再保险公司可以为经营农业保险的公司提供再保险，还规定了在发生巨灾损失保险准备金和再保险摊赔不足支付巨额赔款时，可由联邦农作物保险公司发债融资，政府可以购买一部分。

3. 明确农业保险组织模式，才能优化保险市场（如果能形成的话）的结构

由谁来经营农业保险的问题，到现在也没有完全解决。保监会财险监管部在几年前曾经说，地方政府、商业财产保险公司、专业农业保险公司、外国农业保险公司、互助合作组织可以经营农业保险。在我国目前的试验中，也的确有这5种农业保险组织载体。但事实上，有些供给主体依然名不正言不顺，在有些方面就难以得到政府的支持。比如，已经有15年历史的中国渔业互保协会，他们经营渔业保险，为渔民提供渔船、水产养殖、渔民人身保险，尽管其保险业务也是政策性的，但因为他们不是商业性保险机构，也不归保监会监管，就难以得到中央财政的保费补贴。黑龙江阳光相互保险公司，本来是一家经国务院特批的全国唯一的相互型保险公司，但在经营中也有难处。因为找不到明确的法律依据，有些财政、税收政策对他们一直很难落实。还有一些诸如谷物协会、苹果协会、西瓜协会、奶牛协会等专业协会，也在小范围开办农业保险，但它们到底在农业保险制度中可以或者应该扮演什么角色，它们经营农业保险到底合法不合法，它们的发展前景如何，恐怕也没有人说得清。还有，地方政府直接经营农业保险，尽管有的地方这么干，但也不知道合不合理、合不合法。

农业保险要靠供给主体来提供产品，组织模式不明确，也必然成为顺利发展的一大障碍。

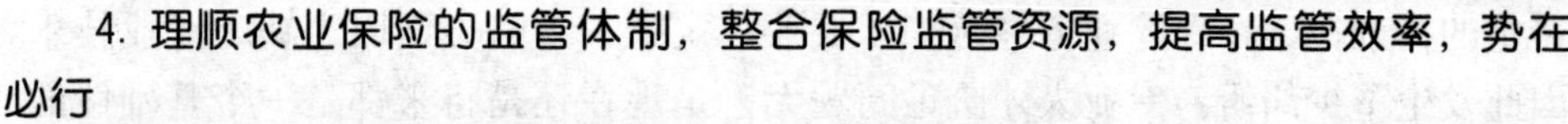

4. 理顺农业保险的监管体制，整合保险监管资源，提高监管效率，势在必行

政策性农业保险不同于商业保险，它不是纯市场行为。因为这些农业保险产品接受政府的价格补贴，有的地方经营机构还接受政府的经营管理费补贴。如前所述，农业保险还需要包括农业、财政、税务、气象、民政等多政府部门配合，因此，农业保险的监管内容、监管形式和监管方式就有其特殊性（朱俊生、庹国柱，2009）。目前，农业保险是多头监管，财政部监管补贴农业保险的财政资金的分配和使用，保监会监管商业性保险公司的业务活动，农业部门协助保险机构展业、定损和理赔，也协助监督保险业务活动。那些合作组织本来归民政部管理，但实际上民政部监管不了他们。

多头监管不仅浪费监管资源，徒增不少协调成本，还会留下许多监管真空或者漏洞。例如，各地都在积极建立农业保险大灾准备金或基金，有的地方省、地、县三级都建立了大灾准备基金，但是这个基金的筹集、管理、运用等方面的监管由谁来执行，并不明确。还有的地方发生严重的道德风险也很难监管的到，这些地方本来风险损失并不严重，但赔付率高达300%～500%，甚至高达2 000%，也有的地方出现套取财政补贴资金的问题，这些问题常常又是与基层政府有千丝万缕的联系。尽管监管部门很多，可是似乎都鞭长莫及。

如果没有统一的强有力的监管制度和体系，这些问题可能会蔓延，甚至会使轰轰烈烈的农业保险夭折。这可不是耸人听闻，几年前，有的地方在承保奶牛之后，因为当地原料奶收购渠道不畅，奶牛的死亡率便迅速攀升，逼迫当地保险经营机构不得不退出市场。换言之，如果政策性农业保险监管资源配置不当，监管极可能重复也会留下真空，政策性农业保险必然难以持续。

5. 加快农业保险人才的培养，政策性农业保险的健康发展才有技术保证

农业保险的专业性、技术性很强，管理也有其自身的特殊性，需要大量的技术和管理人才。我国目前保险业整体来说比较缺乏技术人才和管理人才，农业保险更是人才奇缺。现在全国大概有70多所院校开设保险专业，每年培养出来的毕业生不过两三千人，无法满足保险业发展的需要。这些保险专业大多数不开设农业保险课程，更不学与农业保险有关的技术知识，据我们调查，近几年进入农业保险部门的新人大多数是非保险专业的毕业生。保险机构不得不给他（她）们补课，专门对他们进行培训。

专业人才的短缺对农业保险的经营来说是一个严重制约。一直以来，农业保险精算遇到技术和数据资料的掣肘，保险费率厘定就难以准确，保险公司的报价每每受到有关部门的质疑，农业风险区划和费率的分区这些基础工作，除了个别省，大多数省还没有这个意识，也就不可能展开。大多数省的农业保险对每一个险种，全省一个费率，不仅违反了风险损失与费率一致的经营原则，而且引发了严重的逆选择。在保险业务经营中，展业、定损、理赔方面因为缺乏专业技术，因此发生不少纠纷。专业人才匮乏问题无论是现在还是将来都是一个基础性的、关系农业保险试验成败的关键之一，而培养大批农业保险人才是解决这些经营管理问题的重要途径。

6. 各方都来关心农业保险经营机构的建设，支持保护它们创新的积极性

不管怎么说，农业保险的试验也是新事物，无论是制度建设还是业务经营，都在摸索，特别是在目前缺乏法律，法规又不完善的条件下，应当允许各家保险经营机构在不损害投保农户利益和不违反大的原则条件下，进行各种试验。特别是对于那些还很缺乏经验的专业农业保险公司，它们不是政策性公司，而是股份制公司或相互制公司，但经营的主业务难度很高，经营风险比其他综合性财产保险公司要大，盈利相当不易。有的公司实际上一直在风口浪尖上摸爬滚打，已经是累累受挫。即使经营业绩还不错的农业保险公司，也很难说遇到大的灾害损失时有多大承受能力。我曾在加拿大做过一点调查，在 26 年顺利经营之后，接下去两年的大旱，就将大部分省的农业保险公司拖入债务深渊，有的保险公司因此欠债 20 多年。

因此，各级政府部门，特别是保监部门，要给它们必要的宽松政策环境，允许它们试验、探索和创新，体谅它们的困难，不断帮助它们完善经营管理制度，同时不断建立或完善相应的监管规则。例如，我国唯一一家相互制保险公司，在没有现成经营可借鉴的情况下，要允许它们"摸着石头过河"，并同它们一道总结经验教训。如果用对股份制公司的监管规则来监管相互制公司，可能会有不妥，假如用股份制保险公司偿付能力监管规则来约束相互保险公司，或者要求他们增加运营资本，不许归还开业筹集的资金，似乎都缺乏依据，因为相互制保险公司除了借来的初试运营费，是没有资本金的，它们的偿付能力在理论上永远是 100%。监管股份制保险公司的规则很多并不适合它。有的地方在农业保险试验中有一些创新，需要和它们一起总结经验，不要轻易否定，在农业保险经营过程中出现一些违规问题，适当处罚是必要的，但重要的不是处罚，而是如何帮助它们改正和改进，不断完善和提高。

其实在有些地方的农业保险试验中，基层政府也在不断"犯规"，迫使我们保险公司违规经营，保险公司有苦难言，某些险种大面积亏损跟地方政府的某些"道德风险"关系很大，在这种条件下，板子只打在保险公司的屁股上，可能不公平，也解决不了根本问题。这也是政府部门需要关注和研究解决的问题。

政策性农业保险的主角不仅包括农户、保险人，还有政府，三方的合作才能协调运作。我们监管部门，需要从农业保险试验的实际出发，谨慎掌握监管原则和监管力度，可能需要适当调整监管思路和方法，要宽严相济，这对农业保险的顺利和持续发展至关重要，有道是"宽严皆误"。

参 考 文 献

鲍金红．2005. 试论我国农业保险中的政府角色和作用［J］．统计与决策（8）．

冯文丽．2004. 中国农业保险市场失灵与制度供给［J］．金融研究（4）．

庹国柱，王国军．2002. 中国农业保险与农村社会保障制度研究［M］．北京：首都经济贸易大学出版社．

庹国柱，赵乐，朱俊生，等．2010. 政策性农业保险巨灾风险管理研究［M］．北京：中国财政经济出版社．

朱俊生，庹国柱．2009. 中国农业保险制度模式运行评价［J］．中国农村经济（3）．

J Duncan，R J Myers. 2000. Crop Insurance under Catastrophic Risk［J］. American Journal of Agricultural Economics（82）：842－855.

P Bardsley，A Abey，S Davenport. 1984. The Economics of Insuring Crops Against Drought［J］. Australian Journal of Agricultural Economics（28）：1－14.

农业保险该如何拷问?*

近几年，从中央到地方对建立政策性农业保险制度和进行农业保险试验都倾注了极大热情，也寄予了极大的期望，政策性农业保险试验在各地蓬蓬勃勃展开。在中央和地方财政的支持下，全国31个省（自治区、直辖市）都开始试验农业保险，其中有中央财政支持的省份有17个，另外还有新疆生产建设兵团和黑龙江农垦也是受到中央财政支持的。去年全国的农业保险保费收入已经超过133亿元，但在2004年，这个数字只是3.7亿元。参保农户和投保农作物面积、投保猪、牛的头数，都是几倍甚至几十倍的增加。许许多多农户从农业保险补偿中获益良多。

从去年到今年，东北松辽平原干旱，西南地区几省大面积干旱，农作物绝产、减产，农业损失惨重，特别是这些地区的农民感到农业保险还是“不解渴”，他们受益有限，似乎又该拷问农业保险了。但是我们应该如何拷问农业保险呢？是责备它步子太小，覆盖面太窄，保障水平太低，还是拷问农业保险制度怎样才能突破，才能担当给农业灾害损失充分补偿的大任？我觉得需要拷问的是后者。

的确，农业保险需要进一步加快发展，但是要加快步伐，还需要解决一些重要问题，只有这些问题的顺利解决，才能扫除农业保险的健康和可持续发展的障碍。

1. 政策性农业保险迄今缺乏法律法规，而没有科学合理的制度规范，农业保险做不起来，更做不好

农业保险与普通商业保险不同，由于风险大、成本高、价格高和农民相对收入低等特点，在没有政府较大幅度补贴的条件下，靠市场是做不起来的，也就是说不存在一个商业性农业保险市场。有了政府的足够补贴，农民才买得起农业保险，这个市场才能启动。在这种情况下，就有一连串的问题产生：

例如，政府补贴问题，到底是应该由中央补贴还是地方补贴，补贴多少，补

* 本文未曾发表。

贴哪些作物和畜禽，怎样补贴，补贴的效果谁来评估，谁来监督，都需要有规定和依据，否则，这些公共资源有可能被浪费掉或者利用效率不高。

还有，既然农业保险有政府参与进来了，政府就要在这个制度中扮演角色，但是政府应当扮演什么角色，没有规范就很难办，也会出问题。因为没有法律规范，现在各省的制度都是自己制定的，有的省政府在农业保险制度中是扮演“保险人的角色”，亲自开办农业保险，让保险公司替他们代办；有的省政府除了补贴保险费，一概不参与；也有的省政府虽然不直接主办，但也不当旁观者，而是参与农业保险的经营决策和微观管理，不一而足。这就会出问题，假如政府直接开办保险或参与经营决策和微观管理，有了大灾损失，准备金积累不足支付受灾农户的赔款，怎么办？有的地方在这种情况下由政府兜底，但兜不了底怎么办？有的地方就出了这样的问题，农民就得不到足额赔付。签订了保险合同的农民就吃亏了，这就很不公平。如果要讲理，有什么根据？

还有，农业保险的经营离不开政府的配合与支持，除了上面讲的保险费补贴，还必须在宣传、展业、核保、灾害查勘、定损、理赔等环节方面帮助保险公司，离开了这种帮助，保险公司寸步难行。但是政府帮保险公司做农业保险业务，于法无据，再者，县、乡、村帮保险机构做农业保险业务，要不要支付费用？按现行法律，给政府工作人员支付费用就违法，不支付费用有人帮你干吗？这些看似不是问题的问题，没有法律法规来规范，如何实施？

还有一些宏观方面的问题，没有法律法规也很难办。例如，由于农业灾害的区域性很强，不同地区的风险种类和风险大小不一样，农作物保险的价格是与风险频率和强度相一致的，为了科学合理地厘定费率，就需要进行风险区划和费率分区，但这件事不是保险公司能单独完成的，需要政府统一组织和多部门协调，共同完成，这就需要有一个统一的管理机构。在美国，调查风险、厘定费率是隶属于农业部的联邦农作物保险公司来做的，政府来做这件基础性工作，实际上就是提供公共品。在这个平台上才能厘定科学公平的费率（价格）。有了科学公平的价格，政府补贴也才会放心，农户的逆选择和道德风险才能够有效防治，农业保险才可能成功。我们现在没有这样一个统一的管理机构，没有这个平台，农业保险的风险评估，费率厘定，合理的财政预算和管理，农业保险巨灾风险的转移安排等，都没法落实，开办农业保险的效率就不可能提高。

2. 农业保险巨灾风险分散机制急需建立，没有健全的巨灾风险分散机制，农业保险走不快、走不稳

无论我国的实践还是国际实践经验都表明，农业保险经营风险很大，经常会遇到巨灾损失，在这种情况下，如果事先没有一整套风险转移机制，例如，安排足够的再保险，或者建立巨灾风险基金，或者是有其他诸如发行巨灾债券等融资手段，保险经营机构就不敢也不愿意承保旱灾、台风等灾害发生范围很广的灾害，不然遇上像今年云贵川这样大范围的干旱，保险公司要么破产，要么赖账，政府也不可能“兜底”，没有别的出路。现在那些将干旱、洪水、台风纳入保险责任的农业保险经营机构和地方政府，都有些提心吊胆，生怕遇上这类巨灾损失，所以，他们对于快速扩大农业保险试验，让更多农民都能参加到农业保险中来，还是有后顾之忧的。谁敢加快发展？云贵川 3 省截至 3 月 23 日，旱灾造成的农业损失已达到 300 多亿元，而 2009 年全年的农业保险总保费收入不过 133 亿元。试想，在没有巨灾风险分散机制的条件下，这 3 省农户假如都投保，全国的保费即使都调来，也不够支付这 3 个省赔款的一半。这个“窟窿”谁来填，谁又能填？

大家都很希望建立比较完备的巨灾风险分散机制或者巨灾风险管理制度，只有这样才能加快农业保险试验的步伐，使农业保险持续健康发展。当然，建立巨灾风险分散机制这也需要法律规范。因为仅仅靠保险公司或地方政府是不可能办到的，必须首先在国家层面来筹划和安排，使巨灾损失可以在较大空间进行分散。好在中央政府正在调研建立全国巨灾保险制度的问题，如果将农业保险巨灾风险纳入进去，对农业保险会有实质性促进。有半个多世纪开办农业保险历史的美国、加拿大、日本等国家，都是通过相关法律来规范的，例如美国的《联邦农作物保险法》，不仅规定了联邦农作物保险公司和其他经批准的私营再保险公司可以为经营农业保险的公司提供再保险，还规定了在发生巨灾损失保险准备金和再保险摊赔不足支付巨额赔款时，可由联邦农作物保险公司发债融资，政府可以购买一部分。

3. 农业保险组织模式需要明确，没有多元化的广泛的保险供给主体，保险市场（如果能形成的话）也会缺乏效率

由谁来经营农业保险的问题到现在也没有完全解决。保监会财险监管部在几年前曾经说，地方政府、商业财产保险公司、专业农业保险公司、外国农业保险公司、互助合作组织可以经营农业保险。在我国目前的实验中，也的确有这 5 种农业保险组织载体。但事实上，有些供给主体依然名不正言不顺，有些方面就难以得到政府的支持。比如，已经有 15 年历史的中国渔业互保协会，它们经营渔业保险，为渔民提供渔船、水产养殖、渔民人身保险，尽管其保险业务也是政策性的，但因为他们不是商业性保险机构，也不归保监会监管，就难以得到中央财政的保费补贴。黑龙江阳光相互保险公司，本来是一家经国务院特批的全国唯一的相互型保险公司，但在经营中也有难处。因为找不到明确的法律依据，有些财政、税收政策对其一直很难落实。还有一些诸如谷物协会、苹果协会、西瓜协会、奶牛协会等专业协会，也在小范围开办农业保险，但它们到底在农业保险制度中可以或者应该扮演什么角色，它们经营农业保险到底合法不合法，它们的发展前景如何，恐怕也没有人说得清。还有，地方政府直接经营农业保险，尽管有的地方这么干，但也不知道合不合理、合不合法。

农业保险要靠供给主体来提供产品，组织模式不明确，也必然成为顺利发展的一大障碍。

4. 理顺农业保险的监管体制势在必行，只有整合保险监管资源，才会提高监管效率，促进农业保险的健康发展

政策性农业保险不同于商业保险，它不是纯市场行为。因为这些农业保险产品接受政府的价格补贴，有的地方经营机构还接受政府的经营管理费补贴。如前所述，农业保险还需要包括农业、财政、税务、气象、民政等多政府部门配合，因此，农业保险的监管内容、监管形式和监管方式就有其特殊性。目前，农业保险是多头监管，财政部监管补贴农业保险的财政资金的分配和使用，保监会监管商业性保险公司的业务活动，农业部门协助保险机构展业、定损和理赔，也协助监督保险业务活动。那些合作组织本来归民政部管理，但实际上没有人监管他们。多头监管不仅浪费监管资源，徒增不少协调成本，还会留下许多监管真空或者漏洞。例如，各地都在积极建立农业保险大灾准备金或基金，有的地方省、地、县三级都建立了大灾准备基金，但是这个基金的筹集、管理、运用等方面的监管由谁来执行，并不明确。还有的地方发生严重的道德风险，也很难监管得到，这些地方本来风险损失并不严重，但赔付率 300%～500%，甚至高达 2 000%，也有的地方出现套取财政补贴资金的问题，这些问题常常又是与基层政府有千丝万缕的联系。尽管监管部门很多，可是似乎都鞭长莫及。如果没有统一的强有力的监管制度和体系，这些问题可能会蔓延，甚至使轰轰烈烈的农业保险夭折。这可不是耸人听闻，几年前，有的地方在承保奶牛之后，因为当地原料奶收购渠道不畅，奶牛的死亡率便迅速攀升，逼迫当地保险经营机构不得不退出市场。换言之，如果政策性农业保险监管资源配置不当，道德风险得不到有效遏制，政策性农业保险必然难以持续。

5. 加快农业保险人才的培养，政策性农业保险的健康发展才有技术保证

农业保险的专业性、技术性很强，管理也有其自身的特殊性，需要大量的技术和管理人才。我国目前保险业整体来说比较缺乏技术人才和管理人才，农业保险更是人才奇缺。现在全国大概有 70 多所院校开设保险专业，每年培养出来的毕业生不过两三千人，无法满足保险业发展的需要。这些保险专业大多数不开设农业保险课程，更不学与农业保险有关的技术知识，据我们调查，近几年进入农业保险部门的新人大多数是非保险专业的毕业生。保险机构不得不给他（她）们补课，专门对他（她）们进行培训。

专业人才的短缺对农业保险的经营来说是一个严重制约。一直以来，农业保险精算遇到技术和数据资料的掣肘，保险费率厘定就难以准确，保险公司的报价每每受到有关部门的质疑，农业风险区划和费率的分区这些基础工作，除了个别省，大多数省还没有这个意识，也就不可能展开。大多数省的农业保险对每一个险种，全省实行一个费率，不仅违反了风险损失与费率一致的经营原则，而且引发了严重的逆选择。在保险业务经营中，展业、定损、理赔方面因为缺乏专业技术，因此发生不少纠纷。专业人才匮乏问题，无论是现在还是将来，都是一个基础性的、关系农业保险试验成败的关键之一，而培养大批农业保险人才是解决这些经营管理问题的重要途径。

农业保险巨灾风险分散制度的比较与选择*

一、农业风险的相关性与农业保险巨灾风险的困扰

农业风险的高度相关性使得农业保险的经营始终面临巨灾风险，这是世界农业保险发展中的一个普遍规律。农业风险可能在一个较广泛的区域内都是系统性的，这被称为相关性风险（Correlated Risk），这就使得同一个地区的农户可能同时遭受不利的天气条件带来的损失（Bardsley，1984；Miranda，Glauber，1997；Duncan，Myers，2000）。这种系统性风险的相关性削弱了保险公司在农户之间、作物之间、地区之间分散风险的能力。

换句话说，农业风险的风险单位①很大，对于农业保险来说，一个风险单位往往是涉及数县、甚至数省，特别是洪涝灾害、干旱灾害这些风险事故一旦发生则涉及千千万万农户、千千万万公顷农田；一次流行性疫病，受传染的牛、猪和禽成千上万。保险分散风险的数理基础是大数法则，要求风险损失事件（随机事件）之间是相互独立的，如果农场的风险损失事件相互之间是正相关，他们就属于同一个风险单位。大数法则的"数"，就是风险单位数，风险单位很大，要承保足够多的风险单位就不容易，这就使得农业风险难以在空间上得到分散（庹国柱等，2002）。

农业风险相关性的特点使得农业保险经营面临巨灾风险的困扰。因此，各国农业保险在发展中都建立了巨灾风险分散机制与制度。本文将比较不同农业保险模式下巨灾风险分散制度，总结国际上农业保险巨灾风险管理的经验。

---

* 本文与朱俊生合作，发表于《保险研究》，2010 年第 9 期。

① 风险单位是一次风险事故所造成的损失范围。风险单位是讨论风险和保险的重要概念，保险精算中应用大数定律的"数"就是风险单位数。一个风险单位就是一个随机事件。这一点被很多人忽视和混淆，特别是风险单位还被与保险单位混为一谈。

二、不同农业保险模式下的巨灾风险分散制度

农业保险制度是约束与规范农业保险各方参与主体（包括中央及地方各级政府、保险公司及合作组织以及农户等）行为的规则与框架。其中，巨灾风险分散制度是农业保险制度的重要组成部分。在不同的农业保险制度安排下，巨灾风险分散制度的选择集合也不尽相同。

根据政府是否提供补贴、农业保险经营机构的属性以及是否强制的实施方式3个维度，可以将农业保险的制度模式划分为如下5种（朱俊生、庹国柱，2009）：

第一，私营、非补贴模式。部分国家对于单一风险保险采取了这种制度模式。其根本原因在于，单一风险往往具有可保风险的典型特征，和一般的财产保险比较类似，没有政府补贴，私营保险公司通常也能够比较好地经营。

第二，私营、部分补贴模式。这是很多国家农业保险选择的制度模式。农业保险主要由私营保险公司经营，政府通过相关机构提供保费、管理费用补贴以及再保险支持，类似于“公私合营”，比较好地将政府与市场各自的优势结合起来。

第三，公共、非补贴模式。只有极少数国家选择这种制度模式。公共机构（可以是政府专门成立的机构或是非营利的民间机构）来经营农业保险，但却不提供补贴。

第四，公共、部分补贴、自愿模式。由公共机构（可以是政府专门成立的机构或是非营利的民间机构）来经营农业保险，政府提供部分补贴，同时自愿实施。

第五，公共、部分补贴、强制模式。由公共机构（可以是政府专门成立的机构或是非营利的民间机构）来经营农业保险，政府提供部分补贴，但要求强制参加。

大多数国家对于种植业的多重风险保险通常都提供某种程度的补贴。因此，对于多重风险保险，比较有意义的是探讨“私营、部分补贴模式”“公共、部分补贴、自愿模式”“公共、部分补贴、强制模式”3种农业保险发展模式。以下我们将考察这3种模式的典型国家的农业保险巨灾风险分散制度，以总结其巨灾风险管理的共性与规律。

（一）“私营、部分补贴模式”下的巨灾风险分散制度——以美国、西班牙为例

在北美和欧洲，美国和西班牙的农业保险是私营、部分补贴模式的典型代表。以下分别探讨这两个国家的农业保险巨灾风险分散制度。

1. 美国农业保险的巨灾风险分散制度

美国是世界上农业保险最发达的国家，经历了公营、部分补贴到私营、部分补贴的转变，目前是多重风险保险私营、部分补贴模式的典型代表。

在巨灾风险分散制度方面，美国联邦政府对农业保险提供再保险支持。政府通过联邦农作物保险公司（Federal Crop Insurance Corporation，FCIC），即风险管理局，向私营保险公司提供比例再保险和超额赔款再保险保障。

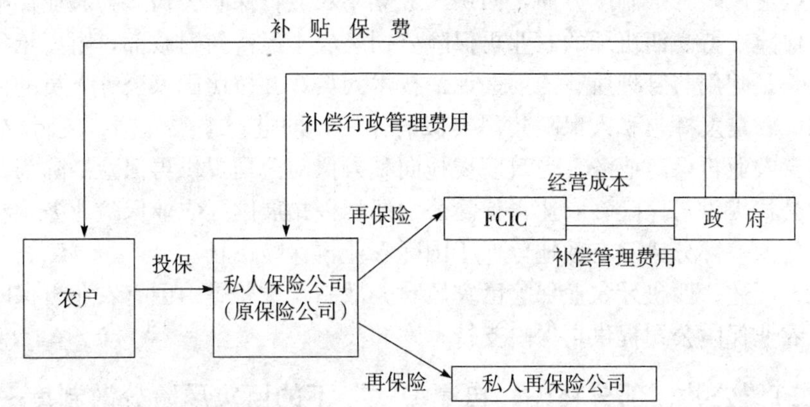

图1　农户、私人直接保险公司、私人再保险公司、FCIC和政府之间的关系示意

资料来源：庹国柱，王国军.2002.中国农业保险与农村社会保障制度研究[M].北京：首都经济贸易大学出版社.

在美国农业保险的再保险体系中，风险管理局的重要职责是：负责与各私营保险公司协商，签订《标准再保险协议》，向私营保险公司提供再保险支持。私营保险公司自主确定自留保险责任额，并与风险管理局签订《标准再保险协议》，向政府进行再保险；就自留保险责任的实际情况，向再保险市场进行再保险，争取商业再保险人的支持。

除了再保险，美国农作物保险还有其他的分散巨灾风险损失的出路，根据1980年10月11日修订的美国《联邦农作物保险法》的规定，“无论何时，农作物保险公司的可利用资金如果不足以支付生产者的损失赔款，公司可以根据其大多数董事的意见向农业部长申请用商品信用公司（Commodity Credit Corporation）的资金及时支付赔款”，除此之外，“公司在得到财政部部长批准后，可以发行专门形式和一定面额的定期票据或其他票据。这些票据和其他债务票据用保费或公司的保险资本股份可利用资金兑现”（庹国柱等，1996）。

综上所述，美国农业保险巨灾风险分散制度主要是由联邦农作物保险公司以及私人再保险公司共同构成的再保险体系。其中，联邦农作物保险公司作为美国政府的全资保险公司，既是美国农业保险的管理机构，又是农业保险再保险业务的主要载体。同时，可以通过信贷以及发行财政部允许的专门票据、债券，来支付巨灾条件下的保险赔款。

2. 西班牙农业保险的巨灾风险分散制度

西班牙农业保险与欧盟其他国家相比是比较成熟的（丁学东，2005），在世界范围内也是多重风险保险私营、部分补贴的成功范例。1978年，西班牙颁布了《农业保险法》，提出由农民自愿参加保险，政府对私人保险公司提供再保险，并对农民的保费给予补贴；不参加农业保险的农民，遭灾后政府不给予任何援助。农业保险业务的具体操作由 38 家私人农业保险公司负责。

在巨灾风险分散制度方面，西班牙成立了农业再保险公司，为农业保险业务提供再保险支持。西班牙的农业再保险公司隶属于经济与财政部，主要承担 3 项功能：一是聘用与管理所有的损失评估技术人员，并按照国家公务人员的待遇支付报酬。二是发挥与私人保险公司类似的作用，即进行损失评估、支付保险金。三是经营农业再保险业务，受政府委托向私人保险公司提供再保险。除为国内私人保险公司提供再保险，农业再保险公司还积极拓展国际农业保险业务，将其提供再保险的一部分风险有效地分保于国际农业再保险市场。

综上所述，西班牙农业保险巨灾风险分散制度主要是由国有农业再保险公司为私营农业保险公司提供再保险支持。

(二)“公共、部分补贴、自愿模式”下的巨灾风险分散制度——以加拿大为例

加拿大的农业保险非常发达，是典型的公营、部分补贴模式。1959 年，加拿大通过了联邦的农作物保险立法，为农业保险的运作提供了原则性的制度框架。加拿大农业保险制度模式特征可以概括为“政府主导、联邦和省两级政府负责、省政府成立专门的机构运作”。

其中，“政府主导”的重要体现在于，政府为农业保险提供再保险支持。联邦政府为开办农作物保险的省签约提供再保险，省政府可以选择与联邦政府签订农作物保险再保险协议。联邦农业部设立“农作物再保险基金”，该基金由各签约省的农作物保险公司所交的再保险费组成；这个基金的存款如果不够支付分保责任赔款时，由联邦财政部予以弥补，并在以后年份中由再保险基金归还，但不计利息。联邦的再保险赔款责任不能超过省政府当年支付的赔款额与以下 3 项总和之差的 7%：省政府当年所收的保费与所交纳的再保险费之差；政府的赔款准备金；省政府赔款的 2.5%。

由于加拿大的农业保险是由各个省政府成立专门的机构来经营，各个省的农业保险公司在经营中也建立了准备金制度。以曼尼托巴省《农作物保险法》(1989 年) 及其实施细则 (1993 年) 为例，该省农作物保险公司的运作方式如下：

在保险基金和准备金方面，公司代表省政府建立与管理农作物保险基金和雹灾保险基金。每一个作物年度，支付所有的赔款和管理费用后，基金中的剩余部分作为准备金。公司有权授权省财政厅依据《金融管理法》将基金中不立即使用的部分进行投资。财政厅将投资收益记入专门账户，由公司支配。在每一作物年度，如果雹灾保险基金中所收保费和累积准备金之和不足以支付各项赔款和经营

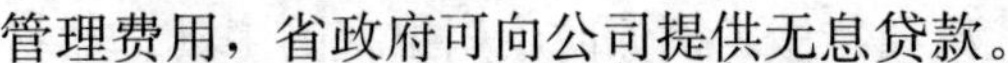

管理费用，省政府可向公司提供无息贷款。

在再保险方面，公司既可以与省政府（由省农业厅代表）签订再保险合同，也可以与联邦政府签订再保险合同，还可以与省政府和联邦政府共同签订一个再保险合同。省财政厅设立“再保险账户”，公司根据再保险合同，将应交再保险费和其他费用存入该账户。如果该账户上所存资金不足以支付公司的请求支付，经副总督批准，财政厅可以预付款项给公司以弥补差额，但该预付款要还本，但不付息。

综上所述，加拿大农业保险的巨灾风险分散制度主要由再保险体系构成，省政府与联邦政府都提供再保险支持，各省的农业保险公司可以选择。特别地，加拿大农业巨灾风险分散制度还建立了融资制度，即再保险基金不足以赔付时，省财政厅与联邦财政部都可以提供无息借款，并需要偿还。

（三）“公共、部分补贴、强制模式”下的巨灾风险分散制度——以日本为例

1947年12月，日本将1929年颁布的《家畜保险法》和1938年颁布的《农业保险法》合并，重新颁布了包括农作物和家畜家禽风险保险在内的新的农业保险法《农业灾害补偿法》。由此，日本建立了“政府支持下的相互会社模式”的农业保险制度，实行的是公共、部分补贴、强制模式。其巨灾风险分散制度主要由两层次再保险体系构成，即府、县一级的农业共济联合会向直接承保的农业共济组合提供第一级分保，国家一级的农业共济再保险（特别会计处）提供第二级分保。

直接经营农业保险的不是政府保险机构，也不是商业性保险公司，而是民间的、不以盈利为目的的保险相互会社——市、镇、村农业共济组合与都、道、府、县农业共济组合联合会，后者实际上主要只接受前者的再保险业务。日本的农业保险的组织架构分3个层次：村一级农业共济组合（the Agricultural Mutual Relief Associations），府、县一级农业共济组合联合会（the Federations Mutual Relief Associations），设在农林省的农业共济再保险特别会计处（the Federations Mutual Relief Reinsurance Special Account）。除了这3个层次，还建立了农业共济基金会（the Federations Mutual Relief Fund），作为联合会贷款的机构（图2）。由此，日本的农业保险体制由3个层次组成：

第一，共济（相互保险）。在市、町、村范围内，建立相互保险性质的保险组织“农业共济组合”，由该组织实施农业保险，收取保费，建立保险基金，为遭灾农户提供损失补偿。凡在该区域内有住所并且经营的种植、养殖业达到一定规模的农户，都必须加入该“共济组合”。农业共济组合负责在当地经营农业保险，它与其成员签订保险合同，承保稻子、小麦、大麦、蚕茧和家畜；收取保险费，评定被保险人所投保的保险标的的损失，并向被保险人支付赔款。每个农业

共济组合要向其成员提供防灾防损的工具和器械，例如防治病虫害的工具、器材以及被保险家畜卫生防疫器械等。

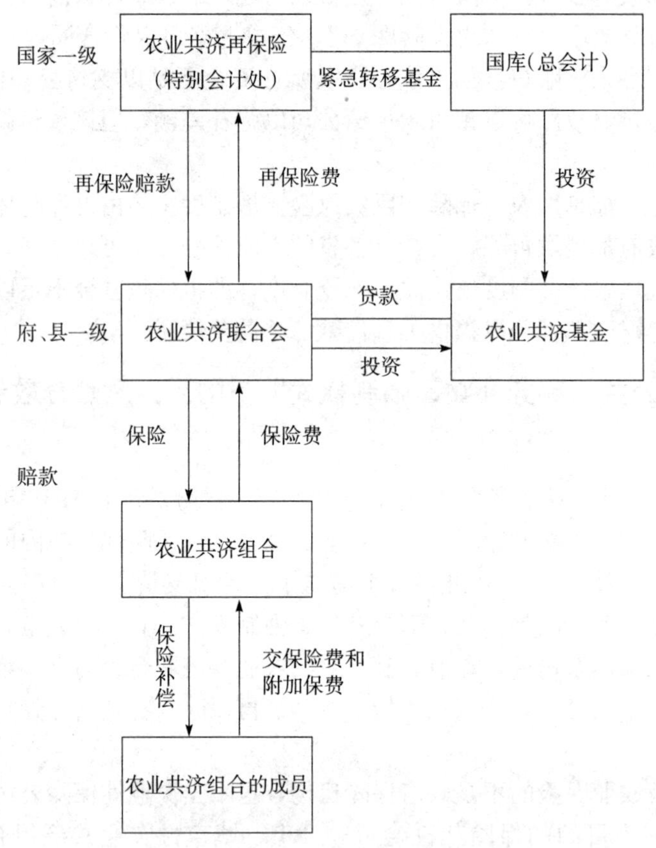

图 2　日本农业保险的组织架构

资料来源：庹国柱，王国军．2002. 中国农业保险与农村社会保障制度研究［M］. 北京：首都经济贸易大学出版社．

第二，第一级分保。都、道府、县设立农业共济组合联合会，该府（县）内的所有农业共济组合都是它的成员。每个农业共济组合都向联合会分保，联合会也向农业共济组合提供防灾防损方面的指导。最初，分保实行的是成数再保险，每个农业共济组合将保险金额的 10%自留（同时自留 10%的保险费），将 90%的保险责任分给联合会。后来，水稻产量迅速增加，而且风险减少，同时，村、镇和城市的日益整体化使农业共济组合的组织规模不断扩大。在这种情况下，农业共济组合已有能力对它的会员提供更多的保险保障。在 1963 年以后，根据法律规定他们的自留责任增加到农作物损失中正常损失部分的 50%～80%，就是说分保给农业共济组合联合会的责任可以减少到 20%～50%。这一改变增加了共济组合的保费留用额，从而增强了它们防治病虫害的经济能力，也给共济组合提供了一些灵活性。如果连续几年都没有发生赔付，农业共济组合将返还给农民一部分保险费。

联合会通过收集保险费建立补偿基金，并以此基金承担大部分正常灾害损失的赔偿责任。在农作物损失严重的年份，当补偿基金不足以支付赔款时，就由农业共济基金向联合会提供贷款。农业共济基金的原始资本为30亿日元，是由中央政府和联合会以50%的比例共同投资组成的。

第三，第二级分保。联合会依法向中央政府分保。农业共济组合再保险特别会计处主要经营农业保险的再保险，但它只接受联合会的分出业务。这里的再保险采用的是超额赔款再保险，在任何一年里，联合会所承保的保险标的的损失超过一定的水平（所谓“一般灾年损失水平”），超过部分（所谓“异常损失”）将由再保险特别会计处给予赔偿。中央政府以分保费建立再保险基金，并向联合会承担分摊赔款的责任。但中央政府接受的分保仅限于法定保险项目，对于“任意共济”（自愿保险项目），中央政府不提供再保险，而由全国农业共济组合联合会接受分保。

综上所述，日本的农业保险巨灾风险分散制度主要由两层次的再保险体系构成，其中第一层次再保险是由相互性质的农业共济联合会提供，第二层次由中央政府提供。

三、不同农业保险模式下巨灾风险分散制度的比较及其启示

（一）巨灾风险分散制度的比较

以上分别考察了几个国家农业保险的巨灾风险分散制度，其主要做法总结如表1所示。

表1　不同国家农业保险巨灾风险分散制度比较

制度模式	代表性国家	巨灾风险分散制度
私营、部分补贴模式	美国	由联邦农作物保险公司以及私人再保险公司共同构成的再保险体系：同时法律允许联邦农作物保险公司向有关信贷公司借款，也可以发行转向票据或债券融资，偿还因巨灾损失造成的赔款
	西班牙	由国有农业再保险公司为私营农业保险公司提供再保险支持
公共、部分补贴、自愿模式	加拿大	省政府与联邦政府都通过建立再保险基金的方式提供再保险支持，各省的农业保险公司可以选择；建立了融资制度，即再保险基金不足以赔付时，省财政厅与联邦财政部都可以提供无息借款，并需要偿还
公共、部分补贴、强制模式	日本	由两层次的再保险体系构成，其中第一层次再保险是由相互性质的农业共济联合会提供，第二层次由中央政府提供

各国农业保险的巨灾风险分散制度都主要由再保险体系构成。各国农业保险的再保险体系运作方式虽然存在着差异，但其共同点是农业再保险的发展与政府的大力支持密切相关，这主要表现在3个方面：

一是政府通过成立再保险公司的方式直接为农业保险提供再保险。例如，美国根据《联邦农作物保险法》创立了联邦农作物保险公司。该公司作为美国政府全资的保险公司，对私营保险公司销售的农作物保险通过承担再保险责任予以支持。西班牙也成立了国有农业再保险公司为私营农业保险公司提供再保险支持。

二是政府通过建立再保险基金的方式为农业保险提供再保险。例如，加拿大联邦政府与省政府就是通过建立再保险基金的方式为各省的农业保险公司提供再保险支持。在日本，虽然是由各区域的共济组合联合会和中央政府为农业共济组合提供两级再保险，但最终还是由政府通过再保险基金的方式提供再保险，扮演着最后保险人的角色。

三是政府对农业再保险补贴。政府一般对农业保险的巨灾风险再保险业务实行补贴，包括国家财政补贴农业保险巨灾风险再保险费以及再保险经营主体经营农业巨灾再保险业务的管理费用等。

除了建立再保险体系，有些国家（如美国和加拿大）还采取借款或发行债券的方式为农业保险的巨灾风险进行融资。

（二）对完善我国农业保险巨灾风险分散制度的启示

农业巨灾风险分散制度是影响我国农业保险持续发展的重大制度安排问题。无论是地方政策性农业保险试验，还是中央政策性农业保险试验，不少省市对巨灾风险分散制度做出了积极的探索。但总体而言，我国农业保险的巨灾风险分散制度尚不完善。借鉴国外不同制度模式下农业保险巨灾风险分散制度的经验，我国政府有必要在以下几个方面完善农业保险的巨灾风险分散制度：

第一，完善再保险安排。如上所述，农业保险的再保险一般由政府和商业再保险公司提供。对我国政策性农业保险巨灾风险承担人——政府来说，也有两种寻求再保险的途径：一是由中央成立国有农业再保险公司，专门为各级政府和参与承保农业保险业务的保险公司提供再保险；二是向国内外的再保险公司寻求再保险服务。

第二，政府发行农业保险巨灾债券。国外经验表明，发生巨灾损失时，农业保险责任准备金不足以支付赔款时，允许保险公司发行由财政担保的农业保险债券，筹集赔付资金。保险公司可以在以后年份的保险经营中逐步支付债券的本息。我国政府也可以采取发行农业保险特别地方债券的方式融资，解决政府对于超赔的责任问题，然后在以后年份由政府分期偿还，这样就可以减轻政府一次性财政较大规模的预算外支出。这种方式更适合那些农业保险规模较大、农业保险的巨灾损失在本地财政消化比较困难的省份。

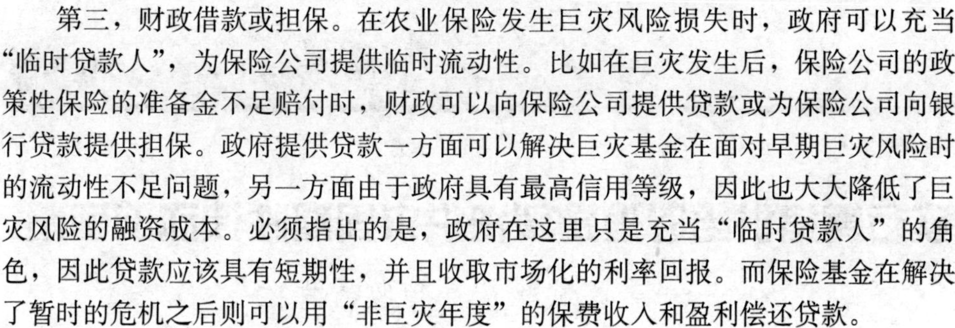

第三，财政借款或担保。在农业保险发生巨灾风险损失时，政府可以充当"临时贷款人"，为保险公司提供临时流动性。比如在巨灾发生后，保险公司的政策性保险的准备金不足赔付时，财政可以向保险公司提供贷款或为保险公司向银行贷款提供担保。政府提供贷款一方面可以解决巨灾基金在面对早期巨灾风险时的流动性不足问题，另一方面由于政府具有最高信用等级，因此也大大降低了巨灾风险的融资成本。必须指出的是，政府在这里只是充当"临时贷款人"的角色，因此贷款应该具有短期性，并且收取市场化的利率回报。而保险基金在解决了暂时的危机之后则可以用"非巨灾年度"的保费收入和盈利偿还贷款。

参 考 文 献

丁学东 . 2005. 西班牙农业保险政策及对我们的启示［J］. 农业经济问题（8）.

庹国柱，李军 . 1996. 国外农业保险：实践、研究和法规［M］. 西安：陕西人民出版社 .

庹国柱，王国军 . 2002. 中国农业保险与农村社会保障制度研究［M］. 北京：首都经济贸易大学出版社 .

庹国柱，赵乐，朱俊生，等 . 2010. 政策性农业保险巨灾风险管理研究［M］. 北京：中国财政经济出版社 .

朱俊生，庹国柱 . 2009. 中国农业保险制度模式运行评价［J］. 中国农村经济（3）.

J Duncan，R J Myers. 2000. Crop Insurance under Catastrophic Risk［J］. American Journal of Agricultural Economics（82）：842 - 855.

M Miranda，J W Glauber. 1997. Systemic Risk，Reinsurance，and the Failure of Crop Insurance Markets［J］. American Journal of Agricultural Economics，79（2）.

P Bardsley，A Abey，S Davenport. 1984. The Economics of Insuring Crops Against Drought［J］. Australian Journal of Agricultural Economics（28）：1 - 14.

实行养猪供给管理是解决供求周期性波动的良策*

——兼议试验“养猪收入保险”

最近一个时期，随着生猪饲养量的较快增长，猪肉价格持续下跌，再一次引起人们对“猪贱伤农”和稳定猪肉市场供应问题的关注。其中也有对近两年迅速发展的养猪保险在这一轮猪肉价格变化中的影响和作用的议论。我们有必要加以讨论，并从保险的角度探讨如何保证养猪农户的利益与稳定猪肉市场供应和价格的问题。

一、养猪保险对养猪业的影响

养猪保险在经过一些年的发展低潮之后，近几年，特别是2007年以来得到空前迅速发展。这种发展得益于政府的财政支持，仅2007年中央政府在包括能繁母猪、种公猪和肉猪政策性保险方面的保险费补贴就超过10亿元。2008年政策性农业保险承保的猪共7 047.33万头，其中能繁母猪4 762.23万头，占承保猪总数的65.6%。这一年中央和地方共补贴保险费21.67亿元。获得赔偿的农户有205.6万户，获得的补偿20.54亿元。这对于补偿养猪户、场在发生疫病死亡造成的损失，促进养猪业的持续增长起到积极作用。养猪保险所能起到的作用是灾害损失的补偿，特别是一些流行性疫病发生时对养猪户、场的打击是致命的，在目前的保障水平下，保险赔偿至少可以使养猪户、场收回成本，这样养猪生产就可以不至于中断或因此而缩小规模。

二、养猪保险不会是当前的猪肉价格下跌的主要原因

目前养猪保险只将自然灾害（例如各种疫病导致死亡）和意外事故（例如猪

* 本文未曾发表。

舍坍塌致死）作为保险责任，当这些保险事故发生造成猪死亡给养猪户、场造成经济损失，养猪户、场就会获得合同规定的赔偿。这种保险一般不会影响市场上的生猪活猪肉价格的变动，除非大范围的传染病发生导致生猪死亡，足以使猪肉市场供给减少，在短时间里造成猪肉价格的上涨。当然从理论上说，由于养猪保险可以使养猪户、场不规避自然风险，因而会促使养猪户、场增加投入和扩大规模，造成猪肉供给过多，致使市场价格下降，养猪户、场的收入会因此减少。从目前的情况来看，投保的生猪只有存栏总数的15%左右，能繁母猪投保的较多，大约占存栏母猪的96%。加上政府对饲养母猪补贴政策对母猪的生产所起到的促进作用，仔猪供给充足，对于肉猪生产补栏是一个有力的推动。从这个意义上说，生猪生产的稳定增长有养猪保险的一定贡献。不过我认为，当前生猪生产的较快增长更多地是前一年在市场较高价格吸引和饲料价格的回落双重影响下的引起的。养猪保险对养猪生产扩大的影响不会是决定性的。

因此，就我个人的看法，生猪生产的增加和市场价格的下降实际上应该是市场供求规律所决定的正常变动。在美国，20 世纪 70—80 年代猪肉的供求周期大约是 4 年，牛肉的供求周期大约是 8 年。我国这次从 2006 年猪肉价格低谷到上涨，现在再次跌入低谷，大约是 3 年时间。生产和价格变动周期比美国 20 世纪 70—80 年代的周期短一些，这可能与我们的扶持养猪政策有关，也与育种和饲养技术的改进有关。

三、供给管理或许是解决肉猪市场自由波动的较好途径

猪肉价格下降对消费者有利，但是对生产者不利，当养猪亏本时，生猪饲养量缩减就是他们的唯一选择。在这种情况下，政府的决策有两个目标：第一是稳定市场价格，保护消费者的利益；第二，保证养猪有钱赚，保护农民的利益，防止养猪生产和猪肉的市场供应不大起大落。而这两个决策目标在一定程度上是有矛盾的。所以，有人提出政府建立仓库储备猪肉，以备在猪肉供给减少时增加供给平抑物价。但这恐怕不是一个好办法。生猪生产不像粮食生产，粮食生产规模的扩大生产量的增加受到的限制较多，包括土地资源、气候、生产周期等，而且相对来说粮食储备成本较低。生猪生产规模扩大的限制条件较少，在现在的经济和技术水平下增加生猪出栏数量比较容易，而猪肉的储备成本比起粮食储备成本要大得多，所以，在有利的价格刺激下，如果猪肉生产会持续增加，市场供给就会有增无减，猪肉储备将会给政府背上沉重负担。从国外的情况看，奶牛和牛奶生产也会像生猪生产那样，养牛规模的扩张和牛群数量增长可以很快。牛肉牛奶大量储备也不是上策。

比较好的办法是对生猪生产实行“供给管理”，在合理价格水平下与生猪运销半径内，控制生产和供给规模。这是发达国家几十年前就开始实行的办法。不

过，发达国家养殖场规模比较大，生猪销售制度（例如拍卖）比较完善，使供给好控制管理一些。我国小规模猪场多，加上流通渠道还比较混乱，控制供给在可操作性方面还需要研究。比如，生猪的流通渠道就需要改革和完善。

不过，在当前条件下，通过调整养猪的财政补贴的政策，调控能繁母猪的供应，也可以适当调整肉猪生产规模的扩展速度，从而控制供给，这个手段是比较容易操作的。

四、要减低养猪户的收入波动不妨试验“养猪收入保险”

如果任凭市场自由起落，对那些在养猪场做较大投资的农民来说，难免利益受到较大损失。如果伤了元气，再次投资就有一定难度。从保护养猪农民的生产积极性和减少其收入波动的角度，我们也可以通过保险机制，来达到既稳定市场供给，又减少农民收入波动的目的。

现在的生猪保险只保自然风险，不保市场风险。这样，农民养猪即使没有遭受自然灾害和意外事故，生产很正常，但市场价格下跌也照样亏本或减少收入。“养猪收入保险”既承保自然风险又承保价格风险。加拿大有农民家庭收入保险，美国有小麦收入保险、玉米收入保险等政策性保险险种，这些险种都是同时承保自然风险和经济风险。如果考虑到猪肉在我国城乡居民生活中的特殊地位，要稳定生猪生产和市场供给，不妨考虑试验“养猪收入保险”。“养猪收入保险”的具体设计是这样的：

养猪场按照既定规模生产和出售既定数量的能繁母猪或肉猪，会有一个合理的收入。养猪户、场作为投保人，缴纳一定保险费，可以获得一定收入保证，也就是将几年平均收入的一定比例作为保险保障水平，当风险事故（无论自然灾害、意外事故还是市场价格）造成养猪农户、场收入减少到保障水平以下时，保险公司补偿到规定的保障水平。但是要想获得这种保障，其生产规模不能随意扩大，如果出栏肉猪超过规定数量，超出部分不按保证价格收购或不予收购。

这个险种可以作为生猪供给管理的配套制度来安排。它将可以提高生猪生产的稳定性，减少生产的大起大落，同时保障养猪户、场收入的稳定。

做好农业保险统计　促进农业保险发展*

——写在《农业保险统计制度研究》出版之际

由中国保监会周延礼副主席作序的《农业保险统计制度研究》一书，最近由中国财政经济出版社出版了。它为农业保险的发展提供了一些有用信息和工具。

一、规范农业保险统计制度正当其时

近年来，农业保险备受从中央到地方、从保险业界到保险学界的空前关注，对于农业保险在农村、农业的可持续发展和农民基本生活保障方面的积极意义的评价也大大升华，对农业保险制度建设和业务发展的探讨成了持续的热点。在中央的支持下，各地政府、不少财产保险公司和许多合作组织和社团法人参与试验农业保险的热情普遍高涨。同时，从 2007 年起，中央财政将农业保险保费补贴列为财政预算，并开始在 6 个省（自治区）进行政策性农业保险的试点。2008 年中央政府支持开展政策性农业保险省份扩大到 16 个，全国其他 15 个省（自治区、直辖市）也都在当地政府财政支持下开始或扩大试验。就是说，全国 31 个省（自治区、直辖市）都开始进行了政策性农业保险的试验。

在这种条件下，农业保险统计制度的建设、发展和改革自然提到议事日程，农业保险统计制度的建立和规范，对于促进农业保险的科学研究和农业保险制度建设具有重要意义。因此，中国保险监督管理委员会在 2007 年 12 月颁布了《农业保险统计制度研究》，根据我国农业保险的目前试验发展的现状和水平，对农业保险做了系统分类，在此基础上，制定了不同险别险种保险业务、财务统计指标以及业务分析指标，拟定了相应的编制统计报告的规则。这项基础建设将为农业保险特别是政策性农业保险在我国的试验、发展和逐步规范提供重要的必不可少的数据支持。

* 本文发表于《中国保险报》，2009 年 6 月 26 日。

这本《农业保险统计制度研究》就是在这样的背景下，适应规范农业保险统计的需要，在保监会和保险业标准化技术委员会的大力支持下出版的。

二、《农业保险统计制度研究》的内容特点

农业保险是比较特殊的一类财产保险，这种特殊性不仅表现在其主要标的在国民经济中所具有重要的战略地位，也表现在保险标的是活的生物，遭受灾害损失的非小概率性，同时损失发生和损失程度又容易与生产者的主观行为相联系。这些特点决定了农业保险经营的高成本和高风险性。而且在小农经营和迅速城市化的背景下，农业又是弱势产业，收入相对第二、第三产业部门较低。相对其较高的价格和较低的预期收益来说，很多地方的农民购买农业保险的愿望并不强烈，对于我国经济发达地区的农民来说更是如此。经验反复证明，市场在农业保险领域基本上是失灵的，甚至不可能形成真正的农业保险市场。这也是农业保险必然受到政府政策支持的基本理由。农业保险的这些特点，构成了农业保险统计的某些特点，包括统计内容和指标设置，以及某些核算制度的设计，这些都有别于普通保险业务的统计。读者可以从本书中了解农业保险及其统计的这些特点。

考虑到我国目前农业保险实践较短，范围不大，经验有限，有关农业保险统计和核算人员以及利用相关数据的其他部门，对农业风险特点、农业保险及农业保险统计内容和指标不大熟悉。本书特意将与各类农业保险统计和分析指标有关的农业风险和农业保险业务概念、内容和技术要点做了简明介绍和阐述。这对正确理解相关统计指标的意义、做好统计分析和统计核算工作有重要意义。对有些新的农业保险类别和业务（例如涉农保险），这本书还就其发展中的存在的问题做了一些探讨，提出了相关的政策建议。这些探讨的意义不仅在这些农业保险类别本身，也在于对这些类别的统计内容和业务的发展。

三、期待在实践中充实和完善

对农业保险统计制度进行研究的创意是中国保监会原统计信息部副主任、现稽核部主任裴光博士提出的，创意提出后便立即得到了中国保监会原统计信息部和保险行业标准化技术委员会的大力支持。随后由裴光和庹国柱牵头，组织了包括保监会统计信息部、保险业标准化技术委员会和首都经济贸易大学、对外经济贸易大学专家、学者参加的研究和写作队伍。历时一年，产生了这个成果。中国保监会周延礼副主席特地为该书写了序言。在这篇序言里，详细论述了制定农业保险统计制度的重要意义，介绍了农业保险统计的主要内容，并就目前农业保险统计业务中遇到的一些实际统计问题提出了解决意见。这对正确理解和贯彻《农业保险统计制度》，做好农业保险统计工作有重要指导作用。

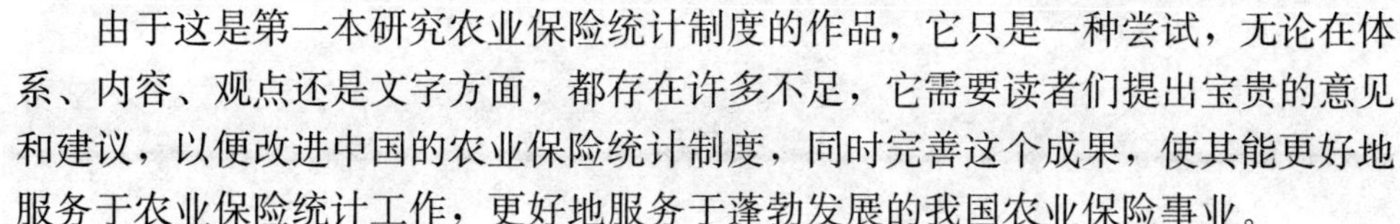

由于这是第一本研究农业保险统计制度的作品，它只是一种尝试，无论在体系、内容、观点还是文字方面，都存在许多不足，它需要读者们提出宝贵的意见和建议，以便改进中国的农业保险统计制度，同时完善这个成果，使其能更好地服务于农业保险统计工作，更好地服务于蓬勃发展的我国农业保险事业。

渔业风险与渔业保险需求分析*

——基于中国渔业互保协会的小样本调查

本文的内容包括 4 个部分：第一部分是关于渔业风险与渔业保险需求调查情况的说明；第二部分是样本情况分析，简单介绍了样本的年龄结构、文化程度、家庭成员构成以及收入结构等样本基本情况以及渔民所拥有的渔船的相关情况，如所有权归属、种类、作业方式、船龄、船质、功率以及作业航区等；第三部分是问卷结果的描述性统计分析，分析了渔业风险状况和渔民对保险的认知、当前渔民的保险消费行为以及未来保险消费趋势等；第四部分是总结。

一、关于渔业风险与渔业保险需求调查情况的说明

为了了解中国渔业风险状况以及渔民对于保险消费的认知程度和需求行为、消费趋势和发展前景，特进行此次调查。

调查共回收问卷 92 份，剔除无效问卷 8 份，共回收有效问卷 84 份。

二、样本情况分析

（一）渔民的基本情况

1. 年龄结构

以青壮年为主，20～50 岁占 86.91%，50 岁以上占 13.09%（图 1）。可见，由于渔业风险较大，对渔民的体力与年龄有相当的要求。与农民相比，渔民有着比较分明的退休（或者称为是上岸）的年龄。

---

* 本文与朱俊生、罗淑芬合作，载于王朝华、孙颖士主编《探索的足迹——中国渔业互助保险十五年理论与实践》，中国农业出版社，2009 年 12 月。

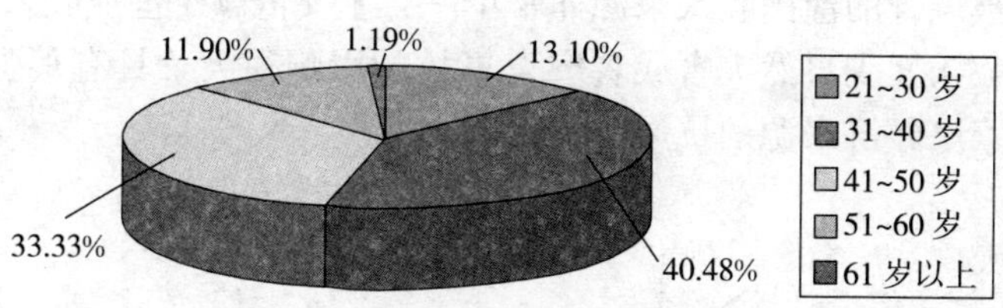

图 1 被调查者的年龄结构

2. 文化程度

初中及以下学历者多，其中，没上过学占 1.2%，小学占 24.1%，初中占 56.63%，高中占 12.05%，高中以上仅占 6.02%（图 2）。可见，被调查渔民的文化素质整体偏低，这就要求保单设计要简明，容易理解。

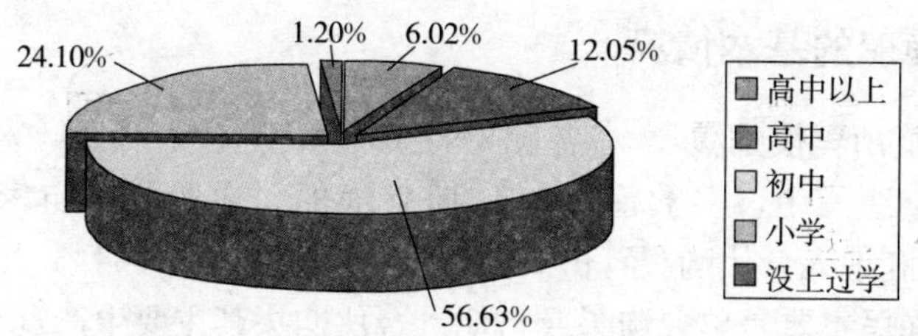

图 2 被调查者的文化程度

3. 家庭成员构成

被调查者中家庭以 3 人及 4 人为主，分别占 35.8% 和 40.7%，5 人占 18.52%，6 人及以上占 4.94%（图 3）。

从渔民的家庭结构来看，4 口人及 4 口人以上的家庭居多，这种“扩展型家庭”（Extended Family）的家庭保障功能相对要强一些。同时由于计划生育政策的实施，也有相当一部分由 3 口人组成的“核心家庭”（Core Family），其家庭保障功能相对较弱，可能更多地依赖于社会化的保障机制。

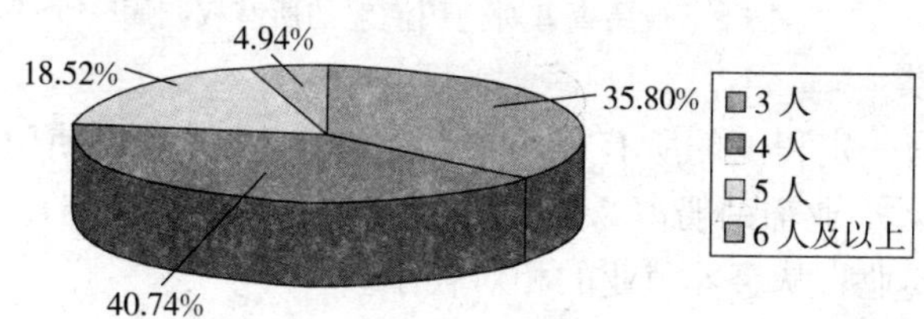

图 3 被调查者的家庭成员构成

4. 家庭收入主要来源

被调查者的收入来源比较单一，集中在渔业方面，分为捕捞业和养殖业，占 94.05%，仅有很少一部分人以在船上做渔工为其收入，占 4.76%，其他占 1.19%（图 4）。

可见，被调查的渔民收入来源非常单一，主要依赖于渔业收入，兼业收入很少，而渔业收入又受自然灾害或者突发事故的影响很大，具有很强的不稳定性。因此，渔民家庭经济来源的抗风险能力差。

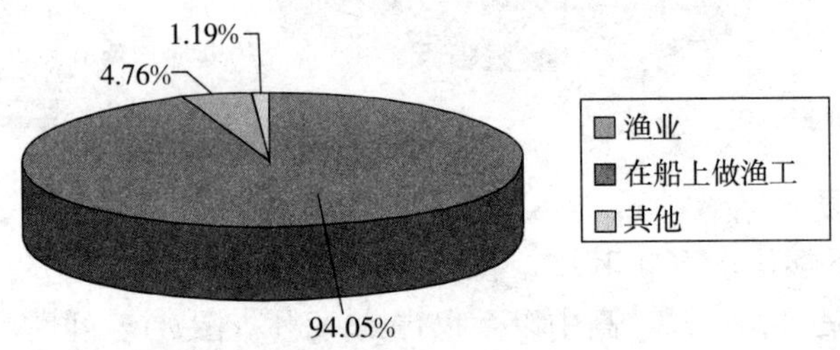

图 4　被调查者家庭收入来源组成

(二) 渔船的基本情况

1. 渔船的所有权归属

在被调查渔民中，多数渔民单独拥有渔船，渔船为“自家单独购买”占 61.45，为“和他人合伙购买”占 28.92%，“其他”占 9.64%（图 5）。

可见，渔民主要是单独购买或与他人合伙购买其主要生产资料——渔船，生产投入大，成本高。这就意味着，一旦渔船灭失，将对渔民的生产经营造成严重的不利影响。因此，渔民对于渔船保险具有较大的潜在需求。同时，渔船都有一定的使用年限限制，需要及时报废与更新，渔民的这些费用负担也相当高。

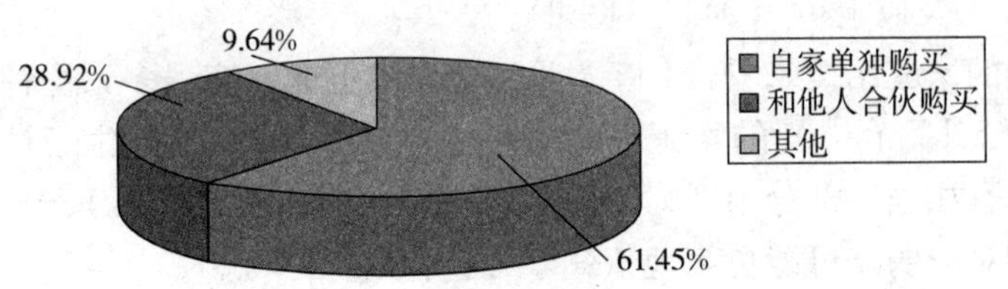

图 5　被调查者所使用渔船的所有权归属

2. 渔船种类

在对渔船有一定程度的所有权的被调查者中，90.48%使用的是捕捞船，养殖船占 5.95%，渔业辅助船占 2.38%，其他占 1.19%（图 6）。可见，被调查渔民主要从事捕捞业，从事养殖业的相对较小。

3. 捕捞船的作业方式

在使用捕捞渔船的被调查者中，作业方式采用“拖网渔船”的为 58.23%，“流刺网渔船”和“定置网渔船”各占 13.92%，“延绳渔船”占 6.33%，“围网渔船”仅占 1.27%，“其他”占 6.33%（图 7）。

其中，拖网渔船是指从事拖网作业，捕捞中、下层水域鱼虾类的专用渔船。

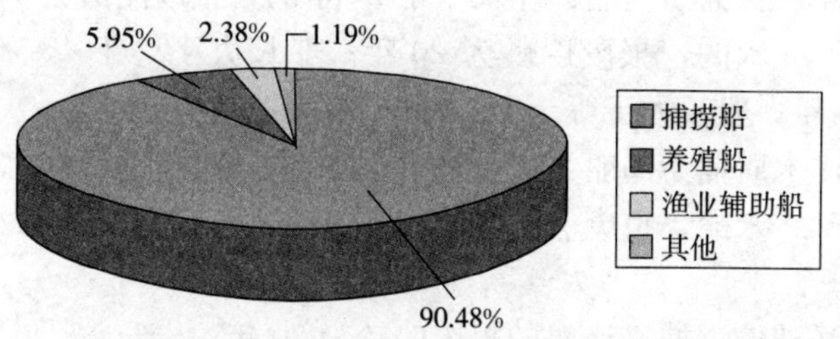

图 6　被调查者所使用的渔船种类

分双拖和单拖渔船，舷拖、尾拖和桁拖渔船。流刺网渔船是指利用刺网流放作业的渔船，简称流网渔船，是刺网渔船的一种。定置网渔船是指专用于定置网渔业，通常具有小舷弧、较大船宽和浅吃水的小型渔船。围网渔船是指从事围网作业，主要围捕中、上层水域鱼类的专用渔船。包括双船及单船、舷侧起网及尾部起网，灯光诱鱼、金枪鱼等围网渔船。延绳渔船是指使用长达数千米的延绳钓渔具进行作业的渔船。大型的延绳钓渔船甲板上还搭载多艘子船，形成母子船队作业方式。捕捞船作业方式的不同主要取决于捕捞对象的差异以及对节省成本的考虑。

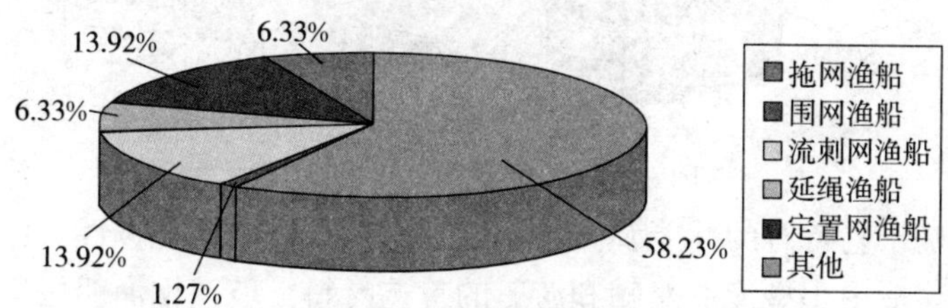

图 7　使用捕捞船的渔民采取的作业方式

4. 渔船使用年龄

渔船使用年龄以 6～10 年为主，占 51.19％，11～15 年占 28.57％，5 年以下占 14.29％，16～20 年占 1.19％，另有 4.76％的被调查者不确定自己所使用的渔船的船龄（图 8）。

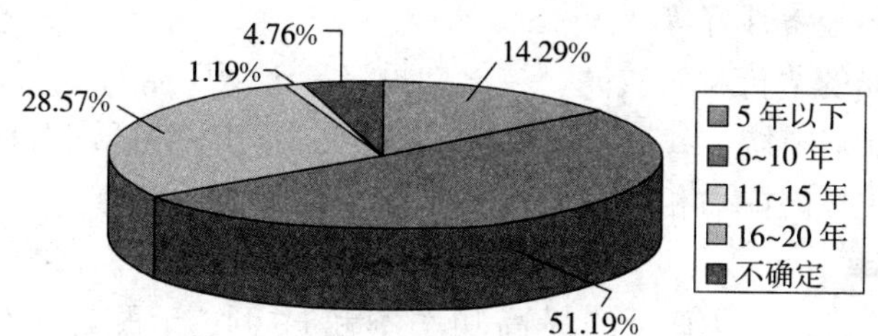

图 8　被调查者所使用渔船的年龄

根据农业部和国家安全生产监督管理局 2002 年发布的《渔业船舶报废暂行规定》（农渔发〔2002〕8 号），渔业船舶达到以下船龄的，应当报废。

第一，海洋钢质捕捞渔船：船长小于 24 米的，报废船龄为 16 年；船长大于等于 24 米小于 45 米的，报废船龄为 20 年；船长大于等于 45 米小于 60 米的，报废船龄为 26 年；船长大于等于 60 米的，报废船龄为 30 年。

第二，海洋木质捕捞渔船：船长小于 12 米的，报废船龄为 13 年；船长大于等于 12 米小于 24 米的，报废船龄为 18 年；船长大于等于 24 米的，报废船龄为 20 年。

第三，海洋玻璃钢捕捞渔船的报废船龄为 30 年。

第四，海洋钢丝网水泥捕捞渔船的报废船龄为 20 年。

被调查的渔船船质只有钢质和木质两种，对照上述渔业船舶报废规定，所调查的渔船基本上都处于使用期限内。

5. **渔船的船质**

被调查者中，使用的渔船船质为钢质和木质两种，各占 50%，没有人使用玻璃钢渔船（图 9）。

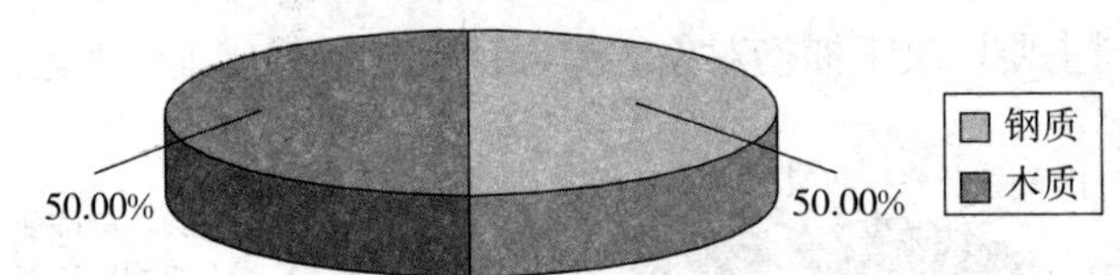

图 9　被调查者使用渔船的船质

玻璃钢基于它特有的性能及其他造船材料无法比拟的优越性，已成为世界发达国家用于建造中小型渔业船舶和游艇的首选材料。玻璃钢渔船之所以能在渔船中占绝对优势，恰恰在于玻璃钢这种材料具有钢材、木材无法比拟的优越性。玻璃钢是一种复合材料，它是以树脂为基体，玻璃纤维为增加材料复合而成，也称为玻璃纤维增强塑料。玻璃钢质轻但强度高，强度和拉力是普通钢的 7 倍；耐腐蚀、抗老化，使用寿命可达 50 年；易成型、可设计性强；有良好的绝缘性和耐热性。玻璃钢渔船正是充分利用了玻璃钢的这些特性，才使其具有了以下优于钢质和木质渔船的特点：航速快，稳性好、抗风能力强，使用寿命长，维修费用低，节能效果与经济性好等。

但玻璃钢船的造价相对较高，一次性投资高于钢质船的 15%～25%。可见，由于收入水平相对有限，我国渔民中玻璃钢船的使用率偏低，而是普遍使用钢制与木质渔船，抗风险能力相对较弱。

6. **渔船功率**

被调查者所使用的渔船的最高功率不超过 440 千瓦，147～440 千瓦占 43.75%，45～146 千瓦占 27.50%，16～44 千瓦占 25.00%，15 千瓦以下为 3.75%（图 10）。

渔船主机功率的大小直接关系到渔船的抗风险等级。比如，按照《辽宁省海

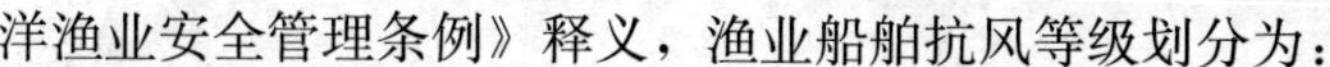

洋渔业安全管理条例》释义，渔业船舶抗风等级划分为：

44.1 千瓦（60 马力）及以下的机动渔业船舶和非机动渔业船舶遇有六级风；

294.1 千瓦（400 马力）以下的渔业船舶遇有七级风；

441 千瓦（600 马力）以下的渔业船舶遇有八级风。

在港的不准出航；在海上作业的应停止作业，或驶往就近的港口避风。

在渤海及其他危险海域作业时，应从严一级风级执行。

441 千瓦以上的大型渔业船舶，按照渔船检验部门核定的风级标准执行。

由于被调查渔船的主机功率在 147 千瓦以下的占 56.25%，其中 44 千瓦以下的占 28.75%。可见，相当一部分渔船的抗风险等级较低。

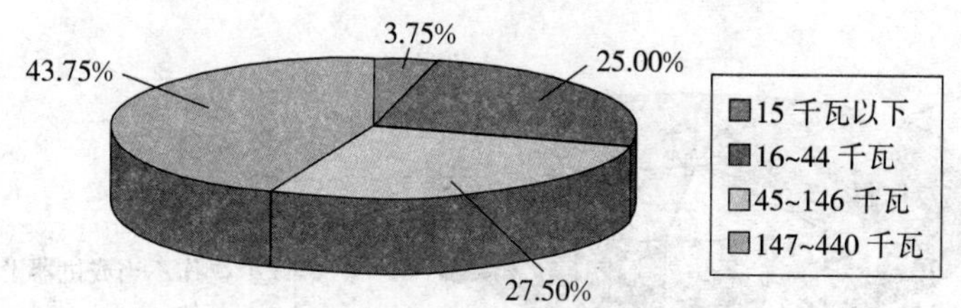

图 10　被调查者使用渔船的功率

7. 渔船作业航区

被调查者中，渔船作业航区在“Ⅰ类航区”占比为 13.89%，“Ⅱ类航区”占 45.83%，“Ⅲ类航区”为 40.28%（图 11）。

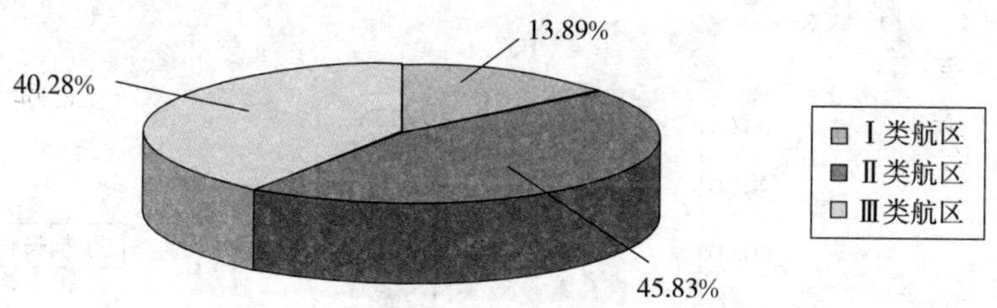

图 11　被调查者的作业航区

按照农业部《渔业船舶法定检验规则》规定，航区划分为 3 类：

Ⅰ类——远海航区：系指超过Ⅱ类航区以外的海域。

Ⅱ类——近海航区：系指中国渤海、黄海及东海距岸或庇护地不超过 200 海里、台湾海峡以及南海距岸不超过 120 海里（台湾岛东海岸、海南岛的东海岸及南海岸距岸不超过 50 海里）的Ⅲ类航区以外的海域。

Ⅲ类——沿海航区：系指台湾岛东海岸、台湾海峡的东海岸及西海岸、海南岛的东海岸及南海岸距岸不超过 10 海里的海域和除上述海域外距岸或庇护地不超过 20 海里的海域。

可见，随着渔船航区由沿海航区向近海航区与远海航区拓展，其面临的风险也将越来越大。

三、对调查结果描述性统计分析

(一) 渔业风险状况

1. 渔船事故

在被调查对象中，总的事故发生率超过 50%，所有事故中，以碰撞和触损为主，分别为 30.77%和 17.31%，搁浅占 9.62%，风灾占 3.85%，由于操作不当或机器设备故障造成的事故占 7.31%，其他为 21.15%（图 12）。

可见，碰撞事故是渔船水上安全生产事故的主要类型之一。

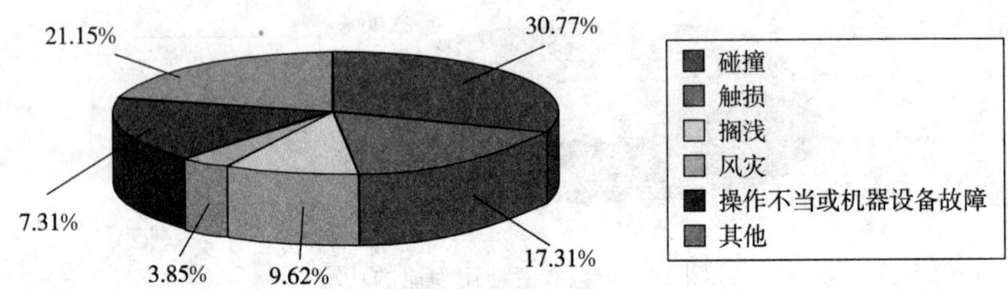

图 12　被调查者渔船遭遇事故类型

2. 渔船事故损失程度

渔船遭遇过事故的被调查者中，渔船遇险后多为部分损失，占 94.23%，全损为 5.77%（图 13）。

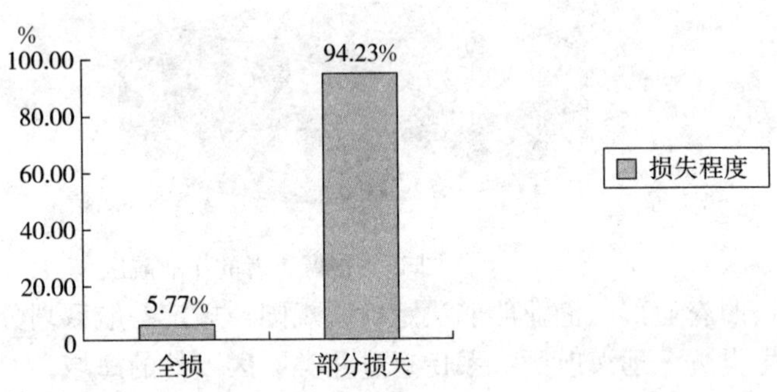

图 13　被调查者渔船事故损失程度

3. 渔船出险时状态

被调查者中，渔船出险时，渔船处于“航行”状态占 55.77%，处于“锚泊”状态占 13.46%，“作业”状态占 28.85%，“修理”状态占 1.92%（图 14）。

4. 渔船出险时救助情况

在渔船出险后，61.07%的被调查者选择“出险渔船自行施救”，“其他渔船救助”占 34.04%，“政府渔政船救助”仅占 4.26（图 15）。

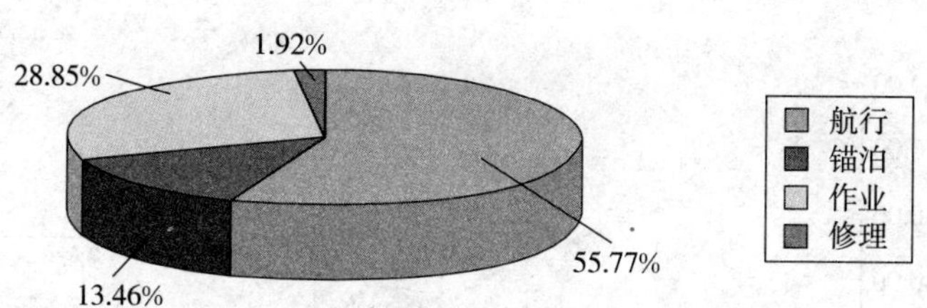

图 14　被调查者渔船出险时的状态

上述数据表明，渔船遭遇事故后多以自救形式逃离危险，来自其他船只和政府渔政船救助的比较少。

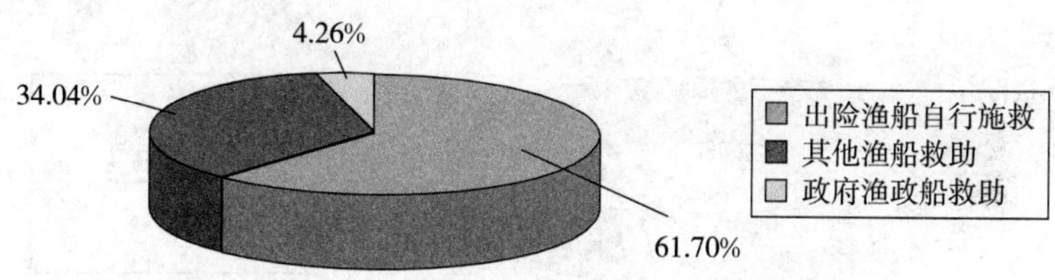

图 15　被调查者渔船出险时的救助情况

5. 渔民及其家人遭遇事故情况

54.76%的被调查者表示其以及其家人从未遭遇任何事故，23.81%的被调查者表示其以及其家人遭遇过船上作业事故，遭遇过修船期间事故的占 16.67%，遭遇过水上交通事故的占 4.76%（图 16）。可见，被调查者中遭遇事故的比例很高。

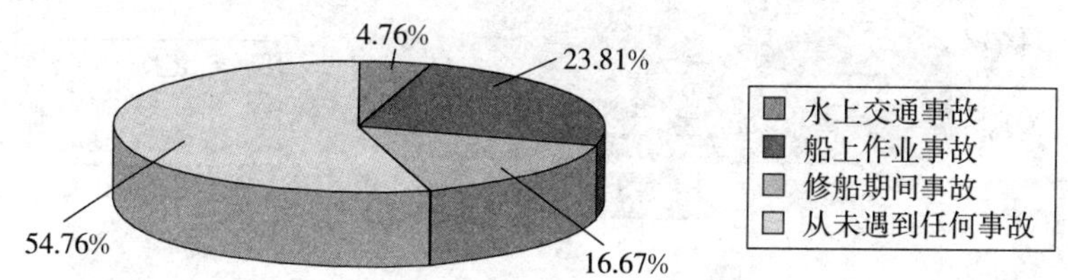

图 16　被调查者及其家人遭遇事故情况

6. 人员伤亡类型

在渔民及其家人遭遇过事故的被调查者中，13.1%的人表示在事故中出现人员伤亡，其中，90.91%为伤残，死亡为 9.09%（图 17）。

可见，渔民事故中出现伤亡的比例很高。

7. 渔民事故原因

渔民遭遇事故的原因中，以操作机器设备致伤和烧伤为主，分别占 40%和 20%，此外，网机事故和落水各占 16%，砸伤占 8%（图 18）。

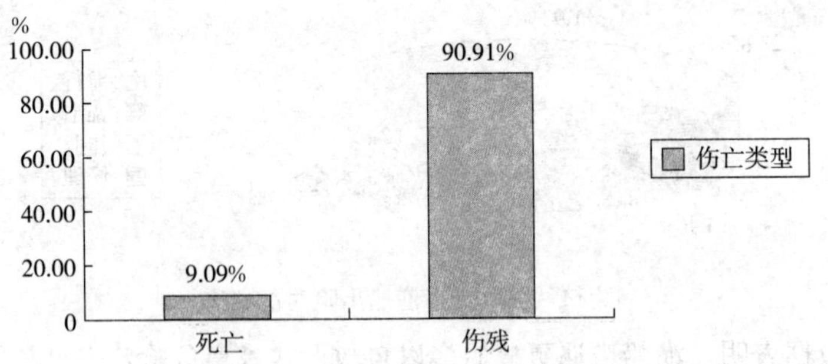

图 17　被调查者及其家人遭遇事故伤亡类型

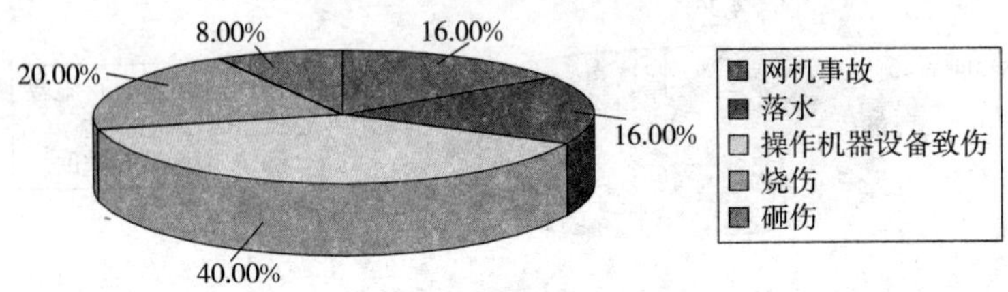

图 18　被调查者遭遇事故原因

8. 水产养殖业渔民的主要风险

70.73%的被调查者认为，水产养殖业渔民的主要风险是养殖水产死亡，认为是养殖水产流失和市场价格变动的各占 14.63%（图 19）。

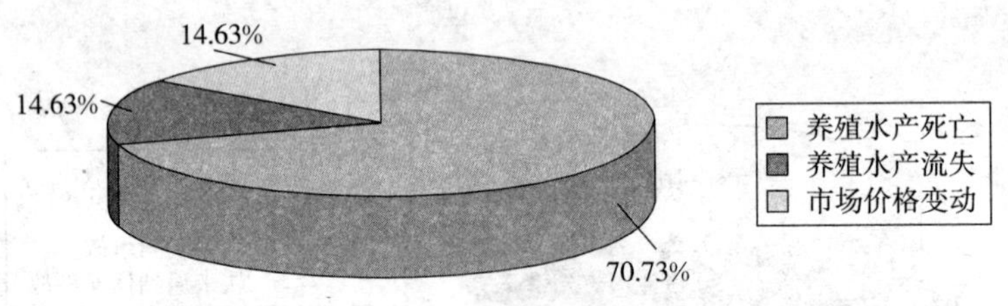

图 19　被调查者中从事养殖业的渔民的主要风险

9. 养殖水产死亡和流失的原因

对于养殖水产死亡的原因，被调查渔民认为原因依次是自然灾害（台风、暴雨、赤潮为主）、疾病、意外事故。选择“自然灾害”的占 62.5%，选择“疾病”的为 50%，有 15%的被调查者认为养殖水产死亡的原因是意外事故（图 20）。

对于养殖水产流失的原因：渔民认为原因依次是自然灾害（台风、暴雨、洪水、海啸），意外事故和其他原因，占比分别为 96.67%、3.33%、3.33%（图 21）。

上述原因表明，无论是水产死亡还是水产流失，最主要的原因都是自然灾害，而自然灾害属于客观风险，不可控，渔民遭遇损失的几率很大。

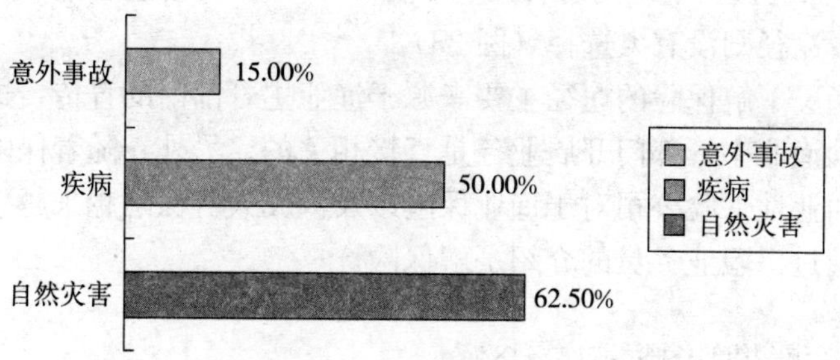

图 20　被调查渔民认为养殖水产死亡的原因

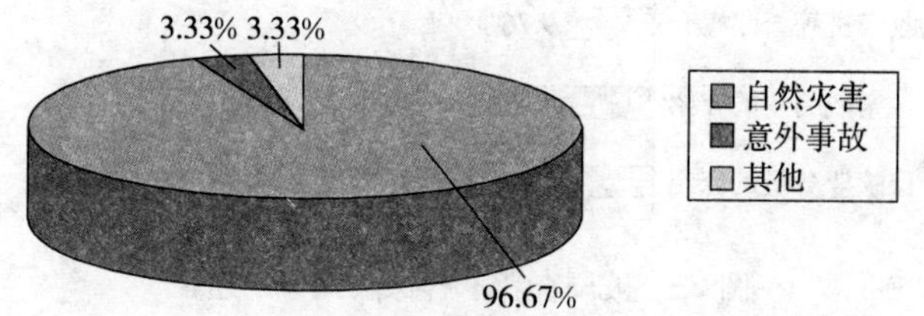

图 21　被调查渔民认为养殖水产流失的原因

（二）对保险的认识

1. 对保险的了解程度

调查结果显示，97.62%的渔民对保险有一定的了解，其中，“很了解”占5.95%，“比较了解”占33.33%，“了解一点”占58.33%，“不了解”占2.38%（图22）。

上述结果显示，绝大部分被调查者对保险都有一定程度的了解，但很了解与比较了解保险者占比仍然非常低。因此，渔民对保险的认知度仍然有待加强，对于渔民的风险管理与保险教育仍需要加强。

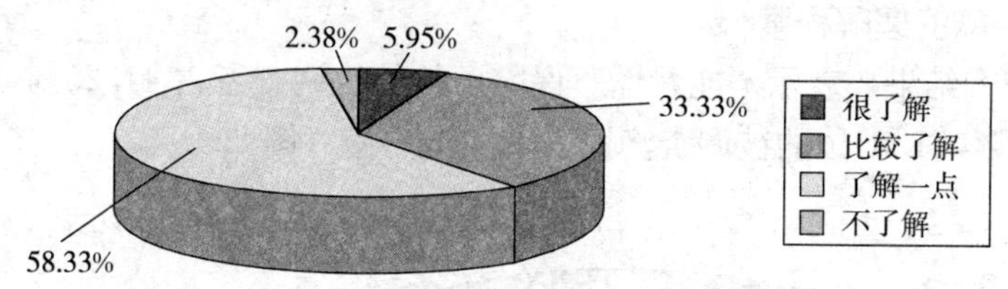

图 22　被调查者对保险的了解程度

2. 了解保险的途径

被调查对象主要是通过“渔业主管部门的宣传”了解保险的，了解途径按占比顺序是“渔业主管部门的宣传”占79.27%，“保险业务员的介绍”占25.61%，“亲戚朋友的介绍”占18.29%，“电视、报纸、收音机等新闻媒介”

占 9.76%，“保险公司组织的各种活动”占 8.54%，而备选答案中的“银行和邮局宣传材料”途径则没有人选择（图 23）。

可见，渔民了解保险的途径主要来源于渔业主管部门的宣传，这和渔业互助保险主要借助渔业主管部门开展业务是直接相关的。另外，随着保险市场竞争的日趋激烈，商业性保险公司对于渔业保险以及渔民人身保险越来越感兴趣，越来越多的渔民通过保险业务员的介绍了解保险。

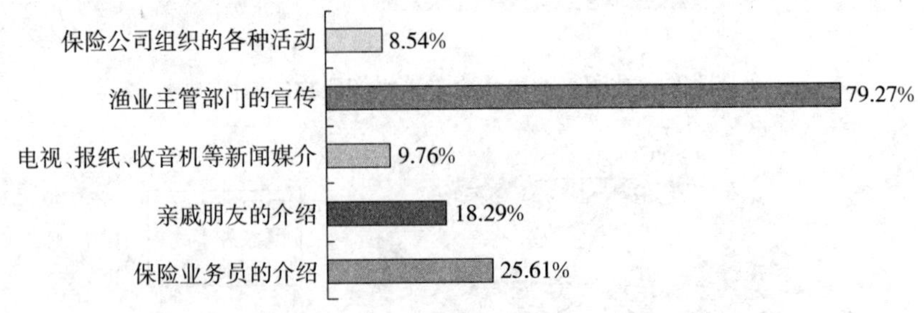

图 23 被调查者了解保险知识的途径

3. 对于购买保险必要性的认识

69.88%的被调查渔民认为自己“有必要”买保险，认为“没有必要”的占 4.82%，认为“无所谓”的占 25.30%（图 24）。

可见，大部分被调查渔民还是意识到了保险的必要性，但还有近 30%的被调查渔民对保险重要性的认识存在偏差。

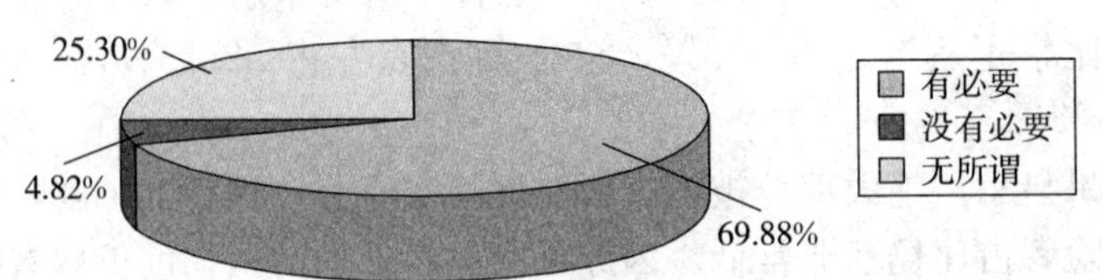

图 24 被调查者对购买保险必要性的认识

4. 对条款的理解程度

根据调查结果，表示“能看懂”保险条款的被调查者占 41.25%，“不太懂”的占 57.50%，1.25%的被调查渔民表示完全不懂（图 25）。

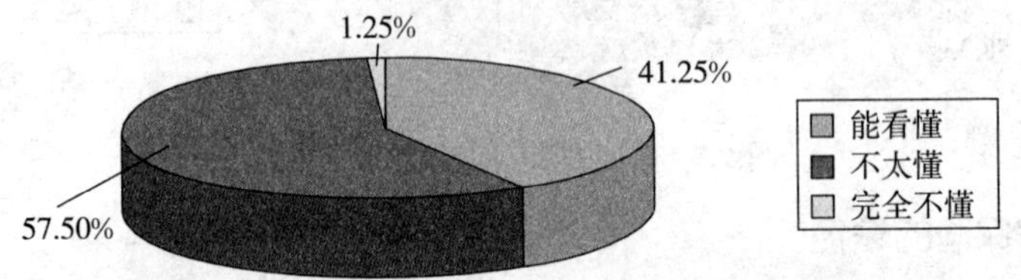

图 25 被调查者对保险调条款的理解程度

可见，将近 60%的人不能看懂保险条款，这既与渔民的整体文化素质较低

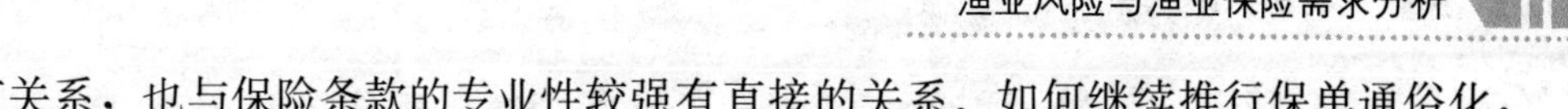

有关系，也与保险条款的专业性较强有直接的关系。如何继续推行保单通俗化，让更多的渔民看得懂保险条款，仍然是保险提供者面临的重要挑战。

（三）保险消费行为分析

1. 保险渗透率

被调查渔民中，买过保险的占 84.52%，保险渗透率很高。在被调查渔民已购买的保险中，渔船保险占 63.38%，意外伤害保险和雇主责任保险均占 39.44%，接下来依次是养老保险占 19.72%，家庭财产保险占 12.68%，水产养殖保险和健康保险均占 4.23%（图 26）。

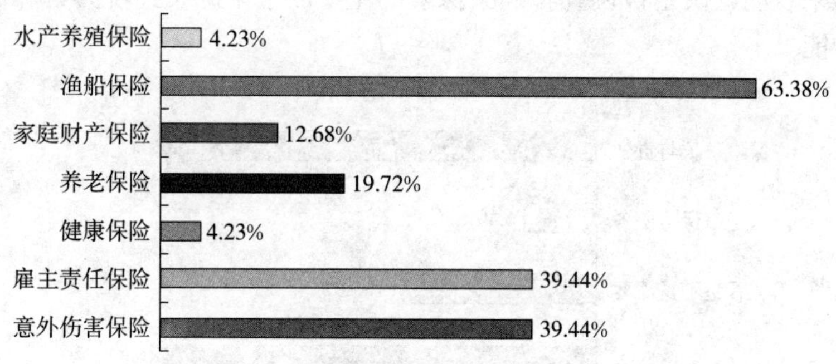

图 26　被调查者已购买的保险险别

在购买至少一种保险产品的调查对象中，买保险的主要原因是“发生损失时可获得赔偿”，占 87.88%，把保险“当作一种投资”的占 10.61%，认为“和储蓄差不多”的占 1.52%（图 27）。

可见，绝大多数被调查者认可保险的保障功能，也有一部分被调查者将保险等同于投资或储蓄，存在一定的认识偏差。

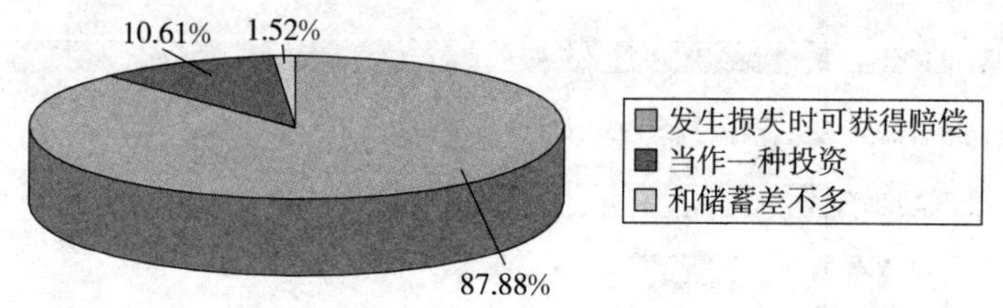

图 27　被调查者购买保险的主要原因

2. 购买保险的决策

第一，未来保险购买计划。

被调查渔民中，53.33%的人在今后几年“打算买”保险，“暂时还不打算买”的占 46.67%（图 28）。

第二，购买保险的考虑因素。

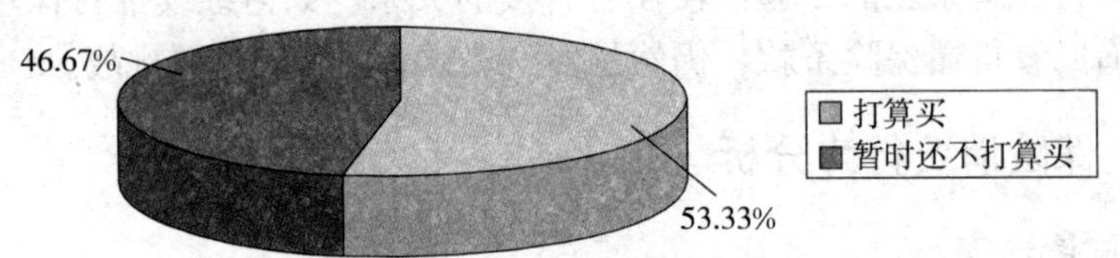

图 28　被调查者今后几年购买保险计划

调查显示，被调查者决定是否购买保险的最主要因素是“家庭收入”和“保险条款与责任”，分别占 40.26%和 35.06%，“看是不是需要”占 18.18%，“保险服务”占 6.49%（图 29）。

此结果表明，决定被调查者购买保险的主要因素来源于经济因素和保险产品的保障功能。

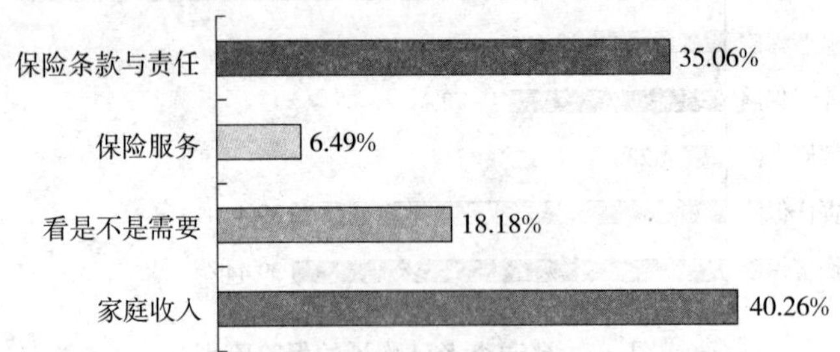

图 29　决定被调查者购买保险的最主要因素

对于选择投保时的首要考虑因素，被调查者中认为“理赔迅速公正”，占 28.57%，其次是“条款简单易懂”和“保费便宜”，分别占 25.97%和 20.78%，另外 3 个因素“服务态度好”占 11.69%，“知名度高”占 7.79%，“保险产品很适合需要”占 5.19%（图 30）。

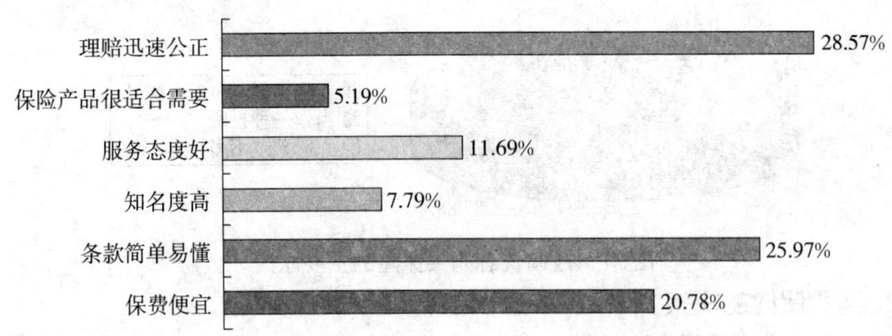

图 30　被调查者在选择投保时的首要考虑因素

可见，被调查者选择投保时首要考虑的是“理赔迅速公正”，这表明保险提供者良好的理赔服务对于挖掘渔民潜在的保险需求至关重要。另外，保险条款简单易懂、便于渔民理解，以及开发保额适度、保费低廉的产品也是吸引渔民参加

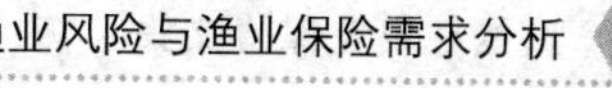

保险的重要因素。

第三，购买险种。

在“如果您打算买保险，准备买什么保险”中，被调查渔民给出的选择依次是“为船工购买意外伤害保险”占 56.63%，“渔船保险”占 55.42%，“为家人购买人身保险”占 40.96%，“雇主责任险”占 16.87%，“家庭财产保险”占 9.64%，最后是“水产养殖保险”占 6.02%（图 31）。

比较被调查渔民打算购买的险种与其已购买的险种，两组数据基本吻合，这表明目前渔民的保险险种需求没有很大的变化，当前特别关注的是船工的意外伤害保险、渔船保险以及为家人购买人身保险。

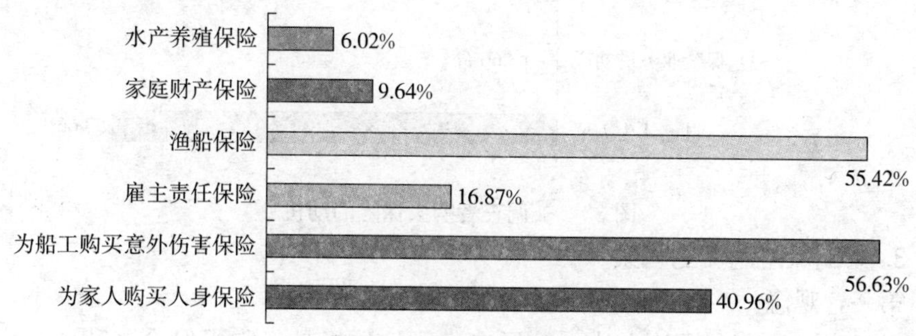

图 31　打算购买保险的被调查者准备购买的保险险别

第四，购买渠道。

对于“如果购买保险，您更倾向于购买渔业互保协会还是商业性保险公司的保险”，84.62%的被调查渔民选择渔业互保协会，15.38%的人表示更倾向于向保险公司购买（图 32）。

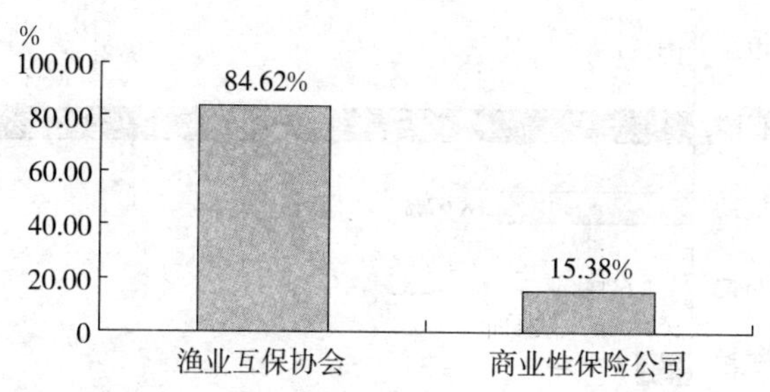

图 32　被调查者的保险购买渠道

对比渔民了解保险知识的途径可以发现，这种几乎一边倒的选择跟二者的经营方式有关系。渔业互助保险主要借助于渔业行政部门展业与理赔，渔民与之接触比较多。

第五，购买动机。

从购买动机看，对于“您在什么情况下购买的保险”，选择“自己认为需要”的明显较多，占比 53.66%，选择“渔业主管部门或乡村干部动员买”的也达到 41.46%，其他两种购买动机占比比较小，“保险业务员劝说”占 3.66%，“别人买了我也买”占 1.22%（图 33）。

从购买动机看，半数的被调查渔民购买保险的行为相对比较被动，渔业主管部门或乡村干部的动员占了相当大的比重。

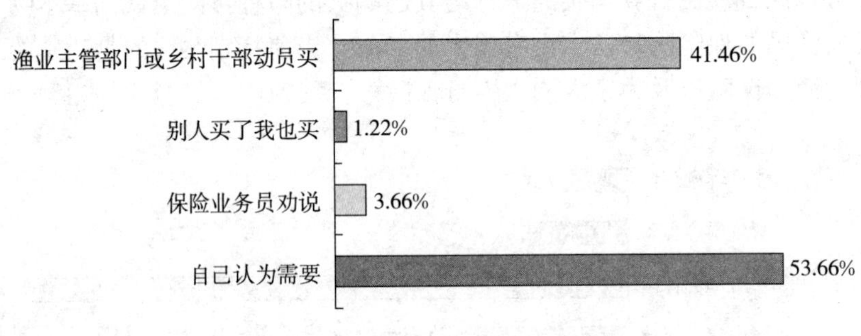

图 33　被调查者购买保险的动机

3. 影响保险消费的因素

第一，观念。

对于应对天灾人祸的方法，被调查渔民的选择是：购买保险（72.0%）、政府或村里资助（18.67%）、自己承担（5.33%）、亲朋好友帮忙（2.67%）、听天由命（1.33%）（图 34）。

数据表明，在众多应对天灾人祸的方法中，保险成为首选。这表明，渔民普遍对于保险的功能与作用有较多的认识。这为在渔民中普及保险奠定了观念基础。

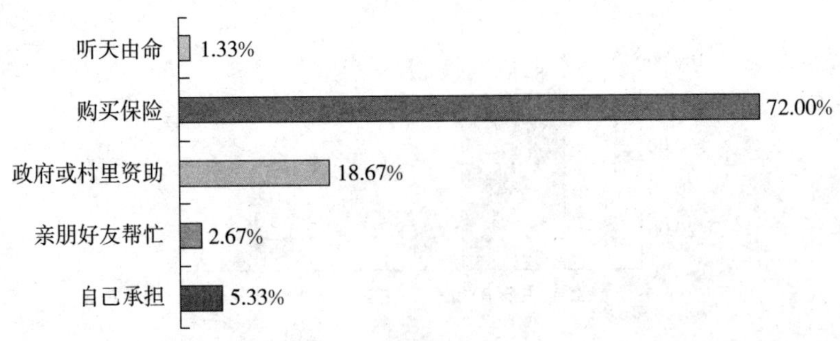

图 34　被调查者应对天灾人祸的办法

第二，经济实力。

被调查者的家庭年收入在各个区间分布较不均匀，10 000～15 000 元和 40 000元以上者占比超过 20%，20 000～25 000 元以及 30 000～35 000 元占比均低于 8%。具体占比为：5 000～10 000 元占 8.43%，10 000～15 000 元占

22.89%，15 000～20 000 元占 19.28%，20 000～25 000 元和 30 000～35 000 元均占 7.23%，35 000～40 000 元占 13.25%，40 000 元以上占 21.69%（图 35）。

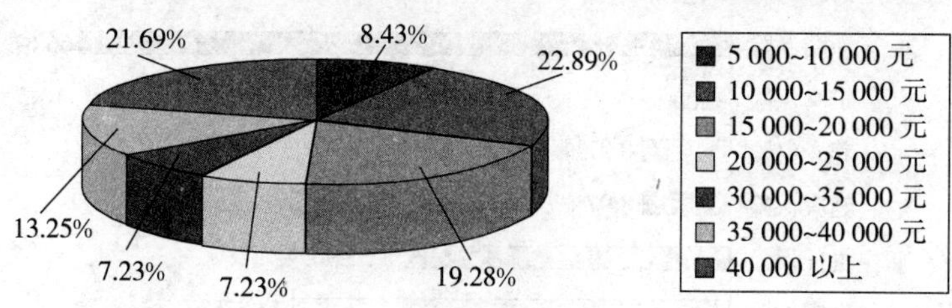

图 35　被调查者的家庭年收入

4. 保险消费能力

已购买保险的被调查者中，承担的年缴保费主要集中在 101～1 000 元，其中 101～500 元占 28.92%，501～1 000 元占 24.1%，1 001～3 000 元和 3 001～5 000 元占比也相对较多，分别为 16.87%和 14.46%，5 000 元以上占比较小，为 8.43%，51～100 元占 6.02%，50 元以下占 1.2%（图 36）。

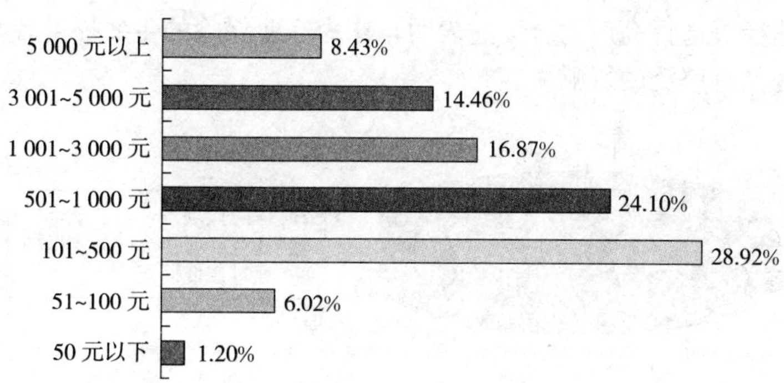

图 36　被调查者的年保费承担额

可见，相对于被调查者的家庭年收入而言，被调查者的保费支出在收入中的占比比较合适。

5. 险别（种）需求

对于“您当前最需要的是什么保险”，被调查者给出的选择依次是渔船保险 66.67%，人身意外伤害保险 44.87%，雇主责任保险 35.90%，养老保险和健康保险均占 8.97%，水产养殖保险占 5.13%，家庭财产保险占 1.28%（图 37）。

排在前三的仍然是渔船保险、人身意外伤害保险和雇主责任保险，其已购买的保险和拟购买保险的调查结果基本一致，这三者的吻合显示出渔民保险需求的相对固定性。

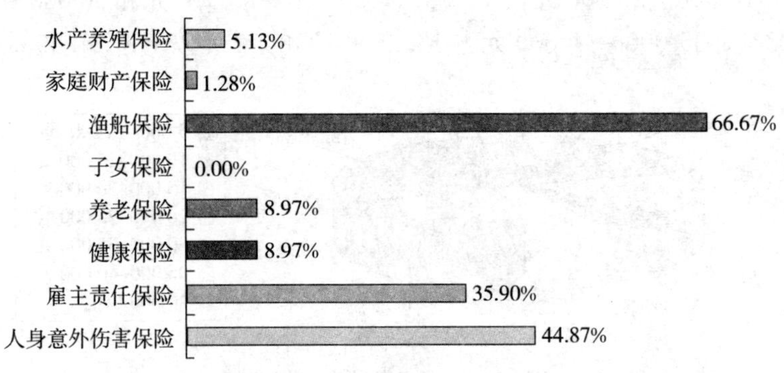

图 37　被调查者目前最需要的保险险别

6. 对购买渠道的偏好

对于"如果购买保险，您会通过哪种渠道"，93.67%的被调查者中选择渔业互保协会的分支机构，仅有5.06%的人选择保险代理人，另有1.27%的人选择通过亲戚朋友购买（图38）。

这种结论与之前被调查者更倾向于购买渔业互保协会的保险以及获得保险知识的主要途径等选择高度吻合。这表明，作为渔业保险的主要提供者，渔业互保协会在渔区具有广泛的影响力。

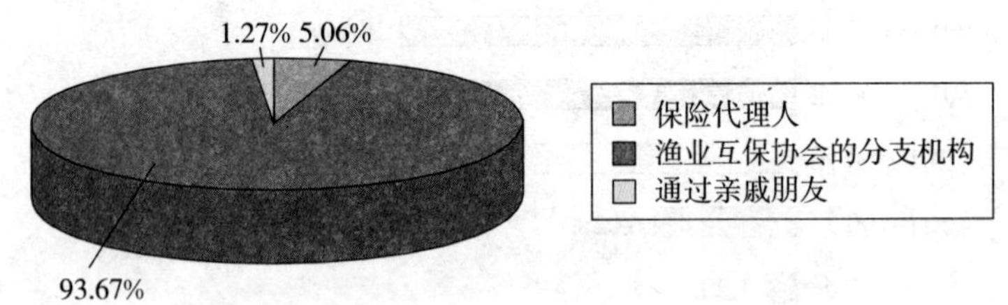

图 38　被调查者对购买保险的渠道选择

7. 为什么没有买保险

对于目前部分渔民没有购买任何保险的原因，36.36%的被调查者认为是因为"害怕受灾得不到赔偿"，27.27%认为是"保险责任太窄"，18.18%认为是"保险金额太低"，认为"保险费太高"和"觉得保险不吉利"者各占9.09%（图39）。

上述数据表明，绝大多数没有购买任何一种保险的被调查对象并不是没有实际购买能力，而是由于对保险的不信任和保险条款本身的限制，如保险责任太窄、保险金额太低等。如果渔业保险的提供者能提高服务质量，特别是兑现理赔承诺，让渔民更认同保险，消除其担心得不到赔偿的顾虑，开发保额适当、保费低廉的保险产品，渔民对于保险的巨大潜在需求就可以转化成现实需求。

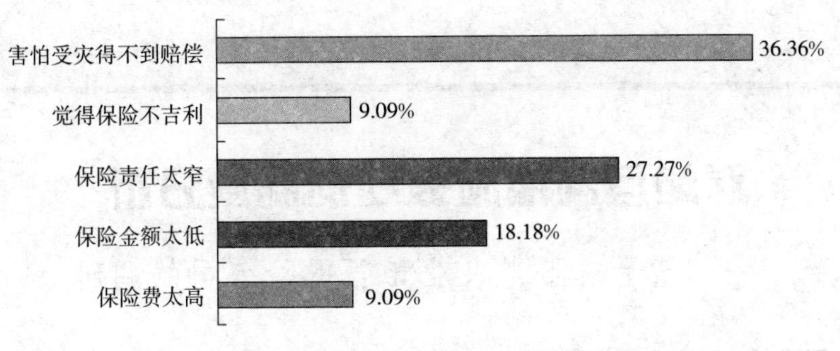

图 39　被调查者未购买保险的原因

四、调查结果描述性分析的基本结论

碰撞事故是渔船水上安全生产事故的主要类型之一。被调查者中遭遇事故的比例很高，渔民事故中出现伤亡的比例很高。这些就为渔业保险的开展奠定了风险基础。

绝大部分被调查者对保险都有一定程度的了解，但很了解与比较了解保险者占比仍然非常低。大部分被调查渔民还是意识到了保险的必要性，但还有近30%的被调查渔民对保险重要性的认识存在偏差。绝大多数被调查者认可保险的保障功能，也有一部分被调查者将保险等同于投资或储蓄，存在一定的认识偏差。因此，渔民对保险的认识仍然有待加强，对于渔民的风险管理与保险教育仍需要加强。

将近 60%的人看不懂保险条款，这既与渔民的整体文化素质较低有关系，也与保险条款的专业性较强有直接的关系。如何继续推行保单通俗化，让更多的渔民看得懂保险条款，仍然是保险提供者面临的重要挑战。

渔民当前特别关注的是船工的意外伤害保险、渔船保险以及为家人购买人身保险。半数的被调查渔民购买保险的行为相对比较被动，渔业主管部门或乡村干部的动员占了相当大的比重。作为渔业保险的主要提供者，渔业互保协会在渔区具有广泛的影响力。

决定被调查者购买保险的主要因素来源于经济因素和保险产品的保障功能。保险提供者良好的理赔服务对于挖掘渔民潜在的保险需求至关重要。另外，保险条款简单易懂、便于渔民理解，以及开发保额适度、保费低廉的产品也是吸引渔民参加保险的重要因素。

对相互制保险公司的制度分析*

——基于对阳光农业相互保险公司的调研

引　言

相互保险制度虽然在一些发达国家至少有300多年的历史，而且在有的国家（例如日本、美国等）迄今还是其主要保险组织形式之一。但是在我国不仅对公众，而且对保险界、金融界都还是一种陌生的概念。2007年8月，我们对我国诞生于2004年的第一家相互保险公司——黑龙江阳光农业相互保险公司（以下简称阳光相互公司）进行了实地调研，感觉到对于相互保险组织，有许多问题需要关注讨论和及时解决，例如：相互公司的特质、基金性质、大灾准备金属性、所得税、监管、财政补贴以及“保东”权益的实现和保护等。本文对上述问题提出初步的看法，希望有助于推动相互保险制度在我国的发展和完善。

一、相互制保险公司的特质

相互保险制度是国外很早就出现的保险组织形式之一。第一家相互保险组织出现在英国，经营火灾保险，成立于1684年，第一家大型相互寿险公司也于1756年在英国注册。相互保险公司是相互制与公司制相结合的一种特殊保险组织形式。它是投保人以投保取得公司业主或东家的资格，用投保人交纳的纯保险费形成保险基金，以投保人之间互助共济的方式实现被保险人的人身或财产风险损失补偿，并采用公司经营制度。

---

* 本文与朱俊生合作，发表于《经济与管理研究》，2008年第5期。感谢黑龙江省阳光农业相互保险公司总经理孙振军先生、副总经理王野田先生、财务部总经理金昌军先生等的大力支持；感谢该公司红兴隆、建三江中心支公司的管理人员和业务人员；感谢接受访谈的投保农户代表。

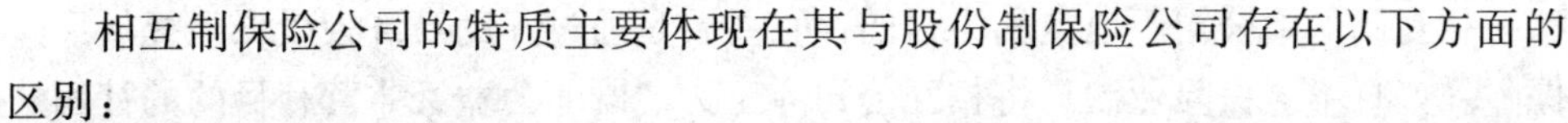

相互制保险公司的特质主要体现在其与股份制保险公司存在以下方面的区别：

（一）资本金（或基金）

股份制保险公司的资金来源是股本（资本金），代表着股东的股权利益，为公司所有。股东出资以分享公司的盈余为目的，出资人处于“投资人”的地位。在法律上它是履约的保证金。在会计报表上，列于“所有者权益”项下。

而相互制保险公司设立前募集的资金，只是一个启动资金。它在开业之前是由公司发起人（或被保险人以交纳保费的方式）筹集的公司最初启动的营运资金。为区别股份制保险公司的股本和相互保险公司的启动资金，有的国家使用了不同的术语。如美国约有 18 个州将相互保险公司的启动资金不称为资本金，而是称为“保证基金（Guaranty Fund）”“基础盈余（Basic Surplus）”“初始盈余（Initial Surplus）”或“未减损盈余（Unimpaired Surplus ）”。而在日本，则统一称之为“基金”。

由于相互公司的启动资金是公司的负债，它要按照约定在开业后一定时期内逐步归还给出资人。当然，这项债务与普通的债务不尽相同，必须填补公司承保业务的损失后才能支付利息。同时，必须在公司的全部创立费用、业务费用摊销，并扣除损失补偿准备金后，仍然积累了相同金额的基金偿还公积金时，才考虑偿还基金。① 在会计报表上，相互保险公司的资金来源列在“保单持有人之权益”项下，② 而非置于“负债”项下。这与股份制公司一样。

国外对股份公司和相互公司最低资本（或基金）的要求一般没有区别，如日本《保险业法》规定，股份有限公司和相互公司的资本金额或基金总额都不能低于 10 亿日元。③美国各州的保险法也是这样规定的。而我国保险立法中尚没有相互保险公司这种组织形式，所以直至目前，还没有对相互公司的“基金”要求做具体规定。阳光相互公司的“注册资本金”是 7 000 万元，而《中华人民共和国保险法》规定的国有独资或股份制保险公司的最低资本金要求是 2 亿元，二者不尽一致。正在拟议中的对保险法的修改，最好能考虑解决这个问题。

（二）经营目的

股份制保险公司的经营目的就是通过经营保险业务获取利润。这是股权资本的自然要求。其盈利的来源包括股权资本在内的保险资金的投资，如果是寿险公司还可以从死差益、费差益、解约益获利。

---

① 参见日本《保险业法》第二编第一章第五十四、五十五、五十六条的相关规定。

②③ 参见日本《保险业法》第二编第一章第六条的相关规定。

相互制保险公司不以盈利为目的，它主要是通过互助互济为投保人提供风险保障。如日本《保险业法》将相互公司界定为“既非公益又非营利目的的社团法人”①，德国、瑞士等国的民法则界定其为“非盈利法人”。

但是，相互保险公司也可以盈利，一般而言，其盈利主要由保险费形成的保险基金的投资取得。

（三）投保人的地位

在股份制保险公司，投保人作为保险合同的当事人，仅仅是保险公司的客户，除非购买公司的股权，否则不会成为公司的股东，也不会享受股东的股权利益以及选举（或被选为）公司董事的权利。

而在相互制保险公司，投保人不仅是公司的客户，同时是保险公司的业主（股东），日本称之为“成员”，阳光相互公司称之为“社员”，台湾称之为“保东”（因为既是投保人又是东家）（本文以后也借用这个称呼）。② 参加“保东”大会的保东将享有表决权、提案权、召集保东大会的请求权以及选举或被选举为董事和监事等权利。同时，还可以参加公司的盈余分配。

（四）公司经营盈余或亏损的处置

股份保险公司的经营盈余除了弥补以前年度亏损以及提取法定公积金，全部属于股东，处置权在于股东，可以按照股权进行分配，也可以提留一部分作为盈余公积金，充实资本金。在寿险公司，公司可以拿出一部分盈余以保单分红的方式分给长期寿险保单持有人。因为用于保单分红的这部分盈余一般认为是源于保守的费率政策而多收的保费。所以在财务上美国、加拿大、日本等国都是将分红在税前列支。当然，如果公司亏损，则要用法定公积金来弥补损失。如果公司的法定公积金不足以弥补以前年度亏损，在提取法定公积金之前，应当先用当年利润弥补亏损。

但是，相互保险公司的经营盈余理论上属于“保东”，可以作为盈余公积金或准备金，充实保险基金，也可以拿出一部分分配给“保东”。在寿险公司，一般是以长期寿险保单分红方式分给“保东”。在产险公司，一般是对连续多年投保的“保东”分红。这部分红利部分来自多收的保费，部分来自投资收益。但由于不好区分，一般也不课税。如果发生经营亏损，则一般按照盈余公积金、资本公积金的顺序予以补偿。如果仍然不足以弥补亏损，则采取减额赔偿的方法，即

---

① 参见日本《保险业法》第一编第二条对相互公司的定义。

② 参见方明川等《我国发展相互保险公司可行性研究》报告，1997年。

削减部分保险金①。

二、相互保险公司基金性质问题

2007 年 4 月阳光相互公司到工商管理局办理年检时遇到麻烦，由于他们将曾经筹集的 7 000 万元启动资金放在了负债栏内（准备归还出资人），资本金没有了。工商管理部门拒绝让其通过年检。拖了两月，无奈他们只得将 7 000 万元充当资本金，调整了资产负债表，工商局才同意该公司通过年审。

问题的实质是相互保险公司没有如同股份公司那种“资本金”，在设立相互保险公司的时候，公司的 7 000 万元启动资金，稀里糊涂当作“资本金”对待，得到公司注册。现在，如果要归还或已经归还这 7 000 万元债务，这个最初的所谓“资本金”还要不要补上？

目前我国的《中华人民共和国公司法》和《中华人民共和国保险法》对于国有独资或有限责任公司、股份有限公司都要求具有一定金额的注册资本和实收资本，而且这个资本可以增加不可以消失，因为这是一家股份公司或者合伙企业承担工商经营责任的保证金。但如何认识和对待相互保险公司在开业时申报的“资本金”，并在统计和会计报表上如何正确反映，法律并不明确。工商部门按照对一般股份公司或者其他形式的工商企业的要求，审查和核实相互保险公司，从理论上来说没有什么错误。

不仅阳光相互公司，如果再有其他人身或者财产相互保险公司申请设立，以后还会涉及这个问题。这就需要尽快弥补法律层面的缺失，在《中华人民共和国保险法》和《中华人民共和国公司法》等法律法规中增加相互公司的相关规定。

如前所述，相互保险公司是一种内部互助互济的组织形式，他们以投保人（“保东”）交纳的保费作为相互承担赔付或给付责任的准备金。相互公司的开业之前筹集的启动“基金”的性质不同于股份制公司的“资本”或“股本”。股份制保险公司的“资本金”不仅用于支付创立费用、初期的经营费用，更重要的是公司履行赔偿责任的担保资金。而相互保险公司的“基金”不扮演“担保金”的角色。因此，在《中华人民共和国保险法》和《中华人民共和国公司法》中应当增加对于相互公司的适用规则。

日本的《保险业法》就是如此，在关于相互公司的规定中，增加了商法对于相互公司的适用情况。② 该法将对相互保险公司筹集的开业资金叫“基金”，相当于股份制保险公司的“股份认购申请书”，对于相互保险公司称为“基金认购

---

① 现代相互公司都采取确定保费制，一般不再追缴保费，在必要的时候可以考虑削减部分保险金来应对较大的经营亏损。

② 参见日本《保险业法》第二编第二节。

申请书"，相应于股份制保险公司的"股份的数额"，对于相互保险公司称为"基金的认购额"等。①

日本保险业法关于商法的内容中对于相互公司适用问题的处理方法，是值得我们借鉴的。特别是在即将再次修订的《保险法》中，应该在加上相互保险公司的组织形式的同时，对相互保险公司的"资本金"或"基金"的存在形式、归还出资人的时间、条件，以及归还之后"资本金"或"基金"的存在数额和存在形式等有必要做出明确规定，不致使上述尴尬再次发生。

三、相互保险公司大灾准备金属性问题

阳光相互公司在经营中，提取每年保费收入的10%建立了"大灾准备金"，以备发生大灾时责任准备金不足应对赔款时的一种后备。这种农业保险经营的特殊后备，不同国家有不同做法，但其目的都是一样的。

对于该"大灾准备金"的性质的认识，阳光相互公司与税务部门发生了分歧。税务部门认为这个"大灾准备金"是该公司为逃避所得税私自设立的，坚持要对该准备金课征所得税；阳光相互公司认为这个用保险费设立的准备金根本不是所得，不应该课征所得税。这就涉及如何对"大灾准备金"的来源和性质做出界定。这个问题既是一个相互保险公司的特殊问题，也是对其他财产保险公司有普遍意义的问题。

农业保险的巨（大）灾准备金是一种特殊的准备金，是为了应对发生巨灾风险事故后，责任准备金不足以支付赔款的一种准备，这实际上是一种负债，而不是所得。我们认为，农业保险的经营风险较大，仅有普通的"未了责任准备金""赔款准备金"等还不够，需要另外建立一个"大灾准备金"，以应对农业保险业务的巨灾损失赔付。所以，在《政策性农业保险条例》（草案送审稿）中，提出将"由国家建立政策性农业保险巨灾准备金"，并原则上规定，其管理办法将由保监、财政、农业、民政等行政部门拟定。

问题是税务部门不认可这个准备金，认为这是利润，应当征所得税。税务部

---

① 如该法第二十三条（基金的筹集）规定，商法第一百七十五条第四项以及第五项、第一百七十六条、一百七十七条第一项以及第二项、第一百七十八条、第一百八十九条、第一百九十条、第一百九十一条前段以及第一百九十二条第一项、第二项以基地思想的规定准用于基金；同法的第一百七十九条的规定准用于承诺认购基金者。在上述情况下，同法第一百七十五条第四项中的"股份认购申请书"则替换为"基金认购申请书"；同法同条中的第二项第十号则替换为《保险业法》第二十三条第二项第三号；同法第一百七十六条中的"股份的数额"则替换为"基金的认购额"；同法第一百七十七条第一项中"发行股票的总数"则替换为"筹集资金的总额"；"股票的发行价格"则替换为"按认购基金者的各自比例的认购数额"；同条第二项以及同法第一百九十一条前段的"股份认购申请书"则替换为"基金认购申请书"；同法第一百九十二条第二项中的"未完成交纳或实物出资的股份"则替换为"交纳未完的基金认购"，以及"交纳或交付未付清的财产对价"则替换为"交纳"。

门的态度也可以理解，因为《政策性农业保险条例》和具体的巨灾准备金建立和管理办法都没有出台，根据现行的《保险公司会计制度》的相关规定，没有规定要设立这种“大灾准备金”，就将其理解为总准备金。而目前保险法律法规中所讲的总准备金，的确是规定用税后利润建立的一种准备金，属于所有者权益，而且是在资产负债表中单独列示。

我国农业保险试验中目前都将农业最需要的水涝、干旱等巨灾事故损失列为保险责任，而这些巨灾事故使投保农林牧渔标的遭受巨大损失的机会较多。而考虑到农户负担能力和政府补贴水平，又不可能将保费率的安全系数过分加大，因此保险费率不可能很高。那么提取适当的巨灾准备金对于加强保险风险的管理，增强保险公司的偿付能力，更好保护投保农户的利益就显得非常必要。此举应当受到政府的鼓励，在税前列支，而不是通过征税加以限制。

特别地，对于相互保险公司而言，无论他们建立何种责任准备金，都是用保险费建立的，这些基金都是投保人的税后收入形成的，只是用作损失补偿的一种准备，不存在利润因素，就没有盈利可言，课征所得税更没有道理。

因此，我们认为，在《政策性农业保险条例》和具体的巨灾准备金建立和管理办法未出台之前，对各个农业保险经营机构提取的巨灾准备金暂时不宜征税。等相关法律法规出台后再根据这些规定处理，这样有利于农业保险的顺利推行。

四、相互保险公司该不该交所得税问题

保险公司所得税问题的困惑远非一日，而相互保险公司的所得税更加使人困惑。2007 年年初，阳光相互公司与税务部门也发生了分歧，焦点是保险公司的年度经营节余和累计结余要不要交所得税。这里依然是对相互保险公司的组织和经营的认识问题。税务部门认为，保险公司经营结余就是利润，利润就应当交纳所得税。

其实，对于一般寿险公司或财产险公司来说，不能笼统将经营结余作为利润，只有在财务核算中被确定为利润的这部分结余才需要交纳所得税，对于相互制保险公司来说，所有经营结余都不应该缴纳所得税。为什么呢?

首先，从经营目的来看，如前所述，相互制保险公司不以盈利为目的，他们的经营行为从理论上说不产生利润，因为它主要是通过互助互济的方式为投保人自己提供风险保障，不创造剩余产品和剩余价值。因此，征收所得税缺乏理论基础。

其次，相互公司的经营盈余不是利润，而是保户之间互助共济的补偿资金结余，这个钱本身并不增值。财产相互保险公司的承保业务从理论上说不存在利润，因为其纯保费归“保东”所有，是确确实实的公司负债。今年如果因为灾害多、损失大而导致经营亏损，由于相互保险公司没有资本，不能用资本来支付赔

款。因此，在这种情况下公司往往有 3 种处置方式：其一是让保户增交保险费，以便给未能按照合同获得充分赔偿的保户补足赔偿额。当然，这种方法仅仅是理论意义上的，为早期的相互公司所使用，现代的相互公司和股份制公司一样，大都采取确定保费制，"保东"以其缴纳的保险费为限承担责任。其二是按已有的准备金积累给受到灾损的保户减额赔付。其三，借债补足受到灾损的保户的赔偿，在以后的经营年份用所收保费归还借款。

如果今年保险基金支付赔款之后还有剩余，这个赔款之后的剩余绝不是经营利润，而是保户之间互助共济的补偿资金结余，对这部分剩余，一般有两种处理方式：其一是将所剩保险基金按比例退还保东；其二，留作准备金，以备大灾之年。这两种处置方式都不能课征所得税。

在采取后一种办法（将剩余留作准备金）处置时，公司往往会将这部分准备金用来投资，以壮大准备金，提高偿付能力。只有在这种条件下，税务部门才可以课征所得税，但不是全部准备金积累，而只应当对投资收益这部分所得在扣除管理费之后课征所得税。假如这部分投资收益用来保单分红，在很多国家（例如美国）用来分红的这部分投资收益也不征税。

最后，如果对相互公司的经营结余征收所得税，那实际上是不合理的双重征税，因为如上分析，相互公司的盈余主要来源是保户缴纳的保费所形成的互助互济补偿资金，而投保农户所缴纳的保费又是税后收入，在这种情况下，对相互公司的盈余征所得税显然是非常不合理的双重征税。

农业风险在年际之间差异很大，农业保险经营的波动也因此相当剧烈，有的国家做农业保险多年结余，一朝遇大灾，就有灭顶之虞。如加拿大曼尼托巴省1959—1985 年的农作物保险经营都比较顺利，累积赔付率为 97%，但是 1986年、1988 年两年的大范围旱灾，赔付率分别是 179%和 221%，赔光了 26 年的积累，还向联邦政府借了债。①

我们认为，既然农民拿出税后收入投保，从事非营利性的农业生产的互助共济活动，政府还拿出钱给予补贴，可又对农业灾害损失较小年份的保险赔偿之结余（并非所得）课征所得税，实在不好理解。

我国现在还没有其他财产相互保险公司和人寿相互保险公司，即使将来出现这种公司，对他们的经营结余（除用该结余投资运用的所得）也不应该征税。

所以我们建议，对相互制农业保险公司的责任准备金当年赔付之后的剩余和累计结余，不要也不应该课征所得税。如果一定要课征所得税，税基只能是保险资金投资收益扣除管理费用部分的余额，而不能是全部的结余。

---

① 庹国柱，王国军. 2002. 中国农业保险与农村社会保障制度研究［M］. 北京：首都经济贸易大学出版社.

五、相互保险公司监管问题

偿付能力是保险公司承担所有到期债务和未来责任的财务支付能力。对于一般的股份保险公司而言，偿付能力体系不仅考虑准备金是否足以弥补可预见和部分不可预见的赔款和费用，还考虑到当准备金不足以弥补不可预见的重大损失时，其资本金是否足以承受对没有明确认识到的风险所带来的损失。因此，对于一般的股份保险公司而言，为了保护保单持有者和（或）被保险人的利益，有必要建立同时包括资本充足要求和偿付能力管理内容的偿付能力管理体系，从而可以在保险公司的偿付能力发生严重危机前，发现问题和采取措施。

但问题在于，相互保险公司没有“担保金”意义上的“资本”，这就使得其面临许多监管难题，在偿付能力监管方面尤其如此。如果以现行的偿付能力额度标准来衡量，相互保险公司往往表现为偿付能力不足。比如，对于阳光相互公司，开业时的7 000万元属于借款，应该列入“负债”项目，这样，偿付能力不足。数据显示，如果按照偿付能力充足率100%测算，则公司2005年偿付能力缺口11 330万元，2006年偿付能力缺口14 241万元，显然达不到偿付能力监管的标准。①

但我们认为，相互保险公司具有自身的特性，不能简单地套用现行偿付能力额度监管标准。至少在下述几个方面的监管依据和监管规则值得探讨。

第一，相互保险公司在理论上一般不存在偿付能力不足的问题。相互保险公司是一种内部互助互济的组织形式，他们以投保人（“保东”）交纳的保费作为相互承担赔付或给付责任的准备金。如果发生经营亏损，则一般按照盈余公积金、“资本”公积金的顺序予以补偿，如果仍然不足以弥补亏损，则采取减额赔偿的方法，即削减部分保险金。如果不想采取减额赔付的方法，也可以采取借债的方式补偿（在以后的年份用经营盈余偿还债务）。当然，因为是相互，如果“保东”认可，也可以根据补偿差额，让“保东”补交保费（当然现在很少有相互保险公司采用这种方法补充筹集保险基金）。这样，从理论上看，相互保险公司不存在偿付能力不足的问题，即只要定价较为准确，准备金提取充分，就可以保证弥补可预见和部分不可预见的赔款和费用，最坏的情况是向外借款或者减额赔付。其中减额赔付机制从根本上保证了相互保险公司在任何时点都是具有偿付能力的。而股份保险公司任何时候都不能减额赔付，因为这会违反保险合同的约定。因此，一旦责任准备金和资本不足以应对到期债务和未来责任，则表现为偿付能力不足，需要增资扩股。当然，在实践中，为了尽量避免减额赔付的做法，保险监管部门可以对相互保险公司准备金的提取办法做出要求，以保证公司具有承担所

① 阳光相互公司提供的资料。

有到期债务和未来责任的财务支付能力。但显然监管部门不能完全套用现在针对股份保险公司的监管规则和标准。

第二，不能对相互保险公司做出资本充足的要求。偿付能力强调资本的充足性，要求公司的资本金足以承受对没有明确认识到的风险所带来的损失。但相互公司的开业之前筹集的启动“基金”的性质，不同于股份制公司的“资本”或“股本”。股份制保险公司的“资本金”不仅用于支付创立费用、初期的经营费用，而且更重要的是公司履行赔偿责任的担保资金。而相互保险公司的“基金”不扮演“担保金”的角色。这样，和股份公司不同，相互保险公司没有承受对没有明确认识到的风险所带来的损失的“资本金”。因此，不能“一刀切”地对相互保险公司做资本充足的要求。

第三，自留保费收入上限的规定不适用于相互保险公司。《中华人民共和国保险法》第九十九条规定：“经营财产保险业务的保险公司当年自留保险费，不得超过其实有资本金加公积金总和的四倍。”但如上分析，相互保险公司没有资本金，显然不能适用《中华人民共和国保险法》对于自留保费收入上限的规定。这就向我们提出一个问题：相互保险公司是不是可以无限扩展业务？当然，理论上是这样，但实际上不会是这样。其一，青睐相互制的消费者是有限的；其二，从经营和管理效益和安全考虑，保监部门有必要对相互保险公司业务经营和发展在量上做适当约束。当然，在不可能受“四倍于资本金”约束的条件下，到底可以允许相互保险公司的业务做多大，需要在调查研究的基础上给出确定的管理规定。实际上，阳光相互公司目前就面临这样的困惑，他们在发展农业保险和非农业保险的业务时，都不知道把业务做到多大是合规的。这还影响到他们下一步在地域上扩展的问题。

第四，对每一危险单位承担的责任上限和再保险的规定同样不适用于相互保险公司。《中华人民共和国保险法》第一百条规定：“保险公司对每一危险单位，即对一次保险事故可能造成的最大损失范围所承担的责任，不得超过其实有资本金加公积金总和的百分之十；超过的部分，应当办理再保险。”同样，由于相互保险公司没有资本金，“百分之十”的上限规定缺乏计算的基础和依据。那么，在安排再保险时他们也肯定无所适从。是由自己掌握还是需要有监管部门适当做出规定？如要给出一个规定，那么自留多少是合适的？

可见，我国有关相互保险公司的法律法规尚处于整体缺失的“真空”状态，必须从相互保险公司的特质出发，考虑制定适应其特点的监管政策和法规。如果简单地以针对股份保险公司而制定的标准来“框”相互保险公司，则会给后者带来经营上的困境。

比如，如果严格以现行的偿付能力额度标准来要求相互保险公司，则公司无外乎有两种选择：一是改变公司的性质，转变为股份制公司，增资扩股，增加公司的注册资本金；二是增加公司盈余。走第一条路显然违背了为中国农业保险经营模式试点开拓经验的初衷，而第二条路也难以走得通。公司刚刚成立、初始费用很高，而且，对于主要经营农险业务的公司而言，很难有盈余可言。比如阳光相互公司，2005—2006 年农险业务综合成本率达到 113.21%，亏损总金额为 5 908万元。另外，即便将来能有盈余，则按照相互保险公司的特质，主要应由保户来分享，以体现相互保险公司“一体三面”的特征，即保户所有权、保护参与经营权以及保户盈余分享权“三权合一”，而不是留在公司，以满足偿付能力监管的需要。

实际上，还有一些监管规定和监管指标对相互保险公司的适宜性也需要研究，例如还有一些关于偿付能力的监管指标（融资风险率、认可资产负债率、资产认可率等），由于都涉及这种无资本金的公司的认可资产、资本金、公积金等核定问题，都需要进行研究。

六、相互保险公司的财政补贴问题

财政补贴是政策性农业保险的老生常谈问题，但由于阳光相互公司面对的农垦系统，其环境和全国其他农村地区差别很大，这使得相互保险公司的财政补贴面临一些特殊问题，值得探讨。

政策性农业保险的财政补贴需要解决 3 个主要问题：第一，通过保费补贴，解决农民买不起保险的问题；第二，通过费用补贴，解决农业保险经营成本过高的问题；第三，通过农业保险的再保险费补贴以及为农业保险建立巨灾风险准备基金，解决农业保险中巨灾风险难以分散的问题。①

但对于阳光相互公司而言，目前得到的财政支持仅仅局限于部分保费补贴。按照公司设计的建立“三方筹集”保费的新模式申请国家财政补贴的 20%的部分一直不能足额到位，2005 年共收取农险保费 21 984 万元，如果国家财政补贴 20%，应该为 4 396 万元，但财政补贴仅到位 2 000 万元，资金缺口 2 396 万元。2006 年共收取农险保费 25 394 万元，如果国家补贴 20%，应该为 5 042 万元，但财政补贴仅到位 2 400 万元，资金缺口 2 642 万元。两年共缺口资金 5 038 万元。② 由于国家财政补贴额度不足 10%，目前其余部分由农垦企业集团利润留成部分予以补充。但农垦地区的特殊性在于，农垦企业集团的利润相当一部分来源于农户的种植业和养殖业收入，换句话说，农垦系统内部的补贴实际上是“羊毛出在羊身上”，这部分保费分摊表面上看是自上而下的补贴，实际上农民仍然是最终的承担主体。因此，真正意义上的财政对于保费补贴的比例非常低。

由于财政补贴不到位，造成较大幅度的亏损，农业保险难以实现精算平衡。

---

① 庹国柱，朱俊生. 2007. 关于农业保险立法几个重要问题的探讨 [J]. 中国农村经济 (2).

② 阳光相互公司提供的资料。

阳光相互公司2005—2006年综合赔付率为87.47%，综合费用率25.74%，综合成本率113.21%，亏损总金额为5 908万元。

农垦地区的另一个特殊性在于，农户的生产除了直接的物化成本，还有相当比例的间接成本，包括养老金缴费支出、文教卫生公安政法支出、基本建设支出、各项发展基金支出以及管理费用和财务费用支出等。粗略的匡算表明，每公顷大豆，直接成本为2 542元，间接成本为1 866元，综合成本为4 408元；每公顷麦类，直接成本为2 555元，间接成本为1 848元，综合成本为4 403元；每公顷水稻，直接成本为5 346元，间接成本为2 516元，综合成本为7 862元；每公顷玉米，直接成本为2 958元，间接成本为1 854元，综合成本为4 812元。① 可见，和一般的农村地区相比，农垦系统农户的生产成本构成中包含了相当比例的间接成本，从而综合成本较高，客观上需要相对较高的保障水平。

但由于财政补贴不足以及农户支付能力和支付意愿的约束，农垦系统农业保险的保障水平较低。对于大豆，目前保额分为每公顷1 800、1 950、2 250元3档，分别占作物直接成本的71%、77%和89%，分别占作物综合成本的41%、44%和51%；对于麦类，目前保额分为每公顷1 800、1 950、2 250元3档，分别占作物直接成本的70%、76%和88%，分别占作物综合成本的41%、44%和51%；对于水稻，目前保额分为每公顷2400、3000、4500元3档，分别占作物直接成本的45%、56%和84%，分别占作物综合成本的31%、38%和57%；对于玉米，目前保额分为每公顷1 350、1 800、2 250元3档，分别占作物直接成本的46%、61%和76%，分别占作物综合成本的28%、37%和47%。②

可见，现有的保障水平较低，难以弥补作物的直接成本，和作物的综合成本相比，保障程度就显得更低了。

综上所述，一方面政府对于农垦系统的农户保费补贴比例很低，另一方面农户的经营成本中间接成本占比较高，从而使得综合经营成本较高。这种矛盾不仅使阳光保险经营出现困难，也造成保障水平较低，受灾农民得到的补偿程度很低，不足以弥补维持简单再生产所需要的直接成本支出，更谈不上间接成本的补偿了。因此，保险公司可以在现有的基础上提供更多档次的保险金额，供支付能力和支付意愿都比较强的农户选择较高档次的保额，以有效提高保障水平。同时，国家要切实提高保费补贴比例，从而普遍提高农户的保险保障水平。另外，国家还要考虑提供适当的费用补贴，解决公司经营成本过高的问题；考虑再保险费补贴以及建立巨灾风险准备基金，解决巨灾风险分散问题。

①② 阳光相互公司提供的资料。

七、相互制保险公司中“保东”权益的实现和保护问题

相互保险公司的性质、结构不同于股份制保险公司，“保东”（保单持有人）的地位、身份和权利具有特殊性，如何对待既是投保人又是所有人的“保东”（社员），既调动他（她）们的投保积极性，又保护他们的权益，是一个需要研究的问题。

（一）相互公司“保东”的权利

对于相互保险公司，保户同时具有公司所有人与保单持有人的地位，所有人关系与保险关系一体化，即所有人关系存在是保险关系成立的前提，而保险关系成立是所有人关系存在的前提。而对于股份制公司，所有人和保单持有人的地位或资格是分离的，某人可以卖掉某股份公司的股票而仍可以以其有效保单获得该公司的保险保障，或者与公司保险关系终止而仍持有该公司股权。

这样，对于相互保险公司而言，保户既然是公司的“东家”，必然拥有公司的所有权，也就拥有公司盈余分配权。这也是与股份制保险公司的最大区别之一。为了确保“保东”的所有权和盈余分配权，保户则需要落实对公司的经营参与权。因此，保户的所有权、参与经营权以及盈余分享权互为条件，必须通过公司章程确定的治理结构予以保障。

（二）“保东”经营参与权的实现与保护

这就衍生出一个问题：如何落实相互公司的保户所有权？从理论上说，相互公司归保户所有，但从实践来看，保户对于所有权的支配力却非常薄弱，公司实际往往由管理层经营与支配。相互公司保户所有权无法充分发挥和企业所有权与经营权分离的原则密切相关。

从国外相互保险的发展来看，虽然法律上明文赋予保户公司所有人的地位和权利，但由于交易成本和“搭便车”的负向经济激励，保户实际上行使所有者权利的意愿并不高，在实践中，保户大会的通知和投票程序通常无法运作，很少使用。

和股份公司一样，相互公司采取所有权与经营权分离的原则，保户的所有权表现对公司重大事项具有支配力。相互公司保户行使所有者权利主要表现为对于董事和监事的选举权。公司运作能够体现所有人的利益关键在于董事会和监事会的运作，因此，如何选择董事和监事就非常重要。国外保险监管部门一直对相互公司保户控制权密切关注，公司章程都赋予保户在董事和监事选举上应有的权利。

与股份公司中股东按所持有股份比例享有的表决权不同，对于相互公司，不

论保户参加的保险合同内容如何，都平等享有一个表决权，通过会员大会或会员代表大会参与公司经营，这种表决权的行使方式是相互公司的最大特征。这样，相互公司就可以实行平等选举，从而有效避免公司经营被少数利益团体操纵的情况。

国外现行法令对保户的经营参与权一般仅有概略性的规定，大都由各公司自行在章程中规定。法律通常规定保户表决权为一人一票，而不考虑保户对公司的经济贡献。当然，也有些法律规定，如果得到保险监管部门的书面同意，也可以根据保险金额、持有保单数、已缴保费或其他监管部门认为公平合理的方式来决定投票表决权。

由于保户对相互公司具有所有权，因此可以通过行使投票权的形式参与公司经营与管理。在理论上，保户投票表决选举董事组成董事会，再由董事会聘请适合的总经理和高级主管来执行董事会的决策以及管理公司的业务经营活动。

但相互公司保户行使经营参与权通常受到公司经营规模扩大的影响。对于小型、地域性的相互公司，可以由保户直接来控制经营，但对于大型相互公司，则必须贯彻公司所有权与经营权分离的原则。

阳光相互公司将会员分为“法定会员”与“特定会员”两种，前者即保单所有人（“保东”），而后者就是公司内部的包括管理层在内的工作人员。这样，在董事会、监事会的成员构成中就有必要平衡法定会员与特定会员的比例。从委托—代理关系看，法定会员和特定会员之间的利益诉求不尽一致，如果法定会员占的比例过高，在公司权力结构中起主导作用，则公司经营的目标有可能会更关注特定会员的利益，而不是法定会员利益最大化，这可能会有背相互制的法人治理结构。

同时，为了提高保户参与董事和监事选举的积极性，必须建立和完善公司经营的信息披露制度。公司要将有关公司经营和保户投票权等事项，通过适当的方式详细通知保户，以保障保户对于公司经营者的监督权利，从而体现其经营参与权。目前，阳光相互公司尚需要在公司向保户的信息披露方面做更多的工作，提高保户对公司经营的知情权和参与权，体现其作为所有者所享有的正当权益。

（三）“保东”盈利分享权的实现和保护

另外，保户所有权的重要体现在于盈余分享权。由于相互公司的保户即所有人，如果营业年度终了，经营结果有盈余，则应以一定方式（例如分红保单）让保户分享公司盈余成果。这种盈余的分配与股份公司利润分配的性质不同。对于股份公司，因经营所产生的利润，除法定公积金，股东有全部的处分权；而对于相互公司，经营所产生的盈余，要先偿付借入基金及其利息，其余部分才可由保户分享。另外，股份公司给股东发放的红利是股东的投资收益，而相互公司保户红利则有两层含意（或两部分组成），其一是超收保费的返还，其二是投资收益的分配。当然在实践上这两部分是很难精确区分的。

在国外，上述第一层含意通过法律得到体现。美国有些州的保险法对相互保险公司盈余累积的最高额度设有限制。倘若盈余超过上限，公司必须依法支付红利，对于这部分可分配盈余，保户根据分摊原则有权按比例分享。如果公司与保户就红利发生争执，任一保户都可以代表所有保户向法院提出控诉。保户对于红利的权利在保户身份终止时消失。显然，法律在这里是为了充分保护“保东”的利益。

而美国法律对股份公司的盈余的最高额则没有限制，因为股票价格在红利发放之前，可以将预期股利计算在内，而以较高的价格出售，并不会损害股东权益。此外，董事会想扩大公司财务基础或是提存巨灾准备金，也有权将股利留置于公司。

目前股份公司虽然也有分红保单，即保户也可以参与盈余分配，但因为股份公司主要是为股东谋取利益，以获取盈余或利润为目的。其经营成果并非完全归于保户，其股东有盈余分配权，公司盈余中有相当大部分由股东分享，而相互公司除了保户则没有其他人从中分享盈余。因此，股份公司分红保单容易发生股东与保户间利益冲突的问题，而相互公司则不存在这样的问题。

阳光相互公司是以经营农险为主的公司，经营农业保险要想赢利是比较困难的。虽然阳光相互公司在公司章程中也规定了盈余分配的原则和方法，即“公司依据会员代表大会通过的分配方案，从公司经营盈余中提取会员分红准备金进行分红”。但目前由于其农险经营的财政补贴不到位，经营时间又比较短，阳光相互公司还没有进行过盈余分配。

关键是阳光相互公司目前除了以相互的方式经营农险，也在积极探索非农险市场。由于缺乏保险分社、保险社等基层组织的依托，这实际上是以类似于股份制的方式开展非农险业务。这样，如果以后经营有盈余，如何向参与农险的保户进行盈余分配的问题，可能就会变得很复杂。特别地，阳光相互公司正积极开拓黑龙江农垦系统之外的保险市场，但由于其他许多地区在自然条件、组织结构等诸多方面与农垦系统千差万别，能否简单地复制农垦系统的相互保险运作模式可能还是他们面临的一个课题。如果不能完全复制，不仅对该公司的经营制度模式是一个考验，而且将来可能的盈余如何在不同模式下投保的保户之间分配就更为复杂了。

结　　论

本文基于对我国第一家相互制保险公司的调研，对相互公司的特质、基金性质、大灾准备金属性、所得税、监管、财政补贴以及“保东”权益的实现和保护等问题做了初步的探讨。研究表明，相互公司经营中的很多问题和障碍源于法律规范的缺失。因此，针对相互制公司的特质，制定和完善相关的法律法规势在必行。同时，相互制公司应该完善“保东”权益的实现和保护机制，以实实在在地发挥相互制在理论上的优势。

参 考 文 献

方明川，等．1997．台湾地区发展相互保险公司可行性研究［R］．

庹国柱，王国军．2002．中国农业保险与农村社会保障制度研究［M］．北京：首都经济贸易大学出版社．

庹国柱，朱俊生．2004．农业保险新一轮试点面临的问题［J］．中国金融（6）．

庹国柱，朱俊生．2005．关于我国农业保险制度建设几个重要问题的探讨［J］．中国农村经济（5）．

庹国柱，朱俊生．2007．关于农业保险立法几个重要问题的探讨［J］．中国农村经济（2）．

庹国柱，朱俊生．2007．论政策性农业保险的财政税收政策［J］．经济与管理研究（5）．

庹国柱．2006．当前政策性农业保险试验中的困难和问题［J］．保险研究（9）．

庹国柱．2006．建设新农村需要加快农业保险建设［J］．经济与管理研究（5）．

朱俊生，庹国柱．2007．我国发达地区政策性农业保险试验的比较制度分析［J］．保险研究（7）．

关于农业保险立法的一些重要问题探讨*

2006年6月颁布的《国务院关于保险业改革发展的若干意见》（以下简称"国十条"）提出要"积极稳妥推进试点，发展多形式、多渠道的农业保险"。鉴于农业保险，特别是政策性农业保险的特殊性，文件提出通过农业保险立法有步骤地建立农业保险体系。最近中央有关部委已经成立工作小组，着手起草我国农业保险条例。因此，有必要就农业保险立法的若干必须明确的原则和操作问题进行深入探讨。

一、关于农业保险的立法目标问题

明确立法目标是农业保险立法的首要问题。从我国实际来看，农业保险立法的重点是政策性农业保险，讨论立法目标也要重点讨论政策性农业保险的立法目标。

通过立法实施政策性农业保险是一个国家宏观政策的重要组成部分，立法要恰当地反映宏观政策的目标和要求。从国外的实践看，各国开办农业保险的政策目标大致有两类：一类主要是推进农村社会保障（社会福利）制度的建设，同时兼顾农业发展；另一类主要是促进农业稳定发展。一般来说，选择社会保障目标的国家通常需要有雄厚的财力作为基础。因此，发达国家农业保险的立法目标主要致力于推进农村社会保障（社会福利）制度建设，同时兼顾农业发展，而发展中国家农业保险的立法目标大多局限于促进农业稳定发展。当然，随着时间的推移和经济社会的发展，政策性农业保险的立法目标的重心也会相应发生变化。日本在1947年开始实行政策性农业保险时，其立法目标是后者，但20世纪50年代中期以后，随着经济高速发展，食物问题逐渐解决，其政策目标就转向前者。

* 本文与朱俊生合作，发表于《中国农村经济》，2007年第2期。此文为作者2007年1月9日在保监会法规部、产险部、农业部政策法规司、农村经济研究中心以及财政部金融司召开的农业保险立法座谈会上的发言稿，会后作者又做了修改。

我国的政策性农业保险也必须恰当地选择立法目标，这是农业保险发展的逻辑起点。我们认为，目前我国农业保险的立法目标是“促进农业和农村经济发展，同时推进农村社会保障制度建设”。

一方面，要通过农业保险促进农业和农村经济发展。为此，充分发挥农业保险在自然灾害救助中的补偿和保障作用，提高灾害救助体系的运作效率，把农业保险建设成为农业自然灾害救助体系的重要组成部分；通过发展农业保险，分散农民生产农产品的风险，进而稳定和保障农产品的产量，使农业保险成为促进首先是粮食生产，保证食物安全的重要手段。按理说首先是粮食安全问题，上升一个层次才是食物安全问题。但是由于有的省区农业产业化发展的进程，已经形成了许多瓜果、蔬菜和专业养殖基地，形成了当地的农业发展特色，同时也成为当地农业经济的重要支柱，这些地区希望将这些种植和养殖生产纳入政策性农业保险的范围，因此就不能仅仅局限于粮食。也有人希望政策性农业保险进一步成为稳定农民收入保障的手段，赋予政策性农业保险收入保障的目标。对此，我们认为，在现有的物质财力条件和经营水平下，农业保险难当此任。

另一方面，要通过农业保险推进农村社会保障制度建设。通过国家对农业保险的补贴，体现统筹城乡发展的战略，把对农业保险的补贴作为对农民和落后地区进行转移支付的重要渠道；通过发展农业保险降低土地生产风险，增强“土地保障”的有效性和稳定性。我国农村的社会保障制度在短时间里还难以全面建立，虽然很多论证认为“土地保障”实际上难以为农民提供基本甚至最低保障，但土地仍然能为农民提供部分经济保障，如果不能有效解决农业灾害损失的补偿问题，这仅有的尽管不足的保障就更脆弱了。

总之，政策性农业保险的立法目标应当是，将政策性农业保险作为农业可持续发展政策和农村社会保障制度建设的重要组成部分。也就是将农业保险作为农业自然灾害救助体系的重要组成部分，成为促进农业生产、保障食物安全的重要手段，成为国家进行转移支付、对农户进行补贴的重要渠道，也成为农村社会保障体系的重要组成部分。对于这个目标只有中央和地方都认可，政策性农业保险才能够做得下去。

二、关于政策性农业保险的经营原则问题

在农业保险立法中，也必须明确政策性农业保险的经营原则，具体操作规范需要根据这些原则来制定。政策性农业保险特殊的属性决定了其需要遵循特殊的经营原则，笔者认为经营原则大致应当包括以下几个方面：

第一，政策性农业保险和商业性农业保险区别经营的原则。农业保险是政策性保险，但并不意味着所有农业保险产品都必须实行政策性经营。事实上，1791年诞生在德国的雹灾保险，就是由私营保险公司经营的，而且德国、英国、法国

等至今都是以私营保险公司为主经营雹灾保险。在日本，除一部分大田作物（水稻、旱稻、小麦）等和马、牛、猪、蚕等饲养项目是依法强制实行政策性保险，花卉、某些设施农业、精细农业产品的保险，实际上都是商业性经营。因此，必须对农业保险的具体项目和内容进行分析，对商业性农业保险和政策性农业保险区别经营。对于政策性农业保险，一定要恢复其“政策性”的本来面目，避免在商业保险框架下经营所必然遭受的失败；而对于商业性农业保险，保险公司可以本着商业性原则直接经营。

第二，政府引导、政策支持与市场运作相结合的原则。政策性农业保险是准公共物品，有的国家实行政府组织、政府运作的方式，但这些国家的历史证明，单靠政府来组织和推动的政策性农业保险的成本昂贵、效率低下。政府在积极组织推动和给予财政税收政策支持的同时，要充分发挥市场配置资源的作用，利用商业性保险公司等各种现有资源开展业务运作，往往能收到较好效果。

第三，保护农民利益与培养农民风险意识相结合的原则。农业保险制度设计的核心在于保护农民利益，要特别突出农民的主体地位，在保障农民成为制度受益主体的同时，还要着力培养农民的风险意识、市场意识、合作意识和互助意识。

第四，农业保险与其他农业收入保障政策相互协调与补充的原则。将农民参加政策性农业保险与其他支农政策手段有机结合，引导调动农民参加农业保险的积极性，充分发挥支农政策的乘数效应，这是其他国家的成功经验。如将参与农业保险与其他农业优惠政策相联系，如果符合投保条件的农户不按规定投保，就不能得到信贷资金，出灾后不能享受政府救济，不享受政府价格补贴，不能从政府的生产结构调整中得到优惠等，从而实行有条件强制；农业保险要与灾害救济相结合。农业保险是农业风险管理和灾害救助方式之一，基本实现农业保险的全覆盖将是一个长期的过程，为体现公共财政政策的公平与普惠，在鼓励农民积极参加农业保险的同时，灾害救济制度应与农业保险互相配合、互为补充；农业保险与改善农村金融服务相结合。通过建立政策性农业保险制度，进一步改善农村信贷环境，提高农业经营主体的资金融通能力，引导金融资金投入现代农业建设。对农业保险的被保险人提供贷款担保或对向投保者提供低息农业贷款的金融机构给予利息补贴，通过利益诱导的方式鼓励农民参保。

第五，统一制度框架与分散决策实施相结合的原则。为了未雨绸缪，最大限度地减少和消除制度变迁的成本，对于政策性农业保险制度模式，必须考虑事先确定全国统一的整体制度框架。同时，考虑到不同地区经济和社会发展水平差距以及各地不同的发展战略，可以实行分散决策，以省（自治区、直辖市）为单位实施，开办农业保险的省（自治区、直辖市）可与中央政府签订协议，由中央给予保费和管理费补贴。各省（自治区、直辖市）根据当地的具体情况因地制宜地自行确定政策性和商业性农业保险项目的范围、种类和保障水平，自行决定对政策性农业保险的补贴原则和标准。

第六，在中央和地方政府补贴条件下实行财务平衡的原则。政策性农业保险要在可靠的精算基础上开展和运行，要力求做到赔偿额与保费收入（包括政府补贴）基本平衡。即政策性农业保险的赔付、管理费用与准备金之和要小于保费收入，以实现财务均衡和可持续发展。

第七，基本保障的原则。考虑到农民的支付能力和政府的财政实力，我国政策性农业保险（以致一般农业保险）的保障范围和水平可以从基本保障起步，在取得经营经验之后逐渐扩大保障范围、提高保障水平。在保险标的选择范围上，应主要选择关系国计民生以及对农业和农村经济社会发展有重要意义的种植业、养殖业和渔业项目（例如粮食、棉花、油料、糖料生产基地省区的规模种植的大田作物，特定生产地区的瓜果、蔬菜作物，畜牧业生产基地规模养殖的畜禽，渔业生产区域的小型渔船、渔民意外伤害）；在风险事故的界定上，农作物以作物产量损失、饲养动物以饲养动物死亡损失作为风险事故，暂时不以农户的收入损失作为风险事故；在保障水平上，采取部分保障的方式（例如作物产量的60%～70%，畜禽市价的50%～70%），由保险人和被保险人共同承担风险。当然，保障范围和保障水平的确定还要兼顾农民的支付意愿。在自愿投保的条件下，有时候过分的保障水平对生产者没有吸引力。

第八，实行风险区划和费率分区的原则。实行政策性农业保险的省（自治区、直辖市），需要做好风险区划和费率分区，这是体现保险风险一致性原则和防止逆选择的必要措施。国际经验表明，风险区划和费率分区可以避免让一个农场主或一个地区的保险费用补贴其他的农场主或地区，使他们的保险费与自己的生产状况联系起来。因此，农业保险成功经营的基础之一是做好农业风险区域规划，这是正确厘定和合理调整农业保险费率的最重要的依据。但做农业风险区划不是商业性保险公司或某一个政府部门能够完成的，需要政府立项并由各部门协调配合才能实施和完成。另外，在风险区划和费率分区的基础上，还要有合理的调整机制，以反映风险状况的动态变化。

第九，保证农户对农业保险的可得性和可及性的原则。可得性是指农户尤其是低收入农户有能力购买农业保险。可及性是指农户能够方便地获得服务优良的农业保险服务。保证农业保险的可得性，就是保费负担要适当，让农民买得起保险（有支付能力）并且愿意买保险（有支付意愿）。对于自愿性的农业保险计划而言，其需求量及农民的参与率取决于保险价格，即保险费率。但各国（包括我国）的实践表明，不是单单买得起，农民就愿意参与，或者参与率就高，如果农民从农业保险中获得的预期收益并不能打动他（她），他（她）就不会去购买。这里的预期收益既包括政府补贴的力度，也包括在正常生产条件下保险标的的收益。这迄今是许多推行农业保险国家的一个重要课题。在美国，参与率低曾长时间困扰经营农业保险的联邦政府，使其不得不一再提高保费补贴。但加拿大从

20 世纪 90 年代以来参与率不断攀升而政府补贴已经下降到最初的 1/5。因此，农业保险的保障水平应该与正常生产条件下的预期产量相联系，并且让农民能负担得起保险费；同时，必须尽力维持保障水平和保险费率的稳定性。保证农业保险的可及性，还要充分利用保险中介以及农业专业合作组织提高农业保险的分销能力和效率，提高农业保险的服务水平等。

第十，先试验后推广，循序渐进，逐步扩展的原则。先试验后推广是我国政府在近 60 年，特别是改革开放以来领导经济和社会建设的一条重要经验。对我们即将建立的农业保险制度来说也完全是必要的。尽管我们先后对农业保险已经试验了好几十年，但是以前的试验都基本上是保险公司在商业性保险的框架下经营政策性农业保险，没有解决政策性农业保险发展的根本问题。在我们现在期盼的农业保险制度建立之后，还是需要先在该制度框架下试验，进行“定向”推进，为农业保险的大规模实施积累损失经验、操作经验。要避免在没有制度框架的情况下，就贸然发动保险公司和各种组织广泛参与。像 2006 年重庆四川的大旱，农业损失 4 000 多亿元，有人拷问保险公司为什么不承保。事实上，如果真是全部农作物都承保了，有多少个保险公司也得清盘。试想，2006 年财产保险总保费收入仅为 1 509.4 亿元，即便全部拿来赔付，也不足以赔付高达 4 000 亿元的自然灾害损失！从这个意义上说，各家保险公司“冒天下之大不韪”，在农业保险政策不到位时少有作为，其实正是保险业最大的幸事。明确了这一点，我们才可以走出对保险公司的种种无谓的愤慨与责难，更多地关注在农业保险制度发展中起决定作用的政府（特别是中央政府）支持的“缺位”问题。

三、关于政策性农业保险与商业性农业保险的界定

建立农业保险制度必须将政策性农业保险和商业性农业保险区别开来，另外在政策上二者要区别对待。

从一般意义上而言，政策性保险是指当保险公司独立经营时，其收益会远小于成本，具有相当明显的正的外部性，其社会总收益大于社会总成本，为获得该险种带来的社会福利，政府必须以补贴或税收优惠等政策措施推动保险公司经营或由政府直接经营的农业保险。从这个不大简练的定义出发，政策性农业保险和商业性农业保险的区别至少体现在以下 5 个方面：

第一，经营目标不同。政策性农业保险制度是依据政策目标（或服从特定的政策规划）建立的；而商业性农业保险制度是根据市场（或商业）目标建立的。政策性农业保险的经营不能盈利；而商业性农业保险的经营则可以盈利。

第二，发展动力不同。政策性农业保险一般是由政府直接组织经营，或由政府成立的专门机构经营，或在政府财政政策支持下，由其他保险供给主体（股份

公司、相互公司、合作社等）经营的；而商业性农业保险只由商业性保险机构经营。政策性农业保险产品要部分由政府买单；而商业性农业保险产品则完全由投保人自己买单。政策性农业保险通常包含着只有通过政府行为才能协调开展的工作，如政策性农业保险与农户信贷资金发放、农产品出口价格补贴、农业救灾、农业生产调整等农业保护措施紧紧地联系在一起；而商业性农业保险通常通过市场机制就能较好地运作。

第三，盈利能力不同。政策性农业保险经营的项目或出售的保险产品一般说来，其保险责任较广泛且保险标的的损失概率较大，从而赔付率较高；而商业性农业保险经营的项目或出售的保险产品其保险责任较窄，保险标的的损失概率较小，赔付率较低。

第四，外部性不同。政策性农业保险具有明显的正的外部性，可以增进社会福利；商业性农业保险外部性不明显。

第五，强制程度不同。政策性农业保险通常需要事实上的强制性。无论是发达国家还是发展中国家，在开展农业保险时为了解决自愿投保条件下的参与率不高的问题，往往通过有关法律法规，将参与农业保险与其他农业优惠政策相联系，如果符合投保条件的农户不按规定投保，就不能得到信贷资金或其他惠农政策支持，出灾后不能享受政府救济，不享受政府价格补贴，不能从政府的生产结构调整中得到优惠等。诸如此类的规定，为农民的广泛参与提供了利益诱导机制，从而使政策性农业保险制度具有了某种强制性；而商业性农业保险一般是自愿投保，不具有任何强制性。

政策性农业保险的界定与该保险的政策和立法目标联系在一起，政策或立法目标不同，界定也会有区别。如果政策性农业保险的政策或立法目标既考虑农业发展又考虑农村社会保障的话，界定政策性农业保险可以从这几个方面考虑：

第一，就保险标的的宏观重要性而言，政策性农业保险项目必须是对国计民生具有重要或战略意义的农林作物和牧渔业生产项目；

第二，就风险保障范围而言，保险风险比较宽泛或者巨大，特别是多风险保险或巨灾风险保险；

第三，就投保人或被保险人而言，对其生产持续和生活保障有重要影响，而按实际风险成本和经营管理成本厘定的费率买不起或不愿意购买的农林牧渔业生产项目的保险，船舶损坏保险、人身伤害保险项目。

因此，只有那些关乎国计民生和对农业和农村经济社会发展有重要意义，而商业性保险公司又不可能或不愿意从事经营的农业保险项目，才有可能纳入政策性保险经营。就是说，从宏观层面上讲，政策性农业保险项目必须有较强的政策意义，而从微观层面上讲，这些保险产品因其成本高、价格高在竞争的保险市场上难以成交。

基于以上分析，可以将政策性农业保险做如下界定：保险标的对国计民生具有重要战略意义，对农林牧渔民的生产和生活保障具有重要影响，保险风险广泛或巨大，而按照商业经营规则无法由市场提供的农林牧渔产品生产的保险、渔船保险和渔民人身伤害保险，是政策性农业保险。符合这些条件的农业保险项目或产品主要包括：多风险农作物保险、主要家畜家禽死亡保险以及渔船保险和渔民人身伤害保险等。而不符合上述特征和条件的保险项目和产品主要包括：首先，某些单风险农作物保险。其次，范围较小、价值较高的设施农业、精细农业的单风险保险或某些综合风险保险。（当然，对于上述两类保险项目，从我国的实践和国外的经验来看，在某些地区也可根据政策导向，可以有选择、有条件地纳入政策性保险，当然补贴幅度要小一些。）第三，一些特殊饲养动物的疾病和死亡保险（特种养殖保险）。

四、关于政策性农业保险的经营范围问题

由于政策性农业保险与商业性农业保险是有区别的，所以“国十条”特别提出要“明确政策性农业保险的业务范围”，以便于给这部分业务以政策支持。

我们认为，政策性农业保险的经营范围和重点发展领域包括保险标的选择以及投保人两个方面。

根据上面对政策性农业保险内涵的界定，也鉴于国家的财力，我们不可能像美国、加拿大等国家那样，将所有种植和养殖业的项目都纳入政策性支持的范围，只能有所选择。从全国来说，当前政策性农业保险发展重点领域可以包括以下几个方面：

第一，对食物安全具有重要意义的作物，如小麦、水稻、棉花、玉米、大豆、油菜、花生、蔬菜、瓜果等；

第二，对城乡居民生活意义重大的主要养殖畜禽，包括猪、牛、羊、鸡、鸭等；

第三，主要水产养殖，如淡水和海水养鱼、虾、蟹、海带等；

第四，从事海洋捕捞的渔民的小型渔船和渔民人身伤亡。

可以允许各省（自治区、直辖市）自主确定农业保险发展的重点领域，以体现地方政府对农业产业结构调整的政策导向作用。如以本地政府扶持的重要农产品基地、优势农产品区域、以科技为先导的产业化农业领域、出口创汇农业领域等为发展重点，保障符合农业产业发展方向的种植业和养殖业的生产等，以体现农业保险的“政策性”。又比如，有一些特种作物（例如水稻育种、玉米育种、水稻制种、玉米制种、茶叶、甘蔗、甜菜、烟叶、菊花、中药材等），特种养殖项目（养鹿、养鸵鸟、养蜂、养獐、养貂），在有的地方种植、养殖很少，可能经济上并不重要，不是重点领域，但对特定地区的农村经济发展意义重大，这些地区就可以将其确定为政策性保险项目。

同时，农业保险发展领域的选择应遵循前述循序渐进原则。在开始的时候，可以先从农民最需要的保险品种（如 2～4 种大田作物）慢慢做起，然后再扩展到其他作物上。

另外，谁应当受到政策性农业保险的支持，谁是农业保险的重点被保险人，立法要有所考虑。农业保险首先吸引哪种类型的农户投保，这方面可能有其内在的规律，不以政策制定者的主观意愿为转移。如美国的经验表明，农场的规模以及农场收入对于农户总收入的重要性是是否参保的重要影响因素。2002 年，在 130 万休闲农场（Rural Residence Farms）中，只有 6%购买了农作物保险。这些农场的农产品产量很小，以至于农场之外的收入为农户提供了足够的风险保障。当农场收入占农户总收入比例提高时，购买农作物保险的比例也随之提高。2002 年，在年销售收入不到 25 万美元，且其经营者将种植业作为主要职业的中等规模农场（Intermediate Farms）中，约 30%投保了。在年销售收入至少为 25 万美元的大型商业化农场（Commercial Farms）中，农作物保险的参与率提高到近 42%。如果这带有规律性的话，我们的政策性农业保险有可能对规模较大的农业龙头企业、种植养殖大户或基地最具吸引力，对小规模农户，特别是种植养殖的农户经济不具重要性的小规模农户，不会具有很大吸引力。对于后者，张跃华博士曾经在上海、山西、河南等地所做调查对此提供了佐证。但从政策制定上，对大户、小户都应当一视同仁。目前，有的地方政策性农业保险只给小规模农户补贴，有的地方相反只给较大规模农户补贴，都有偏颇，与前面讲的政策性农业保险的立法目标有冲突。立法时必需考虑到这个问题。

五、关于政策性农业保险的可保风险问题

风险责任的范围也是农业保险立法中无法回避的问题。

按照风险产生的原因，农业风险大致可以分为 5 类：自然风险、社会风险、经济风险、政治风险和技术风险。我们觉得，农业保险主要承保农林牧渔业生产过程中和进入市场前的初加工和运输过程中的自然风险，其中，农作物保险承保的风险包括干旱、洪水、雨涝、台风、冰雹、霜冻、低温、泥石流等重大灾害；饲养动物保险承保的风险包括一般性非传染性和传染性疾病风险（可以将禽流感、口蹄疫、疯牛病等作为除外风险，因为这些重大传染病，国家对疫区另有相应捕杀和补偿规定）。

这样考虑也是比较符合我国主要灾害分布情况的。我国主要自然灾害大致的分布情况是：黄淮海平原和黄土高原的旱灾，七大流域中下游沿河两岸的水灾，东南沿海的台风，青藏高原和内蒙古高原的雪灾、寒潮大风，西北地区的沙暴，华北、西北、西南三大地震带上的地震以及集中在西南地区的滑坡、泥石流等。其他种类包括疫病、野火、霜冻等（表 1）。

表 1　1901—2005 年中国自然灾害事件概览

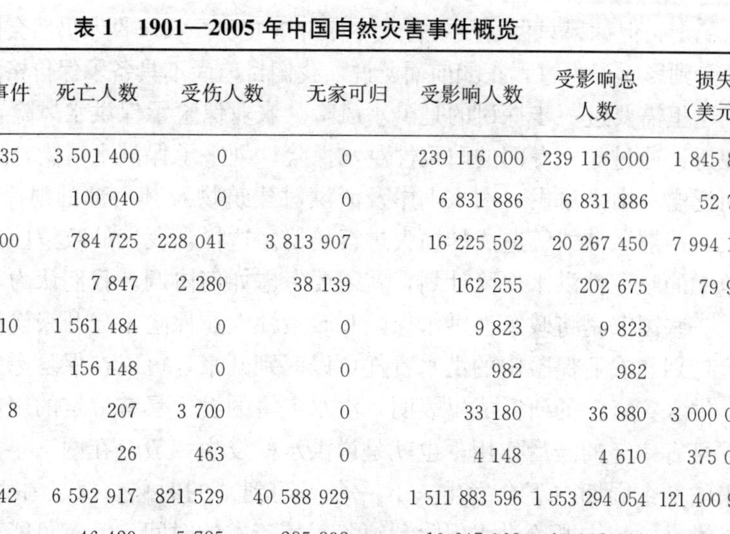

	事件	死亡人数	受伤人数	无家可归	受影响人数	受影响总人数	损失（美元）
干旱	35	3 501 400	0	0	239 116 000	239 116 000	1 845 832
每事件平均		100 040	0	0	6 831 886	6 831 886	52 738
地震	100	784 725	228 041	3 813 907	16 225 502	20 267 450	7 994 133
每事件平均		7 847	2 280	38 139	162 255	202 675	79 941
疫病	10	1 561 484	0	0	9 823	9 823	0
每事件平均		156 148	0	0	982	982	0
极端温度	8	207	3 700	0	33 180	36 880	3 000 000
每事件平均		26	463	0	4 148	4 610	375 000
洪水	142	6 592 917	821 529	40 588 929	1 511 883 596	1 553 294 054	121 400 934
每事件平均		46 429	5 785	285 838	10 647 068	10 938 691	854 936
病虫害	1	0	0	0	0	0	0
每事件平均		0	0	0	0	0	0
滑坡	38	2 726	1 537	16 219	71 246	89 002	952 400
每事件平均		72	40	427	1 875	2 342	25 063
巨浪	3	126	0	0	0	0	0
每事件平均		42	0	0	0	0	0
野火	5	243	221	300	56 092	56 613	110 000
每事件平均		49	44	60	11 218	11 323	22 000
风暴	165	170 292	161 909	14 084 627	310 060 741	324 307 277	24 272 139
每事件平均		1 032	981	85 361	1 879 156	1 965 499	147 104

数据来源：国外汇总的中国自然灾害（1901—2005 年），取自比利时灾害流行病学研究中心国际灾害数据库（自中国地震信息网转载）。

目前一般不宜考虑社会风险、经济风险、政治风险和技术风险。就拿技术风险来说，近些年来各地经常有关于假种子、不成熟技术、违背技术规定的新品种、新作物引进给农户造成重大损失的报道，有人建议将其纳入政策性农业保险的范围。但这些风险在很大程度上是道德风险，在目前的条件下不易纳入。其他发达国家也主要以农业自然灾害作为政策性农业保险的保险风险。如美国农作物保险赔偿中，干旱是最大的原因。1989—2004 年，干旱是首要原因，约占保险赔偿的 40%；雨涝或洪水损失赔偿约占 30%，接下来是霜冻、冷冻（寒冷的天气）和冰雹，各占约 10%的保险赔款。

近 10 年来，美国也在发展农作收入保险，比如，小麦收入保险、玉米收入保险等，但还不是主流。加拿大从 20 世纪 90 年代初，就试验农户收入保险。他们将价格风险也纳入农业保险的责任范围。因为他们农业保险的主要政策目标是农户的收入稳定，但如果只保自然灾害，不保价格波动，农户收入仍然会因为市场价格波动而受到影响。不过，正如前面所说，我们目前尚不具备承保价格风险的条件。

这里需要进一步探讨的是洪水风险。农业保险承保洪水风险，而目前人们也正在讨论通过建立专门的政策性洪水保险计划来承保洪水风险，即保险人对由于江河泛滥、山洪暴发、潮水上岸及泄洪对建筑物及其内部的财产所引起的泡损、淹没、冲散、冲毁等造成的损失进行赔偿。这样，我们的政策性农业保险和正在论争中的政策性洪水保险计划，就需要考虑如何协调。我们认为，洪水灾害是巨灾，一些国家是将政策性洪水保险和政策性农业保险是分开来设计的，从而洪水保险计划和农业保险中的洪水责任可以区别开来，可以在保险标的上做不同的界定。洪水灾害学的研究成果表明，洪水灾害的发生具有一定的规律，即具有周期性，且有一定的滞后作用，也就是说洪水的发生一般会在两三年内连续发生，接下来的一个周期内不会发生，下一个周期到来的时候，又会在两三年内连续发生。洪水的特点既给洪水保险预留了积累资本的时间，又有可能会超过洪水保险的承受能力。因此，洪水保险的标的应该是使用年限在几年或者是几十年的固定资产，而不应是流动性很大的流动资产（例如农作物和家畜家禽）。保持洪水保险保费的相对稳定性，有一个相对固定的资本积累过程。洪水灾害发生的这种时间特点决定了洪水保险的对象必须是固定资产，而不应该是流动资产，因此洪水保险应主要承保城市和农村居民的房屋和室内财产，而农作物、家畜家禽的洪水灾害损失应通过农业保险来提供保障。

同时，鉴于我国各地农林牧渔业生产的主要风险的较大差异，政策性农业保险的主要保险风险应由各省（自治区、直辖市）参照全国一般性意见根据本地实际情况确定。

六、关于政策性农业保险的财政补贴和税收政策

政策性保险离不开政策，主要是财政补贴政策和税收政策。政策性农业保险的财政补贴需要解决3个主要问题：第一，通过保费补贴，解决农民买不起保险的问题；第二，通过费用补贴，解决农业保险经营成本过高的问题；第三，通过农业保险的再保险费补贴以及为农业保险建立巨灾风险准备基金，解决农业保险中巨灾风险难以分散的问题。这些在“国十条”里实际上已经明确，即财政补贴无非是3块：保险费、管理费和再保险费，另外就是由财政逐年出一部分资金建立巨灾风险准备金。但在立法时需要稍微具体一些的规定。

政策性农业保险的财政补贴问题涉及补多少、补给谁、如何补、直接补还是间接补等诸多问题。

1. 补多少

农业保险的补贴要根据不同地区、不同保险标的、不同风险等级和频率、不

同保障水平和政策导向性来分别确定。中央给各省（自治区、直辖市）的补贴水平可以在条例中规定，也可以只做原则性规定，例如，规定“对主要农作物，饲养动物的多风险保险、小型渔船保险、渔民意外伤害保险由中央政府补贴一定比例的保险费和管理费（具体补贴标准和比例另外确定）”。

保险费补贴额和补贴率主要取决于纯保险费率、保险保障水平高低、政府的政策目标和财力、农民对保险产品的接受或购买能力。一般来说，保险产品的纯费率越高补贴越多，纯费率越低补贴越少；保险项目或产品的保障水平越高补贴率越低，保障水平越低补贴率越高；在政府的发展计划中，保险标的越重要或保险的政策目标越高，又有财力，补贴也就越多，相反补贴就少；农民投保愿望越强烈又有支付能力的保险产品其补贴就少，相反补贴就多。

同时，根据发达国家农业保险财政补贴的经验，还需要综合考虑边际补贴成本、参与率与补贴成本的动态关系以及补贴与农民的参保意愿之间的关系。

首先，边际补贴成本。以美国为例，到 2004 年，美国保费补贴总额近 25 亿美元，占总保费成本的近 60%。通过补贴来提高参与率的成本越来越高。当提供补贴或提高补贴时，这些补贴适用于所有的投保面积，包括已投保面积，也包括新增加投保面积。1981—1994 年，以 2000 年不变价格计算，对新增投保面积每英亩保费补贴的边际成本 3.31 美元。1994 年《农作物保险改革法》实施后每英亩投保面积的边际保费补贴成本提高到 10.51 亿元。2000 年《农业风险保障法》颁布后，边际补贴成本提高到每英亩约 26 美元。

其次，提高参与比例可以降低政府成本。参与率的提高、风险单位的增多，意味着风险可以在更大范围内分散，就会增加经营的稳定性，保费可能会降低。保费补贴可能降低。1960 年，加拿大曼尼托巴省政府对该省农作物保险的补贴占纯保险费的 50%，到 2005 年补贴率已经不到 10%，因为现在农场主购买作物保险比例已经达到了 80%～90%，加拿大农场主已经从几十年的实践中认可了农作物保险，不仅有能力而且愿意支付足额的保险费。

最后，要在政府补贴与农民愿意参与（在自愿投保条件下）之间寻求适当的平衡。Luz Maria Bassoco 等人 1986 年对墨西哥农业保险补贴问题进行研究时发现，农作物保险保费补贴低于保费的 2/3 时，对生产者就缺乏足够的吸引力。

当然，各个国家的情况不同，补贴数额、比例有很大差异。日本的平均补贴率、补贴额都很高，美国在六十几年中补贴是不断增高的，现在也接近日本的水平，许多险种的保费补贴超过 50%。法国的政策性农业保险保费的补贴比例也高达 50%～80%。我国需要多少保费补贴，需要做专门研究和具体测算。从美国的情况看，近年来，政府对农业保险的保费补贴约占农业增加值的 1%。如果由此做简单的测算，2005 年，我国第一产业增加值 22 718 亿元，则我国农业保险目标财政补贴额应该达到近 230 亿元。当然，在制定条例时不必要规定得很具体，制作原则性的规定就可以了。

2. 补给谁

中央财政的补贴补给省还是直接补给政策性农业保险的经营机构？这取决于我们将来政策性农业保险的体制：假如各个省（自治区、直辖市）都有一个政策性农业保险的管理机构，中央的补贴可以拨付到这个管理机构。如果省里没有管理机构，只是通过一两家大型公司做政策性农业保险业务，中央和省的补贴也可以直接拨到该公司，如现在财政部直接补贴黑龙江农业相互保险公司一样。但是，假如开展政策性农业保险业务的机构比较多，业务很分散，财政部门直接对经营机构，其行政成本会太高。

3. 如何补

如何补涉及是否以及如何将中央支持扶助政策与地方政策相结合的问题。这样，在立法层面有两个问题：一是，要不要将中央的支持和地方支持联动？二是，对不同地区支持力度是否应该相同？

对于第一个问题，为了防止各地补贴资金不能到位，影响政策性农业保险的顺利开展，可以实行中央财政和地方财政的“补贴联动”。即像新型农村合作医疗的补贴办法那样，在农民的保费收集起来和省政府的补贴到位之后，中央财政的补贴再拨付。这种“补贴联动”有利于鼓励地方财政出钱来发展本地农业和通过农业保险保障农民的基本生活。按照这种筹资顺序，农民首先向基层政府缴纳农业保险保费，然后县级财政、市级财政、省级财政依次配套，最后凭着农民和地方财政的到位资金，申领中央财政的补助资金。中央财政补助资金到位意味农业保险筹资过程结束。这种筹资顺序存在两个弊端：第一，使得农业保险的筹资陷入中央政府、地方政府和农民的博弈之中，不利于重建农民对农业保险的信任机制。第二，上一级财政补助资金拨付的滞后性，将影响农业保险基金的到位率，同时，这进一步会导致农业保险的基层管理部门在制定保障水平和补偿方案时非常保守。

同时，中央和地方财政的“补贴联动”将会产生不公平现象。对于那些粮食主产区或西部经济落后地区，虽然最需要农业保险，但他们的财力有限，补贴能力最差，不可能拿出足够的钱来补贴。这就使得相对富裕的地区先一步和多享受到上级政府的补贴，产生明显的补助累退效应。同时，财政状况好的县（市）往往农民的收入水平也较高，自身抵御农业风险的能力也相应较强，因而并不能很好地发挥政策性农业保险的保障功能。

因此，我们建议中央财政和地方财政不实行“补贴联动”。应该按照公共服务均等化的原则，你这个地区做多少政策性农业保险业务，按规定比例补贴你就是了，其他税惠政策也按做业务的多少来计算。至于地方拿多少钱，不用去管。这也符合上面说过的“中央统一制度框架和分散决策”的精神。

对于第二个问题，就涉及地方财力问题。往往是商品农产品基地或贫困地区的地方财力不足，照理说中央的支持力度应当大一些。对发达地区，中央财政的

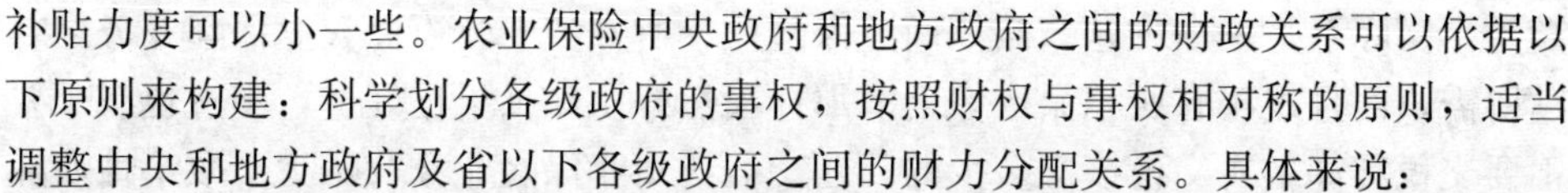

补贴力度可以小一些。农业保险中央政府和地方政府之间的财政关系可以依据以下原则来构建：科学划分各级政府的事权，按照财权与事权相对称的原则，适当调整中央和地方政府及省以下各级政府之间的财力分配关系。具体来说：

首先，明确中央政府的投入职责，划清中央和地方的投入责任。分税制改革以后，和地方财政相比，中央财政的汲取能力大为增强，根据事权和财权的对应性和一致性，中央财政也应该承担更多的财政责任。中央和地方财政可以选择按比例分担、按事项分担、按事项加比例分担等方式（上级政府通过财政转移支付资金对下级政府实施补助的制度）来分摊对农业保险的补贴。

中央财政的补贴要充分考虑到各地经济和社会发展水平的差异。在地方财政较为拮据的情况下，中央财政补贴数额或比例要高一些；对于富裕地区而言，补贴数额或比例要低一些。如美国的医疗救助（Medicaid）采用联邦和州两级供款模式，即联邦政府和各州分担医疗救助费用。联邦政府拨给各州的配套经费是以各州的人均收入为基础，根据下面的公式计算出来的：

$$P = \frac{100 - 45S^2}{N^2}, 50 \leqslant P \leqslant 83$$

式中，P 是联邦政府的资助率；N 和 S 分别代表全国和各州的人均收入。如果一个州的人均收入等于全国的平均水平，联邦的配套率就是 55%；对人均收入在全国平均水平以上的州来说，50%是最小的配套率；对收入较低的州来说，83%是最大的配套率。这种灵活的补贴方式可以很好地解决各地经济发展不平衡情况下中央政府补贴的公平性问题，同样值得在确定农业保险补贴方式时参考。

其次，调整地方不同层级财政投入的职责分工。由于现行分税制改革的不彻底，省级以下层层向上集中财权，加剧了县级财政入不敷出的困境，因此要重新调整或进一步明晰各级政府的事权。即由省、市财政负担全部地方财政补助资金，至于三者之间的分摊比例也要视不同层级的财政能力而定。

最后，要未雨绸缪，关注未来可能的政府层级设置改革及其对农业保险补贴制度安排的影响，并做出相应的调整。为了减少行政成本、提高行政效率，随着政府层级设置改革的推进，存在地级机构撤并、实行省直管县的不确定性。

4. “以险养险”的间接补贴方式不可取

现在一些地方的农业保险试验将“以险补险”作为其重要经验。即准许被批准经营农业保险的公司在经营政策性农业保险业务的同时，经营农村的其他财产和（或）人身保险业务，以这些商业性保险项目或险种的盈利自我补贴政策性农业保险。我们认为，“以险养险”的间接补贴是保监会在农业保险缺乏制度性的农业保险补贴情况下推动农业保险发展的无奈之举，其存在很多制度性缺陷：

首先，政策性农业保险所需要的补贴需要多少商业性财产和人身保险项目来满足，实际上是一个难题。假如商业保险业务所赚多于政策性农业保险业务之补贴所需，而且逐年有所积累，像上海那样当然好说，日子也好过，不过也有个要不要交税和如果要交税该交多少的问题。假如商业保险业务所赚少于政策性农业保险业务之补贴所需，亏损由谁补偿或消化？在后一种情况下无非 4 条路，要么向政府要补贴，要么收缩政策性农业保险的业务、扩大财产和人身保险的商业保险业务，要么走商业性农业保险的道路，要么完全放弃农业保险经营，在走后 3 条路的情况下，政策性农业保险的目标就不可能达到。

其次，如何核定一家保险公司的政策性和商业性两类保险业务的盈亏？由谁去核定？核定的原则如何确定？从我国实际和各方面暴露出来的制度缺陷来看，对这些问题必须事先有一个规则和解决办法，不然等公司出问题之后再讨论就不好办了。

再次，给这些政策性公司多少商业性业务，还涉及商业保险市场的平衡性和公平性的问题。

最后，“挤出效应”问题。允许政策性保险公司经营商业性业务，必然对其他商业性保险公司的业务产生“挤出效应”。其他商业公司开展业务，多产生利润，可以通过税收的形式转化为财政收入。而如果想借助于“以险养险”的方式，则是以商业保险业务部分的利润免税的方式进行间接补贴的，从总量上并不一定会减轻财政负担。

因此，如果财政部补贴足额到位，则没有必要再采取自身存在诸多冲突和矛盾的“以险养险”的间接补贴方式。

除了财政补贴，对农业保险还需要实行全面的税收优惠政策。现行税制规定，农业保险仅免征营业税，而且仅界定在种养两业。我们建议将农业保险的范畴拓宽到渔业，同时在农业保险立法中明确对政策性农业保险免除一切税赋和收费。

同时，如果继续维持“以险养险”政策，则对经营政策性农业保险的保险公司和保险合作组织在农村地区经营某些农业保险以外的财产保险业务，也要实行税收优惠政策。

七、关于政策性农业保险的经营组织问题

在过去几十年的实验中，实际上有多种不同的经营组织参与农业保险。现在立法中涉及如何充分利用现有组织资源的问题。人们比较关注的问题是保险公司和农村互助组织将在农业保险中扮演什么角色。

对于保险公司的角色，我们认为这取决于我国政策性农业保险所选择的制度模式。如果选择“政府主导下的商业性保险公司经营模式”，则保险公司可以更深入地参与农业保险。如美国农作物保险公司（FCIC）负责精算农业保险费率，

设计农业保险产品，审核各个参与经营农业保险的私营保险公司和再保险公司的资格及其所做的农险业务，审定补贴数额等。具体的销售、管理、理赔等工作由保险公司来做。而如果选择其他的制度模式（如政府主办并由政府经营模式、政府支持下的合作社经营模式、政府支持下的相互保险公司模式等），则现有商业性保险公司发挥的余地比较小。

我们认为，根据我国实际，对广大的农村分散经营的个体农户，比较适宜采用政府主导下的商业性保险公司经营的模式，即在政府主导的框架下让商业性保险公司唱主角。这种模式之所以可取，是因为可以充分利用保险公司现有的资源，无须“另起炉灶”，可以最大限度上节约成本、提高效率。因此，我们认为，保险公司，包括目前成立的财产保险公司、专业性农业保险公司和相互农业保险公司，应该是我国政策性农业保险的主力军，他们的经营技术和人才是现成的，有的公司（例如人保、中华联合、安信、安华、黑龙江阳光）也已经有了不同的实践积累。特别是我国最大的财产保险公司中国人民保险股份有限公司有较长时间的较大范围的试验实践，又有一大批农险专业技术人才，积累了比较丰富的经营和管理农业保险（主要是商业性农业保险）的经验，他们也有相当广泛的分销代办网络，再加上其他有意于农业保险政策性经营的财产保险公司的加盟，比较容易铺开。只要政府的政策到位，扶持措施得力得当，让他们既有利又承担风险，在政策框架下充分发挥市场化操作的优势，成功的希望是很大的。

同时，我们也要充分发挥农村合作互助组织的作用。保险公司与2亿农户打交道时，最大的问题是交易费用过高和道德风险难以防范。互助组织可以降低交易费用和有效防止道德风险，同时，政府的保险政策可以推进农民组织化程度的提高。因此，充分利用农村互助组织，使其发挥保险中介作用，可以节约费用。但研究表明，现有的组织资源，由于沉重的制度遗产而导致的“路径依赖”，以及我国农民整体的自组织能力不高，因此大部分不大可能改造为农民自己的合作组织。目前中国农村正在进行组织创新，实际上是“另起炉灶”，培育在市场经济条件下逐步形成的连接农民与市场的多元化的新型中介组织和群体。就是说，我国的农村合作组织一直发育不是很好，在生产和流通领域发挥的作用总体上来讲并不是特别大，特别是保险涉及较强的专业性、技术性，农业保险合作组织可以鼓励其发展，但在短时间里恐怕只能担当辅助角色。因此，一方面，农业保险互助组织必须依赖于现有的组织资源（保险互助往往是生产、流通等领域互助功能的延伸），但现有的互助组织覆盖范围很有限，组织化程度低。尽管我国现在也有的地方通过各种合作组织（谷物协会、西瓜协会、果树协会、奶牛协会等）做农业保险的，但这些合作组织在一定时期里不可能担当政策性农业保险的主力军，他们从事农业保险业务的经验、技术、人才都需要较长时间的积累和培育。另一方面，通过发展农户互助组织来连接农户与市场应该是未来中国农民中介组织发展的必然趋势，因此，在农业保险制度框架中，要给农业保险互助组织发展的空间。

目前比较麻烦的是这些合作组织都不是法人组织，经营农业保险是在打“擦边球”，他们一般都是在民政部登记的社团组织（或者普通社团法人）。如果他们要做农业保险就必须通过正式申请，由保险监管部门审查批准，成为正儿八经的保险组织。这样便于监督和管理，将来涉及补贴渠道也畅通一些。

保险公司与农村和合作组织在政策性农业保险中的角色问题涉及的是市场供给主体的问题。其实，就组织形式而言，商业性股份保险公司、相互保险公司、合作组织应该都是可以做农业保险的，这跟《中华人民共和国保险法》修正意见可以一致。

八、关于政策性农业保险的巨灾风险分散机制

农业易受巨灾风险事故的袭击，大面积旱灾、水灾在我国各地的发生率都很高。因此，农业保险必须建立巨灾风险分散机制。关于这一点，加拿大曼尼托巴省的农业保险为我们提供了很好的教训。该省从 1959 年开始开办政策性农业保险，在起初的 26 年里，大部分年份保险费支付赔款后略有结余，但是 1986 年和 1988 年两年大旱灾，不仅将 26 年的积累花光而且举债，这些债务在此后多年才偿还完。这就要求农业保险必须建立“巨灾补偿准备金”，同时，要有一个强有力的再保险机制，使得风险能在时间和空间上得到有效分散。

现在，我国尚无一个省（自治区、直辖市）在试验之初就着手建立“巨灾补偿准备金”的。同时，部分试验的省（自治区、直辖市）也没有安排再保险。缺乏巨灾赔偿准备，也无分散风险的其他安排，这样的农业保险试验经营就成了一着“险棋”，等于将风险都集中到了当地政府身上，这也是目前有的省政府试验政策性农业保险时最担心的事。因此，建立巨灾风险分散机制势在必行。

要分散农业保险的巨灾风险，无外乎 4 个途径：

第一，尽可能在较大地区推行农业保险，就是使风险单位尽可能地多，使其在直接保险层面上通过大数法则实现风险分散。但在自愿投保的条件下，农户的参与率难以有效提高，分散巨灾风险的效率较低。

第二，组织再保险。现在开办农业保险的地方和公司都很重视通过再保险分散风险，上海安信在 2005 年的台风灾害之后就尝到了再保险的甜头。不过，目前的再保险大多都是由国外公司接受的。国内商业性保险公司和再保险公司的作用没有充分发挥出来，做的不多。其主要原因是风险太大，我们积累的数据和经验又太少。当然，现在外国再保险公司对接受我国农业保险的再保险也相当谨慎。2006 年已经将接受再保险的起赔点提高了。

因此，为了提高农业保险再保险的市场供给能力，可以有两种选择：一是借助于现有的中国再保险，由政府拨专项基金将再保险的责任交给中国再保险公

司，由中国再保险公司为商业性保险公司承担的农业保险提供再保险服务。由于提供农业再保险服务出现的亏损，由国家财政负担。对于政策性农业保险（享受财政补贴的农业保险业务）的分入保费，设立专项基金，盈余之年基金滚存，大灾之年用滚存基金进行赔付，差额部分由政府补贴。二是成立专门的政策性农业再保险公司。由国家出资设立农业再保险公司，并以法律的形式规定任何形式的农业保险业务，必须向农业再保险公司或中国再保险公司及其他保险公司分保，超赔部分由国家财政负担。

第三，建立农业巨灾风险基金。可以建立全国范围内的巨灾风险基金。其资金来源可以包括：政府财政预算拨款；经营农业保险的保险公司及再保险公司按保费收入的一定比例投入；国家粮食风险基金；从资本市场上筹集资金。农业巨灾风险基金运用方式可以包括：对遭遇巨灾损失的农业保险公司提供补偿；巨灾风险的预防（比如通过兴修水利设施来预防洪涝和干旱的发生，通过防疫疫苗注射来预防禽畜传染病的发生和扩散）；支持设立农业灾情研究机构（分析和研究我国农业灾害发生规律，以便建立农业风险预警系统，加强农业风险管理，还可以为国家制定农业保险政策、构建有效的农业保险制度体系提供科学依据）。

同时，必须规定巨灾风险事故发生后巨灾风险基金不足赔偿时的融资方式。或者由财政支付，或者由财政担保从金融机构贷款，或者财政担保发行债券。

关于巨灾风险基金，还可以有另一些思路：比如财政平时不出这部分钱，只是在巨灾发生后政策性保险的准备金不足赔付时，由财政担保向银行贷款，或财政担保发行债券。这个问题必须在条例里明确规定。

第四，巨灾风险的分散还可以通过保险风险证券化的方式，不过其操作技术性较强，目前连商业性保险公司都还没有推出这类产品，农业保险恐怕暂时不宜涉及。

九、关于政策性农业保险的强制性问题

探讨农业保险经营中是否实行强制投保，至少有两个方面的考虑：第一，农业保险中的逆选择比较严重。尽管前面提到的费率分区可以在一定程度上抑制逆选择，但精确划分风险单位，进行费率分区，细分费率档次，成本是相当高昂的。即使完成了分县区划和费率分区，也不可能完全解决逆选择问题。因此，从技术层面说，比较好的解决方法是实行强制投保。第二，农业保险的特征及其政策指向，或者说其要达到的经济和社会目标。如前所述，政策性农业保险既涉及农业和农村经济发展，又关系到农村社会保障政策，对农业和农村发展具有战略意义，因而需要农民的普遍参与，否则其政策意义就会大打折扣。但如果对农业保险实行自愿而不是在一定范围内强制，其参与率可能非常低。在这种情况下，农业保险很难可持续发展。同时，没有足够的参与率，开办政策性农业保险的经

济和社会目标也就难以实现。

但对农业保险是否实行强制，还需要考虑另外两个问题：一是强制的合法性；二是强制的效果。

就合法性而言，强制和补贴是紧密相关的，“补贴”给“强制”以合法性，“强制”给“补贴”以资源。只是在补贴比较到位、充足的情况下，强制性就相应地具有更大的合法性，否则强制只能拥有弱的合法性。同时，强制只有具有充足的合法性才是可以自我实施的。如果农业保险强制具有了充分的合法性，变成人们普遍接受的“成功的意识形态”，就可以降低交易成本，减少执行过程中的费用；相反，如果不具有合法性或仅仅具有弱的合法性，就不具有“成功的意识形态”的功能，交易成本很高，结果是实施成本很大，可持续性很差。

就强制的效果而言，为了更好地开展农业保险，需要预测实行强制性原则可能会无意中造成的后果。自愿退出权是一种有效的制约机制，能够激励管理者完善农业保险方案设计、改善服务。如果实行强制，农业保险管理者的激励机制可能会改变。“强制”取消了农民“自愿”条件下的“投票权”，这项制度的下层监督就取消了——这可能正是官员和农业保险管理人员所希望的，而来自上层的监督普遍是失效的，那么这项制度会很容易地偏离它本来设定的目标。也就是说，强制参加可能防范了居民的“逆向选择”，但是却带来了农业保险管理人员的“道德风险”。

可见，任何一项制度，要有生命力，光靠不断的强制是不行的，它必须成为“自我实施”的。看到“自愿参加”不理想就想“强制”，看到强制不理想就用加倍的强制，这是一种“管理主义”的思维方式。为了完成一项“社会过程”，政府总是习惯性地应用其权力优势，却忘了因为“复杂的系统工程”的社会复杂性，会有一些事后的意外后果产生。农业保险也不例外，这是我们考虑农业保险是否实施强制原则时必须思考的问题。

综上所述，只有给农业保险足够的补贴，强制投保才具有自我可以实施的合法性。同时，自愿投保的下层监督取消后，农业保险管理人员“道德风险”能在一定的范围内可控，这时才可以考虑选择强制投保来抑制逆选择以及实现农业保险的政策目标问题。

十、关于政策性农业保险的道德风险问题

由于农业保险的特殊性（保险标的是活的生物而且广泛分散、农业灾害及其损失的伴生性、相互关联等），其道德风险和逆选择比一般商业保险更为严重而且难以防范。因此，防范政策性农业保险的道德风险，就成为农业保险健康运行的保证。目前可以考虑以下防范措施：

第一，保障水平不可以太高（也就是实行共保）。我国大多数试验地区都是

将产量保障水平定在50%～70%。也有更低的，只保费用成本。国外对农作物保险的保障一般规定在几年平均产量的60%～75%，风险小、信誉好的农户最高可以保到几年平均产量的85%。畜禽保险的赔付价格也一般按照市价的70%左右确定。

第二，无赔款优待，对于没有获得赔付的农户次年投保时适当降低保费交纳数额。

第三，对信用好的农户购买保险时，给予保费折扣。

第四，对单产水平高的农户，当灾害发生时，给予他们更高的赔偿。

第五，让基层农业技术部门、经管部门参与当地政策性农业保险的经营和管理。当地农技人员熟悉当地的气候、土壤、地理、耕作技术、饲养规范、流行疾病等，也熟悉当地的人脉，通过他们展业、防损和理赔在很大程度上可以防止道德风险。这方面我们做过一些调查。这一条是比较特殊的，也可能是中国特色，但涉及体制和费用。

十一、关于政策性农业保险的管理机构

如果实施政策性农业保险，就需要有一个管理机构，至少在决策主体所在省（自治区、直辖市），要有专门的政策性农业保险管理机构。在立法时明确和加强我国政策性农业保险的管理机构非常重要。因为我国的决策机制和国外很不一样。例如美国采取的是国会听证制度，决策公开、透明，公众的参与率高，比较科学。一项议案在国会辩论通过后，其各职能部门只是执行机构，该谁出钱谁就出钱。但我国采取的是政府官员决策。部委具有相当大的决策权力，不仅仅是个执行机关。一项跨部门的政策的决策，相关部委之间的协调成本很高，各部委的政策不免有相互摩擦和掣肘之处。因此，农业保险的管理机构是单独设立还是放在政府的某个部门里，叫什么名称，可以由中央和省政府相关政府部门协调决定，但不能没有这个机构。在农业保险立法中必须明确，不然政策性农业保险就不好操作。设立管理机构的关键在于，要能很好协调各有关职能部门的关系和政策，这是我国政策性农业保险健康发展的前提。

我国目前的农业保险主要由保监会来推动，其历史渊源在于农业保险的三轮试验基本上都是在商业保险的框架下进行的，而保监会正是商业保险的主要监管部门，由保监会来推动和管理农业保险自然是情理之中的事。从目前来看，保监会不遗余力地为农业保险的发展做了大量的工作。这些努力使农业保险开始破题，引起越来越多的部门和公众的关注。保监会在其中功不可没。

但是，和一般的商业性保险相比，政策性农业保险更为复杂，这也对其管理机构提出了更高的要求。政策性农业保险的复杂性不仅体现在其展业、承保、防灾减损、理赔等业务经营层面，更主要的体现在其政策性本质所要求的跨部门协

调上。例如为实现政策目标，政策性农业保险要促进政府农业产业结构调整，但农业产业结构调整政策主要由农业部和发展改革委制定。又如，政策性农业保险要对保费和管理费用补贴，而这种投入主要由财政部来决定。这就要求政策性农业保险的管理机构具备和各相关部门良好的沟通能力。

这个管理机构是否能顺利产生一直成为农业保险制度诞生的决定性因素。也可能是此次起草条例不可能回避的难题之一。

关于农业保险的管理机构需要履行的职责或职能，我们认为主要是：

第一，根据中央政府和省政府授权，制定和执行有关政策性农业保险的政策。

第二，组织全国或全省进行农业风险区划和费率分区工作。

第三，研究农业风险和风险管理，精算费率，设计政策性农业保险的标准（或示范）条款。实际经营农险业务的保险公司，也可以根据当地的实际情况开发保险产品，但其条款与费率必须经农险管理部门审定。

第四，筹集、管理和使用大灾准备基金。

第五，协调各地、各个参与农业保险的主体之间的关系。

第六，提供农业保险的再保险。

第七，根据中央政府或省政府的授权，代表中央政府或者省政府管理、审核和拨付财政补贴资金。

十二、关于政策性农业保险的监管

政策性农业保险由谁监管，如何监管，需要通过农业保险立法加以明确。当然，无非是几种方案，一是由中国保监会监管，一种是由保监会、财政部、农业部共同成立一个机构监管，第三种就将监管责任交由上面说的政策性农业保险管理机构。

但政策性保险的监管与商业性保险的监管无论监管内容和监管规则都有很大差异。政策性农业保险和商业性保险的一个重要区别在于，前者是非营利性的，而后者是追求盈利的。经营主体目标的差异就决定了监管部门监管理念的根本不同。对于商业性保险，监管部门要在保险公司追求盈利和保障投保人以及被保险人利益之间实现动态平衡，力求兼顾二者的利益。而对于政策性农业保险，监管部门最根本的任务是促进农业保险作为政府的政策工具实现其政策目标。正是基于上面的讨论，国外政策性农业保险的监管主体通常都不是商业性保险监管部门，而是有其单独的监管主体。例如美国的政策性农业保险由设在农业部的风险管理局监督管理，其各州的保险监管局以及全国保险监督官协会只负责商业保险的监管。日本的政策性农业保险由其农林水产省负责监管。

因此，我国政策性农业保险如果继续由保监会来监管，就需要法律对保监会的职能进行扩充，专门成立比较强大的政策性农业保险监管部门，加强各方面的人员配备，使其能够有效协调国家各有关部委对于农业保险的政策。如果不能满足这些条件，则有必要考虑在适当的时候，以目前的保监会政策性农业保险监管部门和人员为基础，联合农业部、财政部、国家发展改革委等有关部委，单独成立专门的政策性农业保险监管机构，以适应政策性农业保险的快速发展。

最后，如果将农业保险的监管机构与上面说的政策性农业保险管理机构合二为一，无疑可以降低行政成本，提高行政效率，但可能会面临主管者与监管者的角色冲突问题。因为从农业保险行业管理者的角度出发，必然会关注农业保险的增长问题，进而会采取各种措施引导和促进农业保险的增长。而农业保险的监管者通常只关注市场主体是否合规经营，是否存在破产风险，是否有损害消费者利益的行为等，而不会去关注那些应该由市场微观主体自己分散决策的事务。如果未来的农业保险监督管理部门身兼两职，既是农业保险的主管部门，又是监管部门，两种不同角色决策目标的差异就决定了二者秉持的理念的根本不同。作为主管者，必然致力于农业保险的增长，而作为监管者，其最根本的任务是防范风险和保护消费者利益。由同一个主体身兼两种不同的角色，目标和理念的二重性必然会引发两种角色之间的冲突，这将对中国农业保险的可持续发展产生不利的影响。

参 考 文 献

庹国柱，C F Framingham. 1995. 农业保险：理论、经验与问题［M］. 北京：中国农业出版社.

庹国柱，李军. 1996. 国外农业保险：实践、研究和法规［M］. 西安：陕西人民出版社.

庹国柱，李军. 2003. 我国农业保险试验的成就、矛盾及出路［J］. 金融研究（9）.

庹国柱，王国军. 2002. 中国农业保险与农村社会保障制度研究［M］. 北京：首都经济贸易大学出版社.

庹国柱，朱俊生. 2005. 关于我国农业保险制度建设几个重要问题的探讨［J］. 中国农村经济（5）.

庹国柱. 2006. 当前政策性农业保险试验中的困难和问题［J］. 保险研究（9）.

庹国柱. 2006. 建设新农村需要加快农业保险建设［J］. 经济与管理研究（5）.

张跃华. 2006. 需求、福利与制度选择：中国农业保险的理论与实证研究［D］. 上海：上海交通大学.

Milton J Boyd, Jeffrey S Pai, Cindy Yi, Tuo Guozhu, Zhang Qiao. 2006. Crop Insurance: Experience from Canada Draft［R］. 06 - 28.

Robert Dismukes, Josephw Glauber. 2005. Why Hasn't Crop Insurance Eliminated Disaster Assistance?［J］. Amber Waves（6）.

试论政策性农业保险的财政税收政策*

财政税收政策是政策性农业保险不可缺少的重要政策。国内外的经验表明，没有合理可行的财政税收政策，就不可能有真正意义上的政策性农业保险，也不会有政策性农业保险的成功运作。我国目前正在按照中央的决策和要求谋求建立政策性农业保险制度，并正在调研和起草农业保险法律法规，相关财政税收政策必须明确地做出规定。有必要深入探讨和确定制定该政策有关的一些原则性和操作性问题。

一、政策性农业保险为何需要财政补贴和优惠税收优惠

政策性农业保险的财政政策主要有 4 块，即保险费补贴、管理费补贴和再保险补贴，以及帮助建立巨灾风险准备基金。

第一，通过保费补贴，解决农民买不起保险的问题。农业的高风险，农业保险经营的高风险、高费用从而高费率，与农民的低风险意识和低收入、低支付能力形成强烈反差。一般财产保险，例如家庭财产保险、企业财产保险的保险费率在 1‰～2‰，但一般农作物保险的费率在 2%～15%，相差 10～75 倍。在一些地区（例如上海、广东等地），相当一部分农户对农业生产本身的预期利益都没有兴趣，更不可能考虑购买农业保险。因此，没有政府的财政补贴，甚至没有政府的足够的财政补贴，农民一般不会或很少有人愿意购买农业保险。

第二，通过费用补贴，解决农业保险经营成本过高的问题。保险公司，无论是商业性保险公司还是政策性保险机构，经营农业保险的成本都很高。原因是农村范围广袤，农户分散，保额不高，保险公司的展业成本很高，营销人员的人均产能极低。即使像加拿大、美国等发达国家的农业保险，农场规模较大，承保相对集中，单个农户的保费较多，其农业保险管理费用也要占到保险费收入的 30%～35%，甚至超过 50%。这与一般财产保险的费用率 20%左右相比，也相

* 本文与朱俊生合作，发表于《经济与管理研究》，2007 年第 5 期。

差悬殊。为使经营政策性农业保险的保险机构不至于亏损，同时减轻农民的保费负担，需要给经营农业保险的这些保险机构管理费用补贴。

第三，农业保险的再保险风险同样很高，再保险费需要补贴。农业保险经营离不开再保险，以便为农业保险的经营者分散其经营风险，保持其财务稳定性。2003 年，海南乐东地区曾举办香蕉保险，人保公司收取保险费 20 多万元，因为当年台风灾害严重，保险公司赔付 200 多万元，赔付率到达 1 000%。而因为他们没有购买再保险，这些赔款责任只能完全由保险公司承担。加拿大曼尼托巴大学教授 Jeffery Pai 在调查这个情况时说，假如这是在美国，保险公司向联邦农作保险公司分保，按照其再保险规则，直接保险公司自己只需支付 22 万多元的赔款，其余 180 多万元赔款都将由再保险人支付。当然，农业保险经营的风险较大，分保费负担一般也比较重，否则再保险人不愿意接受或不愿意多接受分保责任。因此，政府要么给农业保险的直接保险人一定的再保险费补贴，要么由政府自己出资建立一个农业再保险公司为农业保险经营机构提供较充分的价格较低廉的再保险服务，像美国那样。

第四，有必要为农业保险建立巨灾风险准备基金，解决农业保险中巨灾风险难以分散的问题。农业保险巨灾风险比较多，大面积干旱、洪水、台风等风险事故往往会给直接保险人带来超过责任准备金数十倍的损失，就会很容易使经营机构破产。这就需要建立巨灾风险准备基金，以应对不期而至的巨灾风险赔付。

除了上述财政政策，为了减轻保险经营的成本负担，便于其积累风险准备金，政府往往不对农业保险业务课税，不仅是营业税，而且还包括所得税等其他各种税费负担。

二、政策性农业保险需要多少财政补贴

政策性农业保险的财政补贴问题涉及“补多少”“补给谁”“如何补”等诸多问题。

到底政策性农业保险需要多少补贴？农业保险的补贴要根据不同地区、不同保险标的、不同风险等级和频率、不同保障水平和政策导向性来分别确定。

保险费补贴额和补贴率主要取决于纯保险费率、保险保障水平高低、政府的政策目标和财力、农民对保险产品的接受或购买能力。一般来说，保险产品的纯费率越高补贴越多，纯费率越低补贴越少；保险项目或产品的保障水平越高补贴率越低，保障水平越低补贴率越高；在政府的农业保险发展计划中，保险标的越重要或保险的政策目标越高，又有财力，补贴也就越多，相反补贴就少；农民投保愿望越强烈又有支付能力的保险产品其补贴就少，相反补贴就多。

同时，根据发达国家农业保险财政补贴的经验，还需要综合考虑边际补贴成本、参与率与补贴成本的动态关系以及补贴与农民的参保意愿之间的关系。

首先，边际补贴成本。以美国为例，到2004年，美国保费补贴总额近25亿美元，占总保费成本的近60%，通过补贴来提高参与率的成本越来越高。当提供补贴或提高补贴时，这些补贴适用于所有的投保面积，包括已投保面积，也包括新增加投保面积。1981—1994年，以2000年不变价格计算，对新增投保面积每英亩保费补贴的边际成本3.31美元。1994年美国《农作物保险改革法》实施后每英亩投保面积的边际保费补贴成本提高到10.51美元。2000年美国《农业风险保障法》颁布后，边际补贴成本提高到每英亩约26美元。

其次，提高参与比例可以降低政府补贴成本。参与率的提高、风险单位的增多就意味着风险可以在更大范围内分散，就会增加经营的稳定性，保费可能会降低，保费补贴可能降低。1960年，加拿大曼尼托巴省政府对该省农作物保险的管理费补贴占纯保险费的50%，到2005年管理费用的补贴率已经降低到10%，因为现在农场主购买作物保险比例已经达到了80%～90%，保费总规模扩大，作为固定成本的管理费并不是等比例地增加，政府补贴成本相应降低。

最后，要在政府补贴与农民愿意参与（在自愿投保条件下）之间寻求适当的平衡。在自愿参与的条件下，即使农民的农业保险需求不受支付能力约束，他们还会根据参与农业保险的预期利益大小来选择是否参加（购买）农业保险，预期利益小，机会成本大，他就不会选择投保，相反，预期利益较大，机会成本较小，他会选择投保。Luz Maria Bassoco等人1986年对墨西哥农业保险补贴问题进行研究时发现，农作物保险保费补贴低于保费的2/3时，该保险就对农业生产者缺乏足够的吸引力。

当然，各个国家的情况不同，补贴数额、比例有很大差异。日本的平均补贴率、补贴额都很高，美国在60几年中补贴是不断增高的，现在也接近日本的水平，许多的险种的保费补贴超过50%。加拿大的经验也类似，最初保费补贴只有50%，现在连办和省的补贴合计达到了60%。法国的政策性农业保险保费的补贴比例也高达50%～80%。我国需要多少保费补贴，需要做专门研究和具体测算。从美国的情况看，近年来，政府对农业保险的保费补贴约占农业增加值的1%。如果以此做简单的测算，2005年，我国第一产业增加值22 718亿元，则我国农业保险目标财政补贴额应该达到近230亿元。

三、中央财政补贴补给谁

中央财政的补贴补给省里还是直接补给政策性农业保险的经营机构？这不是一个理论问题而是一个重要的操作性问题，看似简单，实际上并不简单。

补给谁首先取决于我们将来政策性农业保险的体制：假如各个省（自治区、直辖市）都有一个政策性农业保险的管理机构，中央的补贴可以拨付到这个管理机构；如果省里没有管理机构，只是通过一两家大型公司做政策性农业保险业务，中央和省的补贴也可以直接拨到该公司，例如，2005 年和 2006 年财政部就是将补贴直接补给黑龙江农业相互保险公司。黑龙江农业相互保险公司的经营规模较大，承保农作物的面积有 2 000 多万亩，2005 年的保费收入占了全国农业保费的一半。但是，假如开展政策性农业保险业务的机构比较多，业务很分散，像有的地区，既有商业性保险公司，也有各种谷物、果树、饲养类专业性合作组织，财政部门直接对经营机构补贴，其行政成本将会太高。

四、中央财政如何实施补贴

根据各国的经验，对农业保险的财政补贴一般都是中央和地方共同承担责任，我国也将是这种思路。但从中央财政的角度考虑，就涉及是否以及如何将中央对农业保险的补贴政策与地方补贴政策相结合的问题。这样，实际上就有两个问题，一是，要不要将中央的支持和地方支持联动？二是，对不同地区支持力度是否应该相同？

对于第一个问题，为了防止各地补贴资金不能到位，影响政策性农业保险的顺利开展，可以实行中央财政和地方财政的“补贴联动”。即像现在各地试点新型农村合作医疗的补贴办法那样，在农民的保费收集起来和省政府的补贴到位之后，中央财政的补贴再拨付。这种“补贴联动”有利于鼓励地方财政出钱来发展本地农业和通过农业保险保障农民的基本生活。但其弊端也非常明显，按照这种筹资顺序，开办农业保险时，农民首先向基层政府缴纳农业保险保费，然后县级财政、市级财政、省级财政依次配套，最后凭着农民和地方财政的到位资金，申领中央财政的补助资金，中央财政补助资金到位意味农业保险筹资过程结束。这种筹资顺序存在两个弊端：第一，使得农业保险的筹资陷入中央政府、地方政府和农民的博弈之中，不利于重建农民对农业保险的信任机制。第二，由于上一级财政补助资金拨付的滞后性，将影响农业保险基金的到位率。同时，这会进一步导致农业保险的基层管理部门在制定保障水平和补偿方案时非常保守。

同时，中央和地方财政的“补贴联动”将会产生不公平现象。对于那些粮食主产区或西部经济落后地区，虽然最需要农业保险，但他们的财力有限，补贴能力最差，不可能拿出足够的钱来补贴。这就使得相对富裕的地区先一步和多享受到上级政府的补贴，产生明显的补助累退效应。同时，财政状况好的县（市）往往农民的收入水平也较高，自身抵御农业风险的能力也相应较强，因而并不能很好地发挥政策性农业保险的保障功能。

因此，我们建议中央财政和地方财政不实行“补贴联动”。应该按照公共服务均等化的原则，你这个地区做多少政策性农业保险业务，按规定比例补贴你就是了，其他税惠政策也按做业务的多少来计算。至于地方拿多少钱，不用去管。

对于第二个问题，就涉及地方财力问题。往往是商品农产品基地或贫困地区的地方财力不足，照理说中央的支持力度应当大一些。对发达地区，中央财政的补贴力度可以小一些。农业保险中央政府和地方政府之间的财政关系可以依据以下原则来构建：科学划分各级政府的事权，按照财权与事权相对称的原则，适当调整中央和地方政府及省以下各级政府之间的财力分配关系。具体来说：

首先，明确中央政府的投入职责，划清中央和地方的投入责任。分税制改革以后，和地方财政相比，中央财政的汲取能力大为增强，根据事权和财权的对应性和一致性，中央财政也应该承担更多的财政责任。中央和地方财政可以选择按比例分担、按事项分担、按事项加比例分担等方式（上级政府通过财政转移支付资金对下级政府实施补助的制度）来分摊对农业保险的补贴。

中央财政的补贴要充分考虑到各地经济和社会发展水平的差异。在地方财政较为拮据的情况下，中央财政补贴数额或比例要高一些；对于富裕地区而言，补贴数额或比例要低一些。那么，高和低根据什么来确定呢？这里我们不妨借鉴美国的一些经验。美国的医疗救助（Medicaid）就是采用联邦和州两级供款模式，即联邦政府和各州分担医疗救助费用。联邦政府拨给各州的配套经费是以各州的人均收入为基础，根据下面的公式计算出来的：

$$P=\frac{100-45S^2}{N^2},50\leqslant P\leqslant 83$$

式中，P 是联邦政府的资助率；N 和 S 分别代表全国和各州的人均收入。如果一个州的人均收入等于全国的平均水平，联邦的配套率就是55%；对人均收入在全国平均水平以上的州来说，50%是最小的配套率；对收入较低的州来说，83%是最大的配套率。这种灵活的补贴方式可以很好地解决各地经济发展不平衡情况下中央政府补贴的公平性问题，同样值得我们在确定农业保险补贴方式时参考。

其次，调整地方不同层级财政投入的职责分工。由于现行分税制改革的不彻底，省级以下层层向上集中财权，加剧了县级财政入不敷出的困境，因此要重新调整或进一步明晰各级政府的事权。即由省、市财政负担全部地方财政补助资金，至于三者之间的分摊比例也要视不同层级的财政能力而定。

最后，要未雨绸缪，关注未来可能的政府层级设置改革及其对农业保险补贴制度安排的影响，并做出相应的调整。为了减少行政成本，提高行政效率，随着政府层级设置改革的推进，存在地级机构撤并、实行省直管县的不确定性。

五、要不要实行“以险养险”

现在一些地方的农业保险试验有“以险补险”的经验。即准许被批准经营农业保险的公司在经营政策性农业保险业务的同时，经营农村的其他财产和（或）人身保险业务，而这部分非农业保险业务带有行政性强制或可获得特殊的税收优惠。

目的是以这些特殊的商业性保险项目或险种的盈利自我补贴政策性农业保险。我们认为，这种“以险养险”的间接补贴方式是主管部门在农业保险缺乏制度性的农业保险补贴情况下推动农业保险发展的无奈之举，其存在很多制度性缺陷：

首先，政策性农业保险所需要的补贴需要多少这类商业性财产和人身保险项目来满足，实际上是一个难题。假如商业保险业务所赚多于政策性农业保险业务之补贴所需，而且逐年有所积累，像上海那样当然好说，日子也好过，不过也有个要不要交税和如果要交税该交多少的问题。假如商业保险业务所赚少于政策性农业保险业务之补贴所需，亏损由谁补偿或消化？在后一种情况下无非 4 条路，要么向政府要补贴，要么收缩政策性农业保险的业务、扩大财产和人身保险的商业保险业务，要么走商业性农业保险的道路，要么完全放弃农业保险经营，在走后 3 条路的情况下，政策性农业保险的目标就不可能达到。

其次，如何核定一家保险公司的政策性和商业性两类保险业务的盈亏？由谁去核定？核定的原则如何确定？从我国实际和各方面暴露出来的制度缺陷来看，对这些问题必须事先有一个规则和解决办法，不然等公司出问题之后再讨论就不好办了。

再次，给这些政策性公司多少这类商业性业务，还涉及商业保险市场的平衡性和公平性的问题。

最后，“挤出效应”问题。允许政策性保险公司经营这种特殊商业性业务，必然对其他商业性保险公司的业务产生“挤出效应”。其他商业公司开展业务，多产生利润，可以通过税收的形式转化为财政收入。而如果想借助于“以险养险”的方式，则是以商业保险业务部分的利润免税的方式进行间接补贴的，从总量上并不一定会减轻财政负担。

因此，我们认为，如果财政部补贴足额到位，则没有必要再采取自身存在诸多冲突和矛盾的“以险养险”的间接补贴方式。

除了财政补贴以外，对农业保险还需要实行全面的税收优惠政策。现行税制规定，农业保险仅免征营业税，而且仅界定在种养两业。还不包括小型渔船和渔民的人身意外伤害等政策性农业保险项目。我们觉得，在农业保险立法中要明确对包括农林牧渔和小型渔船以及渔民人身意外伤害在内的政策性农业保险免除一切税赋和收费。

同时，如果继续维持“以险养险”政策，则对经营政策性农业保险的保险公司和保险合作组织在农村地区经营某些农业保险以外的财产保险业务，也要实行一视同仁的税收优惠政策。

参考文献

庹国柱，C F Framingham. 1995. 农业保险：理论、经验与问题［M］. 北京：中国农业出版社.

庹国柱，李军，等 . 1996. 国外农业保险：实践、研究和法规［M］. 西安：陕西人民出版社 .

庹国柱，李军 . 2003. 我国农业保险试验的成就、矛盾及出路［J］. 金融研究（9）.

庹国柱，王国军 . 2002. 中国农业保险与农村社会保障制度研究［M］. 北京：首都经济贸易大学出版社 .

庹国柱，朱俊生 . 2005. 关于我国农业保险制度建设几个重要问题的探讨[J]. 中国农村经济(5).

庹国柱 . 2006. 当前政策性农业保险试验中的困难和问题［J］. 保险研究（9）.

张跃华 . 2006. 需求、福利与制度选择：中国农业保险的理论与实证研究［D］. 上海：上海交通大学 .

Milton J Boyd，Jeffrey S Pai，Cindy Yi，Tuo Guozhu，Zhang Qiao. 2006. Crop Insurance：Experience from Canada Draft［R］. 06 - 28.

Robert Dismukes，Joseph Glauber. 2005. Why Hasn′t Crop Insurance Eliminated Disaster Assistance?［J］. Amber Waves（6）.

当前政策性农业保险试验中的困难和问题*

最近，我们先后到海南省、江苏省、浙江省和上海市就农业保险试验情况做了一些调查，同时也较多了解了北京、天津、黑龙江、吉林、辽宁、新疆、四川、山东、安徽、湖南、湖北、宁夏、甘肃等19个省（自治区、直辖市）、计划单列市正在和计划开展政策性农业保险试验的试验和试验准备情况，亲自感受到全国各地在贯彻落实今年中央1号文件提出的“加快建立政策性农业保险制度，选择部分产品和部分地区率先试点”以及《国务院关于保险业改革发展的若干意见》中关于“积极稳妥推进试点，发展多形式、多渠道的农业保险”方面所做出的积极努力。

各地的试验已经和正在创造出许多新的经营和组织经验，除了以“政府提供基本保障，农户自愿购买补充、商业性保险公司经营、各级政府多方协助”为特点的上海经验，以“相互共济、国省补贴”为特点的黑龙江模式，以“政府扶持、企业补贴、商业经营”为特点的吉林经验，又出现了以“政府主导、行政组织、财政支持、联合共保，只保吃饭，政府担责”为特点的淮安经验，以“全省统筹、县级核算、有限风险、责任分层、政府推动、共保经营”为特点的浙江经验等。这是自20世纪90年代农业保险逐渐萎缩，和保监会从2003年以来大力倡导和推动之后，农业保险领域出现的最为生动和蓬勃的令人鼓舞的局面。

在我们为他们的创新和发展高兴的同时，也了解到他们目前试验面临的一些困难和问题，这些问题主要不是理论问题而是操作条件和操作规则问题。归纳起来，一共有10个：

一、政策性农业保险的政策目标和导向不明确

为什么要试验开办政策性农业保险，这种农业政策性保险的政策目标和导向

* 本文发表于《保险研究》，2006年第9期。

是什么？这是试验政策性农业保险的各地政府至今还不统一或存在众多疑惑的问题。因此，有的地方政府把开办农业保险当作一种“额外负担”。他们说，办农业保险中央是为了确保粮食安全，但我们地方花这么多的精力和金钱，有什么好处？加之中央没有相关配套政策，害怕遇到大灾还“吃不完兜着走”。这样，地方上的积极性会打折扣，而且这点有限的积极性也很难持久。有的地方政府不仅没有能力给农业保险试验以补贴，而且还想从农业保险的经营中得到一些好处（从保险经办公司得到一些手续费收入）。这就更难期待农业保险试验的真正启动。

二、基层政府工作人员组织和推动农业保险的费用分担无章可循

各地的政策性农业保险试验，不可能单纯依靠商业性保险公司，基本上都是以行政组织和推动为主。有的试点省，例如浙江省、江苏省淮安市都将农业保险承保面作为试点市、县政府的业绩考核重要指标。因此，在推进的过程中，除了保险公司的工作人员，地方政府、农业行政主管部门、乡镇的农经中心等都承担了很大一部分宣传、展业、收费、查勘、定损、理赔工作。但推进政策性农业保险经营实际上是他们临时附加的一项工作，由于没有专门的编制和行政职责岗位，有关农业、财税、法改部门只能临时抽出一部分人员开展此项业务。鉴于我国农业经营的分散性和小规模经营，各地用于农业保险的宣传、展业、查勘、定损的成本相当高，而保险公司从所收取的保费中提取的经营管理费只有很少一部分是给这些人员，这部分费用实际上还是由财政负担，但“师出无名”，有的试验地区根本没有这项费用，这些地方的区县乡镇基层干部也就没有积极性。这将可能影响政策性农业保险的持续推进。

三、农民的自主投保意识参差不齐

农业保险对农业经营者来说虽然可以帮助他们分散生产风险，稳定其生产收入，保证简单再生产的持续进行。但是，由于农业灾害频繁、风险大、费率高，投保农业保险的预期收益不高（特别是对于那些家庭收入主要不靠农业的农户来说收益更是相对有限），农户购买保险的支付能力有限或者虽然有支付能力但不感兴趣，这就使很大一部分农民即使有政府的部分保费补贴也不会自愿投保。但对于费率相对较低、政府补贴较高险种（例如浙江温岭的露地西瓜保险），农民感到有利可图时，其参与热情就比较高，甚至排队投保、100%投保。

这种情况给农业保险经营如何平衡农民自愿投保和准确费率、适度财政补贴关系的研究带来了挑战。

四、地方对政策性农业保险的财政补贴缺乏长效机制

不少省（自治区、直辖市）虽然在试点推进政策性农业保险的经营时提供了一部分财政补贴（有的补贴保险费的50%，有的补贴35%），但是，他们也担心全面铺开以后，财政补贴的压力必然增加。例如，江苏省金湖县现在只在该县的塔集镇开展农业保险试验，市县财政2005年的补贴额为13万多元，如果在全县推广水稻、三麦、养鱼保险，县财政每年将要为此补贴200多万元，而且这种补贴一旦实施，就不可能收回来，且只可能增加，不能减少。因此，地方财政存在补贴的顾虑。更重要的是在没有建立巨灾补偿基金的条件下，真的发生大灾需要巨额赔付时，财政兜不了底，到那时政府将失信于民。所以有的省说，我们“保费补得起，但来了大灾赔不起”。

五、中央的财政扶持手段和力度是一个未知数

政策性农业保险离不开财政支持，特别是中央财政的支持。财政支持一般包括保险费的补贴和经营管理费补贴、在发生巨灾损失条件下的财政支持等。在我国目前经济发展条件下，绝大部分省（自治区、直辖市）离开了中央财政的适当支持，政策性农业保险制度恐难建立。而直到目前，中央财政没有任何有关政策期许和支持承诺，这是大多数省（自治区、直辖市）不敢进行试验的重要原因，即使开始试验的财政状况较好的省份，也对试验的可持续性没有信心。这一点也正是前20年农业保险试验失败的重要教训之一。当时不少地区也曾给予农业保险以补贴，但是他们能补“一阵子”，难补“一辈子”。

目前有幸得到中央财政补贴的是黑龙江阳光相互农业保险公司，虽然在2004年和2005年总共拿到了4 400万元的补贴，但是不仅数额不足①，而且都是临时性的安排，没有长期保证。这对于一家只有数千万元家底的相互公司②来说，经营风险相当大。

---

① 阳光公司希望国家财政补贴20%的保费，一年大约需要4 400万元，但财政部给他们的补贴大约是实际保费的10%。

② 一般商业性保险公司的注册资本最少要2亿元，但相互保险公司不做这种要求，该公司初始募集的资金只有不到1亿元，这些资金不是股本，出资人在今后要逐渐抽回。其农业保险的补偿基金就要全靠“社员”自己经营的结余积累。这样，在没有稳定的和充分的财政补贴的条件下，其补偿基金的积累将会非常缓慢，一遇大灾就将有失去偿付能力的风险。

六、政策性农业保险试验缺乏巨灾补偿准备和分散直接保险经营风险的再保险机制

各地在农业保险的试点中发现，如果不出现自然灾害或只出现一般性的自然灾害，农业保险费可以作为补偿基金积累起来；如果出现了较大灾害，农业保险可能会出现超赔（基金积累不足赔付）的现象；如果出现了较大范围的损失巨大的自然灾害，靠农业保险的保费收入以及艰难的积累来赔付，很可能就是杯水车薪。这就要求农业保险必须建立“巨灾补偿准备金”，同时，要有一个强有力的再保险机制，使得风险能在时间和空间上得到有效分散。而现在，尚无一个省（自治区、直辖市）在试验之初就着手建立“巨灾补偿准备金”的。同时，部分试验的省（自治区、直辖市）也没有安排再保险。缺乏巨灾赔偿准备，也无分散风险的其他安排，这样的农业保险试验经营就成了一着“险棋”，等于将风险都集中到了政府身上。

七、某些筹资渠道的随意性对正规制度建设效力有限

在一些试验政策性农业保险的地方，当地政府或保险经营机构力图拓展农业保险的资金筹集渠道，寻求一些产业化组织、龙头企业为投保农户提供保费补贴，或通过农业专业合作组织展业，但这种非正规手段和制度是一种自愿行为，没有任何政策和规则约束，带有很大的随意性。只可以提倡，不可能要求。有多大推广价值，对正规制度建设能产生多大效力，还无法预见，因此也恐难纳入正规制度建设中来。

八、缺乏支持政策性农业保险试验的其他配套政策

除了财政支持政策的缺失，农业保险试验的其他配套政策和措施也还没有踪影，例如：

1. 税收优惠政策

迄今，对农业保险的经营尚无任何税收政策的支持。曾有“经营农业保险免除营业税”的不成文规定至今还没有明文认可。而所得税对农业保险原则上依然征收。实际上，由于农业保险的高风险、高费率和高赔付，农业保险的试验经营已经举步维艰，在风调雨顺的年份可能的经营结余并不能将其当作利润，而应当将其作为非常年份的赔偿准备基金。取消 33%所得税征收规定是试验地区的普遍期盼。

2. “以险养险”政策

为了弥补农业保险准备基金的积累和增强偿付能力，国内外的成功经验之一

是给农业保险经营机构某些盈利性较好的商业性保险险种，甚至对这部分险种也不征营业税和（或）所得税。目前的试验中也有不少地方在这样试验。但因为没有任何规范和依据，各地也只能各行其是。例如，江苏让承担农业保险的商业性保险公司借助该渠道同时向农民推销“人身意外伤害保险”；浙江省把政府机关和事业单位的“机动车辆保险”都指定向经营农业保险的“共保体”投保（7月1日“交强险”实施后尚无明文）；上海允许专门经营农业保险的专业公司经营农村建房保险、农业机械设备保险、机动车辆保险、大病医疗保险等。但是各地的做法或者毫无依据，或者只是将经营农业保险的公司当作一个保险市场上的一般竞争主体，或者对这部分非农险业务的税赋不免，因而对补充农业保险准备金或者“养险”的正面意义有限。

九、缺乏农业风险区域规划，费率厘定和调整没有依据

国外的经验和我国的教训表明，农业保险成功经营的基础之一，是做好农业风险区域规划。因为这是正确厘定和合理调整农业保险费率的最重要的依据。我国虽然试验了几十年农业保险，但至今没有启动农业风险区划工作，这对试验非常不利。据浙江省的某些地方反映，该省某些地区农业自然风险比另一些地区大数十倍，但省里定的全省各地农作物保险费率相差很小（风险系数最大相差是1∶1.6），显然违反了保险经营的风险一致性原则，致使其经营公平性受到广泛质疑。因为出一样多或略有差异的保险费而获得风险损失补偿的机会大不相同，风险小的地区的农户只有向风险大的地区的农户做贡献的份，在很大程度上影响到这些低风险地区的积极性。但是，因为没有风险区划做依据，同时又没有相关经营的长时间数据资料积累，其调整难度可想而知。

做农业风险区划不是商业性保险公司或某一个政府部门能够完成的，需要政府立项并由各部门协调配合才能实施和完成。

十、专业技术和人才缺乏

农作物保险的专业性很强，要求从事试验经营的机构和人员既要掌握娴熟的保险经营技术（例如种植风险评估、费率厘定、保单设计等），又要掌握广泛的农业技术（掌握育种、土壤、耕作、植保、畜牧、畜禽疾病防治、气象、经营管理等）知识，不然无法正常试验经营。浙江省某地区今年开办的“露地西瓜”保险，由于其条款、费率、承保方面的缺陷，农民排队买保险，而且100％投保，100％受灾，导致理赔遇到较大麻烦，最后不得不由省政府出面协调和处理。

目前，除中国人民保险公司有一些（近年流失严重）具有这方面专业知识和

经营经验的农险人才，其他保险公司普遍缺乏兼具两个领域知识和技能的专业人才。这其实也是目前各地试验过程中保险公司离不开政府农技部门共同参与风险调查、条款制定、展业、承保、查勘、定损、理赔的重要原因之一，也是某些地区的保险公司不敢贸然涉足农业保险试验的原因之一。无论是保险公司还是试验地区的政府都渴望这方面的专业技术人才，希望能加强这方面的人才培训。政府财政税收部门、法改部门也都希望较多了解农业保险知识和技术，便于其制定和执行有关支持农业保险的政策。

我觉得当前存在的这些困难和问题的解决，是政策性农业保险试验持续推进、经营水平和层次不断提升的关键。

破解农业保险发展的"结"*

今年以来我国极端气候事件频繁发生，部分地区发生了严重的自然灾害，灾情较常年偏重。来自民政部国家减灾中心的统计数据表明，截至9月7日，全国各类自然灾害受灾人口35 934.1万人，死亡人口1 600人，紧急转移安置人口1 185.2万人，农作物受灾面积3 118.87万公顷，农作物绝收面积490.43万公顷，倒塌房屋139.2万间，直接经济损失1 441.9亿元。而由于我国农业保险制度的整体缺失，受灾的农民从农业保险中得到的赔付微乎其微。因此，面对第8号超强台风"桑美"、第4号强热带风暴"碧利斯"以及重庆、四川、甘肃和宁夏等地的旱情带来的损失，许多媒体拷问农业保险，质问保险公司为何不愿承保农业保险。而笔者的看法却恰恰相反，在主要的保障广泛的农业保险尚没有真正作为政策性保险来经营或者政策性经营的条件尚不具备的情况下，保险公司不涉足政策性的农业保险则是保险业的幸事！政策性农业保险发展的"结"最终要由政府来解。

几代农业保险专家几十年的理论研究和探索表明，农业保险是"准公共产品"，其主要项目的定位是政策性保险。根据各国农业保险制度发展的普遍规律，既然是政策性保险，就需要政府在财政补贴、再保险安排、大灾准备金等方面承担相应的责任。从2002年以来，中共中央和国务院的明确肯定了农业保险的政策性保险的属性，这体现在近年来一系列的法规与重要政策文件中，如2002年新修订的《中华人民共和国农业法》第四十六条规定"国家逐步建立和完善政策性农业保险制度"，从而首次确定农业保险的政策性质。2003年，《中共中央国务院关于促进农民增加收入若干政策的意见》对发展我国的农业保险制度提出了要求，"加快建立政策性农业保险制度，选择部分产品和部分地区率先试点，有条件的地方可对参加种养业保险的农户给予一定的保费补贴"。2006年中央1号文件提出的"加快建立政策性农业保险制度，选择部分产品和部分地区率先试点"，《国务院关于保险业改革发展的若干意见》要求政府有关部门"明确政策性

* 本文与朱俊生合作，发表于《时代经贸》，2006年第10期。

2006

农业保险的业务范围，并给予政策支持，促进我国农业保险的发展”。

政府虽然明确了农业保险的性质和定位，但却没有系统地实行能够体现“政策性保险”的政策举措，在财政补贴、再保险安排、巨灾风险准备金制度的建立等方面均没有大的作为。

首先，政府对于政策性农业保险的政策目标和导向不明确。为什么要试验开办政策性农业保险，这种农业政策性保险的政策目标和导向是什么？这是试验政策性农业保险的各地政府至今还不统一或存在众多疑惑的问题。因此，有的地方政府把开办农业保险当作一种“额外负担”。他们说，办农业保险，中央是为了确保粮食安全，但我们地方花这么多的精力和金钱，有什么好处？加之中央没有相关配套政策，地方政府害怕遇到大灾还“吃不完兜着走”。这样，地方上的积极性会打折扣，而且这点有限的积极性也很难持久。有的地方政府不仅没有能力给农业保险试验以补贴，而且还想从农业保险的经营中得到一些好处（从保险经办公司得到一些手续费收入），这就更难期待农业保险试验的真正启动。

其次，中央对于农业保险的财政扶持手段和力度尚不明朗。政策性农业保险离不开财政支持，特别是中央财政的支持。财政支持一般包括保险费的补贴和经营管理费补贴、在发生巨灾损失条件下的财政支持等。在我国目前经济发展条件下，绝大部分省（自治区、直辖市）离开中央财政的适当支持，政策性农业保险制度恐难建立。而直到目前，中央财政没有任何有关政策期许和支持承诺，这是大多数省（自治区、直辖市）不敢进行试验的重要原因，即使开始试验的财政状况较好的省份，也对试验的可持续性没有信心。这一点也正是前 20 年农业保险试验失败的重要教训之一。当时不少地区也曾对农业保险补贴过一阵子，但是他们能补“一阵子”，难补“一辈子”。

目前得到了中央财政补贴的黑龙江阳光相互农业保险公司虽然在 2004 和 2005 年拿到了 4 400 万元的补贴，但是不仅数额不足，只不过占其保险费的 10%左右，而且这种补贴也只是临时作为财政专项的安排，没有长期保证。这对于一家在 2005 年为 14.5 万户农民的 2 230 万亩粮食作物提供了保险服务的，只有数千万元借来的“家底”的相互公司来说，经营困难之大可想而知。

再次，地方对政策性农业保险的财政补贴缺乏长效机制。不少省（自治区、直辖市）虽然在试点推进政策性农业保险的经营时提供了一部分财政补贴（有的补贴保险费的 50%，有的补贴 35%），但是，他们也担心全面铺开以后，财政补贴的压力必然增加。例如，江苏省金湖县现在只在该县的塔集镇开展农业保险试验，市县财政 2005 年的补贴额为 13 万多元，如果在全县推开水稻、三麦、养鱼保险，县财政每年将要为此补贴 200 多万元，而且这种补贴一旦实施，就不可能收回来，只可能增加，不可能减少。该县所在的淮安市也反映出这种担忧和顾虑。更重要的是，在没有建立巨灾补偿基金的条件下，真的发生大灾需要巨额赔付时，财政兜不了底，到那时政府将失信于民。所以有的省说，我们“保费补得

起，但来了大灾赔不起”。

最后，政策性农业保险试验缺乏巨灾补偿准备和分散直接保险经营风险的再保险机制。各地在农业保险的试点中发现，如果不出现自然灾害或出现一般性的自然灾害，按照现在比较理性的保险费率，农业保险费可能会有些许结余，这点结余可以作为补偿基金积累起来；如果出现了较大灾害，农业保险可能会出现超赔（基金积累不足赔付）的现象；如果出现了较大范围的损失或是巨大的自然灾害，靠农业保险的保费收入以及艰难的积累来赔付，很可能就是杯水车薪。笔者曾研究过加拿大曼尼托巴省的农业保险，该省从 1959 年开始开办政策性农业保险，在起初的 26 年里，大部分年份保险费支付赔款后略有结余，但是 1986 年和 1988 两年大旱，不仅将 26 年的积累花光而且举债，这些债务在此后多年才偿还完。这就要求农业保险必须建立“巨灾补偿准备金”，同时，要有一个强有力的再保险机制，使得风险能在时间和空间上得到有效分散。而现在，尚无一个省（自治区、直辖市）在试验之初就着手建立巨灾补偿准备金的。同时，部分试验的省（自治区、直辖市）也没有安排再保险。缺乏巨灾赔偿准备，也无分散风险的其他安排，这样的农业保险试验经营就成了一着“险棋”，等于将风险都集中到了当地政府身上。

综上所述，虽然我们从根本上明确了农业保险的政策属性，但在操作层面，农业保险却没有真正作为政策性保险来经营，或者说农业保险政策性经营的条件尚不具备。在这种情况下，如果强求保险公司在商业性保险的框架下经营政策性农业保险，结果只会重蹈原来人保公司经营农业保险的覆辙。从这个意义上说，各家保险公司“冒天下之大不韪”，在农业保险方面无所作为，其实正是保险业最大的幸事。试想，2005 年财产保险全年的保费收入仅为 1 281 亿元，即便全部拿出来，也不足以赔付今年前 8 个月统计的高达 1 441.9 亿元的自然灾害损失！明确了这一点，我们才可以走出对保险公司的种种无谓的愤慨与责难，更多地关注在农业保险制度发展中起决定作用的政府（特别是中央政府）支持的“缺位”问题。政府对于政策性农业保险的政策目标和导向问题、中央对于农业保险的财政扶持手段和力度问题、地方对政策性农业保险的财政补贴长效机制问题以及农业保险巨灾补偿准备和再保险机制等问题，才是当前农业保险发展中更为关键的根本问题，而农业保险发展中的这些“结”最终需要政府来解。

农业保险新一轮试点面临的问题*

目前，农业保险新一轮试点正在全国各地开展，但这些试点的可持续发展却有赖于一系列政策环境、制度基础和经济社会条件。当前农业保险新一轮试点存在以下几点隐忧：一是在介入农业保险业务时，商业性保险公司对自身的定位模糊。商业性保险公司的经营边界只能是商业性的农业保险业务，企图在商业性保险的框架下经营政策性农业保险可能会重蹈原来人保公司经营农业保险的覆辙。二是制度模式的选择没有充分考虑中国的国情。世界上农业保险发展的制度模式有很多种，制度模式的优化选择必须充分考虑中国的国情。同时，必须在制度设计之初就要充分考虑各种制度模式之间的衔接，以便于将来的整合。三是对农业保险经营主体的适宜性考虑不够。有些经营主体由于制度缺陷可能难以实现可持续发展，有些经营主体在目前则不切实际。四是除上海等个别地方，对农业保险的补贴政策缺失。财政补贴的缺位将严重制约农业保险这种“准公共产品”的发展。五是由于农业保险的复杂性，如何提高对农业保险监管的有效性已经提到议事日程上。

以下主要通过理论分析，进一步探讨上面提出的农业保险新一轮试点面临的问题，并提出相应的政策建议。

一、有必要明确我国政策性农业保险的制度模式

我国在 2004 年以前试验过多种农业保险经营模式，但占主导地位的是政府支持下的商业性保险公司经营模式。针对我国的实际，我们提出 4 种可供选择的政策性农业保险的制度模式，即①政府主办、政府组织经营的模式；②政府支持下的合作互助经营的模式；③政府支持下的相互保险公司经营的模式；④政府主导下的商业性保险公司经营的模式。第一种模式是借鉴美国 20 世纪 90 年代以前的模式设计的，第二种模式是借鉴日本模式和我国中华联合财产保险公司在新疆

* 本文与朱俊生合作，发表于《中国金融》，2005 年第 6 期。

生产建设兵团的实践设计的，第三种模式是参考刘京生博士的论证和创意设计的，第四种模式是借鉴美国现行运作模式设计的。

根据我国实际，对广大农村分散经营的个体农户，比较适宜采用第四种模式，即在政府主导的框架下让商业性保险公司唱主角。因为我国最大的财产保险公司人保控股公司有较长时间、较大范围的试验实践，又有一大批农险专业技术人才，积累了比较丰富的经营和管理农业保险（主要是商业性农业保险）的经验，它们也有相当广泛的分销代办网络，再加上其他有意于农业保险政策性经营的财产保险公司的加盟，比较容易铺开。只要政府的政策到位，扶持措施得力得当，让它们既有利又承担风险，在政策框架下充分发挥市场化操作的优势，成功的希望是很大的。

对于具有农垦系统背景的地区，可以考虑采用第二种即政府支持下的合作互助经营的模式，这种模式的范例就是新疆生产建设兵团持续了 18 年的农业保险模式。因为农垦系统有长期的集体式的农业生产经营和管理的传统与较强的组织力量和能力，缺乏的主要是政策支持与保险经营和管理技术，实施这种模式是最便捷而且是比较容易成功的。而在广大农区极其分散、规模狭小的农户，大多缺乏自组织能力，农民也缺乏合作意识和动力，组织合作互助的基础十分脆弱，加之极容易受行政长官的强力干预，专业性、技术性较强，农业保险要农民自己来做，实在勉为其难。河南省曾经轰轰烈烈的“农村互助统筹保险”的失败就是这些原因造成的。所以在这些地区必须通过保险公司和政府来推行农业保险。

对于政策性农业保险制度模式，还有一个要不要事先确定全国性的整体框架的问题。现在全国各省（自治区、直辖市）分散决策建立农业保险制度，由各地根据本地实际自行选择制度模式，自行决定什么时间建立这种制度。这种因地因时制宜的政策是正确的，因为我国东中西部的经济和社会发展水平差距相当大，各地的发展战略各不相同，承认这种差距，允许有先有后，合乎科学的认识和实践规律。但是，各地分散决策要不要在事先就确定一个全国统一的、便于整合的框架，值得研究。在这方面加拿大的经验可以借鉴。

加拿大于 1959 年通过了在全国开办政策性农业保险的《联邦农作物保险法》。该法确定了开办农作物保险的若干重要规则，例如，这种政策性农业保险由各省政府组织经营，建立制度的时间由各省自己决定；这种保险是自愿的，但参加者可以得到联邦政府和省政府的补贴，补贴方式和数额由省政府与联邦政府一起商定；联邦政府为各省开办的农作物保险提供再保险。联邦政府还规定了联邦、省政府和农民三者的角色和职责，确定了 5 个原则：普遍参加原则、公正而平等的保险原则、自我财务平衡原则、农民买得起原则和其他农业收入保障政策间的互补性原则。在这个框架下，全国 10 个省在长达 10 年时间里才先后建立起政策性农业保险的基本框架和原则相同的农作物保险制度，这样全国的与农作物保险相关的宏观政策的统一、整合与协调就比较容易。

我国在没有立法也没有任何行政规章的条件下，开始了新一轮农业保险的试验。但保监会提出指导各地开展农业保险的5种模式有重大的差异，如果这5种模式将来都有，那么如何整合和统一，现在就应有所筹划。

二、到底谁最适合经营政策性农业保险

按照保监会提出的农业保险发展的5种模式，对应的有5种政策性农业保险经营主体：一是为政府代办农业保险的商业性保险公司，二是专业性农业保险公司，三是农业相互保险公司，四是地方财政兜底的政策性农业保险公司，五是外资或合资保险公司。第一种事实上前面已经讨论过了，这里主要讨论后4种经营主体。

（一）专业性农业保险公司

专业性农业保险公司就是专门或者主要经营农业保险的股份制保险公司，我们理解专业性公司也是一种商业性公司，这类公司截至目前已经有两家被批准筹建。这里的问题是，股份制保险公司如何与政策性农险业务相匹配。按一般理解，股份制的专业公司需要从这种专业性经营中获取经营利润，而政策性农业保险显然是不能赢利的，原因很简单，政府的补贴不能成为资本获利的来源。但如果不许赢利，那么这些公司股东的股本就是公益性质的，类似各种公益或奖励基金，而这和资本追逐利润的本质显然是背道而驰的。讨论这个问题的意义在于，社会上有不少资本有意投资这种“专业性农业保险公司”，希望给这些资本找到赚钱的门路。如果不明确这个问题，可能会给公众一个误导。

（二）农业相互保险公司

相互保险公司在日本、美国、欧洲很普遍，这种公司采用的是相互保险的形式，但又吸收了公司制的运作方式和法人治理结构。建立农业相互保险公司，其优点很多，例如产权明晰，交易成本较低，减少信息的不完全和不对称，公司与农民的利益结合得很好，有利于协调好政府、公司和农民的关系，可以有效降低保险产品的价格，并在保险关系中易于相互监督，减少道德风险，有利于农民的积极参与等。但我国《中华人民共和国保险法》目前对这种组织形式没有任何规定，对我国保险界来说相互保险公司太陌生，其发起、组织和运作有相当的难度。因此，建立这种制度必须具备一系列的假设条件，不满足这些假设条件，就难以实践，即使付诸实施，也难以显现其优越性。

（三）地方财政兜底的政策性农业保险公司

在“地方”财力允许的条件下，设立政策性保险公司是比较好的选择。上海

市原来的由市政府农委主导的“农业保险促进委员会”就类似于这种组织形式。这里的问题主要是“地方”的大小，假如“地方”太小（例如地区或县），可能会有一些问题。农业保险的风险单位很大，对单个的投保农户来说大部分农业灾害都具有较大的相关性，因此，要在空间上分散风险必须要在较大范围从事保险经营，否则在大灾面前，地区和县市恐怕是难以“兜底”的，这种教训在过去20多年的试验中已有不少。河南省以县为单位建立的“农村互助统筹保险”的衰落，这是原因之一。所以将“地方”限定在省（自治区、直辖市）比较好。当然，有多少省（自治区、直辖市）有条件或敢于建立这种公司也是一个问题。

(四) 外资或合资保险公司

外资或合资保险公司都是商业性保险公司，如果让这些保险公司像中国的商业性保险公司一样，为政府的政策性保险公司代办业务，这里就不用重复讨论。但如果让外资或合资商业性保险公司作为政策性农业保险的经营主体，这既不现实也不可能。即使它们将农业保险的外延扩大到包括农村所有人身和财产保险业务（中国同行称之为“农村保险”），它们可能也不会真正从事这些业务的经营，因为这类经营成本很高的业务，对商业性保险公司来说是不具有可行性的。

三、没有政府补贴，政策性农业保险将难以启动

(一) 补贴多少？

一般来说，政策性农业保险的财政补贴分两块，一块是保费补贴，另一块是管理费补贴。管理费补贴有的国家是全补，有的国家补贴一部分。保险费补贴额和补贴率主要取决于纯保险费率、保险保障水平高低、政府的政策目标和财力、农民对保险产品的接受或购买能力。一般来说，保险产品的纯费率越高补贴越多，纯费率越低补贴越少；保险项目或产品的保障水平越高补贴率越低，保障水平越低补贴率越高；在政府的发展计划中，保险标的越重要或保险的政策目标越高，又有财力，补贴也就越多，相反补贴就少；农民投保愿望越强烈又有支付能力的保险产品其补贴就少，相反补贴就多。

政府补贴与农民参与意愿（在自愿投保条件下）之间存在一个平衡问题。我国需要多少保费补贴？我们曾经做过一个测算，在一系列假定前提下，保费补贴一年需要81亿元。这些假定是：全国只承保小麦、水稻、玉米、棉花4种作物的多风险保险和奶牛1种家畜的死亡保险；按2000年的播种面积和奶牛存栏数计，有一半作物投保，一半成年牛和青年牛投保；4种农作物的保障产量按平均产量的70%计，产品价格按市价的70%计；农作物保险的纯保费率以5%计，成年和青年奶牛的纯费率按6%计；农作物纯保费补贴30%，奶牛纯保费补贴25%；经营管理费补贴按纯保费的20%计。这里的保障水平和农产品价格确定

得都比较低，比如奶牛的价格 2003 年比 2000 年上涨了 40%，农产品价格也上涨了 20%～30%。就是说，在这些假定条件按照现在的情况调整之后，承保的作物和家畜家禽种类再增多，补贴额还会增多，但如果采取自愿保险方式，承保面比上面假设的小，也可能不需要那么多。

（二）补给谁？如何补？

按照目前的决策思路，各省（自治区、直辖市）自主决策办农险，中央和省两级共同提供经营管理费和保险费补贴。如果是地方政府自己建立政策性农业保险公司，中央和省两级补贴都给该保险公司，这并不复杂。如果由商业性保险公司代办，以及其他形式的保险公司例如专业保险公司、外资保险公司、合资保险公司、相互保险公司经营政策性农业保险，中央和省两级补贴拨给它们，就不那么简单了。

这里比较困难的是，首先要确定对农业保险业务的补贴范围，制定补贴规则；其次，需要确定保险公司做了多少符合政策性规定的农业保险业务，然后才能进一步确定该为每一类符合政策性要求的业务提供多少补贴，以及这个补贴在中央和省（自治区、直辖市）之间如何分担。而这都应由谁来确定，又由谁来核定，必须事先明确。

我国虽然已经由保监会批准了几个省的专业性农业保险公司的筹建，但似乎无意在中央单独建立一个政策性农业保险业务管理机构，那么上述与补贴相联系的一系列工作是由保监会来代办还是其他部委操作？这些问题如果不早些决定，这些公司正式开业后就会遇到补贴不到位的问题。

（三）间接补贴方式是否妥当？

我国政府迄今并没有正式承诺给予农业保险补贴，似乎是准备走“以险补险”的路子，也就是准许这些被批准经营农业保险的公司在经营政策性农业保险业务的同时，经营农村的其他财产和（或）人身保险业务，以这些商业性保险项目或险种的盈利自我补贴政策性农业保险。

但是，其间仍有许多问题值得讨论：

第一，政策性农业保险所需要的补贴需要多少商业性财产和人身保险项目来满足？假如商业性保险业务所赚多于政策性农业保险业务的补贴所需，而且逐年有所积累当然好，不过也有个要不要交税和如果要交税该交多少的问题。假如商业性保险业务所赚少于政策性农业保险业务的补贴所需，亏损由谁补偿或消化？在后一种情况下无非 4 条路：要么向政府要补贴，要么收缩政策性农业保险的业务，扩大财产和人身保险的商业性保险业务，要么走商业性农业保险的道路，要么完全放弃农业保险经营。在走后 3 条路的情况下，政策性农业保险的目标就不可能达到。

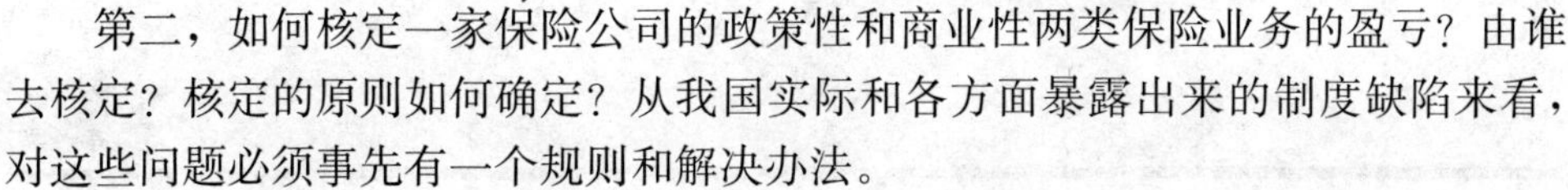

第二，如何核定一家保险公司的政策性和商业性两类保险业务的盈亏？由谁去核定？核定的原则如何确定？从我国实际和各方面暴露出来的制度缺陷来看，对这些问题必须事先有一个规则和解决办法。

第三，给这些政策性公司多少商业性业务，还涉及商业保险市场的平衡性和公平性的问题。

四、政策性农业保险监管的复杂性

我国目前的农业保险主要由保监会来推动，但政策性保险的监管与商业性保险的监管无论监管内容还是监管规则都有很大差异，作为商业性保险监管部门的保监会能否单独担当监管重任，以及如何监管政策性农业保险则是值得探讨的问题。

政策性农业保险和商业性保险的一个重要区别在于，前者是非营利性的，而后者是营利性的。经营主体目标的差异就决定了监管部门监管理念的根本不同。对于商业性保险，监管部门要在保险公司盈利和保障投保人以及被保险人利益之间实现动态平衡，力求兼顾二者的利益。而对于政策性农业保险，监管部门最根本的任务是促进农业保险作为政府的政策工具实现其政策目标。由同一部门监管两类不同性质的业务，监管目标和理念的二重性将有可能引发政策性农业保险和商业性保险业务之间管理的冲突。

同时，和一般的商业性保险相比，政策性农业保险更为复杂，这也对其监管提出了更高的要求。政策性农业保险的复杂性不仅体现在其展业、承保、防灾减损、理赔等业务经营层面，更体现在其政策性本质所要求的跨部门协调上。例如为实现政策目标，政策性农业保险要促进政府农业产业结构调整，但农业产业结构调整政策主要由农业部和发展改革委制定。又如，政策性农业保险要对保费和管理费用补贴，而这种补贴投入主要由财政部来决定。这就要求政策性农业保险监管部门具备和各相关部门良好的沟通能力。

因此，我国政策性农业保险如果继续由保监会来监管，就需要法律对保监会的职能进行扩充，专门成立比较强大的政策性农业保险监管部门，加强各方面的人员配备，使其能够有效协调国家各有关部委对于农业保险的政策。如果不能满足这些条件，则有必要考虑在适当的时候，以目前的保监会政策性农业保险监管部门和人员为基础，联合农业部、财政部、国家发展改革委等有关部委，单独成立专门的政策性农业保险监管机构，以适应政策性农业保险的快速发展。

有政策才会启动政策性农业保险*

尽管我国农业保险（界定在种植业和养殖业的范围之内）试验在近两年有了新的发展，但至今制度层面的实践问题并没有解决，当前农业保险的症结在哪里？到底谁需要农业保险？农业保险的制度建设如何深入？商业性保险公司应当怎样面对农业保险？这些问题依然有必要加以讨论。

一、中国的农业保险久“突”不破

自2003年以来，中国保监会在“保险业应当为‘三农’做贡献”的理念下，以有史以来最大的决心和热情倡导和组织农业保险，大规模进行农业保险的调研和试验，也批设了3家专业农业保险公司，希望以此为契机推动我国农业保险的制度化建设，为农业和农村发展提供强有力的风险保障。应当说，已经取得了一些有益的成果。但是，总的效果并不理想。从保费规模来看，2004年农业保险的保费收入不仅没增加反而减少18%以上。2005年的统计数字还没有出来，从零星报道来看，还没有见到令人惊喜的推进成果，而听到的令人沮丧的消息却不少，例如，据说兴致勃勃来中国发展农业保险的法国安盟保险公司成都分公司就步履维艰、亏损严重。吉林安华真正为种植业和养殖业提供保险支持的险种也做得不多。江泰保险经纪公司大力倡导的农业互助保险的试验也遇到了困难，能不能推广和能在多大范围推广还很难说。

这一轮试验的现状表明，中国农业保险还是难以突破，或者是突而不破。问题有两个：第一，中国需要不需要制度性的农业保险？第二，为什么中国农业保险久突不破？前一个问题虽然还需要继续探讨，但至少在目前，无论学术界还是政府，以致保险业界多数人意见还是比较一致的，认为中国还是需要用现代风险管理方法特别是保险机制来为农业和农村发展保驾护航的。后一个问题多少令人费解，本文重点就来讨论这后一个问题。

---

* 本文发表于《河南金融管理干部学院学报》，2005年第6期。

二、农业保险离不开“四个积极性”

国内外的经验表明，对于农业保险来说，市场（如果有农业保险市场的话）的启动，必须要有4个积极性：一是政府的积极性，二是监管部门的积极性，三是保险公司的积极性，四是农民的积极性，叫做“四厢情愿”。

一般来说，产险、寿险只要保险人和保险消费者两个积极性或者“两厢情愿”就够了，除了立法规范，不需要政府多少积极性，保监会也不用着急，照章监督管理并做些环境创造工作就行了，它以经济学上就在平面坐标图上划两条相反走向的线，它们自己就能找到结合点（图1）。

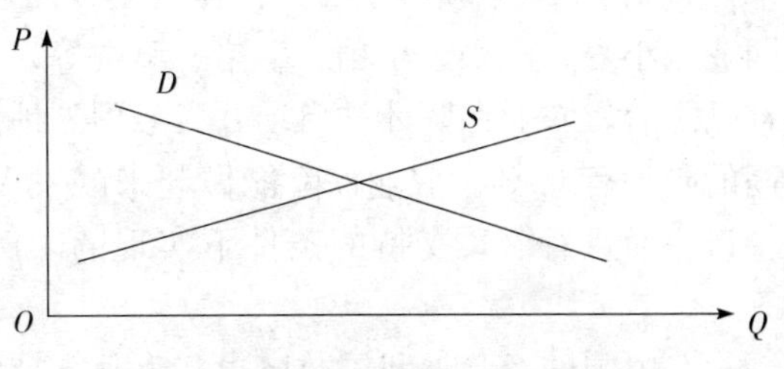

图1　普通保险商品市场均衡示意

农业保险由于其固有的特性（例如风险大、成本高、费率高、风险单位很大、分散风险难等），如果仅仅靠保险公司和农民两个积极性，供给和需求两条线不可能相交，当然也就找不到相交点，买卖也就不能成交（图2）。要使两条线相交，须借助外力的推动，由政府和保监会两股力量，特别是政府这股力量，将需求曲线向上推，把供给曲线向下推，使两线相交，推力越大，相交点越向右移，成交量就越多，农业保险的发展就越快。就是说，农业保险这辆“车”，要有4个轮子才能启动，但这4个轮子中，政府这个轮子是驱动轮。没有这个驱动轮，“车子”是不能向前走的。换句话说，在农业保险发展的矛盾统一体中，政府是矛盾的主要方面。

——外国的经验：美国最初（19世纪末和20世纪初），也曾有商业性保险公司到农村去开拓农作物保险市场，但无一例外地失败了。20世纪30年代罗斯福政府在调查研究的基础上，通过立法建立了由政府经营的政策性农作物保险制度后，农业保险才真正开始启动。但是在很长一段时间里（50多年），美国农民参与农作物保险的积极性不那么高，政府通过不断调整政策，加大支持强度，才逐渐有了较快的

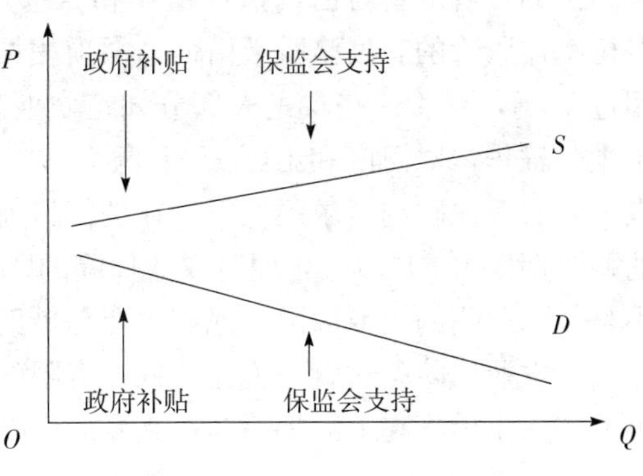

图2　农业保险商品市场均衡示意

发展。加拿大的农业保险发展道路几乎与美国相同，在经历了私人保险公司的经营失败、政策性农业保险论证和观望了 20 年之后，他们才由政府出面建立了政策性保险制度，而且政府直接给予农业保险 50%的保费补贴和 50%的管理费补贴，这是加拿大农场主们对农作物保险较高参与率的主要原因。日本在 20 世纪 20 年代末就出台了《牲畜保险法》，20 世纪 30 年代末又出台了《农业保险法》，但是政府没有具体的支持行动，所以在近 20 年的时间里，农业保险并没有发展起来。直到 1947 年颁布了《灾害补偿法》之后，政府对若干关系国计民生的种养两业（小麦、水稻、旱稻、生猪、桑蚕等）实行强制保险并进行较大幅度的财政补贴之后，农业保险才被启动并轰轰烈烈地发展起来，日本政府目前保费补贴最高的险种有 65%。农业保险能做起来的发展中国家，无一例外地是在政府的不仅口头而且有财政支持的条件下实现的。例如，菲律宾、印度、墨西哥、巴西等。

——中国的经验：我国政府也一直很支持农业保险，中国人保、新疆生产建设兵团、黑龙江农垦系统在中央和地方政府的支持下，都有较长时间试验农业保险的经验和积极性，但是由于政府的财政支持太有限了，所以无法将农业保险做大，更无法做强。中国的农业灾害补偿体制也就一直建立不起来。

政府是农业保险的主要“驱动轮”，这是不是规律笔者不敢断言，但至少是经验结论。那么，政府为什么是农业保险的主要“驱动轮”呢？

三、农业保险的第一需求者是政府

从上面的实践中可以看出，对农业进行广泛保障的农业保险的第一需求者是政府，其次才是农民。调查表明，农民对农业保险的需求很有限。几年前，笔者在陕西和福建的农村做过一个调查，结果表明，农民对农业保险的需求较低，近 60%的被调查者准备自己承担种植业和养殖业生产的风险，另有 32%的被调查者对待上述风险的态度是听天由命。两项相加，不打算或没想过买农业保险的农民超过 90%，尽管这些农民大部分知道农业保险。最近，上海交通大学的一位博士生张耀华，对河南和山西 18 个村 1 189 户农民家庭所做调查表明，绝大多数农户对农业保险的需求很低下，在他们目前的经济生活中，养老风险和医疗风险的购买期望占 84.81%，而对农业保险的购买期望只占 4.07%，可见农业风险并不是他们面临的主要风险，他们主要是借助种植业结构调整以及在亲朋邻里之间分散其农业风险。这就是说让他们在有限的收入中拿出钱来买农业保险几乎是不可能的。张耀华在上海崇明岛长兴乡的调查更令人沮丧，在回答“如果发生了自然灾害，当你的庄稼或者牲畜遭受损失时，你如何分散风险”的问题时，100%的被调查农民选择自己承担风险。尽管这里的农业保险投保有政府给予的保费补贴。

笔者认为，世界上各国的农业保险可概括成两类：一类是作为社会保障政策的农业保险，另一类是作为农业和农村发展政策的农业保险。前者如美国、加拿大、日本、瑞典等国的农业保险，后者如菲律宾、印度、墨西哥、巴西等国的农业保险。笔者之所以这样概括，主要是因为即使在发达国家，农民自己的需求也不是农业保险制度建立的主要动力。相反，农业保险的主要动力和需求来自政府，是政府愿意提供农业保险制度，进行农业保险的强制性制度变迁。我们讨论农业保险的需求，实际上是从政府层面讨论农业保险的动力和政策目标。

就我国来说，政府至今尚没有显示出对农业保险的需求，从一开始（20 世纪 80 年代开始的农业保险试验）政府对农业保险，就是只喊口号，在红头文件中提一提。事实证明，政府仅仅停留在口头上和文件中是不足以启动农业保险的。之所以如此，可能是因为政府的决策者不大了解农业保险这种风险管理工具对农业发展的意义，也不大了解农业保险不同于一般财产保险、人身保险的地方。自 1979 年以来，农村改革的实践表明，整个农村改革的成功是低成本的，这大概给政府决策者一个错觉，是否可以将 20 多年主要靠政策（放松管制的不出钱的政策）赢得农业发展和增长的经验，应用到农业保险，以为有了政策和一般号召，农业保险就自然而然地轰轰烈烈地做起来了。但是从 23 年农业保险试验经验中，似乎没有收到期望的成功。新一轮试验的尴尬也似乎没有支持上述想法。

事实上，政府特别是我国这样一个有 13 亿人口的发展中国家的政府，应该是需要农业保险的，政府对农业保险的需求动机笔者认为至少可以有 4 个方面：①利用农业保险稳定农业生产，增进农产品安全。②及时补偿农户在遭受灾害后的损失，至少使农业简单再生产得以迅速恢复，减轻政府灾后救济压力。③对那些“三高”农业，即高投入、高产出、高效益农业，提供稳定的收入保障。因为“三高”农业难以经受灾害的袭击，而“三高”农业对农业和农村发展的贡献是有目共睹的。④我国还应当将农村社会福利也纳入农业保险的政府目标之中。在农村社会保障制度缺失的情况下，农业保险可以部分地担当社会保障的职责。这就是说，在我国农业保险可以具有农业和农村发展和社会保障双重功能。

政府如果想要农业保险做出上述贡献的话，政府的需求就产生了。就是说政府需要提供农业保险制度，并进行强制性制度变迁。理由是，农业保险不可能建立起一个像其他物质和服务商品那样的竞争的市场，政府对农业保险的增长和发展目标也就不可能由竞争的市场自发地实现。不能赚钱的买卖不可能有人去竞争，也就不会有市场供给，市场在这里是失灵的。

四、政府为何对农业保险无动于衷

对于农业保险，农民是被动的接受者，对广大的传统农业的经营者而言，他们大多是风险爱好者，至少是风险中性者，对农业保险缺乏需求，靠农民自觉自愿，农业保险就不可能做起来更不可能做大。这除了农民（特别是种一般粮食作物和经济作物的农民）的收入普遍较低的原因，还在于他们有其他分散风险的手段可用，包括多种经营和对政府救济的期望。

从宏观上，从安全上，从经济结构、社会保障等多个方面考察，政府需要农业保险，但时至今日政府为什么迟迟不决策？笔者只能试着站在政府角度进行思考：

（一）有多种补贴农业的手段，为什么一定要用农业保险手段?

农业保险的要害是大家期待的政府支持，特别是财政补贴、税收优惠。补贴保费，就能推动需求曲线向上移动，补贴管理费并减低税收，就能推动供给曲线向下移动，以便使两条曲线相交，产生农业保险交易。但是政府补贴农业的手段很多，通过直接的农产品补贴，或者给农业投入补贴，或者就给农户收入补贴，为什么要把这部分钱以如此迂回的方式补给农业保险？各种农业补贴方式、补贴政策之间的确有替代性。美国的专家们就专门研究过各种支农、惠农政策之间的替代效应。在很长时间里，他们发现，政府的其他救灾政策或优惠农业的政策在很大程度上阻止了农民去购买农作物保险，以至于 1996 年他们将农业保险与其他救灾政策和优惠金融政策捆绑在一起，不买农作物大灾保险就不能获得其他优惠政策，把实行了几十年的自愿农作物保险变成了有条件强制保险。

在崇尚自由自愿的美国为什么采取这种“下策”？无非是想动员更多的农户参加农作物保险，使农民在遭受灾害损失时能得到比较充分的补偿，减少收入的波动，也使农作物保险的经营风险能在更大的空间上分散，增加其经营的稳定性。当时，他们实际上部分地达到了目的，有条件强制参加农作物保险，使他们农作物保险的参与率一下子从 40%多提高到 80%以上（当然这种有条件强制实施的时间不长）。在美国这种保险业极其发达、国民风险意识和保险意识比较强的国家，农民还不那么情愿购买农业保险，何况发展中国家的农民。这就是为什么布什总统提出要在较长时间里对农场主们进行现代农业风险管理的教育的原因。当然这种教育与政府的经济诱导政策结合在一起效果才会显著。

许多国家之所以热衷于使用农业保险的手段来补贴农业和农民，主要原因是农业保险所能动员的补偿灾害损失的资金，对受灾农户的经济补偿水平是任何其他行政的、社会的补偿手段所不能比拟的，也是最有效的。例如政府如果给农业保险补贴 100 亿元，那么保险公司从投保农民那里还会动员 100 亿～200 亿元的资金（假定补贴 33%）50%的话，加在一起就是 200 亿～300 亿元，在这里也有“乘数效应”了。1998 年长江流域、松花江流域等发生大水灾，后来据报道总的财产损失高达 8 000 亿元人民币，假定这些包括农业财产在内的物资损失都有保险保障，赔付率是 70%的话，遭灾的企事业单位和城乡居民可得到 5 600 亿元的保险赔偿，而当年政府的救济和全国人民的捐款不到50亿元，不到保险赔偿的1/10。美国、加拿大、日本、菲律宾和印度政府，都看到了这个依靠全体投保人的互助达到的“乘数效应”。所以才“出手”供给农业保险制度，用巨大财力组织和诱导农民参加农业保险。

（二）假定开展政策性农业保险，政府也有钱补贴，政府的补贴能发挥最大最好的效益，减少“渠道渗漏”吗？

有人说，政府不是不愿补也不是没钱补，就怕补贴的钱用不好，渗漏严重，效率不高。这实际上是两个问题：一是制度设计和制度操作问题。也就是一个经营模式的选择问题，有一个好的制度，一套好的规则，经营效率就比较高。事实上，保险界和农经界已经提出了不少经营模式，完全可以在其中选择几种进行试验，然后总结经验，选出较好的模式。我国改革开放不就是这样“摸着石头过河”走过来的吗？

另一个问题是必要的成本问题。组织农业保险这种社会互助活动是需要成本的。在商业保险活动中，组织工作成本和交易成本是由投保人来承担的，所以被保险人所得到的补偿或给付的总额比他们所缴的保险费总额要小一些，这是转移风险所付出的代价。而政策性农业保险要由政府来承担一部分甚至全部的组织工作成本和交易成本，所以政府就要考虑这个由它承担的成本的大小和效率。但这个问题同样需要实践，在一个基本制度实施过程中，逐渐探索降低成本和提高效率的途径。

（三）政府需要出多少钱，怎么出？政府出了钱，能不能达到预期效果？

现在，很多人都提出这个问题，这是一个需要专门研究的问题。农业保险需要做多大规模，哪些保险项目是政策性的，补贴规模有多大？笔者以为这大多是政府想要知道的，不了解“盘子”有多大，恐怕很难决策。笔者和王国军教授曾经就4种作物和1种家畜在一系列假定条件下，计算出补贴需要80亿元，这并不是说政府出80亿元，就可以解决全部问题了，而只是提供一个研究问题的思路。

补贴不仅是考虑农民的承受能力，这里面还有一个补多少才能调动农民参加保险的积极性的问题。能承受的价格与愿意参加这是两个概念。美国、日本不存在价格的承受问题，而是愿意不愿意参加的问题。他们就这个问题研究了多年，美国的农作物保险的参与率随补贴不断增加而增加，就是这种研究的结果，补贴少了农场主们“不陪你玩”，这就是经济学。墨西哥学者曾经研究过，在他们国家农作物保险补贴少于保费的2/3，农民就没有参保的积极性。那我国农民呢？目前还回答不了这个问题，因为实践不多，也很少有这方面的研究。

还有，这些政策性项目所需要的补贴由谁来出，比如由中央和地方出钱，但中央和地方各出多少，怎样出？也要有一个简便易行又便于监督管理的办法。很多中央支持的项目，中央都要地方拿出配套资金，可事实上往往地方都不出钱，只是想方设法“钓鱼”。农业保险补贴也有“钓鱼”的问题，假如地方不出钱，整个补贴不能完全到位，农业保险还是玩不转。因此需要有一套较好的办法，保证筹足钱，才能保证农业保险有效运转。上海市政府每年拿出 3 000 多万元给安信保险公司经营的农业保险补贴，乡镇村的积极性很高，有时候干脆替农民交了保险费，投保没投保农民都不知道。当然上海有钱可以这样干，别的地方做不到。

补贴补给谁和如何补的问题也并没有解决。因为至今谁最适合作为农业保险的经营主体尚无定论，保监会曾经提出 5 种经营主体，目前这 5 种都有了，但是，这些经营机构如何拿补贴仍然需要研究。在美国、日本，有专门机构研究和统一设计农作物险种、精算费率，确定政府补贴份额。在加拿大，农作物保险虽然是分省经营的，但农作物保险公司都是各省农业部创办的，农业部负责补贴的审核，他们公司每年的业绩都是向政府和公众公开的，很少存在信息不对称的问题。在我国，有多种经营主体，有五花八门的险种，费率都由各个公司来精算，也没有明确谁是“裁判员”，裁判规则也没有，对于补贴是否恰当的问题，就难有公道的判断。在这种情况下，政府的钱该怎么出呢？笔者以为这也可能是政府按兵不动的原因之一。

在上述问题还没有较好解决的情况下，政府不敢贸然决策也是可以理解的。

还有，有人说，政府目前有没有钱给农业保险补贴还是个问题，对有的省（自治区、直辖市）来讲可能财政紧张一些，但中央政府如果要补贴农业保险的话不会缺钱。如果说政府 20 年前无钱给农业保险进行补贴的话，可以理解；时至今日，仍然说政府没钱用来补贴，难以理解。笔者虽然没有专门研究财政问题，但笔者相信今天在政府的口袋里，拿出几百亿补贴农业保险应该是不成问题的。一个南方证券公司出现危机，国家就给了 200 亿元，三家银行要上市，中央一下子就给了 600 亿美元。笔者以为，关乎 9 亿人口的农业和农村发展的农业保险，只要政府希望解决的问题得到满意的答案，政府是会慷慨解囊的。

五、商业性保险公司可以做些什么

对于农业保险，特别是政策性农业保险，在没有政策的时候，也就是政府对农业保险的需求还没有变成有效需求的时候，商业性保险公司（包括专业性的农业保险公司）的供给有限，或者对开办农业性保险采取消极的态度是可以理解的。商业性保险公司经营的主要目标是赚取利润，尽管客观上会对社会财富的重新分配、对社会再生产的持续和健康进行，对实现损失的补偿以及对社会管理等方面会发挥重要作用。在正常经营条件下的政策性农业保险业务是不可能赚到钱的，所以，要靠他们在没有政府强有力支持的条件下，大规模拓展政策性农业保险是不可能的。上海安信有了市、区（县）政府的大力支持，并提供超过30%～35%的保费补贴（有的乡其余的保险费全部由乡政府和村委会出），才将他们的农险业务做到公司业务 54%（2004 年）的份额。法国安盟保险公司成都分公司拓展农险业务的困境，在很大程度上与没有政府强有力的支持有关。在这种情况下，商业性保险公司如果愿意为农业和农村发展做贡献的话，也只能开发一些商业性的保险业务，商业性业务是要选择风险、对象、地区的业务，是风险损失概率较低、风险单位较小的保险标的。例如，农作物雹灾、火灾风险保险，畜禽的某些特殊疾病灾害的保险。

就笔者个人目前的认识，中国农业保险的大规模发展或广泛的试验，不可能寄希望于商业性保险公司在只得到政府口头支持的条件下自愿进行。就像我国农村合作医疗制度发展的轨迹一样，在 20 世纪 80 年代农村合作医疗制度逐渐瓦解之后，无论各级政府发了多少文件、提了多少口号，却一直发展不起来。2003 年之后，各地新型合作医疗制度的试验在得到中央和省、地、县的财政支持之后，才逐步开始真正的试验，最近，国务院决定增加政府出资数额，相信新型合作医疗会加快发展。套用一句电影用语，叫做“市场不相信号召”。

参 考 文 献

樊纪宪．2005. 保险资金与资本市场［J］．河南金融管理干部学院学报（2）：59-62.

顾海英，张跃华．2005. 政策性农业保险的商业化运作：以上海农业保险为例［J］．中国农村经济（6）：53-60.

李军，段志煌，等．2004. 农业风险管理和政府的作用：中美农业保险交流与考察［M］．北京：中国金融出版社．

庹国柱，李军，等．2004. 农业保险［M］．北京：中国人民大学出版社．

庹国柱，李军．2003. 我国农业保险的试验、矛盾及出路［J］．金融研究（9）：88-98.

庹国柱，王国军．2002. 中国农业保险与农村社会保障制度研究［M］．北京：首都经济贸易大学出版社．

庹国柱，朱俊生．2005. 关于我国农业保险制度建设几个重要问题的探讨［J］．中国农村经济（6）：46-52，74.

王卫国．2004. 论我国保险法律制度存在的问题及对策［J］．河南金融管理干部学院学报（2）：83-84.

建立我国政策性农业保险制度的几个问题*

一、新一轮农业保险试验的背景及其隐忧

（一）农业保险新一轮试点的背景

自2003年以来，农业保险成为被各界普遍关注的热点问题，受到中央政府以及有关部委的空前重视，今年以来，农业保险在9个省（自治区、直辖市）的试点已经全面铺开。这轮农业保险试点的背景在于农业风险管理和保险的潜在需求与农业保险有效供给之间的矛盾、世贸规则对农业补贴的限制以及中央协调城乡发展的政策导向。

首先，农业的弱质产业性质决定了其对风险管理和保险的巨大需求。多年来，中国的自然灾害频繁。据统计，全国16亿亩耕地，1961—1990年30年间中国农作物生产遭受旱、涝、风、雹、冻、病和虫灾害的面积年均5.5亿亩（3 700多万公顷），成灾面积2.95亿亩（1 967万公顷），分别占年平均农作物播种面积的29.8%和12.7%。20世纪90年代以来受灾和成灾面积甚至高于这个比例。自然灾害造成粮食减产的幅度多年平均为5%，减产量250亿千克，远远超过近几年我国每年进口粮食的水平。

特别值得注意的是，尽管人们抵御自然灾害的技术和手段不断增多，能力不断增强，但是由于全球气候变迁和生态环境的恶化，自然灾害发生的频率和强度有加剧的趋势；同时随着农业生产规模的扩大，专业化、区域化的加快，农业生产要素投入的增加，农业生产的风险不仅增大而且更加集中，灾害事故的破坏力和造成的经济损失愈来愈大，据统计，20世纪50年代中期，每年平均成灾面积达2亿亩，80年代接近3亿亩，1998—2002年，成灾面积超过4.36亿亩，占受灾面积的比重超过50%。频繁的、巨大的自然灾害不仅造成农产品供给和农民收入的减少，加重了政府的财政负担，也使农业生产的物质条件遭到破坏，造成农业再生产的困难。灾害的频繁发生必然影响农业生产者的行为，为规避风险，

* 本文与朱俊生合作，发表于《金融与教学研究》，2004年第5、6期。

农户常常减少投资，从而导致农业资源的浪费或不合理配置，又阻碍了农业和农村经济的进一步发展。

但巨大的需求并没有创造出相应的农业保险的商业性供给。我国的农业保险经历了试办、停办、恢复试办、探索多种经营模式的过程，但始终没有跳出政策性保险在商业化框架内运作的模式。随着商业性公司对利润的诉求，商业性保险公司经营的准政策性农业保险业务逐步萎缩。2003 年，我国农业保险保费收入 4.6 亿元，仅占全国财产险保费收入的 0.5%。农业保险供给和需求的巨大缺口迫切需要农业保险制度的创新。

事实上，农民对农业保险的需求，从竞争性市场的角度来看，并不是一种有效的需求，农业保险这种产品的消费对我国乃至发达国家的农民来说都是相当“奢侈”的，因为其价格高得使收入相对较低的农民大部分无力承受，而且，相对于农业保险的预期收益来讲又是很不“合算”的。在这种条件下，农业保险在我国甚至在很多国家的有效需求（在没有政府补贴的条件下）是相当有限的。这也就是为什么农业保险在大多数实施该制度的国家是以“政策性”保险出现的。

其次，世贸规则对农业补贴的限制需要农业补贴方式的创新。世贸组织的规则不允许其成员国政府对农产品的价格进行直接补贴，但建立农业保险制度，由政府对农业保险进行补贴从而间接补贴农业，以稳定农民收入，保证粮食生产安全，确保农业产业政策的顺利实施，却是符合世贸规则的“绿箱”政策。现在，我国政府每年在农产品保护价及给国有粮食企业的补贴每年都在几百亿元。所以，按照世贸组织的规则健全和完善我国的农业风险管理体系，包括建立有中国特色的农业保险制度，势在必行。

再次，中央政府统筹城乡经济社会发展的执政理念。应该说，农业保险严重的供需矛盾一直存在，但在长期存在的“城市偏好”的政策导向下，农业保险往往被以财政能力有限等诸多借口被忽视，甚至遗忘。现在鉴于“三农”问题的突出，中央政府将统筹城乡经济社会的平衡发展提到重要议事日程，深感让国民尤其是农民分享现代化、经济全球化所带来的收益，不仅是解决公平问题，也是解决国民经济发展的长远效率的问题。正是在这种大背景下，农业保险作为现代农业风险管理的重要制度终于走入了决策层的视野。

新修订的《中华人民共和国农业法》第四十六条规定“国家逐步建立和完善政策性农业保险制度。鼓励和扶持农民和农业生产经营组织建立为农业生产经营活动服务的互助合作保险组织，鼓励商业性保险公司开展农业保险业务”，从而首次确定农业保险的政策性质。

2003 年，《中共中央国务院关于促进农民增加收入若干政策的意见》对发展我国的农业保险制度提出了要求，“加快建立政策性农业保险制度，选择部分产品和部分地区率先试点，有条件的地方可对参加种养业保险的农户给予一定的保费补贴”。此后，国务院领导也多次对发展农业保险做出重要批示。

2005年1月，中央1号文件《关于进一步加强农村工作提高农业综合生产能力若干政策的意见》中再次指出，要“扩大农业政策性保险的试点范围，鼓励商业性保险机构开展农业保险业务”。

（二）农业保险新一轮试点的概况

2004年年初，保监会提出发展农业保险的指导性意见，提出农业保险发展的5种模式。3月以来，保监会又先后批准3家专业农险公司开业或者筹建。第一家是上海安信农业保险公司，这家公司主要经营农村种植业和养殖业保险。公司采取的是“政府财政补贴推动、商业化运作”的经营模式。保监会要求其种养殖业保险比例不得低于60%。第二家是吉林省安华农业保险公司，这家公司借鉴法国安盟保险公司模式，实行股份制经营，以“大农险”为概念，为吉林省的农民提供种养殖业保险、家财险、意外伤害险、健康险等“一揽子”保险。和上海以科技农业为主的农业结构不同，安华公司将以传统农业为主。第三家是黑龙江阳光相互制农业保险公司。这家公司建立在黑龙江农垦系统以试办了10余年相互制农业保险经验之上，将过去相互制农业保险的雏形制度化、规范化。

同时，保监会分别以保险公司自办、代办、和政府联办以及共办4种形式在5个地区进行商业性保险公司经营政策性业务试点。一是人保公司进行的四川的奶牛政策性保险试点。在四川省眉山市的两个县，地方政府给予农民奶牛保险定额保费补贴，其余由农民承担。保单责任范围比较大，故意致死和大规模疫情之外的责任都由保险公司承担。二是中华联合保险公司在江苏实行水稻政策性保险试点。由当地地县两级政府为农民承担50%的保费补贴，风险共担。政府和保险公司签订协议，设立专项资金，实行专户存储封闭式运作。三是湖南生猪保险试点。试点为湖南的商品猪养殖示范基地，在试点区县，农民同样将得到一定比例的保费补贴，不过这些补贴不仅来自于当地政府，还来自于当地的龙头企业。由政府、龙头企业和农民各出一部分保费，而包括口蹄疫在内的风险都被列入可保范围。四是新疆的棉花保险，实行由保险公司自办的模式。当地政府没有直接的财政补贴，但是要求各县乡政府支持，并将其作为县乡政府政绩的考核指标。五是内蒙古自治区的奶牛保险。

（三）农业保险新一轮试验面临的一些问题

尽管目前农业保险新一轮试点正在全国各地如火如荼地开展，也的确令人感到高兴。但这些试点的可持续发展，却有赖于一系列政策环境、制度基础和经济社会条件。与之相关的一些问题有必要及早加以明确或解决，以便于新一轮试验的健康顺利地发展：一是在介入农业保险业务时，商业性保险公司对自身的定位模糊。商业性保险公司的经营边界只能是商业性的农业保险业务，企图在商业性保险的框架下经营政策性农业保险可能会重蹈原来人保公司经营农业保险的覆辙。二是制度模式的选择没有充分考虑中国的国情。世界上农业保险发展的制度模式有很多种，但并不是每种模式都放之四海而皆准。制度模式的优化选择必须充分考虑中国的国情。同时，必须在制度设计之初就要充分考虑各种制度模式之间的衔接，以便于将来的整合。三是对农业保险经营主体的适宜性考虑不够，有些经营主体由于制度缺陷可能难以实现可持续发展，有些经营主体在目前则不切实际。四是除上海等个别地方，对农业保险的补贴政策缺失。财政补贴的缺位将严重制约农业保险这种“准公共产品”的发展。第五，农业保险涉及政策性业务和商业性业务，其监管比较复杂。如何建立一种合理有效的监管机构和监管制度也是当务之急。

本文打算就上面这些农业保险新一轮试点面临的问题做一些探讨，并提出相应的政策建议。

二、关于商业性农业保险和政策性农业保险

要建立政策性农业保险制度，首要的问题是需要在概念上搞清什么是政策性农业保险，政策性农业保险的特点或特征有哪些，其次是政策性农业保险与商业性保险有何区别。

（一）政策性农业保险及其特征

从定义上来说，政策性农业保险就是为了实现政府的农业和农村经济发展的政策目标而实施的农业保险或建立的农业保险制度。如同出口信用保险体现的是支持出口贸易的政策导向一样，这种农业保险制度体现的是农业和农村经济政策，保险供给主体的主观目的和客观目的完全一致，那就是保障农业生产和经营的稳定和增长，保障农产品供给的安全，保障农民生活的安定①。

这种农业保险制度至少有如下几个主要特征：第一，商业性公司在正常市场环境下难以或不会进入该领域；第二，政府不仅参与宏观决策，而且一般要介入微观经营管理活动；第三，政府要给这类业务经营补贴和其他财政优惠措施以及行政便利措施，这种制度才有可持续性，因而这类业务具有部分的财政再分配性和部分社会公平性；第四，非营利性。

上述前三条的理论依据在于农业保险的大部分产品是准公共物品，其可交易性差，生产经营须具有规模性，农业保险产品虽然在直接消费上具有排他性的主要特征，但在其消费过程中或者说在经营的一定环节上（例如防灾防损）也不具有排他性。从市场竞争性方面来说，农业保险产品的大部分，特别是保障范围比

---

① 实践表明，各个国家或者在一个国家的不同发展阶段，其政策性农业保险的政策目标是不一样的。例如，日本 1947 年重建农业保险制度时，其主要政策目标是增加农产品特别是粮食的生产和供应，但是到了 20 世纪 50 年代中期该目标已经达到之后，其政策目标就转向农民收入的稳定保障或者农村福利了。

较宽的多风险农作物保险产品，由于其高风险、高成本和高价格的特点，必然不具有竞争性，在竞争的市场上，既不可能有需求，也不可能有供给。农业保险产品的供给者和消费者从长期来看都不可能得到实际利益，最终能获利的是全社会的农产品消费者，这表明农业保险产品在成本或利益上具有外在性。因此农业保险产品虽然在短期内可以确切计算收益，但长期利益的计算必然是模糊的①。这也就是这类产品无法进入竞争性的保险市场，必须要由政府参与和介入，并给予财政补贴的原因。我国商业保险市场上已经有多家财产保险经营主体，但鲜有涉足农业保险的，人保公司在农险试验经营中由于长期得不到政府的足够支持，不得不在股份制改造中逐步放弃继续经营准商业性的农业保险②（表1）。当以农牧业保险起家的中华联合财产保险公司的财产保险业务走向全国之后，也从没敢贸然开展哪怕是商业性农业保险险种的经营，这从另一面为政策性农业保险的上述3个特点提供了脚注。

同时，作为政策性保险，农业保险必须遵循非营利性的经营原则，农业保险特别是保障范围较广泛的险种的经营必须有政府介入，而且须提供足够补贴，实行财政转移支付。

表1　原中国人民保险公司1982—2003年农业保险经营状况

单位：万元，%

年份	保费收入	赔款支出	净赔付率	管理费用（以毛保费的20%计）	管理费用（以毛保费的30%计）	总赔付率1（管理费用，以毛保费的20%计）	总赔付率2（管理费用，以毛保费的30%计）
	(1)	(2)	(3)=(2)/(1)	(4)	(5)	(6)=[(2)+(4)]/(1)	(7)=[(2)+(5)]/(1)
1982	23	22	95.7	4.6	6.9	116	126
1983	173	233	134.7	34.6	51.9	155	165
1984	1 007	725	72.0	201.4	302.1	92	102
1985	4 332	5 266	121.6	866.4	1 299.6	142	152
1986	7 803	10 637	136.3	1 560.6	2 340.9	156	166
1987	10 028	12 604	125.4	2 005.6	3 008.4	146	156
1988	11 534	9 546	82.3	2 306.8	3 460.2	103	113

① 庹国柱，王国军.2002.中国农业保险与农村社会保障制度研究：第3章［M］.北京：首都经济贸易大学出版社.

② 事实上人保公司从1994年以后的农业保险业务基本上都是商业性农业保险，他们对风险和险种都进行了严格选择。即使这样，其经营业绩从商业经营的角度也不乐观，按照真实的合理的经营管理费用（30%）核算，这10年当中40%的年份也是亏损的，其余年份也只是盈亏平衡。

（续）

年份	保费收入	赔款支出	净赔付率	管理费用（以毛保费的20%计）	管理费用（以毛保费的30%计）	总赔付率1（管理费用，以毛保费的20%计）	总赔付率2（管理费用，以毛保费的30%计）
	(1)	(2)	(3)=(2)/(1)	(4)	(5)	(6)=[(2)+(4)]/(1)	(7)=[(2)+(5)]/(1)
1989	12 931	10 721	82.9	2 586.2	3 879.3	103	113
1990	19 248	16 723	86.9	3 849.6	5 774.4	107	117
1991	45 504	54 194	119.1	9 100.8	13 651.2	139	149
1992	81 690	81 462	99.7	16 338.0	24 507.0	120	130
1993	82 990	96 849	116.7	16 598.0	24 897.0	137	147
1994	50 404	53 858	106.9	10 080.0	15 121.2	127	137
1995	49 620	36 450	73.5	9 924.0	14 886.0	93	103
1996	57 436	39 481	68.7	11 487.6	17 230.8	89	99
1997	71 250	48 167	67.6	14 250.0	21 375.0	88	98
1998	61 721	47 681	77.3	12 344.2	18 516.3	97	107
1999	50 820	35 232	69.3	10 164.0	15 246.0	89	99
2000	45 200	30 700	67.9	9 040.0	13 560.0	88	98
2001	39 800	28 500	76.4	7 960.0	11 940.0	92	102
2002	34 064	25 041	73.5	6 812.8	10 219.0	94	104
2003	23 585	20 840	88.4	4 717.0	7 075.5	108	118
合计	**761 163**	**664 932**		**152 232.6**	**228 348.9**		
平均			**87.4**			**107**	**117**

注：此表的数据包括自办业务、代办业务与合办业务数据。

资料来源：《中国保险史》编审委员会《中国保险史》，中国金融出版社，1998年；《中国人民保险公司保险业务统计资料汇编》。

（二）政策性农业保险与商业性农业保险的区别

农业保险是政策性保险，但并不意味着所有农业保险产品都必须实行政策性经营。事实上1791年诞生在德国的雹灾保险，就是由私营保险公司经营的，而且德国、英国、法国等至今都是以私营保险公司为主经营雹灾保险。在日本，除一部分大田作物（水稻、旱稻、小麦）等和马、牛、猪、蚕等饲养项目是依法强制实行政策性保险，花卉、某些设施农业、精细农业产品的保险，实际上都是商业性经营。这就有必要对农业保险的具体项目和内容进行分析，讨论商业性农业保险和政策性农业保险的区别及其原因。

只有那些关乎国计民生和对农业和农村经济社会发展有重要意义；而商业性

保险公司又不可能或不愿意从事经营的农业保险项目，才有可能纳入政策性保险经营。就是说，从宏观层面上讲，政策性农业保险项目必须有较强的政策意义；而从微观层面上讲，这些保险产品因其成本高、价格高在竞争的保险市场上难以成交。符合这些条件的农业保险项目或产品主要包括：

首先，多风险农作物保险。这类标的的风险通常很高，例如玉米、棉花、水稻、小麦等作物，由于这些产品涉及食物和纤维的安全，在国民经济中具有重要战略地位，从而在相当长的时间里具有重要的政策意义。同时洪涝、干旱、霜冻、冰雹、病虫害等风险事故的发生几率相当高。据统计，1961—1990 年 30 年间，我国农作物遭受这些灾害的面积占播种面积的比例高达 29.8%，而成灾面积占播种面积的比例为 16%①，这两个比例在 20 世纪 90 年代和 21 世纪以来还有进一步提高。在湖南、湖北、安徽等省，水灾的发生率超过 30%，作物的损失率显然很高。笔者曾在陕西关中地区做过调查，棉花的社会损失率②为 9%～18%，粮食作物的社会损失率为 7%～13%。这也就是以产量为保障目标的多风险农作物保险的纯费率高达 2%～15%的原因。

其次，主要家畜家禽死亡保险。畜牧业在现阶段的我国也具有重要的政策意义，而且畜牧业保险的保险标的其疫病和意外事故的死亡风险也很大，笔者曾在某大城市调查过为期 10 年的奶牛的社会死亡率，其平均死亡率约为 3%～5%，在疫病流行的年份高达 10%，其中犊牛平均死亡率高达 12%～16%。家畜家禽保险对畜牧业的持续稳定发展具有一定的战略意义。而这两大类农业保险项目都难以进入竞争的商业保险市场。

不符合上述特征和条件的保险项目和产品主要包括：

首先，某些单风险农作物保险。例如，农作物冰雹灾害保险，或者某些地区［例如新疆、甘肃、山东等省（自治区）］的农作物洪水保险，麦场、稻场火灾保险、烤烟火灾保险等，尽管这些保险标的也同样有经济重要性，但从我国的试验看来，这些保险标的遭受冰雹、洪水、火灾等单一风险灾害的几率较小，一般不超过 1%，是小概率事件，符合一般商业保险承保风险的条件。

其次，范围较小、价值较高的设施农业、精细农业的单风险保险或某些综合风险保险。例如，大棚蔬菜、花卉、温室瓜果等作物的单风险或多风险保险，这些保险标的的价值较高，生产收入较高，生产者一般支付能力较强。

当然，对于上述两类保险项目，从我国的实践和国外的经验来看，在某些地区也可视政策导向，可以有选择、有条件地纳入政策性保险，当然补贴幅度要小

---

① 按照有关部门规定，作物产量损失达到和超过其正常产量的 30%才叫“成灾”。

② 作物的社会损失率是指一定区域一定时期该类作物因灾害所受损失的产量占该作物平均产量的比率，下面所说奶牛的社会损失率是按照该地区在一定时期因灾病死亡的奶牛占年末存栏奶牛数的比率。它们有别于保险公司的经验损失率。

一些。

最后，一些特殊饲养动物的疾病和死亡保险（特种养殖保险）。例如，养鹿保险、养貂保险等，一般来说这些保险标的在农牧业经济中的地位相对不重要，但其经济价值相对较高，饲养收入也会不低。

依照上面的分析，政策性农业保险和商业性农业保险的区别主要是：

（1）政策性农业保险制度是依据政策目标（或服从特定的政策规划）建立的；而商业性农业保险制度是根据市场（或商业）目标建立的。

（2）政策性农业保险是由政府直接组织经营，或由政府成立的专门机构经营，或在政府财政政策支持下，由其他保险供给主体（股份公司、相互公司、合作社等）经营的；而商业性农业保险只由商业性保险机构经营。

（3）政策性农业保险经营的项目或出售的保险产品，一般说来，其保险责任较广泛且保险标的的损失概率较大，从而赔付率较高；而商业性农业保险经营的项目或出售的保险产品其保险责任较窄，保险标的的损失概率较小，赔付率较低。

（4）政策性农业保险产品要部分由政府买单；而商业性农业保险产品则完全由投保人自己买单。

（5）政策性农业保险的经营不能盈利；而商业性农业保险的经营则可以盈利。

（6）政策性农业保险通常包含着只有通过政府行为才能协调开展的工作，如政策性农业保险与农户信贷资金发放、农产品出口价格补贴、农业救灾、农业生产调整等农业保护措施紧紧地联系在一起；而商业性农业保险通常通过市场机制就能较好地运作。

（7）政策性农业保险通常具有事实上的强制性。无论是发达国家还是发展中国家，在开展农业保险时为了解决自愿投保条件下的参与率不高的问题，往往通过有关法律法规，将参与农业保险与其他农业优惠政策相联系，如果符合投保条件的农户不按规定投保，就不能得到信贷资金，出灾后不能享受政府救济，不享受政府价格补贴，不能从政府的生产结构调整中得到优惠等。诸如此类的规定为农民的广泛参与提供了利益诱导机制，从而使政策性农业保险制度具有了某种强制性。而商业性农业保险一般是自愿投保，不具有强制性。

三、关于我国政策性农业保险的制度模式

所谓制度模式，就是经过较长时间的实践所形成的有鲜明特点的比较稳定的一套规则。农业保险在不同国家都经历了各自的实践，这些实践是在不同的社会经济制度背景和不同的政策目标下进行的，从而产生、发展和形成了不同的制度模式。根据我们的粗浅研究和归纳，世界上农业保险的制度模式主要有 5 种，即

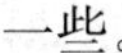

美国、加拿大模式——政府主导模式，日本模式——政府支持下的合作互助模式，前苏联模式——政府垄断经营模式，西欧模式——民办公助模式和亚洲发展中国家模式——国家重点选择性扶持模式①。

我国在 2004 年以前也试验过多种农业保险经营模式，但占主导地位的是政府支持下的商业性保险公司经营模式。针对我国的实际，我们提出 4 种可供选择的政策性农业保险的制度模式，即①政府主办、政府组织经营的模式；②政府支持下的合作互助经营的模式；③政府支持下的相互保险公司经营的模式；④政府主导下的商业性保险公司经营的模式。第一种模式是借鉴美国 20 世纪 90 年代以前的模式设计的，第二种模式是借鉴日本模式和我国中华联合财产保险公司在新疆生产建设兵团的实践设计的，第三种模式是参考刘京生博士的论证和创意②设计的，第四种模式是借鉴美国现行运作模式设计的。

根据我国实际，对广大的农村分散经营的个体农户，比较适宜采用第四种模式，即在政府主导的框架下让商业性保险公司唱主角。因为我国最大的财产保险公司中国人民保险公司有较长时间的较大范围的试验实践，又有一大批农险专业技术人才，积累了比较丰富的经营和管理农业保险（主要是商业性农业保险）的经验，他们也有相当广泛的分销代办网络，再加上其他有意于农业保险政策性经营的财产保险公司的加盟，比较容易铺开。只要政府的政策到位，扶持措施得力得当，让他们既有利又承担风险，在政策框架下充分发挥市场化操作的优势，成功的希望是很大的。

当然，对于具有农垦系统背景的地区，可以考虑采用第二种即政府支持下的合作互助经营的模式，这种模式的范例就是新疆生产建设兵团持续了 18 年的农业保险模式。因为农垦系统有长期的集体式的农业生产经营和管理的传统和较强的组织力量和能力，缺乏的主要是政策支持、保险经营和管理技术。实施这种模式是最便捷而且是比较容易成功的。而在广大农区面对极其分散、规模狭小的农户，大多缺乏自组织能力，农民也缺乏合作意识和动力，组织合作互助的基础十分脆弱，加之极容易受行政长官的强力干预，专业性、技术性较强，农业保险要农民自己来做，实在勉为其难。河南省曾经轰轰烈烈的“农村互助统筹保险”的失败就是这些原因造成的。我国农村的供销合作、信用合作的衰败，改革困难重重，一直走不出困境，也有上述原因。所以在这些广大的地区必须通过保险公司和政府来推行农业保险。

对于政策性农业保险制度模式，还有一个要不要事先确定全国性的整体框架的问题。现在全国各省（自治区、直辖市）分散决策建立农业保险制度，由各地

① 庹国柱，王国军．2002．中国农业保险与农村社会保障制度研究：第 4 章［M］．北京：首都经济贸易大学出版社．

② 刘京生．2000．中国农业保险制度论纲［M］．北京：中国社会科学出版社．

根据本地实际自行选择制度模式，自行决定什么时间建立这种制度，这种因地因时制宜的政策是正确的，毕竟我国太大了，东中西部的经济和社会发展水平差距相当大，各地的发展战略各不相同，承认这种差距，允许有先有后，合乎科学的认识和实践规律。但是，各地分散决策要不要在事先就确定一个全国统一的便于整合的框架，值得研究。在这方面加拿大的经验可以借鉴。

加拿大 1959 年通过了在全国开办政策性农业保险的《联邦农作物保险法》，该法确定了开办农作物保险的若干重要规则，例如，这种政策性农业保险由各省政府组织经营，建立制度的时间由各省自己决定；这种保险是自愿的，但参加者可以得到联邦政府和省政府的补贴，但补贴方式和数额由省政府与联邦一起商定；联邦政府为各省开办的农作物保险提供再保险。联邦政府还规定了联邦、省政府和农民三者的角色和职责，确定了 5 个原则：普遍参加（Universality）原则，公正而平等的保险（Fair and Equitable）原则，自我财务平衡（Self-Sustainability）原则，与其他农业收入保障政策间的互补性原则等①。在这个框架下，全国 10 个省在长达 10 年时间里才先后建立起政策性农业保险的基本框架和原则相同的农作物保险制度，这样全国的与农作物保险相关的宏观政策的统一、整合与协调就比较容易。

我国是在没有立法也没有任何行政规章的条件下，开始了新一轮农业保险的试验。但保监会提出指导各地开展农业保险的 5 种模式②有重大的差异，如果这 5 种模式将来都有，那么如何整合和统一，现在就应有所筹划，哪怕是粗线条的，否则，将会带来麻烦甚至损失。农业保险制度的设计必须未雨绸缪，最大限度地减少和消除制度变迁的成本。

四、关于政策性农业保险的经营主体

经营主体是和制度模式联系在一起的，而且是其中的重要角色。按照保监会提出的农业保险发展的 5 种模式，对应的有 5 种政策性农业保险经营主体，一是为政府代办农业保险的商业性保险公司；二是专业性农业保险公司；三是农业相互保险公司；四是地方财政兜底的政策性农业保险公司；五是外资或合资保险公

---

① 庹国柱，王国军．2002．中国农业保险与农村社会保障制度研究：第 4 章［M］．北京：首都经济贸易大学出版社．

② 保监会提出的 5 种模式：一是政策性公司经营模式，即地方出资设立的专业农业保险公司，如上海安信农业保险股份有限公司。二是相互制公司模式，如在农业互助合作基础条件较好的地区，进行相互制农业保险公司这一新的组织形式的探索创新。三是商业性公司代办模式，如通过保险公司、农村金融机构或两者相结合开展农业保险的代办业务，如吉林省榆树市的洋葱保险。四是商业性保险公司经营模式，如目前中国人保、中华联合等保险公司在不同省份开展的部分种养殖保险。五是外资公司经营模式，如法国安盟保险公司成都分公司，借鉴国外做法，研究提供适合农村、农业和农民的“一揽子”综合保险产品。

司。下面对这几类经营主体或组织形式是否适于政策性农业保险经营和如何适应政策性农业保险经营的问题进行一些讨论。第一种事实上前面已经讨论过了，这里主要讨论后 4 种经营主体。

（一）专业性农业保险公司

专业性农业保险公司就是专门或者主要经营农业保险的股份制保险公司，我们理解专业性公司也是一种商业性公司，这类公司截至目前已经有两家被批准筹建。这里的问题是，股份制保险公司如何与政策性农险业务相匹配。按一般理解，股份制的专业公司需要从这种专业性经营中获取经营利润，而政策性农业保险显然是不能赢利的，原因很简单，政府的补贴不能成为资本获利的来源。但如果不许赢利，那么这些公司的股东的股本就是公益性质的，类似各种公益或奖励基金，而这和资本追逐利润的本质显然是背道而驰的。讨论这个问题的意义在于，社会上有不少资本有意投资这种“专业性农业保险公司”，希望给这些资本找到赚钱的门路。如果不明确这个问题，可能会给公众一个误导。

（二）农业相互保险公司

相互保险公司在日本、美国、欧洲很普遍，这种公司采用的是相互保险的形式，但又吸收了公司制的运作方式和法人治理结构。建立农业相互保险公司，其优点很多，例如产权明晰，交易成本较低，减少信息的不完全和不对称，公司与农民的利益结合得很好，有利于协调好政府、公司和农民的关系，可以有效降低保险产品的价格，并在保险关系中易于相互监督，减少道德风险，有利于农民的积极参与等①。从理论上分析，这种形式比日本的“农业共济组合”的合作互助组织更高级，更有优越性。法国从 19 世纪就有许多相互保险公司经营农业保险，20 世纪 80 年代形成的农业保险相互集团公司就是一个全国性的公司，一直到现在都运作得很好②。但我国《中华人民共和国保险法》目前对这种组织形式没有任何规定，对我国保险界来说相互保险公司太陌生，其发起、组织和运作不要说对农民，就是对保险业界的企业家们也是有相当的难度，何况经营政策性农业保险又不能赚钱。因此，建立这种制度必须具备一系列的假设条件，不满足这些假设条件，就难以实践，即使付诸实施，也难以显现其优越性。不过我们还是希望对这种很有意义的组织形式继续进行可行性研究。

（三）地方财政兜底的政策性农业保险公司

在“地方”财力允许的条件下，设立政策性保险公司是比较好的选择。上海

---

① 庹国柱，王国军．2002. 中国农业保险与农村社会保障制度研究：第 6 章［M］．北京：首都经济贸易大学出版社．

② 龙文军．2003. 法国农业保险制度及经验［J］．世界农业（5）．

市原来的由市政府农委主导的"农业保险促进委员会"就类似于这种组织形式。这里的问题主要是"地方"的大小，假如"地方"太小（例如地区或县），可能会有一些问题。农业保险的风险单位很大，对单个的投保农户来说大部分农业灾害都具有较大的相关性，因此，要在空间上分散风险必须要在较大范围从事保险经营，否则在大灾面前，地区和县市恐怕是难以"兜底"的，这种教训在过去20多年的试验中已有不少。河南省以县为单位建立的"农村互助统筹保险"的衰落，这是原因之一。所以将"地方"限定在省（自治区、直辖市）比较好。当然，有多少省（自治区、直辖市）有条件或敢于建立这种公司也是一个问题。

（四）外资或合资保险公司

外资或合资保险公司都是商业性保险公司，如果让这些保险公司像中国的商业性保险公司一样，为政府的政策性保险公司代办业务，这里就不用重复讨论（某外国保险公司目前在四川正在寻求走这条道路）。但如果让外资或合资商业性保险公司作为政策性农业保险的经营主体，这既不现实也不可能。即使他们将农业保险的外延扩大到包括农村所有人身和财产保险业务（中国同行称之为"农村保险"），他们可能也不会真正从事这些业务的经营，原因很简单，这类经营成本很高的业务，对商业性保险公司来说是不具有可行性的。因为外资保险公司农业险经营的技术及管理经验无论多先进，农业保险固有的高风险、高费用、高成本，预期利益相当有限，需求有限的特点不可能改变，那么这种经营很难有出路。如果从事政策性经营，又会遇到接受补贴和赢利意愿的矛盾。因此，这些公司愿意经营农业保险的说辞，恐怕也只是将其当作一种早点进入中国市场的敲门砖或策略而已，政府欢迎和倡导这种经营主体，除了广告意义，不会有多少实质意义。

五、关于政府对政策性农业保险的补贴

政府已经决定建立政策性农业保险制度，财政补贴的问题也就该提到议事日程上了。

（一）补贴多少？

一般来说，政策性农业保险的财政补贴分两块，一块是保费补贴，另一块是管理费补贴。管理费补贴有的国家是全补，有的国家补贴一部分。保险费补贴额和补贴率主要取决于纯保险费率、保险保障水平高低、政府的政策目标和财力、农民对保险产品的接受或购买能力。一般来说，保险产品的纯费率越高补贴越多，纯费率越低补贴越少；保险项目或产品的保障水平越高补贴率越低，保障水平越低补贴率越高；在政府的发展计划中，保险标的越重要或保险的政策目标越

高，又有财力，补贴也就越多，相反补贴就少；农民投保愿望越强烈又有支付能力的保险产品其补贴就少，相反补贴就多。①

从政府来说希望补贴越少越好，但是补贴不可能随心所欲，要在政府补贴与农民愿意参与（在自愿投保条件下）之间寻求平衡是一个经济学问题。墨西哥的专家们曾经研究过该国的农业保险补贴问题，结果显示，在自愿投保险的条件下，保费补贴低于 40%，农民是不愿意参加的。当然，各个国家的情况不同，补贴数额、比例有很大差异。日本的平均补贴率、补贴额都很高，美国在 60 几年中补贴是不断增高的，现在也接近日本的水平，许多的险种的保费补贴超过 50%。法国的政策性农业保险保费的补贴比例也高达 50%～80%。我国需要多少保费补贴，我们曾经做过一个测算，在一系列假定前提下，保费补贴一年需要 81 亿元。这些假定是：全国只承保小麦、水稻、玉米、棉花 4 种作物的多风险保险和奶牛 1 种家畜的死亡保险；按 2000 年的播种面积和奶牛存栏数计，有一半作物投保，一半成年牛和青年牛投保；4 种农作物的保障产量按平均产量的 70%和产品价格按市价的 70%计；农作物保险的纯保费率以 5%计，成年和青年奶牛的纯费率按 6%计；农作物纯保费补贴 30%，奶牛纯保费补贴 25%；经营管理费补贴按纯保费的 20%计②。这里的保障水平和农产品价格确定得都比较低，比如奶牛的价格 2003 年比 2000 年已经上涨了 40%，农产品价格也上涨了 20%～30%。这就是说，在这些假定条件按照现在的情况调整之后，承保的作物和家畜家禽种类再增多，补贴额还会增多，而如果采取自愿保险方式承保面比上面假设的小，也可能不需要那么多钱，所以就这个问题需要专门研究。

（二）补给谁？如何补？

按照目前的决策思路，各省（自治区、直辖市）自主决策办农险，中央和省两级共同提供经营管理费和保险费补贴，如果是地方政府自己建立政策性农业保险公司，中央和省两级补贴都给该保险公司，似乎并不复杂。如果由商业性保险公司代办、其他形式的保险公司例如专业保险公司、外资保险公司、合资保险公司、相互保险公司经营政策性农业保险，中央和省两级补贴拨给他们，就不那么简单了。

这里比较困难的是，首先要确定对农业保险业务的补贴范围，制订补贴规则，其次，需要确定保险公司做了多少符合政策性规定的农业保险业务，然后才能进一步确定该为每一类符合政策性要求的业务提供多少补贴以及这个补贴在中

① 庹国柱，王国军 . 2002. 中国农业保险与农村社会保障制度研究：第 4 章［M］. 北京：首都经济贸易大学出版社 .

② 庹国柱，王国军 . 2002. 中国农业保险与农村社会保障制度研究：第 6 章［M］. 北京：首都经济贸易大学出版社 .

央和省（自治区、直辖市）之间如何分担。而这都应由谁来确定，又由谁来核定，必须事先明确。美国农业部有一个农作物保险公司（FCIC），负责精算农业保险费率，设计农业保险产品，审核各个参与经营农业保险的私营保险公司和再保险公司的资格及其所做的农险业务，然后审定补贴数额。加拿大的农作物保险虽然是各省开办的，但联邦农业部也有一个相应的机构，代表联邦政府与各省谈判补贴方法和确定各省的补贴额。当然这项工作是以保险精算和各省的实际业绩为基础来确定的。在日本，这些事情由农林省的特别会计处和都、府、县的农业共济联合会来做。近一个时期以来，媒体报道了不少通过虚假的灾情报告而骗取中央救灾资金的问题①，不能不让人们联想到将来政策性农业保险补贴的可操作性问题。这个问题解决不好，将来要么是中央和省（自治区、直辖市）的补贴资金不到位，要么就是这些资金不能真正发挥其应有的作用。

我国虽然已经由保监会批准了几个省的专业性农业保险公司的筹建，但似乎无意在中央单独建立一个政策性农业保险业务管理机构，那么上述与补贴相联系的一系列工作是由保监会来代办还是其他部委操作的问题如果不早些解决，这些公司正式开业后就会遇到补贴不到位的问题。

（三）间接补贴方式是否妥当？

我国政府迄今并没有正式承诺给予农业保险补贴，似乎是准备走“以险补险”的路子，也就是准许这些被批准经营农业保险的公司在经营政策性农业保险业务的同时，经营农村的其他财产和（或）人身保险业务，以这些商业性保险项目或险种的盈利自我补贴政策性农业保险。人保上海分公司和上海市政府原来合作经营的农业保险基本上就是这样做的（这里说“基本上”是因为上海市政府实际上另有财政补贴）。在法国，众多的农业保险合作社和像安盟这些商业性保险公司经营农业保险时，政府也采取这种政策予以支持。这无疑是一个思路。上海的实践是一个积极的和正面的范例，他们这种政策实践结果比较理想，10 多年下来，不仅不亏，而且以其盈余积累了 1.7 亿元的基金。

但是，从面上或从一般意义上言之，其间有许多问题值得讨论：

第一，政策性农业保险所需要的补贴需要多少商业性财产和人身保险项目来满足，实际上是一个难题。假如商业保险业务所赚多于政策性农业保险业务之补贴所需，而且逐年有所积累，像上海那样当然好说，日子也好过，不过也有个要不要交税和如果要交税该交多少的问题。假如商业保险业务所赚少于政策性农业保险业务之补贴所需，亏损由谁补偿或消化？在后一种情况下无非 4 条路，要么向政府要补贴，要么收缩政策性农业保险的业务、扩大财产和人身保险的商业性保险业务，要么走商业性农业保险的道路，要么完全放弃农业保险经营，在走后

① 单士兵．2004．灾情报告的水分亟须拧干［N］．京华时报，07－15（A03）．

3 条路的情况下，政策性农业保险的目标就不可能达到。

第二，如何核定一家保险公司的政策性和商业性两类保险业务的盈亏？由谁去核定？核定的原则如何确定？从我国实际和各方面暴露出来的制度缺陷来看，对这些问题必须事先有一个规则和解决办法，不然等公司出问题之后再讨论就不好办了。

第三，给这些政策性公司多少商业性业务，还涉及商业保险市场的平衡性和公平性的问题。

六、关于对政策性农业保险的监管

我国目前的农业保险主要由保监会来推动，其历史渊源在于农业保险的三轮试验基本上都是在商业保险的框架下经营农业保险业务，而保监会正是商业保险的主要监管部门，由保监会来推动、监督和管理农业保险自然是情理之中的事。从目前来看，保监会不遗余力地为农业保险的发展做了大量的工作。如上文所述，保监会针对我国农业保险目前发展的实际情况，提出了 5 种发展模式，先后批准成立了上海安信和吉林安华两家农业保险股份有限公司。这些努力使农业保险开始破题，引起越来越多的部门和公众的关注。保监会在其中功不可没。

但政策性保险的监管与商业性保险的监管，无论监管内容和监管规则都有很大差异，作为商业性保险监管部门的保监会能否单独担当监管重任以及如何监管政策性农业保险则是一个值得探讨的问题。

如前所述，政策性农业保险和商业性保险的一个重要区别在于，前者是非营利性的，而后者是追求盈利的。经营主体目标的差异就决定了监管部门监管理念的根本不同。对于商业性保险，监管部门要在保险公司追求盈利和保障投保人以及被保险人利益之间实现动态平衡，力求兼顾二者的利益。而对于政策性农业保险，监管部门最根本的任务是促进农业保险作为政府的政策工具实现其政策目标。由同一部门监管两类不同性质的业务，监管目标和理念的二重性将有可能引发政策性农业保险和商业性保险业务之间管理的冲突。

同时，和一般的商业性保险相比，政策性农业保险更为复杂，这也对其监管提出了更高的要求。政策性农业保险的复杂性不仅体现在其展业、承保、防灾减损、理赔等业务经营层面，更主要的体现在其政策性本质所要求的跨部门协调上。例如为实现政策目标，政策性农业保险要促进政府农业产业结构调整，但农业产业结构调整政策主要由农业部和发展改革委制定。又如，政策性农业保险要对保费和管理费用补贴，而这种补贴投入主要由财政部来决定。这就要求政策性农业保险监管部门具备和各相关部门良好的沟通能力。

正是基于上面讨论的两点，国外政策性农业保险的监管主体通常都不是商业性保险监管部门，而是有其单独的监管主体。例如美国的政策性农业保险由风险管理局监督管理，其各州的保险监管局以及全国保险监督官协会只负责商业保险的监管。日本的政策性农业保险由其农林水产省负责监管。

因此，我国政策性农业保险如果继续由保监会来监管，就需要法律对保监会的职能进行扩充，专门成立比较强大的政策性农业保险监管部门，加强各方面的人员配备，使其能够有效协调国家各有关部委对于农业保险的政策。如果不能满足这些条件，则有必要考虑在适当的时候，以目前的保监会政策性农业保险监管部门和人员为基础，联合农业部、财政部、国家发展改革委等有关部委，单独成立专门的政策性农业保险监管机构，以适应政策性农业保险的快速发展。

明确和加强我国政策性农业保险的监管机构非常重要。因为我国的决策机制和国外很不一样。例如美国采取的是国会听证制度，决策公开、透明，公众的参与率高，比较科学。① 一项议案在国会辩论通过后，其各职能部门只是执行机构，该谁出钱谁就出钱。但我国采取的是政府官员决策。部委具有相当大的决策权力，不仅仅是个执行机关。一项跨部门的政策的决策，相关部委之间的协调成本很高，各部委的政策不免有相互摩擦和掣肘之处。因此，无论是未来继续由保监会监管政策性农业保险，还是适时成立单独的监督机构，最关键的都是要能很好协调各有关职能部门的关系和政策，这是我国政策性农业保险健康发展的前提。

七、简要结论和建议

本文仅就正在兴起的政策性农业保险急需要研究和解决的几个问题发表了一些粗浅意见，有的也仅仅是提出了问题，这些意见和问题归纳起来主要是：

（1）在建立政策性农业保险制度时，要正确区分政策性农业保险和商业性农业保险，确定政策性农业保险的政策目标，这是建立该制度的前提。

（2）要在目前保监会提出的模式的基础上进一步研究和确定我国政策性农业保险的制度模式问题，特别是在各地分散决策、自主选择制度模式和建立时间的大方针下，有必要尽早设计全国的政策性农业保险制度的整体框架，以便于将来的整合。

（3）现在保监会提出的政策性农业保险经营主体，例如专业性农业保险公司、地方财政兜底的政策性农业保险公司、外资或合资保险公司等，还有值得商榷和研究的问题。

（4）政策性农业保险的财政补贴问题（包括谁出钱、出多少、补给谁、补多少、如何补等）需要加强研究，以便尽早确定补贴政策。否则，政策性农业保险的持续经营有可能遇到困难，或者有钱也难以用在刀刃上。

---

① 李军，等．2002．美国农业保险考察报告［J］．中国农村经济（1）．

（5）各地政策性农业保险机构已经和将要陆续获得批准，政策性农业保险的监管问题也提到了议事日程之上。现在农业保险由保监会监管，而由同一部门监管两类不同性质的业务，监管目标和理念的二重性将有可能引发政策性农业保险和商业性保险业务之间管理的冲突。更重要的是，在我国特殊的行政制度下，保监会如果不被授予特殊的权力或者另外组织一个包括保监会、财政部、农业部、发展改革委等参与的联合监管机构，其监管效率必将大打折扣，甚至会影响到政策性农业保险的持续发展。

参考文献

李军，段志煌．2004. 农业风险管理和政府的作用［M］．北京：中国金融出版社．

李军．2001. 农业保险［M］．北京：中国金融出版社．

刘京生．2000. 中国农业保险制度论纲［M］．北京：中国社会科学出版社．

龙文军．2003. 法国农业保险制度及经验［J］．世界农业（5）．

庹国柱，C F Framingham. 1995. 农业保险：理论、经验与问题［M］．北京：中国农业出版社．

庹国柱，李军．1996. 国外农业保险：实践、研究和法规［M］．西安：陕西人民出版社．

庹国柱，李军．2003. 我国农业保险试验的成就、矛盾及出路［J］．金融研究（9）．

庹国柱，李军．2005. 农业保险［M］．北京：中国人民大学出版社．

庹国柱，王国军．2002. 中国农业保险与农村社会保障制度研究［M］．北京：首都经济贸易大学出版社．

朱俊生，庹国柱．2004. 农业保险曙光在前［J］．保险经理人（8）．

我国农业保险试验的成就、矛盾及出路*

目前，在深化保险改革的背景下，农业保险的试验因为缺乏明确的业务定位和足够的政策法规支持，其业务大大萎缩，这场主要由商业性保险公司进行的农业保险试验即将走到尽头，迹象表明，农业保险试验的主力人保公司在紧锣密鼓的"股改"筹备中，有可能撤出这块"试验田"，另一家从事农业保险试验并有不俗表现的中华联合财产保险公司（CUPI，1986 年成立的时候叫"新疆兵团农牧业保险公司"）虽然由地方性公司变成全国性公司，但并没有在全国推展农业保险的意思。农业保险试验前景不容乐观，但这两家公司从事农业保险试验的成就和功绩是应当肯定的，它留给我国保险业界和学术界诸多宝贵财富，也提出了一系列需要研究和探讨的问题。我们需要在 21 年试验的基础上，认真总结和思考，探讨新的符合中国国情的农业保险发展的道路。

一、20 世纪 80 年代以来我国进行农业保险实验的成就

（一）农业保险试验范围遍及全国，先后试验和开发了 60 多个保险险种

PICC 的农业保险试验是在全国（西藏除外）的所有省（自治区、直辖市）展开的，只是各地试验的规模不大。在缺乏损失经验和经营技术的困难条件下，PICC 根据全国不同地区的农业生产条件和农业风险环境先后开发和试验过 60 多个农业保险险种，涉及各地的主要农作物小麦、水稻、玉米、棉花、烤烟、油菜、花生、瓜果、大棚蔬菜等，主要家畜奶牛、耕牛、生猪、兔，主要家禽鸡、鸭，各种淡水和海水养殖项目鱼、虾等，还试验过一些特种养殖动物的保险，例如梅花鹿、鸵鸟、水獭养殖保险等。这些试验有多重风险保险，有特种风险保险，承保的具体风险事故包括农业的主要自然灾害旱灾、水涝、台风、冰雹、畜禽的各种疫病和意外事故导致的死亡。

---

* 本文与李军合作，发表于《金融研究》，2003 年第 9 期。

（二）农业保险在提供风险保障的同时，向广大农民群众进行了对农业进行现代风险管理的启蒙教育

农业保险的试验是在我国农业和农村从传统向现代转变的这个重要历史时期进行的，它对支持我国农业的市场化和产业化发展起到了一定的保障作用，也对推广和应用现代科学技术成果提供了相当大的支持。不过，实事求是地讲，PICC 的农险试验，其保障范围不广、保障水平不高，即使在其发展的鼎盛时期（1992 年），农业保险承保面不过占可保面的约 5%，其中，承保的粮食作物面积 1 120 万公顷，占其当年播种面积的 11%；承保经济作物 233 万公顷，占经济作物播种面积的 18%；承保森林 800 万公顷，占森林面积的 7%；承保水产养殖 2.6 万公顷，占水产养殖总面积的 14%。就农作物保险和家畜家禽保险来说，其保障水平最高不超过 70%，有的低于 50%。对那些参加保险并且遭受灾害的农民来说，他们所得到的保险保障是具体的实在的。不过，参加保险的农民太少，从总体上来说 1992 年全年 8.7 亿元（包括 PICC 和 CUPI 的赔款总额）的补偿对全国数百亿上千亿的农业灾害损失来说也许是微不足道的。但是，对刚刚独立面对市场从事市场化和产业化农业经营的农民来说，持续的农业保险试验所进行的补偿，却是对农民进行了最实际的现代农业风险管理的启蒙教育。

（三）积累了宝贵经验，培养和锻炼了一批经营农业保险的专业人才

农业保险的试验对于经营保险历史不长的中国商业性保险公司来说，几乎是从零开始的。当时，保险公司不仅缺乏农作物的损失经验和完整的气候、地理和各种饲养动物的疫病资料，甚至对于农业保险标的和农业生产的特点都不大了解，直到 1987 年以前，各地进行农作物和饲养动物保险还是采用全国统一的费率，这种费率的制定甚至不是以损失经验而是以农民交费能力作为重要依据，也没有比较规范的保单。在防灾防损以及防范逆选择和道德风险方面也缺乏经验，据我们 1993 年在某些地区的调查，道德风险给保险公司带来的损失超过 30%。据统计，1995 年以前，PICC 农业保险试验经营的累积赔付率（基于净保费计算）高达 109.26%，加上管理费（假如按 30%计算，实际上没有具体规定或准确的核算资料），累计赔付率是 139.26%。但是经过不断的实践、探索和总结，他们因地制宜地开发了适应农业生产发展需要的险种，制定了一系列保单范本，在统一规范保单主要条款内容的前提下，根据各地风险的差异实行了差别费率，并积累了不同地区的损失经验，也逐步建立了一套比较规范的操作程序，有效防止道德风险。

在 21 年农业保险的试验中，PICC 和 CUPI 都投入了大量的人力，据了解，PICC 在 20 世纪 90 年代初从事农业保险业务的员工最多的时候有 8 000 多人，

占 PICC 全体业务员工的 13%。尽管目前这其中的大部分已经转做其他保险业务，但无论如何这支队伍是从事农业保险的骨干，他们从事农业保险的热情和积累的业务经验是宝贵的财富。

（四）进行了组织经营制度的多种尝试

在农业保险的试验中，保险公司为了寻求符合农业保险特殊性的、能使农业保险摆脱亏损困境的组织经营形式和制度，先后在各地进行了多种尝试；政府部门也在一定范围参与了政策性经营。根据笔者所做的调查和概括，出现过或现存的组织经营模式大约有以下几种：

1. 商业性保险公司的准商业性经营

商业性保险公司的准商业性经营是 PICC 在近 20 多年农业保险试验过程中采用的主要经营模式，具体来说，就是由 PICC 的各所属营业机构直接向农户或农业企业出售农业保险单。农业保险至今也没有正式被命名为政策性保险，它一直是被当作准商业性（或准政策性）业务来对待的。考虑到 PICC 整体的经济效益和政府对农业保险这一块有一点政策支持的实际情况，PICC 对农险实行内部单独核算。政府的支持政策主要是允许这部分业务免交营业税。

2. 地方政府与商业性保险公司联合共保进行带有一定营利性的经营

地方政府与商业性保险公司联合进行农业保险试验经营，这是 PICC 根据直接经营农业保险业务反映出来的问题（主要是道德风险防范、覆盖面扩大、成本控制、理赔难度等），从 20 世纪 80 年代后期在政府的支持下就开始探索的新模式。开始是依靠县（市）政府组织展业，保险公司办理具体业务，后来逐步发展为保险公司与地方政府联合共保，实行“政府组织推动，人保公司具体办理，风险共担，利益共享，同舟共济”。例如，湖南省 1991 年在全省 11 个县试点，当年联合共保业务收保险费 941 万元，支付赔款 333 万元，平均赔付率 35%，积累农业保险风险基金 420 万元。1992 年在全省 53 个县、市推广。这一模式将县以下的种植业险、养殖业险、农村家财险、拖拉机险、乡镇企财险和农村短期人身险捆在一起，实行单独立账、独立核算，责任按五五分担。当年的保费收入减去赔款支出、税金和按规定提取业务管理费用后，结余部分当地政府与人保公司各占 50%，由人保公司统一专户储存，留作地方专项保险基金，如发生亏损，也五五分担。

这种模式把地方政府、人保公司和投保农户三方的利益结合在一起，以农村保险业务的结余来弥补农业保险的亏损，使业务一度得到了较大发展。但是，一两年的经营状况并不能说明问题。1993 年，湖南遭受大水灾，一些县把两年积累的农业保险基金全赔光，仍无法全部兑现赔款，县政府拿不出资金来承担应付的赔款，只好由县人保公司向省公司拆借。问题显现出来：县政府可以共盈，但无法共亏。这一模式不久夭折。

3. 由地方政府或其部门所进行的政策性经营

这种模式是由不同的部门和地方政府试验的，有多种外在组织形式。

其一是民政部门选择了若干个县经营过 10 年的农村救灾保险。试点县的初始资本金是由民政部一次性拨给的，每县 50 万元。有条件的地方，县财政也给予适当的资助和补贴。所以这实际上是政策性保险。为了应对大灾之后超过一县赔付能力的巨额赔款，每个试点县，也提取 15%的保险费收入上缴省民政厅和民政部，以便进一步建立省和中央两级保险基金，从而能形成不尽规范的再保险网络。农村救灾保险承保的业务范围除了农业保险，还包括农民的房屋和人身。救灾保险比较强调“救灾”，所以保障水平较低，原则上只保障灾民的基本生活和简单再生产。

其二是 CUPI 所经营的农业保险，尽管该公司是商业性保险公司，但其农业保险业务是政策性的。该公司的初始资本金主要是由财政逐年拨给的 6 000 万元，兵团也逐年补充一部分。到 1990 年总准备金就积累到 8 900 多万元。作为政府的另一种政策支持，农业保险业务享受免税待遇。CUPI 政策性农业保险的另一些特点包括他们对兵团种植的粮、棉、油等主要农作物、牲畜和农业机械实行强制保险（长期全面统保），其他农场上的保险标的允许自愿投保。在内部组织经营中，实行公司与场、团（兵团的独立核算单位）“受益共享，责任共担”的办法，即种植、养殖业保费扣除必要的业务管理费之后，各得 50%，出险后各负 50%的赔偿责任，以加强生产者的经营管理责任心，同时调动场、团的积极性，解决理赔的困难。

其三是上海市政府委托农委与人保上海分公司合作经营的农业保险。这种模式是从 1991 年开始试点的。在试点成功的基础上，市政府成立了单独的机构“上海农业风险基金委员会”（目前名为“上海市推进农业保险委员会”）。政府组织推动，人保公司办理。将原来商业性的农村建房保险划归农业保险范畴，以农村建房保险的节余来补种养两业险。农业保险实行单独立账，独立核算，由地方政府组织推动，实行区域性“统保”（带有行政性的强制色彩）。市、区（县）给予部分险种一定的保费补贴。财政部门对纳入农业保险经营范围的险种（农作物、饲养动物和农民建住房险）免征一切税赋。13 年来，上海的农业保险在上海市政府的领导和人保上海分公司的支持下，管理水平不断提高，业务规模不断拓展（例如 2002 年，水稻的承保面积达到种植面积的 84%，生猪承保比重达到 50%），有效地分散了农业生产风险，对稳定农村经济、调整农业结构和推广农业新科技，乃至增加农民收入，发挥了积极的作用，目前积累了农业保险风险基金 1.7 亿元，可以应对全市一场相当规模的农业自然灾害。上海的农业保险改革是全国近 20 年农业保险试验中比较成功的范例之一。

其四是 PICC 新疆分公司创造的单独立账、单独核算，结余留在当地保险公司作为当地的农业保险基金的模式，一种在商业性保险公司内部“切块”经营政策性农业保险的形式。这种新模式是从 1991 年根据 PICC 总公司的要求开始试办就开始策划和操作的。鉴于农业保险的商业性经营不可行，也鉴于新疆农业保险的空间十分广阔，他们创造出如下制度性的框架：①保险公司的农业保险业务（主要是种植业和养殖业保险，行内叫“两业险”）单独立账，单独核算，并合理划分综合费用；②建立省、地、县（但以县为主）的三级农村专项保险基金，灾害损失的补偿实行超赔分保；③经营两业险的年度结余不作为保险公司的利润留成，而主要留给县上，大部分进入县级风险基金，少部分给地方政府和县支公司用于防灾投入和基础建设；④为防止逆选择，扩大保险覆盖面，依靠县、乡政府实行以县为单位的统保，县政府适当补贴保费；⑤自治区政府不仅从行政上支持农业保险的开展，而且给予部分税赋免征的优惠。新疆的农业保险业务保费规模连续多年超过 1 亿元，约占 PICC 系统农险保费收入的四分之一，对新疆维吾尔自治区的棉花生产的稳定发展功不可没，对“少、边、穷”地区的农民脱贫致富发挥了积极的作用。新疆的农业保险改革试验也是比较成功的范例之一。

4. 农村保险相互会社的非营利性经营

1990 年，河南省通过在该省新郑县试点，创建了中国的保险相互会社——农村统筹保险互助会，并很快在全省推广。保险相互会社是一种被保险人自己组织，共同出资，相互保险，不以盈利为目的的保险组织。河南的互助会是依靠县、乡、村力量的帮助建立起来的相互保险组织，实行“独立核算，资金留存，以丰补歉，结余留会”的经营原则。经营的险种除了农作物和牲畜，还经营农户家庭财产保险、机动车辆保险、人身保险等险种。考虑到经营技术和人力方面的困难，互助会的业务由县的人保支公司代办。同时将 30%的保险责任以成数再保险的方式向人保支公司分保。地方政府对其试验免除营业税、所得税和利润调节税等全部税赋。这种制度形式只坚持了六七年时间，20 世纪 90 年代后期逐步停办了。

5. 农村保险合作社带有营利性的经营

合作社是世界各国保险事业的一种重要和有效的形式。尽管《中华人民共和国保险法》上所列的保险公司形式只有国有独资和股份制保险公司，但保险合作社在我国实际上是存在的。农村保险合作社（实际上是股份合作）是农民集资入股（也有其他单位包括保险公司入股）组织保险资本，经营农村保险业务的保险企业。保险经营的地理范围一般是农民所在的乡、村。业务范围除了农业保险，也经营一些财产和人身保险。就笔者所了解，成立于 20 世纪 90 年代初的太原北郊的农业保险合作社是其中之一。该合作社成立时的股本，农民占 20 万元（每户 5 元），区财政占 20 万元，乡镇企业占 25 万元，人保公司占 60 万元。合作社实行独立核算、自负盈亏的经营方式，如果当年有结余，社内进行分配，除了扩大保险基金，还拿出一部分作为股息分红。为了分散风险、减小责任，合作社还向当地人保公司寻求再保险，分出 30%的保险责任。广东省广州市 1989 年也曾在郊区的万顷沙镇试办过一个类似的受到政府支持的农村保险合作社。

二、农业保险试验的困惑与矛盾

21年的试验中，各级政府、商业性保险公司和农民群众，都参与其间，上面介绍的各种组织经营制度，大部分都消失了。PICC保留下来的只有准商业性经营和PICC上海、新疆分公司与当地政府合作的政策性经营。而仅存的经营模式以及试验业务正面临着危机。因为在现行制度框架下，农业保险的试验，遇到了一系列困惑和矛盾。

（一）农业保险的高费用、高费率与农民购买力较低的矛盾

农业生产由于自然再生产和经济再生产交织、自然灾害的频繁和范围广泛等特点，其风险损失率较高，加之农户的分散，展业不便，成本很高，使得农业保险比起其他财产保险（例如家庭财产保险、企业财产保险）价格高得多。各国的经验表明，农作物一切险保险的费率为2%～15%，比家庭财产、企业财产的损失率（1‰左右）高出十几倍到几十倍，而农业保险面对的是收入较低的投保人。特别是我国中部和西部地区的主要从事小规模种植业的农户，一般来讲大多缺乏为其农牧业生产项目投保的支付能力，要让他们自愿购买农业保险这种特殊产品几乎是不可能的。当然，收入较低并不是农业保险参与率不高的唯一原因。研究表明，即使农民收入较高的国家，如果按照农作物的损失率厘定保险费率，农民对农业保险的自愿投保积极性也都不高，所以美国、加拿大、日本等农业保险比较发达的国家，政府都给予较多的保费补贴。墨西哥的有关实证研究表明，政府的保险费补贴低于2/3时，大多数农民不会自愿投保。

（二）农业和农业保险的较低预期收入与发展农业保险的政策目标的矛盾

在我国比较发达的东部地区或中西部的城市郊区，农户的收入相对较高，但这些地区在自愿投保的条件下，农户也很少有投保的意愿。我们曾经在广东地区做过调查，当地的保险公司出于支持农业和农村发展的目的，积极开发能为公司赚钱的农业保险险种，地方政府为了振兴当地农业，非常支持农业保险，有的还补贴部分保费。但是由于对于从事大田作物的农户来说，农业的预期收益相对于其从事乡镇企业或外出打工的收入来说，实在是微不足道，一亩稻田就是产500～700千克水稻，毛收入也不过几百元。部分农民甚至将农田无偿转让给他人种植。而农业保险的补偿水平一般不会超过当地前几年平均产量的70%，农民连农作物收成本身都没有兴趣，更不可能有投保农业保险的热情了。

（三）农业保险利益的外在性与保险双方长远利益的矛盾

理论分析表明，农业保险的利益从长远来讲是外在的。因为农业保险能为农业提供风险保障，解除其后顾之忧，即使在风险较高的地区，农民会因保险而不回避农业风险，从而增加农业产量。日本在第二次世界大战后通过立法（《农业灾害保障法》）强制土地超过一定面积的农户参加农业保险，使自然条件较差、农业风险较大的北海道等地区的农民，也种植当时国内极缺的水稻等农作物，加上其他条件，使其用了不到10年时间，就解决了粮食问题，稳定了国内粮食价格。如果用福利经济学进行分析，农产品供给的增加，在其他条件不变的条件下，必然引起价格下跌，使农产品消费者的福利增加，而生产者剩余在一定时期内虽然会因产量的增长而增加，但从长期来看会减少。因此，农民购买保险，保险双方当事人从根本上来说，并不得益。换言之，农业保险的最终受益者是农产品消费者。这实际上是在商业性农业经营的制度下，农业保险不能成立的经济学原因。

（四）在较大范围分散农业风险的需要与试验范围狭小的矛盾

保险的数理原理就是概率论中的大数法则，有大量风险单位投保才可能分散风险。农业保险的风险单位比较大，而大多数农业灾害，例如水灾、旱灾，一个风险单位有时包括数县以致几省，要在空间上分散风险，必须在较大地域甚至全国建立这种保险制度。台湾逢甲大学著名保险学教授方明川先生，曾经否定了台湾建立政策性农业保险制度的一个议案，其主要理由就是台湾地域狭小，就一个风险单位，一次台风全岛都会受灾，在这一个风险单位里，承保的农户越多，风险越集中，保险的分散风险的机制完全不能发挥。这也正是我国有的地方仅仅一乡一村或一县进行农业保险试验而赔付率极高的主要原因。

（五）在较长时间里分散农业风险的需要与农业保险试验在一个地区不连续的矛盾

局部地区的农业保险试验由于风险的相对集中造成的高赔付率，使进行试验的商业性保险机构不得不在继续亏损经营与放弃试验之间选择后者，从商业性保险公司追求利润的角度，放弃非效益险种无可非议。但农业保险在各地断断续续地进行试验，从另一个角度又违背了风险分散的原理。因为农业风险的周期性，要求农业保险试验必须连续多年进行，以便农业保险风险能在较长一个时期里进行分散，同时完整记录和积累风险损失的经验资料，为科学正确厘定费率创造条件，美国农业保险的试验从1939年起持续进行了41年才正式在全国推行，试验期间尽管也因经营亏损严重，几度被国会要求停止试验，但最终坚持为其整个农业风险管理的现代化发展积累了丰富和宝贵的经验。

（六）农业保险的政策性质与商业性保险公司的经营目标的矛盾

从世界上不同国家所建立的农业保险制度来看，都是将农业保险作为政府的经济政策来推行的，尽管这种政策目标有差别。对发达国家来说，农业保险是其社会福利政策的组成部分，通过农业保险及其进一步发展出来的农户收入保险，来减少农户收入的波动；对发展中国家来说，则是要通过农业保险，使农业生产在遭受自然灾害后能迅速恢复再生产，保障农业的持续和稳定增长，为市场提供充足的农产品。我国虽然目前还没有明确农业保险是政策性保险，但政府支持农业保险的试验的目的主要是后者，同时还要促进农村产业结构的调整，繁荣农村经济，加快农村城市化的步伐。在农业保险风险高、费率高，而农业生产和农业保险的预期收益不高，农户的相对低收入，以及农业保险的投保人较少具有现代风险管理观念的条件下，上述政策目标与商业性保险公司的性质的尖锐冲突就不可避免，农业保险的商业性经营自然是不可能成功的。那么，商业性保险公司打算退出农业保险的试验经营也就不难理解。

实践表明，目前对于农业保险的多数险种来说，纯商业化经营的路是走不通的。这是我们花了几十年的时间，才得出的与国际农业保险界同行相同的结论。由于农业的高风险性和农户对农业保险的有效需求低，对于多数的农业保险险种来说（当然，也有少数险种，如农作物雹灾保险、火灾保险以及一些某些商品型较高的设施农业项目的保险等），并不存在着一个完全的农业保险市场。它表现在，一方面，农户的有效需求不足以支持一个商业化的农业保险市场；另一方面，农业保险的低收益甚至负收益无法维持商业性保险公司对农业保险的供给。总之，想仅仅通过商业性保险来实现支持和保护农业的政策目标，看来是不可能的。必须另辟蹊径，重塑符合中国国情的农业保险新制度。这种新制度包含的内容之一，就是政府量入为出，通过对农业保险的某些险种提供一定的经济支持，同时提供法律支持和行政支持，使农业保险的某些险种成为一个比较完全的市场，将农业保险变成支持和保护农业的政策工具之一。

三、建立中国农业政策保险的制度模式选择

就我国的实际情况，下述两种经营模式也许是较好的选择。

（一）政府主办，政府组织经营的模式

这种模式的基本格局就像社会保险，由政府主办，并由政府设立相关机构从事经营。其主要内容是：

第一，成立专业性的隶属于中央政府或其某部门的中国农业保险公司，以该公司为主经营全国农村保险业务，它既可以经营农业（种植和养殖业）保险，也

可以经营农村的寿险和其他财产保险，其传统的种植业和养殖业保险的亏损可以通过农村寿险和其他财产保险得到弥补。各省（自治区、直辖市）相应建立分支机构，具体业务由县支公司及其代理人组织办理，并以县为单位，进行独立核算。农业保险公司经营的农作物保险主要是一切险保险和（或）多重风险保险。

除了政府的农业保险公司，也允许商业性保险机构、合作社和相互会社经营农业保险业务，各种经营农业保险业务的组织机构都必须由农业保险监管部门审核批准，各自业务范围应依法规范。

成立专业的中国农业保险公司是一种使政府、整个保险业、单个的保险公司和农民四方受益的举措，对政府来说，农业救灾的压力可以减轻，农业生产风险在全国的分散可以保持地方农业和整个经济的稳定；对于保险业来说，农村这块潜力巨大的市场尚未开发，由专业的农业保险公司在政策的扶持下着力开拓农村市场，对保险业的持续发展十分有利；其他的商业性保险公司可以选择进入农村市场，与农业保险公司合作或竞争，也可以选择暂时不进入农村市场，等农业保险公司在农村“垦荒”完毕的一个恰当时机，以较小的成本进入农村市场；对于农民来说，他们本身就是农业保险风险分散机制的最大受益者。

第二，由中央政府统一组建政策性的全国农业再保险公司（也可以由目前的中国再保险公司兼营这部分业务），其职能主要有两个：一是通过再保险机制，使农业风险在全国的范围内得以最大程度的分散，维持国家农业生产稳定；二是补贴各省（自治区、直辖市）农业保险的亏损，这种补贴不同于一般的民政救济，它是一种差额补贴，专业性的农业保险公司、一般的保险互助合作社或愿意经营农业保险的其他商业性保险机构，可以按低于农业风险的实际费率来承保，当赔付率超过一般赔付率时，由国家再保险公司来补足，所以这是一种差额杠杆撬动机制，既可以保证农民以可以接受的费率参加保险，又可以撬动一般的保险机构以不少于社会市场利润率的水平来承保农业风险。由于它发生作用的范围是参加了保险的人，因而也就调动了被保险人、保险人双方的积极性。在这里，国家是通过差额调节来保证农业保险发展的。

第三，根据有关农业保险法律法规，建立农业保险专项基金。保险基金通过多种渠道（政府、消费者、销售者、加工者和生产者）和方式（除了收缴保费，还可征收专项税、费，如广东那样）筹集，由全国农业再保险公司统筹使用，由税务、财政部门征缴和管理，做到“征缴、管理和使用三权分离”，避免渗漏。

第四，实行法定保险和自愿保险相结合。根据政府对农业和农村发展的经济和社会目标，对有关国计民生和经济社会发展目标的实现有重要意义的少数几种农林牧渔产品的生产实行法定保险，其他产品的生产实行自愿保险。宜将农业保险和农业信贷结合起来，凡有农业生产借贷的农业保险标的，即使自愿保险项目也应依法强制投保，政府至少对法定保险险种提供保费补贴。此外，农产品加工部门和农产品消费者都应通过一定的渠道分担部分保险费。保费补贴和分担可因保险险别、险种、保障水平的不同和地区经济发展差异有所区别。

第五，农业保险的经营是政策性的，农业保险公司及其分支机构的全部或大部分经营管理费用由政府拨付。政府还应给予农业保险经营免征一切税赋的优惠，以利于其总准备金的积累和长期稳定经营。

第六，除了经营农业保险，农业保险公司经营的商业性保险如农村财产和人身保险的险种（如农房、人身意外伤害等）的税赋也可适当减免，使其可用这些险种的盈余补贴农业保险。

第七，除全国农业再保险公司为农业保险公司提供再保险，也可以允许其他经审批的商业性保险公司或再保险公司（包括外国再保险公司）经营农业再保险业务，以便使一地的风险能在更大的空间上和更长的时间内分散，减少农业保险直接保险人的风险责任，提高直接保险人的承保能力。

第八，农业保险的开办需要各有关行政、事业部门的支持与配合。进行农业保险区划、厘定保险费率以及各种扶持政策的落实都不是农业保险公司一家所能办到的。农业保险具体业务的开办，如展业签约、查勘定损、理赔兑现等工作也都需要县、乡行政部门的组织、协助和推动。

第九，为保证上述各项能够顺利贯彻实施，必须先制定和颁布有关法规，因此，农业保险法的制定是当务之急。

鉴于各地情况的较大差异，农业保险的决策和经营主体可以下放到省（自治区、直辖市），类似加拿大那样。开办农业保险与否，成立农业保险公司的迟早，由省（自治区、直辖市）依据本地情况自行决定。各省（自治区、直辖市）的农业保险公司可以作为独立法人，独立经营，自成体系，自求财务平衡。在统一的经营体制框架和总的原则下，各公司经营范围、强制和自愿保险的标的、保障水平、补贴水平等允许有差异。在各省（自治区、直辖市）自主决策、独立经营的体制下，中央农业保险公司不直接经营农业保险业务，而主要经营全国农业保险的再保险业务，或者就成立农业再保险公司，并通过全国再保险公司给予开办农业保险的省（自治区、直辖市）一定的资金扶持。从国外的实践来看，这种灵活的体制，适应各地经济发展的差距。上海市试验的政府推动、以险养险、保险公司具体经办的模式，就是我国地方政府办农业保险的一个比较成功的范例。

（二）政府主导下的商业性保险公司经营的模式

我国商业性保险公司试验经营农业保险已有不短的历史，美国近 10 年农作物保险制度改革的成功经验也表明，由商业性保险公司在政府政策性保险经营的框架下来经营农业保险也并不是一条无效之途。

政府主导下的商业性保险公司经营的模式，就是在我国政府统一制定的政策性经营的总体框架下，由各商业性保险公司自愿申请经营农业保险和再保险。具体设想是：

第一，在中央设立“中国农业保险公司”或“中国农业保险管理公司”，该公司是隶属于中央有关部门（财政部或农业部等）的事业性机构，不直接经营（或少量经营）农业保险业务，其经费由财政拨款。该公司主要负责全国农业保险制度的设计和改进；对政策性农业保险业务进行统一规划，研究制定具体政策；设计种植业和养殖业的具体险种；接受和审查有意参与政策性农业保险业务经营的商业性保险公司，并根据各商业性公司每年经营农业保险的业务量向保险公司提供经营补贴；向各经营农业保险的商业性公司提供农业保险再保险，对经核准的商业性保险公司依法开展的农业保险业务情况施行监督。

第二，允许商业性保险公司（主要是财产保险公司）自愿申请经营由政府提供补贴的政策性农业保险项目，政府的补贴可分为保险费补贴和经营管理费补贴，具体补贴比例和（或）数额因政府的财力状况和不同险种而有异。获准经营政策性农业保险业务的商业性保险公司自主经营，自负盈亏，中国农业保险公司（或中国农业保险管理公司）对商业性保险公司经营规定的农业保险业务，除了补贴，不承担其他责任。

第三，经营政策性农业保险的商业性保险公司主要经营中国农业保险公司设计的基本险种，采用规定的费率规章，也可以自行开发自愿投保的农业保险险种，但自行开发自愿投保的农业保险险种，需经中国农业保险公司审查和批准后，才可以出售。保险展业、核保、理赔均由商业性保险公司直接或通过其代理人进行。

第四，这种制度下的农业保险项目要实行法定保险与自愿保险相结合，对少数有关国计民生的重要作物和畜禽的一切现货多重风险保险项目，有必要实行法定保险，以避免逆选择和道德风险，降低项目的经营管理费用和便于风险在尽可能大的空间上分散。其他作物和畜禽的多风险责任保险和单一风险责任的保险项目可以实行自愿保险。政府只对法定保险项目给予补贴。

第五，政府对商业性保险公司所经营的政策性农业保险项目还应该给予财政和金融方面的支持和优惠政策。对法定保险项目应免除营业税和所得税，自愿保险项目也应该免除大部分税负，以利其健康经营。

第六，中国农业保险公司要为经营农业保险公司的商业性保险公司提供农业保险再保险，其他国内外商业性保险、再保险公司也可以向其提供再保险，再保险可以采取自愿方式，必要时也可以采取一定范围的法定分保方式。

第七，商业性保险公司经营政策性农业保险，同样离不开各级政府部门的支持与协助。在我国如此分散和规模狭小的农户经营的农业制度下，其展业、承保、签单、防灾、查勘、定损和理赔，离开了各级特别是乡镇、村的支持与协助，不仅成本很高，还会因难以有效防范道德风险和逆选择而使其归于失败。

在结束这篇文章的时候，我们不无担忧地向有关政府部门建议：在当前保险业的改革中，商业性保险公司要控制风险，淡出政策性农业保险的“试验田”，这是无可指责的。但是原来一些比较成功的试点（例如上海和新疆的农业保险运作机制）不要让其消亡，而应该积极支持，使其能够继续、巩固、规范和发展。另外，对农业保险的监管问题，现行《中华人民共和国保险法》不完全适用，作为一种过渡办法，能否尽快草拟一个"农业保险管理暂行条例"，以利农业保险的试验有章可循。最近，中国保监会批准法国安盟保险集团在我国成都独自成立了一家经营农业保险的保险公司，这使我们有机会直接学习法国同行经营农业保险的宝贵经验，希望能以此为契机，推动我国农业保险制度的建立和发展。

参 考 文 献

李军．2002. 农业保险［M］．北京：中国金融出版社．

刘京生．2000. 中国农业保险制度论纲［M］．北京：中国社会科学出版社．

庹国柱，C F Framingham. 1995. 农业保险：理论、经验与问题［M］．北京：中国农业出版社．

庹国柱，李军．1997. 国外农业保险：实践、研究和法规［M］．西安：陕西人民出版社．

庹国柱，王国军．2002. 中国农业保险与农村社会保障制度研究［M］．北京：首都经济贸易大学出版社．

Peter Hazell，Carlos Pomareda，Alberto Valdés. 1986. Crop Insurance for Agricultural Development，Issues and Experience［M］. The Johns Hopkins University Press.

P K Ray. 1982. Agricultural Insurance，Theory and Practice and Application to Developing Countries［M］. 2nd ed. Pergamon Press.

外国农业保险立法的比较与借鉴*

世界上约有40多个国家推行或试验农业保险。鉴于农业保险的特殊性，一般适用于各种商业保险的保险法不适用或不完全适用于农业保险。因此，在开办农业保险时，各国均先制定农业保险法及其实施细则，确定基本法律依据，规范其制度和行为，以保证农业保险体系的顺利建立和业务的协调运作，使农民的利益得到合理保障。

我国的农业保险自1982年恢复试办以来，已有15年了。由于没有专门的法律法规，制度不确定，组织不健全，基金不落实，操作无规范，管理无依据，农业保险在大多数地区以至总体的发展难以成功，基本上处于自生自灭状态。目前，有关部门正在讨论我国农业保险的决策方案，因此，根据《中华人民共和国保险法》第一百四十九条“国家支持发展为农业生产服务的保险事业，农业保险由法律、行政法规另行规定”的原则精神，及早讨论我国农业保险的立法问题，是非常必要的。本报告主要研究国外几个典型国家农业保险立法的背景、内容及其变化，目的是通过比较，为我国农业保险立法提供借鉴。

一、美国的农作物保险立法

（一）美国《农作物保险法》的立法背景

美国在农作物保险立法之前，曾有40多年的实践和研究。20世纪末就有私人商业性保险公司开办过农业保险。1917年蒙大拿州和北达科大州的两家保险公司又一次尝试出售商业性农作物保险单，不幸的是第一年就遇上严重旱灾，尽管每英亩保险金额只有7美元，但这两家公司还是破了产。1937年罗斯福政府研究农作物保险立法的委员会在其报告中指出，早期商业性农作物保险之所以失败，主要原因是保险实施范围有限，一旦受灾面积广泛，风险无法分散，除此以外，还不适当地承保了价格跌落的损失，农作物保险依据的资料不够充分，无法

* 本文与李军、王国军合作，发表于《中国农村经济》，2001年第1期。发表时有删节。

正确评估风险和厘定准确的保险费率。

将农作物一切险保险作为政府政策工具来考虑是从1922年开始的。这一年，美国财政部成立了农业灾害保险部，农业灾害保险被立案并组成专门委员会进行调查研究。1923年参议院听取了专门委员会的可行性论证报告，但没能做出决策。1929年，美国和其他西方国家爆发了严重的经济危机，罗斯福政府为了使在经济危机中暴跌的农产品价格回升，降低生产费用，恢复土地肥力，保护并合理利用土地资源，于1933年制定出台了著名的《农业调整法》。该法把提高农产品价格和增加农场投入的政策具体化了，实际上它是在限制生产的基础上，希望通过农产品价格政策达到提高农业收入水平、缩小农工差距、合理利用土地资源的目的。

但是，1934年和1936年的大面积旱灾使美国的农作物损失巨大，以价格为中心的《农业调整法》没有达到目的。于是农作物保险又一次被提到国会的议事日程。罗斯福总统所任命的农作物保险执行委员会（ECCI）对农作物歉收的保险保障问题再次进行研究。其研究报告认为：通过预测农场主农作物生产的自然风险费用，将其作为农作物保险费，以建立共同财产准备保险基金，在农作物因自然灾害遭受损失时，用这个基金予以补偿。这样农民就不会因顾虑自然风险而限制对土地的投资，也就不会影响土地资源的充分合理利用。因此，农业保险可以起到价格政策起不到的作用。当时农业部还利用其管理农产品价格所积累的资料，对建立农作物保险公司的建议进行了研究。

在这些论证的基础上，产生了美国《农作物保险法》，即1938年获国会通过的《农业调整法》的第五部分。同年依法组建了联邦农作物保险公司（FICC）。从1939年起开始进行小麦生长期一切险的保险试验。

《农作物保险法》自1938年颁布后，到1980年一共修改了12次。经第12次修订颁布后结束了农作物保险长达42年的试验，从而正式在全国全面推行。

1994年美国国会根据13年的实施情况，再次对联邦《农作物保险法》进行修订，克林顿政府颁布了《联邦农作物保险改革法》。

（二）美国《农作物保险法》（1980年修正案）的主要内容

1. 联邦农作物保险公司（简称公司）

公司作为农业部的一个机构，负责设计和维持由本法所规定的农作物保险制度。公司董事会由农业部部长任命，董事会由7人组成，其中3人来自农业部，是当然董事，一位是总经理，一位是主管农业保险的副部长或部长助理，一位是主管农业信贷的副部长或部长助理；其他4位董事中，一位是具有农作物保险经验但未在政府供职的人，另外3人必是来自全国不同地区的投保农民。

（1）公司一般权限

a. 公司名称的连续使用权；

b. 公司的印信权；

c. 购买、租赁、持有及处理不动产或个人财产权；

d. 以公司名义到法院的诉讼权，但无权攻击他人或发布禁令、扣押令等；

e. 制定、修正和废止各种指导处理公司业务的规章制度权；

f. 利用美国邮政之权；

g. 利用其他政府机构的服务、信息、设施及人员权；

h. 为建立完整的保险统计基础而收集有关资料权；

i. 自行决定符合本法的公共经费开支和收入方式权；

j. 明确授予的其他必要和适当的权力；

k. 不受州及地方法规约束、签订业务合同、协议权。

此外，还有一些规定，例如政府的债权不许从保险赔款中扣除，对公司的收入与财产，联邦、州、县、市或地方税务机关所课征的所有税项全部免除。

（2）公司办理农作物保险的特定权限

a. 被保险农作物及灾害事故

法定的被保险农作物包括：小麦、棉花、亚麻、玉米、干豆、燕麦、大麦、裸麦、烟草、水稻、花生、大豆、甜菜、甘蔗、西红柿、高粱、向日葵、葡萄、橙子、甜玉米、土豆、豌豆、冰冻和罐头用豌豆、饲料、苹果、木材、森林、花卉、柑橘和其他水果、蔬菜、坚果、干草、青草和水产养殖类，以及董事会认定的其他农作物。

b. 保险金额

该法将农作物保险产量限定在一个代表期的实际平均产量或评定的平均产量的75%以内。

对于大多数作物，计算赔偿金用的价格随各年及各地区而变动，有几种不同的价格可供选择，此价格要接近董事会所定的有关农产品的预期市价（但不得低于其90%）。

c. 承保范围

农作物保险不担保由于下列事故造成的损害：农民的疏忽和故意行为，在受灾面积上依习惯种植同一种作物或因袭旧的但不符合现代耕作技术要求的实践所造成的损失。对于某些农产品具有较高风险的县、地区或农民，该保险可做限制或拒绝承保。

对某县特定农产品，如果董事会认为该产品的收入在该县农业收入中占的份额很小，则不予承保，但位于邻接已办理该作物保险的县的本地农场则可以承保。

d. 保险费

所厘定的保险费率通常要足以支付该种保险的索赔，建立合理的准备金，以防范不可预测的损害。保费收取的时间及方式，由董事会决定。

为鼓励投保，公司必须为投保的生产者支付保费的 30%，但获得该补贴的农作物的保险产量不得超过农场该农作物记录或评定平均产量的 65%。公司也可以与州政府及其有关部门签约，由州政府或有关机构为本州农民额外补贴保险费，以减轻农民的保费负担。

联邦《农作物保险法》允许农民从商业性保险公司购买农作物火灾保险和冰雹保险保单，并可以从联邦农作物保险公司的一切险的保单中删除这两种危险责任。如果从商业性保险公司购买的火灾和冰雹灾害保单的保险金额不低于联邦农作物保险公司保单提供的金额，公司的一切险保单的保险费可以减低，其减少数额不低于 15%，不高于 30%。

e. 再保险

公司依法为所有提供农作物保险的保险人、再保险人、州或地方政府机构提供可行的最大限度的再保险。只要办理再保险，公司就可以补贴被保险农民所支付保费的 30%，并支付相应的经营管理费用。

f. 其他条款

公司可提供特定危险的保险保障计划，包括植物保护、野生动物退化、树木损害和病虫害保险等，但若已有商业保险，该特种危险的保险则不再办理。

公司可对农作物保险和有关农业危险损失进行调查研究和试验。

2. 联邦农作物保险公司的管理

（1）人事管理

联邦《农作物保险法》授权农业部部长任命公司业务所必要的职员，以及授予他们适当的权利。除了按钟点支付报酬的人员，均按公务员法规来任用和确定报酬。所有人员（包括兼职）在执行公务时受到伤害，由联邦公务员补偿法给予补偿。

建立和利用生产者委员会或生产者协会。由董事会决定给它们提供从事农作物保险的管理费用和保险计划费，以及在共同实施本法中所蒙受的损失。与私营保险公司签约时，也付给私营公司管理费和保险计划费。鼓励私营保险代理人或经纪人经销联邦农作物保险公司的农作物保险单，他们的代办费和佣金从所收保费中提取。为提高效率，建立“独立递送体系”，该法要求董事会最大限度地利用下列机构资源、资料和委员会，包括土壤保护服务中心、林业服务中心、农业稳定和储备中心及其他联邦政府机构。

董事会也可以利用生产者所拥有的及其所控制的合作社来执行农作物保险计划。

（2）农作物保险的基金

农作物保险计划的基金来自 3 个方面：

第一，联邦政府提供的 5 亿元资本。

第二，保险费收入。

第三，由联邦《农作物保险法》核准的直接拨款。此项拨款用于下列各项行政费用，即代理人及经纪人佣金；国库券利息，由政府支付的这部分保费补贴及损失查勘和理算费用；上述费用中有些可以先由保费收入垫付，然后从年度拨款中补回。

除了上述基本财源，公司在基金不足以支付生产者的损失赔款时，可以向农业部部长申请用商品信用公司的资金及时予以赔偿。可利用资金仍不足时，经财政部部长批准，可以发行财政债券或其他债券，取得资金。这些债券必须以保费收入或增资发行新股的资金来购回。联邦《农作物保险法》所授予的借款权限，应在拨款法案规定的额度内动用。

（三）美国《农作物保险法》内容的变化

根据1938年颁布的《农作物保险法》条款，开始试验承保的农作物只有小麦一种作物，5年后依该法修正案增加了棉花作物。1948年进一步扩大到亚麻、玉米和烟草。此后获准每年可增加3种作物，1980年的第12次修正案，已扩展到几乎所有的农作物，包括园艺、森林和水产养殖类。

1980年以前，参与保险试验的地区也是依法逐步扩展。开始，小麦保险仅限于200个县，棉花56个县，玉米和亚麻50个县，烟草35个县。其他的县除非该县生产特定可保农产品的农场有200个或全县农场的三分之一投保，否则不办理该县该农作物保险。

最初的《农作物保险法》对经办农作物保险、再保险的私营公司也有严格限制，参与再保险的县也限于20个以内。经过1949年、1959年和1964年等几次修订后，经办农作物保险和再保险的地区逐步扩大，到1977年有39个州1 517个县开办了农作物保险。

1980年的修正案，做出了全面推行农作物保险的决定，对具体条款也有许多重大变动：

（1）取消了每年扩展业务的限制；

（2）不再限制私人保险公司经办再保险的县数，并制定了再保险计划；

（3）规定保险产量为一个代表期实际平均产量或评定平均产量的50％～75％。

（4）给予农民另外从商业性保险公司购买农作物火灾和冰雹灾害保单的选择权，对其保险责任和费率都做了新规定。

（5）规定获得政府30％保费补贴的农民，其保险产量不能高于其实际平均产量或评定平均产量的65％。

1980年的修正案还对其他方面做了修正。包括董事会董事名额由5名增加到7名，废除实物赔偿条款，增加政府认捐资本数额，免除财政部原先认捐资本等。

1980年全面推行农作物保险之后的13年中，联邦农作物保险公司经营状况一直不佳。由于同时还存在“特别灾害救助计划”，农民在受灾之后可以依靠这些计划予以补偿，因此农作物保险参与率不高，特别是1989—1994年计划亏损严重，而特别灾害救助计划平均每年超预算支付逾15亿美元。为此，国会几经辩论，于1994年出台了美国《联邦农作物保险改革法》。

改革的要点包括：

（1）取消了“特别灾害救助计划”。

（2）建立了农作物保险巨灾保险计划。从1995年起，生产者的所有可保农作物如果不投保巨灾保险，就不能获得政府提供的价格支持、生产调整服务、农户借贷、公共准备基金等项目。

（3）扩大了农作物保险的销售渠道，农户可以向保险代理人购买保单，也可以直接向联邦农作物保险公司的分支机构购买保单。

（4）保户在巨灾保险计划的保障水平（50%）基础上，可再购买多重风险农作物保险单，追加保险金额，还可以选择参加地区风险计划（GRP）①。

（5）建立了“非保险作物救助计划”（NAP），大多数不可保作物在此计划下可以得到保险。

二、加拿大的农作物保险立法

（一）加拿大《农作物保险法》的立法背景

加拿大《农作物保险法》也经历了20多年的研究和准备。

在加拿大，早在1920年私营商业性保险公司就试办过农作物一切险保险。20世纪30年代政府开始研究，其中比较积极的是中部大平原3个农业发达省。在1959年联邦通过和颁布加拿大联邦《农作物保险法》之前的24年中，这几个省都多次研究过农作物保险的可行性。此间，由于经济的、技术的原因并未做过农作物保险的试验，但却有一些与作物保险功能相似的为农场提供损失补偿的法律或政策计划，其中较重要的一项就是《草原地区农作物援助法》（PFAA）。根据该法，政府每年从平原地区农民那里征收1%的农产品销售税，用以建立专项补偿基金，并有专门机构管理，费用由政府支出。农场若遭受灾害，就用这个基金予以补偿。除了该法，还有其他提供灾害补偿的项目，如紧急援助项目等。这些计划虽然在数十年的实施中发挥了很好的作用，但由于基金有限、补偿水平很低，不足以补偿农场全部或大部分损失；同时政府虽然也可以通过紧急援助项目

① GRP即Group Risk Plan。它是以一个县某种作物预期平均产量的一定比例作为农民投保时产量选择标准的农作物保险计划。农民投保时可以选择全县预期产量的65%～90%作为保障水平。如果农民所经营的农场该种作物遭灾受损，其实际收成低于所选的水平，保险公司负责赔偿差额。

等计划给予适当补贴，但因为是在预算外支出，没有稳定保障。这是通过立法建立农作物保险计划的第一个动因。

加拿大政府的农作物保险立法的另一个背景是，20 世纪 50 年代全国社会保险保障事业迅速发展。第二次世界大战以后，加拿大经济社会发展加快，社会各界普遍关注经济和社会生活的安全保障。于是，短短几年间，工资劳动者养老金计划、全民医疗保险计划、家庭津贴计划、受雇人员失业保险计划等都先后通过立法并实施。但这些社会保障计划，除了医疗保险，都没有农场主的份，理由是农场主大多有土地、农作物、畜禽、建筑物、机械等资产。但农场主们认为，他们的生产也因自然和市场风险而不稳定。农民组织要求政府建立农作物保险计划，以便减少他们收入的波动，提高农业地区的经济和社会福利。

1959 年，联邦政府颁布了《联邦农作物保险法》。由于加拿大特殊的政治体制，联邦的法律，只是规定联邦为开办农作物保险的省份分担保险费或管理费和提供贷款，并进行宏观指导和监管。至于各省是否办农作物保险，则由自己决定。1960 年，曼尼托巴省首先通过农作物保险立法，14 年中全国 10 个省陆续通过各省立法全部加入作物保险行列。

（二）加拿大《联邦农作物保险法》（1990 年）的主要内容

联邦政府的《联邦农作物保险法》，全称是《联邦政府对省政府经营农作物保险的分担和贷款法》（1987 年，以下简称联邦法）。由于联邦政府并不经营农作物保险，所以联邦法比较简单，主要内容是：

1. 联邦政府和省政府的分担方式和比例

联邦法规定，经议长批准，农业部代表联邦政府与愿意开办农作物保险的省签订合同，合同载明联邦政府对省经营农作物保险的花费承担一定份额。这个份额既可通过贷款的形式分担，也可以通过再保险的形式分担。

费用分担的办法有两种，由省政府选择其中一种在联邦与省政府的合同上载明：

第一种是联邦和省政府各负担总保险费的 25％和保险计划管理费用的 50％。

第二种是联邦政府补贴总保费的 50％，省政府负担全部管理费用。

2. 贷款

联邦政府对省政府提供的贷款，不能超过总赔款额与以下 3 项总和之差的 75％：

（1）当年民收的全部保险费；

（2）赔款准备金；

（3）20 万美元。

3. 再保险

联邦政府为开办农作物保险的省签约提供再保险。

（1）联邦农业部设立“农作物再保险基金”，该基金由各签约省的农作物保险公司所交再保险费组成；

（2）这个基金的存款如果不够支付分保责任赔款时，由联邦财政部予以弥补，并在以后年份中由“再保险基金”归还，但不计利息。

（3）联邦的再保险赔款责任不能超过省政府当年支付的赔款额与以下3项总和之差的7%。

a. 省政府当年所收的保费与所交纳的再保险费之差；

b. 省政府的赔款准备金；

c. 省政府的赔款的2.5%；

（4）对各省农作物保险的管理

联邦政府通过与开办农作物保险的省签订合同，实施对各省农作物保险的管理。

a. 合同中必须注明农作物保险的各种条件：实施区域和承保的作物；承保的危险和定损办法；农民投保资格；对保险金额的规定：不超过地区平均或农场平均产量的80%；保险期限、保险费率和省政府分担的保费比例等。

b. 要求省政府必须建立准备基金。

c. 省政府要保存好各种记录，为联邦提供各种信息。每一财政年度结束后，要向联邦提交经费状况和绩效的报告。联邦农业部要向议会提交报告。

（三）加拿大《联邦农作物保险法》的修订

联邦法1959年的修订案，增加了再保险的内容，决定设立再保险基金，并规定了联邦政府的财政支持办法。

1966年的修订案对大量的计划内容做了调整，包括把最高保险水平由地区平均产量的60%提高到80%。1959年的法案规定联邦政府对保费的补贴是20%，1966年的修订将补贴比例提高到25%。还有一点是要求农作物保险合同上要载明联邦政府为该分合同分担的费用比例。

1970年，对联邦法的再次修订，将保险责任扩大到包括由于不利的气候条件使生产者无法播种或经营作物所导致的损失。1973年的修订对联邦政府与省政府间的费用分担比例和方式做了修改。

1990年第五次修订的主要变化包括：对低风险的作物和个别农场的最高保障水平，由平均产量的80%提高到90%；把平均产量改为预期产量，预期产量能反映技术革新引致的生产力水平的提高，而且可加以调整使连续年损失的影响达到最小，以确保更大的稳定性；允许赔款的计算既可采用以市场价格为基础的单位价格，也可以采用认可的生产成本公式为基础的单位价格；允许为产量资料有限的次要的新作物提供保险保障；省政府和联邦政府平均分担全部管理费用。

加拿大的作物保险的开办和经营管理是各省依其立法独立进行的。下面是一个省的《农作物保险法》及其实施细则的主要内容。

（四）加拿大曼尼托巴省《农作物保险法》（1989年）及其实施细则（1993年）的主要内容

1. 省农作物保险公司的组织机构

（1）省农作物保险公司（以下简称公司）是一家实体公司，它是省政府所属机构。公司实行董事会领导制。董事会由不超过5位由副总督任命的董事组成，董事会设董事长和副董事长各1名。董事任期3年，可以连任。

（2）董事会议事法定人数为3人，包括董事长和副董事长至少一人。董事长负责向省农业部报告工作。

（3）公司的总经理由副总督任命，总经理有权管理、指导和控制公司的各项经营活动，处理日常事务。

2. 公司的经营

（1）公司可以经营农作物保险和未播种的耕地保险。经董事会同意，公司可以：接受有资格的投保人投保，并与之签订保险合同；根据本法和实施细则规定的方法，确定保障水平，厘定费率；确定交纳保费的期限、条件以及收费方法；确定和支付赔款；为了有利于农作物保险的精算平衡，从事农作物保险的调查研究活动，并收集有关资料；从事其他各项与农作物保险和未播种的耕地保险的有关辅助性活动。

（2）经副总督授权，公司有权管理其他各种农业项目。

（3）公司经营资金由省农业部提出书面报告，经副总督批准，由省财政部预支，该资金无息，但须还本。公司的管理费由省财政部支付。

3. 保险基金和准备金

（1）公司代表省政府建立农作物保险基金和雹灾保险基金。基金主要来源是：省财政部拨付的管理费；全部所收保险费；联邦政府的拨款；其他各项资金。

（2）公司有权管理农作物保险基金和雹灾保险基金，并从基金中支付管理费用；但该从哪种基金中支付赔款和管理费用，不能混淆。

（3）每一个作物年度，支付所有的赔款和管理费用后，基金中的剩余部分作为准备金。公司有权授权省财政部依据《金融管理法》将基金中不立即使用的部分进行投资。财政部将投资收益记入专门账户，由公司支配。

（4）每一作物年度，如果雹灾保险基金中所收保费和累积准备金之和不足以支付各项赔款和经营管理费用，省政府可向公司提供无息贷款。

4. 再保险

（1）公司既可以与省政府（由省农业部代表）签订再保险合同，也可以与联邦政府签订再保险合同。还可以与省政府和联邦政府签订一个再保险合同。

（2）省财政部设立“再保险账户”，公司根据再保险合同，将应交再保险费和其他费用存入该账户。如果该账户上所存资金不足以支付公司的请求支付，经副总督批准，财政部可以预付款项给公司以弥补差额，但该预付款要还本，但不付息。

5. 公司与联邦政府的合同

省农业部代表省政府与联邦政府签订合同，由联邦政府分担：部分管理费；补偿部分基金；补贴农作物保险的保费；其他有关费用。

6. 实施细则

（1）农作物保险的保险风险包括干旱、过湿、降水过多、洪灾、霜冻、冰雹、高温、风（包括龙卷风）、病虫害以及水禽、野生动物侵害。

（2）可保农作物包括：大麦、荞麦、金丝雀种子、胡萝卜、食用玉米、饲用玉米、发巴豆、裸麦、亚麻、扁豆、芥末、燕麦、洋葱、防风草、土豆、油菜、大豆、甜菜、向日葵、春红麦、通心粉用小麦、超强麦、冬小麦、春原麦、白豌豆、芸豆、苜蓿、牧草等。

（3）实际产量和质量的确定

公司按照一定方法确定被保险人的实际产量，并按下述原则确定农作物的质量：如果种植作物等级等于或高于担保等级，就用实际产量计算赔偿额；如果由于承保风险造成作物等级低于担保等级，就降低用以计算赔偿额的实际产量，以便反映作物等级变化而引起作物市场价值的变化。

（4）未播种的耕地保险

a. 如果生产者无能力播种或因降水过多、洪水、过湿等风险无法播种，可以投保未播种的耕地保险。

b. 在某一作物年度，由于上列风险，已投保了未播种耕地保险的被保险人实际播种的耕地低于公司担保的种植面积，公司支付的赔款额等于担保的播种面积和实际播种面积之差与作物单位价格的乘积。

c. 公司将与联邦政府商议确定投保作物的价格，这种价格必须反映种植该种作物的平均成本。

（5）建立风险区或保险区

公司在省内建立不同的风险区或保险区，并随时对这些区域的边界进行调整，将风险区或保险区和土壤生产力都标明在地图上。公司可以指明哪些区域为不可保地区。

除了上述内容，实施细则还对不同作物的投保时限，保险合同的规范式样，合同签订、变更和撤消的条件，保障水平、保险金额和费率计算方法，如何用土壤生产力衡量预期产量，赔款计算方法等做出了详细规定。

三、日本的农业保险立法

（一）日本《农业灾害补偿法》的立法背景

日本于1929年、1938年和1947年颁布了3部有关农业保险的法，即《家畜保险法》《农业保险法》和《农业灾害补偿法》。前后18年间所颁布的这3部农业保险方面的法律都有其特殊的背景。

日本明治维新后，城市资本主义经济发展很快，而农村中依然是封建经济占统治地位。佃农从地主那里租种的耕地占全国耕地的一半，实物地租率高达50%～60%。第一次世界大战之后，佃农与地主的矛盾尖锐化，特别是歉收年份，佃农要求减租的呼声很高，但地主不让步。为了缓和这一矛盾，众议院曾讨论这一个法案，建议建立农业保险制度，由国家、地主、佃农三方负担保险费，建立保险基金，以补偿灾害给佃农的农作物收获带来的损失。这样，受灾后损失的地租部分等于部分地转嫁给了政府，佃农利益也少受损失，有利于稳定农业生产。于是日本政府于1927年开始组织力量对农业特别是农作物灾害与损失评估问题进行了长达10年的研究。在此期间，农会一再要求政府实施农业保险，以减少他们在灾年的负债。1929年，政府颁布《家畜保险法》，希望通过商业性保险来解决农业灾害补偿问题，但参与率很低，效果并不好。

进入20世纪30年代，日本帝国主义政府积极准备发动第二次世界大战，它需要利用农业保险政策缓和地主与佃农的矛盾，也保护小农，以利于农业的发展和农村秩序的稳定，于是在其制定颁布所谓《战时体制下国家总动员法》的1938年，颁布了作为其经济政治战略组成部分的《农业保险法》，并于1939年开始实行。1945年，日本在第二次世界大战中战败。1946年颁布了《土地改革法》，在全国实行土改，废除了地主制度，以便调动农民的积极性，迅速恢复农业经济。但佃农成为自耕农以后，要完全独立地承担生产和经营风险，而灾害很可能使其刚刚获得的土地重新失去。另外，第二次世界大战后日本国内粮食极度短缺，当时政府又无力大量进口粮食。为了稳定社会秩序，又不得不严格控制粮价，这又抑制了粮食生产和供给。在这种情况下，农民在自然灾害面前更无能为力，特别是在东北地区和北海道，农民回避风险不愿种植市场上极缺的稻谷。鉴于此，政府在颁布《农业合作法》同时，将《家畜保险法》和《农业保险法》合并加以修订补充，产生了《农业灾害补偿法》，对水稻、旱稻、麦类等作物的多种风险和蚕茧、牛、马、猪等饲养动物的疫病死亡实行法定保险，对其他作物及饲养动物实行自愿保险。

（二）日本《农业灾害补偿法》（1980 年）（以下简称《补偿法》）的主要内容

1. 农业灾害补偿制度

根据《农业灾害补偿法》，日本的农业保险体制由 3 个层次组成。

（1）共济（相互保险）

在市、町、村范围内，建立相互保险性质的保险组织“农业共济组合”，由该组织实施农业保险，收取保费，建立保险基金，为遭灾农户提供损失补偿。凡在该区域内有住所并且经营的种植、养殖业达到一定规模的农户，都必须加入该“共济组合”。

（2）保险（第一级分保）

《补偿法》中的“保险”实际上是再保险。都、道府、县设立农业保险共济组合联合会。各共济组合依《补偿法》将本组合所负保险责任的一定比例向联合会投保（分保），联合会以征收来的分保费建立基金，当组合的成员受灾索赔时，按规定予以摊赔。

（3）再保险（第二级再保险）

联合会依法向中央政府分保。中央政府以分保费建立基金，并向联合会分摊赔款责任。但中央政府接受的分保仅限于法定保险项目。对于“任意共济”（志愿保险项目），中央政府不提供再保险，而由全国农业共济组合联合会接受分保。

2. 保险标的和保险事故

保险标的分为 7 类：①农作物；②蚕茧；③家畜；④果树；⑤旱地作物；⑥精细园艺作物；⑦其他农业标的。前 3 类属法定保险，凡达到一定规模者均须投保。后 4 类可自愿投保。对自愿投保的险种有一定条件限制。

法定保险的农作物主要是水稻、旱稻、小麦、大麦等。保险事故主要是风灾、水灾、旱灾、冻害、雪灾及其他因气象上的原因（包括地震及火山爆发）所造成的灾害、病虫害和鸟兽害。

3. 保障水平

根据共济组合对不同地区不同农作物确定的基准收获量，最高保障产量为其 70%～80%。对经营政府指定的农作物，保障水平可以提高到基准收获量的 90%。

4. 政府对保险费的补贴

无论是法定保险项目，还是自愿保险项目，政府都给予保费补贴。补贴依费率的高低而不同，费率越高补贴比例越高。《补偿法》上有详细计算表。以水稻为例：当费率为 1%以下时，政府补贴其保费的 50%；当费率为 1%～2%时，补贴 55%；费率为 2%～3%时，补贴 60%；费率为 3%～4%时，补贴 65%；费率在 4%以上时，补贴在 70%。

《补偿法》还规定，一定期间未获赔偿或虽获赔偿但未达一定数额时，组合要退还该农户部分保险费。

5. **准备金**

组合在每个会计年度终了、尚存在未到期责任时，必须依法提存责任准备金。同时从年度剩余中还应提取一定数额作积存准备金。

6. **检查和监督**

都、道、府、县的行政厅对于农业共济组合或其联合会的业务或财务情况每年须进行一次检查。组合的成员只要有5%同意，就可以请求行政厅对他们认为业务或财务方面违法违章问题进行检查。

经行政厅检查监督，发现组合或其联合会的违法违章问题，要命令其整改或限期改选干部的一部分或全部，甚至解散该共济团体。

都、道、府、县查处共济团体的违法违章问题所用经费，部分由国库补助。

四、菲律宾的农作物保险立法

（一）菲律宾《农作物保险法》的立法背景

菲律宾是亚洲的发展中国家，农产品特别是主要粮食大米在第二次世界大战后20多年里一直不能自给。1973年，菲律宾政府实施了一项命名为“马萨加拿—99”的水稻生产计划，目标是将水稻产量提高到每公顷5 000千克，以实现大米自给。为此，该计划提出了几项重要措施：

（1）通过农村银行和政府银行实行不附担保的所谓“自由信贷”；

（2）提供综合农业技术服务，推广良种、合理施肥、防病虫害和灌溉等；

（3）由政府派农技员进行农业技术指导和农场活动监督；

（4）提供销售市场和价格支持。

除以上措施，由于考虑到自然灾害（特别是台风，干旱和鼠灾）的影响，为避免发放自由贷款的银行因灾害而受到损失，便同时实行了一项“全国农业保证计划”。根据该计划，建立了由菲律宾土地银行管理的农业贷款保险基金。如果发生自然灾害而导致农场损失，贷款无法归还，由农业贷款保险基金负责向银行赔偿生产贷款的85%。为得到该保证，农民在申请贷款保证时，须按贷款金额交纳1%～2%的保证费。

这项贷款保证计划虽然起到了降低农贷风险的作用，但由于保证基金向银行支付的保证金并没有免除农民的还贷责任，只是延长了还贷时间（最多3年）。然而，农作物若连续遭受自然灾害，农民还是无法归还贷款，仍然负担贷款额15%的损失。

鉴于贷款计划的上述缺陷，土地银行组织了一个多部门参加的研究小组，借鉴其他国家发展农作物保险的经验，对在菲建立农作物保险补偿制度的可行性进行了9个月的研究。研究报告认为农作物保险至少水稻保险是可行的，并建议建立政府全资机构负责农作物保险，于是，1978年9月，由总统签发了《关于成立菲律宾农作物保险公司的总统令》，亦即《农作物保险法》，并依法于 1980 年 6 月成立了菲律宾农作物保险公司，1981 年该公司正式开办农作物保险。

（二）菲律宾《农作物保险法》（1978 年）的主要内容

1.《农作物保险法》的具体目标

建立农业生产者自然灾害补偿制度，使农民免受自然灾害损失和减轻他们的负担；为加强政府的粮食生产计划提供经济刺激；避免使向粮食生产者提供贷款的金融机构发生经济损失，保护其积极性。

2. 农作物保险与农业信贷体制的关系

农作物保险与农业信贷计划都是支持农业生产的关键措施。根据《农作物保险法》的规定，获得监督信贷计划贷款的所有农民都必须参加保险，其他农民则自愿参加保险；所有参加监督信贷计划的银行都是农作物保险计划的代理人；贷款农民的赔款通过贷款机构支付。

3. 保险作物及风险

根据《农作物保险法》的规定，在初期阶段，只承保水稻一种作物，以后逐步扩大到其他作物，1982 年就增加了玉米，1991 年又增加了烟草作物。承保的风险范围包括所有自然灾害和病虫害。而下列风险不在保险范围：火灾、盗窃、抢劫、暴动、民潮、起义、战争、核辐射；可避免的风险，如被保险人的疏忽、过失、违法欺诈，不采用所规定的农业技术。为了保证农民采用所规定的新技术，农民必须接受农业粮食部农业田间推广技术员的监督。

4. 保险金额

《农作物保险法》规定，农作物保险金额仅限于生产成本，包括种子、化肥、农药等费用和人工费，它等于全国粮食及农业委员会所设定的每公顷作物贷款额的 125%。

5. 政府补贴

政府向农作物保险提供直接和间接补贴，直接补贴是政府分担保费，对水稻来说，政府对贷款农民负担 56.25%保费，对未贷款农民负担 75%保费。间接补贴是向农作物保险公司提供较大数额的资本，使其资本投入能够满足业务及管理费开支。

6. 再保险

为使农作物保险公司免受超额损失，以巩固自有资本，公司须将其主业务——水稻作物保险投保再保险。

7. 组织机构

菲律宾农作物保险公司是半公共性质的经济实体，法定股本为 7.5 亿比索，其中三分之二为普通股，全部由政府认购；其余三分之一为优先股，由公众认购。

公司由董事会领导，董事会由 9 人组成，董事长由财政部部长兼任，副董事长兼

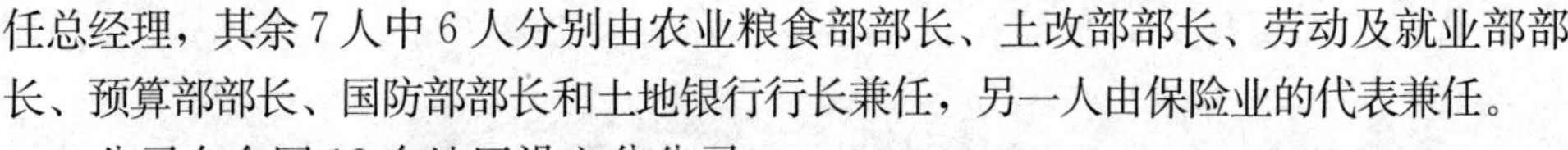

任总经理，其余7人中6人分别由农业粮食部部长、土改部部长、劳动及就业部部长、预算部部长、国防部部长和土地银行行长兼任，另一人由保险业的代表兼任。

公司在全国12个地区设立分公司。

五、美国、加拿大、日本、菲律宾农业保险立法的比较

美、加、日、菲4国农业保险立法背景和法案内容表明：农业保险是其农业和农村发展战略的重要组成部分，也是其经济和社会发展的重要政策，因此他们开办的都是政策性农业保险。但由于国情不同，农业保险无论是立法背景、目的，还是由其法律所确立的管理体制、组织结构、运作程序和方式、保险内容、范围、水平等，都具有各自的特点和代表性。

（一）背景和目的

4国农业保险最初的背景和直接目的大不相同。美国着眼于农业资源的合理分派、利用和提高农业部门收入；加拿大主要是为了使农民收入稳定，从而增进农场主的社会福利水平；日本是为了巩固其土地改革成果和鼓励农民生产市场短缺的农产品；菲律宾则是将其作为实现大米自给的农业配套计划。

随着时间的推移和社会经济的发展，美、加、日农业保险计划建立的最初环境和背景已完全改变，其初衷或多或少也改变了，因而现在的农业保险仅仅是农业保护政策和农民社会福利政策的组成部分。但对发展中国家菲律宾来说，农作物保险除了继续具有农村金融政策的目的，仍然是农业发展政策的重要组成，而增进农民福利的目的是其次的。

（二）保险体制和组织机构

4个国家农业保险法规所确定的农业保险体制可以归纳为3种：

一是美国、加拿大体制。就是由政府组建官方的农作物保险公司，该公司的资本由政府认捐，经营管理费用由政府补助，免除一切税赋。农作物保险公司直接经营政策性农业保险，原则上农民投保自愿，但也有促使农民投保的强制条件，比如保费补贴、农户信贷、生产调整、价格补贴等都与是否参加保险相联系，1994年美国农作物保险修正案明确规定，必须购买巨灾保险，然后才能购买追加其他的保险。美国和加拿大也有一些区别，美国农作物保险是由联邦农作物保险公司及其分支机构（和各种代理机构）经营的，补贴该计划的费用均由中央政府拨款。加拿大联邦没有农作物保险公司也不经营农作物保险；是否开办农作物保险由各省自定，省成立的官方农作物保险公司均独立经营，自负盈亏；联邦只与省政府签约，依约分担一部分费用。

二是日本体制。农业保险由区域性“农业共济组合”经营，政府通过提供部

分经营费用和再保险，构筑全国农业保险体系，主要农畜产品的保险是强制性的。

三是菲律宾体制。农作物保险由半官方的股份制公司及其分支机构直接经营，各有关金融机构为其代理人。政府在公司控股且提供管理费用，贷款农民必须投保，无贷款农民自愿投保。

(三) 保险标的范围

由于各国举办农业保险目的不同、政府财力不同，因而承保标的也不同。美国和加拿大法定可保的农作物保险标的相当广泛，几乎包括了农、林、园艺、水产养殖等所有的农产品，美国多达 35 类，加拿大也多达 65 种。

日本的保险标的分法定和自愿两类。法定的农作物保险标的主要是水稻、旱稻、小麦、大麦等，还有蚕、牛、马、猪等。果树、畜禽、蔬菜的投保是自愿的。

相比之下，菲律宾的保险标的比较有限。初期立法时，只是水稻，后来增加了玉米和烟草。法律上没有规定承保其他作物。

(四) 保险风险和保障水平

4 个国家的农作物保险都是一切险（或多重风险）保险。日本还有蚕茧和家畜疫病死亡保险，在美国的保险法中允许将农作物的火灾和冰雹灾害单独向商业性保险公司投保，而加拿大曼尼托巴省也允许将冰雹灾害单独投保，日本和菲律宾的法律中没有这种规定。

各国的农业保险法中，为了防止道德风险，都规定只保障农作物预期收益的一定比例。美国规定是农作物评定平均产量的 50%和 70%，在接受政府保费补贴时只保产量的 65%。加拿大规定，一般情况是记录和评定产量的 80%，对低风险地区，保障产量可以提高到 90%。美国、加拿大的法律都规定，保险农产品的价格在签订保险合同时，由投保人在 3 种价格中选择 1 种。美国还规定保险农产品的价格应接近董事会所定的有关农作物的预计价格，且不得低于该预计价格的 90%。

日本的保险产量有 3 种不同的计算标准：以地块为保险单位的，保险产量为标准产量的 70%；以农场为保险单位，但赔偿以受灾面积计算时，其保险产量为标准产量的 80%；赔偿以整个农场的平均收获量计算时，其保险产量为标准产量的 90%。

菲律宾的保险保障水平比较低。其保险金额为农作物生产成本或政府监督计划的贷款上限，在两者中取较低者。起初，非作物生产成本比较低，例如水稻成本只占产值的 28%，玉米为 48%，所以后来（1984）公司将保险金额提高了 25%。

（五）保险费及其分担

由于农业保险的费率普遍较高，对于相对收入较低的农民来说，美、加、日、菲 4 国都在农业保险立法中对保险费的分担有明确规定，但分担方式和比例各不相同。

美国法律规定政府补贴保费的 30%①，加拿大补贴 50%②。日本政府补贴保费依费率不同而高低有别，费率越高补贴越高：水稻补贴 70%（费率超过 4%），旱稻最高补贴 80%（当费率为 15%以上时），小麦最高补贴 80%。菲律宾的保险费由政府、贷款机构和农民三方分担。水稻：贷款农民只负担 25%，贷款机构分担 18.75%，政府分担 56.25%；无贷款农民自担 25%，其余 75%由政府负担。玉米：贷款农民自担 25%，贷款机构 25%，政府分担 50%；无贷款农民自担 25%，其余 75%由政府负担。

（六）再保险

农作物再保险对进一步分散农作物保险风险的必要性，为 4 国的法律一致肯定，但运作方法不同。

美国是由联邦农作物保险公司直接经营农作物保险，在其总、分支机构之间不存在分保关系。但对参与农作物保险计划的各种私营保险公司、联营保险公司、再保险公司等直接提供再保险。为了贯彻公平原则，联邦农作物保险公司为上述保险人提供再保险时，同样为在这些公司投保的生产者支付部分保费补贴，也为这些公司提供一定的经营管理费。

加拿大直接经营农作物保险的是各省农作物保险公司，省公司与联邦依法签约，由联邦政府（农业部）提供再保险。

日本是由都、道、府、县的共济组合联合会和中央政府为农业共济组合提供两级再保险。

菲律宾农作物保险公司在其系统内没有分保关系，该公司是向国内其他保险公司和国外保险公司分保。

除以上 6 个方面，这几个国家的法律对农业保险计划的管理方法及技术问题所做的规定，如费率厘定方法、损失评估组织、赔偿计算等也各不相同。

六、4 国农业保险立法对未来我国农业保险立法的启示

4 国农业保险法律的行文体例和风格不同，文字繁简程度也相差悬殊，但具

---

① 美国政府的总补贴水平近些年已经提高到 77%～80%，包括 60%左右的纯保费补贴和 15%～20%的管理费补贴。

② 加拿大的总补贴水平近些年也达到 70%～80%，包括 60%左右的纯保费补贴和全部经营管理费。

体条款内容都充分地反映了各自的国情，对研究和制定我国的农业保险法规具有借鉴意义。

（一）必须恰当地选择立法目标

通过立法实施农业政策性保险是一个国家宏观政策的重要组成部分，立法要恰当地反映宏观政策的目的和要求。从国外的实践看，各国开办农业保险的政策目的有两个：一个是推进农村社会保障（社会福利）制度的建设；另一个是促进农业稳定发展。一般来说发达国家的农业保险属于前一种，发展中国家的农业保险属于后一种。

4 国农业保险立法的内容及其修订过程，充分表达了其宏观政策的目的和要求。加拿大立法时正处在国家社会福利“大厦”构建热潮中，为了反映该计划的福利性、普遍性和公平性，他们确定的保险标的相当广泛，保障水平很高，政府支持力度很大。日本的《农业灾害补偿法》的修订过程与其立法目标的变化也是相吻合的：立法之初，其目的主要是刺激农产品生产和保证供给，强制保险的保险标的种类也有所限制，随着日本经济社会的发展，当国内农产品供给已不是主要问题后，他们就将农业保险一步步地纳入增进农民福利的轨道，在修订《农业保险法》时大大扩展了保险保障的范围，尽管扩大的标的都实行自愿保险，但政府同样给予很高的补贴。

当然，选择社会保障性目标的国家都有雄厚的财力做基础，美国 1980—1989 年全面推行农作物保险的 10 年间，开办的县数从 4 632 个增加到 21 354 个，承保面积由 2 627 万英亩扩大到 1 亿英亩，参与率由 9.6%提高到 40%，同期政府的费用和保费补贴也由 2 802 万美元增加到 7.5 亿美元，10 年共补贴经营管理费 27 亿美元。以净保费计算的平均赔付率为 187%，亏损额 41 亿美元。加拿大和日本的补贴额也很庞大。而对菲律宾来说，其立法目标的选择显然与自身的农业和农村发展水平匹配，也同国家的财力相一致。

（二）有必要运用利益诱导机制

由于农业自然灾害发生的频率高、范围广、损失大，同时农业的经营是在广阔的地域进行，因而农业（特别是农作物）保险的费用大、损失率高、费率也高，而农业保险的消费者又是收入较低的农民。从经济学的角度来看，纯商业性的农业保险，除了风险损失率较低的雹灾、火灾等单项风险的保险，其供给和需求都是有限的。因此，开办农业保险要获得成功，就必须利用利益诱导机制，使保险人（农业保险公司）愿意和能够至少维持经营，在政府的政策资金投入支持下，达到自我积累、自我发展，也使被保险人能够承担和接受自己所分担的价格份额。

4 个国家的立法都充分考虑和运用了利益诱导机制，用法律条款明确规定保险基金和经营费用的筹集渠道以及对投保标的价格补贴份额。加拿大政府认为维护保险经营“自我财务平衡（Self-sustainability）”和“农民买得起（Cost Affordability）”是其农作物保险立法所确定的5项原则中的2项。当然这2项原则都是建立在政府承担全部经营管理费和50%的保险费补贴的基础上的。

实践证明，不仅利益诱导机制对自愿保险是必要的，对法定保险也不可缺少。如果违背经济规律，忽视甚至损害投保农民和保险机构的直接利益，立法就不可能得到真正贯彻，行政强制也难长久奏效。

（三）因地制宜地选择适合的组织制度

选择适合的组织制度是农业或农作物保险计划成功的关键因素之一。

4国的农业保险计划选择和形成了3种不同的组织制度。美国、加拿大是以官方公共机构为主体、私营机构为辅助的组织制度，日本是以民间的互助共济组织为基础的3层机构的组织制度，菲律宾是以官方为主，各部门各种机构共同参与的股份公司型组织制度。由4国农业保险立法所确定的这几种组织制度在世界上有其代表性，他们既依国情而立，又在实践中不断发展变化，构成了动态的农业保险立法修订和完善轨迹。美国的农作物保险一开始纯粹是政府的独家买卖，私营保险公司不得介入，后来为了调动各方面积极性，更广泛地分散风险，让私营保险公司也分担一部分风险责任，降低整个农作物保险的经营成本，才逐渐允许经选择和审批的私营保险公司和再保险公司也加入农作物保险和再保险的行列，形成了现实的组织制度，并法律化。

有了适合的组织制度，还需要对这种制度从各方面做必要的规范，否则就难以运作。日本的互助共济保险组织很有特色，也比较成功。这种组织制度的选择和形成得益于日本广泛健全的农村合作制度及其发展，但也与完善的法律规范有关。日本《农业灾害补偿法》对农业共济组合的各方面，包括成员资格、加入、选举权、退出，组合的设立程序、章程，管理机构的产生、领导成员的民主选举及其职责、权限，组合的解散和清算等均做了详尽、具体、严格的规定。对联合会、中央政府的再保险关系、义务、分保方法、保额分配、财务处理等也做了同样细致的规定。此外，这种制度还受《农协法》《农业协同组合法》等法律的指导和约束。这些规范为农业共济组合的成功运作奠定了法律基础。

参 考 文 献（略）

农民的风险，谁来担？*

——陕西和福建6县的调查

国内商业保险业务恢复20年了，到目前，国有独资、国内股份制、中外合资和外国独资商业性保险公司已有30多家，但是，在广大农村开展保险业务的，基本上只有中国人民保险公司和中国人寿保险公司2家。另有几家全国性保险公司（如太平洋保险公司、平安保险公司等），只是在设立分支公司的大城市的郊县做一些农村业务。其他的地区性公司也很少做农村业务。这种格局有其客观原因，那就是城市特别是大中城市，经济发达，人口和财富集中度高，居民风险保险意识比较强，业务好做，成本也低。各保险公司首先将抢占大中城市的市场份额作为战略重点无可非议。近年来，随着城市经济发展速度放慢，城市保险业务也随市场开发难度加大而难以再有往日的高速度。在这种发展环境下，有没有必要将业务向农村拓展，逐渐加大农村市场的开发力度，满足农村居民的保险需求，是值得研究的问题。那么，目前农村保险发展状况如何呢？农民有没有市场需求呢？针对这些问题，我们在陕西省泾阳县、澄城县、凤翔县、眉县和商南县以及福建省浦城县做了一些调查。这里，根据陕西省和福建省这6县农村所做问卷调查结果①，做一些考察和分析。

一、调查结果

从农村保险需求的角度来看，陕西省、福建省6县的调查结果表明，尽管农民收入水平比较低，风险保险保障意识比较落后，但农村保险市场尚没有得到很好开发，保险供给主体缺乏，让农民了解保险和投保的渠道很少，适合农村居民的保险商品也不多，因而他们的保险需求还得不到满足。

---

* 本文与杨翠迎、丁少群合作，发表于《中国保险》，2001年第3期。

① 我们的调查只是典型调查，而不是抽样调查，不能用来推断总体，但这些典型调查在设计时注意了被调查地区和农户的代表性。因此，我们认为其结果所反映出来的特点和趋势具有一定说服力。

1. 农民对保险的了解和购买保险的情况

福建浦城县（以下简称福建）被调查农户的100%、陕西5县（以下简称陕西）被调查农户的92.4%都知道或听说过保险；了解一些保险的意义和作用的被调查农户福建有53.3%，陕西有48.3%。而真正购买了商业性人寿保险和财产保险的农户仅占26.7%，加上购买了民政部门举办的养老保险的农户也仅有46.7%，这个比例在陕西是43.2%。在福建，购买了保险的这46.7%的农户中，有57%的农户是自主购买的，20%是由乡、村或乡镇企业统一购买的。而在陕西，参加保险的这些农户中，有42.2%是被迫参加的（商业性保险公司的学生平安保险和民政部门举办的农村社会养老保险）（表1）。这表明多数农民还不太了解保险，也还缺乏自愿参加保险的愿望。

表1　陕西5县农村保险调查问卷统计汇总

单位：人，%

调查对象的文化程度			高中及以上		初中		小学及文盲		合计	
			人数	比重	人数	比重	人数	比重	人数	比重
农民对保险的总体认识	您是否知道保险	知道	46	88.5	71	73.2	58	66.7	173	74.2
		听说过	5	9.6	22	22.7	16	18.4	43	18.2
		不知道	1	1.9	4	4.1	13	14.9	18	7.6
	是否知道保险的作用及意义	知道	34	65.4	50	51.5	30	34.5	114	48.3
		不太知道	17	32.7	40	41.2	26	26.9	83	35.2
		不知道	1	1.9	7	7.2	31	35.6	39	16.5
	您是否参加过或正在参加保险	参加过或正在参加	31	59.6	45	46.4	26	29.9	102	43.2
		没有参加	16	30.8	50	51.5	57	65.3	123	52.1
		准备参加	5	4.6	2	2.1	4	4.6	11	4.7
参加保险的人对保险及保险公司的看法	保险费是否会加重您的负担	没有负担	18	58.1	27	61.4	19	73.1	64	63.4
		一般	11	35.5	9	20.5	5	19.2	25	24.7
		有负担	2	6.5	8	18.2	2	7.7	12	11.8
	若遇到保险事故，保险公司是否赔付	及时赔付	11	42.3	16	47.1	7	33.3	33	41.3
		不及时赔付	14	53.8	16	47.1	13	61.9	43	53.8
		根本不赔付	1	3.8	2	5.8	1	4.8	4	5.0
	若没有遇到事故，是否有吃亏的感觉	有	6	19.4	11	25.6	5	19.2	22	22.0
		没有	25	80.6	32	74.4	21	80.8	78	78.0
	保险公司的服务态度如何	很好	10	32.25	22	50.0	14	56.0	46	46.0
		一般	20	64.5	20	44.4	10	38.5	50	50.0
		恶劣	1	3.2	2	4.5	1	4.0	4	4.0
	您认为参加保险有必要吗	很有必要	16	51.6	27	61.4	16	61.5	59	58.4
		有必要	14	45.2	16	36.4	9	34.6	39	38.6
		不必要	1	3.2	1	2.2	1	3.8	3	3.0

注："参加保险的人对保险及保险公司的看法"一栏中5个问项的比重数字，都是以"参加过和正在参加"的人数中各个文化程度层的选项人数为基数计算的。例如，"保险费是否会加重您的负担"问项中，3个选项在"高中及以上"文化程度层共有31人选填，"认为没有负担"、"一般"和"有负担"的分别有18、11和2人，分别占31人的58.1%、35.5%和6.5%。

2. 农民打算如何应对生产和生活中的风险

在上述情况下，农民准备如何应对各种风险呢？

对于“您的庄稼或畜禽遭到自然灾害而受损失，怎么办?”的问题，被调查的福建农户有60%选择“自己承担”或“听天由命”，有20%打算靠国家和集体救济，20%准备靠亲朋好友帮助。在陕西，那些没有参加保险的农民打算“靠自己”和“听天由命”的占91.6%，而选择靠亲朋好友的只占4.3%，几乎没有农户把分散农业风险的希望寄托在农业保险上。可见，至少在这些地方，农业保险在农民心目中没有位置或者是一片空白。

对于“您的人身遭受意外时，怎么办?”的问题，有78.5%的福建农户，65.1%的陕西农户选择由“家庭成员承担”或“听天由命”；准备“靠国家和集体”的分别占21.4%和0.8%。福建和陕西的农民对这个问题几乎都不选择向“亲朋好友”求助，这项选择的比例福建是0，陕西是6.5%。

对于“您的家庭财产遭遇意外受损失时，怎么办?”的问题，在福建有57.1%的农民选择由“家庭成员承担”，28.6%的农民选择“靠国家和集体”；选择“听天由命”的农民有14.3%。在陕西没投保的农民选择由“家庭承担”、“靠国家和集体”、“听天由命”所占比例分别是58.9%、1.1%，和35.6%。福建和陕西农民对这个问题也都不想“依靠亲朋好友”来解决，该选项的比例，福建是0，陕西是4.6%。

那么，农民如何面对老年经济安全问题呢？在回答靠谁养老的问题时，单纯选择“靠儿女”的农民在福建只有18.3%，在陕西虽然比例高一些，也只有47.0%；而选择“靠自己”这条出路的，在福建占51.7%（还有20%的选择“靠自己和靠儿女”加上“靠自己”这一项的人数，比例是71.7%），在陕西，准备“靠自己”的农民占50.0%；陕西和福建农民将养老寄希望于政府（包括去敬老院）的比例分别为10%和1.1%（表2）。陕西和福建农民在养老观念上表现出一定的差距，比较开放和发达的福建农村比相对封闭和欠发达的陕西农村更倾向于不依靠儿女而依靠自己养老。但总的说来，可以看出，由于经济的发展、计划生育政策的推行、家庭的小型化，农村家庭的养老保障功能正在弱化，现在的农民“养儿防老”的观念已有较大转变。

对于面临的风险，被调查的农民有很大比例准备由自己解决，这表明计划经济年代人们事事靠国家和集体的依赖心理有了很大改变。同时也说明商业保险和社会保险这些社会化的分散风险的制度和机制，还没有广泛被农民们认识和接受。

3. 农民对保险的需求选择

调查表明，尽管目前购买保险的农民还不多，但被调查农民对保险表现出一定的兴趣和愿望，而且呈现出多元化的需求倾向。当然，他们对各险种的需求程度并不相同。福建的农民们兴趣最大的险种是养老保险和医疗保险。

表2 陕西5县农村保险调查问卷统计汇总

单位：人，%

调查对象的文化程度			高中及以上		初　中		小学及文盲		合　计	
			人数	比重	人数	比重	人数	比重	人数	比重
没有参加保险的人对保险的看法	您没有参加保险的原因	没有钱	8	34.8	18	37.5	32	52.5	58	43.9
		保险不可靠	5	21.7	10	20.8	3	4.9	18	13.6
		没有必有	9	39.1	18	37.5	21	34.4	48	36.4
		不了解保险	1	4.3	2	4.2	5	8.2	8	6.0
	您有余钱时，您会选择	买保险	1	4.3	6	11.3	4	6.6	11	8.0
		银行存款	13	56.5	27	50.9	27	44.2	67	48.9
		生产性投资	4	17.4	16	30.2	22	36.1	42	30.7
		自己保管	5	21.7	4	7.5	8	13.1	17	12.4
	保险不可靠的原因	保险公司没有信誉	5	45.5	10	31.3	7	22.6	22	29.7
		怕政府政策变动	0	0	5	15.6	7	22.6	12	16.2
		其他原因	6	34.5	17	53.1	17	54.8	40	54
没有参加保险的农民对灾后损失的补偿形式	您的庄稼或畜禽遭灾受损时	自己承担	10	71.4	26	63.4	19	51.4	55	59
		亲朋好友	1	7.1	1	2.4	2	5.4	4	4.3
		听天由命	2	14.3	14	34.1	14	37.8	30	32.6
		其他	1	7.2			2	5.4	3	3.3
	您的人身遭遇意外时	靠国家和集体	0	0	0	0	1	3.0	1	1.1
		亲朋好友	1	7.1	5	11.9	2	6.1	8	8.9
		家庭成员承担	10	71.4	23	54.8	17	51.5	50	55.5
		听天由命	3	21.4	14	33.3	13	39.4	30	33.3
	您的家庭财产遭遇意外受损时	靠国家和集体	0	0	0	0	1	3.0	1	1.1
		亲朋好友	1	6.7	1	2.6	2	6.1	4	4.6
		家庭成员承担	9	60.0	25	64.1	17	51.5	51	58.6
		听天由命	5	33.3	13	33.3	13	39.4	31	35.6
	您如何安排个人及家庭成员的养老问题	靠儿女	7	46.7	18	42.9	20	54.1	45	47.9
		靠自己	8	53.3	24	57.1	15	40.5	47	50.0
		靠政府	0	0	0	0	1	2.7	1	1.1
		去敬老院	0	0	0	0	1	2.7	1	1.1

注：该表中各问题选项的比重之计算的基础是回答该调查问题的全部人数。

如果购买保险，有93.1%的人想购买养老保险（这与他们大多打算依靠自己养老是吻合的），46.7%的人愿意购买医疗保险，有33.3%的人选择购买子女备用金保险，选择购买人身意外伤害保险的人仅6.7%。陕西的农民也表现出类似的意愿。不同的是乡镇工业比较发达，农业产值占全县国内生产总值的41%的福建浦城县农民对农业保险没有一点兴趣。陕西5县都是农业县，农业产值在国内生产总值中所占比例均超过50%～60%，这些县的农民对于跟农业有关的保险险种，例如农业和农机具保险，还表现出一定的投保愿望。

4. 农村保险供给的缺口

上述调查数据，虽然表明农民目前对保险的消费不多，但同时说明目前农村存在着很大的购买保险的潜力。下面的信息可以为这种论断提供进一步的论据。

没有购买保险的农民在这6县虽然占被调查农民的比例超过一半（福建是

53.3%，陕西是52.1%），不过这其中的主要原因并非没有支付能力，福建的被调查对象没有人认为交保费会对家庭造成经济负担。陕西因为“没钱”而没投保的农民虽然多一些（占没投保者的47%），但另外这53%的人不购买保险，是因为认为“没有必要”（占39%），“保险不可靠”（占14.6%）或觉得“对保险不了解”（占6.5%），这3种原因加起来占60.1%。可见，大多数没投保农民对于购买保险还是有一定的支付能力的，只要解决了对保险的思想认识问题，一半以上的农户都可以成为保户。问题在于保险公司对农村业务的兴趣。所有的保险公司都把业务重点放在大中城市，县级支公司的重点也是城镇，浦城县的农村业务只占10%，城镇占了90%（表3)。另据调查，无论寿险公司还是财产保险公司，70%～80%以上的保险业务来自城镇。

表3　1998年福建省浦城县保险费收入结构

项目	保费总收入		产险保费		寿险保费	
	金额（万元）	比重（%）	金额（万元）	比重（%）	金额（万元）	比重（%）
全县	2 482.3	100	1 670.3	67.3	812	32.7
城镇	2 234.3	90.0	1 550.3	62.5	684	27.5
农村	248.0	10.0	120.0	4.8	128	5.2

二、分析与思考

我们的调查结果所反映的一般状况有其代表性，它提供的信息值得我们思考。

1. 应当尽早为农村居民编织保险保障安全网

我国12亿多人口中有8亿多常住农村，还有1亿多农村人口在城乡之间流动。这些居民的生产和生活风险保障责任在人民公社制度时期是由生产队或生产大队担当的。当时农业的风险可以在生产队的范围内得到分散，农民养老和医疗主要依靠子女，部分依靠社队“五保”制度与“合作医疗”制度。改革开放之后，随着农村风险管理机制的变化，这种尽管是极低水平的保险保障，在绝大部分地区也消失了。而农村社会化的保险保障制度的缺失或不健全，已经和正在对农村经济的发展和农村社会的安定产生不可低估的负面影响，同时也从多方面牵制着城市乃至国民经济的发展速度。

在农村基层商业网点最多的中国人寿和人保，在20世纪80年代曾试图开拓农村商业保险市场，但在90年代初人身保险业务被迫移交给农村社会养老保险，几乎退出农村保险市场。农村财产保险业务也逐渐因战略重点的确定而转移向城市，作为政策性业务的农业保险也因人保的商业化转轨而停滞和萎缩。如今，试办了7年的农村社会养老保险又将全面撤退。我国农村正在出现越来越多的保险保障的真空地带，这与我国整体经济和社会的发展进程及发展目标形成强烈的反差。从我们调查的情况看，农村有广阔的保险市场，农村居民已经有了一些风险和保险意识，也不同程度地具有投保的兴趣和愿望，他们中已有一半以上的人希望依靠自己解决自己的老年风险保障和财产风险保障的问题，这是一个可喜的变化。政府也好，商业性保险公司也好，都需要较多地关注农村市场，适时地为农村居民尽快编织保险保障安全网。

2. 农村社会保险制度不能长期缺位

新中国已成立51年了，在最初的几十年岁月中，为了奠定国家工业化现代化的基础，我们采取牺牲农村、农业和农民的利益，来发展城市、发展工业、优惠城市居民的政策。如果有必要的话，那么，今天我们应当给农村、农业和农民的利益多一点关心（哪怕因此适当降低一些国民经济的发展速度也是值得的），尽快建立农村社会保险制度（哪怕其保险保障水平是很低的），解决农村居民的养老、医疗和农业发展的基本风险保险保障问题，应当是这种关心中的重要部分，因为建立这种制度是必要的和可能的。这不仅是改革进一步深入的必需，是城乡经济和社会平衡发展的必需，更是当前以至今后农村社会长期稳定的必需。事实上，目前农村许多不稳定因素不能说与农村社会保障体系的不完善无关。当然，农村风险保障制度缺位的问题可以通过发展农村商业保险来解决，但自愿性质的商业保险并不能代替普遍的强制的社会保险，因为二者的社会角色定位不同，各自解决的问题的层次不同，所发挥的社会作用也不同。

3. 农村商业保险市场潜力巨大

如果从宏观角度再做一些分析，我们会更能较好把握农村保险市场的开发潜力。这里不妨从保险密度方面做一个比较。2000年我国人均商业保险保费支出127.7元，同年农民人均保费支出不足1元。这里既可看出城乡商业保险水平的差距，也可看出农村保险市场的潜力。如果在20年内，我国农村保险市场的发展水平达到目前全国的发展水平，保险密度达到农村人均100元，那么，届时农村保费收入将达到700亿～800亿元，年平均增长率超过25%。从其他发展中国家的商业性保险发展的实践来看，这种增长速度和发展水平不是不可能的。从农民的支付能力来看，这也完全是可能的。2000年我国农民人均纯收入达到2 253元，2000年6月末农村居民储蓄存款年末余额已达13 995亿元。虽然目前尚有近6 000万农村人口未脱离贫困，但也有不少地区（特别是东部地区、部分中部地区）正在迈进小康水平，城乡差距正在缩小，这些地区的经济已由农业支持工业的阶段向农业、工业各自积累、并行发展的阶段转变。农民的生活需求层次正在逐步由强调衣食住行的基本生活需求，向强调风险管理的安全需求转移。在这些地区，农村财产保险、子女教育婚嫁金保险、养老保险及农民住院医疗保险都拥有一定的市场，就看各商业性保险公司如何看待和把握这个市场和机会。特别是中央政府去年已明确农村养老保险由商业性保险公司来做，使得这一块业务的经营至少在体制上和政策上已经摆顺。

当然，与城市相比，农村保险展业的成本可能会高一些，但只要保险公司坚持制度创新、组织创新和产品创新，例如，增加代理网点，允许农村产、寿险代理机构相互代理业务，在一定条件下，实行农村产、寿险分账混业经营等，并根据各地经济和社会发展的不同水平和特点开发适销对路的寿险和产险产品，这样问题是可以得到解决的。何况保险人应当着眼于农村市场的远期开发，现在支付一些前期投入也是值得的。当然，在暂时还不能建立健全农村社会保险制度的情况下，政府有必要对这一块业务给予一些优惠政策，降低农民人身和财产保险（特别是农业保险）的价格，鼓励农民投保，也提高各商业性保险公司开拓和发展农村保险业务的积极性。

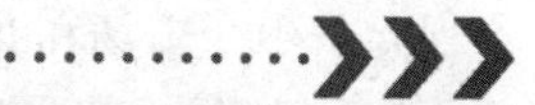

中国农村保险制度的可贵探索*

——评刘京生博士新著《中国农村保险制度论纲》

当前，深入研究中国农村保险制度的运行问题，既是我国农村保险自身发展的需要，又是我国对外开放的要求。从农村保险自身来看，1978年中共十一届三中全会以来，随着我国农村经济体制和社会组织改革的步步深入，农村风险及其管理体制发生了根本性变化，而新的适应社会主义市场经济体制的农业和农村保险制度的建设与改革相对滞后，成为农村、农业乃至国民经济持续稳定发展的一大障碍。从国际环境来说，我国加入世界贸易组织后，农业价格保护政策就不可能继续作为保障农村经济发展和稳定农民收入的手段，而从国际经验来看，农业保险计划在发达国家的农业产业政策中占据重要地位，是各国支持农业发展的行之有效方式。如何从更为深入的角度，分析和借鉴国际农村保险市场发展的理论成果和实践经验，反思中国农村保险市场走过的历史，全面分析和把握农村保险运行的影响因素和经验规律，探讨我国农村保险制度的建立和运作，是摆在保险界、经济界的共同课题。刘京生博士的新著《中国农村保险制度论纲》（中国社会科学出版社，2000年）对此进行了可贵的探索。纵观全书，刘京生博士的这本新著具有以下几方面显著特点：

1. 密切联系中国农村保险发展的实际

1982年以来，中国农村保险市场的发展取得了一定的进展，但同时也给我们留下了许多值得进一步总结、分析、探讨的课题。刘京生博士在不同的工作岗位上、以不同的形式关注着中国农村保险市场运行和改革的探索过程。同时在工作中，刘京生博士始终密切关注国内外保险市场的新动向，先后对保险市场的不同方面进行了跟踪研究，发表了大量有影响的研究成果，很显然这些研究成果是撰写这本书的基础。刘京生博士曾从事近20年的保险和再保险的经营性业务活动；更为重要的是，在这本著作的写作过程中，刘京生博士先后在中国人民银行

* 本文发表于《中国保险报》，2000年12月29日。

保险司、中国保险监督管理委员会、中国保监会北京保监办工作，并分别负责财产保险、中介市场和北京市保险市场的监督管理，这就使他能够更好地从不同的侧面、从理论与实践相结合的角度研究中国农村保险制度。从这个角度上说，刘京生博士的这本新著无论是对于经济保险界的实务操作人员，还是对理论研究人员，都具有较大的参考价值。

2. 将农村保险制度放到整个经济体系中来分析

农村保险体系是社会风险保障体系的有机组成部分，使得中国农村保险市场的运行、改革与宏观经济活动产生了直接或间接的联系，因此单纯就农村保险而研究农村保险，研究的视野未免显得过于狭窄。刘京生博士在这本书的研究中，着眼于研究世界农业保险的理论与发展实践，以及中国社会主义农村保险制度的建立。在分析农业保险的发展过程中，从宏观经济角度分析供需结构以及相关性，同时也从微观的角度分析农业保险经营主体的运行机制，研究其供给职能丧失的成因，进而找到阻碍农业保险发展的7个制约因素。与此同时，刘京生博士在新著中还分析了政府在农业保险中的地位和角色，论证了经济体制改革及经济环境对农村保险体制的影响。值得指出的是，本书从保险制度创新和农村保险产业政策的角度，来研究农业保险发展所面临的问题，而对农村人寿问题仅从体制角度入手研究，提出有关中国农村人寿保险制度探索的设想，从而使读者能够对国内外农村保险市场和制度有一个更为全面、准确的把握。

3. 考察农业保险的商品与非商品二重性

中国18年农业保险的准商品性试验并不成功，而且目前20多家中、外保险公司中，除了中国人民保险公司仍坚持谨慎实践和经营，没有一家公司愿意涉足农业保险。在某种程度上，也正是这种将农业保险纳入商品经营体系的做法，在实践上严重制约了农业保险的发展，在理论上产生了一些错误。刘京生博士在本书中首次提出并阐述了农业保险商品和非商品二重性的新论点，从而对于目前一些理论和实践上瓶颈问题的理解具有启发意义。例如由于农业保险的非商品性，因此农业保险的发展需要政府乃至全社会的支持；农业保险也就不能完全按照价值规律来经营；自主性经营型农业保险不适应我国农村经济和农村生产力发展。

4. 对于中国农村保险制度的建立提出新颖的观点

国际农村保险制度的实践，为中国农村保险制度的理论研究提供了很好的参照和借鉴。刘京生博士在这本新著的分析中，始终注重跟踪分析国际农村保险的理论与实践经验，如在农业保险制度的构想上，首先介绍了国外财政补贴型、国内自主经营型农业保险的实践，特别介绍各国农业保险法律架构、立法进程、经营特点、调控手段、改革设想等方面内容。在进一步分析这两种形态农业保险利弊的基础上，提出了一种全新的农业保险制度设想——财政支持型，并论证了在现有农村经济和生产力发展水平下，实行财政支持型农业保险制度的必然性。如针对中国农业保险经营主体组织形式的问题，刘京生博士在分析比较各种保险公司组织制度的基础上，提出设立中国农业相互保险公司的构想；还提出了农村保险要混业经营的观点；强调了农业保险再保险保障支持农业保险发展的重要意义和作用，并在财政支持型农业保险设计中，提出政府利用再保险手段间接补贴农业保险经营主体亏损的设想。此外，在农村保险的中介组织、保险创新与保险监督管理等问题的研究上，也得出了一系列富有启发性的结论。

因此，我认为，刘京生博士的这本《中国农村保险制度论纲》体现了作者深厚的理论功底和扎实的研究能力，具有较高的理论价值和现实指导意义，对于中国农村保险市场运行和制度建设的一系列重要问题进行了富有成效的探索，可作为决策的参考和操作的借鉴。

农业保险体制改革模式选择*

我国农业保险的试验，随着试验主力军中保（集团）公司的商业化进程，近年来跌入低谷，业务大范围萎缩，经营在多数地区陷入困境，开展的险种，承保的农作物面积和畜禽数量大幅度减少。尽管尝到甜头的农民购买农业保险的愿望空前强烈，但大多试验部门和单位却失去了前几年那种兴趣和热情。与此形成强烈反差的是新的商业性保险公司如雨后春笋般建立起来，至 1996 年年末全国性和地区性保险公司已有 20 多家，开业的外资和合资保险公司也已有 6 家，但除了中保，没有一家愿意涉足农业保险，原因极其简单，因为他们不可能从农业保险的经营中获利。国外的经验和我国的实践一再说明，要利用现代风险管理工具之一的农业保险为我国农业提供较广泛的风险保障，绝不可能从其商业化经营中寻求出路。现行农业保险管理与经营体制的改革势在必行，迫在眉睫。本文旨在为这一改革的决策提供某些论据和参考意见。

一、农业保险体制改革模式选择

根据国外现存农业保险发展模式①和我国农业保险管理和经营体制的实际，我们设计出下述 3 种可供我国有关决策部门选择的管理和经营模式。

1. 政府主办模式，即以政府组建的农业保险公司为主经营政策性农业保险的模式

这种模式主要特点是：

第一，结束多家办农业保险局面，由中央政府统一组建专业性农业保险公司，该公司隶属于某一中央有关部门（如人民银行、农业部、财政部或民政部等）或者几部行共同组建。由该公司为主统一经营全国农业保险业务。各省（自

---

* 本文发表于《中国农村经济》，1997 年第 6 期。

① 庹国柱，丁少群．1996. 国外发展农业保险的模式、背景和政策［J］．中国农村观察（2）．

治区、直辖市）相应建立分支机构，具体业务由县支公司及其代理人组织办理。并以县为单位，进行独立核算。农业保险公司经营的农作物保险主要是一切险保险和（或）多重风险保险。除了政府的农业保险公司，也允许商业性保险机构、合作社和相互会社经营农业保险业务。各种经营农业保险业务的组织机构都必须由金融管理部门审核批准，各自业务范围应依法规范。

第二，根据有关农业保险法律法规，建立农业保险专项基金。保险基金通过多种渠道（政府、消费者、销售者、加工者和生产者）和方式（除了收缴保费，还可征收专项税、费，如广东那样）筹集。

第三，实行法定保险和自愿保险相结合。根据政府农业和农村发展的经济和社会目标，对有关国计民生和经济社会发展目标的实现有重要意义的少数几种农林牧渔产品的生产实行法定保险，其他产品的生产实行自愿保险。宜将农业保险与农业信贷结合起来，凡有农业生产借贷标的者，自愿保险项目也应依法强制投保。政府至少对法定保险险种提供保费补贴。此外，农产品加工部门和农产品消费者都应分担部分保险费。保费补贴和分担可因保险险别险种、保障水平的不同和地区经济发展差异有所区别。

第四，农业保险的经营是政策性的，农业保险公司及其分支机构的全部或大部分经营管理费用由政府拨付。政府还应给予农业保险经营免征一切税赋的优惠，以利于其总准备金的积累和长期稳定经营。

第五，除了经营农业保险，还可适当将某些农村财产和人身保险的险种（如农房、人身意外伤害等）划归农业保险公司进行商业性经营，使其可用这些险种的盈余补贴农业保险。这部分业务的税赋也可适当减免（如目前新疆、河南那样）。

第六，中央政府须建立农业再保险机构为农业保险公司提供再保险（也可以允许其他经审批的保险公司经营农业再保险业务），以便使一时一地的风险能在较大的空间上和较长的时间内分散，减少农业保险原保险经营的风险责任，再保险有必要依法强制。

第七，农业保险的举办需要各有关行政、事业部门的支持和配合。进行农业保险区划、厘定保险费率以及各种扶持政策的落实都不是农业保险公司一家所能办到的。农业保险具体业务的开办如展业签约、查勘定损、理赔兑现等工作也都需要县、乡行政部门的组织和推动。

第八，为保证上述各项能够顺利贯彻实施，必须事先制定和颁布有关法规，并在此基础上逐步产生中国农业保险法。

这种模式的决策主体和经营主体也可以下放到省（自治区、直辖市）。举办农业保险与否由省（自治区、直辖市）决定。农业保险公司各省自成体系，允许有差异。中央给那些开办农业保险的省（自治区、直辖市）一定资金扶持，并为其提供再保险。

2. 共济合作模式，即以农业保险相互会社或合作社为主经营政策性农业保险的模式

这种模式的主要特点是：

第一，由各级政府帮助组织和建立以被保险农民为主体的民间的农业相互保险组织（可以叫互助会或其他名称）或农业保险合作社，以县为基础成立的该组织，由董事会领导和决策，董事会下设精干的办事机构具体组织全县农业保险的经营。董事会的成员主要从全县农民中产生，政府有关部门也可参与进来，便于协调与配合。该相互保险组织或合作社在省一级可以建立联合会或联社，统一规划和协调全省的农业保险，并建立该系统内的再保险机制。

第二，农业相互保险组织或农业保险合作社主要经营农作物和饲养动物保险业务。农作物保险以一切险或多重风险保险为主，也可以经营农业特种风险保险。所有这些经营都是非营利性的。商业性保险公司也允许经营农业保险。为支持农业保险的经营，政府应补贴部分经营管理费用。

第三，实行法定保险与自愿保险相结合。法定保险的险种和保险标的不宜多，避免太大的保险责任。法定保险和自愿保险的险种和标的由各省（自治区、直辖市）根据本地情况具体确定。保险基金同样应由多方筹集。政府要提供一定数额的初始资本并给予一定份额的保费补贴，同时农产品加工部门和农产品消费者也应分担一定的保费份额。政府还必须减免经营农业保险的一切税赋。政府和其他方面的保费补贴和负担要因险种、因地区而异。

第四，如果是被保险农户集资入股的农业保险合作社，没有或很少有政府补贴，也可以允许其经营某些农村财产和人身保险业务，并适当减免税赋，使其能有微利。

第五，国家要建立农业再保险机构，为农业相互保险组织和（或）农业保险合作社提供再保险，这种再保险同样有必要法定。

第六，在省和（或）中央一级建立“巨灾风险准备基金”，当发生重大灾损，农业相互保险组织和（或）农业保险合作社无力支付赔款时，允许他们从“巨灾风险准备基金”中低息或无息借款，随后，逐年从保费收入中归还。

第七，各级政府对农业相互保险组织和（或农业）保险合作社应从行政上和技术上予以支持和帮助，统一进行农业保险发展规划、农业保险区划，帮助他们科学合理厘定保险费率和设计保险条款等。

3. 分散经营模式，即容许多家办农业保险，政府设立专门机构统一规划和管理的模式

这种模式认可目前中保财产保险公司、民政部、财政部等继续在各地试办农业保险的格局，政府从总体上不参与其业务，适当给予保费和经营管理费补贴，在税收等方面仍应给予优惠和扶持。但政府必须设立农业保险管理机构，建立必要的法规，以便统一规则和协调，制订统一的经营规范，包括条款设计的一般要求。并进行必要的监督和管理，维护保户的正当利益。沟通情况交流信息，改变相互间的封闭状态。

4. 不同模式的比较

政府主办模式便于对农业保险进行统一规划和管理，借助行政力量利于推动和有效运行，也有助于农业保险资源的集中分派和合理利用，特别是范围较大、符合概率论和大数法则，有利于风险的较大空间的分散，有利于保险基金的积累。但这种模式的实施，经营管理费用和保费补贴较多，需要财政支持的力度较大，在大面积灾害发生后，财政压力将很重。

共济合作模式易于为农民群众接受，而且保险人与被保险人融为一体，易于防止农业保险中的道德风险和逆选择，"联合一起吃保险"的局面也会得到根本改变。同时，也摆脱了保险人缺乏农业技术知识、核保难、定损理赔难的困境。但这种模式的实施，相互保险组织或合作社范围狭小，风险比较集中，积聚保险基金的速度和规模有限，难于应对较大灾害。

分散经营模式是在短期内对农业保险难以决策时的过渡性模式。好处是不需花费过多的财力、物力和人力，通过多家并存、相互竞争、继续探索，以便逐步积累经验，在条件成熟时再决策。弊端是各自的试验分散无系统，盲目性较大，难以积累连续系统的资料；经办者是政府部门或国有企业，业务发展都牵涉各自利益，不易协调；再则，试验范围小，农业保险资源难以集中，造成不必要的浪费，补偿能力同样十分有限。

因此，我们倾向于在前两种模式中选择。

二、政府财政负担及其可行性

前两种模式经营的都是政府性保险，都需要政府、非农产业和消费者从各方面进行扶持和帮助，尤其是财政方面的资助。当然，两种模式下，财政资助强度是有差异的。前者资助强度高，后者资助强度低。

农业保险说到底是农业保护政策的组成部分（这里不涉及"目前是否到了工业反哺农业的阶段"的争论），也是农村社会保障政策的组成部分。假如政府要采用这方面的政策，政府、非农部门和消费者就必须付出代价，否则农业保险就不可能获得成功。这在前面已做了理论论证，国内外实践也证实了这一点。当然，非农部门、消费者和政府各拿多少，如何拿，需要进一步研究。这里仅就农业保险的财政补贴可能性做一些分析。假定对小麦、水稻、玉米、棉花这 4 种重要作物和奶牛进行依法强制保险，保险产量按平均产量的 70%计，农作物保险的费率平均以 5%计，奶牛保险的费率以 6%计，政府对农作物保险的保费补贴为 50%，对奶牛保险和保费补贴为 25%，经营管理费按保费收入的 20%计，这 4 种作物和 1 种家畜所需补贴总额为 152.76 亿元（表 1）。假如承保面仅达到

50%，也需要 76.38 亿元。我们觉得政府筹集这笔资金还是可能的。1992 年国家财政支农资金 259.68 亿元，同年粮棉油价格补贴和肉价补贴 262.89 亿元，每年民政部用于自然灾害救济的经费有 13.33 亿（1990 年）。从这些资金中拿出一部分，特别是将粮价放开、减少给消费者补贴的资金拿出一部分用来支持农业保险的发展，应该是可行的。

表 1　农业保险补贴概算

作物或家畜	播种面积或年末存栏头数[a]（亿亩，万头）	平均亩产[b]或每头牛价[c]（千克，元）	保险产量[d]或奶牛保险金额[d]（千克，元）	保费额（农作物以 5% 计，奶牛以 6% 计）[e]（元）	保费补贴额（农作物补贴 1/2，奶牛补贴 1/4）（元）	经管费用补贴额（以保费额的 20% 计）（元）	单位面积（或头）补贴小计（元）	补贴合计（亿元）
	(1)	(2)	(3)＝(2)×0.7	(4)＝(3)×0.05(0.06)	(5)＝(4)×0.5(0.25)	(6)＝(4)×0.2	(7)＝(5)＋(6)	(8)＝(7)×(1)
小麦	4.535	234.6	164.2	11.49	5.75	2.30	8.05	36.5
水稻	4.553	390.3	273.2	20.49	10.25	4.10	14.35	65.3
玉米	3.104	330.9	231.6	18.53	9.27	3.71	12.98	40.3
棉花	0.748	50	35	19.25	9.63	3.85	13.48	10.01
奶牛	172.1	2 000	1 400	84	21.00	16.80	37.80	0.65
合计								152.76

注：a 包括成年牛和青年牛；
b 均指 1993 年的数字；
c 估计年均数；
d 以平均产量的 70% 和奶牛价的 70% 计；
e 小麦价格每千克 1.4 元，稻谷价格每千克 1.5 元，玉米价格每千克 1.6 元，棉花价格每千克 11 元。

有两个地区特别需要论及，其一是拥有 8 000 万贫困人口的贫困地区。从经济学和纯保险理论的角度来说，这些地区不能发展农业保险，因为保险是以剩余产品为其经济前提的，而这些地方温饱尚未完全解决。但是作为一种政策，用农业保险手段来扶贫可收到与以工代赈等手段扶贫异曲同工之妙。那么每年 200 亿元的扶贫资金可否拿出一部分用于这些地区的农业保险费和管理费的补贴呢？另一个地区是发达地区，这些地区农村人均纯收入是贫困地区的几倍。对这些地区的大多数农民来说，农业保险保费负担不成问题。鉴于此，有人认为在这些地区可以发展商业性农业保险，让农民自愿投保。而我们的调查表明，这些地区的农民对农业保险多不热心，保险公司对发展农业保险也无多大兴趣，原因是这些地区工商业发达，农民从非农产业获得的收入高，农业经营对他们没有多少吸引力，他们对农业保险有限的预期利益更无热情。商业性保险公司感到搞农业保险出力多，成本高，获利少，风险大，注意力集中在城镇的各种险种。因此，没有补贴和投保强制，农业保险在这些地区也难以有较大发展。当然，补贴所需资金在这些地方筹集起来相对容易一些。

这里只讨论了农业保险将需要从财政“蛋糕”中切多大一块来维持其有效运作。至于这块“蛋糕”切给农业保险还是切给其他农业项目能获得更大的经济效益和社会效益，则需要进一步研究。

加拿大发展农作物保险的背景和经历*

一、引　言

在加拿大，建立于现代风险管理理论基础之上的联邦—省农作物保险项目自从 1959 年通过立法实施以来已有 36 年之久。它已被政府和生产者广泛认同为一项重要的减轻不可抗拒的自然灾害所导致的产量波动的影响、稳定农民收入的有效手段。

农作物保险在我国已试办了 10 多年，了解和研究加拿大多年来积累的经验，对于建立我国农业保险体系不无借鉴意义。本文的主要目的是：为那些对加拿大农作物保险感兴趣和研究中国农作物保险的同仁们提供加拿大农作物保险的梗概，并从中吸收一些有益的经验。

二、加拿大发展农作物保险的背景

加拿大农作物保险项目的产生经历了一个漫长的过程，有多方面的因素共同促进了该项目的发展，包括国内外农业方面的经济和社会及发展方面的因素。

（一）农作物保险的早期研究

自 20 世纪 20 年代以来，加拿大就一直从事农作物保险的研究和尝试。美国康涅狄格州哈特福特市（Connecticut，Hartford）的哈特福特火灾保险公司曾于 1920 年在加拿大草原地区调查过发展农作物保险的可行性，当时的结论是没有可行性，特别是所需要的保险费率太高。

1921 年纽约市的家庭保险公司企图在加拿大 3 个草原省开办多重风险农作

* 本文与丁少群合作，载于庹国柱、李军编《国外农业保险：实践、研究与方法》，陕西人民出版社，1996 年 10 月。本文是庹国柱在加拿大做高访一年半回国前写就的英文研究报告的部分内容，由丁少群翻译成中文。

物保险。但这一年，它们仅仅只在阿尔伯塔省的西南地区签订了 60 份保单。而支付赔款总额为 40 000 美元，超过保费收入 12 000 美元的两倍多。这家公司迅速抽走了在加拿大预备进一步发展农作物保险的资本。

大多数农作物保险的早期研究和发展都是在加拿大主要谷物产地的草原三省①进行的。20 世纪 30 年代，巨大的自然灾害殃及整个大草原，于是有关农作物损失保障的大量研究和建议一下子涌现出来。阿尔伯塔省于 1935 年，萨斯喀彻温省于 1935 年、1944 年和 1956 年，曼尼托巴省于 1940 年和 1955 年都先后进行了农作物保险的可行性的研究。大多数研究都提到了有限的产量资料、产量的广泛可变性以及 1939 年建立的美国农作物保险项目有限的成功经验，认为在具备一定必需条件时应支持建立加拿大的农作物保险项目。它们还在报告中提出了开办农作物保险可能面临的一些难题。例如，在萨斯喀彻温省 1936 年的报告中，就提到了农作物保险项目所涉及的一些困难。包括：个别农场产量记录的缺乏和建立一个有效运行的项目所必需的其他资料的普遍缺乏；在农作物丰收和售价较高时，农民将会失去投保兴趣；道德风险难以防范；项目难以吸引大多数农民参加；在低产量和低收入的年份农民无力支付保险费。曼尼托巴省 1940 年的报告中指出，农作物保险业中私营公司失败有两个重要原因：一是私营公司承担的是农作物收入而不仅仅是产量；二是私营公司受到了起始阶段缺乏作为农作物保险精算基础的可靠、详尽的资料的障碍。报告还指出：建立在乡（municipality）基础上的农作物保险项目，比建立在个别农场单位基础上的项目要经济得多和可行得多；联邦或省政府应该提供农作物保险的管理费用和启动资本。

曼尼托巴省 1954 年在关于农作物保险的进一步研究中指出，农作物保险项目极易遭受失败，必须确保农作物保险的损失风险在广大的地理区域内普遍存在，确保在丰产年份大量预算剩余累积起来的准备金，能足以应对像 20 世纪 30 年代那样可能有连续数年歉收的巨额损失。

萨斯喀彻温省 1936 年的另一份研究曾经建议，把进行农作物保险综合试点作为全面开展的第一步。试验标的是小麦。试验时要对所有达到条件的农民强制其参加保险 5～10 年。为了确保农作保险的适当成本，最高保险费率是长期平均产量的 10%。该报告建议保障水平定为长期平均产量的 60%，它足以抵偿生产的平均现金成本。

（二）《草原地区农作物援助法（PFAA）》和特别援助政策

在现行的联邦——省农作物保险项目引进之前，加拿大也有一种类似的“保险”项目帮助草原三省农民应对农作物生产的那些大的不稳定性，这就是《草原地区农作物援助法（PFAA）》。

① 即阿尔伯塔省、萨斯喀彻温省和曼尼托巴省。后面提到的草原地区也主要指这几个省。

PFAA是1939年由联邦政府颁布，专为那些农作物因灾遭受损失的农民提供援助。PFAA的条款适用于曼尼托巴省、萨斯喀彻温省、阿尔伯塔省和英属哥伦比亚省的和平河地区。

该项目通过对生产者出售的所有谷物征收1%的销售税建立补偿基金。当基金不足以应对所需支出额时，由联邦政府补贴。在该计划的整个实施期即1939—1975年，草原农民通过缴付1%的谷物销售税的形式共上缴了2.156亿元，项目的支出额累计达3.99亿元。项目的管理费用只有0.206亿元，是由联邦政府支付的。

尽管该项目具有一些农作物保险的特征，它为很多生产者特别是那些处于高风险地区的农民提供了保险保障，但它仍然只是一项长期性的灾害救济项目。最主要的问题是发生灾损后农民得到的补偿额太少，不足以补偿农作物的全部损失，甚至不能维持农民灾年的生活费用，而且在具备条件的镇区内，所有农民得到的补偿是相同的，而不管各个农场的实际收获量的差异，致使支付额不断增加。另一个问题是那些产量高、损失少的地区按1%的税率上缴的税额多而得到的利益却较少，而另一些产量低又不稳定的地区的生产者则反之。当该项目停止实施时，按总体平均计算每交付1元的税金，曼尼托巴省的农民得到了1.13元的补偿金，而萨斯喀彻温省的农民却得到了1.91元、阿尔伯塔省的农民得到了2.01元。可见，各个省从该项目所得到的好处有很大差异。

在建立该项长期性政府农作物损失保障项目PFAA以前，全国各地的农民主要是从其他一些非正式的农作物损失援助项目中得到救济。紧急援助措施通常都在损失发生后立即开展，以便尽可能快地为农民提供援助。然而结果是，这些项目应对不了各个农场的损失，补偿额有限，只是遭受灾损的农民还不一定能得到这种补偿。另外，这些项目只是农作物遭受灾损的临时性解决办法，是否进行援助、援助多少要取决于灾害的严重程度。政府一般也不将此列入计划，因而也就不对这些措施进行预算列支。这样就不可避免地会导致项目的设计与运用、资金筹集等的不一致性。作为特别紧急援助项目以及后来的像PFAA这样的长期实行的救助项目，都不可能充分满足农民进行农作物生产的需要，生产者组织和政府都逐渐意识到，农作物保险项目是为那些农作物遭受严重灾害损失的农民提供援助的一种更好的方式。

（三）促进加拿大农作物保险发展的其他因素

美国的农作物保险项目从20世纪30年代开办到50年代末已经开展了近20年。特别是在1948—1958年，美国联邦农作物保险项目波动较大，时亏时盈，有很多问题，它为加拿大提供了一些有价值的教训和大量的在别处不可能得到的第一手实际资料。

另外，加拿大农作物保险项目的决策和实施与其50年代国家经济和社会发展形势也有关。在那段时期，大多数经济部门都普遍寻求经济和社会上的安全保障，从而使加拿大的社会保险得到迅速发展，如社会养老保险（即养老年金计划）、家庭津贴、失业保险、人寿及医疗保险等，都是那一时期搞起来的。适应这一发展趋势，加拿大的农民组织和农民们敦促政府建立农作物保险项目以提高农业地区的经济和社会福利。

（四）农作物保险法及其修正

加拿大的经济和政治体制有其独特性，所以它们的农业保险体系也跟其他国家有所不同。1959 年 7 月加拿大联邦政府通过了《联邦农作物保险法》。该法支持各省为农民开办农作物保险。根据该法，联邦政府要与建立农作物保险项目的所有省都签订协议。该法本身并不能建立任何特别的保险项目，只是承诺联邦政府要对各省的这种项目的费用进行直接补贴。

根据加拿大宪法，公民权和财产权（包括保险）都被认为是属于各省的管辖范围。联邦政府逐渐涉足于农作物保险这一领域，是因为草原省份都认为建立农作物保险所需要的财政资金不是任何单个省力所能达到的，而特别紧急援助项目对灾害的补偿又不充分。

根据 1959 年的《联邦农作物保险法》，任一农场的最高担保产量是地区平均产量的 60%，而且该保障水平要适用于整个农场单位。

农作物保险项目要维持自我财务平衡。保险费率根据需要可随时修订。

《联邦农作物保险法》还规定，在一定条件下各省可得到联邦政府的贷款，贷款额是超过当年保费收入的赔款损失额的 75%（该项条款仅于再保险引进前的 1961 年的曼尼托巴省使用过）。

联邦政府并不具体规定支持保险项目实行强制性或是自愿性，也没有任何立法条文限制各省实行强制性保险。但是该法却企图规定一个最低参加保险的农户的数量作为联邦支持的前提条件，以便使逆选择的风险能降到最低程度。在《联邦农作物保险法》通过时，联邦政府建议将参加保险的农户或投保面积占可保农户或可保面积的 25%作为联邦政府支持的前提，在同大部分省份签订协议时，这一标准实际上降到 10%～15%。

《联邦农作物保险法》自 1959 年颁布以来，先后于 1964 年、1966 年、1970 年、1973 年和 1990 年修订了 5 次。

1964 年的修订建立了一项农作物再保险基金，为各省的农作物保险项目提供联邦的财务支持，并描述了如何确定联邦再保险的支付额。

1966 年对该法的修订主要进行了大量的项目内容调整，包括把最高保障水平提高到地区平均产量的 80%，还增加了“附加责任”条款。那时联邦政府的补贴也由占全部保费的 20%提高到了 25%。这次的修订还导致了《联邦农作物保险法》另外两点变化。一是改变了各省按照再保险条款可能支付的扣除额。根据《联邦农作物保险法》的原始条文，一个没有准备金用于支付赔款的省份，必须在联邦政府为其分担剩下的赔款前支付一笔相当于扣除了2.5%的免除额的再保险费的费用。条文修改后，减少了各省当年所支付的再保险费的扣除额。第二点变化是同各省的协议载明了在保险合同上要写明联邦政府对省里保险项目的补贴方式。

1970年对该法再次修订。这次唯一的变化是将保险责任扩充到包括由于不利的气候条件使生产者无法播种或管理作物导致的所有损失。

1973年对该法的修订，对联邦政府与省政府间的费用分担比例和方式做了修改。

1990年的第5次修订，其主要变化包括：对低风险的作物和个别农场的最高保障水平由平均产量的80%提高到90%；把平均产量改为期望产量，期望产量能反映技术革新引致的生产力水平的提高，而且可加以调整，将连年遭受灾害损失的影响最小化，以确保更大的稳定性；允许赔款的计算既可采用以市场价格为基础的单位价格（包括多种可变的价格选择），也可采用以认可的生产成本公式为基础的单位价格；允许为产量资料有限的次要的新作物提供保险保障；增加新条款以补偿受保护的水生生物所导致的损失；省政府和联邦政府平均分担所有管理费用和补偿费（农民不负担任何管理费用）。

三、加拿大农作物保险计划的特点

（一）加拿大农作物保险的目标和原则

加拿大农作物保险项目的目标是：在可靠的精算基础上，为农民因不可控制的自然风险造成的农作物损失提供保险保障。

政府给农作物保险确定了5条经营原则。

1. 普遍参加（Universality）

农作物保险项目建立时，对一个省内的所有农民来说必须都能够参加，参加可以是自愿的，但保障责任应该尽可能广泛，以便使农民对政府其他援助项目（例如PFAA）的需要减少到最低限度。

2. 公正而平等的保险（Fair and equitable）

农作物保险的保障责任应该是平等的，赔款应该反映与产量损失相关的价值损失。确定单位价格的方法可以不同，但这些方法的结果都必须与市场价格一致。

3. 自我财务平衡（Self-sustainability）

农作物保险项目应该是在可靠的精算基础上开展和运行的，就是说赔偿额与保费收入在一定时期内应该是平衡的。而且，要以可靠而有效的方式来管理农作物保险项目，始终与项目的目标保持一致。

4. 农民买得起（Cost affordability）

对于一个自愿性的项目，其需求量及农民的参与率依赖于保险价格即保险费率。为此，必须由公共部门来筹集资金和经营，因为农业生产损失的不可预测性和潜在的巨大性，以及相应的高费用成本阻碍了私人部门去发展一个能自负盈亏的农业保险项目。保障水平应该与正常生产条件下的预期产量相联系，并且让农民能负担得起保险费，必须尽力维持保障水平和保险费率的稳定性。

5. 与其他农业收入保障政策间的互补性

设计农作物保险是为了解决农作物的生产因灾害事故造成的损失，而不是因价格下降所招致的损失，因此，其他稳定农民收入的举措（如西部谷物稳定化项目、省的收入稳定项目、总收益保险项目等）和农作物保险项目的存在应该相互补充。

（二）政府和生产者的角色及责任

加拿大的农作物保险不同于美国及其他国家，它是一个全国性的三方缔约的项目。

加拿大政府为什么要参与农作物保险项目的资金筹措和行政管理呢？主要原因是政府希望减少不确定的资金调拨，将非正式的特别支出的发生降到最低。很自然，为了使农作物保险能够被农民接受和鼓励农民投保，政府愿意补贴一部分保险费和项目管理费用。这一方式能为农民提供更加稳定的保障措施，并且确保了政府分担确定量的项目费用。

1. 联邦政府的角色及责任

联邦政府要负担各个省提供的农作物保险的部分保险费、管理费和再保险费用。联邦政府通过立法来管理农作物保险，决定联邦对各省是否支持以及与那些支持有关的期限和条件等。另外，它还要制定援助各省的农作物保险项目的联邦计划。为此，它要：①评定各省项目是否适于联邦援助和期限；②确保整个加拿大的生产者被平等而公正地看待，确认各省之间农作物生产的差异。

2. 省政府的角色及职责

各省负责开展和管理农作物保险项目，并制定和通过适当的法律。为此，它们要：①开办保险项目并向农民解释其原则；②根据可靠的精算原理厘定费率和确定赔付以及确保项目中可变性的精确度；③保证保险合同的及时签订和索赔的及时处理；④防范道德危险。

在建立农作物保险项目以前，各省必须向联邦农业部部长申请实施该项目并需得到部长的批准。然后联邦与省之间还要签订农作物保险的协议，必要时各省要向联邦农业部部长报告有关统计资料及其他的项目资料。另外，各省还要准备承担部分项目的相关费用，包括保险费、管理费用和再保险费用，或者准备采用其他的筹集不足资金的机制。

3. 生产者的角色及职责

生产者要采取可靠而有效的方式管理农场企业内部的风险。为此，他们要承担一部分风险并支付相关的费用，当然，农民参加农作物保险项目，他们的行动应该具有道义和富于社会责任心。

农作物保险公司董事会、代办处及调查团等的参与，促进了项目的有效管理。他们经营、分析和评价项目的运行绩效，并提出建议，帮助省上和联邦改进农作物保险政策。

（三）各省间计划的差异

根据《联邦农作物保险法》，各省都是自主决定它们是否加入农作保险项目。一省打算开办农作物保险时，要通过本省的立法和实施细则，并自行设计保险项目。第一个加入联邦—省农作物保险项目的是曼尼托巴省。该省于 1959 年通过了本省农作物保险的试验区法。1960 年曼尼托巴省建立了 3 个试验区，并依法承保了 2 472 户农民，近 300 000 英亩农作物。最后加入联邦—省农业保险项目的省是纽芬兰（New Foundland）和纽布朗斯韦克（New Brunswick），它们是 1974 年才开办农作物保险的。

并不是所有的省都已参加了再保险计划。目前只有 5 个省即劳瓦斯科夏省（Nova Scotia）、纽布朗斯韦克省、曼尼托巴省、萨斯喀彻温省和阿尔伯塔省与联邦政府签订了再保险协议。

在现行的项目中有两种费用分担办法。第一种选择是联邦和省政府各负担 25%的总保费和 50%的省级项目管理费用。魁北克（Quebec）和劳瓦斯科夏两省采用的就是这种办法。另一种选择是由其余的 8 省采用的，即联邦政府补贴总保费的 50%，而省政府支付全部管理费用。

在现行项目中用于推算保险金额和保险费的平均产量的确定方法有两种：地区基础和个别农场基础。大多数省都使用地区平均产量（所用地区大小各省间有差异），要选择同一风险的地区并在某些情况下要与行政区域（例如县、镇）保持一致。曼尼托巴、萨斯喀彻温和阿尔伯塔省等普遍采用地区平均产量法，同时适当调整以反映单个农场损失经验。有些省如安大略（Ontario）采用的是个别农场产量法。然而，地区平均产量可以用作新承保的农场主的基准，个别农场产量资料通过累加也可用于替代地区资料。

四、加拿大的农作物保险项目的绩效

（一）项目的参与率

自从 1959 年开办以来，农作物保险项目的参与率一直稳步上升。表 1 显示了保险项目是如何迅速而稳定地上升的。表 2 和表 3 提供了计划参与率的统计

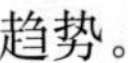

趋势。

在项目发展的最初阶段（1960—1973年），较快增长主要是由于新的地区加入、补贴的刺激以及承保新作物。在1966年以前，曼尼托巴省于1960年，萨斯喀彻温省于1961年，爱德华太子岛（Prince Edward）于1962年以及阿尔伯塔省于1965年都已经加入项目。

表1　加拿大农作物保险项目的增长统计

年度	被保农场主数量	承保面积（英亩）	保险金额（加元）	总收入（加元）	赔款额（加元）	当年赔付率	累计赔付率
1960—1961	2 472	331 166	4 071 748	320 095	87 083	0.27	0.27
1961—1962	3 848	537 267	7 000 744	549 567	1 716 075	2.98	2.07
1962—1963	5 744	974 833	11 933 628	1 011 482	606 755	0.56	1.28
1963—1964	7 382	1 302 752	15 769 484	1 342 685	1 266 005	0.92	1.14
1964—1965	8 547	1 463 735	17 783 316	1 503 383	432 275	0.28	0.87
1965—1966	13 263	2 197 145	26 715 071	2 311 465	616 587	0.27	0.67
1966—1967	24 297	4 252 175	51 702 024	4 343 891	1 250 291	0.30	0.52
1967—1968	32 894	6 276 215	88 319 509	7 256 012	2 732 370	0.41	0.47
1968—1969	63 404	10 531 628	176 838 690	13 389 677	15 069 746	1.17	0.74
1969—1970	61 046	9 133 245	160 815 581	12 409 044	17 853 293	1.51	0.94
1970—1971	51 903	6 046 396	115 282 099	9 042 417	6 836 454	0.77	0.91
1971—1972	45 408	6 833 581	127 762 071	9 591 829	7 523 354	0.78	0.88
1972—1973	50 272	7 923 384	202 169 208	12 262 396	12 244 469	1.08	0.90
1973—1974	71 795	14 803 390	376 997 245	33 785 067	20 589 392	0.63	0.81
1974—1975	82 946	18 540 289	674 217 260	74 134 531	69 764 302	1.12	0.86
1975—1976	94 273	23 145 929	992 476 429	96 786 853	64 089 797	0.68	0.79
1976—1977	96 386	24 338 360	1 179 405 224	115 454 018	64 188 670	0.57	0.72
1977—1978	112 655	29 823 734	1 518 546 675	150 043 848	111 455 532	0.75	0.73
1978—1979	109 364	28 295 702	1 549 458 584	156 781 029	78 029 011	0.53	0.68
1979—1980	109 643	27 793 235	1 655 792 549	166 864 889	204 662 859	1.37	0.78
1980—1981	113 415	31 232 135	2 196 061 166	207 085 178	261 582 195	1.32	0.88
1981—1982	118 356	34 562 704	2 683 935 022	255 488 837	169 569 901	0.69	0.83
1982—1983	113 161	33 853 889	2 892 970 417	308 715 148	261 591 601	0.89	0.84
1983—1984	114 171	35 090 880	3 135 621 217	303 284 886	289 466 869	0.99	0.86
1984—1985	116 816	36 967 993	3 365 506 587	341 218 514	545 006 227	1.65	0.97
1985—1986	125 378	41 946 991	3 908 935 899	408 986 106	731 601 911	1.79	1.09
1986—1987	136 598	44 881 590	4 236 665 876	254 728 546	403 526 604	0.90	1.06

（续）

年度	被保农场主数量	承保面积（英亩）	保险金额（加元）	总收入（加元）	赔款额（加元）	当年赔付率	累计赔付率
1987—1988	132 843	42 259 747	3 253 426 740	368 123 418	267 917 610	0.76	1.03
1988—1989	134 145	43 392 649	3 533 865 618	405 056 332	852 931 359	2.21	1.13
1989—1990	155 568	49 180 593	5 437 919 887	648 831 776	874 351 027	1.39	1.17
1990—1991	150 792	47 779 103	4 817 097 880	609 674 986	387 520 721	0.66	1.10
合计			49 405 063 438	5 178 727 905	5 726 080 345		

表 2　投保农户占加拿大可保农户总数的百分比

年度	被保农场主数量	总计农场主数量	被保农场主占总农场主的比例	销售额 10 000 加元或以上的农场主总数	销售额 10 000 加元或以上的被保农场主占相应总农场主的比例
1996	24 297	430 503	6	95 303	26
1971	45 408	366 110	12	113 192	40
1976	96 386	300 101	32	184 458	52
1981	118 356	318 360	37	209 871	56
1986	136 598	293 089	47	209 950	65
1991	150 792	280 043	54	210 950	71

表 3　加拿大主要商品作物参加农作物保险计划的比例估计

单位：英亩，%

年度	谷类			油菜类		
	被保面积	播种面积	百分比	被保面积	播种面积	百分比
1996	2 339 596	48 386 601	5	—	3 984 149	—
1971	5 574 534	44 519 512	13	647 509	7 909 721	9
1976	21 575 736	48 475 069	45	1 157 670	3 066 133	38
1981	28 287 714	53 317 327	53	2 728 579	5 862 158	47
1986	35 038 669	54 154 094	65	6 341 728	9 846 203	64
1991	N/A	53 684 692	—	N/A	10 683 353	—

年度	牛马饲料类			乔木水果类		
	被保面积	播种面积	百分比	被保面积	播种面积	百分比
1996	—	15 435 282	—	—	142 595	—
1971	21 420	15 014 540	0.1	13 146	134 700	10
1976	345 714	17 095 789	2	26 524	129 137	21

(续)

年度	牛马饲料类			乔木水果类		
	被保面积	播种面积	百分比	被保面积	播种面积	百分比
1981	2 547 916	15 432 171	17	32 630	114 967	28
1986	2 122 386	15 362 048	14	36 267	115 760	31
1991	N/A	15 999 373	—	N/A	113 345	—

年度	小水果类			蔬菜类		
	被保面积	播种面积	百分比	被保面积	播种面积	百分比
1996	—	60 138	—	1 526	575 851	0.3
1971	1 242	55 201	2	50 537	524 225	10
1976	11 741	63 715	18	120 359	548 266	22
1981	25 998	77 734	33	179 831	562 374	32
1986	23 264	65 475	36	231 597	563 647	41
1991	N/A	113 072	—	N/A	302 936	—

年度	特种作物类			所有作物		
	被保面积	播种面积	百分比	被保面积	播种面积	百分比
1996	11 077	476 273	2	2 352 199	69 060 886	3
1971	83 072	595 888	14	6 418 199	68 753 886	9
1976	266 514	625 576	36	23 464 258	70 003 685	34
1981	520 986	1 120 312	47	34 323 654	76 487 043	45
1986	879 421	1 947 764	45	44 673 332	82 054 991	54
1991	N/A	1 448 528	—	47 779 103	82 345 299	58

但3个草原省即曼尼托巴省、萨斯喀彻温省和阿尔伯塔省都只开展了较小的试验项目。1966年参加的农户数量和被保险面积急剧增长，主要原因是3个草原省开始扩大了它们的项目。

在1966年修订《联邦农作物保险法》后，每英亩最高保障水平提高到了平均产量的80%，同时引进了附加责任保险。安大略、英属哥伦比亚、魁北克和劳瓦斯科夏省相继加入项目。1968年投保农户数量迅速增加，主要是因为18 000多户在开办的第一年参加了魁北克的计划。遗憾的是，由于农民们认为损失调整不公平，以及由于在计划初始几年连续遭受巨大亏损，保险公司不得不调高保险费率，此后参与率便下滑了。

在1970—1971年度，草原省份的参与率也下降了。这主要是由于谷类作物的需求减少了，政府项目即减少小麦库存、鼓励牧草生产的计划项目（Wheat Inventory Reduction and Grassland Incentive Program）实施后，使草原地区谷物生产减少了。

1974 年至今是计划增长的第二阶段。在此期间，项目的改进包括增加了新的农作物和险种，对参与率有重要影响。1973 年整个加拿大仅有可保作物 47 种，有可供选择的险种 123 种。到 1978 年年底，可保作物的数量已经增加到 102 种，可供选择的险种增加到 235 种。

对旱灾的恐惧，特别是在草原地区，似乎对参与率有很大影响。1977 年、1985 年和 1988 年春季的旱灾，就导致了投保农户数量和被保险作物面积两类参与率的极大增长。

在 1990—1991 年度，全加拿大有 150 792 户以上的农民购买了保险，占农民总数（280 043 户）的 54%，被保农作物面积为 4 780 万英亩，占总播种面积（8 230 万英亩）的 58%。保险负债额累计达 48 亿加元。

（二）财务绩效

在 1985 年以前，加拿大农作物保险项目的财务运营状况一直良好。到 1984 年财务年度结束（即截至 1985 年 3 月 31 日）时，支付给农民的总赔款累计达 22 082 亿加元，计划的总收入累计为 22 853 亿加元，累计赔付率是 0.97。然而，1985 年以后全国综合的累积赔付率（即累积赔款与累积保费收入之比）超过了 1，尽管在 1985—1990 年有 3 年的当年赔付率（即当年赔款与当年保费收入之比）都低于 1。在 31 年（1959—1990 年）的开办期中，出现赤字的有 8 年，当年的赔款支出超过保费收入的有 11 年。在近期的 12 年中，赔款额超过保费收入的有 6 年。这 6 年中的 4 年即 1980 年、1984 年、1985 年和 1988 年主要是由于草原三省大面积的旱灾造成的损失。1959—1990 年，累积支付给农民的赔款达 57 亿加元，累积收入为 51 亿加元。

各省之间的财务状况差异很大。在 1990—1991 年度，4 个省即爱德华太子岛、劳瓦斯科夏、魁北克和安大略的农作物保险计划都是顺差；其他省的均为逆差。但是，据说发生逆差的大多数省都能解决问题，发生逆差的程度还是能够应对的。萨斯喀彻温省的项目将会在 10 年或更长时间内都保持逆差，即使提高费率，降低赔付水平也会是如此。

国外发展农业保险的模式、背景和政策*

农业保险是一种经济政策性保险，是为政府推行特定的经济政策所举办的非营利性保险。各国政府在其特定经济发展的背景下，推行农业保险，自然形成了各具特色的发展模式和相应政策。了解和考察这些模式、背景和政策，对探讨我国农业保险的发展道路，不无重要借鉴意义。

一、国外农业保险发展模式

国外农业保险发展的模式，归纳起来有以下 4 种。

1. 美国、加拿大模式

这种模式的主要特点是以国家专门保险机构为主经营政策性农业保险。政府关于农业保险的政策重点在农作物。均颁布了有关农作物保险的法律，并依法由官方农作物保险公司（隶属农业部）提供农作物（包括果树、水产养殖）一切险的原保险和再保险。这种经营是政策性的，但农民均是自愿投保，农民对投保的农作物仅支付纯保费的一部分，其余部分由政府补贴。政府认捐农作物保险公司相当数额的资本股份（例如美国政府认捐其联邦农作物保险公司的资本股份是 5 亿美元），并支付一切经营管理费用，对其资本、存款、收入和财产免征一切赋税。除政府的农作物保险公司，其他私营、联合股份保险公司、保险互助会也都可以经营农作物一切险的保险，但事实上私营、联合股份保险公司一般只承保农作物雹灾保险、饲养动物和农场建筑物、机械设备等财产的保险。1980 年以后，美国鼓励私营、联合股份保险公司承保农作物一切险的保险和再保险，对他们承担的这部分业务也同样补贴保险费。除了美国、加拿大，瑞典、智利、墨西哥等国也基本上采用这种模式。但瑞典自 1968 年以后对农作物一切险保险改自愿投保为依法强制投保。

* 本文发表于《中国农村观察》，1996 年第 2 期。

2. 日本模式

这种模式的特点，其一是政策性强，国家通过立法对主要的关于国计民生和对农民收入影响较大的农作物（水稻、旱稻、小麦、大麦）和饲养动物（牛、马、猪、蚕）实行法定保险。其他作物和饲养动物实行自愿投保。其二是经营农业保险的不是政府保险机构，也不是商业性保险公司，而是民间的、不以盈利为目的的保险相互会社——市、町、村农业共济保险组合与都、道、府、县农业共济保险组合联合会。其三，中央政府主要责任有 3 个方面：第一，通过农林省对农业保险进行监督和指导；第二，通过官方（中央政府农业再保险特别会计）和非官方（国家保险协会）的机构，为农业共济保险组合联合会提供再保险；第三，通过大藏省一般会计给农业保险保费补贴和管理费补贴，这两项补贴额是比较大的，据统计，1947—1977 年累计总补贴额约占总保费收入的 59%。

3. 西欧模式

这是一些西欧发达国家如德国、法国、西班牙、荷兰等国家所采用的模式，澳大利亚也采用这种模式。主要特点是没有全国统一的农业保险体系，政府一般不经营农业保险（无论是一切险还是特定灾害保险）。农业保险主要由私营公司、部分保险相互会社或保险合作社经营，但他们一般只经营雹灾、火灾和其他特定灾害保险。投保都是自愿的，农民自己支付保费，有的国家也支持私营公司举办农作物保险，同时为了减轻参加农作物保险的农民的保费负担，也给予一定的保费补贴。

4. 亚洲发展中国家模式

这种模式以亚洲一些发展中国家，如斯里兰卡、泰国、印度、菲律宾、巴基斯坦、孟加拉国等为代表，也包括中南美洲一些发展中国家，如巴拿马、巴西等。

这些国家发展农业保险的特点可以概括如下：第一，大多数国家的农业保险主要由政府专门农业保险机构或国家综合保险公司提供；第二，由于多是试验，主要承保农作物，而且只选择本国的主要粮食作物水稻和小麦（泰国和印度也有棉花），其目的就是确保粮棉生产的稳定；第三，参加农业保险都是强制的（孟加拉除外），并且这种强制都与农贷相联系，只是建立这种联系的方式有区别。有的国家（如斯里兰卡）规定，凡栽培被保险的粮食作物都要依法投保。有的国家（如泰国、菲律宾、印度）只对那些栽培被保险农作物并且申请到这种农作物生产贷款的农户，实行依法强制参加。

上述 4 种模式主要是根据经营方式、内容、体制、微观政策方面的特点来划分的。如果从宏观政策的特点来划分，可分为两类：第一类是与社会保障政策相联系的农业保险；第二类是与农业发展政策相联系的农业保险。一般来说，发达国家的农业保险属于第一类，发展中国家的农业保险属于第二类。

二、不同国家发展农业保险的背景

一个国家农业保险发展模式的形成和演变，都是与其特定的经济和社会背景相联系的。了解这些背景以及与其发展模式的联系，对选择和设计适合我国国情的发展模式不无启发。下面是一些有代表性的国家试验和发展农业保险的背景情况。

1. 美国

美国农作物一切险保险作为政府的政策出现最初是在1922年。这一年美国在财政部设立了农业灾害保险部，农业灾害保险被立了案并组成专门委员会进行调查研究，1923年参议院举行过听证会，听取专门委员会的论证报告。1930年美国和其他西方国家爆发了严重经济危机。当时的罗斯福政府为了使在经济危机中暴跌的农产品价格回升，削减生产费用，恢复土壤肥力，保护和合理利用土地资源，便于1933年制订和出台了著名的《农业调整法》。该法把提高农产品价格和增加农场的收入的政策具体化了。实际上它是在限制生产的基础上，希望通过农产品价格支持政策达到提高农业部门的收入水平、缩小农工差距、合理利用土地资源的目的。

但是，1934年和1936年的大旱使美国农作物遭受巨大损失。以价格支持为中心的《农业调整法》显然没达到目的。因此，农作物保险便再一次被提到国会议事日程。专家委员会的论证报告说，通过预测农场主农作物生产的自然风险费用，将其作为农作物的保险费，以建立共同财产准备——保险基金。在农作物因自然灾害遭受损失时，用这个基金予以补偿。这样农场主就不会因为顾虑农作物生产的自然风险而限制对土地的投资，也就不会影响对土地资源的充分和合理利用，农业保险便因此可以起到价格政策所起不到的作用。鉴于这种论证，《农作物保险法》于1938年经国会通过成为《农业调整法》中的第五部分。农业部依法组建了美国联邦农作物保险公司（FCIC），并着手从小麦，继而棉花、亚麻、玉米等农作物试办生长期一切险保险。试验曾因赔付率过高、经营亏损严重而停办（1943—1944年），嗣后又逐步扩大试验（1947—1980年）。直到1980年新修订的《联邦农作物保险法》颁布，美国农作物保险才结束在较小地域范围和部分作物中的试验并在全国50个州全面推行，期间经历了42年。

2. 加拿大

加拿大政府关于农业保险的决策也经历了漫长的过程。早期关于农作物一切险保险的研究和尝试是由私营保险公司于20世纪20年代开始的。政府着手调研始于30年代，比较积极的是该国中南部大平原3个农业发达的省。在1959年联邦政府通过《联邦农作物保险法》之前的24年中，这几个省分别做过不止一次可行性研究。在此期间，虽然加拿大没有开办农作物保险，但他们有一些与保险的功能相似的为因灾受损的农场提供经济补偿的政策项目，其中比较重要的就是《草原地区农作物援助法（PFAA）》。根据该法，政府每年从平原地区的农民那里征收1%的农产品销售税，用以建立补偿基金，并由专门机构管理，管理费由政府支付。农场若遭灾受损，就用这个基金予以赔偿。除了PFAA，也还有其他诸如“紧急救助项目”等提供灾害补偿的政策项目。这些政策在数十年的实施中均起到了很好作用。但也有许多不足，主要是基金有限补偿额较低，不足以补偿农场的实际损失；政府虽可以临时从财政上适当补贴，但由于是预算外支出，没有稳定保证。

加拿大政府开办农业保险的另一个背景是50年代加拿大社会保障事业的迅速发展。第二次世界大战后，加拿大经济和社会的发展速度加快，社会各界普遍关注和寻求经济和社会的生活安全保障。于是，工资劳动者养老年金计划、家庭津贴计划、被雇佣人员失业保险、全民健康医疗保险等社会保险项目先后于50年代通过立法并实施。而这些社会保险项目中，除了健康医疗保险，都没有农场主的份，理由是农场主都有自己的资产（土地、建筑物、机械设备、作物、牲畜等）。但农场主们认为他们的生产与生活也因生产和市场风险处于不稳定之中。于是农民组织便要求和敦促政府建立农作物保险项目，以便稳定其收入、提高农业地区的经济和社会福利。

另外，促使加拿大政府下决心，也与美国20多年试验农作物保险可提供较丰富的正反两方面的经验和教训有关。

1959年，加拿大《联邦农作物保险法》颁布后，各省根据本省实际情况陆续通过省的立法开办农作物保险。在5年实践之后，经修订的《联邦农作物保险法》加进了由联邦政府为愿意参与农作物保险的省提供再保险的内容，以便一省的风险可以在全国范围内分散，保持保险经营的稳定性。

3. 日本

日本于1929年、1938年和1947年颁布了3个有关农业保险的法：《家畜保险法》《农业保险法》和《农业灾害补偿法》。18年间颁布的这3部法都有其特殊背景。

日本明治维新后，资本主义经济发展很快，而农村中依然是地主经济占统治地位。佃农从地主那里租种的耕地占全国耕地近一半，而实物地租率高达50%～60%。第一次世界大战后，佃农与地主的矛盾尖锐化，特别是在歉收年份，佃农要求减免地租的呼声很高，但地主不让步。为了缓和这一矛盾，众议院曾讨论过一个法案，该法案建议建立农业保险制度，由国家、地主和佃农三方负担保险费，建立保险基金，以补偿灾害给佃农收获带来的损失。这样，受灾后地主因灾损失的地租就部分地转嫁给了政府，佃农的利益也少受损失，也稳定了农业生产。于是日本政府从1927年起组织力量对农业特别是农作物灾害与损失评价问题进行了长达10年的调查研究，此期间，农会也多次要求政府迅速实施农作物保险，以减少他们在灾年的负债。1929年政府曾设想通过单纯的商业保险来解决灾害补偿问题，制订了《家畜保险法》。进入30年代，日本军国主义政府正在积极准备发动第二次世界大战，他们需要利用农业保险的政策缓和地主和佃农矛盾，也保护小农，以利于农业发展和农村秩序的稳定，于是，在政府制定所谓"战时体制下国家总动员法"的1938年，颁布了作为日本政府经济政治战略组成部分的《农业保险法》，并从1939年起施行。

1945年，日本在第二次世界大战中战败。次年，日本全国实行土地改革，废除了地主制度，以便调动农民的积极性，迅速恢复作为基础的农业经济。但佃农成为自耕农后，就要独立承担经营上的风险责任，而灾害很可能使刚刚获得土地的小农重新失去土地。其次，由于战争对农业经济的破坏，日本国内粮食极度短缺，而国家又无力大量进口粮食。同时政府为了稳定社会秩序，不得不严格控制粮价，这又反而抑制了粮食生产。在这种情况下，农民在频繁的自然灾害面前就更显得无能为力。特别是气候条件很差的东北和北海道地区，农民回避风险不愿种植市场上十分短缺的稻子。于是政府将《家畜保险法》和《农业保险法》合并，并加以补充修正，产生了《农业灾害补偿法》，对水稻、旱稻、麦类等作物一切险和蚕、牛、马、猪等饲养动物疫病、死亡实行法定保险，以减轻农民的风险费负担，鼓励农民种稻子，增加大米等粮食供给，也保障畜牧业的发展。

4. 德国

农作物保险的发祥地在欧洲，尤其是在德国。但以德国为代表的一些西欧国家迄今只发展农作物雹灾保险，而极少涉足农作物一切险保险。其背景有经济方面的、自然条件方面的，也有理论方面的。

雹灾保险在德国大面积推行，是与19世纪前半叶开始的农业改革和农业现代化相联系的。德国19世纪进行了产业革命，随着都市产业的发展，对农产品的需求增加了，导致农产品价格的上升。农场主经营的目标是获得最大的利润，促使农场经营的集约化，增加活劳动和物化劳动的投入。而气象灾害给集约化经营带来的影响比粗放经营大得多，尤其是欧洲的雹灾给农作物造成的损失。据统计，德国从1884—1903年20年间平均每年降雹次数最少的省（西格马林根）32次，最多的省（兰登贝格）550次。如此高的发生频率对改革后的农民来说，确实威胁很大，所以各种承保雹灾的保险相互会社、保险合作社、股份有限公司先后应运而生，公共保险机构也参与进来，据1972年的统计，德意志联邦共和国各种出售雹灾保险单的企业有24家，其中保险公司5家，相互会社、合作社12家，公共保险机构7家，自愿参加雹灾保险的农场占当年农场总数的40%，承保的作物面积占总耕地面积的44%。

在理论上，德国的农经学界从19世纪以来就认为农业保险（特别是农作物保险）是农村经济发展和繁荣必不可少的政策环节。但是，他们认为农作物一切险是不能成立的。其理由主要是：雹灾以外的各种灾害从数量上测定其发生概率是困难的，因而危险费用（保险费）无法得到合理确定；即使保险费用可以测定，但由于水、旱灾等灾害受损范围广，危险难以在时间上和空间上进行分散；雹灾以外的农作物灾害，可以通过农户的努力预防或消除，实行农作物一切险保险，就会影响农户防灾减灾的积极性，反而阻碍农业生产力的发展；在发生大规模灾害损失的情况下，如果不是农户的责任，则应由国家提供社会保障。在德国以及其他一些西欧国家，这些理论见解至今没有改变，因而除了少数国家（如法国、瑞典），都不发展农作物一切险保险。

5. 亚洲、中南美洲发展中国家

第二次世界大战后，由殖民地独立的发展中国家，在其经济发展过程中，面临着共同的问题，那就是人口多而且人口自然增长率快，农业生产力水平低。这些国家，尤其是亚洲国家，从地理位置上来讲，多数分布在亚热带和热带，自然条件较差，灾害发生频繁，特别容易造成粮食供给的不稳定。而这些国家的整体经济力量也较弱，要想依赖世界谷物市场来解决本国的粮食问题，又缺乏现实性。因此，无论亚洲还是中南美洲的发展中国家，从50年代以来就致力于“绿色革命”，通过增加农业的物质和技术投入大幅度提高农作物产量，特别是粮食作物的产量，提高农业生产力水平。但频繁的灾害增加了生产的不稳定性，各国政府便从发达国家的农业保险政策中受到启发，相继把农业保险引入本国的农业政策体系之中。

1956年联合国粮农组织（FAO）在曼谷召开了关于农作物与家畜保险的专业会议，亚洲各国都参加了这次会议，会后，FAO首先帮助斯里兰卡制订了水稻保险计划。随后，孟加拉国（1977年）、泰国（1978年）、印度（1979年）、菲律宾（1980年）、巴基斯坦（1980年）等国也相继着手试验。

由于经验和政府财力方面的原因，亚洲各国政府只选择少数几种对国计民生有重要影响的粮食和（或）经济作物进行保险，不像美国、加拿大、日本等国，承保几乎所有的农作物。另外，发展中国家的农民相对比较穷，缺乏购买化肥、良种、灌溉用水、农药等投入品的资金，而农业信贷机构，哪怕是政策性的农业发展银行，也因其偿债能力低而不愿提供贷款。农业保险与农业金融相结合便很自然地成为政府农业发展政策的较好配套措施。

三、政府扶持农业保险的政策

无论发达国家还是发展中国家，通常都对农业保险，特别是对农作物保险给予多方面的政策扶持，农作物保险中又重点扶持农作物生长期一切险保险。这些扶持政策可归纳成下述8个方面（有的在上文中已提到）：

1. 制定法律法规，确立操作依据

开办农业保险是稳定农业和农村发展的一项重大决策。牵涉的利益面相当广泛，因此各国都是在多次进行可行性研究的基础上，首先颁布农业（或农作物）保险法或类似法规，对其目的目标、保障范围、保障水平、组织机构与运行方式、政府的作用、农民的参与方式、初始资本金筹集数额和方式、管理费和保险费分担原则、异常灾害条件下超过总准备金积累的赔款和处理方式、税收规定、各有关部门的配合、资金运用等方面进行规范，确立法律和政策依据，便于实际运作。

2. 政府出资建立初始资本和准备基金

凡政府直接和间接经营的农业保险计划都是由政府出资建立初始资本和准备基金，但出资方式和比例有所不同。例如，美国由财政部认捐联邦农作物保险公司一部分资本股份。

3. 管理费和保险费补贴

据我们了解，几乎所有开办农作物一切险保险的国家，都由政府负担全部或大部经营管理费，包括职员工资、福利、行政、事业和基本建设开支。对于畜禽死亡、疫疾保险，凡由政府农作物（或农业）保险机构经营的，其管理费也都同样由政府给予补贴。保险费由政府补贴也很普遍，特别是发达国家，但各国补贴份额不同，例如，美国补贴30%，加拿大补贴50%，日本补贴50%～60%（凡保费率在2%以下的，政府补贴保费的50%，保费率在2%～4%的，政府补贴55%，保费率在4%以上的，政府补贴60%），瑞典补贴66%，西班牙补贴20%～50%，墨西哥补贴60%，菲律宾补贴56%，还有法国、智利、巴西等国。当然也有一些国家，主要是发展中国家，对农作物一切险保险不予补贴，例如斯里兰卡、泰国、印度、孟加拉国等。西欧国家虽然农业保险不由政府直接或参与经营，也没有开办农作物一切险保险，但对特种灾害（雹灾）的保险，有的国家（如德国、比利时、意大利等）政府也补贴部分保险费。

4. 发生重大灾害后，准备金积累不足以支付赔款时的政府支持

农业保险的保险基金虽然是以过去多年农作物的损失率和畜禽死亡率为基础计算和建立的，但异常灾害难以预料。发生异常灾害而准备金积累不足以支付被保险农户赔款的情况也并不少见。对于这种情况许多国家有关农业保险法规都明确规定了政府的支持责任。例如美国的《农作物保险法》中规定，在这种情况下，“农作物保险公司有权向财政部发行票券或其他债券，以取得资金”，但“这些票券或债券必须以保险费收入或增发新股的资金来购回”。加拿大也类似，联邦政府可向各省农作物保险公司提供一定的低息或无息贷款以应对重大灾害损失，以后从省公司经营盈余中逐年归还。日本政府在这种情况下部分地由政府无偿提供赔款补助，部分地也通过“共济基金”来周转解决，这个“共济基金”是由国家和农民各出资一半建立（农民集资的这一半要付给利息）的。

5. 税收方面的优惠

农业保险本身是一种政策手段，在发达国家甚至被当作社会保障和福利措

施，加之这种保险（尤其是农作物保险）自身经营的特点，一般难以商业化。因此，大多数国家对农业保险，主要是农作物一切险保险经营都实行免税政策。美国、加拿大都规定，对联邦农作物保险公司及其分支机构的一切收入和财产免征一切税赋。

6. 以法强制投保

农业灾害的发生往往范围很广，要有效地分散风险，必须保证有足够多的危险单位①，否则将会导致风险的集中。另一方面，处于同一危险单位之中的同一种农作物，由于地理位置和经济、技术等条件的差异，所面临的风险频率和强度不同，从而作物损失程度也有差异。在自愿投保的条件下，逆选择②就难以防止。发展中国家农业经营规模普遍很小，逆选择问题更突出。承保面小加上逆选择，必然使实际损失机会增多，损失率升高，从而发生过高的赔付率。孟加拉国农作物保险的失败就跟自愿投保条件下的逆选择有很大关系。因此，许多国家，特别是发展中国家往往对农业保险实行以法强制投保，以保证风险能在空间和时间上进行分散，也充分体现保险的互助性质。

有的国家，如西班牙、希腊、瑞典等国对所有农作物一切险保险全部实行法定保险。有的国家对法定保险的标的也是有选择的，例如日本对稻子、麦类、蚕茧和牛、马等实行强制保险，而对果树、蔬菜等作物和小家畜实行自愿保险。而智利、巴西、菲律宾、泰国等则只对那些有生产贷款的农户才实行强制保险，免得受灾后贷款收不回来。从险种方面来看，对农作物保险实行强制投保的国家多，而对饲养动物实行自愿投保的国家多。

7. 提供再保险

为了在更大范围内分散农业风险，凡全国推行农业保险的国家，都由政府或政府扶持的商业性保险公司、再保险公司为农业保险提供再保险。日本的农业保险是由民间的市、町、村农业共济保险组合和都、道、府、县联合会组织经营的，但中央政府向联合会提供再保险。加拿大的农作物保险是由各省农作物保险公司独立经营的，但联邦政府（农业部）向各省公司提供再保险。美国的农作物再保险业务不仅允许联邦农作物保险公司经营，而且经批准的30多家私营和联合股份保险、再保险公司也允许经营。

8. 放宽资金运用限制

各个国家一般对国有金融机构的资金运用都有一些限制，但对农业保险机构

---

① 一次风险事故（灾害）所涉及的范围叫一个危险单位。依据概率论和大数法则，危险单位超过30个才能较为有效地分散风险。据我们研究，陕西渭南地区全部11个县只能划分为2个危险单位（棉花一切保险）。

② 所谓逆选择就是投保人进行不利于保险人的选择，例如，在同一费率区内的不同农户，生产条件较好，产量较高的农户就不愿投保，生产条件较差、产量较低的农户就愿投保。而保险金和保费率是平均计算的。

的资金运用限制较少。日本允许各级农业共济组织在保证责任赔付的前提下，运用拥有的资本、准备金进行投资、贷放增殖和自身建设，对增殖资金也不征税。美国也允许联邦农作物保险公司运用准备金投资或购买债券，以期保值、增殖，增加总准备金积累，提高赔付能力。

我国农业保险的试验及其评论*

农业保险的试验重新出现在我国的农村已有13余年的历史。总的说来，到目前为止，这些试验还不够成功。大部分地区的试验矛盾重重，步履维艰。主要的试验部门正在从这个领域撤退，试验处于自然萎缩或停顿状态。回顾和总结试验的经验，分析导致目前局面的原因，对正确认识农业保险的性质和发展的条件，进一步搞好试验，十分必要。

一、农业保险试验概况

我国农业保险在20世纪30年代和50年代有过短暂的试验史。1982年，在国内保险业务恢复两年之后，中国人民保险公司（以下简称人保公司）便在全系统恢复试验。该公司所属30个省（自治区、直辖市）分公司和13个计划单列市都先后加入到试验行列。13年来，先后设计和试办了包括粮、棉、油、菜、烟、牛、马、猪、鱼、虾、禽以及其他经济动、作物在内的100多个险种，业务量和保费收入都增长较快。全系统保费收入由1982年的23万元增加到1994年2.73亿元（包括储金收入）（表1）。但整个期间，试验的发展是波浪起伏的，从商业经营的角度来看，也不能说是成功的，这可以部分地从表1提供的数据中看出来。这种状况和特点虽然跟地方政府和农民对保险的认识和需求的变化有关，但更主要的原因是人保公司在发展农业保险决策上的摇摆与矛盾。1982—1994年，13年累计收入纯保费27.7亿元，累计赔款支出30.3亿元，赔付率109.4%，基本达到收支平衡。若按政策性经营的标准来衡量，这个数字是令人鼓舞的，但若从商业经营角度来看，加上20%的业务管理费，13年亏损8.41亿元（表1）。

人保公司试办农业保险5年之后，民政部在总结几十年救灾救济工作经验教训的基础上，借鉴国内社会保险与商业保险发展的实践经验，将保险机制引入政府救灾领域，选择一些县进行以传统救灾项目（农作物、农房、劳动力、大牲

* 本文发表于《保险研究》，1996年第4期。

畜）为业务范围的农村救灾保险试验。1987 年试验之初，选择了福建沙县、湖南临澧县、黑龙江牡丹江市、江苏扬中县、浙江余杭县、安徽当涂县和河南北围场县等 9 个县、市进行试点。1988 年试点扩展到 82 个县、市。除了在各省（自治区、直辖市）（西藏、海南除外）继续分散试点，还在黑龙江牡丹江市、河北廊坊市、江苏南京市、安徽黄山市、浙江杭州市、湖南长沙市和福建三明市 7 个地级市所辖各县进行连片试点。1989 年又进一步扩大到 102 县。据统计，1987—1991 年 5 年间，这 102 县共筹集保险基金 2.65 亿元，包括从中央政府、地方政府、乡村集体和农户 4 个渠道筹集的资金，这笔保险基金相当于改革前 30 年这些地区救灾资金的 3.5 倍。同一时期，给受灾农户支付赔款 1.6 亿多元，积累准备金 5 000 多万。近两三年，由于体制和经营方面的原因，部分试点县的业务陆续停办，目前剩下的试点县只有 60 余个，但也有非试点县加入试验行列的。

表 1　1982—1994 年人保公司农业保险业务统计

项目	保费收入（万元）	赔款支出（万元）	赔付率（%）	业务管理费用（万元）	盈亏额（万元）
	(1)	(2)	(3)=(2)/(1)	(4)=(1)×20%	(5)=(1)−(2)−(4)
1982	23	22	95.7	5	−4
1983	173	233	134.7	35	−95
1984	1 007	725	72.0	201	81
1985	4 332	5 266	121.6	866	−1 800
1986	7 803	10 637	136.3	1 561	−4 395
1987	10 028	12 604	125.7	2 006	−4 582
1988	11 534	9 546	82.8	2 307	−319
1989	12 931	10 721	82.9	2 586	−376
1990	19 248	16 723	86.9	3 850	−1 325
1991	45 504	54 194	119.1	9 101	−17 791
1992	81 690	81 462	99.7	16 338	−16 110
1993	56 130	64 691	115.3	11 226	−19 787
1994	27 272	36 572	134.1	5 454	−14 754
合计	277 675	303 396	109.3		−84 133

在民政部门试办农村救灾保险的前后，财政部和农业部支持新疆生产建设兵团建立了农牧业保险公司，并相继在各师、团（场）设立了 114 个分支机构，目前有从业人员 500 多人。1986—1990 年，共承保各类农作物 2 200 多万亩，保险金额 45.5 亿元，保费收入累计 1.05 亿元，赔款累计 9 500 万元。在该试点的基础上，财政部准备通过财政系统在一些省扩大农业保险的试验。

二、农业保险试验的组织、经营模式与特点

目前已经出现的农业保险组织、经营模式主要有以下 4 种：

1. 商业性保险企业独自经营农业保险

这是人保公司从 1982 年试办农业保险以来逐步产生的经营模式。它是由人保公司直接向农户和其他农业企业出售农业保险单。由于是国有商业性保险公司承担的政策性业务，同时考虑到人保公司的整体经济效益和政府没有其他补贴政策的实际情况，公司对农险这一块实行内部单独核算，并给予适当补贴（用其他险种的盈利贴补农险经营），财政部门免交人保公司的农业保险的营业税，其经营方针是“不赔不赚，收支平衡，略有节余，以备大灾之年”。为了减少经营风险，他们对险种的设计和选择很谨慎。农作物很少保一切险，很少保粮食作物生长期的风险，尽管粮食作物一切险保险更具有重要意义。1994 年粮食作物的承保率（承保面积占播种面积的比重）1.9%，这其中大部分还是粮场火灾保险。经济作物承保率 4.1%，森林承保率 6.58%，大牲畜承保率（承保数量占年末存栏量的比重）2.4%（1992 年）。同时农险的保障水平比较低，实行“低保额、低保费、低赔付”方针，农作物保障水平只有过去几年平均单产的 50%～60% 或者物质费用成本。

作为对这种经营模式的改革，云南、吉林、新疆等省（自治区）分公司对农业保险实行了一种叫“切块经营”的新办法。例如新疆实行了“以县为单位对农村业务统筹经营独立核算和管理”的体制，县以下寿险以外的所有农村保险业务都划入这一“块”。其中种、养两业保险的年度盈余，全部留本县建立风险基金和用于防灾投入以及基础建设。农村其他财产险盈余大部分用来建立省、地、县三级风险基金。

2. 地方政府与商业性保险企业联合经营农业保险

人保公司根据直接承保农作物和饲养动物中反映出来的问题，于 1986 年以后探索了另一种组织、经营模式，就是将农业保险引入政府行为。开始是依靠县（市）政府组织展业，保险公司办具体业务。后来逐步发展为保险公司与县（市）政府联合共保，实行“风险共担，利益共享，同舟共济”。例如，广东省一些县支公司就是与县（市）政府采用“五五共保，四六赔付、风险共担，盈余留地方”的办法联合经营，即双方各出 50%的风险基金，出险后保险公司赔 60%，县（市）政府赔 40%。另一种联合方式是由地方政府组织和经营农业保险，保险公司代办具体业务，协助政府经营。人保公司只收取代办费，不承担任何风险责任，也不享受任何其他利益。

3. 农村保险相互会社或保险合作社经营农业保险

1990 年以来，河南省通过在新郑县试点，创建了保险相互会社——农村统

筹保险互助会，并很快在全省推广。河南省的互助会是依靠县、乡、村力量建立起来的相互保险组织，实行“独立核算，资金留存，以丰补歉，结余留会”的经营原则。经营的险种除了农作物和牲畜保险，还经营农户家庭财产、机动车辆、人身保险等险种。互助会的业务由县人保支公司代办，互助会也将30%的保险业务向人保公司进行再保险。由于互助会是非营利性保险团体，省财税部门同意免除其营业税、所得税和利润调节税等全部税负。到1992年年底，该省已有84个县（市）建立了这种互助会，累计筹集专项保险基金2.85亿元，支付各类赔款6 349.8万元。目前，有的省开始试行和推广这一模式。

与相互保险会社类似的另一种保险经营形式就是保险合作社。它与相互会社的区别是有资本股份，可以盈利和分红。合作社的资本通过社员入股形成，不过其股份一般是内部股，不向社会发售，合作社成员也都是被保险人。太原市郊区建立了一个农业保险合作社，合作社的股东有农民、区政府，亦有人保公司。该合作社的资本股份中，农民占20万元（每户5元），区财政20万元，乡镇企业25万元，人保公司60万元。合作社实行独立核算，自负盈亏，当年结余，社内分配，除了扩大保险基金，拿出一部分作为股息分红。该社也与当地人保公司实行“七三”分保。严格说来这个合作社是股份制保险公司而不是真正的合作社。

4. 政府部门直接或间接经营农业保险

民政系统试办的农村救灾保险属于政府部门直接经营农业保险。新疆生产建设兵团农牧业保险公司经营的农业保险属于此种类型。

民政部门试办的农村救灾保险，最初说是“国家扶持，群众合作”开展，但它并不是本来（或规范）意义上的合作，也不具备合作制的一般特征。它的初始资本金是由民政部一次性拨给的，每个试点县50万元。有条件的地方，县财政也给予适当的资助和补贴。为了应对大灾之后超过一县赔付能力的巨额赔款，每试点县也提取15%的保险费收入上交省民政厅和国家民政部，以便进一步建立中央和省两级保险基金，从而形成不尽规范的再保险网络。农村救灾保险承保的业务范围除了农业保险，还包括农房财险和农民人身保险。救灾保险比较强调“救灾”，所以保障水平较低，原则上只保障灾民的基本生活和简单再生产。

新疆农牧业保险公司的业务并不由财政部或自治区财政厅直接经营而是由公司自己经营，但初始资本金主要是由财政补助中逐年安排的6 000万元，兵团自己也逐年补充了一部分。到1990年，总准备金积累有8 900多万元。作为财税部门的另一种政策支持是对该公司的保险业务提供免税待遇。另一些特点包括他们对兵团的粮、棉、油等主要农作物、牲畜和农业机械实行强制保险（长期全面统保），其他农场上的标的允许自愿投保；在内部组织经营中，实行公司与场、团（兵团的独立核算单位）“收益共享，责任共担”的办法，即种植、养殖业保费收入扣除必要的业务管理费之后各得50%，出险后各负50%的赔偿责任。

1996

三、对各种农业保险组织、经营模式的评论

前 3 种农险组织、经营模式都是人保公司系统在试验实践中逐步发展和创造出来的。人保公司是国有保险企业，尽管政府赋予它一定的政策性职能，但人保公司向国有商业化公司转型已成为其近、中期目标之一。这就把人保公司的农业保险业务经营推向两难境地：一方面要根据中央政府“加强农业基础。支援农业发展”的政策精神，举办难以赚钱的农业保险；另一方面政府除了免除部分农业保险的税负，既不补贴农业保险的管理费，也不补贴农民的保险费，使开办农业保险“大办大赔，小办小赔”，不仅影响到人保公司内农业保险部门的积极性，也影响到整个人保公司的经济利益。

开始，他们着眼于内部核算体制的改革，提出了内部实行“切块经营”的设想，将县支公司内的大部分或全部保险业务捆成一“块”，以便通过险种盈亏互补和获得较多税收政策的优惠，部分地解决种植、养殖业保险的亏损问题，使试验比较容易继续。与此同时，他们根据“同舟共济”的新思路，将目光由人保内部投向外部，探索了上述第二、第三两种新模式。这样，人保公司可以发挥县、乡政府的积极性，利用行政力量来组织、推动农业保险，并分担农业保险的风险责任，这在一定程度上解决了农业保险基金不足、农民缺乏自愿投保热情、保费支付困难和展业、理赔人力不足的问题，人保公司也因此降低了自己的经营风险，提高了经济效益。这大概是 1989 年以后人保公司农业保险试验有较大发展，保费收入由 1990 年的 1.29 亿元跃升到 1992 年 8.16 亿元的重要原因之一。

人保公司上述 3 种模式同时存在，但前两种模式并没有从根本上解决人保公司的商业性质与农业保险的政策性质之间的矛盾，这就使人保公司依然从根本上缺乏开办农业保险的内在动力。地方政府帮助人保公司组织推动农险试验也好，地方政府与人保公司联合共保也好，虽然可以利用行政强制解决扩大承保面的问题，但并没有解决农业保险基金的广泛筹集和积累问题，特别是由于利益主体的二元化，一旦发生灾损，便导致“农民多要，政府多报，保险公司多赔”的二对一索赔格局，增加了道德风险的发生。另一方面，在很多试验地区实际上缺乏对农业保险的有效需求，农民无意投保农业财产，特别是无意投保农作物，而无法律依据的行政强制手段又常常引起农民反感。在这种条件下，人保公司所创造的前两种经营模式必然存在着软弱性。相比之下，通过保险互助会发展农业保险是一种具有很多优越性的组织和经营模式，多数试验县乐意接受，人保公司的利益通过收代办费和 30%的分入业务而得到较好保证。由于兼顾了农民（投保人）、经营者（互助会）和代理人（保险公司）各方的利益，其组织和业务都得到稳定和发展。但互助会（主要指河南省的互助会）的某些规章和做法，其法律依据需继续探讨。互助会除了开办农业保险，还开办农村其他财产（乡镇企业财产、家

庭财产、拖拉机、农机具等）保险，而财产保险不属于政策性保险。特别是人保公司分入的业务属于商业性质，这样可能会引起法律上的争议。其次，互助会目前经营的农业保险，其业务收入只占总收入的40%左右，而且农作物保险中最具重要意义的生长期农作物保险占的比例很小。假如广泛开展生长期农作保险，没有政府强有力的财政支持也难以长期经营下去。再次，互助会带有一定的行政强制色彩，其兴衰就自然与地方行政部门对农业保险的认识与兴趣联系在一起。据调查，这是目前一些地方互助会业务推不开或不能巩固的重要原因之一。最后，互助会还有一个很大弱点就是承保范围太小，准备金积累能力弱，积累速度慢，不足以应对较大灾害。而目前像河南互助会的这种再保险方式的保障水平（赔付额以分入保费的2倍为限），遇到大灾也不可能得到充分补偿。

民政系统开办农村救灾保险是一种政策性保险。它的优势是民政部可从救灾救济款中给试验县拨付一笔款项作资本金，同时在原则上也要求由政府、集体、农民三方共同筹集保险基金。但实际上由于缺乏刚性约束，除民政部拨付50万元资本金，地方政府和集体经济的资助和补贴很难落实到位，最后交费责任仍在农民。按要求，农民另支付50%～80%的保险费，即使农民交足，保险基金在理论上还短缺20%～50%，这就是说农村救灾保险的赔付能力必然要打折扣，何况农民收入水平不高，特别是中西部地区，就是支付这50%～80%的保险费也极不易。这在自愿投保的条件下，就难有高参与率。首先，参与率低、承保面小，经营的财务稳定性就差。长此以往，将难以为继。其次，农村救灾保险的保障水平普遍太低，不足以维持简单再生产和灾民的基本生活，因此缺乏足够的吸引力。再次，民政部门缺乏经营农业保险的技术和经验，缺乏人才，不少县的试验条款不科学、制度不健全，加之不适当的行政强制，使一些投保农民的利益受到损害，这是一些试点县中途停办的主要原因。

相比之下，以国有农场为背景的新疆生产建设兵团农牧业保险公司的经营模式有成功之处。政策的支持和优惠，较好地解决了准备金积累问题，全兵团统保（1990年统保率达到75%）既可有效防止逆选择，又可以使风险在不同险种之间分散，责任准备金在不同险种之间调剂使用。公司与场、团的合理利益机制又较好解决了展业和理赔的困难。但这种经营是以现行兵团管理体制为基础的，假如这种体制要进行改革，他们的农业保险经营的发展会面临到考验。

根据以上分析，可以得出以下结论：①农业保险是一种政策性保险，它的商业性经营不可能成功；②农业保险的发展，有赖于政府强有力的财政支持和多方面的优惠政策；③农业保险试验必须坚持空间上的稳定性、时间上的连续性和试验运作的统一性，以免造成试验工作的低效率。因此，有必要对试验工作制订某些法规，对其试验方法、内容、目的、程序、机构、组织等方面加以规范。因而要选择符合中国国情的农业保险模式，尚需进一步加强调研和试验。

论农作物保险区划及其理论依据*

——农作物保险区划研究之一

所谓农作物保险区划，就是以各地区自然和经济条件的相关性和农作物危险的一致性为标志，按照保险经营的要求，将不同作物可能遭受的危险和费率等级进行评判和分区。研究这个问题对我们认识农作物保险不同于其他财产保险和人身保险的特殊矛盾有重要意义。它也是开办农作物保险的先期准备工作之一。

一、农作物保险区划的必要性

1. 农作物保险区划是农作物保险自身发展的客观要求

制约农作物保险发展的基本因素是多方面的，既有客观方面的自然因素和经济技术因素，又有主观方面的组织因素和社会文化因素。一般地，可主要概括为以下 6 点：

第一，农业灾害损失在年际间差异很大，纯费率要以长期的平均损失率为基础。但农村的原始记录极不完整，长时期准确、可靠的收获量和损失量资料难以搜集，耕地占有资料也极不可信，这就给农险费率的精确制定带来困难，由于多年才发生一次的大灾害难以预料，因而制定的费率往往都低于实际。

第二，各地的农业实践千差万别，适当的保险责任难以确定。农业实践的形成、发展不仅受地理、气候等自然因素的影响，还受诸多经济、社会条件的影响，不同地区的农业保险责任应反映不同的生产力水平和风险状况。

第三，农业是照料性产业，农作物都生长在野外大田，保险标的物客观上离不开人的行为作用，这就使得其中可能含有的道德危险因素难以分辨。如何避免逆选择和道德危险是发展农险的一个重大难题。

第四，农作物保险损失的确定非常复杂，需要高技术。一般财产险的赔款是

* 本文与丁少群合作，发表于《当代经济科学》，1994 年第 3 期。

根据灾前财产的价值计算的。农业保险的标的都是有生命的，标的价值在不断变化，赔款要根据灾害发生时的标的价值计算，而此时作物往往还未成熟，要确定它的价值即未来最终收获量是很困难的。对于特定风险保险，还要进一步确定标的物遭受约定风险前是否遭受到其他灾害的损失，若是，则要剔除这种损失。准确计算不同灾害在不同时期对未来收获量的影响程度，其技术要求更为复杂。

第五，农作物保险的潜在需求大，有效需求不足。这是由于，一方面，发展中国家的农民文化素质普遍偏低，对保险缺乏适当的理解，投保意识不强；另一方面，农民阶层人均收入水平低，而以年损失率为基础的农业保险费率却很高，致使农民的保费支付能力非常有限。

第六，农业自然灾害损失的发生波动性大，常出现巨额损失，单靠一个县，甚至一个省的力量难以承受。分散损失的再保险机制的建立得当与否直接关系到农险能否稳定发展。

农作物保险的持续、稳定发展，仰赖于上述 6 大障碍的解决。而农业灾害的发生具有一定的区域性，农业生产风险程度在一省甚至一县范围内表现出明显的差异性。上述 6 大障碍的解决又必须以农作物保险区划为基础和依据。在某一地区，只要农业生产风险表现出不一致性，这时若实行统一费率，各农户的保险责任和保费负担就不对等，必然导致逆选择和保险机构的亏损经营。正确的方法是根据风险特点和保险原则进行保险区划，划分出不同风险区域，按区域设计保险责任和计算费率，这便是费率分区。费率分区是农作物保险区划的主要任务之一。

农作物保险区划的目的，在于从长期的观点、总体的观点出发，全面规划某一地区的农作物保险，为其普遍推行奠定科学基础。农作物保险区划的内容主要包括两个方面：一是摸清一地区农作物灾害的时间、空间分布规律，各区域灾害发生的联系，划分危险单位，为有效的风险分散机制的建立提供科学依据；二是选择适当的依据和指标划分风险区域，并选取适当的技术方法计算各区域农作物的年平均损失率和费率。在进行了农作物保险区划后，以区划成果为依据就可以对制约农险发展的障碍因素提出适宜的解决办法。如精确计算出各地费率后，再结合经济水平就能够正确评价各地农民的保费支付能力和讨论保费来源问题。又如，了解灾害在时空上的分布状况后，就可以分析风险在多大的范围内才可能得到分散，如何建立再保险机制，哪些险种适于自愿保险，哪些险种有必要实行强制保险等。

由此可见，农作物保险区划是发展农作物保险必不可少的基础研究工作，是农作物保险自身发展的客观要求。

2. 国外经验普遍表明：发展农作物保险必须进行保险区划

在国外，农作物保险办得较为成功的国家事实上都进行了农作物保险区划。美国、日本和加拿大都是开展农作物保险较早的国家，他们既有单一灾害的农作物保险，如雹灾保险，又有农作物一切险保险。而无论是雹灾险还是一切险，都按灾害发生规律和风险程度进行了区划。

美国的昌农先生曾根据雹灾次数（平均雹灾天数）、冰雹次数最多的季节和雹灾强度3个标志，把整个美国大陆划分为14类地区。

美国的农作物一切险有保险责任区和费率区之分，分别反映生产力和风险差别。其具体做法是：先由联邦农作物公司的保险统计处为每个县确定保险责任和保险费率。保险责任额的确定依据是农业部在该地较长时期的平均收获量和正常投资的统计资料。各县平均费率的确定依据是过去多年来收获量计算中每英亩损失的资料。一个县的数字规定后，各县再按土地的生产能力，考虑收获量的记录、土壤分类地图（Soil Maps）及其他各种资源情况，把该县划分为不同的保险责任区（一般有5～10个等级）；在当地居民协助下，按生产风险把该县划分为不同费率区。在划分费率区时，有些地区可能被定为不适宜保险的地区，而有些农民可能被定为不适宜保险的农民。为了避免单独划分保险费率区和保险责任区，通过各地区细分切块将这两种划分结合在一起，使得任何一个特定地区的地块具有相同的保险责任和相同的保险费率。

在加拿大，计算保险责任依据土地的生产能力指数。确定生产能力的标准是一个较长时期（一般要有25年）的平均产量。保险责任的多少是可以变化的，按平均收获量的50%、60%和70%计算，农民自由选择。因此加拿大没有进行保险责任分区。加拿大的保险费率是按照风险地区来计算的。1959年最早开办农作物保险的曼尼托巴省，按照土质、气候、地理和农作物生产历史的不同情况，把全省的土地划分成16个风险区域（Risk Areas）。阿尔伯塔省划分为14个风险区域。每一个风险区的费率主要依据两个因素计算，一是该地区土壤生产的能力，另一个是农作物生产的历史即产量记录。

在日本，确定农作物保险费率时要进行风险等级划分（编号为6～18）。首先，由农林省按可保作物过去20年的损失率为每个府确定标准费率。府的政府再根据辖区内每个村、镇或市过去的损失记录和农作物生产的物质条件，如现有的水库、排水道等条件将它们分别归属于某一个风险等级。然后把最初的标准保险费率，应用于不同“风险等级”的村、镇或市。在日本实际执行费率，在按平均损失率确定后还要按这一地区内农民支付保费的能力做进一步的调整，以体现其保险计划的互助性质。

二、农作物保险区划的理论依据

农作物保险作为保险形式的一种，其成功经营必须遵循一般保险经营的共同规律。农作物自然风险和农业实践的特殊复杂性，使得在农作物保险中有两个原理的实施非常困难，同时又非常重要，关系到农作物保险大面积经营的成败，这就是风险分散原理和对价交换原则。这两个原理要能在农作物保险中得以正确贯彻实施，都要求进行农作物保险区划，它们构成农作物保险区划的经济理论基础。除此之外，农业气象学是农作物保险区划的自然理论基础。

1. 风险分散理论

保险是集合原理的一种运用。所谓集合，是指集合同样性质危险的多数单位共同分担所遭受的损失，使遭损单位所承担的损失较前减少。保险人扮演的是中介人角色，通过订立契约将众多损失风险集于一身而又分摊于众人。在这里，一定时期内预期发生的损失相对于保险总金额来说，必须是很小（即小概率）的，这样，少量保户的损失才能够在大量保户中分摊开。否则，一旦众多保户的损失责任同时发生，而保险人的支付能力有限，不能全部履行赔款（或给付）契约，保险经营将宣告失败。因此，保险人必须寻求各种方式分散风险，以保持经营的稳定。风险的分散在客观上有两种，即风险在空间上的分散和在时间上的分散。

风险在空间上分散，是指保险人通过在足够广大的地区开展业务，使局部地区发生的风险可能在全部农业区域内得以分散，在同一年内保持保险人财务的稳定，并在年际之间波动不大。从某一年看，保险人的经营即可得到：预期收益＝预期赔付额＋预期管理费用＋预期平均利润。保险人不断扩大某一险种的覆盖面，增加其保险深度和保险密度，开拓新险种，使风险损失在多险种间分散，以及向其他保险机构进行分保或接受分保业务，都是保险人从空间上分散风险的具体手段。

风险在时间上分散，是指保险人在某一地区通过在足够长的时期内开展业务，使得长期预期总收与总支出保持平衡，以保证保险人在长期中的财务稳定。从某一年看保险人的经营，支出率波动很大，极不稳定。但在一段时期内的总亏空与总盈余可以相互抵消，从而使一段时间内的总支出率趋于1。保险人依靠时间分散风险，必须有强大的自有资本作后盾。如果遇到连续多年的高赔付，积累起来的盈余基金不足以支付时，就必须有一笔资金从外部投入（如银行贷款、政府垫支）。保险人利用时间来分散风险的主要方式，是在计算某一险种的费率时将多年的损失平均分配于各年，平均收取保险费。选择同时承保具有不同季节性的风险或保险标的，例如承保了一种主要的夏季作物，再选一种主要的冬季或春季作物一起承保，这也可使风险在一年里得以分散。

保险人在经营业务时，往往都是将风险在空间上的分散与时间上的分散两种方式结合运用。其中空间分散风险方式更为重要，它可以求得保险人年度财务的稳定，节约风险准备金，减少经营费用，保险人总是尽可能地扩大承保范围，以求得风险在最大空间内的分散。然而，对农作物保险来说，承保范围的扩大却并不一定都能带来风险的更大分散，有时反而使风险更加集中，造成了经营风险分散的极大困难。试做分析如下：

令任一保险单位责任事故的发生为随机事件 A_i（$i=1, 2, \cdots, n$），其概率

为 $P(A_i)$ [$0<P(A_i)<1$]。事件 A_i 的损失金额为 ξ_i，则 ξ_i 为随机变量，$E\xi_i$ 表示其期望损失额。如果任意两个保险单位的责任事故发生互不相关，即 A_i 与 A_j 相互独立，A_i 的发生不影响 A_j 的发生概率 [$P(A_j/A_i)=P(A_j)$]。那么，就有切贝雪夫定理成立：

$$\lim_{n\to\infty}\left\{P\left[\frac{1}{n}\sum_{i=1}^{n}\xi_i-\frac{1}{n}\sum_{i=1}^{n}E\xi\right]<\varepsilon\right\}=1$$

（ε 为任意小的正数）

该定理揭示了大量随机现象平均结果的稳定性：当 n 充分大时，随机变量 $\xi_n(\xi_n\sum E\xi_n)$ 分布的分散程度是很小的，也就是说经过算术平均后得到的随机变量 ξ_n 的值将比较紧密地聚集在它的期望附近。定理的保险学含义是：单个或少量的保险单位的发生结果是偶然和变化的，而大量保险单位的总体发生结果则是必然的和不变的；当保险单位充分多时，平均每个保险单位所分摊的损失将是确定的和稳定的，因此，只要各保险单位责任事故的发生相互独立，随着保险单位的增加，平均每个保险单位分摊的损失额就越趋于稳定，保险人的经营风险也就愈加在空间得上到了分散。

然而，并不是在任何场合保险单位之间都是相互独立的。在农作物保险中，各保险单位责任事故的发生具有很强的相关性。常常一个保险单位发生责任事故，其周围众多的保险单位也发生同样的责任事故，如雹灾、洪涝、干旱灾害都是这样。显然，这时 $P(A_j/A_i)\neq P(A_j)$，A_i 的发生影响着 A_j 的概率，上述的切贝雪夫定理也已不成立。如果保险单位 A_j 与 A_i 相关，在 A_i 的基础上增加保险单位 A_j 的结果，只能使保险人的经营风险更加集中。只有当增加的保险单位 A_j 与以前的保险单位 A_i 互不相关时，增加保险单位的结果才会使经营风险得到分散。可做如下证明：

当 A_i 与 A_j 相互独立时：$P(A_iA_j)=P(A_i)\times P(A_j)$

当 A_i 与 A_j 相关时：$P(A_iA_j)=P(A_i)\times P(A_j/A_i)>P(A_i)\times P(A_i)$

如何在农作物保险中通过扩大承保面来达到在空间上分散风险的目的呢？为了解决这一问题，我们有必要重新认识危险单位这个概念。危险单位指保险标的发生一次灾害事故可能造成的损失范围。在同一个危险单位内，风险性质和发生概率相似，同类标的的灾损事件是完全相关或高度相关的。在不同危险单位间，同类标的的灾损事件完全独立或微弱相关。很显然，危险单位与保险单位是两个完全不同的概念。二者关系从外延上看是包容关系，保险单位包含于危险单位。在保险经营中，当扩大承保面增加了危险单位的数量时，就可以使风险得到分散。相反，即使扩大了承保面而新增的保险单位仍位于原来的危险单位内，危险单位的总数量并没有增加，则扩大展业的结果并不会对危险的分散产生任何积极作用，甚至增强了损失集中的可能性，使保险经营更加不稳定。准确地说，在大数法则中随机变量的个数 n 应是指危险单位的个数。只是有时保险单位与危险单位是一致的，可以用保险单位代替。对于人身保险、企业财产保险、机动车辆保险等，就是这样。一个人、一栋房屋或一辆机动车是一个保险单位，同时也是一个危险单位。因为一般说来，一个人（一栋房屋或一辆车）发生灾害事故与另一个人（一栋房或一辆车）发生事故是相互独立的，它们间没有多大相关性。然而，农作物保险中却完全不是这样。

农作物保险承保的风险主要是气象灾害。气象灾害是气候的异常变化，而气候的变化是在广大的空间范围内同时发生的。一场冰雹绝不会只使某一农户（或农场）发生损失。它至少影响几个乡，而一场干旱或洪涝，其影响面则更达几个县，甚至几十个县、几百个县。对农作物保险来说，一个危险单位往往包含有几万个、几十万个保险单位，是众多保险单位的集合。危险单位的大小与各地区的气候、土壤、地形和作物种类等因素有关。不同类别的风险，其危险单位的大小是不同的；不同地形的作物区，每一危险单位所包含的范围也不一样。俗话说“雹打一条线”，雹灾的危险单位相对小些，一个县可能划分为几个危险单位。而干旱、洪涝所涉及的范围总是很广，一个省可能只包含有几个危险单位。危险单位的分区还可能会打破行政区域的界线，一个行政区可能被几个危险单位割裂。

根据数理统计学的基本原理，随机样本的个数 n 足够大即大样本时（一般认为样本超过 30 为大样本），样本平均数服从以总体平均数 M 为均值，以 $\frac{D}{n}$ 为方差（D 为总体方差）的正态分布。亦即在大样本条件下，样本均值落在总体均值周围 3 个标准差之内的概率是 99.9%以上。也就是说样本均值超过 3 个标准差之内的概率小于 0.1%。这个叫做中心极限定理的著名定理对我们农作物保险的意义在于：危险单位（随机样本）要足够大（至少超过 30），才能保证异常灾损的机会。因而，保险人开展农作物保险要求其承保的危险单位必须达到一定数量，只有这样年度平均损失额才会趋于基本固定，波幅不大，从而保证保险人经营的稳定性，风险从空间上得到分散。为数不多的危险单位，通过时间上的延长，也可增加危险单位个数，从而符合中心极限定理的要求，也能使风险得到分散。但是，如何能知道保险人所承保的农作物中包含了多少危险单位呢？怎样扩大展业才能保证承保的危险单位达到所需数量呢？这就涉及危险单位的划分问题。我们把农作物保险危险单位的划分作为农作物保险区划的两大任务之一。

2. 对价交换原则

保险人与被保险人之间签订保险契约的行为，实质上是达成一种买卖关系。因而，保险无可争议地是一种商品，农作物保险是否也为商品呢？按照西方经济学的观点来考察商品属性：商品的最主要特征是交换性或交易性，价格由供求均衡点决定。农作物保险作为农民在种植经营中处理风险的方式之一，以支付保费为代价转嫁风险，购买回一种对生产或收入的安全保障，这同样具有交易性。故此农作物保险是商品。

农作物保险的商品性，决定了农险经营必须遵循商品经营的共同原则——对价交换原则（或称收支均衡原则）。所谓对价交换，是指买卖双方在交换过程中用货币价值来衡量的权利（收入）与义务（支出）的对等。收支均衡是商品生产和商品经营的最基本要求。如果收不抵支，商品生产和商品经营将不会持续下去；只有当收等于支（零盈利），或收大于支（盈利）时，商品生产和商品经营才会继续。在农作物保险中，对价交换具体包括两层含义：一是保险人的收支对等，即保险人的总收入与总支出要保持均衡；二是投保人的收支对等，即从时点上看，每个投保人对同等保险责任交纳同额保费，并具有相同获赔机会，从长期看，每个投保人的保费支出与所得赔款收入要保持基本均衡。

保险人的收入来源主要是保费，保费所形成的基金的运用主要表现为赔款和管理费用。在一定时期内，保险人的保费总收入若能与同期的赔款和管理费用等总支出相抵消，我们就可以认为保险人实现了收支均衡。在这里，保险费一般是根据预期损失率推算出的费率由每个投保人预先交纳的，因而具有固定性和事先决定性。如果实际发生了大的损失，保险人的财务入不抵出，也不能再额外征收保费。因此，准确计算总体费率和预期保费总收入，对于保证保险人的收支均衡是至关重要的。总体费率确定后，在被保险人之间如何分配即如何确定每个被保险人应交的分费率呢？平均分配即实行统一费率吗？不能，必须体现公平原则，保险人从每个被保险人手里收来的保费应与其承担相应风险责任相等，也就是要贯彻“对价交换”的上述第二层含义。

被保险人的收入是其接受的保险人的赔款。支出是其交纳的保费（含管理费用）。被保险人的收支对等关系可用公式表达为：一定时期内所得到的赔款＝同期所交纳的保费－应摊管理费用。很显然，只要实现了每个被保险人的收支对等，就可实现保险人的总收入与总支出的均衡。在农作物保险中，地区间农业灾害风险的巨大差异导致被保险人之间收支额的差异，进而造成了实现农作物被保险人之间对价关系的复杂性。从理论上说，应该分别计算每个被保险人的费率，逐个区别收取保险费，才可能实现每个被保人的收支对等，体现被保人之间的绝对对价交换关系。然而，在实际中这种做法行不通，因为工作量太大，全部个体资料也无法获得，同时也没有必要逐个细微区分。计算费率时，除了必须体现对价交换原则，还应该加上一条互助性原则。在风险基本一致的一个区域内，对每个被保人都实行同一费率，即进行农作物保险费率分区。费率分区的步骤，是先按照一定的依据和指标划分风险区域，再选择适当技术方法分别计算各区域的统一费率（具体方法在第三部分论述）。费率分区的理论依据是对价交换原则和互助性原则，其中对价交换原则是首要的。

3. 农业气象学理论

农作物保险所承保的风险主要是自然灾害，而农业气象灾害所造成的损失占据各种自然灾害之首。气象灾害是气候条件的一种异常变化，使农作物生长不能适应自然界水、热、光等气候条件在时空分布上的突然变化而受到危害。因此，要研究农作物生产风险在时空上的分布规律，就必须了解气象灾害的形成、发生和分布机理，了解不同作物对气象因子的生态适应性，农作物保险的区划必须以农业气象学在这些方面的研究成果为依据。因此，农业气象学构成农作物保险区划的自然理论基础。

三、农作物保险区划与农业区划的关系

农作物保险区划和农业区划是既有区别又密切联系的两类区划。农作物保险区划是为开展保险服务的，主要研究影响农作物收获量的灾害风险的区域分布。农业区划的目的则在于更好地安排布局农业生产，主要研究一个地区农业生产基本条件（自然及社会经济的）的地区差异及作物的适应性。因此，农险区划与农业区划是既相联系又不相同的两种区划。二者的理论依据不同，目的和研究对象也存在差异，因此，农业区划不可能代替农险区划。但是，农业区划是农险区划的基础。二者的联系主要表现在：

农作物保险区划是按农作物进行的，没有良好的农作物生产布局与区划，农作物保险区划也难以进行。一个地区只有按照农业区划来进行布局和生产，将各类作物安排在最适宜的地区和适当集中，才会具有经济上的合理性和生产上的稳定性，也才可能为在这种地区进行农业保险区划提供合理的基础和便利条件。否则的话，农业生产没有按农业区划来布局，造成作物种植混乱而且不稳定，必然给农险区划带来极大难度。

农业区划要研究地区气候资源、土地资源等的分布，如温、光、水、土条件等，可为农险区划研究气象灾害的分布规律和特点提供资料基础。而且，农险区划和农业区划都要考虑各作物对自然因子的具体要求和受影响状况，具有某些一致性。

农险区划可借鉴农业区划的一些原则和方法。如农业区划的原则之一是要求保证一定行政界线的完整性，农险区划在确定各个分区的界线时，也要尽可能地同一定的行政区界相结合。某些农业区划方法在农险区划中也可通用，如聚类分析法等。

农作物保险风险分区和费率分区问题的探讨*

我国多渠道多部门进行农作物保险的试验已有近10年了，目前各有关方面都正在研究和探讨全面推行农作物保险的途径。在这些研究和探讨中，人们在农作物保险的组织制度方面、保险经营的财务方面涉及较多，而对某些技术和方法问题涉及不多。事实上农作物风险和费率分区是成功地开展农作物保险必不可少的先期准备工作和重要基础工作之一。本文就农作物区域划分及费率厘定问题做一探讨。

一、划分农作物风险区域的意义和依据

所谓农作物风险区，是指具有相同农作物生产风险的区域。划分农作物风险区域就是将农作物生产面临的风险，依据其种类、发生频率和强度以及时间空间分布的差异特征，及其对农作物产量的影响程度，按照一定原则在地域上区别开来，以便于科学合理地厘定农作物保险费率，使支付相同价格的农民可以购买同质的农作物保险单，亦即使保费负担与保险责任相一致。

保险的一个重要原则就是要坚持风险一致性。农作物生产都是在特定的空间上和环境条件（地理、土壤、气候、气象、社会经济和技术等）下进行的。不同空间位置、不同环境条件下，同一种农作物所面临的风险是不相同的，甚至在很小范围内也有很大差异。风险相异，该农作物的产量损失程度和损失的概率分布也不相同。因此，在农作物保险中，坚持风险一致性原则，首先就要根据农作物风险的差异和产量损失差异进行区划，或者对不同农作物保险单位进行风险等级识别，从而为确定费率等级和不同费率等级适用的范围提供科学依据和基础。

迄今，在我国的农作物保险试验中，大多数地方没有进行风险区域划分，也不可能在不同风险区实行不同费率，常常是一县（或更大）范围实行一个费率。而实际上我国绝大多数县境内同一种作物生产所面临的风险，无论是种类、强度

* 本文与丁少群合作，发表于《中国农村经济》，1994年第8期。

和发生频率都差异很大，同一作物的产量分布类型和损失概率极不相同。在这种条件下，即使靠行政手段实行一定范围统保，但由于费率不反映风险等级，也会带来不小的副作用。有人认为，保险就是一种互助共济活动，就是要由那些没有获得赔款的保户所交保费接济救助那些因灾受损保户。而事实上作为商品的保险，它的互助共济性质并不是指由低风险区的保户出高费率，高风险区的保户出低费率，以“均贫富”的方式来实现的。这样，就把保险这种商品交换活动与慈善机构的救助活动混淆了。保险的互助共济性质是以风险一致（风险均质）为前提的。风险引起农作物产量的损失是随机事件；众多的处于同一风险等级下的保险单位具有相同的损失概率；但在同一保险期限内，只有少数保险单位因风险灾害发生而受损，并得到赔款，这赔款就是没有受损的保户所交的保费。但由于大家损失概率相等，在一个较长时期内，各保险单位得到赔付的机会是均等的，从而在理论上，其得到的赔款总额与其交纳的保费总额是相等的。可见，保险所体现的互助共济是以商品的等价交换原则，即风险责任与保费负担相一致为前提的。

划分农作物保险的风险区域，或确定不同地区的风险等级，再在划分风险区域或风险等级的基础上厘定费率，是很多开展农作物保险的国家的共同做法和经验。加拿大的农作物一切险保险是各省独立开办和经营的，各省农作物保险公司都对本省进行了风险区域划分。例如曼尼托巴省就将全省可保地区划分为15个风险区，萨斯喀彻温省就分为23个风险区。同一风险区内的费率大体一致，但还要根据不同农场的情况加以调整。美国开展农作物一切险保险，是划分保险责任区，一般一个县的保险责任区有5～10个。相对来说，美国的保险责任区比加拿大的风险区面积要小一些。而每个保险责任区还将分为若干种不同费率。日本实行的是划分风险等级，每个府大约划分成6～8个风险等级。德国的互助雹灾保险会社，根据全国不同地区雹灾发生的次数、强度等因素，将全国分为44个风险区，分别适宜于9个农作物分组的每一作物。在风险区基础上厘定的费率有396个，单烟草保险的费率在风险区之间的变化幅度就达2.45%～17.5%。可见，各国尽管划分风险区的方法不完全一样，名称也有区别，但实质都是一样的，都是为了保证同一区域或等级内的风险基本一致。

根据我国的实际情况，我们认为，划分风险区域时所考虑的因素主要是气候和土壤两类。具体分为：①夏季降水总量；②夏季降水次数；③夏季平均气温；④作物生长期；⑤初霜期、终霜期和无霜期；⑥土壤，包括土壤肥力、土壤结构、透水性、土壤类型等；⑦土地的海拔高度。除了考虑上述因素（或准则），还必须考虑农作物种类和经济技术条件。

二、划分风险区域的指标和方法

我们设计的划分风险区域的具体指标有以下9个：

（1）作物产量水平。这是划分风险区域的综合性指标。采用多年平均亩产量。

（2）产量变异系数。这是衡量亩产量年际变动幅度的，也是一个综合性指标，但它是相对指标，剔除了生产力水平的差异。其计算公式为 $C_V=\sigma/\overline{Y}$（其中，σ 是产量的标准差，$\overline{Y}$ 为平均亩产量）。由于 σ 从一定程度上反映了生产风险的差异，所以 C_V 越小，表明生产越稳定，生产风险也就越小。

（3）灾害发生频率和强度指标。包括不同灾害（特别是当地的主要灾害）发生的次数和强度，如平均发生次数、持续时间长短、发生季节。

（4）气候综合评判值。选取有代表性的作物生产地区，用若干年的气象资料和产量资料，进行逐步回归分析，找出影响作物产量的关键性气象因子（光、热、水、气等）。再用综合评判方法，对不同地区的农作物气候条件做出总的评价——气候综合评判值，以评判该地区气候方面的生产风险大小。评判值越大，说明该种作物适宜种植的程度越高，生产风险越小。

（5）地理指标。可以将影响作物生产的主要地理方面的因子（例如海拔高度）作为衡量生产风险的地理指标。也可通过不同地形地貌（山地、丘陵、平原、河谷等）与作物产量间关系的分析，确定评分标准，再给各地区打分，以分数高低衡量生产风险大小。

（6）土壤等级。根据各种类型土壤的物理和化学性状（肥力、结构、透水性等）与作物产量的关系划分成若干等级。

（7）水利设施指标。可用水浇地比重，或反映集约化水平的每亩耕地水费额来表示。

（8）其他经济技术条件的综合评判值。根据不同地区农民的农事经验、耕作技术水平、交通通信条件等综合评分。用这个综合评判值反映作物生产的经济技术条件对产量影响的大小。

（9）作物结构。反映同一地区不同作物群体易受灾损的程度。这实际上也是一个综合性指标。要先按各种作物易受灾损程度，分成不同等级，再根据不同作物在该地区种植面积，最后得出作物结构综合指数。

尽管上面罗列了 9 类指标，但这些指标在划分风险区域时其权重不是平均的。因为它们各自对作物产量损失所起的作用不会是均等的。因此。在具体划分风险区域时，应在综合分析的基础上，抓住对风险区形成有决定影响的主导指标是很重要的。当然实际操作时还有基点选择和区域范围大小的确定问题，这里就恕不赘述了。

划分风险区域，这里有两种方法可供选择：一是指标图重叠法，一种是模糊聚类分析法。

采用指标图重叠法大体分如下几个步骤：

（1）分析和确定主导因素。首先分析对分区有决定作用的指标因素的分布特点，根据这些指标因素相互间的联系，初步弄清风险区域差别形成是由于稳定性因素的影响，还是受偶然性因素的影响。如属前者，便可视为形成区域差别的因素。

（2）根据稳定性指标因素分布集中的程度，大体上描出各个分区的轮廓界限。

（3）找出各分区的准确边界。比如，先要找出代表某个区域的主导因素分布的核心区域，然后以主导因素为标准，由核心区域向外扩展，最后定出边界。在两区之间的过渡地带，界限往往难以确定，要反复对比衡量来确定。

在自然和经济技术条件比较复杂的地区，就不便采用上述指标图重叠法，而要采用模糊聚类分析法。这种方法在做区划研究时曾有过成功的运用。为节省篇幅，这里也不详述。

三、风险区域与费率区域的关系

前面主要阐述了什么是风险区域，为什么要进行风险区划和如何划分风险区域。但风险区划本身并不是目的，风险区划的目的是为科学合理厘定保险费率提供基础和基本依据。

目前国内的农作物保险试验，多数保险人还缺乏明确的风险区域（或风险等级）的概念，因而费率的厘定和应用带有一定程度的盲目性、随意性，也就缺乏科学合理性。例如，一个险种在一个县、一个地区甚至更大范围厘定和执行同一费率就是其表现之一。

风险区划为科学合理厘定费率提供了基础，也提供了方便。但在同一保障水平下同一种费率适用的区域是否与风险区域相一致（即一个风险区内同一保障水平下，实行一个费率还是几个费率），还要因地制宜地加以确定。一种情况是一个风险区（或风险等级）内制订一个基本费率（对于同一保障水平），然后根据风险区内各个保户的具体情况（例如农场装备、经营管理水平等）加以调整。另一种情况是一个风险区实行一个统一的费率（同一保障水平下），区内所有保户都一样不再做调整。在加拿大实行的是前者。加拿大的农作物生产主要分布在大平原地区，条件比较好，在小范围里生产风险差异小，所以他们的风险区面积比较大，小的有50多千米^2，大的有300多千米^2。但为了更加公平合理，尽可能考虑到不同农场间在生产风险方面的差异，所以，在某风险区基本费率的基础上还需进行个别调整。就是说，即使同一风险区内，各个保户在同一保障水平下的费率不完全相同。但在我国的大多数地区，即使是一个县范围内，地形地貌、气候、农业技术装备、农作物生产基础建设状况以及土地生产率都存在着明显差别。而我们还比较缺乏农作物保险信息和经验，保险人面对的又是农作物生产经营很小很分散的农户。因此，如果是在我国进行风险区划和费率分区，风险区域应当划得较小，而费率区最好与风险区一致，不必按农户或保险单位进行个别调整，这样既切合我国实际又比较合理，也便于操作和应用。

四、风险分区和费率分区的实例

位于关中平原的泾阳县是陕西省一个产棉大县，共 20 个乡镇。我们收集了该县 1983—1992 年的乡级棉花亩产量资料及水利、地形等自然资源资料，试以其棉花一切险为例进行风险分区和费率分区。

（1）各乡 10 年棉花平均亩产量。该县按乡（镇）平均棉花最高亩产（53.37 千克）与最低亩产（19.41 千克）相差 2.7 倍。按亩产水平将乡镇划分为 5 个区。

（2）各乡 10 年棉花亩产量变异系数。变异系数最高的乡（0.472 8）与最低的乡（0.302 5）相差 56%。根据变异系数由低到高把全县也分为 5 个区。

（3）水利资源分布。按各乡水浇地占总耕地面积的比重及机井眼数，将全县划分为 3 个区。

（4）地形地貌及土壤资源分布。该县地形以冲洪积平原为主体，又有较大的黄土台原和基岩山区。冲洪积平原约占全县一半面积，分布于中部 9 个乡镇。黄土台原占 1/4，分布于南、北部 9 个乡镇。基岩山区占 1/4，主要分布于西北部 4 乡。

该县的土壤类型主要有灌淤土、黄土、垆土等。

选定上述 4 条指标中的平均亩产量和亩产量变异系数为分区的主导指标因素，运用指标图重叠法划分出不同风险区域。划区的基本原则有 3 条：

第一，平均亩产量相近且亩产量变异系数相近的乡归为同一类，在同区内，任意两乡的平均亩产量相差不超过 5 千克；任意两乡的亩产变异系数相差不超过 0.05。

第二，两区之间的过渡区域，以水利装备指标和地形地貌指标相近为标准归类。

第三，以行政乡为分区的基本单位，保证各乡行政界线的完整性。

经过反复归并和对比衡量，最后选出最优的 6 区划分方案。各分区的基本情况见表 1。

表 1　泾阳县棉花保险风险区域划分

风险区域	平均亩产量 $\bar{Y}$（千克）	亩产变异系数 $\bar{C}v$（%）	所包括的乡镇
Ⅰ（低产不稳区）	20.5	42.2	白王、兴隆
Ⅱ（较低产不稳区）	28.9	43.1	永乐、口镇、太平、蒋刘

（续）

风险区域	平均亩产量 $\bar{Y}$（千克）	亩产变异系数 $\bar{C}_V$（%）	所包括的乡镇
Ⅲ（中产较稳区）	36.3	35.5	崇文、高庄、姚坊
Ⅳ（中产不稳区）	41.6	40.9	蒋路、龙泉、燕王
Ⅴ（高产稳产区）	47.9	31.4	三渠、桥底
Ⅵ（高产不稳区）	49.4	38.7	雪河、泾干、中张、王桥、扫宋、云阳

利用正态函数法分别计算各风险区域的费率。设定保障水平 $C=0.5\bar{Y}$，亩产量 Y_i 与风险区域平均亩产量 $\bar{Y}$ 的标准差 $\sigma=0.25$，最低年损失率 $L_{\min}=0.01\bar{Y}$，计算公式为：$L=A\ (C-Y)\ +d\sigma$。各风险区域的保险金额、保险费及费率计算结果如表 2 所示。

表 2　泾阳县棉花保险保额及费率分区（按五成统一承保）

单位：元/千克，%

分区	Ⅰ	Ⅱ	Ⅲ	Ⅳ	Ⅴ	Ⅵ	平均
每亩保额 C	61.5 (10.25)	86.7 (14.45)	108.9 (18.15)	124.8 (20.8)	143.7 (23.95)	149.4 (24.9)	117.74
每亩净保费 NPR	5.46 (0.91)	5.76 (0.96)	6.18 (1.03)	9.18 (1.53)	6.90 (1.15)	10.74 (1.79)	7.91
保额费率 $NPR/C\times100\%$	8.9	6.6	5.7	7.4	4.8	7.2	6.7

注：(1) 括号内的数字为保额、保费的实物量。
(2) 全县平均数是以各区所包括的乡镇个数为权数进行加权平均而得。
(3) 皮棉价格以每千克 6.00 元计。

表 2 是按各风险区域 10 年平均产量的相对数即五成统一承保计算得出的。从表中可看出，各风险区域的保险金额有显著性差异（61.5～149.4 元），保险费也不相同（5.46～10.74 元）。为了便于比较各区域的风险程度，我们按绝对数的统一保额计算出各区费率。

假定每亩保险金额 C 为 90 元，即担保产量为 15 千克。通过计算，6 个风险区域的费率水平如表 3 所示。

表 3　泾阳县棉花保险统一保额下的费率

单位：元/千克，%

分区	Ⅰ	Ⅱ	Ⅲ	Ⅳ	Ⅴ	Ⅵ	平均
每亩净保费 NPR	12.84 (2.14)	6.60 (1.10)	4.32 (0.72)	5.58 (0.93)	3.30 (0.55)	4.68 (0.78)	5.82 (0.97)
保额费率 $NPR/C\times100\%$	14.3	7.3	4.8	6.2	3.7	5.2	6.5

（续）

分区	Ⅰ	Ⅱ	Ⅲ	Ⅳ	Ⅴ	Ⅵ	平均
保额占期望亩产量的比重	0.73	0.52	0.41	0.36	0.31	0.30	0.41
亩产变异系数	42.2	43.1	35.5	40.9	31.4	38.7	36.2

注：(1) 各风险区域的每亩担保产量 C 均按 15 千克计。

(2) 年最低损失率统一以 0.4 千克计（约占全县期望亩产量的 1%）。

(3) 括号内数字为保费实物量；皮棉价格以每千克 6.00 元计。

在保险金额一定时，各风险区域的损失率亦即纯费率差异很大。保费的变化幅度从每亩 3.30 元到每亩 12.84 元，相差 2 倍多。从保额费率看差异更大，费率最低的是高产稳产区（Ⅴ区），仅为 3.7%，费率最高的是低产不稳区（Ⅰ区），高达 14.3%，Ⅰ区比Ⅴ区高近 3 倍。各区费率差异的原因可从两方面来解释：一是承保产量占各区期望亩产量的比重不同，期望亩产量越高，费率会越低一些。Ⅰ区和Ⅱ区亩产变异系数相近，但同保 15 千克产量，对Ⅰ区来说是保了七成多，Ⅱ区仅为五成多，因而Ⅰ区的费率（14.3%）比Ⅱ区（7.3%）高得多。二是各区亩产量的离散或集中稳定程度不同，变异系数愈大的，说明生产不稳定、风险较大，因而损失率愈大，费率也愈高。Ⅴ区和Ⅵ区期望亩产量相近，甚至Ⅵ区还稍高，但Ⅵ区的亩产量分布离散程度大，反映为Ⅵ区的变异系数比Ⅴ区大得多，所以同保额是Ⅵ区的费率高。

目前泾阳县开展了棉花综合险统保，实行统一保额每亩 80～90 元（灌区 90 元，原区 80 元），统一保费为每亩 5 元。根据前面的计算和分析，我们认为：第一，总体费率水平偏低。据计算，保额为 90 元时，全县平均净费率应为每亩 5.82 元，再加上安全费率和管理费用率至少在每亩 6.5 元以上，现行费率低了 30%。费率偏低将导致保险公司的过高赔付率和亏损经营，或者是不能保证足额赔偿棉农损失，丧失公司信誉。第二，费率结构不合理。6 个风险区域的生产风险和损失概率是不同的。棉农的保费支出与其享受的补偿权利不对等。对高风险区的农民来说，保额过高，有利可图，会大力投保；对低风险区的农民来说，保额太低，损伤投保积极性。可见，对于一个产量水平和生产风险差异很大的地区，很有必要根据科学的理论与方法合理划分风险区域并进行费率分区，在不同的风险区域根据不同保障水平实行不同保额和费率（如同表 2 计算的那样），而不宜实行统一保额和统一费率。

《发展陕西省农业保险的途径》课题研究报告*

农业保险（种植业、养殖业保险）是一类特殊的保险，也是难度较大的保险。其重要原因是：农业保险的标的是在很大程度上受制于环境条件的有生命的生物。农业生产是在特定的地理环境和气候下进行的，各种农作物和饲养动物都有其生态适应性。同时，农业保险的发展也在很大程度上受到经济发展水平的制约。因此，在我们这个地域辽阔、自然条件多样和经济发展水平相当不平衡的国家里研究农业保险，不仅有必要从全国总体的角度上进行，而且有必要从不同地区局部的角度上进行，以便于我们在探索我国农业保险的发展道路时，注意考虑农业保险的地区性特点。

陕西省试办农业保险已有 8 个年头了，总的进展比较缓慢。1988 年全省农业保险的保费总收入 434 万元，仅占全省保费总收入的 2.06%。目前试办的农业保险险种不少，但覆盖面很小。除个别险种（如小麦收获期火灾保险、烤烟保险），几乎没有成气候的险种。对全省经济和社会发展具有重要意义的主要农作物（如小麦、玉米、水稻、棉花、油菜等）和主要饲养动物（如生猪、奶牛、鸡、耕畜等）在生产过程中的主要风险，基本上没有或很少提供保险保障。有的地区几乎没有涉足农业保险。这种状况的形成有其必然的内在和外在原因。本研究试图从本国本省的实际出发寻求这些原因，并借鉴国内外发展农业保险的经验教训，探讨发展陕西省农业保险的必要性与可能性；以及在现实条件下，采取什么模式和途径推进农业保险，为建立符合省情的农业保险经济补偿制度，促进陕西农业的稳定发展做一些努力。

* 本文与焦玉杰、孙胜元合作，载于中国保险学会编《1991 年全国保险优秀论文选》，新疆科技卫生出版社，1992 年 12 月。《发展陕西省农业保险的途径》课题组成员有庹国柱、焦玉杰、孙胜元、高文平、齐霞、王金祥，庹国柱为课题组负责人。

一、陕西省情特点和发展农业保险的必要性

陕西省位于祖国腹地，地处黄河中游，南北长 860 千米，东西最宽处 430 千米。土地总面积 20.6 万千米^2，占全国土地总面积的 2.1%。省辖 6 个地区和 4 个省辖市，共设 107 个县（区、市），1987 年年末总人口为 3 088 万，其中农业人口 2 530 万，占人口的 81.9%。

（一）发展农业保险是陕西农业发展战略思想的重要组成部分和配套政策

在全国经济发展的地区中，陕西省属于西部地区，属不发达地区。不仅工业经济、商业经济落后，农业经济也相当落后。除关中平原和陕西低山平坝区的农业较发达，农业的劳动生产率、耕地生产率，以及某些农、畜产品的商品率接近我国中部地区的平均水平，其他地区的农业基本上仍处于传统农业或由传统农业向现代农业过渡的起步阶段，农业生产水平很低。陕北、陕南还有几十个县粮食尚且不能自给，约有 300 多万农村居民的温饱问题没有解决。有 34 个县属国家扶持的重点贫困县，约占全国总县数的 1/3。1986 年全省人均占有粮食、棉花、油料和猪、牛、羊肉的数量只相当于全国平均水平的 86%、41%、71%和 58%，农村人均收入居全国倒数第二位。近两年虽有一定增长，但到 1988 年年末，农村人均纯收入只有 404.15 元，仅为全国平均数的 74%，为东部地区平均数的 59%。近几年来，全省虽然粮食基本自给，但棉、油、木材等仍依靠调入。全省农业商品率不超过 43%。

随着整个国民经济的发展和人口的增长，特别是农村人口的急剧膨胀，加上全国城市和农村经济改革客观环境的变化，陕西农业所承受的压力越来越大。如果说 40 年发展农业经济的成就尚可聊以自慰的话，眼前和可以预见的未来的农业形势却是难以令人乐观的。号称陕西粮仓的关中平原和汉中盆地，其种植业特别是粮食生产水平已不算低，土地报酬递减的现象已非自今日开始，耕地生产率的提高速度明显减慢，而耕地又以每年 2.67 万公顷多的速度减少，农业生产的物质技术装备也难以得到较大改善。这不仅是因为陕西省各级财政困难，农民收入水平不高，在改善农业生产的基础设施以及对农业科技的研究、应用和推广方面难以大量投资，突破性的农业科技成果和高效配套增产措施不多，而且是因为在传统的小农思想的舒服和工农产品“剪刀差”政策的抑制下，农民还缺乏增加农业投入的动力和热情。因而，农业商品生产的发展受到限制，特别是在粮食生产上，从 1984 年以来全省粮食生产连续 4 年徘徊。1988 年总产 983.6 万吨（仍低于 1987 年），人均仅 313.7 千克。而在目前和不远的将来，陕西省要从国外或省外较多地购买粮食，凭其实际经济发展状况和财力却非易事。因此，立足于陕

西经济和社会的长远发展，除了制定正确政策采取切实措施加强农业建设，别无其他选择。农业保险是组织具有相同农业风险的多数单位或个人，按照一定原理和原则共同筹集资金，建立集中的不同于财政后备基金的补偿基金——保险基金，对其中遭受自然灾害和意外事故的损失者进行经济补偿。毫无疑问，发展农业保险，建立起农业保险经济补偿制度，减少农民收入的波动，保证农业再生产的顺利进行，鼓励农民特别是一些较高农业风险地区的农民，增加关于国计民生的农畜产品的生产，应该是陕西省农业发展战略思想的重要组成部分和配套政策。

（二）发展农业保险是分散农业生产风险、稳定农业生产的重要手段

陕西省农业形势严峻，就其客观因素来讲，主要是大部分地区农业生产的自然条件太差。陕西省由南向北跨北亚热、暖温和中温 3 个气候带和湿润、半湿润、半干旱 3 个分水区，北秦岭山脉和北山划分为陕北黄土高原、关中平原和秦巴山区 3 个明显的自然区。在土地总面积中，高原占 45%，山地占 36%，平原占 19%。陕南秦巴山区气候较好但缺土且洪涝灾害较多，陕北黄土高原霜期较长且干旱少雨，关中平原的旱灾、雹灾和秋涝灾害也比较频繁。据统计，在 1952—1986 年的 35 年里，全省干旱、雨涝、冰雹、病虫等农业灾害平均每年受灾面积占总耕地面积的 19.8%，比全国同期的平均水平高出 58%，这使得农作物产量低而不稳，棉花、玉米、油菜等农作物的产量年际之间差异很大，稳定性极差。根据我们收集的 1977—1986 年的资料计算，棉花产量的离散系数①，一般为 29%～56%，玉米产量的离散系数一般为 13%～40%，油菜的离散系数一般为 15%～31%。玉米生产的高风险（主要是干旱的威胁）导致雨养农业地区（例如渭北旱原）减少了回茬玉米的播种面积。棉花生产的高风险（主要是春季低温干旱、秋涝和病虫害的威胁），加之棉花生产的比例下降，使全省棉花播种面积由 70 年代末的 27.3 万多公顷锐减到 1987 年的 5.8 万多公顷，致使发展迅速、成为陕西重要财源和经济支柱的陕西棉纺业“无米下锅”，即使出较高价钱从外省求购也不能满足需求，不少生产厂家只好部分地停产关厂。这不仅使农民因此减少数亿元的收入，而且使省地县财政蒙受数亿元的损失。家畜家禽在饲养过程中也是一样，由于疫病和其他意外事故，畜牧业生产的稳定性受到影响。特别是畜牧业商品生产刚刚起步的当前，生产企业或专业户资金不雄厚，经营规模还不很大，畜禽病疫或意外事故给不少企业和专业户造成重大损失，甚至使其负债或破产。固然应对农业自然灾害首先要依靠农田水利建设，种树、种草等改善

---

① 离散系数（也称变异系数），是用来度量随机变量（例如作物亩产）在其平均值周围分布情况的一个指标。它是变量的标准差与平均值的比率。

生态环境措施来改变农业生产条件，依靠抗逆性强的农作物和畜禽新品种的培育以及各种农作物和饲养新技术的推广应用，从而使农业自身增强抗灾能力。但是，农业抗灾能力的增强有一个过程，而且总是相对的，无论在这些方面做出多么大的努力，在可预见到的将来，农业所面临的自然灾害和意外事故总是难免的，因此对农业实行风险管理无疑是必要的。实践一再证明，农业保险是农业企业进行风险管理的有效的重要的手段之一。发展农业保险，建立起农业保险经济补偿制度，就可以使自然灾害和意外事故在局部地区或少数生产单位造成的损失在较大范围内分摊，从而使受损企业和个人的经济得到充分补偿，保证受灾地区的农业再生产不致因灾害事故而缩小生产规模、降低发展速度，也不致因灾害事故带来更多的社会问题。

（三）发展农业保险是农业投资和农业科学实用技术推广应用的安全保障

大力发展农业商品生产是陕西省的既定政策，也是加快陕西经济和社会发展的先决条件之一。鉴于不利的自然条件和严峻的经济和社会环境，省政府已决定增加对农业的投资，加速改善农业生产条件，增强农业发展后劲。准备 1989 年将省级新增财力的 31.3%，地、市新增财力的 20%用于农业，并将预算内基建投资和地方统筹外汇的 1/3 用于农业。同时国家也将提高合同定购的粮食收购价和棉花收购价，并完善合同定购粮食与平价化肥、柴油和预购定金“三挂钩”的政策，适当增加挂钩化肥的供应数量。对这些政策措施的落实，农民必定会做出积极的反应，增加对农业生产的物资投入，从而有可能较多地运用现代科学技术和生产方式对农业自然资源进行立体开发，改善农业生产的基本条件，实行集约经营，使计划中的农、林、牧、渔商品生产基地的建设加快。加上其他政策措施，农、林、牧、渔业生产经营规模在未来一二十年内也完全可能扩大。伴随着不断增加的农业资金、物质的投入和新科学技术的应用而来的日趋增加的经济风险，已经并且将进一步受到有关方面的关注和重视。近几年来广泛推广的地膜覆盖技术就是一例。地膜覆盖棉花、地膜覆盖玉米、地膜覆盖蔬菜是大幅度提高这些农作物产量的实用新技术。但应用这项新技术需要增加不少投资，仅地膜一项每亩需要 20～30 元，而突如其来的灾害不止一次使这些投资付诸东流。这是地膜覆盖技术在不少地方推广受限的重要原因之一。因为农业投资的安全不仅关系到农民的切身利益，也关系到信贷部门、有关物资部门和政府的利益。从根本上来说，它关系到农业投资的最终效果。农业保险的发展，有效地保障了农业投资的安全，从而解除了广泛推广应用农业科学实用新技术和增加物质投入的后顾之忧，这就在一定意义上加快了陕西农业商品经济的发展速度，促进了陕西农业商品生产规模的扩大。

总之，农业商品经济的加速发展对陕西省整个经济和社会发展至关重要，而农业保险在农业商品经济发展中所扮演的角色也毋庸置疑。世界各国的经验都表明，农业保险随着农业商品经济的发展而得到越来越快的发展。而农业保险的发展对其农业商品生产的稳定和迅速发展发挥了不可低估的作用，如果说，在过去自然经济和半自然经济的条件下农业保险对陕西省农业发展的意义还不那么明显的话，那么在大力发展农业商品生产的今天和明天，它的重要性和必要性将日益为人们所认识。

二、陕西省发展农业保险的可行性

发展农业保险的可行性包括经济可行性、社会可行性、组织可行性和技术可行性。其中，经济可行性是最根本的，也是最重要的。因此，我们这里主要分析经济可行性。

前述分析表明，从一般意义上来讲，陕西省有对农业保险的需求。但总的来说这还只是一种潜在的需求。而对保险商品的购买需求同其他任何物质商品一样，有实际意义的是现实的有效需求。换句话说，潜在的需求仅仅是发展农业保险的必要条件，而非充分必要条件。建立农业保险经济补偿制度，发展农业保险的充分必要条件是对农业保险的现实的有效的需求和与这种需求相适应的充分的供给。

保险产生的前提是剩余产品的出现，而真正的专业型保险则是商品经济的产物。有商品经济一定程度的发展，有较发达的社会分工，保险才可能从生产企业自身的功能中分离出来，变成独立的第三产业的重要部门。农业保险也不例外，它的产生和发展是与一定阶段农业经济发展水平相适应的；农业商品经济发展到一定程度，才会产生对农业保险的现实的有效的需求，而农业经济乃至国民经济发展到一定发展水平，才能有农业保险的充分的供给。这一点已为许多国家农业保险的发展历史以及我国试办农业保险的经验所证明。

（一）经济发展水平决定着保险的需求与供给

农业保险最早产生于较发达的资本主义国家。德国早在18世纪就开办了农作物冰雹保险。法国在18世纪末开办了农作物冰雹保险。美国的农作物保险始于1899年。牲畜保险在发达资本主义国家也有了100多年历史。尽管农业保险在这些国家诞生较早，但真正较大规模的发展是20世纪三四十年代以来的事。而三四十年代，这些国家都已经实现了农业的现代化，并在此后的几十年间取得了农业相当高的增长率。他们在三四十年代的农业劳动生产率比我国80年代的劳动生产率还要高，有的国家甚至比我们高出几十倍。这些发达资本主义国家的农民在三四十年代的收入水平也是我国今天的农民所无法比拟的。即使如此，发达国家的农民对农业保险的现实的有效的需求仍相当有限。私营商业性保险公司所能提供的农业保险更为有限。拿美国来说，1985 年农作物一切险实际承保面积不过 1 963.7 万公顷，仅占可保农作物总面积 10 743 万公顷的 18.28%。而涉足农业保险和再保险的六十几家私营商业性保险公司仅提供了少量的雹灾险和火灾保险以及再保险，几乎无一家提供一切险保险。

发展中国家农业保险的发展也是与其农业经济一定程度的发展相一致的。亚洲、非洲、拉丁美洲的广大第三世界国家贫穷落后，小农经济占主导地位，农业商品经济很不发达，农民的收入水平也相当低。因此，只是在近 20 多年中这些国家政治经济得到独立，国民经济得到较快发展，才开始提出发展农业保险的问题。试办农业保险较早的国家是在 50 年代末 60 年代初（如斯里兰卡），较晚的国家直到 70 年代末 80 年代初才开始试办（例如，孟加拉国、印度、菲律宾、巴基斯坦、印度尼西亚等）。迄今，这些国家仍在小范围试办，险种很少，成功的范例也不多见。这种状况固然跟农业保险本身的特点和困难有关，但根本上是由这些国家典型的“二元经济结构”及其政策所决定的，农村的凋敝和农民的贫穷使农业保险既无现实的有效的需求，也无充分的供给。这些国家有限的有效需求和供给主要来自政府，来自政府发展农业的政策。

（二）陕西省部分地区具有对农业保险的现实有效需求

现在，我们再来具体考察一下陕西省的情况。

正像前面所分析的那样，陕西经济不发达，农业经济更落后，农业商品化、社会化、现代化水平很低。迄今除了少数农作物（如棉花、油菜、水果、蔬菜等）和畜禽（如奶牛、生猪等），基本上属于自给性生产。不仅农民贫穷，地方财政也十分困难。全省有 74 个县（区）的财政不能自给。特别是陕西和陕北 53 个县（区），其财政全部要依靠省财政补贴。一般说来，这种经济背景和实力是发展农业保险这类特殊保险（其特殊性不仅在于其特殊意义，而且在于其特殊困难）的重大障碍。这样讲并不是说陕西省目前完全没有发展农业保险的可能性，也并非根本没有对农业保险的现实的有效的需求，而是就全省而言，目前尚不具备全面发展农业保险的条件。但在某些地区（例如关中地区和汉中地区）却具备这种条件。关中和汉中的农业经济在全省具有举足轻重的地位和作用。这两个地区土地面积共有 5 万千米^2，约占全省土地总面积的 24%。但其农业总产值却占全省农业总产值的 73%（1987 年，下同），其农村经济收入占全省农村经济收入的 93%，粮食产量占全省的 78%，棉花产量占全省的 99%，油菜产量占全省的 89%，肉类产量占全省的 63%，奶产量占全省的 96%，禽蛋产量占全省的 80%。这两个地区的农业商品经济已经有了一定程度的发展，全省已经和即将建立的粮、棉、瘦肉猪、肉牛、苹果等国家和省级项目商品农产品基地有 97%都在这里。随着商品农产品基地的建立和发展，这些地区的农业区域化、专业化水平有了较快的提高。不仅小麦、水稻、玉米、油菜，而且水果、蔬菜、鲜奶等生产都比较集中。例如，关中东部、中部的大荔、渭南、临潼、泾阳等10个县、区的棉花播种面积占了全省播种面积的87%，关中中部和西部的10多个县、区所饲养的奶牛、奶山羊占了全省饲养量的90%以上。不仅如此，农业（特别是养殖业）生产经营规模也在扩大，饲养十几头牛、几十只羊、几百只鸡的专业户在这些地区屡见不鲜。因此，这些地区的农民的收入也提高较快。

1988年关中地区的农民人均纯收入比全省平均水平高近20%，也有约25%的县（区）人均收入高于全国平均水平。关中和汉中地区农业商品经济的这种蓬勃发展局面，为农业保险在这些地区的开展奠定了较好的基础。

我们的调查表明，在这些地区，由于刚开始发展商品生产，大多数专业户或合作经济组织经营规模还不大，虽然经济收入普遍高于非专业化、商品化生产的农户，但自身的后备力量很有限，没有多少力量抵御灾害和事故。因此，他们要求参加农业保险的愿望最迫切，也具备一定的支付能力。这就形成了对农业保险的一定的现实有效的需求。例如，西安郊县和其他地区奶牛专业户和合作奶牛场饲养的奶牛有1万多头，但平均每户不过2头。1头奶牛在1986年、1987年每年获毛利润约1 100元。但死不起牛，死1头牛就是毁灭性打击，甚至人命关天，在这些地区发展奶牛保险既有客观必要性，又有现实可能性。

就关中、汉中地区来说，对农业保险的现实有效需求，还来自于各级政府。作为陕西省的农业发展目标，是要保持农业生产的稳定而迅速发展，为城市、工矿业和乡镇企业的发展提供充足的农林牧渔商品产品，从全省来讲，最低目标是要实现主要农产品，特别是粮食的自给，这是安定社会生活和经济腾飞的基础。而关中、汉中农业生产的稳定发展对实现上述目标至关重要，省财政有必要也有可能拿出一定财力来支持首先在这些地区发展农业保险。就关中、汉中地区来讲，特别是其中农业商品经济较发达的县、区，其财政收入也较多，一旦其决策人认识到农业保险在本地农业商品经济发展中的地位和作用，就有可能筹集一定资金来支持农业保险的发展。陕西省烤烟保险的成功，其原因之一就是这些基地的县政府和有关部门为了农民的利益，也为了自身的利益，积极从财力、人力、物力等方面参与和支持了烤烟保险。

（三）陕西农业保险供给的多元化苗头

农业保险的供给问题比起城市财产保险、人身保险等供给问题也更为复杂。目前陕西省农业保险市场同其他地方一样，也出现了多元化供给的苗头，其直接原因是农业保险的现实有效需求虽然有限，但其供给仍显不足。

供给不足主要是因为在保险市场上起主导作用的中国人民保险公司（以下简称人保公司）对农业保险缺乏足够兴趣。这是人保公司的企业经营性质与农业保险的社会保障性质发生矛盾的必然结果。农业保险的效益是外在的，农业保险的主要受益者是农民和整个社会，从而与商业性保险公司的利益发生背离，这对它们自然就缺乏足够吸引力。于是人保公司只可能在极少数领域提供低保障水平的农业保险项目；同时，保险公司也积极探索与县政府或有关部门联合起来开办农业保险，以便共同分担风险，也利用政府的行政力量尽可能扩大保险覆盖面，较为有效地分担风险，有的行政部门或事业部门在农业保险供给不足的情况下，便利用某些事业费作为基金试图单独办农业保险，而在那些得不到充分的农业保险供给的地区，从事专业性商品生产的农民也开始组织起地区性、专业性合作保险或相互保险。在当前经济改革的环境里和尚无保险立法的情况下，农业保险的这种多元化的供给是不可避免的。尽管这种多元化供给有不少弊病，并会在某些地方带来不利的影响，但它适应了农村经济改革的形势，在某种程度上满足了日益增长的多方面的对农业保险的需求。

综上所述，目前乃至今后的一个时期内，陕西省不仅有发展农业保险的客观必要性，又有至少是局部地区发展农业保险的现实可能性。然而对农业保险的需求和供给都是有限的，并且各地区间具有较大的不平衡性。

三、农业保险的发展模式

陕西省发展农业保险的必要性与可行性是毋庸置疑的。那么，陕西省农业保险应遵循什么发展道路，选择什么发展模式呢？

我们认为，就发展模式而论，有必要从全国农业保险的总体上加以探讨。

（一）国外农业保险的发展模式

许多国家有较长的发展农业保险的历史，在长期的实践中，形成了符合本国国情的具有不同特点的发展模式。简单归纳起来，主要有以下几种：

1. 前苏联模式

这种模式的特点是以集中统一的国有农业保险机构（在前苏联是国家保险总局）对全国农业保险实行垄断性经营。无论国有、集体农业企业或个体农民的所有或主要财产（既包括农作物、饲养动物，也包括建筑物、设备机械、运输工具、产品、原料等），甚至职工和农民自身，都依法实行强制保险。保险责任重且广泛，几乎包括所有自然灾害和意外事故。农业保险是社会保障性的（即政策性的），不盈利，国家补贴大部分经营管理费用并提供一笔基金（前苏联政府提供了10亿卢布的基金）。农业保险和其他农村保险业务放在一起并实行独立核算，保费收入全部免税也不上缴财政，支付赔款和防火费用及少部分管理费后全部留存作为准备金积累，以应付巨灾赔款。采用这种模式的国家除了前苏联，还有罗马尼亚、保加利亚、波兰等东欧国家，但各具特色，具体实施重点和方式都不尽相同。

2. 美国、加拿大模式

这种模式的主要特点是国家农业保险机构与私营保险机构并存，并在某些方面竞争，社会保障性经营与商业性经营并行，且各有侧重。政府政策的重点在于农作物，特意制订了有关农作物保险的法规，并依法设立官方的农作物保险机构，专门提供农作物一切险和再保险。这种经营是社会保障性的，自愿投保的农民均可得到政府的保费补贴（美国的保费补贴约为 1/3，加拿大补贴 1/2，墨西哥的保费补贴约为 1/5），政府认购该机构相当数额的资本股份（例如美国政府认购了其联邦农作物保险公司的资本股份是 5 亿美元），并支付其一切经营管理费用，还对其资本、存款、收入和财产免征一切赋税。各种私营、联合股份保险机构和保险互助会社，政府有关保险机构，可以经营任何种类的种植业、养殖业和其他农业企业财产的保险和再保险，某些险种也可以得到政府的补贴。除美国、加拿大，墨西哥、智利等国家基本上也采用这种模式。

3. 日本模式

采用这种模式的主要是日本。这种模式的特点，一是政策性强，二是主要经营农业保险的不是政府办的专业保险机构，也不是商业性保险公司，而是民间的不以盈利为目的的保险互助会社。日本通过国家立法对主要农作物（水稻、旱稻、小麦、大麦、果树等）和主要饲养动物（牛、马、猪、蚕等）实行法定保险。保险经营者是由农民自己组织的村、县“农业共济组合”。他们用自己交纳的保费，联合建立保险基金。在府（省）一级，由“农业共济组合联合会”办理分保业务。中央政府主要对农业保险进行监督和指导。政府也通过官方（农林水产省所属的一个再保险特别基金会）和非官方（国家农业保险协会）的农业保险机构，为“农业共济组合联合会”提供再保险，并对农业保险和再保险给予保费补贴和经营管理费补贴（1947—1977 年农作物保险累计两项补贴约占总保费收入的 59%）。

4. 西欧模式

采用这种模式的主要是德意志民主共和国、法国、西班牙、荷兰、意大利等西欧国家。这种模式的主要特点是没有全国统一的农业保险体系，政府一般不经营农业保险，农业保险主要由私营公司或部分互助会社经营，投保也是自愿的。保费由农民支付，有的国家为支持私营公司办农作物保险，同时减轻农民参加农作物保险的保险负担，也给予一定的保费补贴。再一个特点是农作物保险的保险责任范围较窄，大多开办的是雹灾、火灾等特定风险的保险，很少开办综合风险和一切险保险。

各个国家都有其不同的经济、政治和社会背景，采用哪种农业保险发展模式，取决于该国家农业和保险业的发展水平，反映了农业在该国经济和社会发展中的地位和作用，也反映了政府对待农业和农民的态度以及在农业政策方面做出的选择，例如，日本之所以通过立法对农业保险实行强制，主要是为了鼓励农民增加农产品的生产，满足国内市场的需求，也为了巩固土地改革的成果。政府大量补贴农业保险，是政府由工业补贴农业，而不是相反的政府所决定的。农业保险以互助保险会社为主，是由日本农村合作制广泛而成功的发展所决定的。美国国情与日本不同，美国是世界上最大的农产品特别是谷物出口国之一。美国政府为了解决农产品生产过剩的危机，控制农产品特别是谷物生产，同时稳定农民收入，制定了以价格支持为中心的农业调整政策。农业保险就是价格支持政策的一部分。因此，美国就形成了不同于日本的农业保险发展模式。

（二）我国农业保险发展的目标模式

探讨我国农业保险的发展模式，要借鉴国外的经验和现有模式，更要结合我国国情，并深入分析农业保险的特点。

农业是整个经济和社会发展的基础，这是不以人们的意志为转移的适合于一切社会的普遍规律。对于经济不发达、农村居民占人口的80%、人均耕地仅0.09公顷的我国来说，在今后很长历史时期内都必须实行以农业为基础的发展国民经济的方针，这是毫无疑问的。关于这个问题，本报告第一部分结合陕西省的情况做了一些分析，这里也不打算全面论述。但是有几点仍须提及。第一，经济落后决定了我国不可能指望对人们的基本生活资料（特别是食物）和轻工业原料大量进口，而要立足国内农业的保障；第二，农业的商品化、社会化和现代化不可能在短时间内实现，我国农业生产率的增长速度受到多种因素的限制；第三，由于历史和现实的原因，工农业产品的“剪刀差”政策也难以在短时间内取消，而农村工业的发展又是困难重重。因此，我们对农业收益的提高、农民收入的增加（特别是中、西部）的期望值不能太高，这种现实状况和背景使得农业保险既显得重要，又很少有可能实行商业化经营。

农业保险具有不同于其他险别的显著特点，其中最主要的是高风险和高费用。

农业保险的高风险源于农业生产的高风险。农业生产在很大程度上依赖于自然条件（特别是地理和气候条件），也在一定程度上依赖于整个经济技术发展水平。即使在像美国、加拿大等自然条件较好、技术装备先进、农业高度发展的国家，其农业生产，特别是农作物生产也频繁地遭到自然灾害的巨大影响。因此，农作物损失率和畜禽的死亡率都比较高。根据我们的初步研究，陕西关中地区的棉花损失率为9%～18%，粮食作物的平均损失率为7%～13%。占全省奶牛总数近一半的西安地区奶牛死亡率也在2%～16%。而企业财产、家庭财产的损失率只有1‰～2‰。损失率、死亡率是制订保险费率的基础，损失率、死亡率高，净保费必然高。这种情况无论陕西还是其他省（自治区、直辖市），无论中国还是其他国家，概莫能外。农业的高风险，使得保险的财产稳定性极差。我国目前开办的种植业保险尽管生产领域的风险很少承保，但其年平均赔付率为104%，全国奶牛保险5年（1984—1988年）平均赔付率为152.5%。美国的农作物保险国际上一般认为是比较成功的，然而美国农业部联邦农作物保险公司经办的农作物一切险1948—1985年30种的平均赔付率[①]为127%，开办该种保险的49个州，且只有11个州的平均赔付率低于100%，先后开办一切险的43种农作物也仅有15种农作物赔付率低于100%。其再保险也是这样。1981—1986年43种农作物的再保险综合赔付率为144%，只有13种作物的再保险赔付率低于100%。

农业保险的高费用主要来源于农业在空间上的较大分散性和农业劳动力、农业生产资料利用的季节性。农业生产的这些特点，首先给厘定保险费率带来困难。由于不同地区的自然地理条件错综复杂，各种动植物对外界环境的要求不同。亦即不同动植物面临的危险种类、危险程度和发生频率差异迥然；这种情况要求对同一保险的标的在不同地区开办不同险种，同一险别险种在同一地区实行不同费率，厘定费率就比较费人费事。其次，农业的上述特点也决定了农业保险标的分布面相当广阔，被保险人居住高度分散，保险的展开宣传、承保签约、查勘定损、赔付兑现等工作在时间上比较集中且工作量大，必须使保险人花费比城镇的各种保险多得多的人力、物力和财力，其费用必然高于城镇的各种险种。

农业保险的高风险直接决定了农业保险的高费率。无论是我们自己的研究结果，还是来自国外的有关资料都表明，农业保险的费率最低也在2%左右，高的达到15%～20%。这要高出家庭财产险、企业财产险、人身险等保险费率的数十倍。而农业保险又面对的是收入水平比城市居民低得多，且相当缺乏保险意识的农村居民。拿陕西省来说，1988年农村人均纯收入404元，仅有城市人均现金收入的42%。在这种情况下，要让农民为其农作物和畜禽保险支付充分的保费，无论从经济上还是思想上都是不可能的。

基于上述分析，我们认为，我国农业保险的目标模式是：

以国家集中统一的农业保险机构为主来经营社会保障性农业保险和再保险。通过国家农业保险立法，建立农业保险专项基金，并实行法定保险与自愿保险相结合的经营方针。国家给农业保险和再保险以必要的优惠政策。

（1）建立事业性质的中国农业保险公司（它可以隶属中国人民保险公司，为便于政府各有关部门的协助与配合，也可以独立于中国人民保险公司之外），各省地、县都可以设立其分支机构。由该公司经营全国农业保险和再保险。除了中国农业保险公司，作为补充，也允许有关保险企业或农村合作组织、互助会社经营某些农业保险项目。

（2）通过农业保险立法，建立农业保险专项基金。可由中国农业保险公司负责筹集，分配和管理该专项基金。政府（或其有关部门）应提供该基金的一定份额。农业保险与再保险实行社会保障性经营，独立核算，免征一切赋税，经营节余全部留作总准备金积累，以备巨灾风险。

① 由于该公司的经营费用由政府拨付，这里的赔付率都是按净保费计算的。

(3) 对有关国计民生的重要农、林、牧、渔产品的生产实行法定保险，其他农、林、牧、渔产品则实行自愿保险。政府至少对法定保险项目给予保险补贴。

目前，我国保险业恢复不久，试办农业保险的历史很短，对农业保险的理论、政策和实务的研究还很肤浅。决策部门对农业保险还缺乏统一的认识，农民群众对农业保险还缺乏足够的了解，思想和理论的准备尚不充分。保险立法至今尚在孕育之中，更谈不上农业保险立法。而且从中央到地方的保险管理机构还不健全，整个保险体制的改革刚刚拉开序幕。因此，要实现这个目标还要做许多准备工作。

(三) 我国农业保险发展的过渡模式

为了尽早实现前述目标模式，有必要从目前农业保险发展的实际出发，建立一个过渡模式，通过这个过渡模式积累经验，创造条件。这里有两种可供选择的过渡模式的方案：

第一种方案，农业保险实行以中国人民保险公司系统为主体的多元化经营；多渠道多层次筹集建立农业保险基金；农业保险的经营以社会保障性质为主；在自愿保险的基础上，有条件的地区对某些农作物和畜禽产品的生产实行地方性法定保险。

之所以要以中国农业保险公司为主体经营农业保险，是因为农业保险的业务性、技术性和政策性很强，较大规模地开办农业保险也需要雄厚的基金。而目前，我国保险经济还比较落后，不仅私营的合作的农业保险企业少见，就是政府及其部门多未经办过，而且在眼下，各处农业保险企业和组织的广泛发展尚缺乏必要的条件。只有中国人民保险公司才具备经营农业保险的经济和技术力量，从而保证其政策和法律的严肃性。

之所以要实行多元化经营，是因为目前中国人民保险公司经营农业保险的力量不足。在国家尚无农业保险立法，不可能在全国范围内实行全国性强制保险，并由政府提供必要的、经营费用和补贴的情况下，要经营社会保障性的农业保险无论数量上、范围上还是保障水平上都十分有限，否则就会影响保险公司的资金积累和企业自身的经济利益，甚至影响整个企业的经营稳定性。那么，作为中国人民保险公司经营农业保险的补充，应该而且可以允许有条件又有积极性的地方政府或其部门、有关企业或农民自己组织起来，在小范围内兴办农业保险。同时，尽可能地发展中国人民保险公司与地方政府或有关部分联合办农业保险，或者由地方政府经办保险公司代理，从而充分吸收和利用各种渠道各个方面的资金，在一定范围内和规模上建立农业保险基金。当然，经营农业保险的企业和组织必须合法，因而要严格管理和审批制度，保证兴办的农业保险具有法律严肃性和真正维护保户的正当权益。事实上，如前所述，保险市场上已经开始出现了多家办农业保险的苗头。当前的问题是要创造条件使各种农业保险企业或组织得到适当发展，逐步形成有竞争、有活力的农业保险市场，而不是限制和取缔中国人民保险公司以外的一切保险企业和组织。也只有这样，才便于多方面总结经验，探索农业保险的规律，为来日的农业保险立法提供依据。当然，国家需要对初露端倪的农业保险市场进行引导和管理，对发展过程中的某些混乱现象进行治理和整顿，使其真正起到农业保险经济补偿作用。

之所以要以社会保障性质为主，一方面是因为办农业保险是支援农业发展的一项重要政策措施，不能希望从办农业保险中牟利。况且承保农业生产领域的风险，费率本来就比较高，只有尽可能降低费率方可吸引较多的农民投保。但另一方面，目前在没有国家财政支持的条件下，作为企业化经营的保险公司或其他企业和组织，经营农业保险可以不求盈利，但也不可能长期亏本，因此完全是政策性经营是不可能的。

第二种方案，基本上由中国人民保险公司对农业保险实行垄断性、政策性经营，也可以发展保险公司与地方政府或其部门间的联合经营；在中国人民保险公司内将农村保险业务切块经营，单独核算，单独考核，政府对农村保险业务给予全都免税的优惠政策。

农业保险的垄断经营有利于保险基金的集中筹措和管理，便于应对较大的农业灾害赔款。取缔保险公司以外各家办的保险，可以有效地解决农业保险的非法经营、非法牟利、损害保户利益等混乱现象。在得不到国家财政资助的条件下，由保险公司独家经营政策性农业保险，也就是用农村财产险、人身险等的盈余补贴农业保险，因此全部免去农村业务的税收的优惠政策就非常必要，因为在自愿投保的条件下，农村的种养两业以外的业务盈余也很有限。何况这有限的盈余按理应当为应对大灾的准备金。

我们基本上倾向于第一种方案。

四、发展陕西农业保险的意见

陕西省试办农业保险 8 年，已经取得了初步的宝贵的经验。只要各级领导，因地制宜地采取实际措施和步骤，选择合适的农业保险发展模式，必将开创陕西农业保险的新局面，使农业保险在陕西农业发展中产生积极的影响，发挥重要的作用。

（一）统一思想认识，加强宏观指导

纵观当今世界，凡是重视农业发展的国家（无论是第一世界、第二世界、还是第三世界），无不将农业保险作为农业和农村发展的重要政策，而不仅仅将农业保险看成是保险企业的业务工作。我国从中共十一届三中全会以来，也开始给予农业保险以高度关注，并在多个重要的有关发展农业的文件中提到。但是，农

业保险在农业发展中的地位和作用，建立农业保险经济补偿制度的必要性尚没有完全为各级领导所认识。因此，农业保险在省、地、县发展农业的政策中还排不上“座次”，也就没能形成一系列切实的政策，受到各级农业决策部门的重视。事实上，财政、银行和保险是国家的三大经济支柱。农业保险搞好了，不仅可以促进农业的稳定发展，保证农村居民的生活安定（特别是在当前农民一家一户小规模经营，其面临的农业风险比过去集体经营时更为集中的条件下），减轻政府在灾年发放救济上的沉重负担，而且可以改善农民的信贷地位，同时利用保险聚集的资金，安排那些财力不及的重要建设项目。

因此，省政府应当将发展农业保险作为陕西省农业和农村经济的重要政策早日提到议事日程上来，加以研究，做出决策，并在适当的时候，由政府出面成立一个由农业、民政、财政、金融和保险等各部门各方面组成的农业保险指导委员会（或叫其他名称），其主要任务是：组织人力对建立陕西省农业保险经济补偿制度的可行性进一步做深入调查和论证；研究和提出有关发展全省农业保险的宏观政策意见；制订全省农业保险的区划与规划；确定目前陕西农业保险的发展方向和步骤；指导各地试办农业保险；协调和处理在发展农业保险中的各种关系和矛盾，为将来建立农业保险专业公司做准备。

（二）制定地方法规，建立农险体系

农业保险的发展，有赖于有关法规的使命。在目前国家农业保险立法尚未产生之前，省政府有必要也有可能根据现行国家有关保险法规，结合陕西省情，制定地方性农业保险法规，以便依法逐步建立起全省农业保险体系。法规须对全省农业保险的组织机构、业务范围、经营性质和方式、各有关部门（如农业、财政、税务、金融、民政等部门）的分工职责、农业保险基金来源和管理、财务负担和制度、税收制度以及分保等问题做出明确规定。并确定那些对全省或某些地区有重要意义的农、林、牧、渔产品的生产，在全省范围或局部区域实行强制保险。

发展农业保险必须依法筹集农业保险基金。农业保险基金可以从多渠道筹集，不一定完全依靠财政。实际上有关部门的支农资金扶贫资金、救济资金都可以挤出一部分。国家最近论证的“菜篮子”工程，提出要建立一笔“风险基金”。实质上该项“风险基金”与农业保险基金在一定意义上具有相同的目的和相同的作用（当然使用原则和方式有所不同）。我们完全可以将“菜篮子”工程的风险管理内容纳入农业保险的轨道，从而将其“风险基金”并入“农业保险基金”。

（三）坚持改革精神，大胆进行试验

目前，全国各地都在探索发展农业保险的路子。出现了生动活泼的局面；保险、政府部门和农民群众自办保险并存，社会保障性保险与商业性保险并存；地

方性法定与自愿保险并存。陕西省也不例外，保险公司与地方政府有关部门联办的烤烟保险、地膜覆盖玉米保险已取得了积极的成果；有的县正在酝酿采取“县政府主办、县保险公司代理”的形式兴办农业保险；也有由乡奶牛协会试办的奶牛相互保险，乡兽医站试办的生猪保险等。政府应对这种积极性给予肯定，同时热情帮助他们总结经验，促进其沿着健康的道路发展。只有这样才能调动各方面的积极因素，使各种农业保险（或组织）之间取长补短，促进改善经营管理，提高服务质量。也只有这样，我国、我省的农业保险市场才可能得到充分发展。

当然，除此之外，政府还应有计划、有组织地选择一些不同类型的有条件的县、乡做试点，在农业保险指导委员会的领导下，组织保险、金融、财政、税务、农业、民政等各方人员，就农业保险的所有制形式、组织形式、经营形式以及开办的险种、分保等问题，进行连续的试验研究，为省政府有关农业保险的决策和制定法规提供依据。

（四）及早动手安排，搞好区划和规划

鉴于农业保险的复杂性，在进行农业保险试验研究的同时，有必要结合陕西省农业发展战略和农业区划的研究工作，及早着手进行农业保险的区划和规划。根据全省各地自然资源和经济发展状况，确定全省主要发展哪些农业生产项目的保险，各地区分别发展哪些农业生产项目的保险；哪些项目应实行强制保险，哪些项目应实行自愿保险；先在哪些地区兴办，后在哪些地区兴办；同时进行农业保险费率的分区。国外发展农业保险的经验证明，区划和规划是发展农业保险必不可少的基础之一。美国各州都根据不同地区的自然特点，水、旱、雹、风、霜冻等自然灾害发生的频率和强度情况以及集中连片的要求进行农作物保险区划。艾奥瓦州根据农作物一切险的要求将全州分成 9 个大区，而根据雹灾险的要求将全州分为 106 个区；然后分别根据各区的实际情况确定各种农作物担保产量的范围；再根据各区不同农作物担保产量的高低、遭灾概率、损失程度及农民的价格选择，确定所收保费的范围。

陕西省的农业区划和规划工作已进行了多年，而且卓有成效，在现有农业区划和规划工作所取得的成果的基础上，利用农业区划部分的一些力量，并有保险部门的工作人员相配合进行农业保险区划和规划工作，必将取得事半功倍之效果。

重视和加强对农业保险的研究*

保险是一种重要的经济补偿或给付的制度和形式。保险学是经济学的分支学科。农业保险是保险中的一类，它是为了应对农林牧渔各业在生产和流通过程中遭受的自然灾害和意外事故，根据一定的原则和方式建立保险基金，按照合同实现经济补偿的重要经济形式。重视和加强对保险的研究，促进农业保险学科的建设，推动农业保险在我国的全面开展，尽快建立起雄厚的农业保险基金，对我国农业和农村的发展，从而对整个社会和经济的发展，无疑具有十分重要的意义。

一、农业保险的地位和作用

农业是社会物质资料最重要的生产部门，是整个社会和经济发展的基础。农业保险的意义从根本上说来，就是为农业这个基础服务，保障农业稳定和高速发展。

第一，发展农业保险是保障农业发展的重要经济政策。保险是商品经济的产物。只有在剩余产品出现和增多，并且已开始用它来建立必要的保险基金的条件下，保险才有可能产生，并随着商品经济的发展而发展。如果说我国农村在过去那种自给半自给的经济条件下，发展农业保险的必要性和可能性还较小的话，那么在今天，随着农业专业化、商品化生产规模的不断扩大，生产经营者承担的各种经济责任相应增加，遭受因灾害和事故造成损失的风险随之加大。生产经营者为了达到预期的经营效果和目标，就要求把灾害事故可能导致的损失转嫁出去，通过参加保险，把不确定的风险损失转化为固定的保费支出，以保证自身经营的稳定性。因此，建立农业保险经济补偿制度就显得越来越必要和迫切了。

第二，农业保险是农业防灾补损的重要手段和形式。农业直接利用植物和动物的生产力进行物质资料生产，在很大程度上受制于自然条件。几十年来，虽然我国农业生产条件有了很大改变，但抗御自然灾害和意外事故的能力还很薄弱，

---

* 本文发表于《农业经济问题》，1987 年第 9 期。

各种灾害对种植业和养殖业造成的损失是巨大的。根据全国 1949—1983 年的资料统计，平均每年遭受水、旱等灾害的农作物面积有 4.69 亿亩[①]，成灾面积 1.94 亿亩，分别占年平均耕地面积的 30.4%和 12.5%。在成灾面积中，水灾占 35.0%，旱灾占 54.1%，风雹灾害占 6.5%，霜冻灾害占 4.3%。这些灾害使农作物遭受了数百亿元的损失。病虫害对我国农作物造成的损失很大，据有关专家估计，约占粮食产量的 10%，棉花产量的 20%，果品产量的 40%。对于养殖业来说，除自然灾害，疫病、意外伤害造成的畜禽死亡也是经常发生的，会造成很大的损失。

对于自然灾害、瘟病和意外事故，我们一方面要依靠科学技术进步来抵御和预防，以减少损失。但损失总是不可避免的，有损失就需要进行补偿，以保证生产的持续进行和生产经营者生活的安定。

补偿损失的方法，不外乎自留后备、国家救济和保险 3 种。而在我国现实条件下靠企业和农户自己的积蓄，对绝大多数企业和农户来说，力量微弱，往往不足以应对较大的灾害损失。救济则是临时性的授予，救济的时间、地区、范围和数量取决于财政后备基金的状况。而只有建立在合同基础上的保险，才能使这种损失得到及时可靠的补偿。因此，建立农业灾害损失的补偿制度就成了农业再生产正常进行的重要手段和形式。

第三，农业保险是农业投资的安全保障。随着农业专业化、商品化生产水平的提高，农业经营规模越扩大，其投资风险就越大。在生产和流通中一旦遭受灾害事故，或遇到市场行情的变化，投资的经济效果将大受影响，甚至亏本破产。

目前，农业投资主要来自 3 个方面：一是经营单位和个人的自有资金，一是财政支农资金，一是银行信用社的贷款。如果投资遇险，不仅生产经营者自有资金和财政支农资金要受到损失，信贷资金也无法收回。据了解，陕西省农业银行发放的贷款中，就有 4 亿多元到期收不回来。造成这种情况的原因固然是多方面的，但其中重要的一条是因灾受损，由于没有参加保险，经济损失得不到补偿，无力偿还。这实际上也是目前农民不敢给种植业和养殖业追加投资和信贷部门不敢大胆放款的重要原因之一。假如全面开办农业保险，解决了资金使用的安全保障问题，农民的投资热情必定进一步高涨。

第四，农业保险可解除应用新的农业科学技术的后顾之忧。新的科学技术在农业生产率和农产品品质的提高以及数量增长方面的作用越来越大。但为此要付出较高的代价，增加较多的人力、财力和物力的投入，经济风险增大。例如，1983 年陕西省大荔县曾推广地膜棉 10 万多亩，但由于受灾减产，多数棉农亏了本。他们都没有参加保险，其损失得不到补偿，不少农户因此负债，有关部门赊销的地膜款也收不回来。此后，各部门虽努力宣传和示范，但农民怕担风险，直到 1985 年，全县仅有地膜棉两万亩。如果参加农业保险，就可以解除应用新的农业科技成果的后顾之忧，可以迅速推广应用新的农业科技成果。

二、农业保险面临的困难

我国的农业保险在停办了20多年之后，于1982年开始恢复，迄今没有取得突破性的进展。1985年全国承保的农作物面积只占总耕地面积的6.9%。当年种植业和养殖业保险的保费收入仅占国内业务保费收入的1.68%。农业保险面临一系列的困难。

费率制订难。制订保险费率是开办保险的基本前提之一。与其他诸如财产、人身等保险相比，农业保险的保险费率制订起来较为复杂。这种复杂性是与农业的特点以及农业保险的特点相联系的。农业在很大程度上依赖于自然条件，也在一定程度上依赖于社会经济技术水平，而自然条件和经济技术水平在不同地区又极不相同，因而不同地区的种植业和养殖业遇到的风险种类、风险大小和发生频率也千差万别。这种情况要求对同一保险标的在不同地区开办不同的险种，同一险种在不同地区或同一地区不同经济技术水平条件下实行不同费率。这就需要按照自然条件和经济技术水平进行农业保险区划，搞好农业保险费率的分区，在风险二致性的原则下确定不同地区不同生产水平条件下的费率和档次。而我国目前既无业务经验积累，又无准确的损失概率的现成数据资料。设计制订费率就是一件复杂而困难的工作，首先需要研究费率制订和分区的原则、方法和技术。具体的计算又只能利用与农业有关的历史资料，这不仅需要做大量细致的调查分析和研究工作，而且制订出来的费率必定与实际损失率存在一定差距。而保险业务部门又不能为了保证财务的稳定和平衡，无限制地加大费率的安全系数。

农民负担难。费率高是农业保险的特点之一。据我们初步研究，陕西省关中地区棉花生产的平均损失率为9%～18%，粮食生产的平均损失率为7%～13%。假如不考虑保险公司的利润，使保险净费率与作物的损失率相适应，并需要有一定安全系数来制订费率的话，则棉花和粮食的保险费率会很高，比现行企业财产保险和家庭财产保险的费率（平均约2%）至少高出四五十倍。实际上世界各国农作物保险的费率都比较高，一般均为2%～15%。然而费率高、保费贵，对我国农民特别是那些最需要保险保障的贫困地区的农民来说，的确难以负担。据估算，假如陕西省农民对经营的种植业和养殖业都投保的话，保费支出超过其纯收入的10%。对于如此低收入的农民来说，绝大多数农户无力承受。

展业理赔难。农业保险的标的面很广，分布星散，农户居住不集中，乡村交通又大多不便，开展保险工作量很大。1986年全国有保险部门职工5.3万多人，即使全部搞农业保险，每人平均负担3 600户。陕西省地、县（区）保险公司有1 300多名职工，每人平均2个乡镇，4 200多农户。不仅职工少，职工中熟悉农经、农艺、园艺、畜牧、兽医、植保等专业知识的人才也很缺乏。因此，仅靠目前的力量担负如此繁重且技术性很强的工作，实际上是办不到的。但若过多增加编制、扩充人员，势必增加管理费用，从而提高费率，也影响到企业的经营效果。

不仅如此，由于农业是经济再生产和自然再生产的交织，农业保险的防灾理赔也比其他种类的保险困难。农业保险的标的都是有生命的动植物，除了易受自然灾害影响，在很大程度上还受人的管理水平、责任心的制约。精心管理农作物，积极预防抢救灾害事故，无疑会减少甚至不使作物或饲养动物受损失，反之就会受到或增加损失。这就给受险的测定、损失的评判、查勘的时效诸方面带来困难，也给道德险的防范方面带来困难。

领导决策难。全面开展农业保险，取决于两个层次的决策：一是保险业务部门的决策，一是政府的决策。这两个层次的决策在目前都有困难。

为了支援农业，服务农业，加强农业基础，保险公司办农业保险可以不盈利，但公司作为企业不能立足亏本经营。而现在的实际情况是，试办农业保险是“大办大赔，小办小赔，不办不赔”。据了解，哈尔滨分公司 1986 年试办养鹿保险，赔付率高达 2 472%，烤烟保险赔付率达 368%，吉林省试办大牲畜保险，1983—1986 年总赔付率为 208%。陕西省试办奶牛保险，去年赔付率 122%。当然，赔付率高跟费率定得低、收费不当有关系，也跟覆盖面小有关系。但是，高费率、低负担水平，又要扩大保险覆盖面，第一，必须通过政府立法，对若干有关国计民生的重要农作物和饲养动物实行强制保险。第二，国家要拿出一定财力来建立农业保险基金，或者帮助农户至少是低收入农户交纳部分保险费。许多发达国家和发展中国家就是这样办的。如日本、希腊、瑞典、智利、菲律宾等国都是根据政府颁布的法令实行农业强制保险。特别是农作物保险，国家多给予农民保费补贴，菲律宾和日本补贴保费的 70%，葡萄牙补贴 20%，西班牙补贴 20%～50%，加拿大补贴 50%。

三、农经界应当研究农业保险

对于我国来说，开办农业保险目前还有一系列的理论问题和实际问题需要进行深入细致的调查研究。如国外农业保险的理论、政策和经验；我国开办农业保险的必要性和可能性；农业保险的宏观效益（经济效益和社会效益）和微观效益；哪些农作物和饲养动物有必要实行法定保险，哪些实行自愿保险；如何合理确定保险险种、保险金额、保险费率；国家需要和可能拿出多少钱来补贴农业保险；如果开展农业保险，各个部门怎样与保险业务部门相配合以及保险管理体制如何改革等。研究农业保险，不仅要以保险的一般原理为指导，也必须充分考虑农业自身的特点和农业经济发展的规律。就是说，研究农业保险不仅是保险学界的事，而且也是农经界的任务之一。事实上，国外农经学界一直把农业保险作为自己的重要研究领域，美国、加拿大等国的农业经济杂志经常刊载关于农业保险的理论和方法方面的论文、专著介绍。农经系也把保险和农业保险作为开设的课程之一，在农业经济学和农场管理学等课程中也讲授农业保险方面的内容。当然这些课程涉及农业保险的角度是不同的。例如农场管理学一般是从微观决策方面来讨论的，主要论述在风险和不确定条件下，保险对企业的意义以及如何在自我保险与专业保险之间进行选择等。

保险和农业保险对我国农经界的同行特别是中青年同行来说还有些陌生，它对我国农业和农村发展的意义以及与农业经济的关系还不很为大家所了解。因而，对农业保险的研究目前还没有引起农经界的注意和重视。为了加强农经学科的建设，也为了推动农业保险理论和实践的发展，我希望农经界要重视和加强对农业保险的研究，为有关领导部门提供发展农业保险的决策依据和实施方案；同时，尽快地建立具有中国社会主义特色的农业保险学，为此，建议在高等院校农经管理专业增设《保险学概论》和《农业保险学》选修课，采取适当方式培训有关师资；同时在农业经济学和农业企业经营管理学中增加有关农业保险的内容，适当的时候在中国农业经济学会下面成立农业保险研究会，为我国农业保险学科的建设共同贡献力量。

附　录

庹国柱历年发表文章目录

1. 庹国柱．正确处理政府与市场的关系．中国保险，2014 年 6 月 9 日。
2. 庹国柱．相互制保险监管的破冰之旅．中国保险报，2014 年 5 月 15 日第 1 版。
3. 庹国柱，朱俊生．农险经营资格　应当严格审批．保险经理人，2014 年第 4 期。
4. 庹国柱．在深化改革中稳步推进农业保险．中国保险报，2014 年 3 月 4 日、11 日第 8 版。
5. 庹国柱，朱俊生．完善我国农业保险制度需要解决的几个重要问题．保险研究，2014 年第 2 期。
6. 庹国柱．中国农业保险的政策及其调整刍议．保险职业学院学报，2014 年第 2 期。
7. 庹国柱．美国、加拿大农业保险监管及其启示．保险职业学院学报，2014 年第 1 期。
8. 庹国柱．城镇化过程中商业保险可以作出的贡献．中国保险报，2013 年 8 月 6 日。
9. 庹国柱．论农业保险产品创新和服务创新趋势及约束．中国保险，2014 年第 2 期。
10. 庹国柱．车险市场化改革　激烈还是温和．保险经理人，2014 年第 1 期。
11. 庹国柱．别再让中西部市县补贴农业保费．中国保险报，2014 年 1 月 20 日第 7 版。
12. 庹国柱．既是大灾准备必需　又是利润调节机制．中国保险报，2014 年 1 月 7 日第 8 版、8 日第 7 版。
13. 庹国柱．政府与市场合作的中国农业保险制度之完善．中国商业保险（内刊），2013 年第 4 期。
14. 庹国柱．谈农业保险中的“协会保险人”及其监管．中国保险，2013 年第 12 期。
15. 庹国柱，朱俊生．“禁佣令”对农险中介市场的影响分析．中国保险报，2013 年 11 月 19 日第 8 版。
16. 庹国柱．也谈一车是否可投两份甚至多份“交强险”．中国保险，2013 年第 11 期。
17. 庹国柱．论政策性农业保险监管的特点和需求．中国保险，2013 年第 9 期。
18. 庹国柱．让科学研究更好地服务于农业保险制度建设．保险研究，2013 年第 9 期。
19. 庹国柱．农险中的政府行为存在监管真空．上海证券报，2013 年 9 月 27 日第 A1 版。
20. 庹国柱．寿险费率市场化改革启程．中国金融，2013 年第 16 期。
21. 庹国柱．预定利率市场化还须控风险．国际金融报，2013 年 8 月 9 日。
22. 庹国柱．商业保险在城镇化过程中可以做出什么贡献．中国保险报，2013 年 8 月 6 日第 8 版。
23. 庹国柱．寿险市场化迈出重要一步．中国保险报，2013 年 8 月 5 日。
24. 庹国柱．《农业保险条例》不同于《保险法》的七个特点（二）．中国保险，2013 年 6 月 15 日。
25. 庹国柱．《农业保险条例》不同于《保险法》的七个特点（一）．中国保险，2013 年 5 月 15 日。
26. 庹国柱．巨灾保险不妨从农业保险起步．中国保险报，2013 年 5 月 13 日。
27. 庹国柱．农业巨灾风险亟待转移分摊．金融时报，2013 年 5 月 8 日。

28. 庹国柱．农业保险“封顶赔付”应该被禁止．中国保险报，2013 年 4 月 26 日。
29. 庹国柱．保险业“调结构”问题刍议．中国保险报，2013 年 3 月 26 日。
30. 庹国柱．优化保费财政补贴　深化农业保险发展．金融时报，2013 年 3 月 6 日。
31. 庹国柱．保险有你想象的那样“乱”吗．中国保险报，2013 年 2 月 28 日。
32. 庹国柱．完善大灾风险管理制度．中国金融，2013 年 2 月 16 日。
33. 庹国柱．我国农业保险发展的里程碑——论《农业保险条例》的特点与贡献．中国保险，2013 年 2 月 15 日。
34. 庹国柱．努力健全政策性农业保险制度．中国金融家，2013 年 2 月 15 日。
35. 庹国柱．交强险如何面对“免责也赔”的难题．中国保险报，2013 年 1 月 29 日。
36. 庹国柱．农险“大灾风险准备金”税收政策需进一步优惠．中国保险报，2013 年 1 月 24 日。
37. 庹国柱．农业保险需要建立大灾风险管理制度．上海保险，2013 年 1 月 20 日。
38. 庹国柱．农业保险需要建立大灾风险管理制度．中国保险，2013 年 1 月 15 日。
39. 庹国柱．我国农业保险的发展成就、障碍与前景．保险研究，2012 年 12 月 20 日。
40. 冯文丽，庹国柱．农业保险市场经营主体要适当控制．中国保险报，2012 年 12 月 18 日。
41. 庹国柱．我国农业保险发展的里程碑．中国保险报，2012 年 12 月 13 日。
42. 庹国柱．中国寿险公司发展养老地产的选择和需要解决的问题．中国保险，2012 年 10 月 15 日。
43. 庹国柱．农业保险可以在这些领域创新吗．中国保险报，2012 年 9 月 25 日。
44. 丁少群，庹国柱．政策性农房保险的两种模式．中国社会报，2012 年 8 月 10 日。
45. 庹国柱．论政策性农业保险中的道德风险及其防范．2012 中国保险与风险管理国际年会论文集，2012 年 7 月 18 日。
46. 冯文丽，庹国柱．农业保险不是有国家补贴的商业保险．粮油市场报，2012 年 6 月 29 日。
47. 冯文丽，庹国柱．农业保险不能是“有国家补贴的商业保险”．上海证券报，2012 年 6 月 28 日。
48. 庹国柱．农业保险本质上是农业问题，是国家以保险为工具实施的一项支农政策——对《农业保险条例（征求意见稿）》的评论．中国保险，2012 年 6 月 15 日。
49. 庹国柱．商业保险在新农合中将有大作为．中国保险报，2012 年 6 月 14 日。
50. 庹国柱．亮点背后不能“泛泛而谈”．金融时报，2012 年 6 月 13 日。
51. 庹国柱．立法思想确定 发展轮廓清晰．金融时报，2012 年 5 月 16 日。
52. 庹国柱．车险市场化改革对保险公司是新的挑战——对保监会关于车险改革相关《通知》的一些理解．中国保险，2012 年 5 月 15 日。
53. 庹国柱．结合实际满足农村多层次医疗保障需求．中国城乡金融报，2012 年 5 月 9 日。
54. 陈东升，孙沛城，戴英祥，庹国柱．高层对话——保险业如何实现稳中求进．深化改革，稳中求进：保险与社会保障的视角——北大赛瑟（CCISSR）论坛文集・2012. 2012 年 4 月 26 日。
55. 庹国柱．车险市场化改革：险企拥有多少空间．金融时报，2012 年 4 月 18 日。
56. 庹国柱．不要表面化地看待市场集中度高低——正确认识和处理垄断和反垄断问题．中国

保险，2012 年 4 月 15 日。

57. 庹国柱．“真空期”考验保险人改善服务诚意．中国保险报，2012 年 4 月 10 日。
58. 庹国柱．交强险对外资开放有利于车险市场建设．金融时报，2012 年 3 月 7 日。
59. 庹国柱．有效防范道德风险　促进政策性农业保险健康发展．中国保险报，2012 年 3 月 1 日。
60. 庹国柱．有效防范道德风险　促进政策性农业保险健康发展．中国保险报，2012 年 2 月 23 日。
61. 庹国柱．论我国渔业互保制度及其完善和发展．保险职业学院学报，2012 年 2 月 15 日。
62. 庹国柱．我们需要设立自己的农业保险公司吗．中国保险，2012 年 2 月 15 日。
63. 庹国柱．谁持彩练当空舞．中国保险报，2012 年 1 月 19 日。
64. 庹国柱．不能用“菩萨心肠”对待保险市场竞争．金融时报，2012 年 1 月 11 日。
65. 庹国柱．地方设立农业保险公司尚需权衡利弊．中国城乡金融报，2012 年 1 月 4 日。
66. 庹国柱．合众财富年年：生命保障　财富无忧．中国保险报，2011 年 12 月 30 日。
67. 庹国柱．渔业互助保险是政策性农业保险制度的重要组成部分．中国渔业报，2011 年 11 月 21 日。
68. 庹国柱．“政策性农业保险”是一个科学的概念．中国保险报，2011 年 10 月 17 日。
69. 庹国柱．我国农业保险发展的七大趋势．金融时报，2011 年 9 月 7 日。
70. 庹国柱．交强险的困惑与出路．中国保险报，2011 年 8 月 19 日。
71. 庹国柱．从加拿大、美国的农业保险立法中能借鉴什么．中国保险报，2011 年 8 月 8 日。
72. 庹国柱．从加拿大、美国的农业保险立法中能借鉴什么．中国保险报，2011 年 8 月 1 日。
73. 庹国柱．从加拿大、美国的农业保险立法中能借鉴什么．中国保险报，2011 年 7 月 25 日。
74. 庹国柱．美国的农作物保险法．中国保险报，2011 年 7 月 18 日。
75. 庹国柱．加拿大联邦和曼尼托巴省的农作物保险法．中国保险报，2011 年 7 月 11 日。
76. 庹国柱．中国渔业互保协会运作模式研究——基于交易成本的视角．中国农村金融，2011 年 6 月 25 日。
77. 庹国柱．谁能与银行渠道争锋．中国保险报，2011 年 6 月 21 日。
78. 朱俊生，庹国柱．论中国渔业互保协会的运作模式及其完善．保险研究，2011 年 5 月 20 日。
79. 庹国柱．略论农业保险的财政补贴．“十二五”·新挑战：经济社会综合风险管理——北大赛瑟（CCISSR）论坛文集·2011，2011 年 4 月 19 日。
80. 朱俊生，庹国柱．关于我国专业性农业保险公司发展问题的调查与思考．保险职业学院学报，2011 年 4 月 15 日。
81. 庹国柱．略论农业保险的财政补贴．经济与管理研究，2011 年 4 月 6 日。
82. 庹国柱．要“做保险”而不是“卖保单”．中国保险报，2011 年 4 月 2 日。
83. 朱俊生，庹国柱．创新是中国农险业的生命．中国农村金融，2011 年 3 月 25 日。
84. 庹国柱．正确解读农业保险的财政补贴．中国保险报，2011 年 2 月 17 日。
85. 王德宝，庹国柱．政策性农业保险巨灾风险准备金制度研究——以北京市政策性农业保险为例．北京农业职业学院学报，2011 年 1 月 20 日。
86. 庹国柱．农业保险试验四年回顾与展望．中国保险，2011 年 1 月 15 日。

87. 庹国柱．农业保险：期盼在规范中完善和发展．中国保险报，2011 年 1 月 13 日。
88. 庹国柱．关于“回归保障”之我见．中国保险报，2010 年 12 月 27 日。
89. 庹国柱，朱俊生．农业保险巨灾风险分散制度的比较与选择．保险研究，2010 年 9 月 20 日。
90. 王德宝，庹国柱．政策性农业保险巨灾风险准备金制度研究——以北京市政策性农业保险为例．福建金融，2010 年 8 月 25 日。
91. 庹国柱，王德宝，梁叶．一切为了国家粮食安全——安华农业保险公司调查报告．中国保险，2010 年 8 月 15 日。
92. 王德宝，庹国柱．政策性农业保险巨灾风险准备金制度研究——以北京市政策性农业保险为例．区域金融研究，2010 年 8 月 15 日。
93. 庹国柱．比产品创新更为重要的是制度．中国城乡金融报，2010 年 8 月 11 日。
94. 刘万，庹国柱．基本养老金个人账户给付年金化问题研究．经济评论，2010 年 7 月 15 日。
95. 庹国柱，王德宝．我国农业巨灾风险损失补偿机制研究．农村金融研究，2010 年 6 月 15 日。
96. 庹国柱．当前农业保险发展急需解决的几个问题．经济与管理研究，2010 年 6 月 6 日。
97. 庹国柱，王德宝．我国保险业市场主体退出机制研究．武汉金融，2010 年 3 月 10 日。
98. 庹国柱．关注一号文件中农业保险的政策导向．中国城乡金融报，2010 年 2 月 24 日。
99. 庹国柱．农业保险试验需要不断丰富和发展．中国保险报，2010 年 2 月 11 日。
100. 庹国柱，王德宝．我国农村小额人身保险制度可持续性发展研究．上海保险，2010 年 1 月 20 日。
101. 庹国柱，王德宝．我国农村小额人身保险制度可持续性发展研究．区域金融研究，2009 年 12 月 10 日。
102. 庹国柱，朱俊生．政策性农业保险：制度安排迫在眉睫．中国金融家，2009 年 11 月 15 日。
103. 庹国柱，王德宝．关于我国农村小额人身保险的几个重要问题．中国保险，2009 年 11 月 15 日。
104. 庹国柱，王德宝．我国农村小额人身保险制度问题研究．金融理论与实践，2009 年 11 月 10 日。
105. 庹国柱，王德宝．保险业亟须疏通市场主体退出通道．中国保险报，2009 年 11 月 6 日。
106. 李鸿敏，庹国柱．日本保险行业协会的发展模式及其启示．保险研究，2009 年 10 月 20 日。
107. 庹国柱．做好农业保险统计 促进农业保险发展．中国保险报，2009 年 6 月 26 日。
108. 丁少群，庹国柱．我国农房保险的发展模式和建议．保险职业学院学报，2009 年 6 月 15 日。
109. 朱俊生，庹国柱．车险市场不正当竞争风险的根源及其治理．中国保险学会首届学术年会论文集，2009 年 5 月 22 日。
110. 朱俊生，庹国柱．中国农业保险制度模式运行评价——基于公私合作的理论视角．中国农村经济，2009 年 3 月 30 日。

111. 朱俊生，庹国柱．公私合作视角下中国农业保险的发展．保险研究，2009 年 3 月 20 日。
112. 庹国柱，刘万．工伤保险代位追偿问题研究——兼论代位追偿原则对人身保险的适用．经济与管理研究，2009 年 3 月 6 日。
113. 庹国柱．撕票式短期意外险为何被叫停．大众理财顾问，2009 年 3 月 5 日。
114. 朱俊生，庹国柱．推动小额保险发展的关键在于提高供给效率．中国金融，2009 年 3 月 1 日。
115. 庹国柱．“开启中国农业保险的明亮窗口”之农业保险试验中的困惑与制度建设需求．中国禽业导刊，2009 年 2 月 10 日。
116. 庹国柱．保险业要走内涵发展之路．中国保险报，2009 年 1 月 6 日。
117. 刘万，庹国柱．社会保险代位追偿问题研究：以工伤保险为例．社会保障研究，2008 年 11 月 20 日。
118. 王国军，庹国柱．反垄断法在中国保险业的适用性分析．保险研究，2008 年 11 月 20 日。
119. 庹国柱．保险公司的偿付能力问题．大众理财顾问，2008 年 10 月 5 日。
120. 庹国柱，蒋菲．社保基金筹资模式与投资运用问题的探讨．人口与经济，2008 年 9 月 25 日。
121. 李文中，庹国柱．医疗责任险费率影响因素及其程度的实证分析——以某市医疗责任险的经营情况为例．保险研究，2008 年 6 月 20 日。
122. 李鸿敏，庹国柱．农村合作经济组织经营政策性农业保险问题探讨．中国合作经济，2008 年 6 月 20 日。
123. 庹国柱，蒋菲．五大社保基金并非都需要投资运用．中国金融，2008 年 6 月 16 日。
124. 庹国柱，朱俊生．对相互保险公司的制度分析——基于对阳光农业相互保险公司的调研．经济与管理研究，2008 年 5 月 6 日。
125. 庹国柱，朱俊生．对相互制保险公司的制度分析——基于对阳光农业相互保险公司的调研．改革开放三十年：保险、金融与经济发展的经验和挑战——北大赛瑟（CCISSR）论坛文集·2008，2008 年 4 月 10 日。
126. 朱俊生，庹国柱．相互保险公司中“保东”权益的实现和保护．中国保险报，2008 年 1 月 14 日。
127. 孔令敏，王丹，庹国柱，王国军，王保真．医保报销款年前能到手吗．健康报，2007 年 12 月 14 日。
128. 朱俊生，庹国柱．阳光农业相互保险公司的财政补贴困境．中国保险报，2007 年 12 月 3 日。
129. 朱俊生，庹国柱．相互保险公司面临监管难题．中国保险报，2007 年 11 月 19 日 。
130. 朱俊生，庹国柱，刘万．能对相互保险公司课征所得税吗．中国保险报，2007 年 10 月 22 日。
131. 刘苓玲，庹国柱．统筹城乡养老保障应是系统工程．中国劳动保障报，2007 年 10 月 18 日。
132. 朱俊生，庹国柱，刘万．大灾准备金算不算利润．中国保险报，2007 年 10 月 15 日。
133. 朱俊生，庹国柱，刘万．对相互制公司基金性质的认识．中国保险报，2007 年 10 月 8 日。

134. 庹国柱．理性看待“交强险”．保险研究，2007 年 9 月 20 日。
135. 庹国柱，朱俊生．相互制与股份制保险公司差异何在．中国保险报，2007 年 9 月 17 日。
136. 庹国柱．尽早出台政策性农业保险法．银行家，2007 年 9 月 5 日。
137. 庹国柱．理性看待“交强险”．中国保险，2007 年 8 月 15 日。
138. 朱俊生，庹国柱．我国发达地区政策性农业保险试验的比较制度分析．保险研究，2007 年 7 月 20 日。
139. 朱俊生，庹国柱．论做大个人养老年金保险市场．首都经济贸易大学学报，2007 年 7 月 12 日。
140. 庹国柱，朱俊生．国外个人年金保险的发展变化及其启示．中国金融，2007 年 6 月 16 日。
141. 朱俊生，庹国柱．交强险“不盈不亏”还是“另类利润”．上海保险，2007 年 5 月 15 日。
142. 朱俊生，庹国柱．交强险：“不盈不亏”还是“另类利润”．福建工商时报，2007 年 5 月 9 日。
143. 庹国柱，朱俊生．试论政策性农业保险的财政税收政策．经济与管理研究，2007 年 5 月 6 日。
144. 朱俊生，庹国柱．交强险：“不盈不亏”还是“另类利润”．中国经营报，2007 年 4 月 30 日。
145. 庹国柱，朱俊生．政策性农业保险需要专门管理机构．中国保险报，2007 年 4 月 23 日。
146. 庹国柱．浅议强制或政策性保险的“不盈不亏”原则．中国保险，2007 年 4 月 15 日。
147. 施维，庹国柱．政策性农业保险：政府比农民更需要．农民日报，2007 年 4 月 14 日。
148. 庹国柱，朱俊生．关于农业保险立法的几个重要问题探讨．民生保障与和谐社会：保险、社会保障与经济改革的视角——北大 CCISSR 论坛文集・2007，2007 年 4 月 12 日。
149. 庹国柱．2007 年政策性农业保险发展四大前景．投资北京，2007 年 4 月 5 日。
150. 庹国柱，朱俊生．政策性农业保险的强制性及道德风险．中国保险报，2007 年 4 月 2 日。
151. 庹国柱．“不盈不亏”原则面临挑战．中国保险报，2007 年 3 月 26 日。
152. 庹国柱，朱俊生．建立农业保险巨灾风险分散机制．中国保险报，2007 年 3 月 19 日。
153. 庹国柱，朱俊生．谁将担当政策性农业保险的主力军．中国保险报，2007 年 3 月 12 日。
154. 朱俊生，庹国柱．农村商业健康保险的定位．中国保险，2007 年 2 月 28 日。
155. 庹国柱，朱俊生．关于农业保险立法几个重要问题的探讨．中国农村经济，2007 年 2 月 28 日。
156. 庹国柱，朱俊生．政策性农业保险的经营范围与可保风险．中国保险报，2007 年 2 月 26 日。
157. 庹国柱，朱俊生．农业保险：十大原则扎牢立法根基．中国保险报，2007 年 2 月 12 日。
158. 庹国柱，朱俊生．正确选择政策性农业保险的立法目标．中国保险报，2007 年 2 月 5 日。
159. 朱俊生，庹国柱．2006 中国保险市场回眸．中国保险，2007 年 1 月 30 日 。
160. 朱俊生，庹国柱．2007 中国保险市场展望．中国保险，2007 年 1 月 30 日。
161. 庹国柱，朱俊生．破解农业保险发展的“结”．时代经贸，2006 年 10 月 30 日。

162. 庹国柱，朱俊生．我国农村人寿险市场需求分析 对 13 个省、市、自治区的问卷调查．中国保险，2006 年 10 月 30 日。
163. 庹国柱，段家喜．健康险的新路标——解读《健康保险管理办法》．大众理财顾问，2006 年 10 月 5 日。
164. 庹国柱．建设新农村需要加快农业保险建设．经济与管理研究，2006 年 5 月 6 日。
165. 庹国柱，朱俊生．我国县域人身保险市场需求分析——基于对 13 个省、市、自治区的问卷调查．风险管理与经济安全：金融保险业的视角——北大 CCISSR 论坛文集・2006，2006 年 4 月 12 日。
166. 庹国柱，胡永红．保险还是冒险．中国保险，2006 年 2 月 28 日。
167. 庹国柱，李文中．解读个人基本养老保险新规．大众理财顾问，2006 年 2 月 5 日。
168. 朱俊生，庹国柱．2006 保险市场展望．中国保险，2006 年 1 月 30 日。
169. 庹国柱，朱俊生．“十五”期间中国保险业的回顾与展望．河南金融管理干部学院学报，2006 年 1 月 20 日。
170. 庹国柱．有政策才会启动政策性农业保险．河南金融管理干部学院学报，2005 年 11 月 25 日。
171. 庹国柱．试点农业保险宜积极稳妥．农村天地，2005 年 9 月 5 日。
172. 朱俊生，庹国柱．应当允许 DB 计划与 DC 计划并存与竞争．金融时报，2005 年 8 月 30 日。
173. 庹国柱．进一步规范管理，提高硕士研究生培养质量．首都经济贸易大学学报，2005 年 7 月 12 日。
174. 冯娟娟，庹国柱，李军，王国军．市场萎缩　需求上升．农资导报，2005 年 7 月 12 日。
175. 朱俊生，尹中立，庹国柱．对保险资金入市的若干思考．财贸经济，2005 年 6 月 25 日。
176. 庹国柱，朱俊生．关于我国农业保险制度建设几个重要问题的探讨．中国农村经济，2005 年 6 月 21 日。
177. 庹国柱．试点农业保险宜积极稳妥．经济日报，2005 年 6 月 16 日。
178. 庹国柱，朱俊生．对我国政策性农业保险制度几个重要问题的探讨．变革中的稳健：保险、社会保障与经济可持续发展——北大 CCISSR 论坛文集・2005，2005 年 4 月 20 日。
179. 朱俊生，庹国柱．企业年金运作模式应鼓励多样化．中国保险报，2005 年 4 月 11 日。
180. 朱俊生，葛蔓，庹国柱．农村社会养老保险制度分析——以北京市大兴区为例．市场与人口分析，2005 年 3 月 29 日。
181. 王小平，庹国柱．农业保险：破题之后再思考．金融时报，2005 年 3 月 17 日。
182. 庹国柱，朱俊生．农业保险新一轮试点面临的问题．中国金融，2005 年 3 月 16 日。
183. 庹国柱．试论我国保险增长格局变化与结构调整．上海保险，2005 年 2 月 28 日。
184. 刘积余，阎坤，杨元杰，苑德军，甘添，庹国柱，朱俊生，孙飞，孙立．中国金融业：2004 年回顾与 2005 年展望．河南金融管理干部学院学报，2005 年 1 月 25 日。
185. 朱俊生，庹国柱，李佳，林春梅．2004 中国保险市场回顾．中国保险，2005 年 1 月 15 日。
186. 朱俊生，庹国柱．在改革中稳健发展——2004 年中国保险市场回眸．时代经贸，2005 年 1 月 10 日。
187. 朱俊生，庹国柱．2005 中国保险市场展望．中国保险报，2005 年 1 月 7 日。

188. 朱俊生，庹国柱，李佳，林春梅. 2004 中国保险市场回眸. 中国保险报，2004 年 12 月 29 日。
189. 庹国柱，朱俊生. 建立我国政策性农业保险制度的几个问题（下）. 金融教学与研究，2004 年 12 月 25 日。
190. 朱俊生，庹国柱. 人保车险免赔额制度尚有改进之处. 金融信息参考，2004 年 12 月 1 日。
191. 庹国柱，朱俊生. 建立我国政策性农业保险制度问题探讨. 首都经济贸易大学学报，2004 年 11 月 12 日。
192. 庹国柱，朱俊生. 辩证看待“保险泡沫”论. 中国证券报，2004 年 11 月 5 日。
193. 庹国柱，朱俊生，尹中立. 客观估测保险资金入市风险. 国际金融报，2004 年 11 月 5 日。
194. 朱俊生，庹国柱. 500 元绝对免赔额妨碍了谁. 中国保险报，2004 年 11 月 4 日。
195. 庹国柱，朱俊生，尹中立. 三大理由促使保险资金入市. 国际金融报，2004 年 10 月 29 日。
196. 庹国柱，朱俊生. 建立我国政策性农业保险制度的几个问题（上）. 金融教学与研究，2004 年 10 月 25 日。
197. 庹国柱. 北京产寿险增长一正一负值得探究. 中国保险，2004 年 10 月 15 日。
198. 庹国柱，朱俊生. 质疑我国政策性农业险经营主体. 国际金融报，2004 年 10 月 15 日。
199. 庹国柱，朱俊生. 农保补贴方式应尽快确立. 中国保险报，2004 年 10 月 12 日。
200. 庹国柱，朱俊生. 政策性农业险如何财政补贴. 国际金融报，2004 年 9 月 29 日。
201. 庹国柱，朱俊生. 谁能承受监管政策性农业险之重. 国际金融报，2004 年 9 月 22 日。
202. 庹国柱，朱俊生. 农险经营主体应量力而行. 中国保险报，2004 年 9 月 21 日。
203. 庹国柱，朱俊生. 如何选择政策性农业险的制度模式. 国际金融报，2004 年 9 月 15 日。
204. 庹国柱，朱俊生. 政策性农险制度模式宜统分结合. 中国保险报，2004 年 9 月 14 日。
205. 庹国柱，朱俊生. 探究政策性农业保险. 国际金融报，2004 年 9 月 8 日。
206. 庹国柱，朱俊生. 政策性农险需合理界定经营范围. 中国保险报，2004 年 9 月 7 日。
207. 庹国柱. 开发变动预定利率的长期寿险产品. 国际金融报，2004 年 9 月 1 日。
208. 朱俊生，庹国柱. 我国保险信息化发展总体战略. 中国保险管理干部学院学报，2004 年 8 月 30 日。
209. 庹国柱. 解利差损之忧多开发变动预定利率寿险产品. 中国保险报，2004 年 8 月 19 日。
210. 庹国柱. 北京保险市场风云突变. 中国保险报，2004 年 8 月 13 日。
211. 朱俊生，庹国柱. 商业健康保险和农村健康保障. 市场与人口分析，2004 年 7 月 29 日。
212. 庹国柱，朱俊生. 国外农民社会养老保险制度的发展及其启示. 人口与经济，2004 年 7 月 25 日。
213. 朱俊生，庹国柱. 追问寿险业流动性风险产生的根源. 中国保险报，2004 年 7 月 14 日。
214. 庹国柱，朱俊生. 关于企业年金几个问题的探讨. 经济发展与社会和谐：保险与社会保障的角色——北大 CCISSR 论坛文集·2004，2004 年 6 月 26 日。
215. 朱俊生，尹中立，庹国柱. 保险资金投资股市讨论的五个误区. 金融教学与研究，2004 年 6 月 25 日。

216. 庹国柱，朱俊生．企业年金计划的强制性与自愿性．国际金融报，2004 年 6 月 23 日。
217. 庹国柱．绝对免赔额制度应当软着陆．中国保险，2004 年 5 月 15 日。
218. 朱俊生，庹国柱．保险资金入市应走出的误区．金融经济，2004 年 5 月 2 日。
219. 庹国柱．拓木乡农房保险案引起的法律思考．中国保险报，2004 年 3 月 24 日。
220. 庹国柱，李军．我国农业保险试验的成就、矛盾及出路．金融研究，2003 年 9 月 30 日。
221. 庹国柱，朱俊生．重新反思人身险新型产品．中国保险，2003 年 8 月 30 日。
222. 庹国柱，朱俊生．关于企业年金．中国保险，2003 年 7 月 30 日。
223. 庹国柱，李军．我国农业保险试验的矛盾及出路．首都经济贸易大学学报，2003 年 7 月 12 日。
224. 庹国柱，尹中立，朱俊生．我国保险资金运用困境的求解．金融教学与研究，2003 年 6 月 25 日。
225. 庹国柱，朱俊生．保险新品迷途十字路口．中国证券报，2003 年 6 月 13 日。
226. 庹国柱，尹中立，朱俊生．盛世危言：我国保险资金运用的危机．银行家，2003 年 5 月 30 日。
227. 庹国柱．保险法理论研究的精品．中国保险报，2003 年 5 月 23 日。
228. 庹国柱，尹中立，朱俊生．保险投资隐藏风险．中国保险，2003 年 4 月 30 日。
229. 庹国柱，尹中立，朱俊生．论我国保险资金运用的危机．金融教学与研究，2003 年 4 月 25 日。
230. 庹国柱．垄断结构——中国保险业的必然选择．首都经济贸易大学学报，2002 年 12 月 15 日。
231. 庹国柱，朱万里．外资保险 以退为进．企业技术开发，2002 年 11 月 25 日。
232. 庹国柱．美国农业保险的变迁与创新．金融信息参考，2002 年 9 月 15 日。
233. 庹国柱．中国保险业需要垄断吗．上海保险，2002 年 7 月 30 日。
234. 庹国柱．信用保证保险概念与分类之质疑．上海保险，2002 年 4 月 30 日。
235. 朱俊生，齐瑞宗，庹国柱．论建立多层次农村医疗保障体系．人口与经济，2002 年 3 月 25 日。
236. 庹国柱．培养保险消费“明白人”．金融时报，2001 年 12 月 20 日。
237. 庹国柱．保险竞争 百姓最受益．大众科技报，2001 年 12 月 9 日。
238. 庹国柱，丁少群，王国军，等．我国农业保险的发展模式及扶持政策．载《农业投入与财税政策》．中国农业出版社，2001 年 11 月。
239. 庹国柱．全球保险业垄断加剧及其成因．中国保险，2001 年 11 月 30 日。
240. 李易方，庹国柱．笑迎 WTO，力促我国奶业结构合理调整和健康发展．载《入世前夕话奶业》，中国农业出版社，2001 年 10 月。
241. 李易方，熊汉林，庹国柱，张新．河北省沽源牧场及丰宁县奶业考察报告．载《入世前夕话奶业》．中国农业出版社，2001 年 10 月。
242. 邢莉，庹国柱．浅议“9·11”事件索赔给中国保险业带来的启示．上海保险，2001 年 10 月 30 日。
243. 邢莉，庹国柱．巨额索赔敲响中国保险业警钟．中国保险报，2001 年 10 月 25 日。
244. 朱俊生，齐瑞宗，庹国柱．保险费率市场化的时机已经成熟——与《近期内不宜实行保险费率市场化》一文的商榷．保险研究，2001 年 7 月 15 日。
245. 庹国柱，杨翠迎，丁少群．农民的风险，谁来担？——陕西、福建六县农村保险市场的调查．中国保险，2001 年 3 月 30 日。
246. 庹国柱，张晓红，张欲晓，段家喜．积极稳妥地开放我国保险市场．国际商报，2001 年 3 月 5 日。
247. 庹国柱，李军，王国军．外国农业保险立法的比较与借鉴．中国农村经济，2001 年 1 月 25 日。
248. 庹国柱．中国农村保险制度的可贵探索．中国保险报，2000 年 12 月 29 日。
249. 庹国柱，张晓红，张欲晓，段家喜．积极稳妥地开放我国保险市场——北京保险市场对外开放情况的调查．首都经济贸易大学学报，2000 年 12 月 15 日。
250. 庹国柱，李军，王国军．美、加、日农业保险立法的比较与借鉴．法学杂志，2000 年 11 月 15 日。
251. 李易方，熊汉林，庹国柱，汪继尧，贾树刚，张新．河北省沽源牧场及丰宁县奶业考察报告．中国奶牛，2000 年 11 月 10 日。
252. 庹国柱，张晓红，张欲晓，段家喜．中国保险市场对外开放情况的调查．中国保险，2000 年 9 月 30 日。
253. 皮立波，庹国柱．建立农业政策性保险制度 迎接 WTO 的挑战．中国农村经济，2000 年 5 月 25 日。
254. 庹国柱．新中国奶业五十年回顾与前瞻．首都经济贸易大学学报，2000 年 2 月 15 日。
255. 李易方，庹国柱，张乐昌．芬兰的奶业与“瓦柳”奶业合作组织——参加芬兰奶业研修班笔记．载《奶业春秋》，中国农业出版社，1999 年 12 月。
256. 庹国柱，徐定人．充分利用国外援助　发展和提高我国奶业．载《奶业春秋》，中国农业出版社，1999 年 12 月。
257. 庹国柱，段家喜．保险欺诈的博弈分析．首都经济贸易大学学报，1999 年 6 月 15 日。
258. 李军，张丽君，庹国柱．加快农业保险法律建设势在必行．金融研究，1999 年 2 月 28 日。
259. 李军，张丽君，庹国柱．加快农业保险法律建设势在必行．中国农村经济，1999 年 2 月 25 日。
260. 庹国柱．我国奶业的市场化进程及面临的抉择．中国农村经济，1999 年 1 月 25 日。
261. 杨翠迎，庹国柱，杨生斌．农民社会养老保险交费能力数量分析．西北人口，1999 年 1 月 25 日。
262. 王国军，庹国柱．农村社会健康保险制度经济可行性分析的经济计量模型．中国卫生经济，1998 年 11 月 15 日。
263. 杨翠迎，庹国柱．我国农民社会养老保险的经济可行性研究．中国农村观察，1998 年 7 月 25 日。
264. 庹国柱，王国军．农村合作健康保险的制度与组织形式选择．中国农村经济，1998 年 3 月 25 日。
265. 杨翠迎，庹国柱．建立农民社会养老年金保险计划的经济社会条件的实证分析．中国农村观察，1997 年 9 月 25 日。

266. 丁少群，庹国柱．国外农业保险发展模式及扶持政策．世界农业，1997 年 8 月 10 日。
267. 庹国柱．农业保险体制改革模式选择．中国农村经济，1997 年 6 月 25 日。
268. 杨生斌，庹国柱，王国军．医疗保险模式的国际比较．中国保险管理干部学院学报，1997 年 4 月 15 日。
269. 庹国柱．农业保险体制改革模式选择．经济研究参考，1997 年 3 月 17 日。
270. 庹国柱．我国农业保险的试验及其评论．保险研究，1996 年 4 月 15 日。
271. 庹国柱．国外发展农业保险的模式、背景和政策．中国农村观察，1996 年 3 月 25 日。
272. 庹国柱．理顺奶业价格体系的思考．价格月刊，1994 年 12 月 21 日。
273. 丁少群，庹国柱．农作物保险的危险单位区划研究．中国保险管理干部学院学报，1994 年 12 月 15 日。
274. 庹国柱，丁少群．农作物保险风险分区和费率分区问题的探讨．中国农村经济，1994 年 8 月 25 日。
275. 李易方，杨稼，张其盈，何昌茂，王煜，庹国柱，熊汉林，墨丹．稳定和发展我国奶业面临的问题与对策．中国奶牛，1994 年 7 月 10 日。
276. 庹国柱，丁少群．论农作物保险区划及其理论依据——农作物保险区划研究之一．当代经济科学，1994 年 5 月 15 日。
277. 丁少群，庹国柱．农作物保险的费率分区研究．保险研究，1994 年 4 月 15 日。
278. 庹国柱，张爱习．市场经济条件下政府对奶价应否干预．价格理论与实践，1993 年 12 月 20 日。
279. 叶永盛，M H Yeh，庹国柱．我国主要食物消费需求的经济计量学估计．农业技术经济，1993 年 4 月 1 日。
280. 叶永盛，庹国柱．我国的农业贸易与世界贸易自由化探析．中国农村经济，1992 年 10 月 27 日。
281. 庹国柱，焦玉杰，孙胜元．关于发展陕西省农业保险的研究．西北农林科技大学学报(自然科学版)，1990 年 12 月 31 日。
282. 庹国柱．调整我国奶价政策的意见．中国农村经济，1990 年 5 月 31 日。
283. 庹国柱．重视和加强对农业保险的研究．农业经济问题，1987 年 9 月 28 日。
284. 庹国柱，孙文军，吴艳平．个体户牛奶生产的经济效益分析．陕西农业科学，1987 年 5 月 31 日。

后 记

寻寻觅觅教师梦

抗日战争胜利的前一年，我出生在陕西汉中。转眼间，2014 年，我 70 岁了，没有想到这么快，也没有觉得，我已经从学校的教师岗位退下来 4 年了。因为与前些年没什么两样，我这些学生老在我身边，跟我讨论学术和业务问题，跟我聊他们的工作和生活。我也不时为他们的成就兴奋，也为他们的烦恼操心。

我喜欢教书，以教书为业，以教书为乐。跟学生们在一起永远受到青春的感染，不会老。不过回忆起来，把当教书匠作为毕生的事业和追求的梦，还是 35 年前的事。童年、少年和青年的我，就“我的理想”这个题目写过多次作文，但那时候是怎么描绘理想的，现在一点都想不起来，不过有一点我记得，那时候没有做“当教师”这个梦。看来，这梦不是随便做的。

其实一直到上大学之前，哪有什么梦啊，那时候，我和两个妹妹都是在我姥姥照顾下生活和成长的。姥爷本来是个秀才，曾经创办了我们那个有 200 多户人家的村里唯一的一所小学并自任校长，可惜他在我 6 岁时患糖尿病去世了。此后我们进了城，在城里生活，家里的日子就难了。身为护士老住在医院的母亲和东奔西跑做小生意的父亲，成天见不着面，他（她）们要努力挣钱养活我们一家大小 6 口。那时候的陕西汉中市，只有不到 5 万人口，没有自来水、没有煤炭。我 70 多岁的姥姥还是小脚，为我们做饭、洗衣服，所以，从记事起，我在家里就负起了挑水、劈柴的重任。这个时期，我也有梦，不过很简单，将来能念个大学、有份工作、有个饭碗。因为那个时候大学毕业生由国家包分配。有份工作，不仅自己有饭碗，也不再让父母亲那么辛苦。

1963 年我开始读大学，是在西北农学院（今西北农林科技大学），学的是农业经济专业。说起来，那时候学农我也不是很情愿的，主要是为了有把握被录取(4%的录取率，比现在难多了)，要知道我那年是第二次参加高考了（1962 年因经济困难，大学招生大大压缩，全国只招了 5 万多本科生，相当于现在每年的博士生招生量)。学农业经济，是我中学的语文老师建议的，他说学经济学要写作，你的语文学得好，既然不那么爱农业自然科学，那么就学农业经济学吧。就这样，我进了农经系。不管怎么着，在大学里，我学得很努力，成绩也在前列，我现在还保存着那时的成绩单，除了一门课的成绩是 4 分，其他全是 5 分。这个时候也做过一个奢侈的简短的梦，就是毕业后考研究生，将来做个教师，从事教学和研究。这个梦转瞬即逝。“文化大革命”把它无情地打碎了。接下去就是到农场“劳动锻炼”，经历了劳筋骨、苦心智、乱其所为、动心忍性的多重打击和历练，那叫一个痛苦，茫然，不知道人生目标在哪里，什么梦都没有了。1970 年 2 月，在我离开农场登上火车那一刻，我把在农场唯一的一张集体照撕碎，撒向天空。苍天哪，梦在何方！

接下去，我在陕西的商洛地区政府所在地商县（现在的商洛市商州区）当了将近 10 年“通讯干事”，做的是通信报道工作，被称为“土记者”，因为大部分时间是四处采访写稿子，目标是给《陕西日报》和陕西人民广播电台投稿。有时候，一年发表七八篇，有时候发表 10 多篇，既有小的“豆腐干”大小的报道，也有登半个版的文章。其实，此前我在《陕西日报》和西安人民广播电台做过将近一年的“真记者”，那还是在“文化大革命”之初的事。虽然我喜欢写作，但是这么长时间里，我没有把记者生涯作为我的梦，我似乎还在找寻我的归宿，我的梦。

真正做教师梦是从 1977 年恢复高考后才开始的，1978 年恢复研究生招生，这时我想，现在说不定可以做我的好梦了。1979 年我的母校开始招研究生，35 岁的我，准备了几个月就仓促上阵了。当时我最自信的是英语，但英语考完我就泄气了，40 分的翻译我只翻译了几句，通篇的意思都不知道。最没有把握的农业经济管理课，碰上了我刚刚调查采访写过稿子的一个题目，在 40 位考生中分数最高。反正，一下子还真考上了，真是喜出望外！

此前想调进大学教书的尝试，从 1975 年到 1979 年历时 4 年，但都失败了，因为县里坚持不放我走，我曾以为这辈子梦不到了。但这一次，我的教师梦、专业梦真的开始了，那个时刻我对县长们提拔重用的许诺一点都没有动心。把妻子、儿女留在县里，毅然再次走进高校，开始了为期 3 年的研究生生涯。

至于做保险方面的教学和研究却带有某种偶然性。1984 年，研究生毕业留校两年后，在人保陕西分公司来的两位“贵人”邀请下，40 岁的我开始做农业保险研究。此后就误打误撞跟着他们进了保险学大门，特别是钻进农业保险这个圈子便再也出不来了，一口气就是 30 年。其间我从陕西来到北京，时值 1996 年，52 岁。

当然，这 30 多年的教师梦是妻子、儿女伴我做下来的。特别是妻子跟着我“转战”南北，放弃自己熟悉和热爱的工作，牺牲晋升的机会，一次一次离开熟悉的朋友圈。好在她理解我、支持我，任何时间都帮着我，包括照顾我的学生们，所以也赢得了学生们的尊重和热爱。看来谁要做梦做得好、做得圆满，还要拉上家人一起做，同床异梦，各做各的梦，恐怕都做不好。

回想 70 年，一个人想做个梦，在过去的年代还真的有点难。现在不同了，什么时间都可以做梦，今天这个梦不合吾意，明天重做一个，在很大程度上可以由自己编织自己的梦。当然，圆梦要靠自己的努力。圆不了的梦也无所谓，保持平常心态。有道是一切随缘，在工作中、生活中寻找乐趣是最重要的。你们说是吗？我的学生、同仁、朋友们！

庹国柱

图书在版编目（CIP）数据

庹国柱农业保险文集/庹国柱著．—北京：中国农业出版社，2014.8
ISBN 978-7-109-19427-4

Ⅰ.①庹… Ⅱ.①庹… Ⅲ.①农业保险—中国—文集
Ⅳ.①F842.66-53

中国版本图书馆 CIP 数据核字（2014）第 164989 号

中国农业出版社出版
（北京市朝阳区麦子店街 18 号楼）
（邮政编码 100125）
责任编辑 孙鸣凤 赵 刚

中国农业出版社印刷厂印刷 新华书店北京发行所发行
2014 年 8 月第 1 版 2014 年 8 月北京第 1 次印刷

开本：700mm×1000mm 1/16 印张：34
字数：700 千字
定价：60.00 元